.

东部裕固语语音声学研究

中国少数民族语言方言实验研究丛书

宝音　著

呼和　主编

社会科学文献出版社
SOCIAL SCIENCES ACADEMIC PRESS (CHINA)

　　本书系国家社会科学基金冷门绝学研究专项学术团队项目"中国北方少数民族濒危语言调查实验研究"（项目编号：21VJXT012）和中国社会科学院创新工程"登峰战略"资深学科带头人资助项目"中国北方跨界民族语言的调查实验研究"（项目编号：DZ2023002）的系列成果

目　录

绪 论

自 1956 年全国人大民族委员会和中央民族事务委员会组织的少数民族语言、少数民族社会历史调查和 1962 年《中国语文》杂志开始刊登少数民族语言概况算起，我国民族语言现代语言学研究已走过 60 多年的历程，完成了"中国少数民族语言简志丛书"（1958 年启动，1991 年基本完成，2009 年修订）、"蒙古语族语言方言研究丛书"（21 本，内蒙古大学蒙古语文研究所 20 世纪 80 年代初开始陆续出版的）、"中国新发现语言研究丛书"（1997 年至今，已出版 41 种）和"中国少数民族方言研究丛书"（1998 年至今，已出版 17 种）等大型研究成果。可以说，在前辈们的不懈努力下，我国民族语言现代语言学研究取得了较辉煌的成就。目前的民族语言研究虽然涵盖了描写语言学、历史比较语言学、纪录语言学、语言类型学、民族语言文字应用、实验语音学、民族文字文献等诸多领域，但与英语和汉语等强势语言的研究相比，在研究深度和广度等方面都存在一定的差距。

1985 年中国社会科学院民族所（现中国社会科学院民族学与人类学研究所）建立的语音实验室是我国民族语言实验语音学学科成立的标志，实验室语音学队伍也是我国最早开展少数民族语言语音实验的研究团队。1985~1995 年，民族所实验语音学团队主要开展了汉语普通话和少数民族语言语音声学和生理实验基础研究工作，主持完成了多项国家自然科学基金和国家社会科学基金项目。如在国家社科基金资助下，研究团队历时数年完成了大约 25 种语言和方言的音档录制。与民族地区大学和研究所合作完成了几个在国内外有一定影响的少数民族语言语音声学参数数据库。例如，"藏语拉萨话语音声学参数数据库"（国家自然基金项目，1991）、"哈萨克语语音声学参数数据库"（国家自然基金项目，1992）、"蒙古语语音声学参数数据库"（国家社科基金项目，1993）等。本阶段的研究成果主要发表在《实验语音学概要》（吴宗济、林茂灿主编，鲍怀翘撰写第三和第五两章，即语音产生的生理基础和元音部分，1989）以及国内外学术刊物和学术会议上。这些成果在国内外语音学界产生了一定的影响，为我国少数民族语言实验语音学学科乃至汉语实验语音学学科的发展奠定了基础。

1995~2005年，民族所团队使用当时国际最先进的设备，如"声门高速摄影"和"电子动态腭位仪"开展了汉语普通话和少数民族语言发声类型和调音的生理研究，主持完成了1项中国社会科学院重大项目（"汉藏语声调的声学研究"）、4项国家自然科学基金项目（"汉语普通话嗓音声学研究"、"普通话动态腭位研究"、"基于动态腭位的普通话协同发音研究"和"蒙古语韵律特征声学模型研究"）。这一阶段除撰写出版《论语言发生》（孔江平，2001），《蒙古语语音声学研究》（蒙文版，呼和，1999）和 *A Basic Study of Mongolian Prosody*（呼和，2003）3部专著外，还发表了50余篇有影响的学术论文。在学科创新和应用研究方面也进行了大胆探索与实践。如，2001~2005年重大项目"民族多媒体信息系统"研究完成的"民族GIS多媒体检索系统"，首次将自然科学的地理信息系统技术（GIS）成功应用于民族语言及民族多媒体信息研究。这些成果在国内外实验语音学和言语工程学界以及嗓音病理学界产生了较大反响，提高了学科的知名度，奠定了民族所少数民族实验语音学学科在国内外学术界中的地位。

自2006年以来，该团队在总结以往研制单语种语音声学参数库工作的基础上，提出"语音声学参数统一平台"的思路和方法，并通过实施和完成两项教育部、国家语委民族语言文字规范标准建设及信息化项目"藏语、维吾尔语和彝语语音声学参数数据库"（300MB，2009，郑玉玲承担）和"达斡尔，鄂温克和鄂伦春语语音声学参数数据库"（300MB，2011，呼和承担），研制了藏、维吾尔、彝、达斡尔、鄂温克和鄂伦春等族语言的语音声学参数数据库，初步搭建了"中国少数民族语言语音声学参数统一平台"框架，为进一步开展民族语言语音声学参数数据库研究打下了坚实的基础。

自2013年2月开始，根据多年积累的语音声学参数库研制经验，"语音声学参数自动标注/提取系统"（3.3版本）和诸多数据处理小工具研发并投入使用，使该项工作逐渐走上自动化，提高了准确率和工作效率，避免了数据采集者的主观因素，确保了数据的客观性和准确性（参看周学文、呼和，2014）。特别是在国家社科基金重大招标项目"中国少数民族语言语音声学参数统一平台建设研究"（批准号：12 & ZD225）和中国社会科学院创新工程项目（2013~2021年度）的资助下完成了容纳蒙古语、达斡尔语、土族语、东部裕固语、东乡语、维吾尔语、哈萨克语、鄂温克语等北方民族语言语音声学参数数据库的"中国少数民族语言语音声学参数统一平台"（以下简称"统一平台"），并基于"统一平台"撰写出版了"中国少数民族语言方言实验研究丛书"的蒙古语、维吾尔语和鄂温克语等3卷，实现了从语音声学参数库跨越到对民族语言语音的全面、系统声学语音学描写研究阶段，验证了语音声学参数库对语言学的贡献和意义。

自2021年开始，我们团队在国家社会科学基金冷门绝学研究专项团队项目"中国北方少数民族濒危语言的调查实验研究"（项目编号：21VJXT012）和中国社会科学院创新工程"登峰战略"资深学科带头人资助项目"中国北方跨界民族语言的调查实验研究"（项目编号：DZ2023002）的资助下，继续扩充"统一平台"语言数量的同时，继续撰写、编辑、出版"中国少数民族语言方言实验研究丛书"的《达斡尔语语音声学研究》、《土族语语音声学研究》、《东乡语语音声学研究》、《东部裕固语语音声学研究》和《布里亚特语语音声学研究》等5卷。

标准化、规范化和自动化是语音研究必经之路。这是由该学科的属性和特点所决定的。通过30多年的努力，我们团队对语音声学实验研究的主要环节，如实验语料设计、实验语料录制、语音标注、声学参数标注及其提取、统计分析和绘制声学语图等有了较全面、深刻的认识和了解，并提出了自"实验语料设计"至"声学语图绘制"系统的思路和方法。特别是自2021年以来，我们团队一直探索语音声学实验研究自动化问题。众所周知，语音声学参数数据库研制环节是语音声学实验研究的重要环节。这是耗费人力、物力的艰难且烦琐的基础工程。对语音声学参数进行手工标注和采集，尚存在两方面的不足。一方面，工作量大、速度慢、错误率高、效率低，这不但影响声学参数库的研制速度，而且无法保证实验方法和实验数据的可重复性；另一方面，由于语音声学特征定义以及语音声学参数标注和提取等方面尚未统一标准等原因，语言之间难以相互比较，研究成果无法相互借鉴。只有实现各个环节的自动化，才能使语音声学研究变成一种可以观察、量化、重复、验证的实验科学。

我们团队基本解决了"声学参数标注"→"声学参数标注"→"声学参数统计"→"声学语图绘制"等环节的自动化问题。请见图 0.1 中用蓝色字体标记的模块。

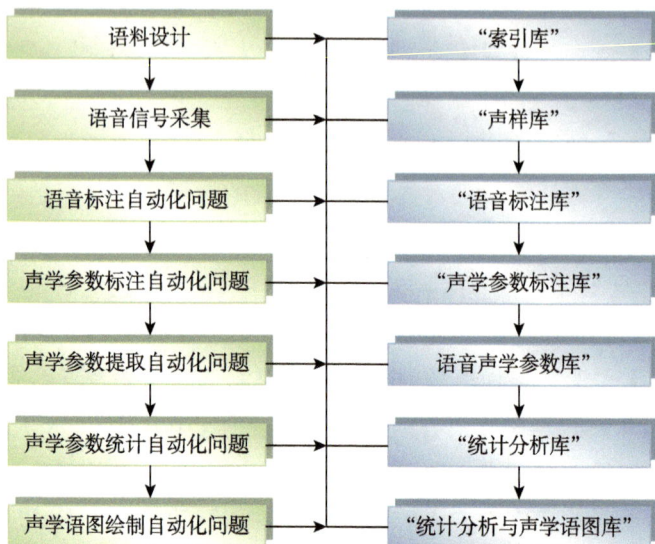

```
语料设计 ──────→ "索引库"
   │                 │
   ↓                 ↓
语音信号采集 ────→ "声样库"
   │                 │
   ↓                 ↓
语音标注自动化问题 ──→ "语音标注库"
   │                 │
   ↓                 ↓
声学参数标注自动化问题 ──→ "声学参数标注库"
   │                 │
   ↓                 ↓
声学参数提取自动化问题 ──→ 语音声学参数库
   │                 │
   ↓                 ↓
声学参数统计自动化问题 ──→ "统计分析库"
   │                 │
   ↓                 ↓
声学语图绘制自动化问题 ──→ "统计分析与声学语图库"
```

图 0.1　语音声学研究自动化问题

实现自动化的主要内容和目的如下。

1. 声学参数标注自动化

（1）自动转换 SAMPA 码和 IPA

在以往参数库的语音标注中我们都使用了 SAMPA 码，现在改用国际音标（Keyman 输入法的 IPA），并且把以往用 SAMPA 码标注的语音标注库用 PRAAT 脚本编辑的小工具——"自动转换 SAMPA 码和 IPA 工具"自动更换成 IPA 语音标注库。我们用这种方法更换了蒙古语族语言语音标注库（蒙古语、达斡尔、东部裕固语、布里亚特、土族语、东乡语）、突厥语族语言语音标注库（维吾尔语、哈萨克语）和满通古斯语族语言语音标注库（鄂温克语、鄂伦春语）。

（2）自动筛选声学参数异常值

在声学参数自动标注和提取过程中，会出现少量异常值。为此，在进行统计分析之前，我们先用 PRAAT 脚本编辑的小工具——"自动筛选声学参数异常值工具"，先自动检查、筛选声学参数库中的异常值之后，再进行统计分析。

2. 声学参数统计自动化

我们用 R 语言编辑的小工具，实现了以下声学参数统计分析的自动化：

（1）基础描写统计自动化

a. 自动完成"数据趋势分析"

用"数据趋势分析工具"自动完成数据趋势分析（平均值、中位数，是正偏分布，还是负偏分布）工作。

b. 自动完成"离中趋势分析"①

用"离中趋势分析工具"自动完成离中趋势分析工作。

c. 自动完成"相关分析"②

用"相关分析工具"自动完成相关分析工作。

（2）假设检验的自动化

我们用 R 语言编辑的小工具，自动完成假设检验工作。

a. 自动完成"单样本 t 检验"

用"单样本 t 检验工具"，自动完成"单样本 t 检验"工作。

b. 自动完成"配对样本 t 检验"

用"配对样本 t 检验工具"，自动完成"配对样本 t 检验"工作。

（3）方差分析的自动化③

我们用 R 语言编辑的小工具，自动完成方差分析工作。

a. 自动完成"单因素方差分析"

用 R 语言编辑的小工具——"单因素方差分析工具"，自动完成"单因素方差分析"工作。

b. 多因素有交互方差分析

用 R 语言编辑的小工具——"多因素有交互方差分析工具"，自动完成"多因素有交互方差分析"工作。

---

① "离中趋势分析"主要靠全距、四分差、平均差、方差（协方差：用来度量两个随机变量关系的统计量）、标准差等统计指标来研究数据的离中趋势。例如，我们想知道两个元音或辅音中，哪一个元音或辅音分布更分散，就可以用两个元音或辅音的四分差或百分点来比较。

② 相关分析探讨数据之间是否具有统计学上的关联性。这种关系既包括两个数据之间的单一相关关系——如共振峰与音长之间的关系等。

③ 根据研究工作需要我们随时增加假设检验和方差分析项。

c. 聚类分析

用 R 语言编辑的小工具——"聚类分析工具",自动完成"聚类分析"工作。

d. 判别分析

用 R 语言编辑的小工具——"判别分析工具",自动完成"判别分析"工作。

e. 主成分分析

用 R 语言编辑的小工具——"主成分分析工具",自动完成"主成分分析"工作。

3. 声学语图绘制自动化

在语音声学研究中语图的引用非常普遍。声学语图是声学参数的形象表现,是研究成果和研究结果的具体化和可视化方式。语图绘制方法的自动化和标准化非常重要。我们用 R 语言的绘图小工具,实现了以下语图的自动化绘制工作:

(1) 元音声学空间椭圆图(置信水平为 95%[1]);

(2) 音长、音高、音强比较图;

(3) 辅音的各种声学分析图。

4. 实现自动化的目的

语音声学研究自动化的目的除前述所列举情况之外,更重要的目的是用于语音类型学研究,具体说,用于音段或超音段声学语图之间的比较研究。我们团队目前正在验证呼和教授提出的"语音和韵律特征声学模式相似度与语言亲属关系远近度假设"(Hypothesis)。该假设通过分析计算和比较人类语言的"语音声学空间分布模式图之间的相似度"(简称"声学模式图相似度"),探讨语言之间亲属关系的远近度问题,即人类语言亲属关系远近度问题。

为了从语音、嗓音和韵律三个视角,探讨语言亲属关系的远近度问题,

---

[1] 我们用 95% 置信水平来构造这个区间估计:95% 置信度的意思是如果你从总体中抽取 100 个不同样本,每个样本都用相同的统计量构造的置信区间(注意:由于样本不相同,这些置信区间的范围也不尽相同),那么有 95 个置信区间包含了总体参数的真值。如果我们构造出 100 个这样的置信区间(100 个样本),那么会有 95 个区间会包含这个总体平均值,置信水平是 95%。

我们还研制了"阿尔泰语系语言的嗓音声学参数数据库",并试图结合嗓音系列参数,进一步探索阿尔泰语系语言之间亲属关系的远近度问题。目前已完成蒙古语各方言土语［科尔沁、喀喇沁、巴林、布里亚特（呼伦贝尔）、卫拉特、鄂尔多斯、察哈尔］和蒙古语族语言［达斡尔、东部裕固语、布里亚特（俄罗斯）］嗓音参数数据库,并开始实施相关研究。

目前我们团队所实施的主要工作如下。

（1）正在扩充"中国少数民族语言语音声学参数统一平台"。该平台为民族语言方言土语语音调查实验研究打下了坚实的基础。该平台的建设,将我国传统的优势学科同新的前沿领域相结合,无论从铸牢中华民族共同体意识视域下的中国民族语言亲属关系研究、重大基础理论研究、规范化和标准化研究、濒危语言抢救性研究,还是从现代语言资源库建设、民族文化遗产的保护、科学技术和语言研究相结合的发展趋势看,都具有重要意义和作用。

该统一平台将为我国同类语言数据库和档案库建设提供范例,为语言本体描写研究和比较研究,以及民族学与人类学等其他学科的研究提供真实、客观的数据资源,将会有力促进我国民族语言学学科的发展。

（2）正在组织基于"统一平台"的"中国少数民族语言方言实验研究丛书"的哈萨克语、锡伯语、图瓦语、鄂伦春语和蒙古国蒙古语等5卷的组稿工作。这些专著将在以往研究的基础上,针对这些语言语音研究的历史和现状,从解决所面临的实际问题出发,采用声学语音学的理论和方法,对5种语言的元音、辅音等音段特征和词重音等超音段特征进行较全面、系统的定量和定性分析。

"中国少数民族语言方言实验研究丛书"各卷的陆续出版,将会引领我国北方民族语言语音研究推向全面、系统声学描写研究和比较研究的新时代。

（3）提出"语音和韵律特征声学模式相似度与语言亲属关系远近度假设"（Hypothesis）,即"语言声学空间相似度理论",并通过分析计算和比较人类语言的"语音声学空间分布模式图之间的相似度"（简称"声学模式图相似度"）,探讨语言之间亲属关系的远近度问题,即人类语言亲属关系问题。

该项研究与考古学、遗传学一样,能够为人类学和民族学研究提供科学的实证依据（声学线索）,推动新时代人类学和民族学的发展。

（4）搭建"鄂伦春、鄂温克和达斡尔语学习手机 App 平台"（简称

"三少民族语言 App", 即 SMZYApp), 并通过实施和完成北方人口较少民族语言学习 App 平台, 探索科学保护濒危语言的新思路和新方法。

我们相信, 在加快构建新时代民族学三大体系建设和深化铸牢中华民族共同体意识理论研究中, 民族语言实验语音学必将发挥其实证研究的学科优势。

一 "中国少数民族语言语音声学参数统一平台"

实验语音学为语言学这门传统的人文学科增加了实验科学的新方法, 为语言分析提供了新的研究视角和内容, 为有声语言资源库建设提供了技术保障。语音声学参数库（Acoustical Database）是语言资源声学层面的最高形式, 是对特定语言的语音系统进行系统声学分析、提取该语言语音声学特征的微观声学参数集合, 可比喻为提取语言 DNA。在语音信号分析和处理过程中, 时域和频域特性是至关重要的。在语音研究中对音段和超音段特征的测量和分析已进行了几十年, 从以音节、词为基础的音段和超音段特征分析到现在连续语料的音段和超音段特征分析, 使我们对语音和韵律特性的认识越来越清晰、越来越准确, 在应用研究中越来越有效。

我们正在建设的"中国少数民族语言语音声学参数统一平台"是少数民族语言统一（通用）的自然语言语音处理平台。该平台是利用国际通用的语音声学分析软件, 提取有效表征语言语音系统的各种声学特征参数, 并把它们集合成一个完整的语音声学参数数据库, 用数据库管理软件进行统一管理的平台。"统一平台"利用现代科技, 以数据库（量化和数字化）的形式完整地保存少数民族语言音段和超音段的声学参数。

用户利用"统一平台"可以查询检索多语种语音声学参数内所有的信息, 可以任意设定查询的组合条件, 可以对结果集合按照任意字段排序, 可以在结果集合中实现查询词/音素之间任意切换, 可以手动/自动对查询结果集合进行选择并把选择的结果输出到 EXCEL 中等。统一平台还有统计、分析和分类等功能。随着容纳更多语言声学参数数据库, 统一平台可以根据用户需求, 改进界面的友好性和系统的强壮性（鲁棒性, Robustness）。图 0.2、0.3 是目前使用的统一平台界面和语音参数检索界面。

"统一平台"有三个突出特点。(1) 实用性: 基本上包含了所有音段的

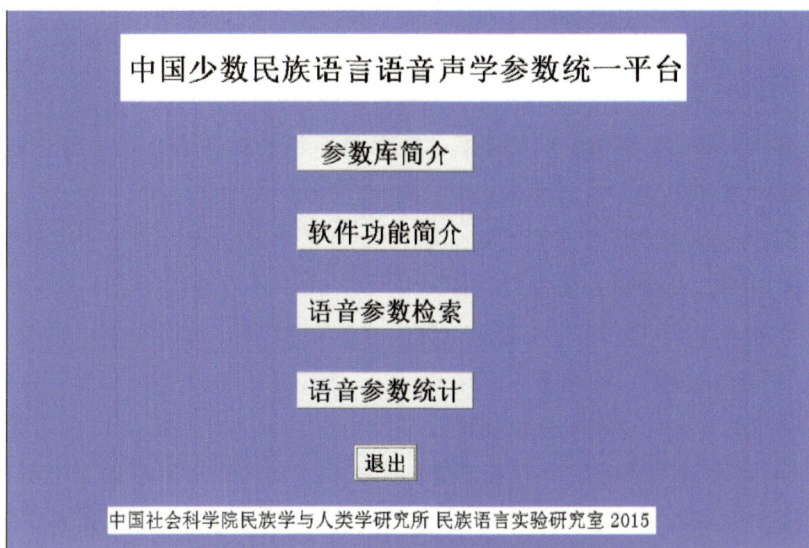

图 0.2 "中国少数民族语言语音声学参数统一平台"界面

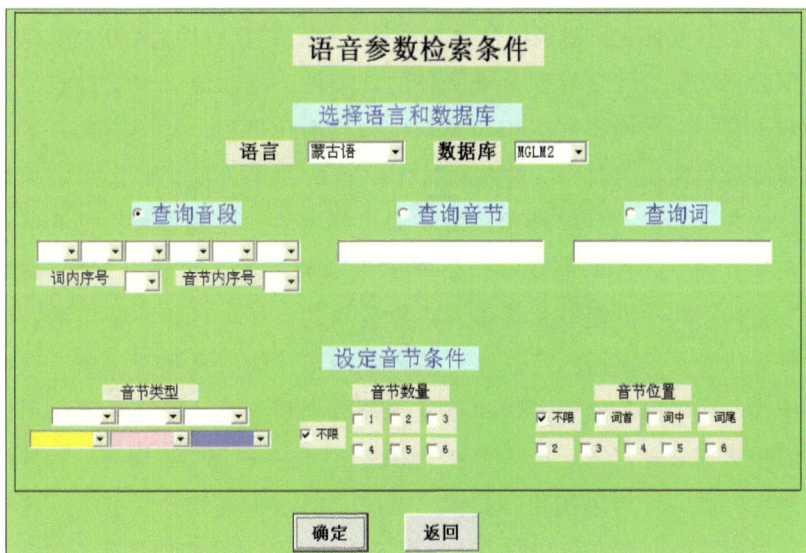

图 0.3 "中国少数民族语言语音声学参数统一平台"语音参数检索界面

主要声学特征，能够满足所有的参数提取，统计分析和比较研究；（2）稳定性：确保了数据库主要结构的稳定性（参数库的扩充不影响其稳定性），这样才能有利于声学参数的积累；（3）扩充性：确保了数据库的可扩充性，以便满足新参数和结构的微调。该平台能够确保数据库内容的维护，包括增加、删除、修改、查询；确保提取所有参数，满足相关研究。

（一）"统一平台"的作用和意义

第一，推动科学保护弱势语言，抢救濒危语言的进程。保护弱势语言，抢救濒危语言是世界各国共同面临的紧迫任务。2003年3月，联合国教科文组织在巴黎总部举行的关于濒危语言问题的专家会议上提出，保护世界语言多样性一直在联合国教科文组织众多工作中占有重要地位。这和"维护人类的多样性"是同一性质的工作。在我国少数民族语言中，有的正处于濒临失传的境地，有些语言的特色语音现象正在消失和被同化。为了保护人类共同的文化遗产——语言的多样性，进行抢救性的保护已刻不容缓。"统一平台"致力于开发一个基于互联网技术的中国少数民族语言资源和技术在线服务平台，以适应国家语言资源战略发展之需要，进而达到依靠现代科学技术搜集和保护我国语言资源的目标，有力推动保护弱势语言、抢救濒危语言的进程。

第二，有效促进科研资源的共享和科学研究的延续性。"统一平台"能够确保数据资源的共享性和科学研究的延续性，推动语音声学参数数据库研制和语音声学实验研究工作的规范化和标准化进程，与同行共享数据资源，提高数据库、语料库、信息和技术平台的使用价值，加快我国少数民族语言语音研究从"经验科学"转变为"精密科学"的进程，提升语音学研究水平。如，以往的语音实验研究多以研究某种语言语音现象为目标，选取少量的语料，以提取相关语音参数为目的，很少以研究特定语言的语音系统为出发点。因而，对语音声学和生理特征的选择和把握缺乏全面性和系统性，所采集的语音声学和生理参数数据仅满足于写出论著，不注重数据的积累和整合，缺乏共享性和延续性。"统一平台"将摒弃这种传统小作坊式的方法，运用现代化的技术，系统全面地采集和分析数据。这种研究成果对后续研究具有较高的参考价值，并提供深入研究的可能。

第三，推进语音学重大基础理论研究，促进语音学与相关学科的发展。"统一平台"不但能够推进语音学重大基础理论研究，为历史比较语言学和语音学研究提供新的理论和方法，还能促进语音学与相关学科的发展，引导语音学研究更加深入地走进社会，解决语言交际中存在的实际问题。语音特征是个性和共性的统一体，不但同一个语系或语族语言的音位系统之间存在共性，而且不同语系或语族语言之间也存在一定的共性。了解这个共性，有利于推动个体语言语音特征的描写和语言之间的比较研究，促进语音学基础研究，推动语音学基础理论的建立和发展。利用"统一平台"，不仅可以对单语种的音段和超音段特征参数进行全面，系统地统计分析（相关分析、因子分析、聚类分析等），探讨并总结出其特征和变化规律，而且还可以对跨语系、跨语族语言的音段和超音段特征进行比较研究，积极推动历史比较语言学（如语言同源、演化等）和普通语音学（如人类语言语音的共性问题）的发展。

第四，能够为民族语言言语声学工程研究和研发提供语音学基础数据资源，推动我国多语种人机智能交互平台技术的发展。众所周知，进入 21 世纪后，加速推进少数民族语言（文字）的标准化、规范化和信息化进程，保护弱势语言、抢救濒危语言的工作显得尤为重要。我们既要加速推进其标准化、规范化、信息化进程，同时还要抢救性地保护它们的多样性。这是我国民族语言文字工作目前所面临的两大挑战。一方面，需要投入大量的人力和财力，去填补汉语和少数民族语言信息化之间的数字鸿沟。另一方面，也要下大力气保护少数民族语言这一人类宝贵的非物质文化遗产。我们虽然可以直接引进世界最先进的语言和语音处理技术和方法来解决少数民族语言语音研究的技术性问题，但再先进的技术也只能是客观的物质支持，真正对于少数民族语言本质与规律的研究还要靠我们自己。现代计算机技术虽然通过云数据的统计，能够建立比较准确的语言模型，但实践证明，好的统计模型需要语言知识库支撑。"统一平台"能够提供真实有效的数据依据。

第五，保护我国民族文化的多样性，促进我国语言生活的健康和谐发展，捍卫国家边疆文化安全，完善我国多语种人机智能交互平台，使言语声学工程研究更好地为国家"一带一路"建设服务。语言（文字）的规范化和信息化是一个民族走上信息化道路的重要标志，而中国语言（文字）的全面发展离不开少数民族语言（文字）的进一步发展。只有实现各民族语言（文字）的规范化和信息化，才能保障我国政治、经济、文化和社会的和谐稳定发展。我国许多少数民族语言是跨境语言，如蒙古语、维吾尔语、哈萨克语、傣语、壮语和苗语等。据我们所知，上述跨境语言所处国家和地区关于语音技术的整体研究相对滞后，仍有较大研究和开发空间。

"统一平台"中所提出的各项标准和原则必将成为国际国内语言声学实验研究依据和标准，推动语言声学实验研究工作的规范化和标准化进程。目前国际上虽然有一个包括世界大多数语言的语音样品库（UCLA），但尚未包容多语种的语音声学参数数据库，更没有大家所公认和遵循的标准和方法，我们所提出的各项标准和原则将成为国际国内语言语音声学参数库的研制依据和标准，推动语音声学参数数据库研制和语音声学实验研究工作的规范化和标准化进程。

"统一平台"不仅是语音本体基础研究领域的一个突破，而且将会成为国家信息资源的重要组成部分，弥补国家少数民族语言信息资源的阙如。到目前为止，在国内外还没有类似关于特定语言的完整的语音声学参数数据库（包括元音、辅音、韵律及各种特殊音质）。

总之，"统一平台"将我国传统的优势学科同新的前沿领域相结合，无论从现代社会语言资料和文化遗产流失的严峻现实，还是从科学技术和语言研究相结合的发展方向来看，都有着广阔的发展空间和远大前景。该平台将为我国同类语言数据库、档案库提供范例，为语言本体描写研究和比较研究，以及民族学与人类学等其他学科的研究提供真实、客观的数据资源，有力促进我国民族语言学学科的发展。

（二）"统一平台"的研究思路和方法

我们正在建设的"统一平台"是利用国际通用的语音声学分析软件，提取有效表征语言语音系统的各种声学特征参数，并把它们集合成一个完整的语音声学参数数据库，用数据库管理软件进行统一管理的平台（请见图0.4）。

1. 语料设计与"索引库"的建立

1.1 语料规模和范围

建立多语种统一的、完备的语音声学参数数据库，首要的工作是语音材料（以下简称语料）的设计与编写。这是整个工作的基石，必须制定统一的语料设计原则并进行严格把关，充分反映每种语言语音和韵律（单词层面上）系统的全貌及特点。各种语言以双音节为主，但应包含一定数量的单音节词，并顾及各语言的多音节词，特别要注意4~5音节词的出现概率。除此之外，还要顾及元音和辅音的和谐问题、音段和超音段的协同发音问题，以及音段序列，如辅音串等问题。考虑到语料的完整性，选择一

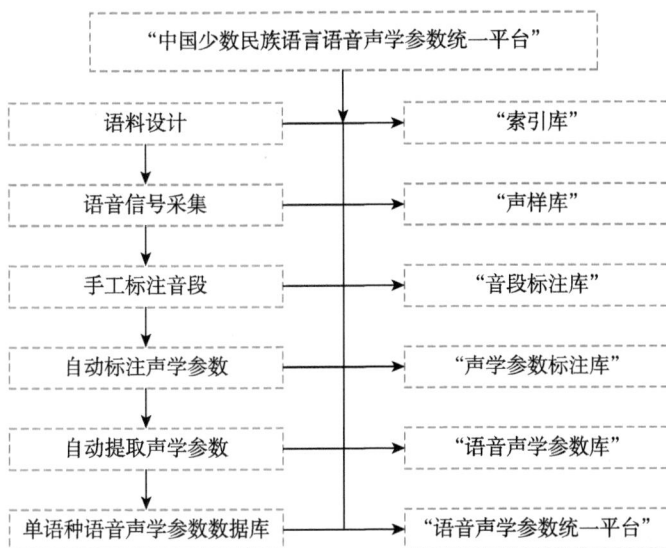

图 0.4 "中国少数民族语言语音声学参数统一平台"的
研究思路和方法示意图

定数量的能够覆盖目标语言语音和语法特点的词组和各类简单句，以便观察、分析语音变化和句子韵律特征。本项研究不涉及词组和语句声学参数，仅搜集濒危语言的话语语料，以起到"语言保存"的作用。以下是语料设计原则和方法。

首先，字母表的设计。遵循目标语言传统字母表，字母表包括所有的元音和辅音。

其次，单词语料的设计。

（1）单音节词。每种语言选择 150~500 个常用的单音节词。要求：一般都是独立出现的，覆盖所有的音节类型，覆盖各种音节类型中的所有元音和辅音以及它们的各类组合（搭配）等（能够组合的都要考虑到）。

（2）双音节及多音节词。每种语言选择 1500~2000 个常用的双音节和多音节词。要求：双音节词和多音节词的比例不宜太悬殊，控制在 1：2 左右；尽可能选择词干性的（未加黏着成分）词或派生词；确保每个音位在不同位置上的（多次）出现次数，如，音节内的不同位置和词的不同位置（首、腰、末位置）等；除个别音段外，音段的出现频率不应相差太悬殊；所有的词，应尽可能反映目标语言的语音变化，包括元音和辅音的和谐、协同发音以及重音等问题。

（3）数词及量词。基数词（尽可能穷尽）、序数词、约数词和集合数词的读音，并兼顾量词。除基本词外，结合目标语言的特点，多位数字结合时读音发生变化的现象也应收入其中。

（4）形态变化的典型词。选择一批常用的、有变化的词类，如名词、代词、形容词和动词等（总数不超过 50 个，以名词和动词为主，适当考虑其他词），并在其后依次加上可能的附加成分：名词后加数、格、概称和领属等，形容词后加比较范畴。包括所有的形态变化，如包括词尾变化中的式动词、副动词和形动词以及词干变化中的态、体等范畴。

再次，词组语料的设计。选择 100~200 个目标语言的固定词组（如谚语、成语和惯用语）和由不同句法结构（如形态变化、虚词、词序和语调等）构成的一般词组。原则是以固定词组为主，兼顾一般词组。

复次，句子语料的设计。能够反映目标语言语调特征的、经典的日常用语，包含各类简单句（陈述、疑问、祈使和感叹）和复合句（100~300个字）。

最后，篇章语料的设计。包括《北风与太阳》（汉文稿由笔者提供）和在本民族中广泛流传的、家喻户晓的短故事（5~10 篇），但不控制濒危语言民间故事语料的量。

1.2 语料编写原则

1.2.1 单音节词编写原则

图 0.5 为音节类型和单词结构模式示意图。覆盖该语言所有音节类型（口语、书面语）。对于黏着型语言来说，音节类型与单音节词的结构模式相同。因此，所有音节类型指图 0.5[①] 中①~⑥类单音节词（音节类型数目由每种语言本身音节类型而定，但至少覆盖这六种）。每一个音节类型必须覆盖在该类型中能够出现的所有音位及其变体（所有音段），即覆盖能够构成该音节类型的所有音位及其变体（所有音段）。如：①V 指能够单独构成词的所有元音（短长及复合元音）；②VC 指所有元+辅组合的词，其中 V为所有元音（短长及复合元音），C 为所有非词首辅音；③VCC 指所有元音

---

① 图 0.5 的 V 为能够在该位置上出现的所有元音，C 为能够在该位置上出现的所有辅音，V代表单元音（V）、长元音（V:）和二合元音（V1V2），CV 音节中的 V 为长元音或二合元音，多音节词的结构模式为总体模式。设计词表时根据每种语言的具体情况而定；用方块标记的是在本条件下不构成或很少构成词的音节。

和（包括二合元音和三合元音）复辅音组合的词，其中 V 为所有元音（短长及复合元音），CC 为所有复辅音；④CV 指所有辅+元组合的词，C 为所有词首辅音，V 为所有元音（短长及复合元音）；⑤C1VC2 指所有辅+元+辅组合的词，C1 为所有词首辅音，V 为所有元音（短长及复合元音），C2 为能够在词末出现的所有辅音；⑥C1VC2C3 指所有辅+元+辅+辅组合的词，C1 为所有词首辅音，V 为所有元音（短长及复合元音），C2C3 为能够组合并在词尾出现的所有复辅音。

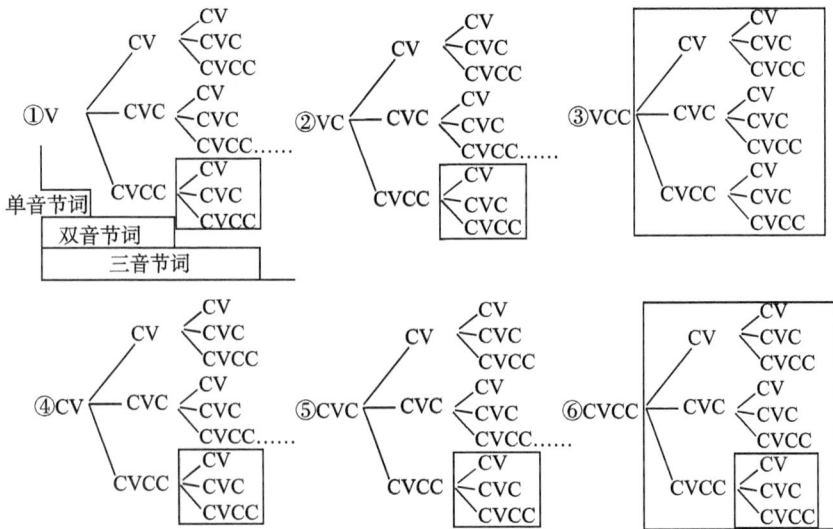

图 0.5　音节类型和单词结构模式

在上述 6 类单音节词（音节类型）中，每类都有能够在该类型中出现的若干个词。如对于 CV 来说，C 能够与若干个元音组合，即 nɑː、nəː、niː、nɔː、noː、nuː 等；V 也能够与若干个辅音组合，即 nɑː、pɑː、xɑː、kɑː、lɑː、mɑː、sɑː、ʃɑː、tʰɑː 等。单音节词必须如实地反映上述特点，尽量控制在 150~200 个词。

1.2.2　多音节词编写原则

多音节词的选词比单音节词的选词复杂。多音节词的选择除考虑上述（单音节）因素外，还要考虑音节之间音段的搭配和前后音节的开闭问题（语境问题）。图 0.6 为多音节之间音段的搭配和前后音节的开闭问题示意图。编写多音节词时，注意如下三个问题：必须充分反映元音和谐律问题；考虑好前后音节之间的音段搭配问题，除 CVC+CVC 和 CV+CVC 外，还要考虑非词首音节的开闭问题（如图 0.6 所示）；覆盖能够组合的所有单词结构。

多音节之间音段的搭配问题　　　前后音节的开、闭问题

VC + CVC　CV + CVC　　　VC + CV　CV + CVC

图 0.6　多音节之间音段的搭配和前后音节的开闭问题示意

在黏着型阿尔泰语系诸语言中，没有类似 CCV、CCVC、CCVCC 等以复辅音开头的音节（书面语中有些以复辅音开头的词不是阿尔泰语系语言的固有词），在非词首音节中没有类似 V、VC、VCC 等以元音开头的音节。因此，图 0.5 中没有列出类似 CVC+CCV 和 CVC+VC 等结构的双或三音节词。类似 CVCC+CV 或 CVCC+CVC 等含有三个辅音串的词也较少。图 0.5 中用方块标记的部分是在阿尔泰语系诸语言中没有或比较少见的词。图 0.7 是索引库样本示意。

	A	B	C	D	E	F	G	H	I	J
1	No.	Traditional Mongogolian	Latin	Phoneme	SAMPA	Allophone	SAMPA	English	Syllable Number	Syllable Types
2	A0001	ᠥᠬᠡᠢ	UGEI	kʉeː	k}e:	kʉeː	k}e:	none	1	CVV
3	A0002	ᠨᠢᠭᠡ	NIGE	nek	nek	nek	nek	one	1	CVC
4	A0003	ᠡᠨᠡ	ENE	en	en	en	en	this	1	VC
5	A0004	ᠬᠥᠮᠥᠨ	HÖMÖN	kʰʉn	k_h}n	kʰʉn	k_h}n	human	1	CVC
6	A0005	ᠲᠡᠷᠡ	TERE	tʰeʳ	the4	tʰeʳ	the4	that	1	CVC
7	A0006	ᠭᠠᠷ	GAR	kʊr	k64	kʊr	k64	hand	1	CVC
8	A0007	ᠪᠢ	BI	pɪː	pI:	pɪː	pI:	I	1	CV
9	A0008	ᠤᠯᠤᠰ	VLVS	ʊlʊs	UlUs	ʊlʊs	UlUs	country	2	V-CVC
10	A0009	ᠪᠠᠰᠠ	BASA	pʊs	p6s	pʊs	p6s	again	1	CVC
11	A0010	ᠳᠡᠭᠡᠷᠡ	DEGER_E	teːr	te:4	teːr	te:r\	on	1	CVC
12	A0011	ᠠᠪ	AB	ʊβ	6B	ʊpʰ	6p_h	to take	1	VC
13	A0012	ᠨᠠᠮ	NAM	nʊm	n6m	nʊm	n6m	party	1	CVC
14	A0013	ᠲᠡᠭᠦᠨ	TEGUN	tʰʉːn	th}:n	tʰʉːn	t_h}:n	his	1	CVC
15	A0014	ᠦᠵᠡ	UJE	ʉts	}ts	ʉts	}ts	to look	1	VC
16	A0015	ᠣᠯᠠᠨ	OLAN	ʊlʊn	UlUn	ʊlʊn	UlUn	more	2	V-CVC
17	A0016	ᠮᠥᠨ	MÖN	mʊːn	mß:n	mʊːn	mß:n	yes	1	CVC
18	A0017	ᠭᠠᠵᠠᠷ	GAJAR	kʊts34	k6ts34	kʊts3r\	k6ts3r\	land	2	CV-CVC
19	A0018	ᠬᠡᠷᠡᠭᠲᠡᠢ	HEREGTEI	kʰeʳreχtʰeː	k_he4@\kth{:	kʰeʳreχtʰeː	k_he4@\Xt_h{:	need	3	CV-CVC-CV
20	A0019	ᠪᠢᠳᠡ	MAN	mʊn	m6n	mʊn	m6n	we	1	CVC
21	A0020	ᠬᠠᠷ᠎ᠠ	HAR_A	xʊr	x64	xʊrɒ	x64@_`	black	1	CVC

图 0.7　索引库样本示意

2. 语音信号采集与"声样库"的建立

录音设备采用配置高性能外置声卡、调音台和定向性话筒的手提电脑、电声门仪（EGG）以及 DV 摄影机等。采样率为 22kHz、16 bits，双通道记录，S/N 不低于 45dB。在低噪音环境中按照事先准备好的词句表进行语音信号和视频采集。当然，这些只是我们以往采用的方法，目前市场上有多种录音设备供选择。保证音质、选好发音人是本项工作的关键，必须认真对待。录制好的声音文件可以用 Audacity 软件进行切音和命名。图 0.8 为声样库实例。

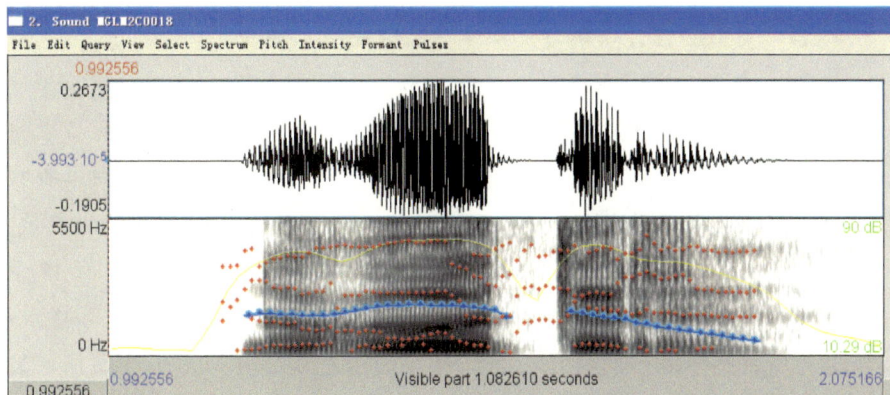

图 0.8　声样库实例

3. 语音标注与"语音标注库"的建立

语音标注分三层（如图 0.9 所示）。其中第一层为音段标注，采用音素标记法，即怎么读怎么标记，本层将呈现语音音变状况和音段时长；第二、第三层为音节和词标注，采用音位标记法，即根据目标语言的音位系统标记，本层将呈现目标语言的音位系统或书面语面貌。从事语音标注的研究人员不但应具备扎实的语言功底和语言学、语音学知识，而且必须掌握声学语音学的理论知识和声学分析方法。

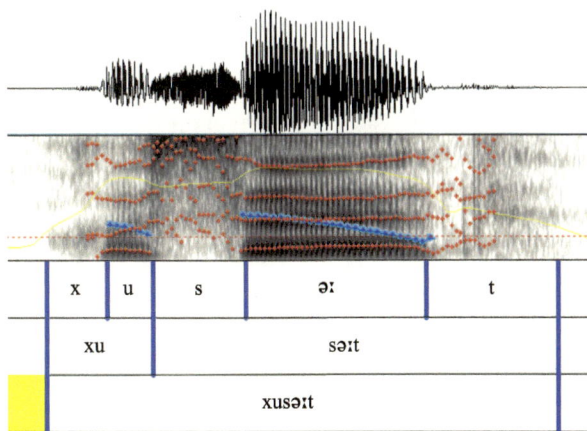

图 0.9　语音标注库实例

"语音标注库"是"语音声学参数库"研制工作的重要环节。该库呈现给读者或使用者每个音段的三维语图及其界限、音标，包括每个词的超音段特征，是图、声音和音标有机结合的语音基础研究的必备库。

4. 声学参数标注，采集与"声学参数标注库"的建立

4.1 功能性字段集的设计

功能字段担负着查找和统计每一种语言、每一个词、每一个音节中每一个音段的声学参数的重任，因此它必须包含足够的信息量。为满足查找和统计统一平台中不同语言、处于不同位置和不同条件音段的信息和参数，需要设计统一的功能字段。通过二十几年的努力，我们已探索出以下 15 个功能字段。这些特征集，具有确定性、唯一性、全面性和权威性等特点，能够涵盖所有民族语言的特征。功能性字段分词层、音节层、音段层、发声类型层和声调类型层等 5 层 15 个字段（请见表 0.1）。

表 0.1　功能性字段及其说明

层级	字段名	字段说明
	No. （物理序号）	No. 为物理序号，以行计，自动形成
	TNo. （分类序号）	TNo. 为分类序号，表示词在该语言"词表"的分类位置，与索引库的"编号"（发音词表）一致，表示词在该语言词表中的分类位置。如，A 为单音节词；B 为双音节词；C 为三音节词；D 为多音节词；P 为词组。如：A0001 代表单音节词表的第一个；B0001 代表双音节词表的第一个；C0001 代表三音节词表的第一个；D0001 代表多音节词表的第一个；P0001 代表词组表的第一个
词层	WN （噪音起始时间）	WN 为声样（音）文件名。与索引库的"文件名"字段一致。录音后切音时产生，是唯一的。共由 9 位代码（符号和数字）组成。其中，前 2~3 位符号为语种名称信息，取目标语言名称的音节首字母；第 4 位为发音人性别和代码信息，M 为男，F 为女性；后 5 位与索引库的"编号"相同（请见 TNo.）。如 EWKM1A0001 中，EWK 代表鄂温克语，M1 代表男 1 号发音人，A0001 代表单音节词的第一个词（句子参数库单独标记）。如维吾尔语男发音人的第一个句子文件名为 WWEM1JZ001。故事分解成句子后编号。词的序号采用千位，句子序号采用百位
	WP （词的读音）	WP 为词的读音，采用音位标记法标记。记音符号：IPA 和 SAMPA（Speech Assessment Methods Phonetic Alphabet）码

续表

层级	字段名	字段说明
音节层	SN（词的音节个数）	SN 为词的音节个数，用阿拉伯数字 1~9 表示
	S（音节读音）	S 为音节读音，采用音位标记法标记。记音符号：IPA 和 SAMPA 码
	ST（音节类型）	ST 为音节类型。根据以往所涉及语言的音节类型，我们初步确定为 15 类（可以追加）。如：1—V，2—VV，3—VC，4—VVC，5—VCC，6—VVCC，7—C，8—CV，9—CVV，10—CVC，11—CVVC，12—CVCC，13—CVVCC，14—CCVVCC，15—CC 等
	SL（音节位置）	SL 为音节位置，用阿拉伯数字 1~9 表示。其中，1 为词首音节，2~8 为词腹音节，9 为词尾音节
音层	P（音位层标记）	P 为音段读音。记音符号：IPA 和 SAMPA 码。采用音位标记法标记
	PA（音素层标记）	PA 为音段读音。记音符号：IPA 和 SAMPA 码。采用音素标记法标记
	PN（音段序号）	PN 为音段序号，记录词中所有音段的序位。用阿拉伯数字表示
	PV（音变标段记）	取消原来的数字标记，改用附加符号表示擦化、清化、浊化等音段音变现象。根据元音在语图上的声学表现，可分为正常元音、气化或擦化元音、清化元音（语图上有所表现，即有相应的位置，有时长和乱纹）和脱落（语图上没有任何表现）等 4 种
	PO（音段序位）	PO 为音节中的音段序位。根据以往所涉及语言的音节类型，我们把 C1C2V3V4C5C6 假设为最大音节并根据音节中音段的次序进行了编号。其中： 1 为音节首单辅音或复辅音前置辅音 2 为音节首复辅音后置辅音 3 为单元音或复合元音的前置元音 4 复合元音后置元音 5 为单辅音或复辅音前置辅音 6 为复辅音后置辅音
发声类型层	PT（发声类型）	PT 为发声类型（Phonation type）。根据学者们的研究成果，我们采纳以下 7 种发声类型。如： 1 为正常嗓音（Modal voice） 2 为紧喉嗓音（Creaky voice） 3 为挤喉嗓音（Pressed voice） 4 为气嗓音（Breathy voice） 5 为气泡音（Fry voice） 6 为假声（Falsetto） 7 为耳语音（Whisper） 如果目标语言的发声类型问题尚未解决，暂不填写

层级	字段名	字段说明
声调 类型层	TT （声调类型）	TT 为声调类型，用阿拉伯数字代替传统的标调。适用于声调类型 比较明确的语言。如：55 调标为 1，53 调标为 2，15 调标为 3，13 调标为 4 等

4.2 声学特征参数集的设计

声学特征参数负载着音段所有的声学特征信息，是观察了解音段特征及其变化的密钥，是语音描写研究的基石。为了对不同语言音段或超音段特征进行比较研究，需要设计一套统一的声学特征参数。通过二十几年的努力，我们已探索出以下 39 个声学特征参数。其中，除音节时长 SD（单位：毫秒）和词长 WD（单位：毫秒）外，元音和辅音各涉及 14 参数，包括时长，音强，共振峰频率及其前、后过渡，清、浊辅音的强频集中区和共振峰频率（为统计分析上的方便采用该名称）；韵律特征涉及 6 个参数，包括韵母总时长，调长，调型的起点、折点和终点频率，调型起点至折点的时间长度等；另外，还有辅音谱重心、相对于谱重心的谱偏移量和偏离度（低于谱重心的谱与高于谱重心的谱之比）等 3 个参数（请见表 0.2 ~ 0.4）。

表 0.2 辅音声学特征及定义

序号	代码	意义	单位
1	G	辅音无声间隙	毫秒（ms）
2	VOT	嗓音起始时间	毫秒（ms）
3	CD	辅音时长	毫秒（ms）
4	CA	辅音强度	分贝（dB）
5	CF1	清辅音第一共振峰	赫兹（Hz）
6	CF2	清辅音第二共振峰	赫兹（Hz）
7	CF3	清辅音第三共振峰	赫兹（Hz）
8	CF4	清辅音第四共振峰	赫兹（Hz）
9	CF5	清辅音第五共振峰	赫兹（Hz）
10	VF1	浊辅音第一共振峰	赫兹（Hz）
11	VF2	浊辅音第二共振峰	赫兹（Hz）

续表

序号	代码	意义	单位
12	VF3	浊辅音第三共振峰	赫兹（Hz）
13	VF4	浊辅音第四共振峰	赫兹（Hz）
14	VF5	浊辅音第五共振峰	赫兹（Hz）
15	COG	辅音谱重心	赫兹（Hz）
16	Dispersion	离散度	赫兹（Hz）
17	SKEW	倾斜度	无单位

表 0.3　元音声学特征及定义

序号	代码	意义	单位
1	VD	元音时长	毫秒（ms）
2	VA	元音强度	分贝（dB）
3	TF1	元音前过渡第一共振峰	赫兹（Hz）
4	TF2	元音前过渡第二共振峰	赫兹（Hz）
5	TF3	元音前过渡第三共振峰	赫兹（Hz）
6	TF4	元音前过渡第四共振峰	赫兹（Hz）
7	F1	元音目标点第一共振峰	赫兹（Hz）
8	F2	元音目标点第二共振峰	赫兹（Hz）
9	F3	元音目标点第三共振峰	赫兹（Hz）
10	F4	元音目标点第四共振峰	赫兹（Hz）
11	TP1	元音后过渡第一共振峰	赫兹（Hz）
12	TP2	元音后过渡第二共振峰	赫兹（Hz）
13	TP3	元音后过渡第三共振峰	赫兹（Hz）
14	TP4	元音后过渡第四共振峰	赫兹（Hz）

表 0.4　韵律特征及定义

序号	代码	意义	单位
1	FD	韵母总时长	毫秒（ms）
2	TD	调长	毫秒（ms）
3	SF	调型的起点频率	赫兹（Hz）
4	BF	调型的折点频率	赫兹（Hz）
5	EF	调型的终点频率	赫兹（Hz）
6	BD	调型起点至折点的时间长度	毫秒（ms）

4.3 声学参数采集方法和原则

根据以往对汉语普通话和少数民族语言的生理和声学研究经验，经过多次讨论、反复修改，我们团队制定了下列统一的测量、采集方法和标准（请见表 0.5~0.6）。

表 0.5 声学特征参数及其测量采集方法和原则（辅音部分）

音段	声学特征参数	测量采集方法和原则
辅音	CD（音长）	（1）塞音和塞擦音的音长是无声段和噪音起始时间的总和，即 CD=GAP+VOT；（2）音节末或词末弱短元音（不构成音节的元音）的音长归其前位辅音，并在备注中加以说明
	GAP（无声段）	（1）暂不测量词首塞音、塞擦音的 GAP；（2）不测量浊塞音和浊塞擦音的无声段。浊塞音和浊塞擦音冲直条和噪音横杠（Voice Bar）之间出现的 GAP 归-VOT
	VOT（噪音起始时间）	（1）VOT 起始点的规定：噪音起始时间通常指破裂音除阻到后面元音声带振动起始的时间，我们把元音第二共振峰的出现点作为 VOT 的起始点；（2）浊音-VOT 时长的测量：从 Voice Bar 的起始点到浊塞音的冲直条（破裂点），同时要参照上面"浊塞音和浊塞擦音冲直条和噪音横杠（Voice bar）之间出现的 GAP 归-VOT"的规定
	CA（音强）	（1）测量点：目标位置上的强度；（2）目标位置的确定：目标位置因辅音而异，如塞音的目标位置一般在其冲直条上，塞擦音、擦音和鼻音的目标位置一般在有声段时长的前 1/3 处（理由：该位置较少受前后段的影响）；（3）要参照目标位置附近的最大能量
	CF（清辅音共振峰）	（1）测量清辅音的 1-5 个共振峰（CF1~CF5）；（2）测量点：清塞音、清塞擦音、清擦音目标位置上的 5 个共振峰；（3）目标位置的确定与 CA 项相同，即塞音的目标位置一般在其冲直条上；塞擦音，擦音和鼻音的目标位置一般在有声段时长的前 1/3 处。该标准也适用于复辅音；（4）参考因素：采集清辅音共振峰时参考辅音与前位和后续元音共振峰之间的延续性和对应性。但测量第五共振峰（CF5）时，不宜与元音共振峰联系，要独立测量。还可以参考 View Spectral Clice
	VF（浊辅音共振峰）	（1）测量浊辅音的 1~5 个共振峰（VF1~VF5）；（2）测量范围：浊塞、浊擦和鼻音的浊音（鼻音）部分，浊擦音共振峰、半元音和 [r, 1] 等辅音的共振峰；（3）采集方法：浊塞音、浊塞擦音的噪音横杠 Voice Bar 的参数填入 VF1，而 Voice Bar 之后的频率填入同一行的 CF1~CF5 中，鼻冠音虽是一个音位，但分两行填写参数，即鼻冠音的前半部分——鼻音部分的参数填入第一行的相应参数 VF1~VF4 中，后部分的参数填入第二行

表 0.6　声学特征参数及其测量采集方法和原则（元音和韵律部分）

音段	声学参数	测量采集方法和原则
元音	VD（音长）	（1）元音音长的测量方法：元音音长一般以第二共振峰的时长为准。（2）词末元音的音长问题：以波形没有周期信号为准。（3）半元音与元音界限的判断方法：（a）音强差别，半元音的音强比元音弱；（b）音长差别，半元音时长比元音相对短，一般在 40ms 左右；（c）成阻差别，与元音相比半元音有较明显的摩擦成分，这是它与元音之间的主要差别。（4）复合元音的测量方法：首先要找到两个元音的目标点，然后把中间的过渡段一分为二分给两个元音，复合元音的元音音长不一定是等长的。（5）波形可以作为判断半元音与元音，二合元音前后位元音界限的参考依据
	VA（音强）	采集音强曲线峰值，同时兼顾元音是否在目标位置附近
	TF（共振峰前过渡）	元音 4 个共振峰前过渡（TF1～TF4）的测量方法：测量点选在元音起始点
	F（共振峰）	（1）测量采集原则：测量点选在元音共振峰（F1～F4）目标位置。（2）元音共振峰目标位置的特点：（a）相对平稳；（b）共振峰模式典型；（c）能量相对强。（3）测量方法：在 CV 音节中，目标位置尽量选择相对靠后的点；在 VC 音节中目标位置尽量选择相对靠前的点；在 CVC 音节中目标位置尽量选择中间位置。（4）测量元共振峰时可以参考如下原则：在所有元音中［i］的 F1 和 F2 的距离最远；［a］的 F1 最高，F1 与 F2 较接近；［u］的 F1 和 F2 最低，最近；［e］的 F1，F2，F3 分布较均匀
	TP（共振峰后过渡）	元音共振峰后过渡 TP1～TP4 的测量方法：测量点选在元音结束处
韵律	FD（韵母总时长）	韵母的定义：音节中除了声母，后面都是韵母（元音或元音+鼻韵尾等辅音），非声调语言不测量
	TD（调长）	测量方法：测声调语言调型段内元音（韵母）的音高曲线长度（不包括调型的弯头降尾部分），非声调语言不测量
	SF（调型起点）BF（调型折点）EF（调型终点）BD（调型起点至折点时长）	（1）调型的起点 SF 频率的测量方法：不包括弯头部分。声调和非声调语言均以元音测量，数据放在元音记录行。（2）调型的折点 BF 频率的测量方法：声调中断问题的解决方法，暂采用人工自然连接的方式。（3）调型的终点 EF 频率的测量方法：不包括降尾部分。（4）调型起点至折点 BD 的时间长度的测量方法：无特别提示

4.4　标注原则与方法

在 2012 年 2 月我们课题组着手编写 PRAAT 脚本程序的过程中，我们使用了如下几种工具（程序）。（1）自动添加 8 层标注层工具。该工具能够自动生成 8 层标注文件，分别为：P（音素）、S（音节）、W（词）、PI（音高）、IN（音强）、FO（共振峰）、BS（嗓音横杠和冲直条）、CS（辅音谱重心、偏移量、偏移度）等。其中，第 1~3 层为语音标注层，第 4~8 层为参数标注层。（2）自动增加 5 层标注层工具。该工具在原 1~3 层语音标注层的基础上能够自动增加第 4~8 层标注层和词边界。（3）自动转换标注文件工具。该工具能够转换同一种语言或方言一位发言人的标注文件转化成另一位发言人的标注文件，节约语音标注时间。（4）自动反转前三层并加五层工具。该工具能够自动反转前三层并增加五层。（5）参数自动标注工具（3.1 版）。该工具目前能够自动标注除第 4（PI）和第 7（BS）层以外的参数。（6）参数自动提取工具（3.9 版）。该工具目前能够自动提取 1~8 层的参数并自动转化成 TXT 文件。

4.4.1　标注层

以下为 1~8 层标注的内容和标记、标注方法。

第一层 P（Phone）为音素（音段 segment）层。该层以音段为单元进行标注。要标注目标词每一个音段的准确界限并按照"音位变体标记原则"[①]（发音人怎么说就怎么记，即完全按照声学特征标音）进行标音。

第二层 S（Syllable）为音节层。该层以音节为单元进行标注。在第一层的基础上，要标注目标词每一个音节的界限并按照"音位标记原则"（按照目标语言音位系统）进行标音。

第三层 W（Word）为词层。该层以词为单元进行标注。在第一、第二层的基础上，标注目标词界限并按照"音位标记原则"进行标音。

第四层 PI（Pitch）为音高曲线标注层。该层以音节为单元进行标注，要采集每个音节音高曲线的起始点、折点和结束点等三个点的音高参数，避开音高曲线的"弯头降尾"。音高曲线如果出现"断线"现象，可以人为地延伸。<u>该层尚未自动化。</u>

第五层 IN（Intensity）为音段音强标注层。该层以音段为单元进行标注，只采集每个音段最强点的参数。如果是多音节词，一定要采集每个音节的最强点。<u>该层已实现自动化。</u>

第六层 FO（Formant）为音段共振峰标注层。该层以音段为单元进行标注，要采集每个音段包括元音、浊辅音和清辅音的共振峰和强频集中区频

---

① 从音位学理论的视角看，第一层为音位变体标注层，第二、第三层为音位标注层；在具体标注时，第一步需要标注第三层词的界限，然后再标注第一或第二层。

率，统称共振峰频率。其中，元音共振峰要采集三个点，即前、后过渡和目标点频率；清、浊辅音只采集一个点，即目标点共振峰频率。缺少的共振峰用"，"号（必须是英文逗号）替代。如，200,, 3200,, 4600,表示没有 F2 和 F4。该层虽然已实现自动化，但对清辅音共振峰提取错误率较高，提取完参数后必须严格检查。目的：一要检验数据的准确性，二要检查没有显示共振峰的"，"号，特别是清辅音的 F1 一般都不显示。这时一定要手动修改，如:,1200,, 3200,, 3800,, 4600,……标记所提取的共振峰位置时，特别注意要避开盲点。

第七层 BS（Voice Bar & Spike）为塞音，包括塞音、塞擦音浊音横杠或冲直条标注层，是音长参数标注层。（1）清塞音和塞擦音，要分词首和非词首。其中，要标记非词首的冲直条位置，不标记词首的，用词界限代替它。（2）浊塞音和塞擦音，要标记所有浊塞音和塞擦音的冲直条位置。其中，非词首的有两种情况。第一种为如果噪音横条（Voice Bar）之前有GAP，要标记噪音横杠起始点位置和冲直条位置。第二种为如果噪音横杠之前没有 GAP，即噪音横杠直接与前音节元音的 F1 连接时，只标记冲直条位置。这种情况下，只有噪音横杠长度和 VOT 长度。该层尚未自动化。

第八层 CS（Consonant Spectrum）为除塞音（塞音和塞擦音）以外其他辅音的谱重心、偏移量和偏移度标注层。该层已实现自动化，只标记词的界限即可（参见图 0.10）。

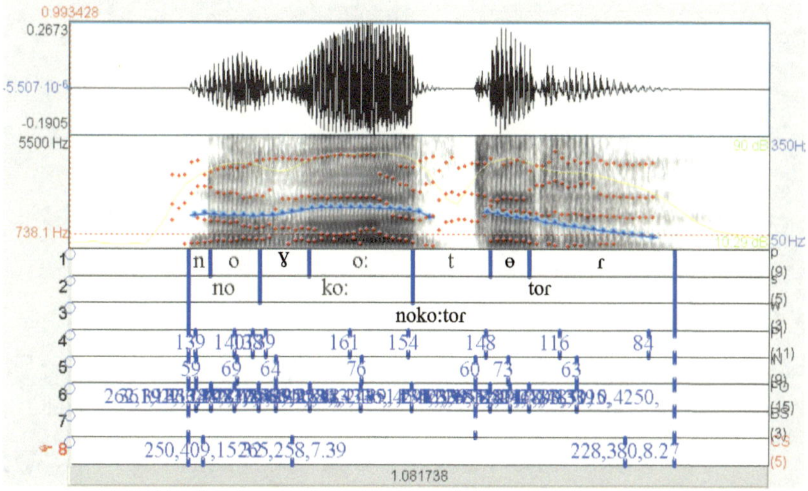

图 0.10　声学参数标注实例

（1）"参数自动标注"程序的用法：一定要用 PRAAT 的 Open PRAAT script 打开；标注完后，run 改程序。注意：run 之前要检查光标是否在 Text-Grid 上（不能在 Sound 上）；要检查 PI、IN、FO 等是否显示；PRAAT 的 run 完之后，要检查数据。其中，特别注意检查清辅音共振峰数据。如果有修改部分，不能再 run。一定要保存。（2）关于 PRAAT 有些参数的设定问题。Formant Settings：分析男发音人语料时，设定为 5000Hz，女性为 5500Hz。Pitch Settings：分析男发音人语料时，设定为 75~300Hz，女性为 100~500Hz。这些设定，对参数的影响不会很大。上述设定是开发 PRAAT 软件的工程师们的建议。我们应该遵循。

4.4.2 辅音的声学表现

辅音在语图（spectrogram）上的声学表现可以分解为一组基本模式。

冲直条（Spike）：塞音破裂产生的脉冲频谱，表现一直条，时程很短，10~20ms，意味在所有的频率成分上都有能量分布。

无声空间（GAP）：在塞音和塞擦音破裂之前有一段空白，这是辅音成阻、持阻时段的表现，造成清塞音的效果；这一段虽是空白，但对塞音感知来说是不可缺少的。

嗓音横杠（Voice Bar）：这是声带振动的浊音流经鼻腔辐射到空气中在语图上的表现，冲直条之前若有一条 500Hz 以下较宽的嗓音横条，说明这是浊塞音。

乱纹（Fills）：这是气流流经口腔某部位狭窄通道造成的湍流，所有的擦音在语图上都表现为乱纹。

共振峰（Formant）：其定义与元音相同，鼻音、边音都有共振峰。

CS（Consonant Spectrum）：代表辅音的谱重心、偏移量、偏移度。

4.4.3 清辅音共振峰标注原则与方法

元音和辅音在词中的每个共振峰都是围绕各自的一条线上下移动。这些线就像一条橡皮带，随着共振峰的变化而上下摆动。因此，就像图 0.11~0.13 中所显示的那样，词中元音和辅音的每一个共振峰都会绘制一条完美的波浪线。原因：每个人的共鸣腔是固定的，决定上下移动幅度的是舌位（高低前后）。这完全符合发音机理。图 0.11~0.13 中几种语言词的共振峰波浪线对于元音和辅音共振峰的理解和采集，特别是对于清塞音、塞擦音和擦音共振峰的准确采集具有非常重要的意义。我们采用"顺藤摸瓜"的方法，可以比较容易地找到清塞音、塞擦音和擦音的几个共振峰。词中元音和辅音的共振峰对应规律为：

F1⇔VF1⇔CF1；F2⇔VF2⇔CF2；F3⇔VF3⇔CF3；

F4⇔VF4⇔CF4；F5⇔VF5⇔CF5

其中，CF1 不稳定，有时比较明显，有时不明显，根据具体表现确定是否采集该参数。有关清辅音共振峰模式，请见图 0.11～0.13。

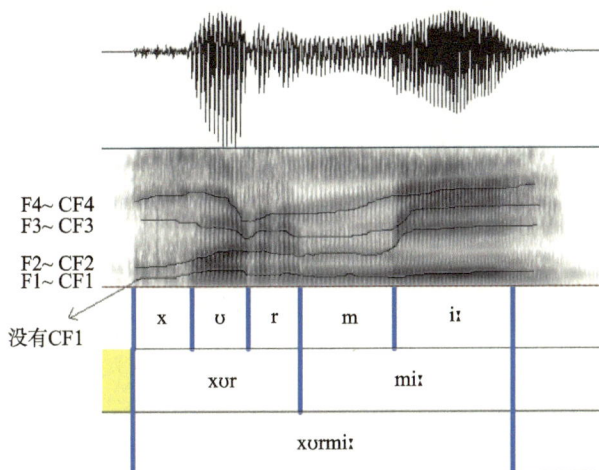

图 0.11　土族语［xʊrmiː］"裙子"一词的 CF "波浪线"

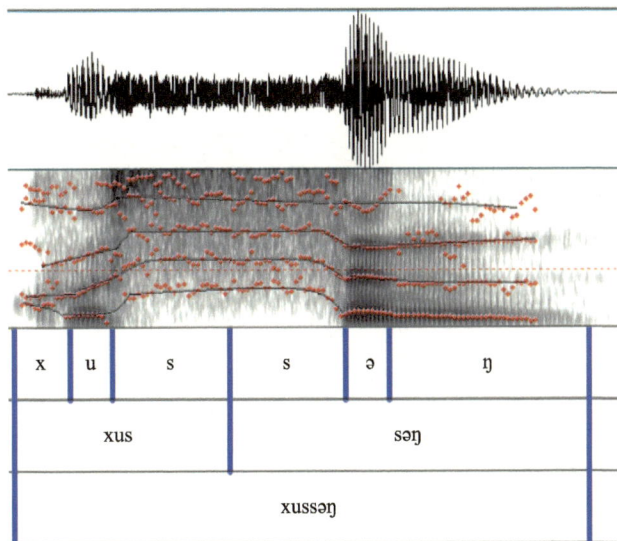

图 0.12　蒙古语［xussəŋ］"所希望的"一词的 CF "波浪线"

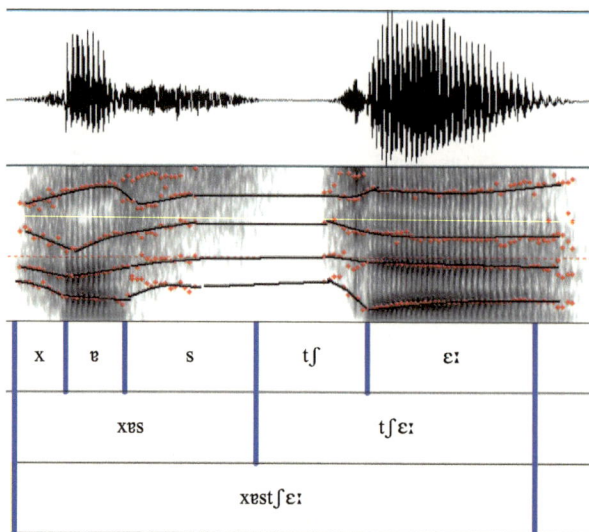

图 0.13　蒙古语 ［xɐstʃɛː］"减了"一词的 CF "波浪线"

4.4.4　鼻音对其前后音段共振峰的影响问题

如果一个词中有鼻音［m，n，ŋ］，可能会中断或打乱共振峰连接。这是因共鸣腔的改变或转换而发生的变化，主要表现为元音的 F2 和 F3 之间会出现"多余"的共振峰，即传统语音学中所说的"鼻化"。在这种情况下，忽略鼻音的影响而找到元音共振峰的准确位置是非常必要的（参见图 0.14）。

4.4.5　闪音声学表现及其标注原则与方法

在蒙古、土、东部裕固、鄂温克、鄂伦春和哈萨克等语言中都有 / r / ~ / ɾ / 辅音音位。在这些语言中，该音位的出现频率也相当高。目前，我们发现了以下四种变体［ɾ，r，ʒ~ẓ，ɹ］。其中，我们对闪音［ɾ］[①] 语图的认识是随着分析语言的增多而逐渐深入的。典型闪音语图是"浊音横杠+无声段+浊音横杠"。在以往的研究（呼和，2009）中，我们把无声段之后的浊音横杠处理成弱短元音。通过比较上述阿尔泰语系诸多语言闪音之后，我们觉得处理成弱短元音不妥，因为该部分正是把闪音归为浊音的主要依据。通过分析发现，不管出现在什么样的语境下，如元音之间（-VɾV-）、音节首（-ɾV-）和音节末（-CVɾ-）等，闪音都能够保持其"浊音横杠+无声段+浊

---

① 闪音共振峰参数只采集中间目标位置，不采集前、后过渡段。参数填入与该闪音相应的浊辅音字段中，即 VF1~VF4。闪音音强采集点应与其共振峰目标点一致。颤音：标注和时长、共振峰的采集方法与闪音相同，颤音音强采集点应与其共振峰目标点一致。

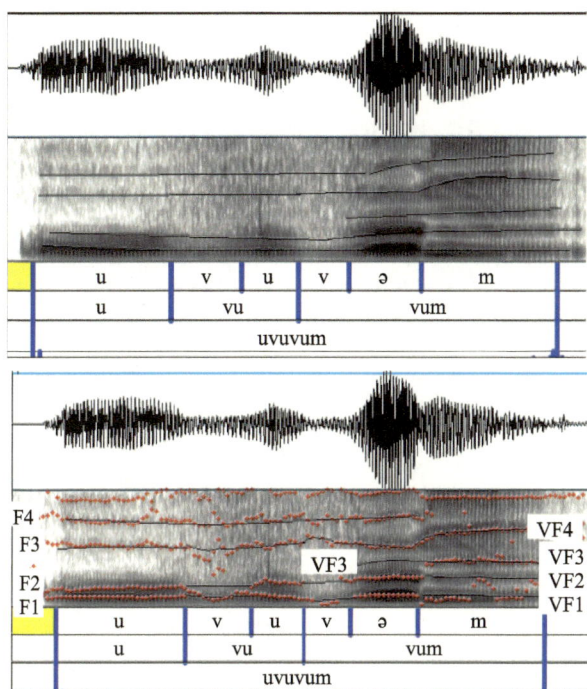

图 0.14　锡伯语［uvuvəm］"卸（货）"一词的 CF "波浪线"

音横杠"模式。目前我们区分闪音与颤音的标准只限定在所颤的数量上，即颤一次为闪音，两次或两次以上为颤音，即 r = ɾ + ɾ +……。

图 0.15~0.19 是不同语言和不同位置、不同语境中出现的闪音实例。标注时，以其前元音结束段为起始点（包括短暂的无声短）一直到后面的

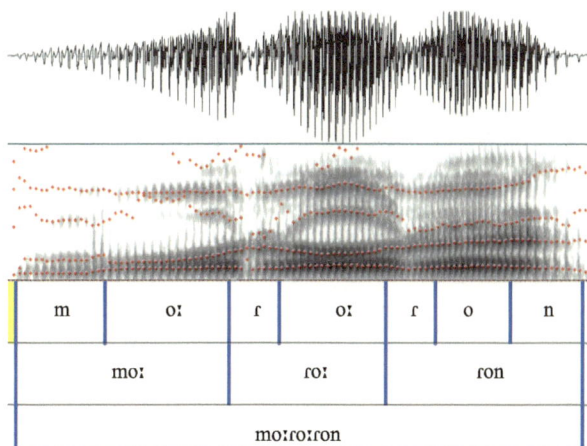

图 0.15　鄂伦春语［moːroːron］"呻吟"一词的三维语图和三层标注实例

浊音横杠的结束点作为其音长。

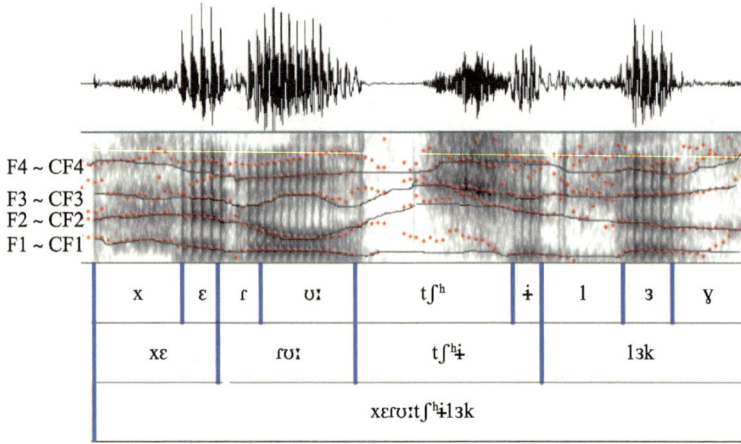

图 0.16　蒙古语［xɛrʊːtʃʰiləɣ］"责任"一词的三维语图和三层标注实例

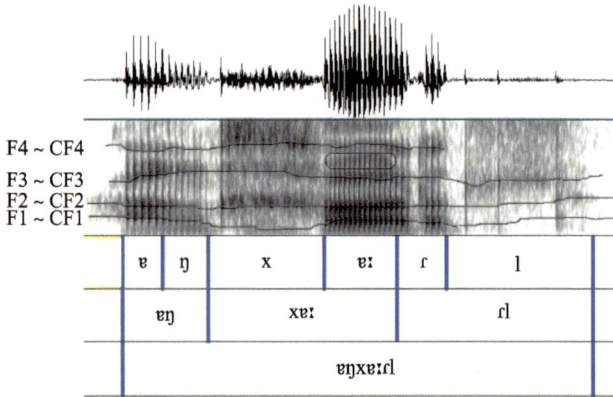

图 0.17　蒙古语［ɐ̃ŋxɛɪɭ］"注意力"一词的三维语图和三层标注实例

　　闪音在清辅音之前（-Vɾ/C 清-）有时会清化为［ɹ］音。这种变体在蒙古语中较多，蒙古语族其他语言中也会出现（参见图 0.19）。

　　4.4.6　音高曲线三点的标记原则与方法

　　为了准确无误地采集每一个音节音高曲线，我们制定了以下标记方法。因为阿尔泰语系语言没有声调，为此研究描写词重音时我们只需采集三点即可。图 0.20 为音高曲线采集原则和方法。

　　5. 声学参数自动标注与提取系统

　　尽管通过 30 多年的语音实验研究和描写研究实践，我们团队对语音声

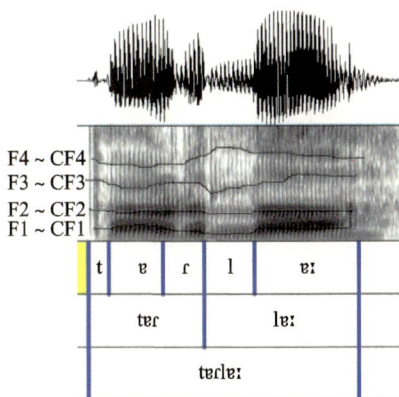

图 0.18　东部裕固语 [teɹleː] "兴盛" 一词的三维语图和三层标注实例

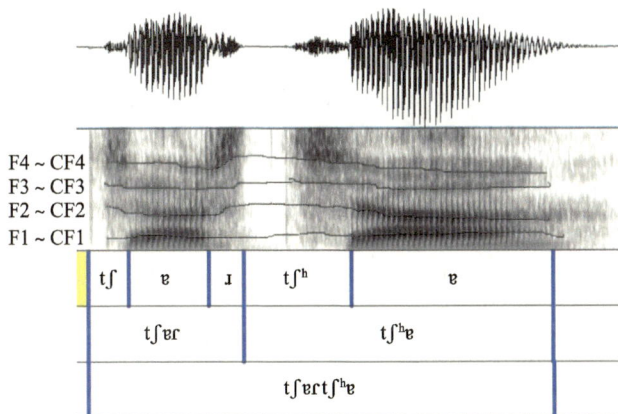

图 0.19　东部裕固语 [ʧeɹʧʰe] "雇工" 一词的三维语图和三层标注实例

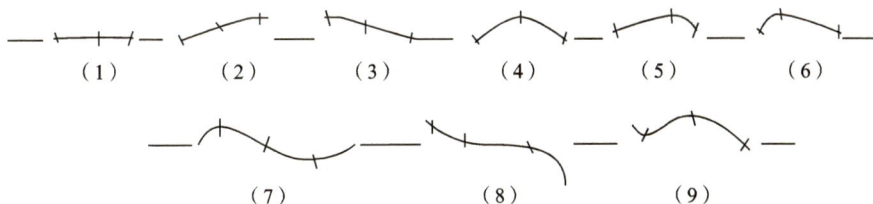

图 0.20　音节音高曲线模式及其测量方法示意图

学特征有了新的认识，积累了测量和采集声学特征参数的丰富经验，但是声学参数采集工作仍然非常艰难。这是因为仅仅依靠手工标注和采集，尚存两个弊端。一方面，工作量大，错误率高，效率低，无法保证实验方法和实验数据的可重复性，更无法实现语音声学研究工作的规范化和标准化；

另一方面，由于声学特征定义及其提取方法和标准难以统一等原因，语言之间难以相互比较，研究成果无法相互借鉴。为了避免上述弊端，必须解决语音声学参数数据库研制工作的自动化问题，语音声学参数自动标注和提取是首先要解决的问题。

为推动语音声学实验研究工作的规范化和标准化进程，自 2013 年年初开始，根据多年积累的语音声学参数库研制经验，在呼和研究员的倡导下，由周学文副研究员编写完成并投入使用了"语音声学参数自动标注/提取系统"（周学文、呼和，2014）。该系统具有标准统一、数据完整、简单高效、可校对、能容错的特点。与手动采集声学参数相比，该系统能够大量减少填写数据的工作量，减少人工标注的随意性，降低错误率，从而有效提高语音声学参数库研制效率，确保实验方法和实验数据的准确性和可重复性。

声学参数自动标注和自动提取两个工具共有源代码大约 1500 行，自动标注实现了除冲直条外所有声学参数的自动标注，自动提取软件增加了谱重心、偏移量、韵律参数等新的参数的自动计算和提取，两款软件经过了多个用户、大量数据的运行实践和改进，证明了其稳定和高效，极大提高了参数标注和提取的工作效率。

为了对声学参数进行标准化标注和自动提取以及减少人工标注的随意性，在提出八层标注文件结构（请见表 0.7）的同时，制定了归一化的标注标准和标注点。该结构涵盖了音段和超音段主要声学特征。标注方法如下：在 PRAAT 环境下将标注文件与语音文件同时打开后，用户按照统一的标注标准和方法，选定标注位置（音高、音强、共振峰和浊音杠与冲直条），执行自动标注软件，系统就能把具体值自动标注到所选位置上，用户只需校对、修改和确认即可。有了该系统，语音实验人员可以把主要精力集中到语音特征的分析和比较上，不再为手工填写大量数据而发愁。这样既减少工作量，又降低错误率。

表 0.7　八层标注文件结构实例

第一层：音素	音素	音素	音素	音素	音素
第二层：音节	音节		音节	音节	
第三层：词	词				
第四层：音高	音高（每音节取三点：起点、折点、终点）				

续表

第五层：音强	音强（每音素最大音强）
第六层：共振峰	共振峰（辅音一点、元音三点，每点最多五个共振峰）
第七层：浊音杠与冲直条	塞音/塞擦音的浊音杠和冲直条位置（除词首清塞音和清塞擦音以外）
第八层：辅音谱	除塞音/塞擦音以外辅音的谱特征

图 0.21 为自动提取软件运行界面。自动提取软件是一款高效而稳定的软件，它主要用于完成如下工作。（1）根据 SAMPA-C 码定义，判断音素的元音/辅音属性。如果是辅音，还要判断其清/浊、塞音塞擦音/非塞音塞擦音属性。（2）根据音节内音素的组合，判断音节类型并得到类型号、音节位置和数量、词/音节/音素长度，将音高值赋予音素，将共振峰值串（可能有逗号分隔的缺省值）分解得到 F1～F5，并根据元音/辅音属性，分别赋予各自的共振峰，将音高赋予音节的属性。（3）根据第七层的冲直条和浊音杠标记，与第一层的音素进行匹配，根据词首/非词首、清/浊属性，将各个标记解释为冲直条或浊音杠，计算得到 GAP、VOT 和音长，再赋值给音素。（4）第八层将计算得到的辅音谱特征值赋予辅音等。

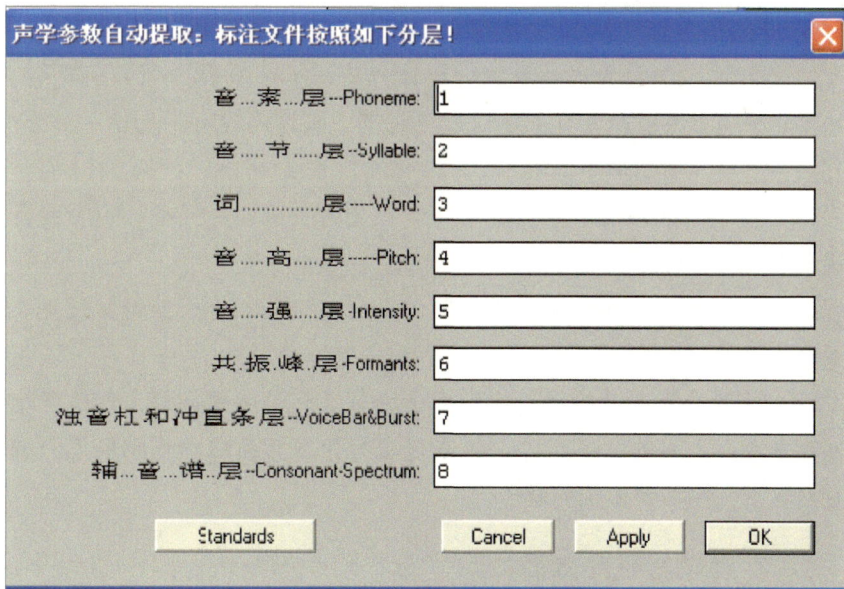

图 0.21　自动提取软件运行界面

语音声学参数自动标注/提取是我们整个工作的关键。语音声学参数准确而高效的提取能够有效提高语音声学参数库研制效率，确保实验方法和实验数据的准确性和可重复性。声学参数提取技术上的改进将逐步实现语音声学参数数据库研制工作的全面自动化，推动语音声学参数数据库研制和语音声学实验研究工作的规范化和标准化进程。类似资源库创建中计算机技术的运用，需要计算机技术人员和语言学者互相配合、协同作战、共同攻关。

二 "中国少数民族语言方言实验研究丛书"

"中国少数民族语言方言实验研究丛书"基于"统一平台"的研究成果，是我们团队多年合作研究的结晶。该丛书在以往研究的基础上，针对民族语言语音研究的历史和现状，从解决所面临的实际问题出发，采用声学语言学的理论和方法，对目标语言的元音、辅音等音段特征和词重音等超音段特征进行了较全面、系统的定量和定性分析。

（一）在元音研究方面

（1）对每一个元音进行系统的统计分析，统计参数（项）包括音长、音强、目标位置共振峰及其前、后过渡频率。统计内容有平均值、标准差、变异系数、最大值、最小值等。

（2）基于参数平均值，确定每一个元音的音值，并列举每一个元音的三维语图作为旁证。

（3）根据每一个元音在声学空间中的分布格局，分析探讨其过去、现在和未来的变化规律。

（4）观察分析音节数量与元音声学参数之间的关系问题、音节类型与元音声学参数之间的关系问题、辅音音质对元音共振峰的影响问题、辅音位置对元音共振峰的影响问题等。

（二）在辅音研究方面

（1）对每个辅音进行系统的统计分析，统计参数（项）包括音长、音强、目标位置共振峰（CF1~CF3）等，统计内容有平均值、标准差、变异系数、最大值、最小值等。

（2）通过统计每一个辅音在词中不同位置中的出现频率，确定其在词中的出现频率特点。

（3）基于三维语图，阐述每一个辅音声学特点（声学表现）。

（4）根据每一个辅音的共振峰分布模式，确定其在声学空间中的分布特点。

（5）用 VOT-GAP 二维坐标观察分析塞音、塞擦音的声学格局。

（6）用 COG（辅音谱重心，简称谱重心）、STD（相对于谱重心的谱偏移量，简称谱偏移量）和 SKEW（偏离度，低于谱重心的谱与高于谱重心的谱之比）等三个参数探讨了清擦音和浊辅音的谱特点和谱参数分布规律。

（7）观察分析词中位置对辅音的影响问题，后续元音音质对辅音共振峰的影响问题。

（三）在词重音研究方面

从单词韵律模式和词重音问题入手，阐述了语音四要素与目标语言词重音性质之间的关系问题；基于声学参数分析了词重音功能与作用问题，并从类型学的视角对词重音位置问题进行了解释。

（四）在音系研究方面

基于实验音系学理论和方法，对目标语言的音系进行了较全面系统的分析和归纳。

第一章

东部裕固语研究概况

一　东部裕固语研究概况

因有关东部裕固语研究方面的国内外文献较少，本书只做简单阐述。据文献记载，19世纪初开始，俄国的波塔宁、马洛夫，芬兰的曼涅海姆等人搜集并发表过有关东部裕固语研究成果。1939年，波兰著名阿尔泰语言学家科特维奇发表了《甘州附近的黄维吾尔人所说的蒙古语》的论文。这是描写东部裕固语的第一篇文章。因受诸多因素的影响，该项研究只停留在少量词汇和个别语法现象的描写上，直到50年代鲍培的《蒙古语比较研究绪论》，国内外蒙古语言学界对东部裕固语的认识仍旧是模糊的。科特维奇曾认为，东部裕固语很像安多地区蒙古人的语言；鲍培则认为，东部裕固语可以看作蒙古部落的方言。可见，他们都没有认识到东部裕固语是蒙古语族语言的一支独立语言的事实。现在蒙古语学界一般都熟知，东部裕固语虽然既有和蒙古语卫拉特方言的和硕特土语，即青海、甘肃地区蒙古语的相似之处，也有和内蒙古方言相似的特点（学界认为，该土语具有内蒙古方言和卫拉特方言之间的过渡性特征），但它确实是具有自身语音、语法和词汇特点的蒙古语族独立的语言。显然，这一时期学界对东部裕固语的认识处于初级阶段。

东部裕固语系统深入的研究始于1956年，即以清格尔泰为队长的中国科学院少数民族语言调查第五工作队对东部裕固语进行的较为系统的调查研究。这一时期的研究成果有《中国境内蒙古语族语言和蒙古语方言概况》

（清格尔泰，蒙古语文，1957～1958）、《西拉裕固语》（托达耶娃，1960）。苏联学者托达耶娃参加了1956年的调查队，《西拉裕固语》是她在1956年调查材料的基础上撰写的。照那斯图《东部裕固语简志》（1981）是作者在1956年大调查资料的基础上，进行进一步田野调查后完成的，也是国内系统研究东部裕固语的第一部专著。

1980年，内蒙古大学蒙古语文研究所组织老师和研究生分成七个小组，按照统一调查大纲分别对蒙古语的巴尔虎—布里亚特方言、卫拉特方言以及东部裕固语、达斡尔语、东乡语、土族语和保安语进行了比较全面系统的调查。由保朝鲁老师和研究生贾拉森组成的调查小组赴甘肃省肃南裕固自治县康乐区的红石窝村，对东部裕固语进行了为期三个月的调查，搜集了比较丰富的语言材料。在此基础上，两位研究者分别出版了《东部裕固语词汇》（保朝鲁等，1985）、《东部裕固语话语材料》（保朝鲁、贾拉森，1988）和《东部裕固语和蒙古语》（保朝鲁、贾拉森，1991）。这三本著作为国内外东部裕固语研究打下了基础，确立了我国学者在东部裕固语研究领域的地位。其中《东部裕固语和蒙古语》是这三种专著的核心。该书用比较研究和描写研究相结合的方法，从语音、语法、句法和词汇等方面，对东部裕固语进行了较全面系统的描写和比较研究。日本学者粟林均以布和等《东乡语词汇》和保朝鲁《新编东部裕固语词汇》为蓝本，于2017年编写出版《〈东乡语词汇〉〈新编东部裕固语词汇〉蒙古语文索引》（『東郷語詞彙』『新編東部裕固語詞彙』蒙古文語索引，东北大学东北アジア研究センター）。

除此之外，自1982年开始陆续出现了近十篇硕博论文。如，贾拉森的《东部裕固语格范畴和代词的某些特点》（内蒙古大学硕士毕业论文，1982），孟和宝音《东部裕固语动词的式研究》（内蒙古师范大学硕士毕业论文，1987），额尔顿朝古拉的《东部裕固语和蒙古语元音比较研究》（硕士学位论文，1982），萨仁高娃的《蒙古语和东部裕固语语音比较研究》（北京大学博士学位论文，2008）；阿拉腾苏布德的《东部裕固语格范畴》（内蒙古大学硕士学位论文，2009）和《用生态语言学的方法研究东部裕固语》（内蒙古大学博士学位论文，2012），乌兰图雅的《东部裕固语和蒙古语词汇比较研究》（内蒙古大学硕士学位论文，2012），萨仁花的《东部裕固语词首音节长短元音声学分析》（西北民族大学硕士学位论文，2013）；

哈斯呼的《基于语音声学参数库的东部裕固语语音研究》（内蒙古大学博士学位论文，2014）等。这些硕博论文是用传统语言学和实验语音学的理论和方法撰写的，在一定程度上代表了我国硕博论文的研究水平。

二 东部裕固语语音声学参数数据库

自 2010 年开始，在呼和教授承担的中国社会科学院重大 A 类项目"基于语音声学参数数据库统一平台的阿尔泰语系诸语言语音研究"（项目编号：0900000112）和国家社科基金重大招标项目"中国少数民族语言语音声学参数统一平台建设研究"（项目编号：12&ZD225）的资助下，内蒙古大学博士研究生哈斯呼前往甘肃省肃南裕固自治县康乐区，对东部裕固语进行了田野调查和语料录制工作。用统一词表（近 3000 个词）和同一个套设备（索尼指向型话筒 SONY ECM 44B 以及 IBM R 系列笔记本电脑）在标准录音室中录制了郭菊华、兰建荣等 8 位发音合作人语料。本卷所利用的"东部裕固语语音声学参数数据库"采用了郭菊华（女，1973 年生）、兰建荣（男，1966 年生）两位发音人的录音库。两位发音人均为土生土长的康乐区裕固族母语人，精通母语，发音纯正、自然，没有嗓音疾病。"东部裕固语语音声学参数数据库"与其他语言语音声学参数库一样，由索引库、声音库、标注库、声学参数库 4 个分库组成。其中，索引库和录音库由哈斯呼博士完成，标注库和参数库是在哈斯呼工作的基础上，由宝音博士修改完成的。

按照我们团队研制的"中国少数民族语言语音声学参数统一平台"（简称"统一平台"）的要求，把"东部裕固语语音声学参数数据库"嵌入"统一平台"，并完成了统计分析任务。

| 第二章 |

东部裕固语元音声学特征

元音发音特点：（1）声源：声带振动；（2）感知：乐音，声音响亮；（3）时程：相对较长；（4）气流类型：层流；（5）气流受阻方式：气流在口腔中是畅通无阻的，不会遇到阻塞或阻碍；（6）肌肉活动范围：口腔腔壁的肌肉均匀紧张（鲍怀翘，2005）。这是元音的共性。下面从东部裕固语自身的特点总结其元音系统的某些特点。

一　东部裕固语元音基本特点

东部裕固语元音具有如下几个特点。

（1）元音音长具有对比功能。东部裕固语有长短对立的 8 对基本元音音位：[ɐ、ə、i、ɔ、e、u、ø、y] ↔ [ɐː、əː、iː、ɔː、eː、uː、øː、yː]。我们的实验结果证明，长短元音不但在音长方面有差别，而且在音质方面也有所不同，但人的耳朵无法区别这种细微差别。（2）有 [ɐi、ɔi、ɐu、ʊi、əi、ei、ui] 等二合元音。二合元音不是元音+元音，而是单一的语音单位，是从前稳定段→过渡段→后稳定段的一串音，是结合十分密切的整体，二合元音的首、后位元音的音质与单元音有所差别。它的发音过程至少有起始段、过渡段和结束段，并且过渡段决定结束段的趋向。描写二合元音时不能忽视过渡段音。（3）东部裕固语元音有松、紧（阴阳）之分。松元音（[ə、əː、i、iː、e、eː、y、yː、ø、øː]）和紧元音（[ɐ、ɐː、ɔ、ɔː、u、uː]）的音质虽然完全不同，但这两类元音共振峰有明显的规律性，主要表现为所有紧元音的 F2 都比松元音的 F2 小，在生理上体现为松元音的舌位都比紧元音靠前。在声学元音图上的格局为"松在前,紧在后,互不重叠"。(4)具有元音和谐律。东部裕固语元音和谐律的核心内容是出现在同一个词内前元音对后元音的影响或前后元音之间的互相制约的关系问题。(5)词中位置对东部裕固语元音音长和音色的影响较大。如在类似 S-S、S-S-S 或 L-L、L-L-L(这里的 S 代表短元音,L 代表长元音)等含有同类元音的双音节或三音节词中,词首音节元音都比非词首音节元音相对短,这个特点与蒙古语相反。(6)非词首音节短元音舌位与词首短元音舌位大致相同,没有央化或〔ə〕化趋势。

总之,东部裕固语元音系统中存在如下对立:长、短对立;圆、展唇对立;单、复对立;松、紧对立(阴阳对立)(见表 2.1)。

表 2.1 东部裕固语元音分类

分类标准		分类结果
位置	词首音节	〔ɐ、ə、i、ɔ、e、u、ø、y、ɐː、əː、iː、ɔː、eː、uː、øː、yː〕
	非词首音节	〔ɐ、ə、i、ɔ、e、u、ø、y、ɐː、əː、iː、ɔː、eː、uː、øː、yː〕
时程	短	〔ɐ、ə、i、e、ɔ、u、ø、y〕
	长	〔ɐː、əː、iː、eː、ɔː、uː、øː、yː〕
唇形	圆唇	〔ɔ、u、ø、y、ɔː、uː、øː、yː〕
	展唇	〔ɐ、ə、i、e、ɐː、əː、iː、eː〕
结构	单	〔ɐ、ə、i、ɔ、e、u、ø、y、ɐː、əː、iː、ɔː、eː、uː、øː、yː〕
	复合	〔iu、ei、ɔi、ʊɐ、ʊi、əi、ei、ui〕
发声类型	紧	〔ɐ、ə、ɔ、ɔː、u、ɐː、iu〕
	松	〔ə、əː、i、iː、e、eː、y、yː、ø、øː〕
功能(音节功能)	成音节	〔ɐ、ə、i、ɔ、e、u、ø、y、ɐː、əː、iː、ɔː、eː、uː、øː、yː〕
	非成音节	〔ə̃〕

二 元音声学特征参数及分析方法

(一)共振峰

在描写和阐述元音声学特征时,首先要阐述元音共振峰特点。因为它是元音音质最主要的声学特征（标志），由声带振动作为激励源经声腔共鸣形成。因不同元音有不同的声腔形状，故有不同的共振峰模式（Formant Pattern）。一般说每个元音有 5 个共振峰，习惯用 F1、F2、F3、F4、F5 等符号表示。其中，F1 和 F2 对元音音色起到重要的作用；圆唇作用（唇形面积减小），虽然会使所有共振峰频率降低，但受影响的程度是不同的，其中对 F2 的影响较为明显；F3 与舌尖翘舌动作有关，舌尖上翘向后移（卷舌动作），舌面下凹，舌根微抬，此时声道被明显地分隔成三个腔体，F3 会出现明显的下降。舌尖元音也有类似倾向（鲍怀翘，2005）。本书主要利用 F1、F2 和 F3 等参数描写东部裕固语元音的音质和松紧等特征。图 2.1 为［iː］、［eː］和［uː］三个元音的共振峰分布模式。

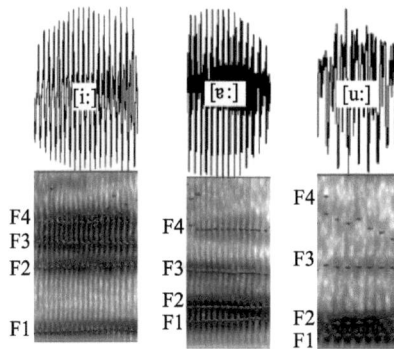

图 2.1　［iː］、［eː］、［uː］三个元音的共振峰分布模式

（二）声学元音图（元音共振峰图）

在语音学研究中共振峰是十分重要的参数，但是只有把它与元音的舌位状态联系起来并能有效、形象地说明它们之间的区别时，才是有用的，就像元音舌位图一样给人以直观、逼真的视觉效应。声学元音图要利用共振峰的数值将元音安排在适当的位置上，既能与舌位图相比较，又能符合听感上的区别距离（鲍怀翘，2005）。Eli Fischer-Jorgensen（1958）认为，声学元音图应成为能安排某一特定语言音位及其变体的声学空间。从该目的出发，人们一直在尝试使用各种数值单位和不同坐标系统的声学元音图，如 Joos 型声学元音图（1948）、Fant 型声学元音图（1958）和 Ladefoged 型声学元音图（1976）等。本书使用 Joos 型声学元音图分析和阐述东部裕固语元音的声学模型（格局）。如图 2.2 为男、女发音人词首音节所有短元音音位的声学元音图。

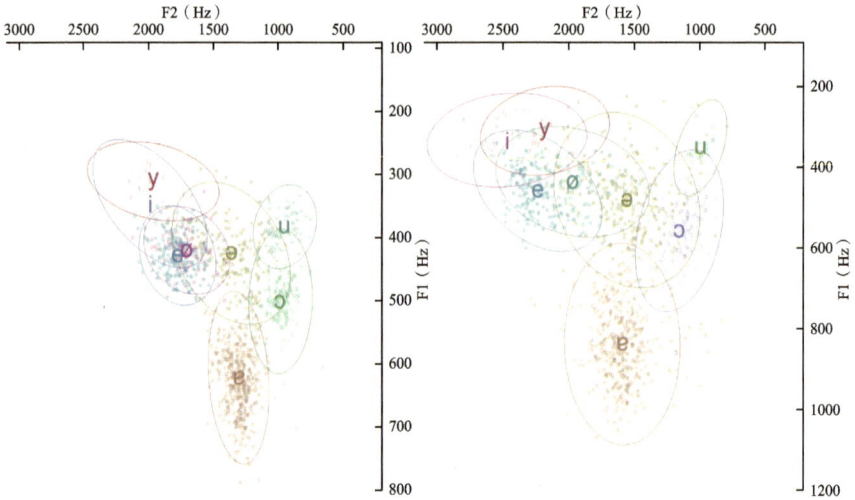

图 2.2 东部裕固语词首音节短元音声学元音（国际音标位置为平均值，下同）

（三）元音的音长、音高和音强

元音声学特征除共振峰外，还有音长、音高和音强等参数。对于像东部裕固语这种元音音长具有对比功能的音长语言来说，音长特征尤为重要。从图 2.3 和图 2.4 中，我们可以看到如下有趣的现象，随着词首音节长元

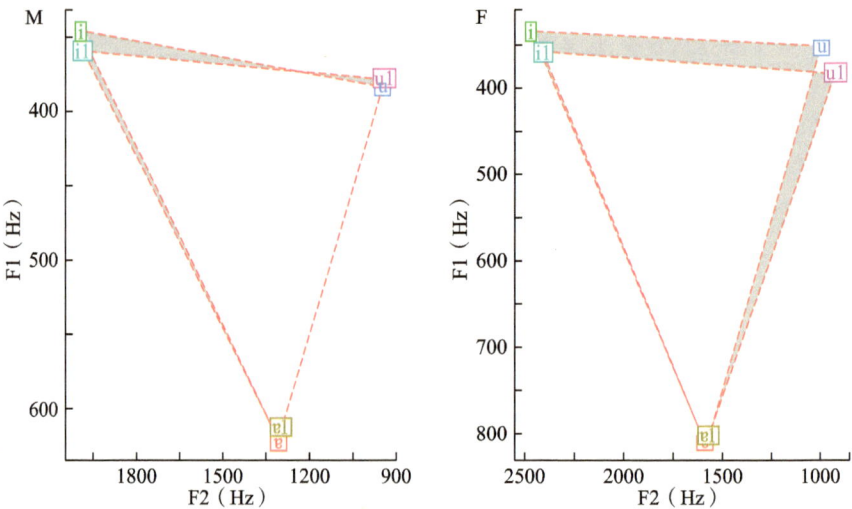

图 2.3 词首音节短元音和非词首音节短元音（元音+1）的舌位三角形（M&F）

音、词首音节短元音和非词首音节短元音的发音时间（音长）的相对缩短，元音舌位三角形变小，构成了大中小三个不同的三角形。

需要强调的是，这里所提出的东部裕固语长、短元音的音质差异指语音学层面，即声学语音学层面问题，而不是音系层面，即感知层面的问题。也就是说，凭感知无法区别长、短元音之间的音质差异。

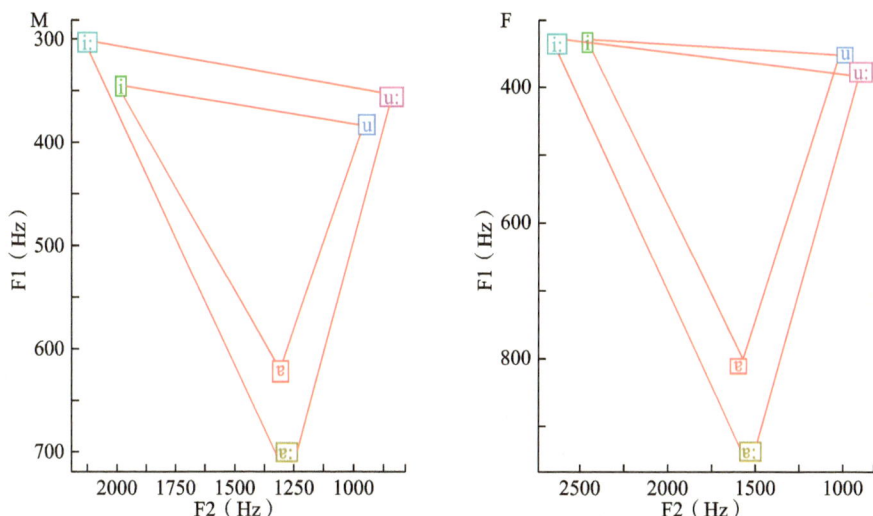

图 2.4 词首音节长元音、短元音的舌位三角形（M&F）

三 词首音节短元音

在"统一平台"中，词首音节共出现了［ɐ、e、ə、i、u、ɔ、ʉ、ø、y、ʊ、o］等短元音。按照传统语音学的分类，［ɐ、ɔ、ʊ、u、ʉ、o］为紧元音，［y、i、ø、e、ə］为松元音；［ɐ、e、ə、i］为展唇元音，［u、ɔ、ʉ、ø、y、ʊ、o］为圆唇元音。

（一）［ɐ］元音

1. 参数平均值及其音质定位

表 2.2 为［ɐ］元音参数总统计表。该统计表显示男、女发音人［ɐ］元音的平均音长、平均音强分别为 M = 99.6ms、F = 90.7ms，M = 74.31dB、F = 71.58dB。该元音 F1 和 F2 的频率均值分别为 M：F1 = 622Hz、F2 = 1304Hz，F：F1 = 809Hz、F2 = 1592Hz。

表 2.2　[ɐ] 元音声学参数统计

单位：VD 为 ms，VA 为 dB，F 为 Hz，下同

	M					F				
	VD	VA	F1	F2	F3	VD	VA	F1	F2	F3
平均值	99.6	74.31	622	1304	2534	90.7	71.58	809	1592	2751
标准差	0.04	4	55.6	95.5	294.7	0.03	3.88	101.7	179.4	482.5
变异系数	42%	5.4%	8.9%	7.3%	11.6%	36%	5.4%	12%	11%	17.5%

我们认为用 [ɐ] 音标（该音标在国际音标系统中是次开，即次低元音）标记该元音接近其实际音值。东部裕固语中 [ɐ] 元音为低（开）、展、央、紧元音。图 2.5 为男发音人 [qɐsqɐn]"牛鼻圈儿（环形的）"一词的三维语图。其中，词首元音 [ɐ] 的目标位置的 F1～F4 共振峰分别为 652Hz、1244Hz、2580Hz、3573Hz。这是 [ɐ] 元音比较典型的声学语图。

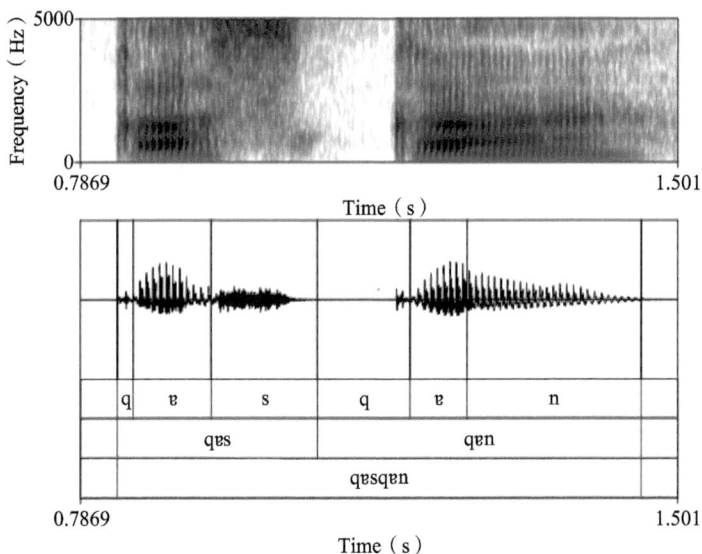

图 2.5　男发音人 [qɐsqɐn]"牛鼻圈儿（环形的）"的三维语图和三层标注实例

图 2.6 为男、女发音人 [ɐ] 元音在声学空间中的分布模式（国际音标位置为其总均值。左图为男性发音人，右图为女性发音人，下同）。可以看出，[ɐ] 元音在声学空间中的位置为：F1 = 500～750 Hz、F2 = 1100～1500 Hz（M），F1 = 600～1200 Hz、F2 = 1250～2000 Hz（F）。其在声学空间中的分布方向（趋势）为舌位上、下维度上大，前、后维度上小。

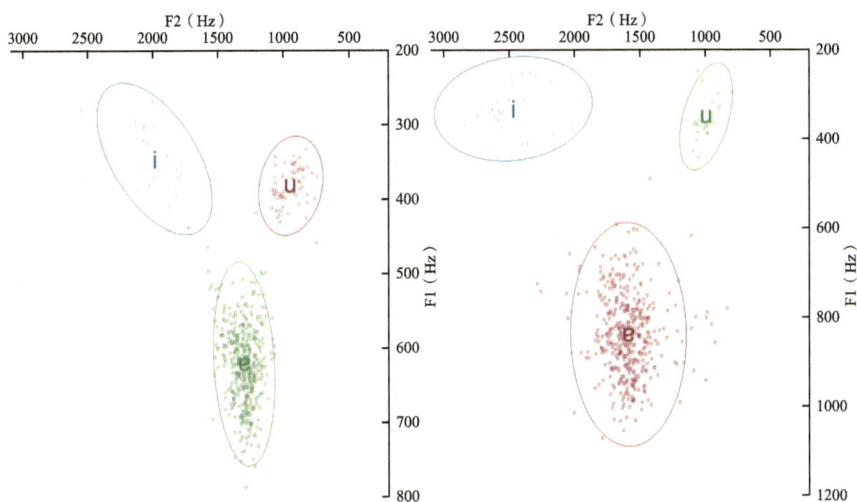

图 2.6　[ɐ] 元音在声学元音图中的位置及其声学空间中的分布模式　(M&F)

图 2.7~2.8 为 [ɐ] 元音目标位置第一、第二共振峰 F1/F2 及其前过渡 TF1/TF2 和后过渡 TP1/TP2 共振峰①比较图。其中，图 2.7 为目标位置共振峰和前过渡共振峰比较图，图 2.8 为目标位置共振峰和后过渡共振峰比较图。从图 2.7~2.8 中可以看出，与目标位置共振峰频率相比，[ɐ] 元音前、

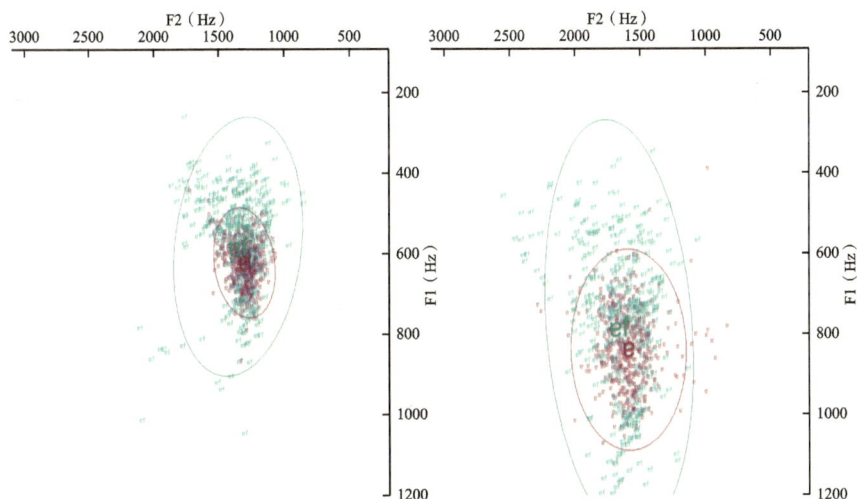

图 2.7　[ɐ] 元音目标位置共振峰（F1/F2）及其前过渡段共振峰
（TF1/TF2）比较　(M&F)

---

①　前过渡为元音+f，后过渡为元音加+p，下同。

后过渡段共振峰频率都有所变化，前过渡段变化大于后过渡段"前段变化大于后段"，说明［ɐ］元音在其前过渡段中舌位明显上升（开口度明显变小），前过渡段的离散度大于后过渡段。

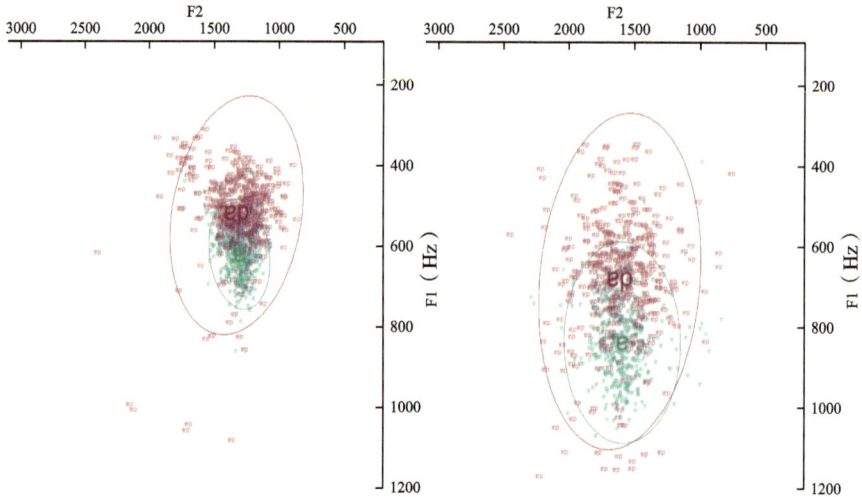

图 2.8 ［ɐ］元音目标位置共振峰（F1/F2）及其后过渡段共振峰（TP1/TP2）比较（M&F）

除了上述数据直观对比的方法外，我们还对东部裕固语元音中所提取的［ɐ］元音目标位置第一、第二共振峰 F1/F2 及其前过渡 TF1/TF2 和后过渡 TP1/TP2 共振峰等参数进行单因素方差分析，以 sig（显著性）系数来验证，目标位置第一、第二共振峰 F1/F2 及其前过渡 TF1/TF2 和后过渡 TP1/TP2 共振峰之间是否存在显著性差异。结果如表 2.3 所示。

表 2.3 检验结果

	sig（显著性）			
	M		F	
	F1	F2	F1	F2
目标元音—前过渡元音	.000	.000	.000	.000
目标元音—后过渡元音	.000	.174	.000	.419
前过渡元音—后过渡元音	.000	.109	.000	.006

* 均值差的显著性水平为 0.05。

从检验结果来看，第一，F1 参数上，男、女发音人在目标元音与前、后过渡段元音有显著性差异；第二，F2 上目标元音与前过渡段元音之间差异显著，目标元音与后过渡段元音之间差异不显著；第三，前、后过渡段元音之间，男、女发音人表现出相反的规律。

2. 音节数量与声学参数之间的关系

音节数量与音段声学特征之间的相关性问题是黏着型语言研究比较重要的议题。表 2.4 为 [ɐ] 元音在单音节和多音节词中出现的频率统计表。表 2.4 显示，[ɐ] 元音在双音节词中出现的比例最高，约为 54%（M）和 58%（F1）。这种比例说明了东部裕固语双音节词在东部裕固语节律中的特殊意义和作用。

表 2.4 [ɐ] 元音出现频率统计

发音人	单音节词		双音节词		多音节词		共计	
	M	F	M	F	M	F	M	F
出现次数	48	33	221	226	136	131	405	390
百分比	12%	8%	54%	58%	34%	34%	100%	100%

表 2.5 为出现在单、双、多节词中 [ɐ] 元音的音长（VD）、音强（VA）、共振峰目标值（F）统计表。从表 2.5 中可以看出，男发音人音节数量与 [ɐ] 元音音长、音强之间具有一定的相关性，该元音音长随着音节数量的增加而相对缩短，而其音强则随着音节数量的增多相对变弱：

M：175ms→100ms→72ms；M：76.14dB→74.8dB→72.87dB

F：136ms→93ms→76ms；F：74.54dB→71.27dB→71.38dB

表 2.5 和图 2.9 显示，[ɐ] 元音 F1、F2 频率差值没有显示这样的特点。显然，音节数量的增多或减少对元音共振峰的影响不明显或音节数量与共振峰之间几乎没有相关性。

表 2.5 不同音节词中 [ɐ] 元音声学参数统计

发音人 统计项		M					F				
		VD	VA	F1	F2	F3	VD	VA	F1	F2	F3
单音节词	平均值	175	76.14	640	1314	2745	136	74.54	820	1549	2605
	标准差	0.05	3.14	79.9	84.6	284.5	0.06	3.4	83.1	141.2	577
	变异系数	28.8%	4.1%	7.7%	6.4%	10.3%	47.8%	4.6%	10.1%	9.1%	22.1%

续表

发音人 统计项		M					F				
		VD	VA	F1	F2	F3	VD	VA	F1	F2	F3
双音 节词	平均值	100	74.8	628	1304	2512	93	71.27	837	1596	2759
	标准差	0.02	3.9	53	93.8	289.6	0.02	3.7	95.6	184	496.9
	变异系数	25.6%	5.2%	8.4%	7.1%	11.5%	27%	5.2%	11.4%	11.5%	18%
三音 节词	平均值	72	72.87	605	1300	2494	76	71.38	847	1595	2777
	标准差	0.02	4	57.9	102.1	277.1	0.02	3.9	115.7	179.1	425.9
	变异系数	31.5%	5.5%	9.5%	7.8%	11.1%	26.9%	5.5%	13.6%	11.2%	15.3%

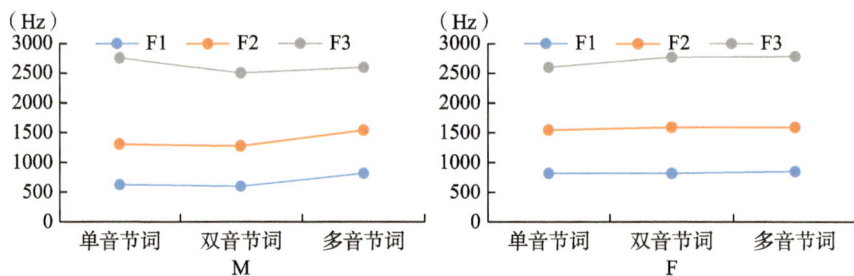

图 2.9　音节数量与共振峰之间关系示意 (M&F)

　　我们对不同音节词中出现的 [ɐ] 元音 F1/F2、音长之间做了单因素方差分析，结果如表 2.6 所示。

表 2.6　检验结果

	sig（显著性）					
	M		F		M	F
	F1	F2	F1	F2	VD	VD
单音节词—双音节词	.301	.766	.565	.209	.000	.002
单音节词—多音节词	.000	.648	.284	.262	.000	.000
双音节词—多音节词	.001	.934	.640	.998	.000	.000

　　从检验结果来看，男、女发音人在 F2 参数上表现出相同的规律，不同音节词中 [ɐ] 元音 F2 之间差异性不明显；在音长参数方面，男、女发音人表现出相同的规律，不同音节词中 [ɐ] 元音音长之间差异显著。

3. 音节类型与声学参数之间的关系

　　表 2.7 是 [ɐ] 元音在不同音节类型中的出现比例统计表。该表显示，

[ɐ] 元音在 CV 和 CVC 音节中的出现比例最高，达到 75%～77%。可以说，[ɐ] 元音与 CV 和 CVC 音节之间的关系较密切。

表 2.7　不同音节类型中 [ɐ] 元音的频率统计

发音人	音节类型	V	VC	VCC	CV	CVC	CʲV	CCCV	CʲVC	CCVC	CCV	CCCVC	CCʲV	CCCʲV	共计
M	N	23	37		143	162	8	7	6	7	6	3	1	2	405
F	N	24	36	2	155	143	1	4	6	5	11	4			391
M	%	6%	9%		35%	40%	2%	2%	1%	2%	1%	1%			100%
F	%	6%	9%		40%	37%		1%	2%	1%	3%	1%			100%

表 2.8～2.9 为出现在不同音节类型中 [ɐ] 元音的声学参数统计表。从表 2.8～2.9 和图 2.10～2.11 中可以看出，[ɐ] 元音音长受其所处音节类型的影响，音长和音强的规律不明显；从图 2.9 看，[ɐ] 元音在不同类型音节中的第一、第二共振峰均值相对稳定。

表 2.8　不同音节类型中 [ɐ] 元音声学参数统计（M）

		VD	VA	F1	F2	F3
V	平均值	111	70.08	681	1289	2316
	标准差	0.03	3.2	57.6	43	167.9
	变异系数	31.6%	4.5%	8.4%	3.3%	7.2%
VC	平均值	105	76	686	1282	2580
	标准差	0.03	3.8	36.8	62.2	291
	变异系数	33.6%	5%	5.3%	4.8%	11%
CV	平均值	88	74.39	607	1304	2513
	标准差	0.03	3.9	50.8	110.5	258
	变异系数	36.1%	5.3%	8.3%	8.4%	10.2%
CVC	平均值	99	73.91	614	1301	2557
	标准差	0.03	3.8	48.8	93.6	327.7
	变异系数	36.3%	5.1%	7.9%	7.1%	12.8%
CʲV	平均值	83	77	595	1345	2535
	标准差	0.02	1.5	28.8	73.1	279.6
	变异系数	27.4%	1.9%	4.8%	5.4%	11%

续表

		VD	VA	F1	F2	F3
CCCV	平均值	133	75.42	615	1325	2530
	标准差	0.10	4.7	70.8	71.2	320.8
	变异系数	79%	6.2%	11.5%	5.3%	12.6%
C^{j}VC	平均值	95	73.5	595	1399	2481
	标准差	0.04	2.3	52.8	99.3	140.5
	变异系数	51%	3.1%	8.8%	7.1%	5.6%
CCVC	平均值	139	76.42	612	1312	2625
	标准差	0.02	2.3	35.5	78.32	262
	变异系数	17.2%	3.1%	5.7%	5.9%	9.9%
CCV	平均值	211	78.66	654	1347	2874
	标准差	0.09	5	51.1	100.5	339.4
	变异系数	46.8%	6.4%	7.8%	7.4%	11.8%
CCCVC	平均值	160	80.33	632	1398	2459
	标准差	0.03	2	53.9	93.9	332
	变异系数	22.5%	2.5%	8.5%	6.7%	13.5%
CC^{j}V	平均值	62.2	78	621	1340	2784
	标准差					
	变异系数					
CCC^{j}V	平均值	197	75	567	1344	2614
	标准差					
	变异系数					

表 2.9 不同音节类型中 [ɐ] 元音声学参数统计 （F）

		VD	VA	F1	F2	F3
V	平均值	86	70.25	923	1582	2695
	标准差	0.02	5.8	75.14	144.4	559
	变异系数	27.6%	8.2%	8.1%	9.1%	20.7%
VC	平均值	91	71.69	926	1498	2512
	标准差	0.02	4	58.8	148.4	542
	变异系数	22%	5.6%	6.3%	9.9%	21.5%

续表

		VD	VA	F1	F2	F3
VVC	平均值	98	71	988	1568	2630
	标准差					
	变异系数					
CV	平均值	87	71.25	834	1609	2842
	标准差	0.02	3.3	91.1	182.7	390.2
	变异系数	26.7%	4.6%	10.9%	11.3%	13.7%
CVC	平均值	91	71.68	814	1592	2740
	标准差	0.02	3.7	105.4	196.8	519.7
	变异系数	28.1%	5.1%	12.9%	12.3%	18.9%
C^{j}V	平均值	125	70	756	1606	2986
	标准差					
	变异系数					
CCCV	平均值	24	73.5	772	1587	2673
	标准差	0.007	3.6	121.7	45.2	351.9
	变异系数	31.3%	5%	15.7%	2.8%	13.1%
C^{j}VC	平均值	64	71.6	806	1738	2901
	标准差	0.03	4.6	71.8	94.4	185.7
	变异系数	54.6%	6.4%	8.9%	5.6%	6.4%
CCVC	平均值	86	83	719	1601	2490
	标准差	0.04	7.2	56.4	78.3	660.8
	变异系数	53.3%	9.8%	7.8%	4.8%	26.5%
CCV	平均值	171	76.27	872	1608	2733
	标准差	0.09	4.1	96.2	79.4	569.8
	变异系数	56.1%	5.4%	11%	4.9%	20.8%
CCCVC	平均值	73	72.5	744	1592	2429
	标准差	0.01	3	72.3	72.3	681.9
	变异系数	16.2%	4.1%	9.7%	4.5%	28%

M

F

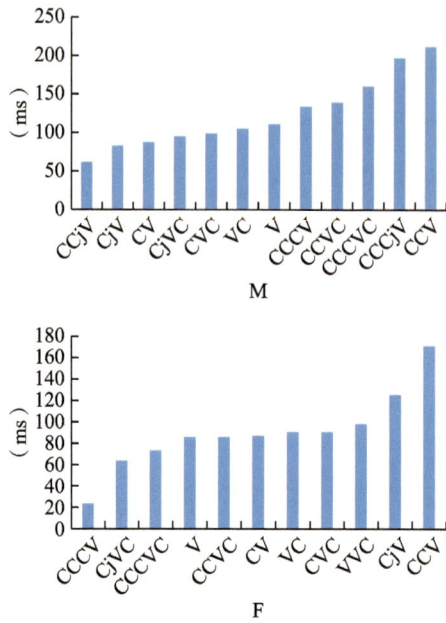

图 2.10 在不同音节类型中 [ɐ] 元音音长比较 (M&F)

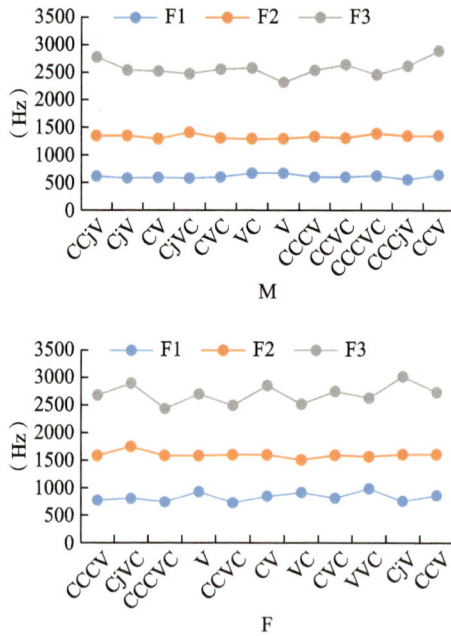

M

F

图 2.11 在不同音节类型中 [ɐ] 元音第一 (F1)、第二共振峰 (F2) 比较 (M&F)

我们对不同音节类型中出现的 [ɐ] 元音 F1/F2、音长之间做了单因素方差检验，结果如表 2.10 所示。

从检验结果来看，不同音节类型中 [ɐ] 元音的 F1/F2 和 VD 参数，少数几个不同音节类型之间差异显著（蓝色标记）。

表 2.10　检验结果

		M		
		sig（显著性）		
		VD	F1	F2
V	VC	1	1	1
	CV	0.137	0	0.987
	CʲV	0.31	0	0.635
	CVC	0.89	0.001	0.995
	CCCV	1	0.535	0.948
	CʲVC	0.998	0.125	0.391
	CCVC	0.456	0.041	0.998
	CCV	0.471	0.977	0.913
	CCCVC	0.61	0.862	0.689
	CCCʲV	0.065	0.709	0.895
VC	CV	0.235	0	0.891
	CʲV	0.532	0	0.519
	CVC	0.998	0	0.924
	CCCV	0.999	0.4	0.885
	CʲVC	1	0.094	0.338
	CCVC	0.16	0.018	0.991
	CCV	0.407	0.885	0.862
	CCCVC	0.51	0.78	0.65
	CCCʲV	0.084	0.686	0.857
CV	CʲV	1	0.977	0.889
	CVC	0.113	0.969	1
	CCCV	0.97	1	0.999
	CʲVC	1	1	0.531
	CCVC	0.018	1	1
	CCV	0.278	0.57	0.983
	CCCVC	0.342	0.992	0.779
	CCCʲV	0.127	0.989	0.965

		M		
		sig（显著性）		
		VD	F1	F2
C^{j}V	CVC	0.708	0.743	0.829
	CCCV	0.954	0.999	1
	C^{j}VC	1	1	0.978
	CCVC	0.015	0.986	0.998
	CCV	0.254	0.397	1
	CCCVC	0.297	0.951	0.989
	CCC^{j}V	0.028	0.999	1
CVC	CCCV	0.995	1	0.995
	C^{j}VC	1	0.992	0.493
	CCVC	0.065	1	1
	CCV	0.357	0.727	0.972
	CCCVC	0.442	0.999	0.757
	CCC^{j}V	0.141	0.974	0.95
CCCV	C^{j}VC	0.996	1	0.884
	CCVC	1	1	1
	CCV	0.931	0.979	1
	CCCVC	1	1	0.943
	CCC^{j}V	0.856	0.988	1
C^{j}VC	CCVC	0.648	0.999	0.798
	CCV	0.383	0.667	0.996
	CCCVC	0.538	0.984	1
	CCC^{j}V	0.052	1	0.985
CCVC	CCV	0.772	0.82	0.999
	CCCVC	0.984	0.999	0.897
	CCC^{j}V	0.143	0.983	0.998
CCV	CCCVC	0.973	1	0.998
	CCC^{j}V	1	0.848	1
CCCVC	CCC^{j}V	0.807	0.961	0.995

		F		
		sig（显著性）		
		VD	F1	F2
V	VC	0.997	1	0.472
	VCC	0.989	0.41	1
	CV	1	0	0.998
	CVC	0.995	0	1
	CCCV	1	0.491	1
	C^{j}VC	0.903	0.186	0.226
	CCVC	1	0.003	1
	CCV	0.217	0.852	0.999
	CCCVC	0.774	0.089	1
VC	VCC	1	0.431	0.976
	CV	0.989	0	0.01
	CVC	1	0	0.069
	CCCV	1	0.47	0.28
	C^{j}VC	0.768	0.17	0.032
	CCVC	1	0.007	0.419
	CCV	0.269	0.754	0.077
	CCCVC	0.367	0.096	0.554
VCC	CV	0.99	0.145	0.998
	CVC	0.999	0.105	1
	CCCV	1	0.242	1
	C^{j}VC	0.832	0.051	0.716
	CCVC	1	0.007	1
	CCV	0.506	0.138	0.999
	CCCVC	0.836	0.038	1
CV	CVC	0.955	0.786	0.999
	CCCV	1	0.969	0.996
	C^{j}VC	0.857	0.992	0.324
	CCVC	1	0.087	1
	CCV	0.222	0.94	1
	CCCVC	0.536	0.485	1

续表

		F		
		sig（显著性）		
		VD	F1	F2
CVC	CCCV	1	0.997	1
	C^{j}VC	0.766	1	0.234
	CCVC	1	0.162	1
	CCV	0.263	0.663	1
	CCCVC	0.353	0.687	1
CCCV	C^{j}VC	1	1	0.236
	CCVC	1	0.993	1
	CCV	0.862	0.851	0.999
	CCCVC	1	1	1
C^{j}VC	CCVC	0.994	0.551	0.408
	CCV	0.111	0.856	0.36
	CCCVC	1	0.927	0.366
CCVC	CCV	0.392	0.035	1
	CCCVC	0.999	1	1
CCV	CCCVC	0.118	0.293	1

4. 辅音音质与声学参数之间的关系

图 2.12 为出现在词首音节不同辅音之后和无前置辅音音节中 [ɐ] 元音音长比较图，图 2.13 为出现在词首音节（包括单音节词）[1-、x-、tʰ-、ʃ-、t-、sʰ-、h-、q-、m-、j-、tʃ-、p-、n-、tʃʰ-] 等辅音（前置辅音）之后 [ɐ] 元音的第一、第二和第三共振峰前过渡（TF1、TF2、TF3）的变化示意图。图 2.13 是以 TF2 的上升为准排列的，即以舌位自后至前排列示意图。

图 2.12 显示，辅音音质与 [ɐ] 元音有些声学参数之间具有一定的相关性。[n、p、l、j] 辅音后的元音音长长于其他辅音后接元音。

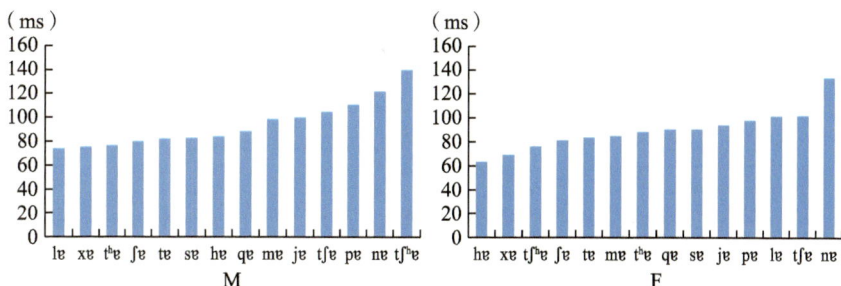

图 2.12　词首音节不同辅音之后［ɐ］元音音长比较（M&F）

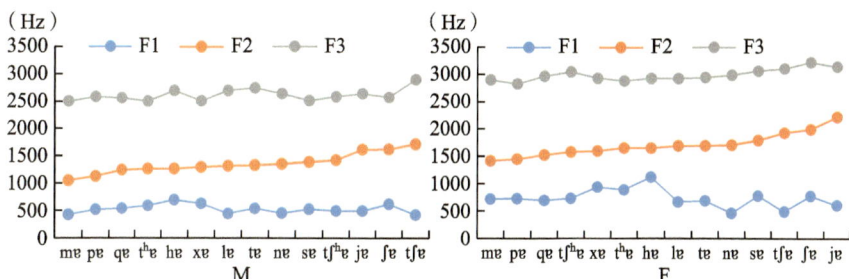

图 2.13　词首不同辅音之后的［ɐ］元音三个共振峰前过渡
TF1、TF2、TF3 等的变化示意（M&F）

从图 2.13 中可以看到，与［ɐ］元音第二共振峰总均值（M：F2 = 1304Hz、F：F1 = 1592Hz）相比，出现在清擦音、送气塞音和送气塞擦音和半元音［s、tʃʰ、ʃ、tʃ、j］等之后的［ɐ］元音 TF2 值分别上升到 1500～1750Hz（M）和 1700～2100Hz（F），而在［p、m］等双唇不送气塞音和浊辅音之后，分别下降到 1000～1200Hz（M）和 1100～1400Hz（F）。显然，与［ɐ］元音第二共振峰总均值相比，辅音［s、tʃʰ、ʃ、tʃ、j］等使其舌位前移，而辅音［m、p］等使其舌位后移，其他辅音时相对稳定。

（二）［ə］元音

1. 参数平均值及其音质定位

表 2.11 为［ə］元音参数统计表。该统计表显示男、女发音人［ə］元音的平均音长、平均音强分别为 M = 75ms、F = 69ms，M = 73.48dB、F = 70.98dB；该元音 F1 和 F2 的频率均值分别为 M：F1 = 426Hz、F2 = 1360Hz，F：F1 = 481Hz、F2 = 1556Hz。

表 2.11　[ə] 元音声学参数统计

	M					F				
	VD	VA	F1	F2	F3	VD	VA	F1	F2	F3
平均值	75	73.48	426	1360	2556	69	70.98	481	1556	2558
标准差	0.05	4.4	45.5	185.6	267	0.05	4	88.1	225	251
变异系数	70.6%	6%	10.7%	13.6%	10.4%	73.2%	5.6%	18%	14%	8.7%

　　该元音为中、央、展唇、松元音。图 2.14 为男发音人 [ʃətən] "牙齿" 一词的三维语图。其中，词首元音 [ə] 的目标位置的 F1~F4 共振峰分别为 421Hz、1466Hz、2464Hz、4053Hz。这是 [ə] 元音比较典型的声学语图。

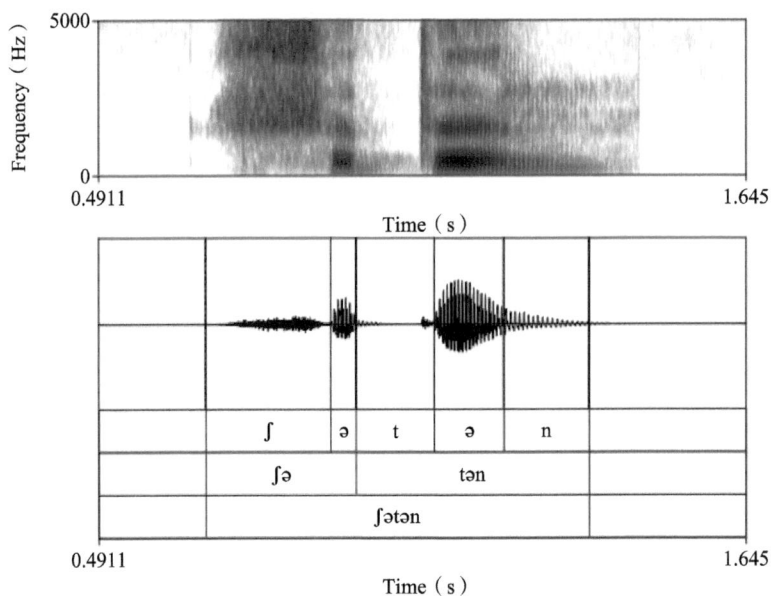

图 2.14　男发音人 [ʃətən] "牙齿" 的三维语图和三层标注实例

　　图 2.15 为男、女发音人 [ə] 元音在声学元音图中的位置及其声学空间中的分布模式。该元音在声学空间中的分布特点为上、下方向扩散。显然，在舌位高、低维度（开口度）上位于 [i] 和 [u] 之间。用国际音标 [ə] 标记，较接近其实际音质。

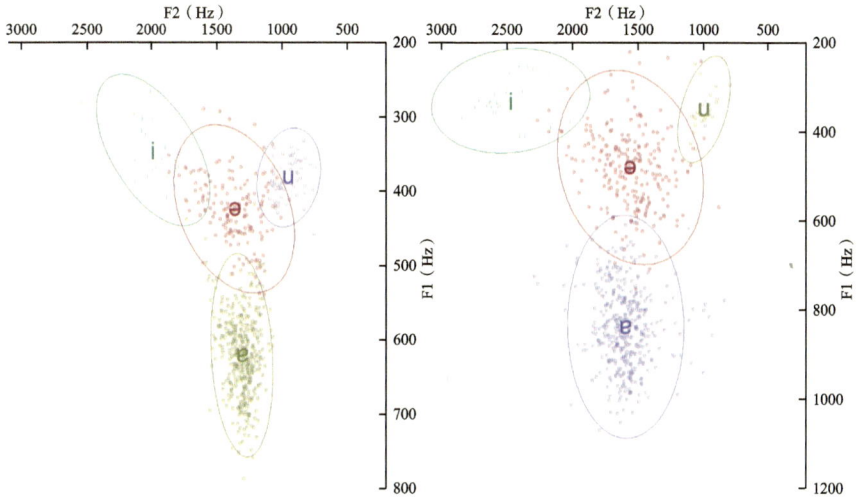

图 2.15　［ə］元音在声学元音图中的位置及其声学空间中的
分布模式　(M&F)

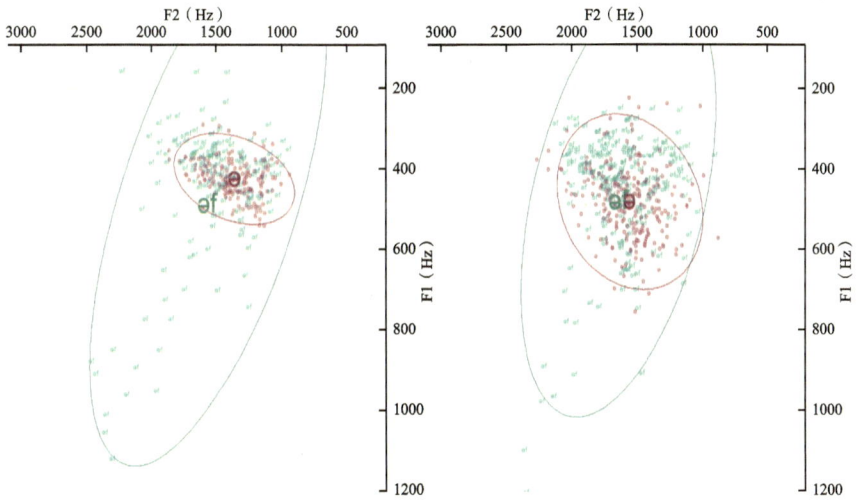

图 2.16　［ə］元音目标位置共振峰（F1/F2）及其前过渡段共振峰
（TF1/TF2）比较　(M&F)

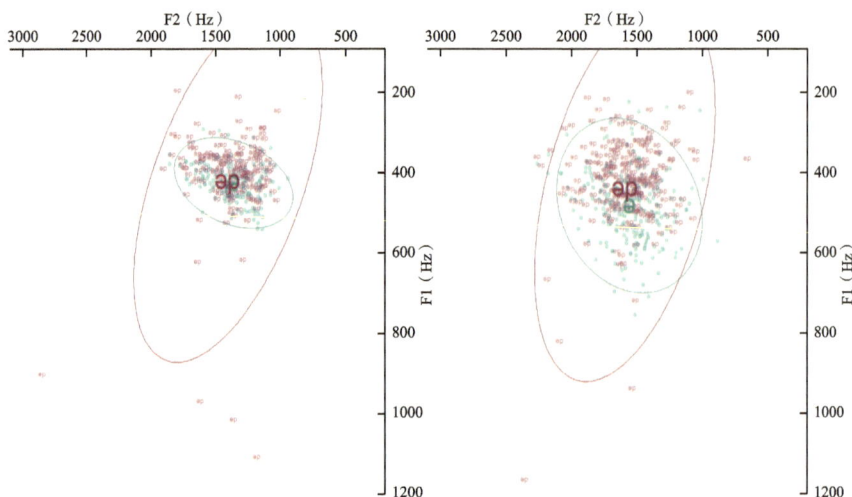

图 2.17 ［ə］元音目标位置共振峰（F1/F2）及其后过渡段共振峰（TP1/TP2）比较（M&F）

图 2.16~2.17 为［ə］元音目标位置共振峰及其前、后过渡段共振峰比较图。其中，图 2.16 为目标位置共振峰 F1/F2 和前过渡 TF1/TF2 比较图，图 2.17 为目标位置共振峰 F1/F2 和后过渡 TP1/TP2 比较图。从图 2.16~2.17 中可以看出，与目标位置共振峰频率相比，［ə］元音前、后过渡段共振峰频率都有所变化。其中，前过渡段频率 TP2 前移，后过渡段略上移，［ə］元音在其前、后过渡段中有略微的变化。

我们对目标位置第一、第二共振峰 F1/F2 及其前过渡 TF1/TF2 和后过渡 TP1/TP2 共振峰之间做了单因素方差分析，结果如表 2.12 所示。

从检验结果来看，第一，男发音人在 F1 参数上目标元音与前、后过渡段元音有显著性差异，女发音人差异不显著；F2 上目标元音与前过渡段元音之间差异显著。第二，目标元音—后过渡元音之间：男发音人差异不显著，女发音人在 F1 参数上差异显著，在 F2 参数上差异不显著。第三，前、后过渡段元音之间：男发音人差异显著；女发音人差异不显著。

表 2.12 检验结果

	sig（显著性）			
	M		F	
	F1	F2	F1	F2
目标元音—前过渡元音	.012	.000	.938	.002

	sig（显著性）			
	M		F	
	F1	F2	F1	F2
目标元音—后过渡元音	.994	.223	.027	.318
前过渡元音—后过渡元音	.049	.000	.244	.139

* 均值差的显著性水平为 0.05。

2. 音节数量与声学参数之间的关系

表 2.13 为 ［ə］元音在单音节词、双音节词和多音节词中出现的频率统计表。该表显示，在统一平台中出现的 162 次（M）和 225 次（F1）［ə］元音中，大约 54%（M）和 54%（F1）的 ［ə］都是在双音节词中出现的。

表 2.13　不同音节中 ［ə］元音出现频率统计

发音人	单音节词		双音节词		多音节词		共计	
	M	F	M	F	M	F	M	F
出现次数	28	40	88	121	46	64	162	225
百分比	17%	18%	54%	54%	29%	28%	100%	100%

表 2.14 为出现在单音节词、双音节词和多音节词中 ［ə］元音的音长（VD）、音强（VA）、共振峰目标值（F）统计表。从表 2.14 中可以看出，女发音人音强随着音节数量的增多相对变弱，男发音人的元音音长随着音节数量的增多相对变短：

M：156ms→64ms→48ms；M：77.78dB→73.2dB→71.41dB

F：128ms→59ms→49ms；F：74.02dB→70.5dB→69.98dB

如图 2.18 所示，［ə］元音目标位置的 F1（舌位高低）和 F2（舌位前后）与音节数量相对稳定。

表 2.14　不同音节词中 ［ə］元音的声学参数统计

发音人 统计项		M					F				
		VD	VA	F1	F2	F3	VD	VA	F1	F2	F3
单音节词	平均值	156	77.78	449	1366	2636	128	74.02	511	1561	2944
	标准差	0.07	3.3	32.8	154.4	255.1	0.08	3.2	58.2	220	209
	变异系数	48.4%	4.3%	7.3%	11.3%	9.6%	67.6%	4.4%	11.3%	14%	7.1%

续表

发音人 统计项		M					F				
		VD	VA	F1	F2	F3	VD	VA	F1	F2	F3
双音节词	平均值	64	73.2	426	1348	2530	59	70.5	470	1534	2822
	标准差	0.02	4.2	47.9	190	261	0.02	3.7	94.8	242	272
	变异系数	40%	5.8%	11.2%	14%	10%	42%	5.3%	20%	15.7%	9.6%
多音节词	平均值	48	71.41	408	1380	2557	49	69.98	485	1597	2875
	标准差	0.01	3.4	41	196.7	284	0.01	4	86.6	190	220
	变异系数	36.4%	4.8%	10%	14%	11%	36.7%	5.8%	17.8%	11.9%	7.6%

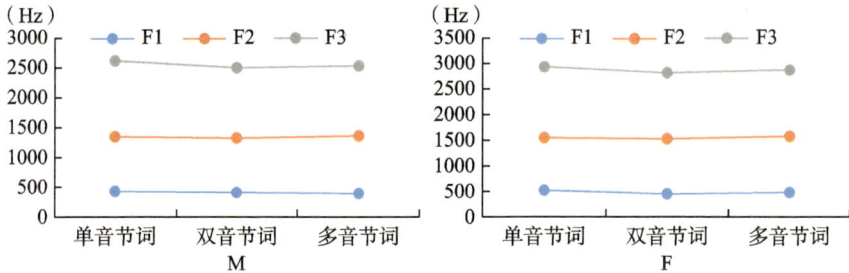

图 2.18 音节数量与共振峰之间关系示意 (M&F)

我们对不同音节词中出现的 [ə] 元音 F1/F2、音长之间做了单因素方差分析，结果如表 2.15 所示。

从检验结果来看，男、女发音人在 F1 参数，单音节词—双音节词之间差异显著；男发音人在单音节词—多音节词之间差异显著；F2 参数上，男、女发音人表现出相同的规律，不同音节词中 [ə] 元音 F2 之间差异不显著。

从音长检验结果来看，除了男、女发音人表现出相同的规律，不同音节词中 [ə] 元音音长之间差异显著。

表 2.15 检验结果

	sig （显著性）					
	M		F		M	F
	F1	F2	F1	F2	VD	VD
单音节词—双音节词	.013	.862	.004	.784	.000	.000
单音节词—多音节词	.000	.942	.155	.673	.000	.000
双音节词—多音节词	.080	.639	.516	.128	.000	.004

3. 参数之间的关系

统一平台统计结果显示，[ə] 元音共出现 162 次（男）和 225 次（女）。其中，大部分都在 CVC、CV 等两种音节中出现（见表 2.16）。

表 2.17 为出现在不同音节类型中 [ə] 元音的声学参数统计表。从表 2.17~2.18 和图 2.19 可以看出，[ə] 元音音长和音强受其所处音节类型的影响不大。[ə] 元音的第一、第二共振峰在不同类型音节中相对稳定，见图 2.20。

表 2.16　出现在不同音节类型中 [ə] 元音统计

发音人	音节类型	V	VC	VCC	CV	CVC	CʲV	CCCV	CʲVC	CCVC	CCV	CCCVC	CCʲV	CCCʲVC	共计
M	N	7	11		69	36		5	1	16	13	2	1	1	162
F	N	3	16		95	62	1	9		22	12	5			225
M	%	4%	7%		43%	22%		3%	1%	10%	8%	1%	1%	1%	100%
F	%	1%	7%		42%	28%		4%		10%	5%	2%			100%

表 2.17　出现在不同音节类型中 [ə] 元音的声学参数统计（M）

		VD	VA	F1	F2	F3
	平均值	60	67.42	386	1376	2405
V	标准差	0.02	3.5	55.1	181.9	196.4
	变异系数	45%	5.1%	14%	13.2%	8.1%
	平均值	69	70.27	396	1299	2551
VC	标准差	0.03	3.5	51.9	192.5	309.8
	变异系数	47.6%	5%	13%	14.8%	12.1%
	平均值	62	72.47	426	1356	2570
CV	标准差	0.04	3.7	47.2	193.3	303.5
	变异系数	76%	5.1%	11%	14.2%	11.8%
	平均值	72	73.55	424	1337	2565
CVC	标准差	0.03	3.5	40.9	168.4	226.1
	变异系数	44.4%	4.8%	9.6%	12.5%	8.8%

续表

		VD	VA	F1	F2	F3
CCCV	平均值	85	77.4	453	1350	2521
	标准差	0.07	3.3	58	178.7	161.4
	变异系数	87.2%	4.3%	12.8%	13.2%	6.4%
C^{j}VC	平均值	229	78	409	1270	2623
	标准差					
	变异系数					
CCVC	平均值	98	78.31	445	1424	2565
	标准差	0.03	3.6	31.6	164	234
	变异系数	38.9%	4.7%	7.1%	11.5%	9.1%
CCV	平均值	116	76.3	427	1419	2564
	标准差	0.10	4.2	33.5	211.8	285
	变异系数	86.8%	5.5%	7.8%	14.9%	11.1%
CCCVC	平均值	78	71	417	1442	2324
	标准差					
	变异系数					
CC^{j}V	平均值	196	82	458	1283	2464
	标准差					
	变异系数					
CCC^{j}VC	平均值	72	77	449	1234	2852
	标准差					
	变异系数					

表 2.18　出现在不同音节类型中［ə］元音的声学参数统计（F）

		VD	VA	F1	F2	F3
V	平均值	74	69	589	1535	2842
	标准差	0.02	4	30.9	310	61
	变异系数	28.9%	5.7%	5.2%	20%	2.1%
VC	平均值	61	66	490	1537	2754
	标准差	0.02	2.9	96.2	174.6	256.3
	变异系数	38.2%	4.4%	19.6%	11.3%	9.3%

续表

		VD	VA	F1	F2	F3
CV	平均值	61	70.28	468	1550	2852
	标准差	0.03	3.9	86.9	240.4	24531
	变异系数	61%	5.5%	18.5%	15.5%	8.5%
CVC	平均值	62	71.16	480	1535	2861
	标准差	0.02	3.3	87.9	182.8	255.7
	变异系数	37.4%	4.6%	18%	11.9%	8.9%
CʲV	平均值	51	71	572	1430	3028
	标准差					
	变异系数					
CCCV	平均值	157	72.33	511	1498	3007
	标准差	0.12	2.5	114.2	261	260.3
	变异系数	77.1%	3.4%	22.3%	17.3%	8.6%
CCVC	平均值	64	74.59	505	1600	2901
	标准差	0.02	2.6	70.7	250.5	223.7
	变异系数	41.4%	3.5%	13.9%	15.6%	7.7%
CCV	平均值	111	74.16	474	1702	2893
	标准差	0.11	3.5	95.1	289.2	195.6
	变异系数	103%	4.7%	20%	16.9%	67.6%
CCCVC	平均值	84	73.2	504	1605	2729
	标准差	0.06	5.4	71.7	139.9	481
	变异系数	72%	7.8%	14.2%	8.7%	17.6%

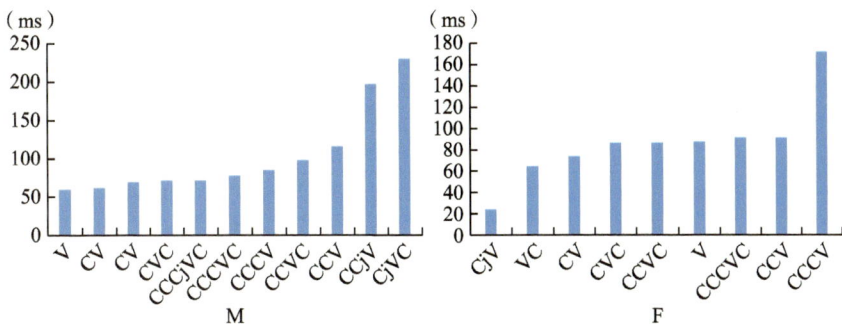

图 2.19　出现在不同音节中［ə］元音的音长均值比较（M&F）

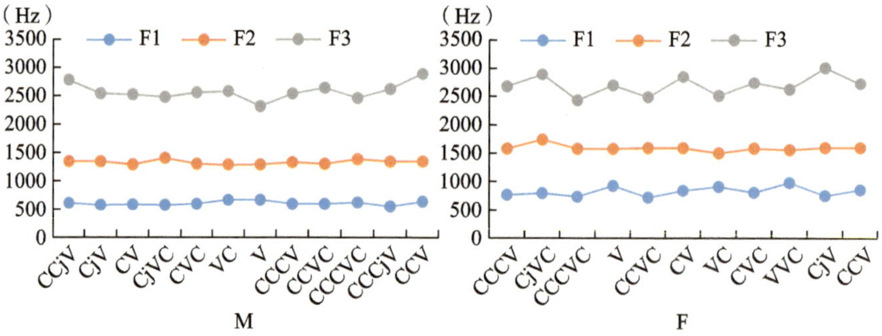

图 2.20　出现在不同音节中 [ə] 元音的第一、第二共振峰均值比较（M&F）

我们对不同音节词中出现的 [ə] 元音 F1/F2、音长之间做了单因素方差分析，结果如表 2.19 所示。

从检验结果来看，不同音节类型中 [ɐ] 元音的 F1/F2 和音长在元音同类音节之间差异不显著，男、女发音人有着相同的规律。

表 2.19　检验结果

		sig（显著性）					
		M			F		
		VD	F1	F2	VD	F1	F2
V	VC	0.998	1	0.986	0.952	0.087	1
	CV	1	0.618	1	0.939	0.05	1
	CVC	0.954	0.674	0.999	0.949	0.054	1
	CCCV	0.991	0.531	1	0.55	0.593	1
	CCVC	0.174	0.274	0.998	0.984	0.115	1
	CCV	0.576	0.653	1	0.959	0.062	0.974
	CCCVC	0.974	0.993	1	1	0.402	1
VC	CV	0.999	0.626	0.98	1	0.985	1
	CVC	1	0.711	0.999	1	1	1
	CCCV	0.999	0.599	0.999	0.365	1	1
	CCVC	0.408	0.173	0.658	1	0.999	0.984
	CCV	0.746	0.695	0.828	0.8	1	0.661
	CCCVC	0.999	0.999	0.996	0.982	1	0.979
CV	CVC	0.932	1	1	1	0.987	1
	CCCV	0.994	0.951	1	0.363	0.941	0.998

续表

		sig（显著性）					
		M			F		
		VD	F1	F2	VD	F1	F2
CV	CCVC	0.058	0.557	0.835	1	0.395	0.989
	CCV	0.587	1	0.97	0.796	1	0.665
	CCCVC	0.979	1	1	0.981	0.935	0.984
CVC	CCCV	1	0.939	1	0.371	0.991	1
	CCVC	0.273	0.529	0.662	1	0.875	0.947
	CCV	0.768	1	0.905	0.807	1	0.558
	CCCVC	1	1	0.999	0.984	0.993	0.944
CCCV	CCVC	1	1	0.985	0.396	1	0.967
	CCV	0.994	0.965	0.995	0.985	0.992	0.691
	CCCVC	1	0.989	1	0.789	1	0.965
CCVC	CCV	0.998	0.816	1	0.84	0.966	0.964
	CCCVC	0.964	0.992	1	0.991	1	1
CCV	CCCVC	0.945	1	1	0.997	0.995	0.978

4. 辅音音质与声学参数之间的关系

图 2.21 为词首音节（包括单音节词）［h-、x-、kʰ-、s-、tʰ-、p-、k-、tʃ-、q-、ʃ-、m-、n-、t-、tʃʰ-］等辅音之后［ə］元音音长比较图。从图 2.21 中可以看出，辅音音质与［ə］元音有些声学参数之间具有较好的相关性。如［h-、x-、s-］辅音后接的元音音长短于辅音，［n-、m-、t-、tʃʰ-］辅音后接的元音音长长于辅音。

图 2.22 为词首音节（包括单音节词）［h-、x-、k-、s-、tʰ-、p-、k-、tʃ-、q-、ʃ-、m-、n-、t-、tʃʰ-］等辅音之后［ə］元音第一、第二和第三共振峰前过渡 TF1、TF2、TF3 的变化示意图，是以 TF2 的上升为准排列的，即以舌位自后至前排列示意图。从图 2.22 中可以看到，［ə］元音前过渡在［p-、x-、n-、m-］等辅音之后较低，而在［k-、ʃ-、s-、kʰ-、tʃʰ-、tʃ-］等辅音之后较高。相比前过渡，［ə］元音目标位置的 F2 受前置辅音影响的程度不如前过渡显著，但同样表现为在［p-、x-、n-、m-］等辅音之后较低，而在［k-、ʃ-、s-、kʰ-、tʃʰ-、tʃ-］等辅音之后较高的特征。

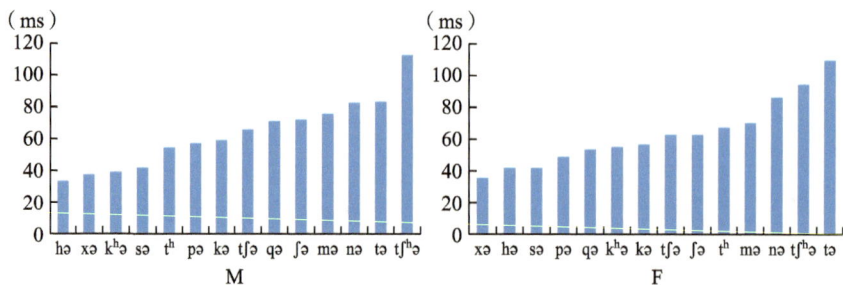

图 2.21　词首音节不同辅音之后和无前置辅音音节中 [ə] 元音音长
比较 (M&F)

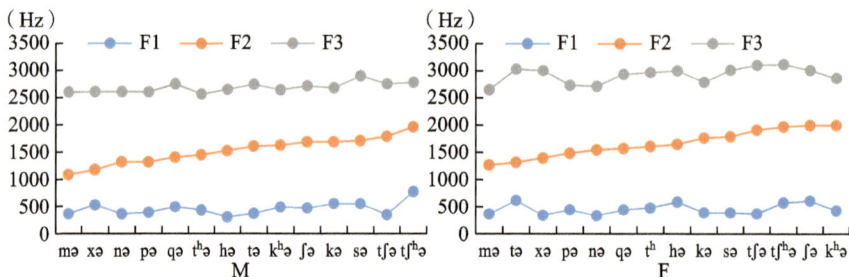

图 2.22　词首音节 [ə] 元音三个共振峰前过渡 TF1、TF2、TF3 等的
变化示意 (M&F)

(三) [i] 元音

1. 参数平均值及其音质定位

表 2.20 为 [i] 元音声学参数总统计表。该统计表显示，男、女发音人 [i] 元音的平均音长、平均音强分别为 M = 104ms、F = 74ms，M = 73.95dB、F = 70.57dB。该元音 F1 和 F2 的频率均值分别为 M：F1 = 346Hz、F2 = 1987Hz，F：F1 = 333Hz、F2 = 2470Hz。

表 2.20　[i] 元音声学参数统计

	M					F				
	VD	VA	F1	F2	F3	VD	VA	F1	F2	F3
平均值	104	73.95	346	1987	2653	74	70.57	333	2470	3077
标准差	0.06	3.5	37.9	164.1	251.1	0.04	3.2	43.8	227	291
变异系数	61.8%	4.7%	10.9%	8.2%	9.4%	59.7%	4.5%	13.1%	9.1%	9.4%

　　我们认为该元音为高、前、展唇、松元音。图 2.23 为男发音人 [ʃiŋər]
"擤鼻子"一词的三维语图。其中词首元音 [i] 的目标位置的 F1～F4 共振
峰分别为 370Hz、1899Hz、2655Hz、3382Hz。这是 [i] 元音比较典型的声
学语图。图 2.24 为男、女发音人 [i] 元音在声学元音图中的位置及其声学
空间中的分布模式。显然，该元音的分布位置较靠前下。

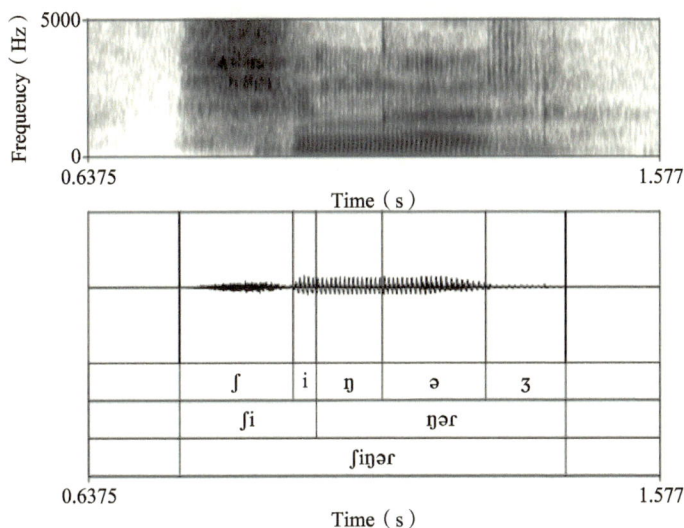

图 2.23　男发音人 [ʃiŋər]"擤鼻子"一词的三维语图和三层标注实例

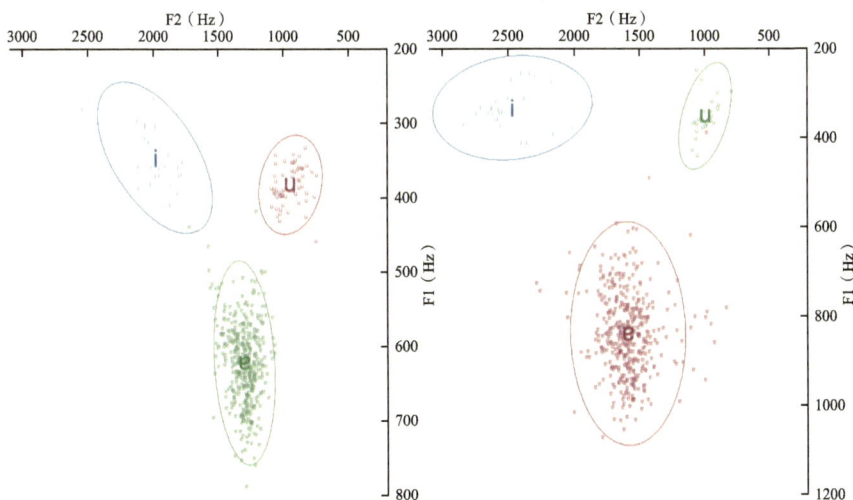

图 2.24　[i] 元音在声学元音图中的位置及其声学空间中的分布模式 (M&F)

图 2.25～2.26 为 [i] 元音目标位置共振峰及其前、后过渡段共振峰比

较图。图 2.25 为目标位置共振峰 F1/F2 和前过渡 TF1/TF2 比较图，图 2.26 为目标位置共振峰 F1/F2 和后过渡 TP1/TP2 比较图。从图 2.25~2.26 中可以看出，与目标位置共振峰频率相比，［i］元音前、后过渡段共振峰频率都有所变化。其中，前过渡段 TF1 的频率迁移（男），女发音人的相近，后过渡段 TP1 和 TP2 的频率都有所靠后。相比之下，"后段变化大于前段"。

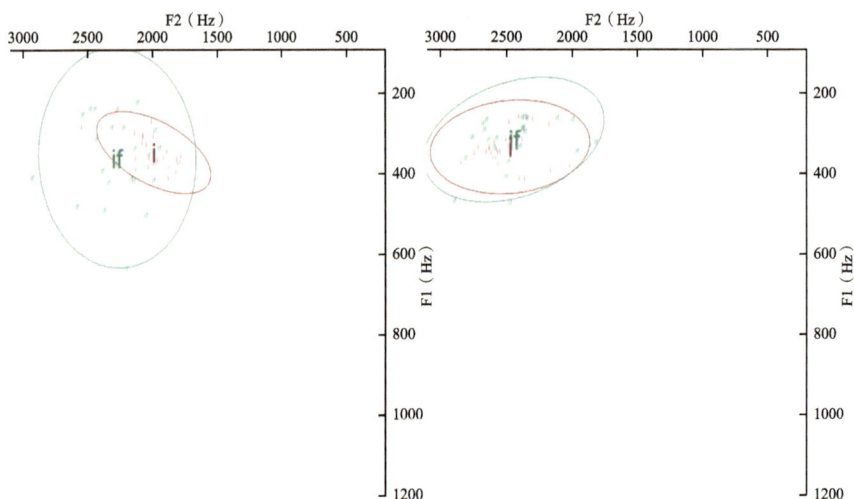

图 2.25　［i］元音目标位置共振峰（F1/F2）及其前过渡段共振峰
（TF1/TF2）比较　(M&F)

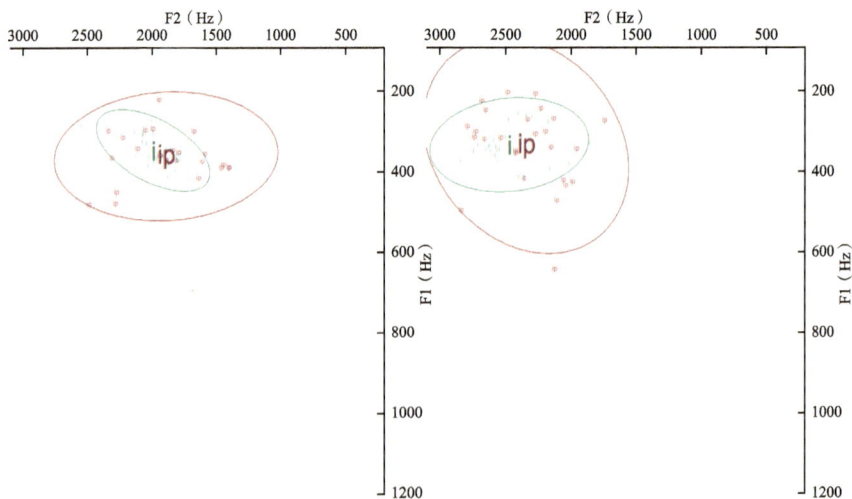

图 2.26　［i］元音目标位置共振峰（F1/F2）及其后过渡段共振峰
（TP1/TP2）比较　(M&F)

我们对目标位置第一、第二共振峰 F1/F2 及其前过渡 TF1/TF2 和后过渡 TP1/TP2 共振峰之间做了单因素方差分析，结果如表 2.21 所示。

从检验结果来看，第一，男、女发音人在 F1 参数上差异不显著；第二，男发音人在 F2 参数上，目标元音与前过渡段、前后过渡段元音之间差异显著，其他的与女发音人规律相同，差异不显著。

表 2.21 检验结果

	sig（显著性）			
	M		F	
	F1	F2	F1	F2
目标元音—前过渡元音	.818	.000	.405	.893
目标元音—后过渡元音	.566	363	.993	.185
前过渡元音—后过渡元音	.998	.000	.633	.401

* 均值差的显著性水平为 0.05。

2. 音节数量与声学参数之间的关系

表 2.22 为 [i] 元音在单音节、双音节和多音节词中的出现频率统计表。表 2.22 显示，从参数库来看，该元音的出现频率较低。

表 2.22 [i] 元音出现频率统计

发音人	单音节词		双音节词		多音节词		共计	
	M	F	M	F	M	F	M	F
出现次数	9	4	9	13	6	9	24	26
百分比	38%	15%	38%	50%	24%	35%	100%	100%

表 2.23 为出现在单音节词、双音节词和多音节词中 [i] 元音的音长（VD）、音强（VA）、共振峰目标值（F）统计表。从表 2.23 和图 2.27 中可以看出，音节数量与 [i] 元音有些声学参数之间有一定相关性。如女发音人中，随着音节数量的增多，音长变短，音强变弱；音长长的音强弱，音长短的音强强。

M：165ms→63ms→75ms；M：75.66dB→71.66dB→74.83dB

F：114ms→77ms→51ms；F：74.50dB→70.38dB→69.11dB

如图 2.27 显示，[i] 元音目标位置的 F1 和 F2 与音节个数之间有一定相关性。相对音节增多的话，F1（舌位高低）、F2（舌位前后）相对稳定。

表 2.23 出现在不同音节词中 [i] 元音的声学参数统计

发音人 统计项		M					F				
		VD	VA	F1	F2	F3	VD	VA	F1	F2	F3
单音节词	平均值	165	75.66	329	2050	2678	114	74.50	312	2525	2988
	标准差	0.06	2.7	50.9	211.8	322	0.09	3.6	43.6	158.7	211.5
	变异系数	38.3%	3.6%	15.4%	10.3%	12%	85%	4.9%	13.9%	6.2%	7%
双音节词	平均值	63	71.66	364	1969	2656	77	70.38	344	2504	3091
	标准差	0.02	3.8	19.3	1298.3	239	0.02	2.5	45.5	194.9	301.2
	变异系数	47%	5.4%	5.3%	6.5%	9%	28%	3.6%	13.2%	7.7%	9.7%
多音节词	平均值	75	74.83	343	1918	2611	51	69.11	325	2396	3096
	标准差	0.02	2.2	26.8	110.9	171	0.02	2.7	41.1	291.8	328.4
	变异系数	27%	2.9%	7.8%	5.7%	6.5%	39.5%	3.9%	12.6%	12.1%	10.6%

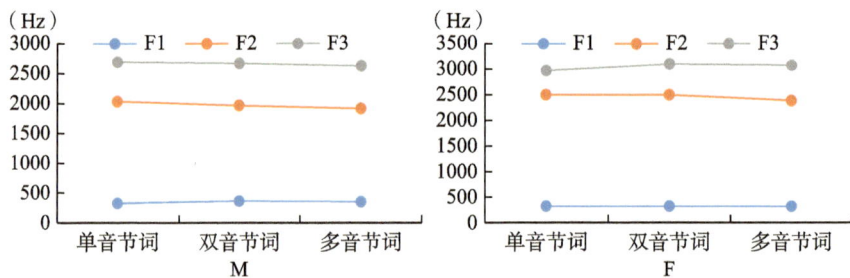

图 2.27 出现在不同音节中 [i] 元音的第一、第二共振峰均值比较 （M&F）

我们对不同音节词中出现的 [i] 元音 F1/F2、音长做了单因素方差分析，结果如表 2.24 所示。

从检验结果来看，男、女发音人在 F1 和 F2 参数上，差异不显著；从音长检验结果来看，男发音人的双音节和多音节词的音长之间差异不显著，其他差异显著，女发音人的检验结果与男发音人相反。

表 2.24 检验结果

	sig （显著性）					
	M		F		M	F
	F1	F2	F1	F2	VD	VD
单音节词—双音节词	.176	.603	.465	.975	.003	.747

续表

	sig（显著性）					
	M		F		M	F
	F1	F2	F1	F2	VD	VD
单音节词—多音节词	.784	.291	.872	.579	.006	.489
双音节词—多音节词	.256	.692	.573	.607	.602	.027

3. 音节类型与声学参数之间的关系

表 2.25 为不同音节类型中［i］元音出现的频率。［i］元音在统一平台中共出现 24 次（M）和 26 次（F）。其中，大部分［i］都是在 CV 或 CVC 音节中出现的。

表 2.25　［i］元音在不同音节类型中的出现频率统计

发音人	音节类型	V	CV	CVC	CCVC	CCV	CCCVC	共计
M	N		12	3	4	4	1	24
F	N	4	15	6		1		26
M	%		50%	13%	17%	17%	4%	100%
F	%	15%	59%	23%		4%		100%

表 2.26~2.27 为出现在不同音节类型中［i］元音的声学参数统计表，图 2.28 和图 2.29 为根据表 2.26~2.27 所绘制的不同音节中［i］元音音长和第一、第二共振峰均值比较图。从图 2.28 和图 2.29 中可以看出，音节类型与元音声学参数之间具有一定的相关性：第一，CCV 音节相比其他音节的要长；第二，［i］元音 F2 与音节类型之间相对稳定。

表 2.26　出现在不同音节类型中［i］元音的声学参数统计（M）

		VD	VA	F1	F2	F3
CV	平均值	64	72.5	355	1925	2611
	标准差	0.02	3.3	23.6	119.2	215.7
	变异系数	31.9%	4.5%	6.6%	6.1%	8.2%
CVC	平均值	136	74.66	331	2088	2680
	标准差	0.09	4.9	48.8	31.1	145.5
	变异系数	67.7%	6.6%	14.7%	1.4%	5.4%

续表

		VD	VA	F1	F2	F3
CCVC	平均值	124	76.25	351	1971	2499
	标准差	0.02	2.9	40.2	137	277
	变异系数	18.8%	3.9%	11.4%	6.9%	11%
CCV	平均值	180	75	310	2139	2913
	标准差	0.09	3.1	46.1	273.1	304.7
	变异系数	51.1%	4.2%	14.9%	12.7%	10.4%
CCCVC	平均值	114	76	408	1878	2648
	标准差					
	变异系数					

表 2.27　出现在不同音节类型中 ［i］ 元音的声学参数统计 （F）

		VD	VA	F1	F2	F3
V	平均值	77	69	331	2582	3243
	标准差	0.02	1.4	21.9	62.2	89.9
	变异系数	28.3%	2%	6.6%	2.3%	2.7%
CV	平均值	69	70.6	304	2508	3365
	标准差	0.02	2.8	265	345.9	175.8
	变异系数	35.4%	3.9%	10.5%	10.2%	3.9%
CVC	平均值	53	70.83	330	2468	2933
	标准差	0.01	4.7	15	318	172.5
	变异系数	31.1%	6.7%	4.5%	12.8%	5.8%
CCV	平均值	259	75	253	2403	3195
	标准差					
	变异系数					

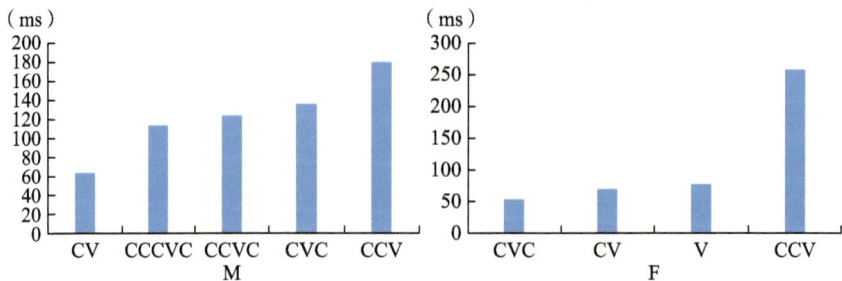

图 2.28　不同音节中 ［i］ 元音音长均值比较 （M&F）

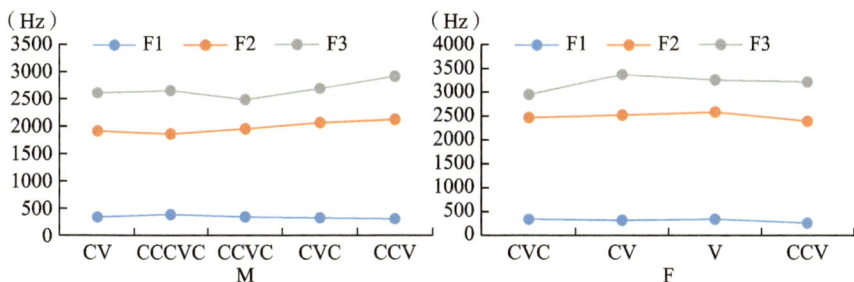

图 2.29　不同音节中［i］元音第一、第二共振峰均值比较（M&F）

　　我们对不同音节类型中出现的［i］元音共振峰 F1/F2、音长之间做了单因素方差分析，结果如表 2.28 所示。

　　从检验结果来看，男、女发音人在不同音节类型中［i］元音的 F1/F2 和音长参数上，差异不显著（男发音人在 CV～CVCC 之间差异显著）。

表 2.28　检验结果

sig（显著性）									
M					F				
		VD	F1	F2			VD	F1	F2
CV	CVC	0.62	0.839	0.005	V	CV	0.789	0.888	0.122
	CCVC	0.026	0.997	0.929		CVC	0.245	0.998	0.685
	CCV	0.231	0.373	0.516	CV	CVC	0.262	0.826	0.986
CVC	CCVC	0.995	0.933	0.457					
	CCV	0.92	0.933	0.98					
CCVC	CCV	0.669	0.571	0.707					

4. 辅音音质与声学参数之间的关系

　　图 2.30 为词首音节（包括单音节词）［n-、m-、t-、tʃʰ、tʃ-、j-、ʃ-］等辅音之后［i］元音音长比较图。从图 2.30 中可以看出，辅音音质与［i］元音有些声学参数之间具有较好的相关性。总体上看出现在辅音［n-、m-］之后［i］元音的音长长于其他辅音之后的音长。

　　图 2.31 为词首音节（包括单音节词）［n-、m-、t-、tʃʰ、tʃ-、j-、ʃ-］等辅音之后［i］元音第一、第二和第三共振峰前过渡 TF1、TF2、TF3 的变化示意图，以 TF2 的上升为准排列，即以舌位自后至前排列示意图。从图 2.31 可以看到，男、女发音人［i］元音前过渡在［tʃʰ、tʃ-、j-、ʃ-］辅音之后较高，而在其他辅音之后较低。

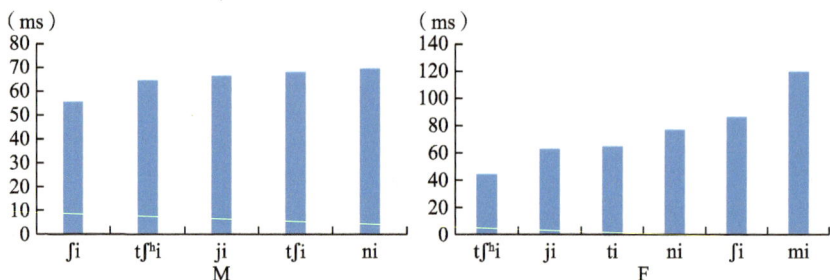

图 2.30　出现在词首音节不同辅音之后和无前置辅音音节中 [i]元音音长比较 （M&F）

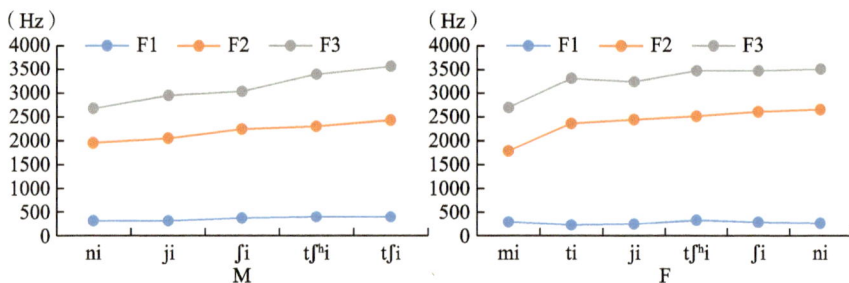

图 2.31　词首音节 [i] 元音三个共振峰前过渡 TF1、TF2、TF3 等的变化示意 （M&F）

（四）[ɔ] 元音

1. 参数平均值及其音质定位

表 2.29 为 [ɔ] 元音声学参数总统计表。该统计表显示男、女发音人 [ɔ] 元音的平均音长、平均音强分别为 M = 94ms、F = 89ms，M = 74.78dB、F = 71.87dB。该元音 F1 和 F2 的频率均值分别为 M：F1 = 501Hz、F2 = 980Hz，F：F1 = 557Hz、F2 = 1154Hz。

表 2.29　[ɔ] 元音声学参数统计

	M					F				
	VD	VA	F1	F2	F3	VD	VA	F1	F2	F3
平均值	94	74.78	501	980	2710	89	71.87	557	1154	2956
标准差	0.03	3.5	46.1	99.5	241.1	0.02	3.9	81	135.7	245.3
变异系数	37.6%	4.7%	9.2%	10%	8.8%	30%	5.4%	14.5%	11.7%	8.3%

　　我们认为该元音为次低、后、圆唇、紧元音。图 2.32 为男发音人 [mɔnɔn] "后年"一词的三维语图。其中，词首元音 [ɔ] 的目标位置的 F1~F4 共振峰分别为 564Hz、989Hz、2963Hz、3591Hz。这是 [ɔ] 元音比较典型的声学语图。图 2.33 为男、女发音人 [ɔ] 元音在声学元音图中的位置（均值）及其声学空间中的分布模式图。显然，该元音在声学空间中的分布特点为上、下方向扩散。

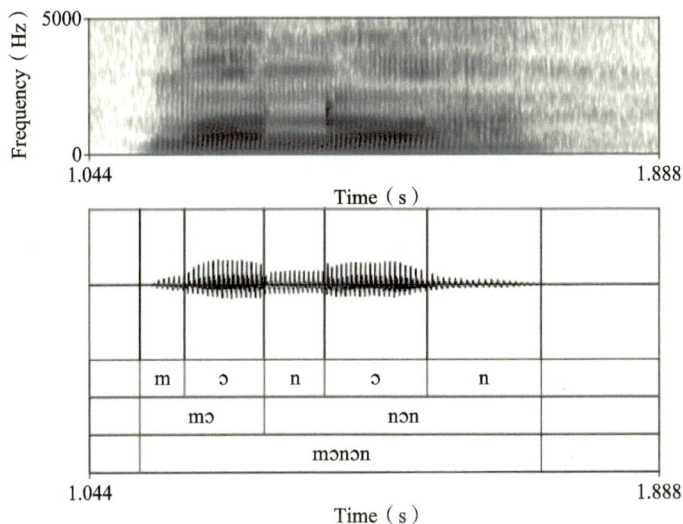

图 2.32　男发音人 [mɔnɔn] "后年" 一词的三维语图和三层标注实例

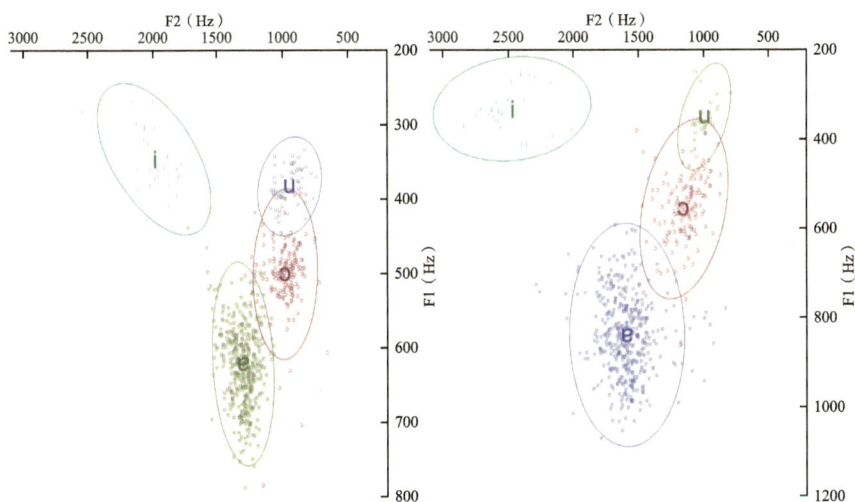

图 2.33　[ɔ] 元音在声学元音图中的位置及其声学空间中的分布模式

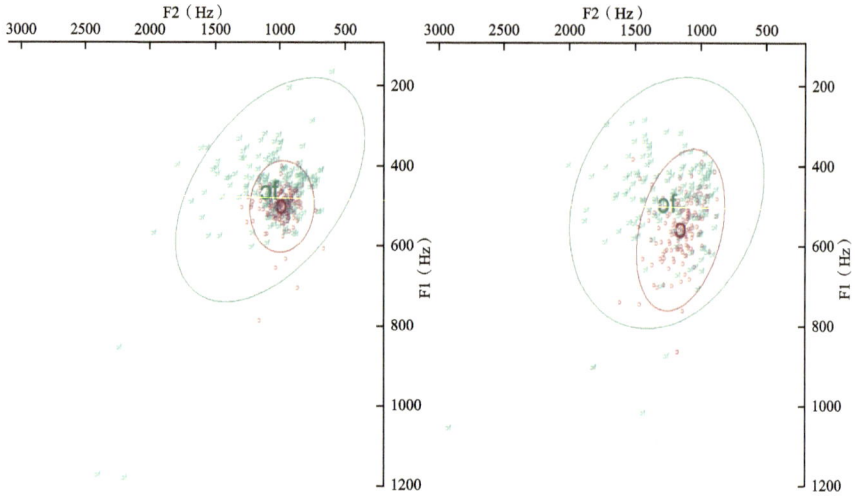

图 2.34　[ɔ] 元音目标位置共振峰（F1/F2）及其前过渡段共振峰（TF1/TF2）比较（M&F）

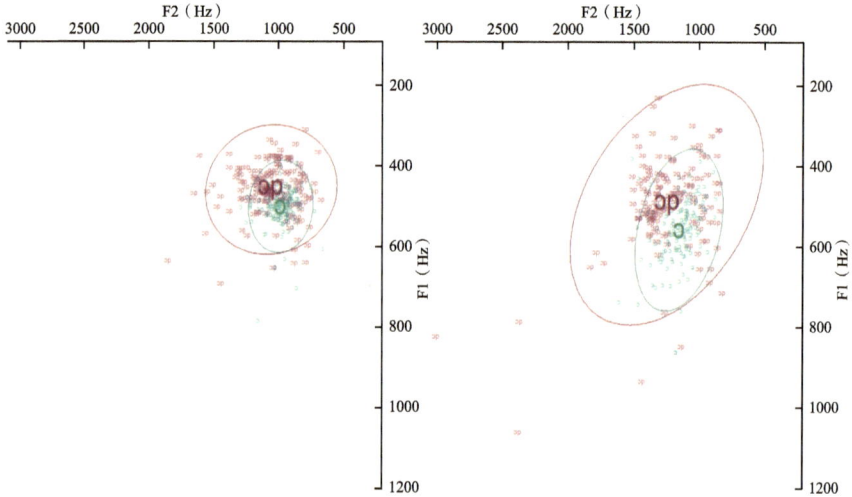

图 2.35　[ɔ] 元音目标位置共振峰（F1/F2）及其后过渡段共振峰（TP1/TP2）比较（M&F）

图 2.34~2.35 为 [ɔ] 元音目标位置共振峰（F1/F2）及其前、后过渡段共振峰比较图。其中，图 2.34 为目标位置共振峰 F1/F2 和前过渡 TF1/TF2 比较图，图 2.35 为目标位置共振峰 F1/F2 和后过渡 TP1/TP2 比较图。从图 2.34~2.35 中可以看出，与目标位置共振峰频率相比，[ɔ] 元音前、后

过渡段共振峰频率都有所变化，总体上"前段变化大于后段"。其中，前、后过渡段 F1 的频率有所下降（开口度相对变小），前、后过渡段 F2 的频率都发生了较小的变化，与目标位置共振峰相比"前后上下扩散"。

我们对目标位置第一、第二共振峰 F1/F2 及其前过渡 TF1/TF2 和后过渡 TP1/TP2 共振峰之间做了单因素方差分析，结果如表 2.30 所示。

从检验结果来看，男、女发音人在 F1、F2 参数上，目标元音与前、后过渡段元音差异显著，前、后过渡段元音之间差异不显著。

表 2.30　检验结果

	sig（显著性）			
	M		F	
	F1	F2	F1	F2
目标元音—前过渡元音	.000	.001	.000	.001
目标元音—后过渡元音	.000	.000	.000	.003
前过渡元音—后过渡元音	1.000	.756	.948	.940

* 均值差的显著性水平为 0.05。

2. 音节数量与声学参数之间的关系

表 2.31 为出现在单音节、双音节和多音节词中 [ɔ] 元音的出现频率统计表。表 2.31 显示，大约 62%（M）和 65%（F1）的 [ɔ] 元音是在双音节词中出现的。

表 2.32 为出现在单音节词、双音节词和多音节词中的 [ɔ] 元音音长（VD）、音强（VA）、共振峰目标值（F）统计表。从表 2.32 可以看出，该元音音长与音节数量之间具有一定的相关性。音长随着音节数量的增加而相对缩短，而其音强随着音节数量的增多相对变弱：

M：166ms→100ms→69ms；M：77.11dB→74.95dB→74.02dB

F：113ms→95ms→72ms；F：77.42dB→71.65dB→71.39dB

图 2.36 显示，[ɔ] 元音目标位置的 F1 和 F2 与音节数量之间相对稳定。

表 2.31　[ɔ] 元音出现频率统计

发音人	单音节词		双音节词		多音节词		共计	
	M	F	M	F	M	F	M	F
出现次数	9	7	94	87	49	41	152	135
百分比	6%	5%	62%	65%	32%	30%	100%	100%

表 2.32　出现在不同音节词中 [ɔ] 元音声学参数统计

发音人 统计项		M					F				
		VD	VA	F1	F2	F3	VD	VA	F1	F2	F3
单音节词	平均值	166	77.11	505	950	2697	113	77.42	608	1180	3031
	标准差	0.04	2.2	22.6	103	241.7	0.01	4.2	45.9	95.3	158.5
	变异系数	24.8%	2.8%	4.4%	10.8%	8.9%	16.7%	5.4%	7.5%	8%	5.2%
双音节词	平均值	100	74.95	499	971	2743	95	71.65	552	1132	2959
	标准差	0.02	3.4	35	100.6	228.3	0.02	3.6	88.4	137.6	272.3
	变异系数	29%	4.5%	7%	10.3%	8.3%	28.3%	0.05%	16%	12.1%	9.2%
多音节词	平均值	69	74.02	505	1004	2650	72	71.39	561	1197	2935
	标准差	0.01	3.8	64.9	94.1	257.7	0.01	3.8	65.9	129	192.3
	变异系数	27%	5.2%	12.8%	9.3%	9.7%	25.7%	5.4%	11.7%	10.7%	6.5%

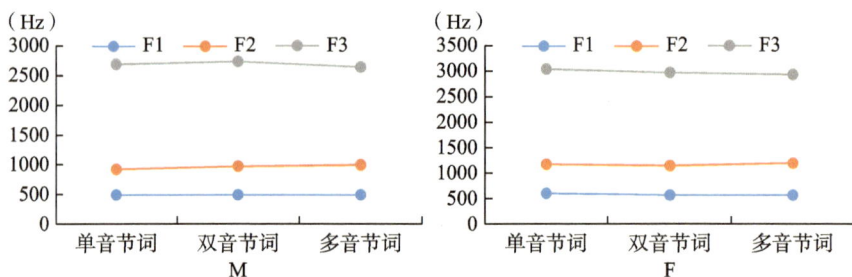

图 2.36　出现在不同音节中 [ɔ] 元音的第一、第二共振峰
均值比较（M&F）

我们对不同音节类型中出现的 [ɔ] 元音共振峰 F1/F2、音长之间做了单因素方差分析，结果如表 2.33 所示。

从检验结果来看，男发音人在 F1、F2 参数上，差异不显著，女发音人的规律不明显；音长参数上，差异显著（女发音人的单音节词和双音节词之间除外）。

表 2.33　检验结果

	sig（显著性）					
	M		F		M	F
	F1	F2	F1	F2	VD	VD
单音节词—双音节词	.755	.839	.043	.466	.003	.111
单音节词—多音节词	1.000	.347	.095	.917	.000	.002
双音节词—多音节词	.818	.125	.789	.031	.000	.000

3. 音节类型与声学参数之间的关系

统一平台统计结果显示，[ɔ] 元音主要在 CV、CVC、CVCC 等音节中出现。如男、女两位发音人 83%~84% 的 [ɔ] 都在这三类音节中出现的。可见该元音主要在以辅音开头的音节中（辅音后）出现（详见表 2.34）。

表 2.34　出现在不同音节类型中 [ɔ] 元音统计

发音人	音节类型	V	VC	CV	CVC	C^jV	CCCV	C^jVC	CC^jV	共计
M	N	7	4	55	77	3	1	4	1	152
F	N	9	5	51	65			5		135
M	%	5%	3%	36%	51%	2%	1%	3%	1%	100
F	%	7%	4%	38%	48%			4%		100

表 2.35~2.36 为不同音节类型中 [ɔ] 元音的声学参数统计表，图 2.37~2.38 为根据表 2.35~2.36 画的不同音节 [ɔ] 元音的音长和第一、第二共振峰比较图。从图表中可以看出，音节类型与 [ɔ] 元音音长参数之间相关性不大。本次实验结果显示，该元音音强、共振峰与音节类型之间没有明显的相关性；音节类型与 [ɔ] 元音共振峰前过渡之间具有一定的相关性，[ɔ] 元音在 V、VC 以元音开头的音节中 TF1 和 TF2 略低。

表 2.35　出现在不同音节类型中［ɔ］元音的声学参数统计（M）

		VD	VA	F1	F2	F3
V	平均值	113	77.71	479	928	2653
	标准差	0.02	1.2	19.8	82.5	188.3
	变异系数	19.5%	0.01%	0.04%	8.8%	7%
VC	平均值	127	75.75	507	918	2950
	标准差	0.04	1.2	27.7	49.6	152.4
	变异系数	33.3%	1.6%	5.4%	5.4%	5.1%
CV	平均值	88	74.56	488	978	2735
	标准差	0.03	3.9	3.9	85.9	252.5
	变异系数	38.7%	5.2%	6.3%	8.7%	9.2%
CVC	平均值	94	74.55	515	982	2705
	标准差	0.03	3.5	54.7	103.9	238.9
	变异系数	35.9%	4.7%	10.6%	10.5%	8.8%
CʲV	平均值	61	74	479	1080	2503
	标准差	0.01	1	29.8	185	39.5
	变异系数	27%	1.3%	6.2%	17.1%	1.5%
CCCV	平均值	221	73	481	895	2633
	标准差					
	变异系数					
CʲVC	平均值	98	76.25	472	1092	2508
	标准差	0.03	3.5	17.9	107	202.3
	变异系数	31.8%	4.7%	3.8%	9.8%	8%
CCʲV	平均值	96	78	454	918	2688
	标准差					
	变异系数					

表 2.36　出现在不同音节类型中［ɔ］元音的声学参数统计（F）

		VD	VA	F1	F2	F3
V	平均值	111	71	521	1015	2795
	标准差	0.02	3.2	54.1	108.6	242.9
	变异系数	19.2%	4.6%	10.4%	10.7%	8.6%

续表

		VD	VA	F1	F2	F3
VC	平均值	92	69.8	518	1003	2872
	标准差	0.01	3.7	34.4	92.3	297.1
	变异系数	18.9%	5.3%	6.6%	9.2%	10.3%
CV	平均值	90	72.35	559	1173	2988
	标准差	0.02	3.5	76.39	147.4	166.2
	变异系数	32.5%	4.8%	13.6%	12.5%	5.5%
CVC	平均值	84	72.1	567	1173	2972
	标准差	0.02	4.1	88.9	112.7	287.9
	变异系数	30.5%	5.7%	15.6%	9.6%	9.6%
CʲVC	平均值	101	67.6	514	1121	2789
	标准差	0.01	3.3	67.3	163	140.6
	变异系数	18%	4.9%	13.1%	14.5%	5%

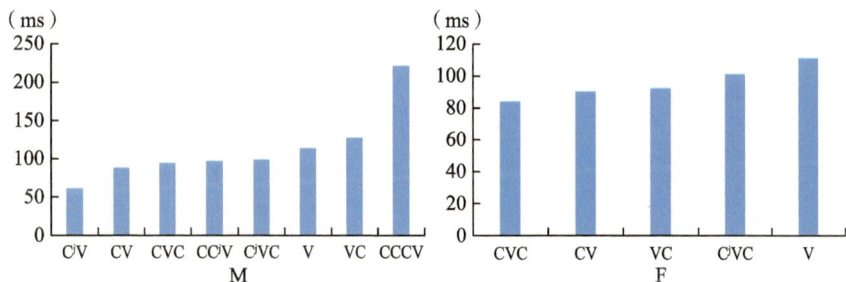

图 2.37 不同音节中［ɔ］元音的音长均值比较

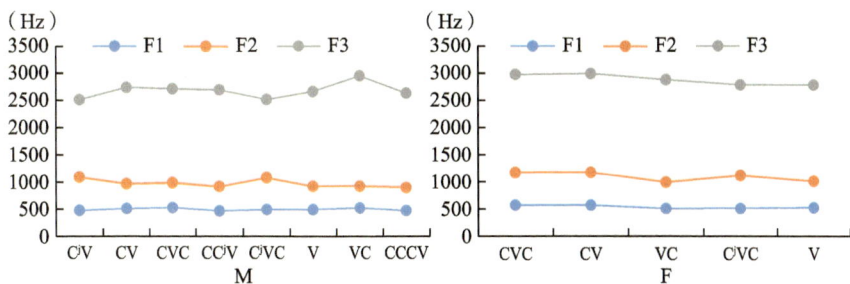

图 2.38 不同音节中［ɔ］元音的第一、第二共振峰均值比较

我们对不同音节词中出现的［ɔ］元音 F1/F2、音长之间做了单因素方差分析，结果如表 2.37 所示。

我们从检验结果来看，男、女发音人在 VD 参数上，差异不显著（女发音人 V~CVC 除外）。

F1、F2 参数上，少数的不同类型音节之间差异显著，多数为差异不显著。

表 2.37　检验结果

		sig（显著性）							
	M					F			
		VD	F1	F2			VD	F1	F2
V	VC	0.985	0.541	1	V	VC	0.429	1	0.999
	CV	0.19	0.88	0.684		CV	0.135	0.403	0.015
	C^jV	0.056	1	0.753		CVC	0.036	0.238	0.014
	CVC	0.411	0.019	0.614		C^jVC	0.863	0.999	0.7
	C^jVC	0.941	0.99	0.239	VC	CV	0.998	0.267	0.052
VC	CV	0.571	0.771	0.392		CVC	0.853	0.151	0.055
	C^jV	0.224	0.78	0.71		C^jVC	0.934	1	0.641
	CVC	0.69	0.993	0.339	CV	CVC	0.785	0.984	1
	C^jVC	0.864	0.399	0.199		C^jVC	0.748	0.641	0.953
CV	C^jV	0.323	0.988	0.903	CVC	C^jVC	0.399	0.518	0.946
	CVC	0.911	0.006	1					
	C^jVC	0.987	0.628	0.454					
C^jV	CVC	0.219	0.51	0.915					
	C^jVC	0.452	0.999	1					
CVC	C^jVC	1	0.048	0.483					

4. 辅音音质与声学参数之间的关系

图 2.39 为词首音节不同辅音之后［ɔ］元音音长比较图，图 2.40 为词首音节（包括单音节词）［ɔ］元音第一、第二和第三共振峰前后过渡 TF1、TF2、TF3 的变化示意图，以 TF2 的上升为序排列，即以舌位自后至前排列示意图。

从图 2.39~2.40 中可以看出，辅音音质与［ɔ］元音有些声学参数之间具有一定的相关性，在辅音［m］之后出现的［ɔ］元音音长比出现在其他辅音之后的［ɔ］元音音长相对长。辅音音质与元音［ɔ］共振峰之间的相关性主要表现在其 F2（舌位前后）前过渡上。如［ɔ］元音前过渡在［j-、

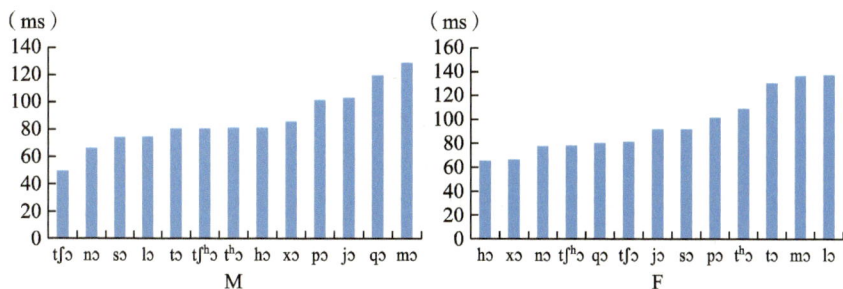

图 2.39　出现在词首音节不同辅音之后和无前置辅音音节中 [ɔ] 元音音长比较

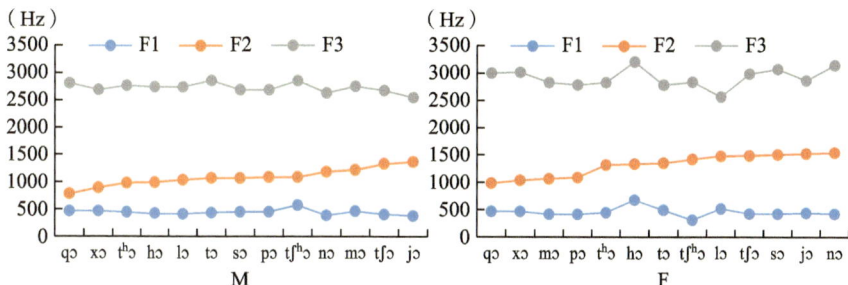

图 2.40　词首音节 [ɔ] 元音三个共振峰前过渡 TF1、TF2、TF3 等的变化示意

s-、tʃʰ-、tʃ-] 等辅音之后较高，[q-、x-] 相对低，而在其他辅音之后相对稳定。

（五）[ʊ] 元音

1. 参数平均值及其音质定位

表 2.38 为 [ʊ] 元音声学参数统计表。该统计表显示男、女发音人 [ʊ] 元音的平均音长、平均音强分别为 M=71ms、F=70ms，M=72.84dB、F=70dB。该元音 F1 和 F2 的频率均值分别为 M：F1=449Hz、F2=1011Hz，F：F1=481Hz、F2=1191Hz。

表 2.38　[ʊ] 元音声学参数统计

	M					F				
	VD	VA	F1	F2	F3	VD	VA	F1	F2	F3
平均值	71	72.84	449	1011	2604	62	70	481	1191	2802
标准差	0.03	3.7	41.8	118.8	235.9	0.02	3.9	82.6	174.6	253.9
变异系数	53.7%	5%	9.3%	11.7%	9%	45.3%	5.6%	17.1%	14.6%	9%

　　我们认为该元音为中低、后、圆唇、紧元音。图 2.41 为男发音人 [xʊlɐn]"野驴/野马"一词的三维语图。其中，词首元音 [ʊ] 的目标位置的 F1~F4 共振峰分别为 430Hz、1041Hz、2704Hz、3676Hz。这是 [ʊ] 元音比较典型的声学语图。图 2.42 为男、女发音人 [ʊ] 元音在声学元音图中的位置（均值）及其声学空间中的分布模式图。显然，该元音在声学空间中的分布特点为上下方向扩散。

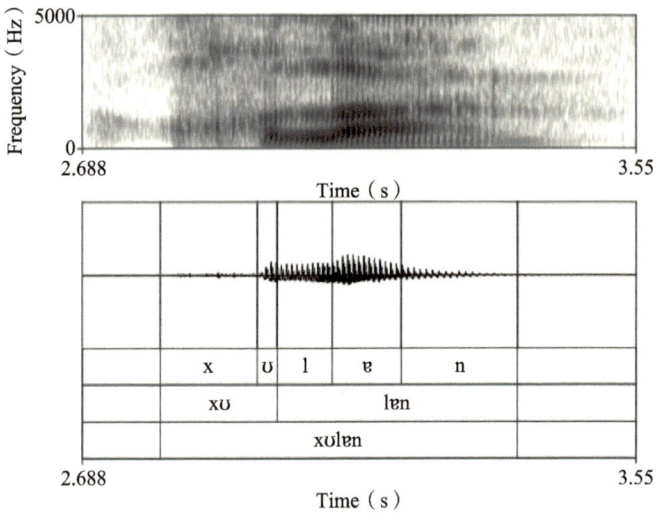

图 2.41　男发音人 [xʊlɐn]"野驴/野马"一词的三维语图和三层标注实例

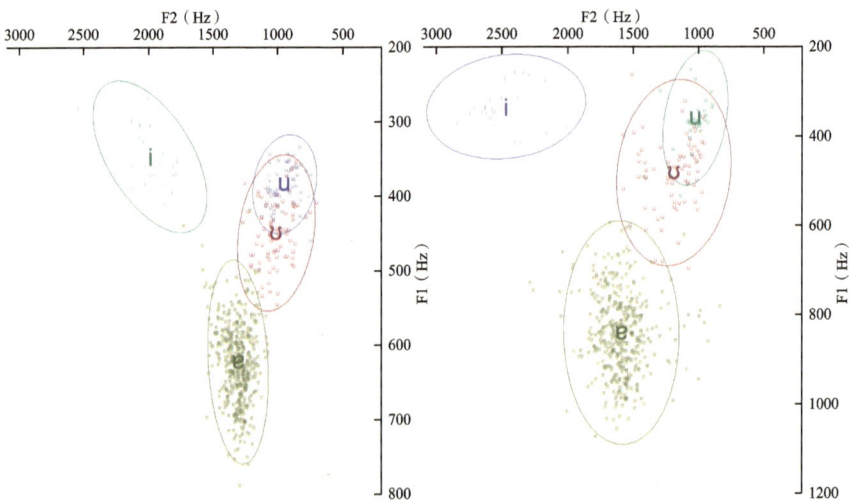

图 2.42　[ʊ] 元音在声学元音图中的位置及其声学空间中的分布模式

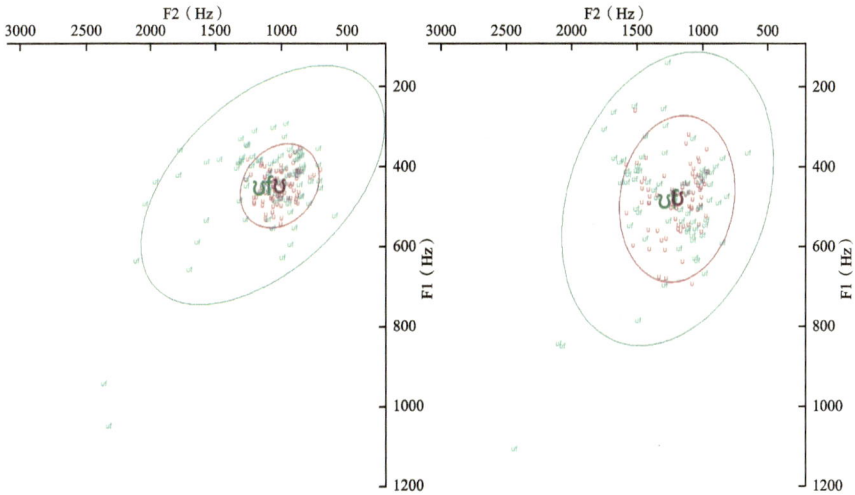

**图 2.43　［ʊ］元音目标位置共振峰（F1/F2）及其前过渡段
共振峰（TF1/TF2）比较（M&F)**

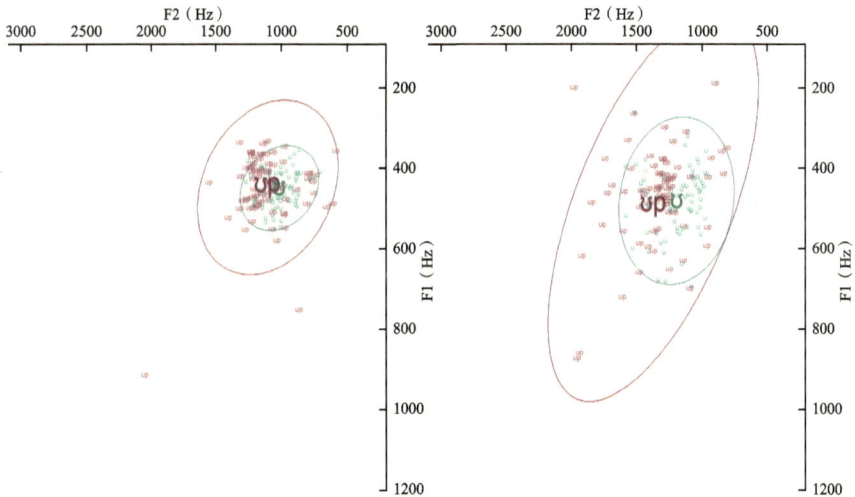

**图 2.44　［ʊ］元音目标位置共振峰（F1/F2）及其后过渡段
共振峰（TP1/TP2）比较（M&F)**

　　图 2.43~2.44 为［ʊ］元音目标位置共振峰（F1/F2）及其前、后过渡
段共振峰比较图。其中，图 2.33 为目标位置共振峰 F1/F2 和前过渡 TF1/TF2
比较图，图 2.34 为目标位置共振峰 F1/F2 和后过渡 TP1/TP2 比较图。从
图 2.33~2.34 中可以看出，与目标位置共振峰频率相比，［ʊ］元音前、后

过渡段共振峰频率都有所变化，总体上"前段变化大于后段（男），后段变化大于前段（女）"。其中，前、后过渡段 F2 的频率略前移，与目标位置共振峰相比"上下扩散"。

我们对目标位置第一、第二共振峰 F1/F2 及其前过渡 TF1/TF2 和后过渡 TP1/TP2 共振峰之间做了单因素方差分析，结果如表 2.39 所示。

从检验结果来看，男、女发音人在 F1 参数上差异不显著；F2 参数上，男、女发音人略有不同。

表 2.39　检验结果

	sig（显著性）			
	M		F	
	F1	F2	F1	F2
目标元音—前过渡元音	.995	.012	1.000	.220
目标元音—后过渡元音	.993	.005	.838	.000
前过渡元音—后过渡元音	1.000	.680	.883	.112

* 均值差的显著性水平为 0.05。

2. 音节数量与声学参数之间的关系

表 2.40 为出现在单音节、双音节和多音节词中 [ʊ] 元音的出现频率统计表。表 2.40 显示，大约 62%（M）和 57%（F1）的 [ʊ] 元音是在双音节词中出现的。

表 2.41 为出现在单音节词、双音节词和三音节词中的 [ʊ] 元音音长（VD）、音强（VA）、共振峰目标值（F）统计表，从表 2.41 可以看出，该元音音长与音节数量之间具有一定的相关性。如音长随着音节数量的增加而相对缩短，而音强随着音节数量的增多相对变弱。

M：188ms→73ms→54ms；M：78.33dB→73.72dB→70.57dB

F：110ms→65ms→53ms；F：73.33dB→69.92dB→69.75dB

图 2.45 显示，[ʊ] 元音目标位置的 F1 和 F2 与音节数量之间相对稳定。

表 2.40　［ʊ］元音出现频率统计

发音人	单音节词		双音节词		多音节词		共计	
	M	F	M	F	M	F	M	F
出现次数	3	3	48	41	26	28	77	72
百分比	4%	4%	62%	57%	34%	39%	100%	100%

表 2.41　出现在不同音节词中［ʊ］元音声学参数统计

发音人 统计项		M					F				
		VD	VA	F1	F2	F3	VD	VA	F1	F2	F3
单音节词	平均值	188	78.33	459	1023	2543	110	73.33	482	1191	2828
	标准差	0.08	2.5	36.9	182.2	488.9	0.03	3.5	38.7	233.9	75.3
	变异系数	47.1%	3.2%	8%	17.8%	19.2%	28.8%	4.7%	8%	19.6%	2.6%
双音节词	平均值	73	73.72	456	1009	2609	65	69.92	491	1192	2781
	标准差	0.02	3.5	38.5	119.1	206.7	0.02	4.2	88.9	186.1	254.2
	变异系数	37.7%	4.7%	8.4%	11.8%	7.9%	44.3%	6%	18.1%	15.6%	9.1%
多音节词	平均值	54	70.57	433	1015	2602	53	69.75	465	1189	2830
	标准差	0.02	2.7	44.8	116.3	263	0.02	3.5	75.5	157.3	267.9
	变异系数	39.2%	3.8%	10.3%	11.4%	10.1%	38.6%	5%	16.2%	13.2%	9.4%

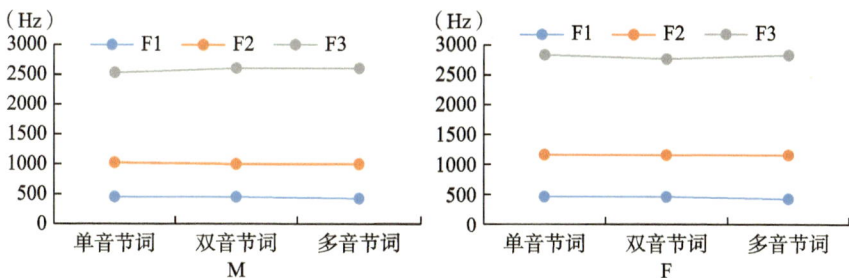

图 2.45　音节数量与［ʊ］元音的共振峰之间关系示意（M&F）

我们对不同音节类型中出现的［ʊ］元音共振峰 F1/F2、音长之间做了单因素方差分析，结果如表 2.42 所示。

从检验结果来看，男、女发音人在 F1/F2 和音长参数上，差异不显著

（男发音人双音节—多音节之间差异显著）。

表 2.42　检验结果

	sig（显著性）					
	M		F		M	F
	F1	F2	F1	F2	VD	VD
单音节词—双音节词	.995	.991	.934	1.000	.263	.228
单音节词—多音节词	.569	.997	.817	1.000	.210	.150
双音节词—多音节词	.068	.978	.400	.998	.006	.093

3. 音节类型与声学参数之间的关系

统一平台统计结果显示，[ʊ] 元音主要在 CV、CVC 等音节中出现。如，男女两位发音人83%~81%的 [ʊ] 都在这两类音节中出现的，可见该元音主要在以辅音开头的音节中（辅音后）出现（详见表 2.43）。

表 2.43　出现在不同音节类型中 [ʊ] 元音统计

发音人	音节类型	V	VC	CV	CVC	CCCV	CʲVC	CCVC	共
M	N	7	3	44	20	1	2		77
F	N	7	5	38	20		1	1	72
M	%	9%	4%	57%	26%	1%	3%		100%
F	%	10%	7%	53%	28%		1%	1%	100%

表 2.44~2.45 为不同音节类型中 [ʊ] 元音的声学参数统计表，图 2.46~2.47 为根据表 2.44~2.45 绘制的不同音节 [ʊ] 元音的音长和第一、第二共振峰比较图。从图表中可以看出，音节类型与 [ʊ] 元音有些声学参数之间具有较好的相关性。出现在 V 元音音节中 [ʊ] 元音的音长比其他音节中音长相对长。该元音共振峰与音节类型之间有一定的相关性，CʲVC 音节类型与 [ʊ] 元音共振峰前过渡之间具有一定的相关性。[ʊ] 元音在 CʲVC 音节中 TF2 略高的趋势。

表 2.44 出现在不同音节类型中 [ʊ] 元音的声学参数统计 （M）

		VD	VA	F1	F2	F3
V	平均值	93	68.71	401	883	2589
	标准差	0.03	4.2	34	84.1	216.1
	变异系数	34.9%	6.2%	8.4%	9.5%	8.3%
VC	平均值	63	69	397	894	2520
	标准差	0.02	2	22.2	30	112.2
	变异系数	39.6%	2.8%	5.6%	3.3%	4.4%
CV	平均值	63	73.18	461	1023	2614
	标准差	0.02	3.3	37.6	122.5	226.9
	变异系数	41.9%	4.5%	8.1%	11.9%	8.6%
CVC	平均值	69	73.45	448	1033	2645
	标准差	0.03	3.2	39	86.7	249.6
	变异系数	44.9%	4.4%	8.7%	8.3%	9.4%
CCCV	平均值	87	78	465	973	2638
	标准差					
	变异系数					
CʲVC	平均值	87	77	408	1187	2140
	标准差					
	变异系数					

表 2.45 出现在不同音节类型中 [ʊ] 元音的声学参数统计 （F）

		VD	VA	F1	F2	F3
V	平均值	88	70.57	442	1052	2629
	标准差	0.01	3.1	54	73.1	185.1
	变异系数	18.8%	4.4%	12.2%	6.9%	7%
VC	平均值	72	70.4	391	1077	2674
	标准差	0.006	2.4	56.7	105	416.2
	变异系数	8.9%	3.4%	14.5%	9.7%	15.5%
CV	平均值	52	69.92	500	1187	2847
	标准差	0.02	3.6	87	158.1	241.9
	变异系数	54.1%	5.2%	17.4%	13.3%	8.5%

续表

		VD	VA	F1	F2	F3
CVC	平均值	70	70.05	478	1252	2804
	标准差	0.02	5	65.8	203.5	243
	变异系数	38.1%	7.2%	13.7%	16.2%	8.6%
C^{j}VC	平均值	36	64	377	1427	2799
	标准差					
	变异系数					
CCVC	平均值	87	72	606	1401	2943
	标准差					
	变异系数					

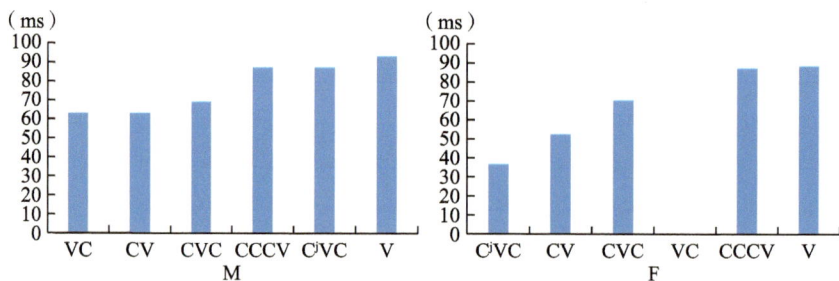

图 2.46　不同音节中［ʊ］元音的音长均值比较

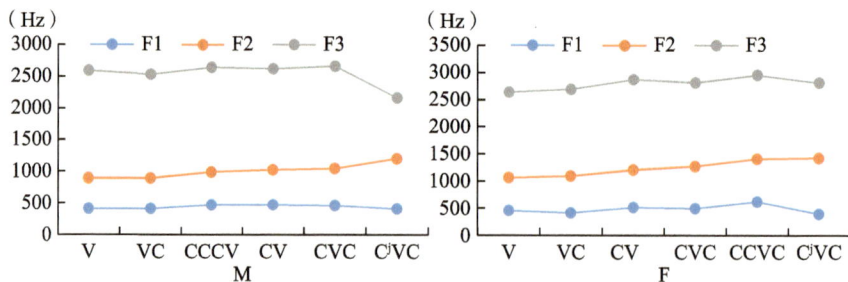

图 2.47　不同音节中［ʊ］元音的第一、第二共振峰均值比较

　　我们对不同音节词中出现的［ʊ］元音 F1/F2、音长之间做了单因素方差分析，结果如表 2.46 所示。

　　从检验结果来看，男发音人在 VD、F1 参数上，差异不显著；女发音人在 VD、F1 参数上多数音节之间差异不显著。

表 2.46　检验结果

sig（显著性）									
		M					F		
		VD	F1	F2			VD	F1	F2
V	VC	0.564	0.999	0.998	V	VC	0.177	0.45	0.967
	CV	0.249	0.014	0.021		CV	0.002	0.138	0.01
	CVC	0.485	0.068	0.014		CVC	0.193	0.502	0.005
	CʲVC	0.999	0.992	0.043	VC	CV	0.004	0.03	0.255
VC	CV	1	0.078	0.005		CVC	0.984	0.079	0.079
	CVC	0.993	0.121	0.003	CV	CVC	0.098	0.697	0.609
	CʲVC	0.922	0.951	0.11					
CV	CVC	0.949	0.679	0.995					
	CʲVC	0.897	0.188	0.229					
CVC	CʲVC	0.955	0.251	0.246					

（六）［ʉ］元音

1. 参数平均值及其音质定位

表 2.47 为［ʉ］元音声学参数统计表。该统计表显示男、女发音人［ʉ］元音的平均音长、平均音强分别为 M = 63ms、F = 53.3ms，M = 74.12dB、F = 70.21dB。该元音 F1 和 F2 的频率均值分别为 M：F1 = 398Hz、F2 = 1246Hz，F：F1 = 388Hz、F2 = 1429Hz。

表 2.47　［ʉ］元音声学参数统计

	M					F				
	VD	VA	F1	F2	F3	VD	VA	F1	F2	F3
平均值	63	74.12	398	1246	2563	53.3	70.21	388	1429	2729
标准差	0.03	3.2	30.8	139.6	257.1	0.02	3.2	48.9	161.3	172.3
变异系数	48%	4.4%	7.7%	11.2%	10%	41.8%	4.6%	12.5%	11.2%	6.3%

　　我们认为该元音为高、央、圆唇、紧元音。图 2.48 为男发音人 [kʰʉleː]"捆绑绳"一词的三维语图。其中，词首元音 [ʉ] 的目标位置的 F1~F4 共振峰分别为 386Hz、1376Hz、2405Hz、3021Hz。这是 [ʉ] 元音比较典型的声学语图。图 2.49 为男、女发音人 [ʉ] 元音在声学元音图中的位置（均值）及其声学空间中的分布模式图。显然，该元音在声学空间中的分布特点为前、后方向扩散。

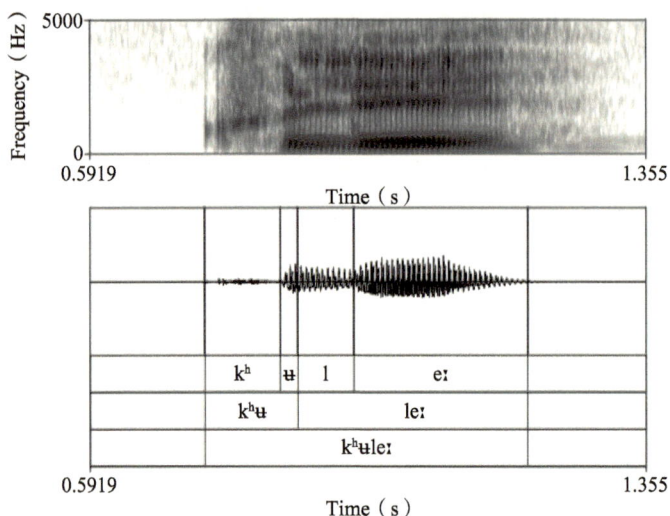

图 2.48　男发音人 [kʰʉleː]"捆绑绳"一词的三维语图和三层标注实例

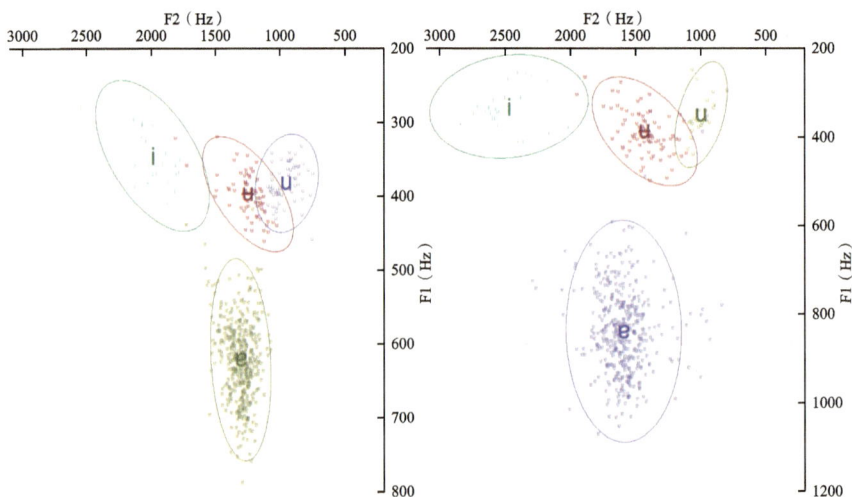

图 2.49　[ʉ] 元音在声学元音图中的位置及其声学空间中的分布模式

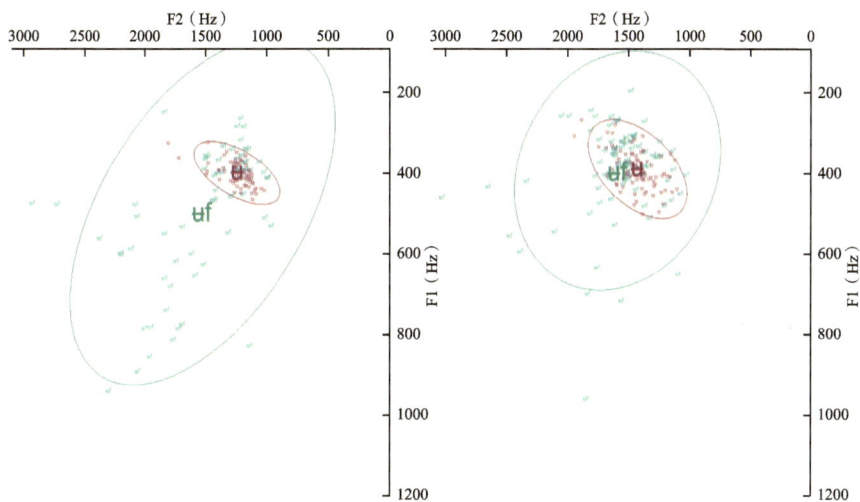

图 2.50　[ʉ] 元音目标位置共振峰（F1/F2）及其前过渡段共振峰（TF1/TF2）比较（M&F）

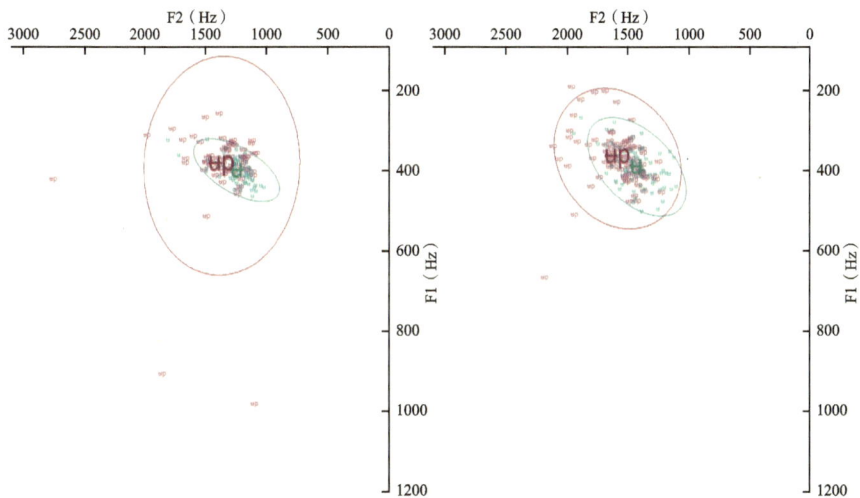

图 2.51　[ʉ] 元音目标位置共振峰（F1/F2）及其后过渡段共振峰（TP1/TP2）比较（M&F）

图 2.50~2.51 为 [ʉ] 元音目标位置共振峰（F1/F2）及其前、后过渡段共振峰比较图。其中，图 2.50 为目标位置共振峰 F1/F2 和前过渡 TF1/TF2 比较图，图 2.51 为目标位置共振峰 F1/F2 和后过渡 TP1/TP2 比较图。从图 2.50~2.51 中可以看出，与目标位置共振峰频率相比，[ɔ] 元音前、

后过渡段共振峰频率都有所变化，总体上"前段变化大于后段"。其中，前过渡段 F1 的频率有所上升（开口度相对变大），后过渡段 F2 的频率略前移。

我们对目标位置第一、第二共振峰 F1/F2 及其前过渡 TF1/TF2 和后过渡 TP1/TP2 共振峰之间做了单因素方差分析，结果如表 2.48 所示。

从检验结果来看，男发音人 F1 参数上目标元音与后过渡段元音差异不显著，F2 参数上差异显著；女发音人 F1 参数上差异不显著，F2 参数上前后过渡段元音之间差异不显著。

表 2.48　检验结果

	sig（显著性）			
	M		F	
	F1	F2	F1	F2
目标元音—前过渡元音	.000	.000	.973	.000
目标元音—后过渡元音	.718	.002	.084	.000
前过渡元音—后过渡元音	.000	.021	.274	.994

* 均值差的显著性水平为 0.05。

2. 音节数量与声学参数之间的关系

表 2.49 为单音节、双音节和多音节词中 [ʉ] 元音的出现频率统计表。表 2.28 显示，大约 73%（M）和 65%（F1）的 [ʉ] 元音是在双音节词中出现的。

表 2.50 为出现在单音节词、双音节词和三音节词中的 [ʉ] 元音音长（VD）、音强（VA）、共振峰目标值（F）统计表，从表 2.50 可以看出，该元音音长与音节数量之间具有一定的相关性。如音长随着音节数量的增加而相对缩短，其音强随着音节数量的增多相对变弱（M）：

M：119ms→63ms→38ms；M：77.5dB→74.25dB→71.91dB

F：81ms→52ms→44ms；F：72.33dB→69.81dB→70.35dB

图 2.52 显示，[ʉ] 元音目标位置的 F1 和 F2 与音节数量之间相对稳定。

表 2.49 [ʉ] 元音出现频率统计

发音人	单音节词		双音节词		多音节词		共计	
	M	F	M	F	M	F	M	F
出现次数	6	9	48	53	12	20	66	82
百分比	9%	11%	73%	65%	18%	24%	100%	100%

表 2.50 出现在不同音节词中 [ʉ] 元音声学参数统计

发音人 统计项		M					F				
		VD	VA	F1	F2	F3	VD	VA	F1	F2	F3
单音节词	平均值	119	77.5	434	1172	276	81	72.33	438	1404	2785
	标准差	0.03	1.87	13	89.9	164.9	0.02	4.06	18.7	176.5	154.8
	变异系数	26.4%	2.4%	3%	7.6%	5.9%	32.2%	5.6%	4.2%	12.5%	5.5%
双音节词	平均值	63	74.25	399	1235	2589	52	69.81	387	1407	2700
	标准差	0.02	3.1	28.8	126.2	230.1	0.01	3.05	42.8	129.9	160.7
	变异系数	39%	4.1%	7.2%	10.2%	8.8%	35.1%	4.3%	11%	9.2%	5.9%
多音节词	平均值	38	71.91	376	1327	2356	44	70.35	369	1498	2783
	标准差	0.008	3.05	27.6	180.8	284	0.02	3.3	58.6	212	197.2
	变异系数	23.4%	4.2%	7.3%	13.6%	12%	48.5%	4.7%	15.8%	14.1%	7%

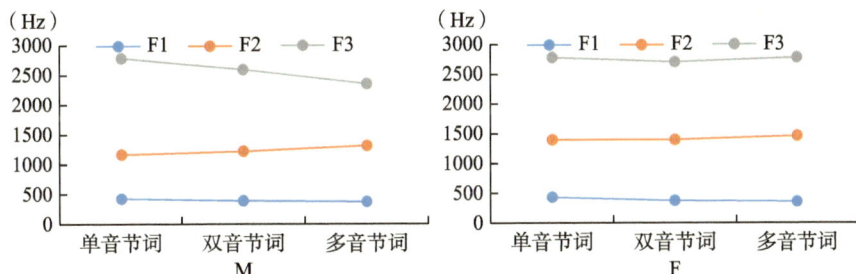

图 2.52 音节数量与 [ɔ] 元音的共振峰之间关系示意 (M&F)

我们对不同音节类型中出现的 [ʉ] 元音共振峰 F1/F2、音长之间做了单因素方差分析，结果如表 2.51 所示。

从检验结果来看，男女发音人在 F1/F2 上有相同的规律；音长也出现相同的规律（女发音人双音节词—多音节词之间差异不显著）。

表 2.51　检验结果

	sig（显著性）					
	M		F		M	F
	F1	F2	F1	F2	VD	VD
单音节词—双音节词	.001	.329	.000	.998	.014	.026
单音节词—多音节词	.000	.066	.000	.442	.003	.007
双音节词—多音节词	.050	.251	.416	.192	.000	.279

3. 音节类型与声学参数之间的关系

统一平台统计结果显示，［ʉ］元音主要在 CV、CVC 音节中出现。男、女两位发音人 97%、92%的［ʉ］都是在这两类音节中出现的。可见该元音主要在以辅音开头的音节中（辅音后）出现（详见表 2.52）。

表 2.52　出现在不同音节类型中［ʉ］元音统计

发音人	音节类型	V	CV	CVC	CVCC	CCVC	CCV	共计
M	N	1	44	20		1		66
F	N	2	48	27	1	3	1	82
M	%	2%	67%	30%		2%		100%
F	%	2%	59%	33%	1%	4%	1%	100%

表 2.53 ~ 2.54 为不同音节类型中［ʉ］元音的声学参数统计表，图 2.53~2.54 为根据表 2.53~2.54 绘制的不同音节［ʉ］元音的音长和第一、第二共振峰比较图。从图表中可以看出，音节类型与［ʉ］元音有些声学参数之间相关性差。

表 2.53　出现在不同音节类型中［ʉ］元音的声学参数统计（M）

		VD	VA	F1	F2	F3
V	平均值	46	66	366	1206	2512
	标准差					
	变异系数					
CV	平均值	58	73.81	396	1253	2530
	标准差	0.02	3.16	31.9	138.4	258.7
	变异系数	44.5%	4.2%	8%	11%	10%

续表

		VD	VA	F1	F2	F3
CVC	平均值	73	75.05	402	1243	2635
	标准差	0.03	3.05	28	142.9	257.9
	变异系数	50.5%	4%	6.9%	11.4%	9.7%
CCVC	平均值	106	77	439	1019	2595
	标准差					
	变异系数					

表 2.54　出现在不同音节类型中［ʉ］元音的声学参数统计（F）

		VD	VA	F1	F2	F3
V	平均值	85	70	357	1142	2531
	标准差					
	变异系数					
CV	平均值	48	69.66	373	1456	2713
	标准差	0.01	3.28	44.6	161.1	150.6
	变异系数	39.7%	4.7%	11.9%	11%	5.5%
CVC	平均值	60	70.4	407	1416	2773
	标准差	0.02	2.77	41.9	155.2	204.8
	变异系数	37.9%	3.9%	10.2%	10.9%	7.3%
CVCC	平均值	62	69	370	1487	3006
	标准差					
	变异系数					
CCVC	平均值	69	76	464	1349	2689
	标准差	0.04	3.46	29.5	42	39.1
	变异系数	68.3%	4.5%	6.3%	3.1%	1.4%
CCV	平均值	45	76	493	1255	2598
	标准差					
	变异系数					

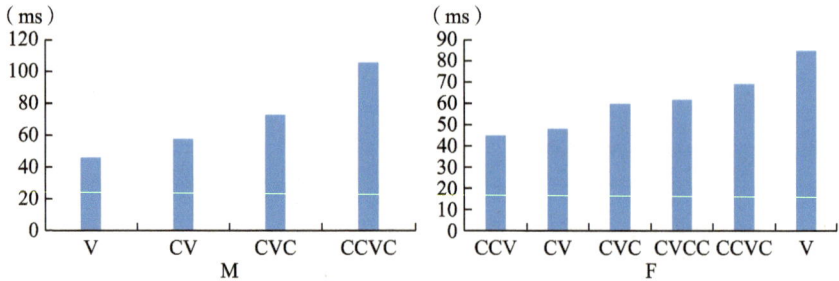

图 2.53　不同音节中［ɔ］元音的第一、第二共振峰均值比较

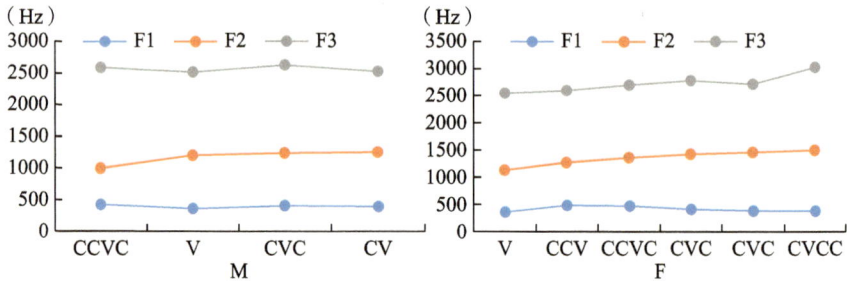

图 2.54　不同音节中［ɔ］元音的第一、第二共振峰均值比较

我们对不同音节词中出现的［ʉ］元音 F1/F2、音长之间做了配对样本 T 检验，结果如表 2.55 所示。

从检验结果来看，男、女发音人在音长参数上，差异不显著；男发音人在 F1、F2 参数上差异显著；女发音人在 F1 参数上差异显著，在 F2 参数上差异显著。

表 2.55　检验结果

		sig（显著性）					
		M			F		
		VD	F1	F2	VD	F1	F2
CV	CVC	.065	.485	.789	0.109	0.007	0.718

（七）［o］元音

1. 参数平均值及其音质定位

表 2.56 为［o］元音声学参数统计总表。该表显示，男、女发音人

［o］元音平均音长、平均音强分别为 M＝96ms、F＝106ms，M＝74.82dB、F＝71.86dB。该元音 F1 和 F2 的频率均值分别为 M：F1＝410Hz、F2＝982Hz，F：F1＝403Hz、F2＝1037Hz。

表 2.56　［o］元音声学参数统计

	M					F				
	VD	VA	F1	F2	F3	VD	VA	F1	F2	F3
平均值	96	74.82	410	982	2637	106	71.86	403	1037	2626
标准差	0.05	3.3	44.9	101.2	215	0.03	2.4	79	76.7	223.8
变异系数	52%	4.4%	10.9%	10.3%	8.1%	29.8%	3.3%	19.6%	7.4%	8.5%

我们认为该元音为次低、后、圆唇、紧元音。图 2.55 为男发音人［otəɹ］"坟墓"一词的三维语图。其中，词首元音［o］的目标位置的 F1~F4 共振峰分别为 352Hz、779Hz、2185Hz、2802Hz。这是［o］元音比较典型的声学语图。图 2.56 为男、女发音人［o］元音在声学元音图中的位置及其声学空间中的分布模式图。显然，该元音在声学空间中的分布相对离散，其分布特点为主要上下方向扩散。

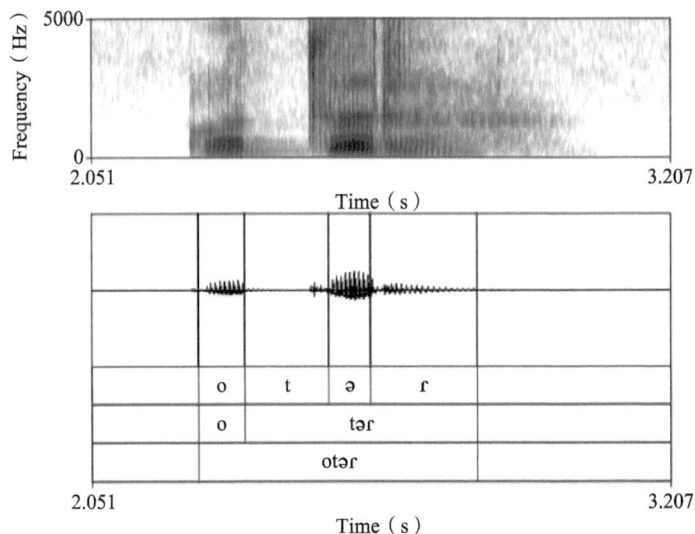

图 2.55　男发音人［otəɹ］"坟墓"一词的三维语图和三层标注实例

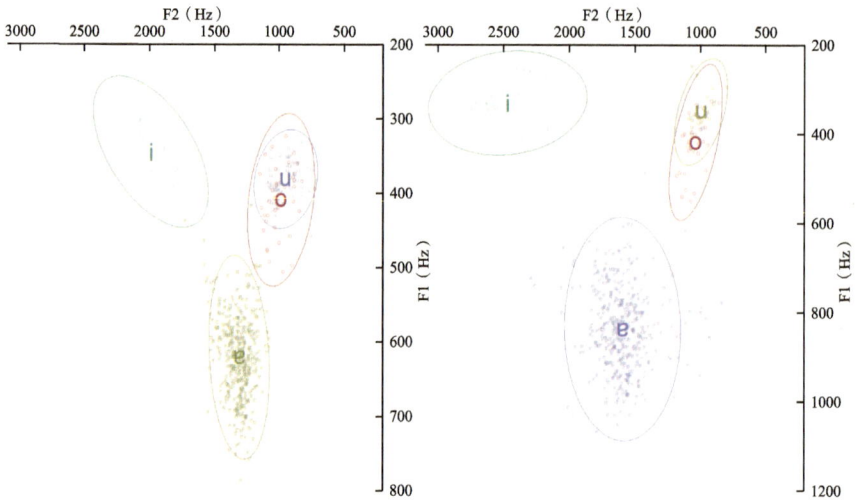

图 2.56 ［o］**元音在声学元音图中的位置及其声学空间中的分布模式** (M&F)

图 2.57~2.58 为 ［o］元音目标位置共振峰及其前、后过渡段共振峰比较图。其中，图 2.57 为目标位置共振峰 F1/F2 和前过渡 TF1/TF2 比较图，图 2.58 为目标位置共振峰 F1/F2 和后过渡 TP1/TP2 比较图。从图 2.57~2.58 中可以看出，与目标位置共振峰频率相比，［o］元音前、后过渡段共振峰频率都有所变化。其中，前过渡段频率 TF1/TF2 都有所上升，后过渡

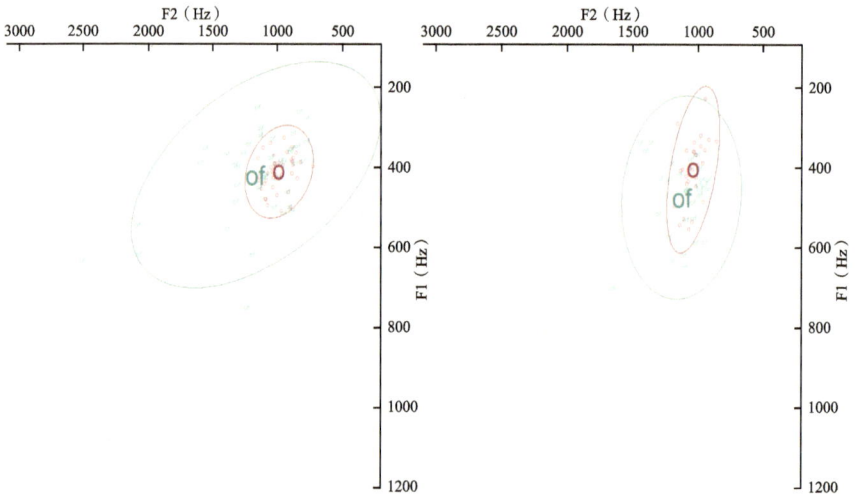

图 2.57 ［o］**元音目标位置共振峰** （F1/F2） **及其前过渡段共振峰**
（TF1/TF2） **比较** (M&F)

段 TP2 频率却明显上升，与目标位置共振峰 F1/F2 相比趋向于前。显然，仍遵循"前段变化大于后段（男），后段变化大于前段（女）"规律。

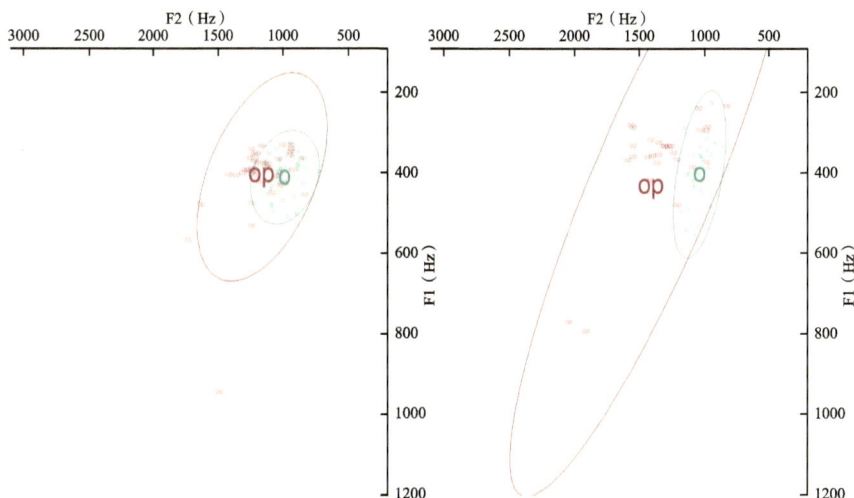

图 2.58　［o］元音目标位置共振峰（F1/F2）及其后
过渡段共振峰（TP1/TP2）比较（M&F）

我们对目标位置第一、第二共振峰 F1/F2 及其前过渡 TF1/TF2 和后过渡 TP1/TP2 共振峰之间做了单因素方差分析，结果如表 2.57 所示。

从检验结果来看，第一，男、女发音人 F1 参数上差异不显著（女发音人目标元音—前过渡元音之间差异显著）；第二，F2 参数上，男发音人在目标元音与前过渡段元音之间差异显著，其他的差异不显著，女发音人在 F2 参数上差异显著。

表 2.57　检验结果

| | sig（显著性） | | | |
| | 男 | | 女 | |
	F1	F2	F1	F2
目标元音—前过渡元音	.909	.012	.010	.042
目标元音—后过渡元音	1.000	.000	.803	.000
前过渡元音—后过渡元音	.938	.996	.812	.004

* 均值差的显著性水平为 0.05。

2. 音节数量声学参数与之间的关系

表 2.58 为不同音节中 [o] 元音的频率统计表。从表 2.58 中可以看出，大约 48%（M）和 77%（F）的 [o] 元音都在双音节词中出现的。表 2.59 为单音节词、双音节词、多音节词中 [o] 元音的音长（VD）、音强（VA）、共振峰目标值（F）统计表。表 2.59 显示，随着音节数量的增多，元音音长缩短，音强变弱（女发音人音强例外）。

M：170ms→84.7ms→74.2ms；M：78.28dB→74.63dB→74.2dB

F：138ms→108ms→81ms；F：74.5dB→71.52dB→72.4dB

图 2.59 显示，男发音人 [o] 元音目标位置上 F1 和 F2 频率基本上不受音节数量的影响，相对稳定。

表 2.58　不同音节中 [o] 元音的频率统计

发音人	单音节词		双音节词		多音节词		共计	
	M	F	M	F	M	F	M	F
出现次数	7	2	19	23	14	5	40	30
百分比	17%	6%	48%	77%	35%	17%	100%	100%

表 2.59　不同音节词中 [o] 元音的声学参数统计

发音人 统计项		M					F				
		VD	VA	F1	F2	F3	VD	VA	F1	F2	F3
单音节词	平均值	170	78.28	444	1031	2677	138	74.5	542	1055	2872
	标准差	0.06	2.7	27	90.5	116.9					
	变异系数	39.6%	3.4%	6.1%	8.7%	4.3%					
双音节词	平均值	84.7	74.63	406	987	2643	108	71.52	387	1035	2588
	标准差	0.02	2.9	46	92.6	254	0.02	2	72	79.8	224.2
	变异系数	29.8%	4%	11.3%	9.3%	9.6%	27.5%	2.8%	18.6%	7.7%	8.6%
多音节词	平均值	74.2	73.35	399	952	2609	81	72.4	423	1040	2702
	标准差	0.02	2.7	40.9	103.3	181	0.01	3.1	55	68.2	150.7
	变异系数	29.3%	3.7%	10.2%	10.8%	6.9%	23.9%	4.3%	13%	6.5%	5.5%

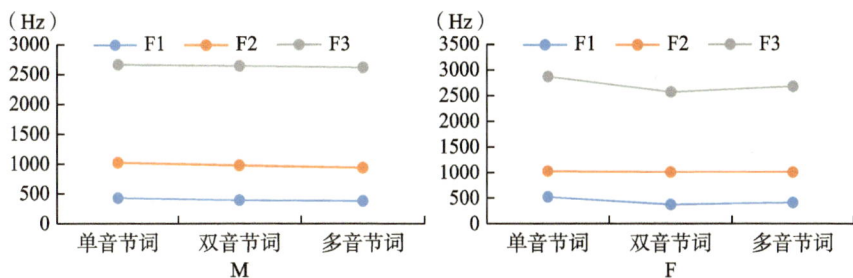

图 2.59　音节数量与［o］元音的共振峰之间关系示意　(M&F)

我们对不同音节词中出现的［o］元音共振峰 F1/F2、音长之间做了单因素方差分析，结果如表 2.60 所示。

从共振峰检验结果来看，F1 参数上，男发音人在单音节和多音节之间差异显著，女发音人在单音节词与双音节和多音节词之间差异显著。F2 上男、女发音人表现出相同的规律，差异不显著。

从音长检验结果来看，男发音人中，单音节—双音节词、单音节词—多音节词之间的音长有显著性差异，其他的男、女发音人表现出相同的规律，不同音节词中［o］元音音长之间差异性不明显。

表 2.60　检验结果

	sig（显著性）					
	M		F		M	F
	F1	F2	F1	F2	VD	VD
单音节词—双音节词	.059	.582	.000	.635	.048	.622
单音节词—多音节词	.032	.248	.024	.911	.030	.360
双音节词—多音节词	.922	.600	.512	.991	.441	.113

3. 音节类型与声学参数之间的关系

表 2.61 为［o］元音在不同音节类型中的出现频率统计表，［o］元音主要在 VC、CVC 等 2 种音节中出现，男、女两位发音人 53%～73%的［o］都在这两类音节中出现的。可见，每一个元音所出现的音节类型都有其自身的特点。

表 2.61　[o] 元音在不同音节类型中的出现频率统计

发音人	音节类型	V	VC	CV	CVC	CVCC	CCV	CCCVC	共计
M	N	8	11	8	10	1	1	1	40
F	N	6	15	1	7	1			30
M	%	20%	28%	20%	25%	3%	3%	3%	100%
F	%	20%	50%	3%	23%	3%			100%

　　表 2.62~2.63 为不同音节类型中 [o] 元音的声学参数统计表，图 2.60~2.61 为根据表 2.62~2.63 所绘制的不同音节中 [o] 元音的音长和第一、第二共振峰频率均值比较图。从上述图表中可以看出，音节类型与元音音长之间没有明显的相关性；共振峰与音节类型之间 F1、F2 相对稳定，两个发音人出现在 V、VC 音节中的 [o] 元音 F1 和 F2 的频率相对低于其他音节中的频率。

表 2.62　出现不同音节类型中 [o] 元音的声学参数统计（M）

		VD	VA	F1	F2	F3
V	平均值	94	74	382	933	2788
	标准差	0.01	4.3	15.2	65.5	155.7
	变异系数	19%	5.8%	4%	7%	5.5%
VC	平均值	91	75.36	391	892	2644
	标准差	0.06	2.9	36.2	91.9	107.9
	变异系数	67.7%	3.9%	9.2%	10.3%	4%
CV	平均值	78.4	73.37	423	1063	2500
	标准差	0.03	2.7	48.2	61.6	276.6
	变异系数	44%	3.7%	11.3%	5.8%	11%
CVC	平均值	97	75.2	430	1028	2639
	标准差	0.03	3.1	51.3	74.2	264.4
	变异系数	36.7%	4.1%	11.9%	7.2%	10%
CVCC	平均值	73	73	493	1068	2524
	标准差					
	变异系数					

		VD	VA	F1	F2	F3
CCV	平均值	276	79	431	1078	2565
	标准差					
	变异系数					
CCCVC	平均值	140	81	439	1092	2620
	标准差					
	变异系数					

表 2.63　出现不同音节类型中［o］元音的声学参数统计（F）

		VD	VA	F1	F2	F3
V	平均值	116	72.33	360	992	2563
	标准差	0.01	2.3	14.5	36.5	46.8
	变异系数	13.6%	3.2%	4%	3.6%	1.8%
VC	平均值	113	71.6	393	1033	2659
	标准差	0.02	1.6	55.8	75.3	263.5
	变异系数	25.8%	2.3%	14.1%	7.2%	9.9%
CV	平均值	52	68	287	1153	2636
	标准差					
	变异系数					
CVC	平均值	93	73	461	1059	2616
	标准差	0.03	3.3	110	91.8	266.6
	变异系数	40.9%	4.6%	23.8%	8.6%	10.1%
CVCC	平均值	72	69	525	1107	2578
	标准差					
	变异系数					

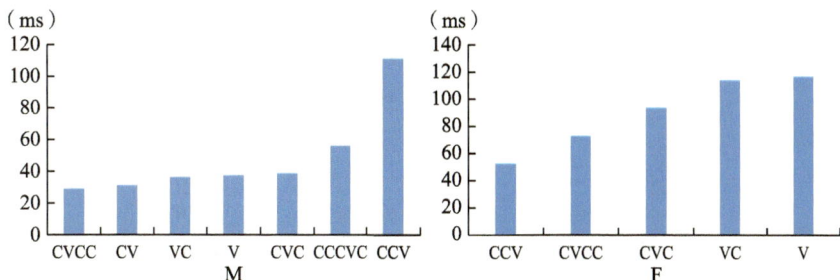

图 2.60　不同音节中［o］元音的第一、第二共振峰频率均值比较（M&F）

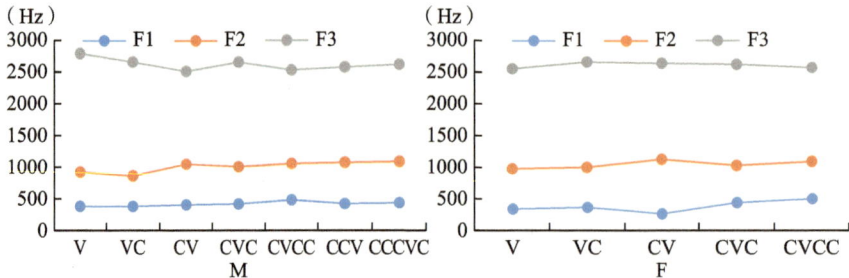

图 2.61　不同音节中［o］元音的第一、第二共振峰频率均值比较　(M&F)

我们对不同音节类型中出现的［o］元音共振峰 F1/F2、音长之间做了单因素方差分析，结果如表 2.64 所示。

从共振峰检验结果来看，不同音节类型中［o］元音的 F1/F2 在元音同类音节，男发音人在 F1 参数上差异不显著，女发音人在 F2 参数上差异不显著。

从音长检验结果来看，不同音节类型中［o］元音的音长在元音同类音节，男、女发音人有相同的规律，差异不显著。

表 2.64　检验结果

sig（显著性）									
M					F				
		VD	F1	F2			VD	F1	F2
V	VC	0.999	0.858	0.693	V	VC	0.949	0.036	0.24
	CV	0.696	0.167	0.005		CVC	0.33	0	0.236
	CVC	0.995	0.066	0.048	VC	CVC	0.435	0.003	0.794
VC	CV	0.938	0.423	0.001					
	CVC	0.994	0.231	0.007					
CV	CVC	0.693	0.99	0.705					

（八）［u］元音

1. 参数平均值及其音质定位

表 2.65 为［u］元音声学参数统计表。该统计表显示，男、女发音人［u］元音平均音长、平均音强分别为 M = 83ms、F = 82ms，M = 72.89dB、

F = 69. 91dB。该元音 F1 和 F2 的频率均值分别为 M：F1 = 383Hz、F2 = 946Hz，F：F1 = 354Hz、F2 = 995Hz。

表 2.65　［u］元音声学参数统计

	M					F				
	VD	VA	F1	F2	F3	VD	VA	F1	F2	F3
平均值	83	72.89	383	946	2557	82	69.91	351	995	2646
标准差	0.03	3.4	26.2	96.4	186.9	0.02	2.6	44.4	75.7	278.7
变异系数	41.3%	4.6%	6.8%	10.1%	7.3%	34.3%	3.8%	12.6%	7.6%	10.5%

我们认为该元音为高、后、圆唇、紧元音。图 2.62 为男发音人 ［putiːn］ "粗" 一词的三维语图。其中，词首元音 ［u］ 的目标位置的 F1~F4 共振峰分别为 388Hz、922Hz、2642Hz、3601Hz。这是 ［u］ 元音比较典型的声学语图。图 2.63 为男、女发音人 ［u］ 元音在声学元音图中的位置及其声学空间中的分布模式图。显然，该元音在声学空间中的分布特点为上下方向扩散大。

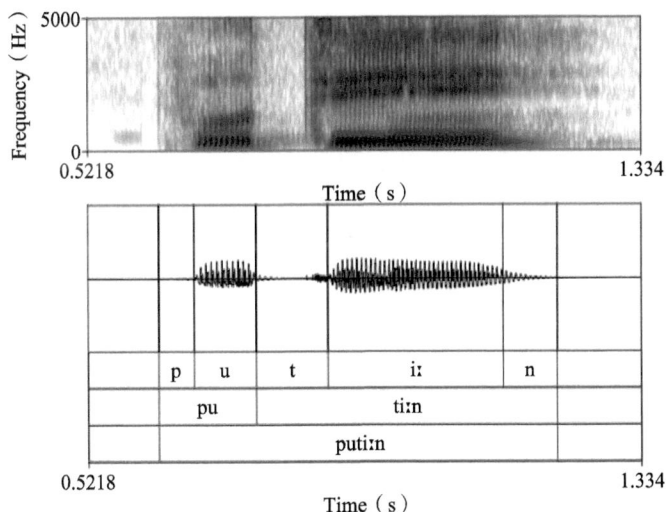

图 2.62　男发音人 ［putiːn］ "粗" 一词的三维语图和三层标注实例

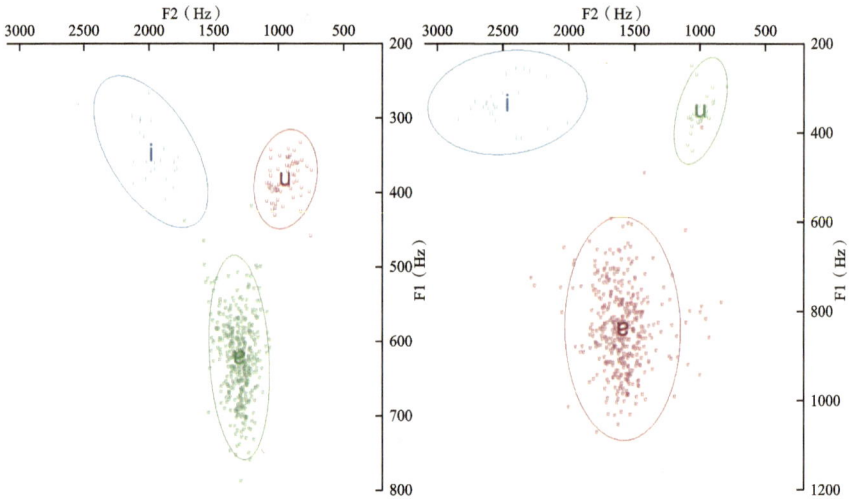

图 2.63 ［u］元音在声学元音图中的位置及其声学空间中的分布模式（M&F）

图 2.64～2.65 为［u］元音目标位置共振峰及其前、后过渡段共振峰比较图。其中，图 2.64 为目标位置共振峰 F1/F2 和前过渡 TF1/TF2 比较图，图 2.65 为目标位置共振峰 F1/F2 和后过渡 TP1/TP2 比较图。从图 2.64～2.65 中可以看出，与目标位置共振峰频率相比，［u］元音前、后过渡段共振峰频率都有所变化，总体上"前段变化大于后段"。其中，前过渡段和后过渡段 TP2 的频率生了较大的变化，与目标位置共振峰相比整体上趋向于"前低"。

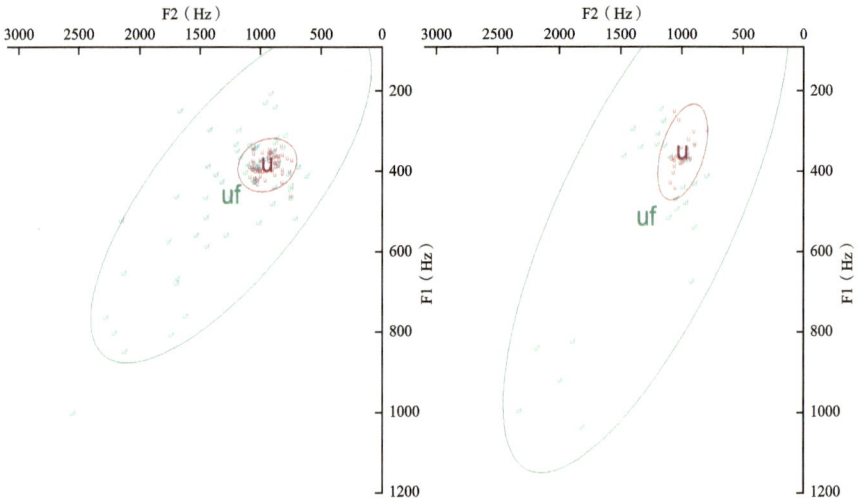

图 2.64 ［u］元音目标位置共振峰（F1/F2）及其前过渡段
共振峰（TF1/TF2）比较（M&F）

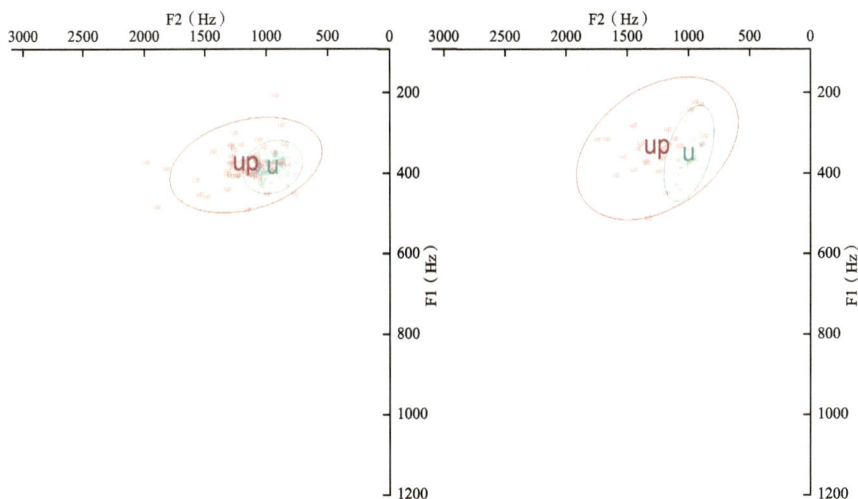

图 2.65　[u] 元音目标位置共振峰 (F1/F2) 及其后过渡段
共振峰 (TP1/TP2) 比较 (M&F)

我们目标位置第一、第二共振峰 F1/F2 及其前过渡 TF1/TF2 和后过渡
TP1/TP2 共振峰之间做了单因素方差分析，结果如表 2.66 所示。

从检验结果来看，第一，男、女发音人的 F1 参数上，目标元音与后过
渡段元音之间差异不显著；第二，F2 参数上，前后过渡段元音之间差异不
显著，其他的差异显著。

表 2.66　检验结果

	sig（显著性）			
	M		F	
	F1	F2	F1	F2
目标元音—前过渡元音	.005	.000	.011	.008
目标元音—后过渡元音	.798	.000	.689	.000
前过渡元音—后过渡元音	.004	.450	.006	.918

* 均值差的显著性水平为 0.05。

2. 音节数量与声学参数之间的关系

表 2.67 为 [u] 元音在单音节、双音节和多音节词中的出现频率统计
表。表 2.67 显示，大约 74%（M）和 71%（F1）的 [u] 元音都是在双音
节词中出现的。

表 2.67　出现在不同音节词中［u］元音频率统计

	单音节词		双音节词		多音节词		共计	
发音人	M	F	M	F	M	F	M	F
出现次数	4	1	43	17	11	6	58	24
百分比	7%	4%	74%	71%	19%	25%	100%	100%

表 2.68 出现在单音节词、双音节词和多音节词中［u］元音的音长（VD）、音强（VA）、共振峰目标值（F）统计表。从表 2.68 看，随着音节数量的增多，音长缩短，音强变弱（M）；女发音人规律不明显。从图 2.66 来看，不同音节类型之间共振峰参数相对稳定：

M：127ms→85ms→59ms；M：77.5dB→72.65dB→72.18dB

F：45ms→91ms→60ms；F：72dB→69.41dB→71dB

表 2.68　出现在不同音节词中［u］元音的声学参数统计　(M)

发音人 统计项		M					F				
		VD	VA	F1	F2	F3	VD	VA	F1	F2	F3
单音节词	平均值	127	77.5	403	970	2538	45	72	364	1072	2906
	标准差	0.02	3.4	8.4	97.8	170.9					
	变异系数	22.6%	4.4%	2.1%	10%	6.7%					
双音节词	平均值	85	72.65	384	948	2565	91	69.41	351	980	2609
	标准差	0.03	3.2	26	102.4	188.6	0.02	2.3	41.9	80.7	204.8
	变异系数	37.8%	4.4%	6.7%	10.8%	7.3%	29.9%	3.4%	11.9%	8.2%	7.8%
多音节词	平均值	59	72.18	369	930	2531	60	71	350	1026	2711
	标准差	0.02	3.1	25.8	74.2	199.3	0.009	3.4	58.5	49.6	447
	变异系数	44%	4.3%	6.9%	7.9%	7.8%	16.2%	4.7%	16.7%	4.8%	16.4%

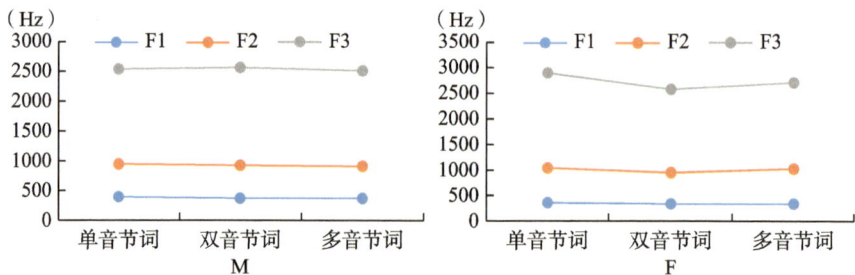

图 2.66　音节数量与［u］元音的共振峰之间关系示意　(M&F)

我们对不同音节词中出现的 [u] 元音 F1/F2、音长之间做了单因素方差分析，结果如表 2.69 所示。

从检验结果来看，男、女发音人在 F2 参数上表现出相同的规律，差异不显著；F1 参数上，双音节词—多音节词之间差异不显著。

从音长检验结果来看，男、女发音人表现出相同的规律，不同音节词中 [u] 元音音长之间差异显著（男发音人单音节词—双音节词之间差异不显著）。

表 2.69　检验结果

	sig（显著性）					
	M		F		M	F
	F1	F2	F1	F2	VD	VD
单音节词—双音节词	.022	.909			.108	
单音节词—多音节词	.005	.753			.021	
双音节词—多音节词	.217	.783	.970	.215	.032	.014

3. 音节类型与声学参数之间的关系

统一平台统计结果显示，[u] 元音主要在 V、CV、CVC 音节中出现，见表 2.70。

表 2.70　不同音节类型中 [u] 元音的频率统计

发音人	音节类型	V	VC	CV	CVC	CʲVC	CCVC	CCV	共计
M	N	11	1	22	21		2	1	58
F	N	9	1	7	6	1			24
M	%	19%	2%	38%	36%		3%	2%	100%
F	%	38%	4%	29%	25%	4%			100%

表 2.71 ~ 2.72 为不同音节类型中 [u] 元音的声学参数统计表，图 2.67~2.68 为根据表 2.71~2.72 所画的不同音节中 [u] 元音的音长和第一、第二共振峰均值比较图。上述图表显示，音节类型与元音有些声学参数之间具有一定的相关性：出现在 V、VC 以元音开头的音节中 [o] 元音的音长比其他以辅音开头的音节中音长相对长。

该元音共振峰与音节类型之间有一定相关性，出现在 V、VC 音节中的 [u] 元音共振峰 F1、F2 相对低于其他音节 F1、F2。

表 2.71　不同音节类型中 ［u］ 元音的声学参数统计 （M）

		VD	VA	F1	F2	F3
V	平均值	113	69.18	372	895	2559
	标准差	0.03	1.6	22.6	60.8	181.1
	变异系数	27.8%	2.3%	6%	6.7%	7%
VC	平均值	107	73.5	372	879	2672
	标准差					
	变异系数					
CV	平均值	78	74	382	974	2614
	标准差	0.02	3.2	27.4	94.1	179.2
	变异系数	34%	4.3%	7.1%	9.6%	6.8%
CVC	平均值	68	73.14	389	950	2482
	标准差	0.03	2.8	27.2	112.8	188.8
	变异系数	52.1%	3.8%	7%	11.8%	7.6%
CCVC	平均值	88	77	390	968	2625
	标准差					
	变异系数					
CCV	平均值	105	76	390	922	2519
	标准差					
	变异系数					

表 2.72　不同音节类型中 ［u］ 元音的声学参数统计 （F）

		VD	VA	F1	F2	F3
V	平均值	104	69.88	354	972	2561
	标准差	0.01	1.2	23.7	60.9	160.1
	变异系数	16.8%	1.8%	6.6%	6.2%	6.2%
VC	平均值	129	70	366	930	2529
	标准差					
	变异系数					
CV	平均值	71	69.85	366	1020	2718
	标准差	0.01	3.1	44.5	66.5	224.1
	变异系数	23.8%	4.4%	12%	6.5%	8.2%

续表

		VD	VA	F1	F2	F3
CVC	平均值	53	71	337	1046	2683
	标准差	0.01	3.2	67.4	35.8	475.5
	变异系数	30.6%	4.5%	20%	3.4%	17.7%
CʲVC	平均值	86	64	295	794	2812
	标准差					
	变异系数					

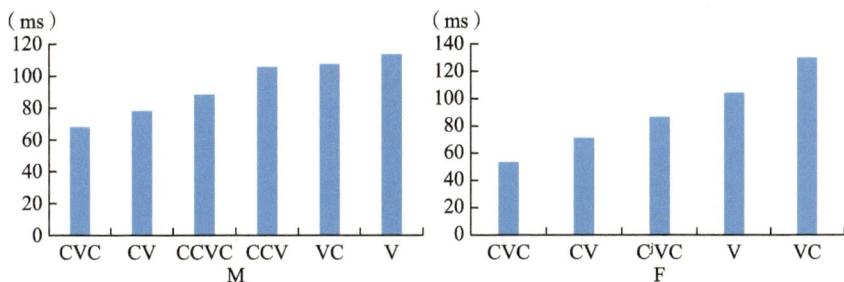

图 2.67　不同音节中［u］元音的第一、第二共振峰均值比较（M&F）

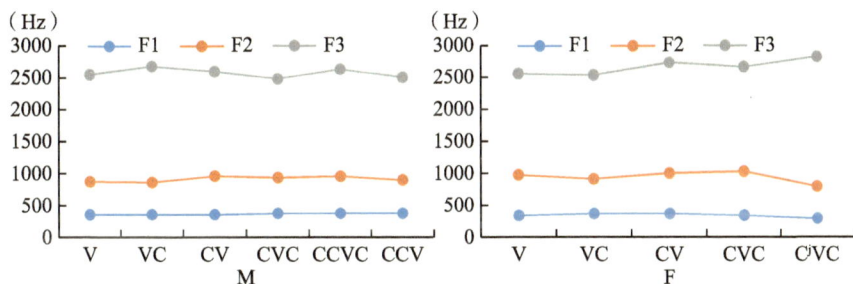

图 2.68　不同音节中［u］元音的第一、第二共振峰均值比较（M&F）

我们对不同音节词中出现的［u］元音 F1/F2、音长之间做了单因素方差分析，结果如表 2.73 所示。

从音长检验结果来看，不同音节类型中［u］元音的 F1/F2 在元音同类音节，男、女发音人在 V-CV、V-CVC 音节之间差异显著，其他的不同类型音节之间差异不显著。

从共振峰检验结果来看，男发音人在 F2 参数上 V-CV 之间，女发音人在 V-CVC 之间差异显著，其他不同音节类型中差异不显著。

表 2.73　检验结果

sig（显著性）										
		M					F			
		VD	F1	F2			VD	F1	F2
V	CV	0.028	0.699	0.038	V	CV	0.005	0.792	0.336
	CVC	0.007	0.28	0.303		CVC	0	0.826	0.029
	CCVC	0.715	0.903	0.687	CV	CVC	0.163	0.647	0.66
CV	CVC	0.735	0.854	0.877					
	CCVC	0.943	0.988	0.999					
CVC	CCVC	0.781	1	0.988					

（九）［e］元音

1. 参数平均值及其音质定位

表 2.74 为［e］元音声学参数统计总表。该统计表显示，男、女发音人［e］元音平均音长、平均音强分别为 M = 109ms、F = 104ms，M = 75.06dB、F = 72.52dB。该元音 F1 和 F2 的频率均值分别为 M：F1 = 428Hz、F2 = 1775Hz，F：F1 = 458Hz、F2 = 2236Hz。

表 2.74　［e］元音声学参数统计

	M					F				
	VD	VA	F1	F2	F3	VD	VA	F1	F2	F3
平均值	109	75.06	428	1775	2547	104	72.52	458	2236	2975
标准差	0.05	3.5	31.9	119.9	145	0.04	3.6	60.9	196.2	228.7
变异系数	48%	4.7%	7.4%	6.7%	5.6%	39%	5%	13%	8.7%	7.6%

我们认为该元音为次低、前、展唇、松元音。图 2.69 为男发音人［emes］"疖，粉刺"一词的三维语图和三层标注实例。其中，词首元音［e］的目标位置的 F1 ~ F4 共振峰分别为 418Hz、1755Hz、2621Hz、3864Hz。这是［e］元音比较典型的声学语图。图 2.70 为男、女发音人［e］元音在声学元音图中的位置及其声学空间中的分布模式图。显然，该元音在声学空间中的分布特点为前上下方向扩散大。

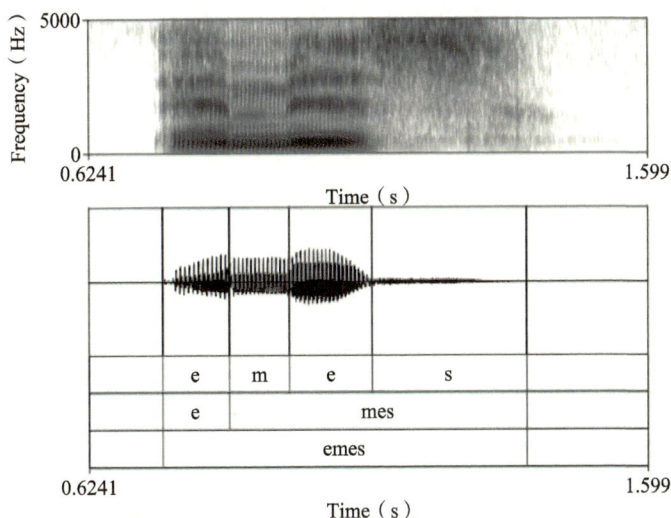

图 2.69 男发音人［emes］"疖，粉刺"一词的三维语图和三层标注实例

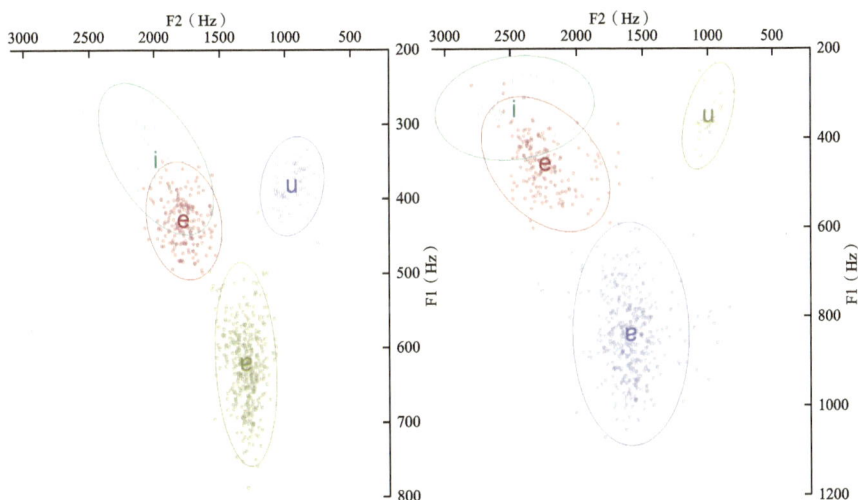

图 2.70 ［e］元音在声学元音图中的位置及其声学空间中的分布模式 （M&F）

图 2.71~2.72 为［e］元音目标位置共振峰及其前、后过渡段共振峰比较图。其中，图 2.71 为目标位置共振峰 F1/F2 和前过渡 TF1/TF2 比较图，图 2.72 为目标位置共振峰 F1/F2 和后过渡 TP1/TP2 比较图。从图 2.71~2.72 中可以看出，与目标位置共振峰频率相比，［e］元音前、后过渡段共振峰频率都有所变化，总体上"后段变化大于前段"。其中，前过渡段 TF1

的频率有所下降（开口度相对变小），后过渡段 TP1 和 TP2 频率也下降，与目标位置共振峰相比趋向于"高前"。

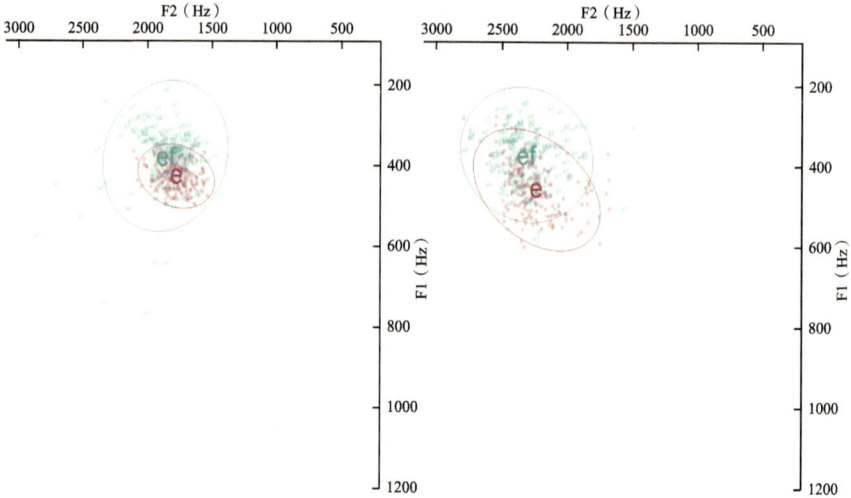

图 2.71 ［e］元音目标位置共振峰（F1/F2）及其前过渡段
共振峰（TF1/TF2）比较（M&F）

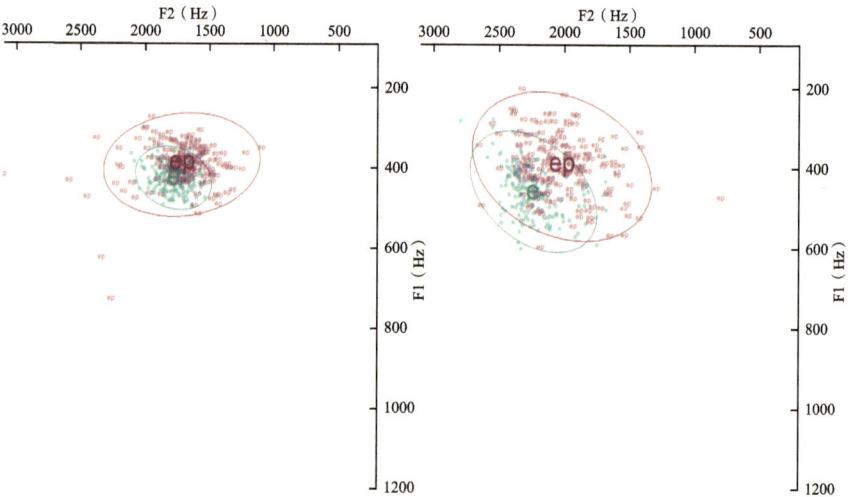

图 2.72 ［e］元音目标位置共振峰（F1/F2）及其后过渡段
共振峰（TP1/TP2）比较（M&F）

我们对目标位置第一、第二共振峰 F1/F2 及其前过渡 TF1/TF2 和后过渡 TP1/TP2 共振峰之间做了单因素方差分析，结果如表 2.75 所示。

从检验结果来看，男发音人在，F1 参数上，前后过渡段元音之间差异不显著；男、女发音人在其他的情况下 F1、F2 参数差异显著。

表 2.75　检验结果

	sig（显著性）			
	M		F	
	F1	F2	F1	F2
目标元音—前过渡元音	.000	.000	.000	.001
目标元音—后过渡元音	.000	.004	.000	.000
前过渡元音—后过渡元音	.056	.000	.008	.000

* 均值差的显著性水平为 0.05。

2. 音节数量与声学参数之间的关系

表 2.76 为出现在单音节、双音节和多音节词中 [e] 元音的出现频率统计表。表 2.76 显示，64%（M）和 62%（F1）的 [e] 元音是都在双音节词中出现的。表 2.77 为出现在单音节词、双音节词和三音节词中 [e] 元音的音长（VD）、音强（VA）、共振峰目标值（F）统计表。从表 2.77 可以看出，随着音节数量的增多音长缩短。从图 2.73 看，共振峰在不同音节中相对稳定。

M：211ms→101ms→78ms；M：78.66dB→75dB→73.42dB

F：150ms→105ms→75ms；F：75.59dB→72.5dB→70.92dB

表 2.76　出现在不同音节词 [e] 元音中频率统计

发音人	单音节词		双音节词		多音节词		共计	
	M	F	M	F	M	F	M	F
出现次数	21	22	113	104	42	41	176	167
百分比	12%	13%	64%	62%	24%	25%	100%	100%

表 2.77　出现在不同类型词中〔e〕元音的声学参数统计

发音人 统计项		M					F				
		VD	VA	F1	F2	F3	VD	VA	F1	F2	F3
单音 节词	平均值	211	78.66	438	1875	2534	150	75.59	486	2216	2935
	标准差	0.04	2.65	28.7	96.1	83.4	0.06	2.8	45.9	163.8	284.9
	变异系数	22.7%	3.3%	6.5%	5.1%	3.2%	45.7%	3.7%	9.4%	7.3%	9.7%
双音 节词	平均值	101	75	432	1776	2561	105	72.5	463	2232	2973
	标准差	0.03	3.3	32.3	118.7	160	0.02	3.5	60.9	199.6	224.6
	变异系数	33.4%	4.4%	7.4%	6.6%	6.2%	24.4%	4.8%	13.1%	8.9%	7.5%
多音 节词	平均值	78	73.42	412	1725	2515	75	70.92	430	2254	3003
	标准差	0.03	3.4	26.9	103.1	120.6	0.02	3.3	58.9	206.1	206.7
	变异系数	42.9%	4.6%	6.5%	5.9%	4.7%	35.3%	4.7%	13.7%	9.1%	6.8%

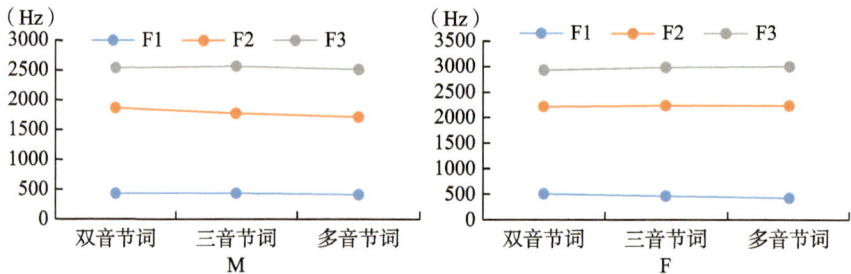

图 2.73　音节数量与〔e〕元音的共振峰之间关系示意 (M&F)

我们对不同音节词中〔e〕元音共振峰 F1/F2 之间做了单因素方差分析，结果如表 2.78 所示。

我们从共振峰检验结果来看，男、女发音人在 F1 参数上，表现出相同的规律；F2 参数上，检验结果正相反。

从音长检验结果来看，男、女发音人表现出相同的规律，不同音节词中〔e〕元音音长之间差异性显著。

表 2.78　检验结果

	sig（显著性）					
	M		F		M	F
	F1	F2	F1	F2	VD	VD
单音节词—双音节词	.647	.001	.126	.913	.000	.016
单音节词—多音节词	.003	.000	.000	.706	.000	.000
双音节词—多音节词	.001	.026	.010	.835	.001	.000

3. 音节类型与声学参数之间的关系

统一平台统计结果显示，[e] 元音主要在 CVC 音节中出现。统一平台中出现的 176 次（男）和 167 次（女）[e] 元音中，78% 的 [e] 都是在CVC、CV 音节中出现的，见表 2.79。

表 2.79 不同音节类型中 [e] 元音的频率统计

发音人	音节类型	V	VC	CV	CVC	CVCC	CCCV	CʲVC	CCVC	CCV	CCVCC	共计
M	N	12	11	76	62	1		1	5	7	1	176
F	N	10	14	76	54	2	1		5	5		167
M	%	7%	6%	43%	35%	1%		1%	3%	4%	1%	100%
F	%	6%	8%	46%	32%	1%	1%		3%	3%		100%

表 2.80~2.81 为出现在不同音节类型中 [e] 元音的声学参数统计表，图 2.74~2.75 为根据表 2.80~2.81 所画的不同音节中 [ε] 元音的音长和第一、第二共振峰均值比较。从上述图表中可以看出，音节类型与元音有些声学参数之间具有一定的相关性：CC 音节后接元音音长相对长；音节类型和音强关系不大；CVCC 音节 F2 参数相对低，其他的共振峰比较平稳。

表 2.80 不同音节类型中 [e] 元音的声学参数统计 (M)

		VD	VA	F1	F2	F3
	平均值	118	76.66	404	1847	2613
V	标准差	0.01	2.8	32.8	95.9	118.6
	变异系数	16.7%	3.6%	8.1%	5.1%	4.5%
	平均值	127	73.45	425	1796	2571
VC	标准差	0.04	3.3	32.9	84.7	108.8
	变异系数	36%	4.6%	7.7%	4.7%	4.2%
	平均值	92	74.32	428	1761	2538
CV	标准差	0.03	3.3	31.6	113.4	150.8
	变异系数	37%	4.4%	7.4%	6.4%	5.9%

续表

		VD	VA	F1	F2	F3
CVC	平均值	108	75.08	433	1758	2537
	标准差	0.05	3.6	31.7	120.8	157.6
	变异系数	51%	4.9%	7.3%	6.8%	6.2%
CVCC	平均值	49	75	439	1571	2691
	标准差					
	变异系数					
CCVC	平均值	154	78	438	1829	2564
	标准差	0.06	1.22	30.6	162.8	126.1
	变异系数	41.2%	1.5%	7%	8.9%	4.9%
CCV	平均值	236	79.85	417	1923	2571
	标准差	0.05	3.2	29	105.4	61.2
	变异系数	25.1%	4.1%	6.9%	5.4%	2.3%
CCVCC	平均值	94	77	433	1826	2527
	标准差					
	变异系数					

表 2.81 不同音节类型中 [e] 元音的声学参数统计 (F)

		VD	VA	F1	F2	F3
V	平均值	111	71	419	2380	2999
	标准差	0.01	2.05	77.5	121.1	308.6
	变异系数	17.4%	2.8%	18.5%	5%	10.2%
VC	平均值	112	70.35	455	2302	3024
	标准差	0.02	2.6	90.5	214.7	121.4
	变异系数	20.4%	3.8%	19.9%	9.3%	4%
CV	平均值	97	72.38	443	2246	2986
	标准差	0.03	3.6	54.9	181.7	203.8
	变异系数	33.2%	5%	12.4%	8%	6.8%
CVC	平均值	95	72.4	481	2198	2983
	标准差	0.02	3.2	52.5	195.2	221.1
	变异系数	28.6%	4.4%	10.9%	8.8%	7.4%

续表

		VD	VA	F1	F2	F3
CVCC	平均值	103	78	520	1754	2448
	标准差					
	变异系数					
CCCV	平均值	131	81	472	2122	3031
	标准差					
	变异系数					
CCVC	平均值	121	76.8	492	2271	2898
	标准差	0.02	3.8	18.9	126.7	228.6
	变异系数	24.5%	4.9%	3.8%	5.5%	7.8%
CCV	平均值	250	77	458	2177	2810
	标准差	0.08	1.7	41.3	240.7	428.8
	变异系数	32.7%	2.2%	9%	11%	15.2%

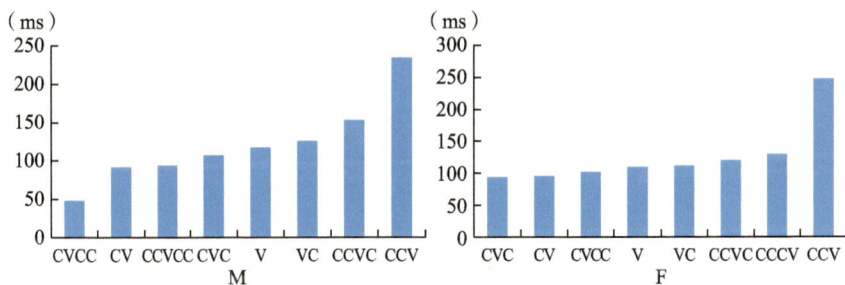

图 2.74 不同音节中 [e] 元音音长均值比较 (M&F)

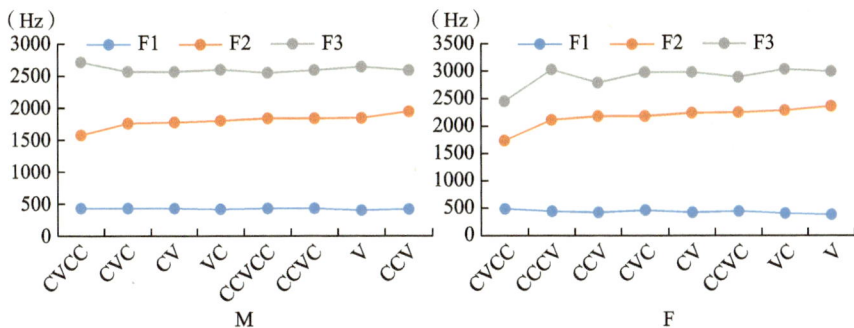

图 2.75 不同音节中 [e] 元音的第一、第二共振峰均值比较 (M&F)

我们对不同音节词中出现的 [e] 元音共振峰 F1/F2、音长之间做了单因素方差分析，结果如表 2.82 所示。

我们从共振峰检验结果来看，不同音节类型中 [e] 元音的 F1/F2 和音长之间，多数差异性不显著。

表 2.82　检验结果

		sig（显著性）					
		M			F		
		VD	F1	F2	VD	F1	F2
V	VC	0.991	0.653	0.753	1	0.904	0.864
	CV	0.01	0.244	0.104	0.365	0.925	0.071
	CVC	0.83	0.116	0.099	0.227	0.229	0.011
	CCVC	0.805	0.415	1	0.981	0.129	0.625
	CCV	0.012	0.95	0.642	0.099	0.802	0.546
VC	CV	0.221	1	0.814	0.29	0.997	0.939
	CVC	0.803	0.976	0.792	0.168	0.89	0.586
	CCVC	0.942	0.972	0.997	0.988	0.687	0.999
	CCV	0.017	0.991	0.161	0.101	1	0.895
CV	CVC	0.385	0.943	1	0.998	0.002	0.711
	CCVC	0.4	0.976	0.925	0.559	0.01	0.998
	CCV	0.005	0.915	0.043	0.074	0.966	0.982
CVC	CCVC	0.635	0.999	0.916	0.485	0.914	0.842
	CCV	0.007	0.736	0.039	0.07	0.83	1
CCVC	CCV	0.313	0.831	0.853	0.121	0.582	0.963

（十）[ø] 元音

1. 参数平均值及其音质定位

表 2.83 为 [ø] 元音声学参数统计表。该统计表显示，男、女发音人 [ø] 元音平均音长、平均音强分别为 M = 97ms、F = 97ms，M = 75.95dB、F = 72.97dB。该元音 F1 和 F2 的频率均值分别为 M：F1 = 420Hz、F2 = 1704Hz，F：F1 = 436Hz、F2 = 1970Hz。

表 2.83　[ø] 元音声学参数统计

	M					F				
	VD	VA	F1	F2	F3	VD	VA	F1	F2	F3
平均值	97	75.95	420	1704	2492	97	72.97	436	1970	2791
标准差	0.04	3.3	27.8	133	195	0.03	3	54.9	233.3	161.9
变异系数	48.8%	4.4%	6.6%	7.8%	7.8%	31.2%	4.1%	12.5%	11.8%	5.8%

　　我们认为该元音为次低、前、圆唇、松元音。图 2.76 为男发音人 [tøɤøʃ] "筷子"一词的三维语图和三层标注实例。其中,词首元音 [ø] 的目标位置的 F1~F4 共振峰分别为 427Hz、1738Hz、2428Hz、3283Hz。这是 [ø] 元音比较典型的声学语图。图 2.77 为男、女发音人 [ø] 元音在声学元音图中的位置及其声学空间中的分布模式图。显然,该元音在声学空间中的分布特点为前后方向扩散大。

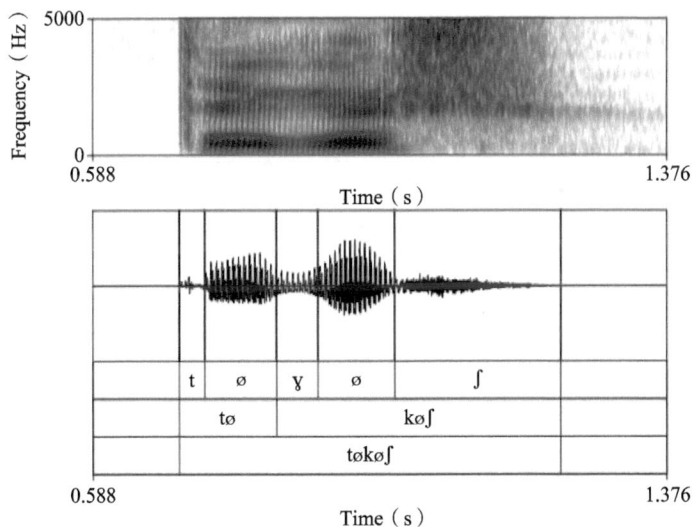

图 2.76　男发音人 [tøɤøʃ] "筷子"一词的三维语图和三层标注实例

　　图 2.78~2.79 为 [ø] 元音目标位置共振峰及其前、后过渡段共振峰比较图。其中,图 2.78 为目标位置共振峰 F1/F2 和前过渡 TF1/TF2 比较图,图 2.79 为目标位置共振峰 F1/F2 和后过渡 TP1/TP2 比较图。从图 2.78~2.79 中可以看出,与目标位置共振峰频率相比,[ø] 元音前、后过渡段共振峰频率都有所变化,总体上"前段变化大于后段"。其中,前过渡段 TF1

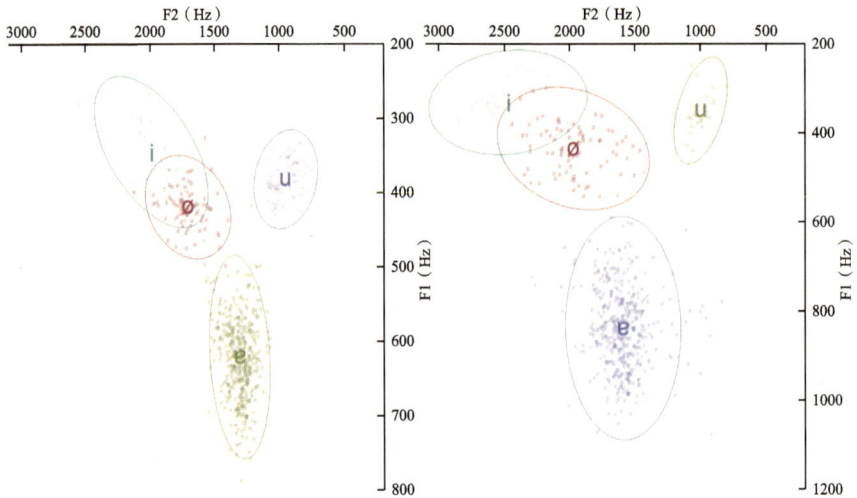

图 2.77 ［ø］元音在声学元音图中的位置及其声学空间中的
分布模式 (M&F)

的频率有所下降（开口度相对变小），后过渡段 TP1 和 TP2 频率都有较明显的下降，与目标位置共振峰相比趋向于"高前"。

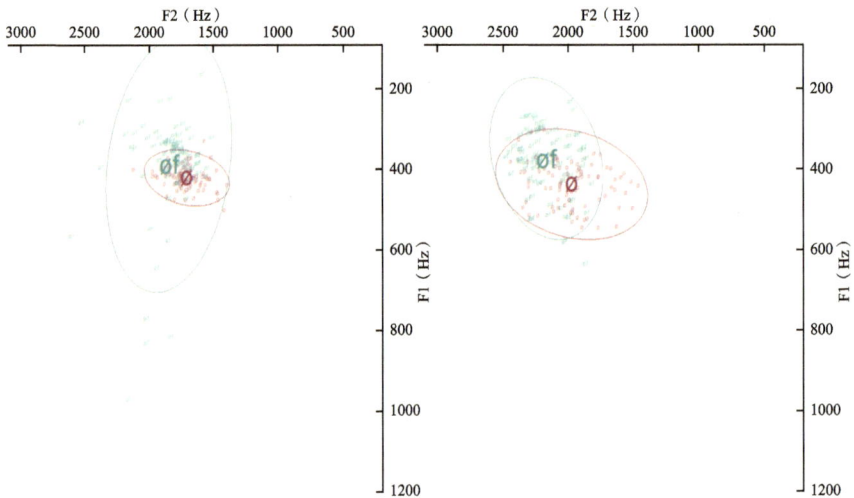

图 2.78 ［ø］元音目标位置共振峰（F1/F2）及其前过渡段
共振峰（TF1/TF2）比较 (M&F)

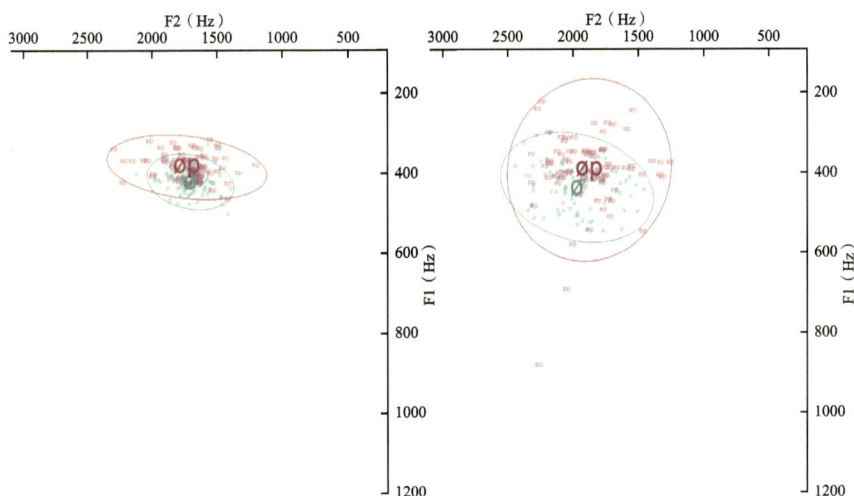

图 2.79 ［ø］元音目标位置共振峰（F1/F2）及其后过渡段

共振峰（TP1/TP2）比较（M&F）

我们对目标位置第一、第二共振峰 F1/F2 及其前过渡 TF1/TF2 和后过渡 TP1/TP2 共振峰之间做了单因素方差分析，结果如表 2.84 所示。

从检验结果来看，第一，男、女发音人在 F1 参数上，前、后过渡段元音之间差异不显著；目标元音—后过渡元音之间差异显著。第二，男发音人在 F2 参数上前、后过渡段元音之间差异不显著；其他的与女发音人有相同的规律，差异显著。

表 2.84 检验结果

	sig（显著性）			
	M		F	
	F1	F2	F1	F2
目标元音—前过渡元音	.054	.000	.000	.000
目标元音—后过渡元音	.000	.632	.001	.039
前过渡元音—后过渡元音	.980	.004	.272	.000

* 均值差的显著性水平为 0.05。

2. 音节数量与声学参数之间的关系

表 2.85 为出现在单音节、双音节和多音节词中［ø］元音的出现频率统计表。表 2.85 显示，57%（M）和 62%（F1）的［ø］元音是都在双音

节词中出现的。表 2.86 为出现在单音节词、双音节词和多音节词中 [ø] 元音的音长（VD）、音强（VA）、共振峰目标值（F）统计表。从表 2.86 和图 2.80 可以看出，随着音节数量的增多音长缩短，音强变弱；不同音节之间共振峰相对稳定。

M：224ms→99ms→78ms；M：78.75dB→76.4dB→74.93dB

F：135ms→107ms→75ms；F：74.66dB→73.01dB→72.71dB

表 2.85　出现在不同音节词 [ø] 元音中频率统计

发音人	单音节词		双音节词		多音节词		共计	
	M	F	M	F	M	F	M	F
出现次数	4	3	47	51	32	28	83	82
百分比	5%	4%	57%	62%	38%	34%	100%	100%

表 2.86　出现在不同类型词中 [ø] 元音的声学参数统计

发音人 统计项		M					F				
		VD	VA	F1	F2	F3	VD	VA	F1	F2	F3
单音节词	平均值	224	78.75	456	1734	2725	135	74.66	495	1789	2730
	标准差	0.08	1.7	27.5	227.6	420.9	0.02	2.08	57.4	384	300.1
	变异系数	38%	2.1%	6%	13.1%	15.4%	21.3%	2.7%	11.6%	21.4%	10.9%
双音节词	平均值	99	76.4	424	1707	2436	107	73.01	439	2007	2809
	标准差	0.03	2.99	21	122.4	142	0.02	3.04	58.3	226.6	164.2
	变异系数	34.3%	3.9%	4.9%	7.1%	5.8%	24.5%	4.1%	13.2%	11.2%	5.8%
多音节词	平均值	78	74.93	409	1696	2545	75	72.71	425	1922	2766
	标准差	3.1	3.77	31.6	139	196	0.02	3.01	43.9	220.6	142.7
	变异系数	40.5%	5%	7.7%	8.1%	7.7%	31.2%	4.1%	10.3%	11.4%	5.1%

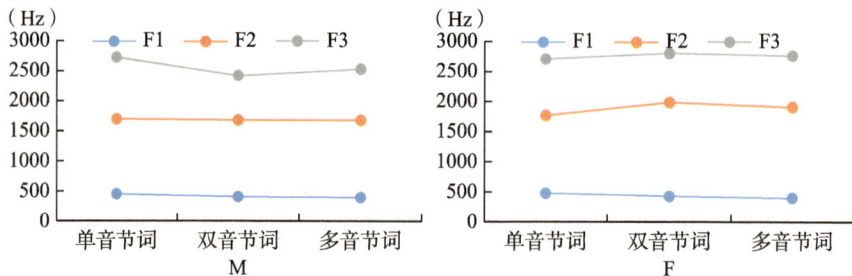

图 2.80　音节数量与 [ø] 元音的共振峰之间关系示意 (M&F)

　　我们对不同音节词中［ø］元音共振峰 F1/F2 之间做了单因素方差分析，结果如表 2.87 所示。

　　我们从共振峰检验结果来看，男、女发音人表现出相同的规律，不同音节词中［ø］元音 F1/F2 之间差异性不显著。

　　从音长检验结果来看，男、女发音人表现出相同的规律，不同音节词中［ø］元音音长之间差异性不显著；单音节和多音节之间差异显著。

表 2.87　检验结果

	sig（显著性）					
	M		F		M	F
	F1	F2	F1	F2	VD	VD
单音节词—双音节词	.196	.971	.392	.656	.122	.392
单音节词—多音节词	.070	.946	.288	.839	.084	.110
双音节词—多音节词	.053	.936	.465	.242	.016	.000

3. 音节类型与声学参数之间的关系

　　统一平台统计结果显示，［ø］元音主要在 CVC 音节中出现。统一平台中出现的 83 次（男）和 82 次（女），［ø］元音中 79%～83% 的［ø］都在 CV、CVC 音节中出现的，见表 2.88。

表 2.88　不同音节类型中［ø］元音的频率统计

发音人	音节类型	V	VC	CV	CVC	C^{j}V	CCCV	C^{j}VCC	CVCC	CCV	共计
M	N	4	8	36	30		1		1	3	83
F	N	4	6	31	37	1		1	1	1	82
M	%	5%	10%	43%	36%		1%		1%	4%	100%
F	%	5%	7%	38%	45%	1%		1%	1%	1%	100%

　　表 2.89 为出现在不同音节类型中［ø］元音的声学参数统计表，图 2.81～2.82 为根据表 2.89～2.90 所画的不同音节中［ø］元音的第一、第二共振峰均值比较。从上述图表中可以看出，音节类型与元音有些声学参数之间具有一定的相关性：CCV 音节后接元音音长相对长；音节类型和音强关系不大；［ø］元音共振峰与音节类型相关性不大。

表 2.89　不同音节类型中［ø］元音的声学参数统计　(M)

		VD	VA	F1	F2	F3
V	平均值	96	77	386	1701	2543
	标准差	0.03	3.9	20.6	135	59.6
	变异系数	39.4%	5%	5.3%	7.9%	2.3%
VC	平均值	95	73.75	402	1634	2563
	标准差	0.03	3.8	34.6	129.9	115.2
	变异系数	34.2%	5.2%	8.6%	7.9%	4.4%
CV	平均值	85	75.94	417	1705	2462
	标准差	0.03	3.2	26	138.1	150.8
	变异系数	44.6%	4.2%	6.2%	8.1%	6.1%
CVC	平均值	104	76.2	434	1708	2522
	标准差	0.04	3.4	23.2	112.8	259.4
	变异系数	38.9%	4.5%	5.3%	6.6%	10.2%
CVCC	平均值	92	75	423	1519	2181
	标准差					
	变异系数					
CCCV	平均值	37	74	415	1646	2356
	标准差					
	变异系数					
CCV	平均值	203	79	408	1930	2450
	标准差	0.12	1	6.2	72.7	106.7
	变异系数	60.9%	1.2%	1.5%	3.7%	4.3%

表 2.90　不同音节类型中［ø］元音的声学参数统计　(F)

		VD	VA	F1	F2	F3
V	平均值	106	72.75	418	2139	2705
	标准差	0.04	0.5	85.4	167.2	183
	变异系数	42%	0.6%	20.4%	7.8%	6.7%
VC	平均值	126	72.33	410	1877	2810
	标准差	0.02	2.9	35.1	216.3	66.2
	变异系数	22.4%	4%	8.5%	11.5%	2.3%
CV	平均值	87	73.41	442	2010	2832
	标准差	0.02	3.4	51.6	194.5	131.5
	变异系数	32.1%	4.7%	11.6%	9.6%	4.6%

续表

		VD	VA	F1	F2	F3
CVC	平均值	101	72.62	437	1961	2788
	标准差	0.02	2.6	58.4	251.4	165.9
	变异系数	28.2%	3.6%	13.3%	12.8%	5.9%
C^{j}V	平均值	68	74	425	1633	2666
	标准差					
	变异系数					
CVCC	平均值	82	69	394	1695	2567
	标准差					
	变异系数					
C^{j}VCC	平均值	73	74	440	1458	2832
	标准差					
	变异系数					
CCV	平均值	128	79	494	2073	2209
	标准差					
	变异系数					

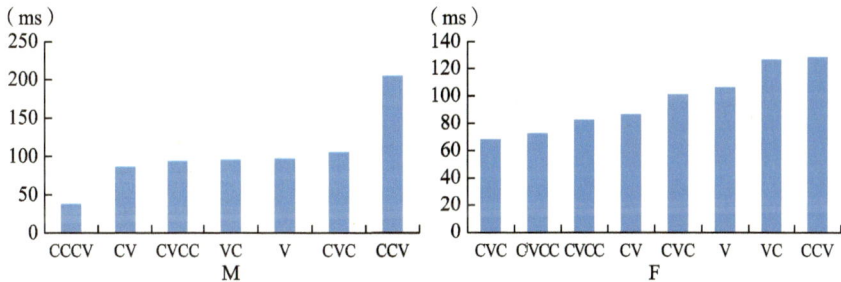

图 2.81　不同音节中 [ø] 元音的音长均值比较 (M&F)

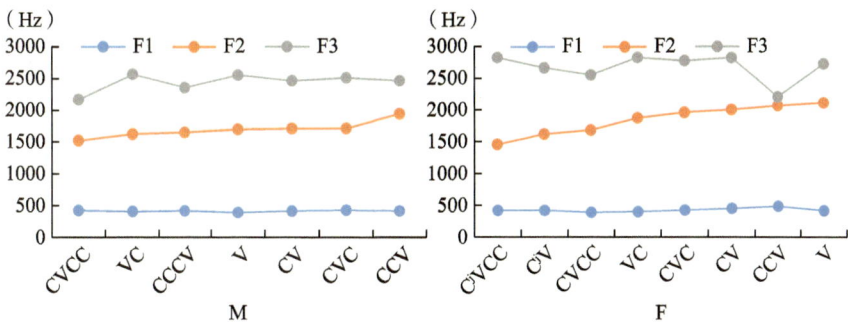

图 2.82　不同音节中 [ø] 元音的第一、第二共振峰均值比较 (M&F)

我们对不同音节词中出现的 [ø] 元音共振峰 F1/F2、音长之间做了单因素方差分析，结果如表 2.91 所示。

从共振峰检验结果来看，女发音人不同音节类型中 [ø] 元音的 F1/F2 之间差异性不显著；男发音人在 F1 参数上 CV-CVC、CVC-CCV 音节之间，F2 参数上 VC-CCV 之间差异显著。

从音长检验结果来看，不同音节类型中 [ø] 元音的 F1/F2 之间差异性显著。

表 2.91　检验结果

sig（显著性）									
M					F				
		VD	F1	F2			VD	F1	F2
V	VC	1	0.856	0.917	V	VC	0.836	0.998	0.22
	CV	0.973	0.201	1		CV	0.838	0.938	0.55
	CVC	0.993	0.052	1		CVC	0.997	0.965	0.341
	CCV	0.657	0.402	0.16					
VC	CV	0.934	0.784	0.656	VC	CV	0.061	0.294	0.538
	CVC	0.96	0.171	0.61		CVC	0.274	0.422	0.823
	CCV	0.642	0.986	0.013					
CV	CVC	0.29	0.035	1	CV	CVC	0.148	0.985	0.803
	CCV	0.587	0.577	0.057					
CVC	CCV	0.689	0.005	0.064					

（十一）[y] 元音

1. 参数平均值及其音质定位

表 2.92 为 [y] 元音声学参数统计表。表 2.92 显示，男、女发音人 [y] 元音平均音长、平均音强分别为 M = 98ms、F = 103ms，M = 71.6dB、F = 70.06dB。该元音 F1 和 F2 的频率均值分别为 M：F1 = 311Hz、F2 = 1961Hz，F：F1 = 310Hz、F2 = 2182Hz。参数库中，男发音人语料中出现 17 次，女发音人语料中出现 20 次。

表 2.92 ［y］元音声学参数统计

	M					F				
	VD	VA	F1	F2	F3	VD	VA	F1	F2	F3
平均值	98	71.6	311	1961	2537	103	70.06	310	2182	2761
标准差	0.03	3.83	19.8	159.8	195.2	0.06	4.3	38.6	170.9	188.5
变异系数	40.3%	5.3%	6.3%	8.1%	7.6%	63.2%	6.1%	12.4%	7.8%	6.8%

我们认为该元音为高、前、圆唇、松元音。图 2.83 为男发音人［yten］
"门"一词的三维语图和三层标注实例。其中，词首元音［y］目标位置的
F1～F4 共振峰分别为 336Hz、2151Hz、2666Hz、3751Hz。这是［y］元音
比较典型的声学语图。图 2.84 为男、女发音人［y］元音在声学元音图中
的位置及其声学空间中的分布模式图。显然，该元音在声学空间中的分布
特点为前后方向扩散大。

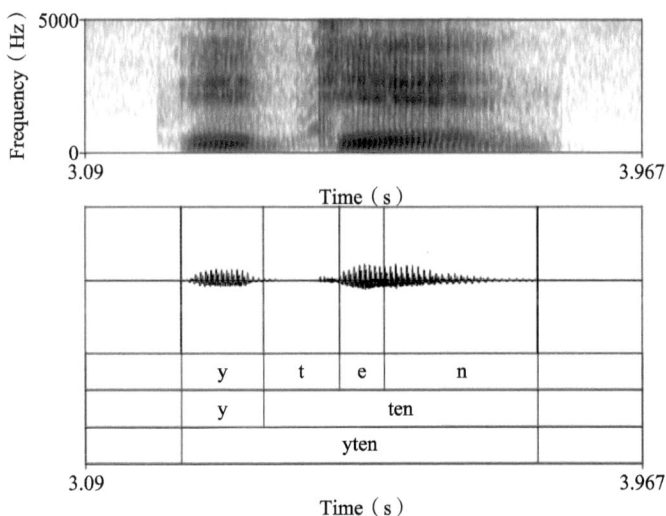

图 2.83 男发音人［yten］"门"一词的三维语图和三层标注实例

图 2.85～2.86 为［y］元音目标位置共振峰及其前、后过渡段共振峰比
较图。其中，图 2.85 为目标位置共振峰 F1/F2 和前过渡 TF1/TF2 比较图，
图 2.86 为目标位置共振峰 F1/F2 和后过渡 TP1/TP2 比较图。从图 2.85～
2.86 中可以看出，与目标位置共振峰频率相比，［y］元音前、后过渡段共
振峰频率都有所变化，总体上"前段变化大于后段（男），后段变化大于前

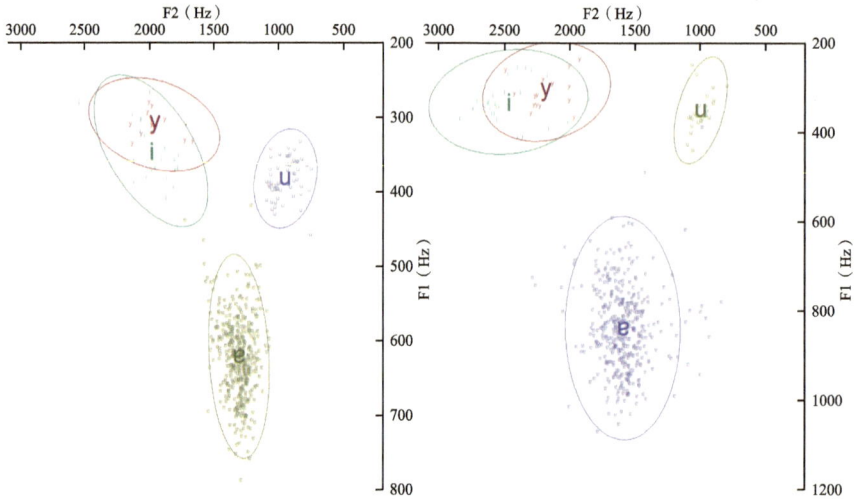

图 2.84　[y] 元音在声学元音图中的位置及其声学空间中的分布模式 (M&F)

段（女）"。其中，前、后过渡段 TF1 的频率有所上升（开口度相对变大），与目标位置共振峰相比趋向于"低前"。

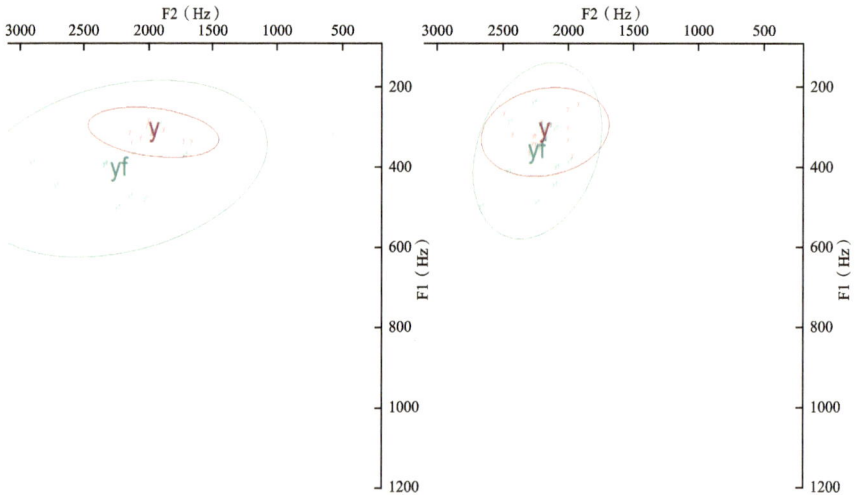

图 2.85　[y] 元音目标位置共振峰（F1/F2）及其前过渡段
共振峰（TF1/TF2）比较 (M&F)

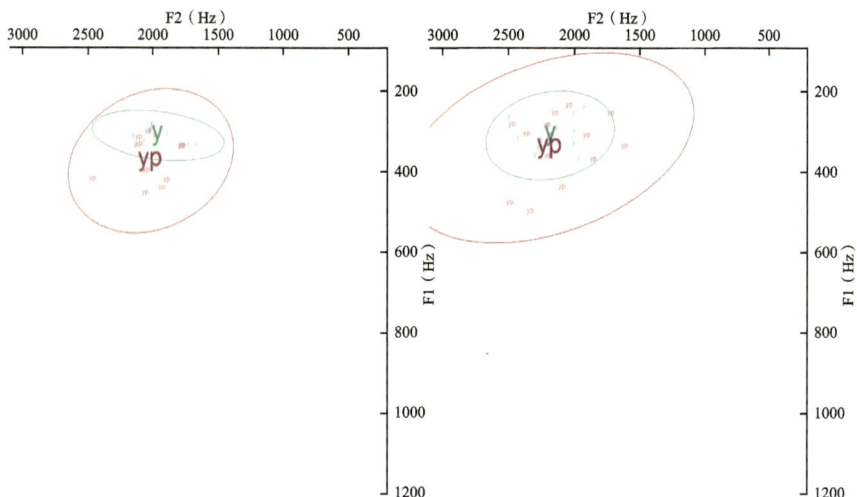

图 2.86　〔y〕元音目标位置共振峰（F1/F2）及其后过渡段
共振峰（TP1/TP2）比较　(M&F)

我们对目标位置第一、第二共振峰 F1/F2 及其前过渡 TF1/TF2 和后过渡 TP1/TP2 共振峰之间做了单因素方差分析，结果如表 2.93 所示。

从检验结果来看，第一，男发音人在 F1 参数上，前、后过渡段元音之间、目标元音和前过渡元音差异显著；第二，男发音人在 F2 参数上和女发音人在 F1、F2 参数上差异显著。

表 2.93　检验结果

	sig（显著性）			
	M		F	
	F1	F2	F1	F2
目标元音—前过渡元音	.006	.120	.116	.618
目标元音—后过渡元音	.625	.263	.864	.883
前过渡元音—后过渡元音	.016	.773	.393	.998

* 均值差的显著性水平为 0.05。

四　非词首音节词腹短元音

依据东部裕固语语音特点，我们把非词首音节短元音分为词腹短元音和词尾短元音。

在"统一平台"中，词腹位置上共出现了 ［ɐ、ə、i、ɔ、ʊ、u、o、ʉ、ø、y、ɵ、e］[①] 等短元音（［o］元音在男发音人语料中出现 2 次，在女发音人语料中未出现；［ɵ］元音在男发音人语料中出现 1 次，在女发音人语料中未出现；［u］元音在男发音人语料中出现 6 次，在女发音人语料中未出现）。

（一）［ɐ］元音

1. 参数平均值及其音质定位

表 2.94 为 ［ɐ］元音参数统计表。该统计表显示男、女发音人 ［ɐ］元音的平均音长、平均音强分别为 M = 86ms、F = 71ms，M = 75.55dB、F = 72.57dB。该元音 F1 和 F2 的频率均值分别为 M：F1 = 594Hz、F2 = 1295Hz，F：F1 = 741Hz、F2 = 11535Hz。

表 2.94 ［ɐ］元音声学参数统计

	M					F				
	VD	VA	F1	F2	F3	VD	VA	F1	F2	F3
平均值	86	75.55	594	1295	2557	71	72.57	741	1535	2666
标准差	0.03	3.9	52.2	104.8	230.8	0.02	4.8	91.8	208.5	532.1
变异系数	40.2%	5.1%	8.7%	8.1%	9%	36.5%	6.7%	12.3%	13.5%	19.9%

我们认为用 ［ɐ］音标（该音标在国际音标系统中是次开，即次低元音）标记该元音接近其实际音值。图 2.87 为男发音人 ［xɐrɐlɐŋ］"河水常不结冰处/不冻的泉水"一词的三维语图。其中，词首元音 ［ɐ］的目标位置的 F1～F4 共振峰分别为 598Hz、1328Hz、2403Hz、3201Hz。这是 ［ɐ］元音比较典型的声学语图。

图 2.88 为男、女发音人 ［ɐ］元音在声学空间中的分布模式（国际音标位置为其总均值。左图为男发音人，右图为女发音人，下同）。其在声学空间中的分布方向（趋势）为舌位上下维度上大，前后维度上小。

---

① "统一平台"中元音 ［o、u、ɵ］的出现频率极少，因而本书中没有具体分析。

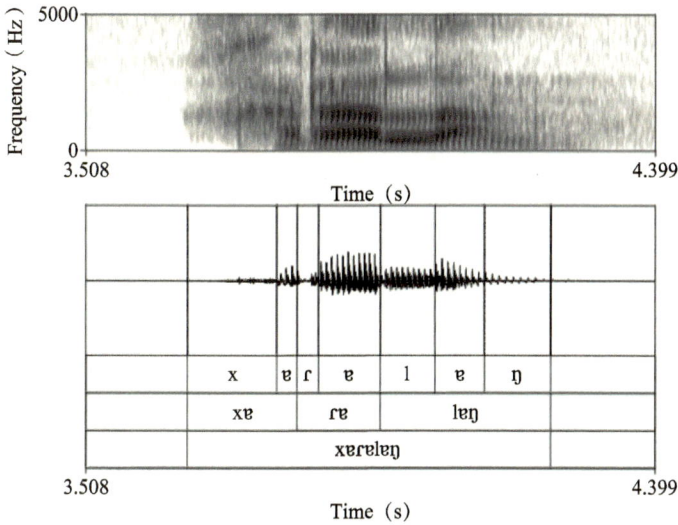

图 2.87　男发音人［xɛrɑlɑ<ʋ⟩ŋ］"河水常不结冰处/不冻的泉水"
一词的三维语图和三层标注实例

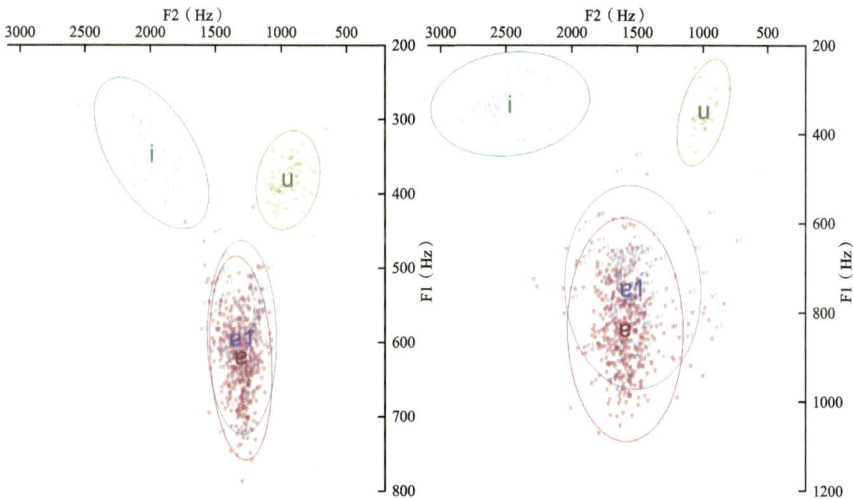

图 2.88　［ɐ］元音在声学元音图中的位置及其声学空间中的分布模式　(M&F)

　　图 2.89～2.90 为［ɐ］元音目标位置第一、第二共振峰 F1/F2 及其前过渡 TF1/TF2 和后过渡 TP1/TP2 共振峰比较图。其中，图 2.89 为目标位置共振峰和前过渡共振峰比较图，图 2.90 为目标位置共振峰和后过渡共振峰比较图。从图 2.89～2.90 中可以看出，与目标位置共振峰频率相比，［ɐ］元

音前、后过渡段共振峰频率虽然都有所变化，但后过渡段频率 TP1 的下降比较明显（后过渡段变化大于前过渡段"后段变化大于前段"），说明 [ɐ] 元音在其后过渡段中舌位明显上升（开口度明显变小），前过渡段的离散度大于前过渡段。

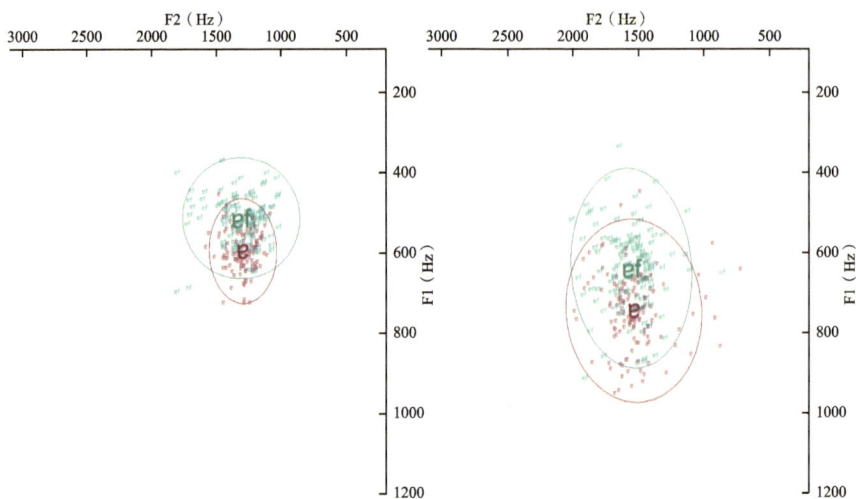

图 2.89 ［ɐ］元音目标位置共振峰（F1/F2）及其前过渡段共振峰（TF1/TF2）比较 （M&F）

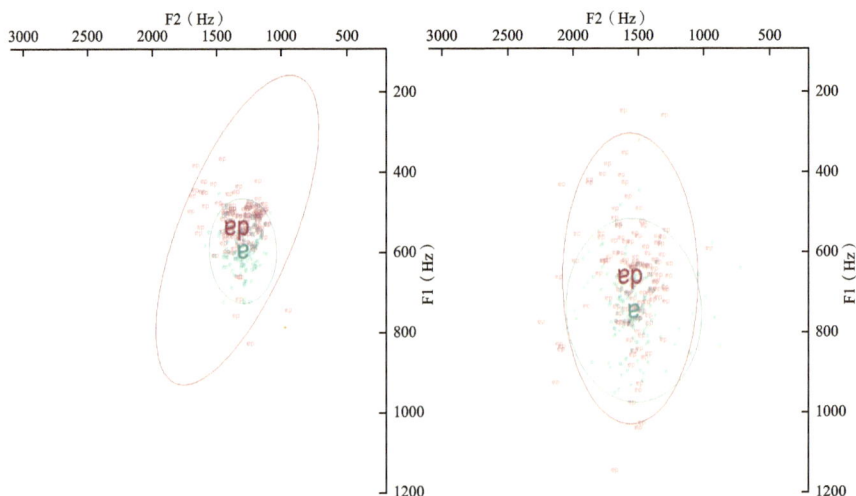

图 2.90 ［ɐ］元音目标位置共振峰（F1/F2）及其后过渡段共振峰（TP1/TP2）比较 （M&F）

　　我们对东部裕固语元音中所提取的［ɐ］元音词首音节第一、第二共振峰 F1/F2 及其词腹音节第一、第二共振峰 F1/F2、音长等参数进行配对样本 T 检验，结果如表 2.95 所示。

　　从检验结果来看，第一，F1 上男、女发音人有显著性差异；第二，F2 上男发音人差异不显著，女发音人差异显著；第三，元音音长之间，男、女发音人表现出相同的规律，差异显著。

表 2.95　检验结果

	sig（显著性）					
	M		F		M	F
	F1	F2	F1	F2	VD	VD
词首—词腹	.000	.391	.000	.003	.002	.000

* 均值差的显著性水平为 0.05。

2. 音节数量与声学参数之间的关系

　　表 2.96 为［ɐ］元音在三音节和多音节词中出现的频率统计表。表 2.96 显示，在三音节词中出现的比例最高，约 69%（M）和 59%（F）。

表 2.96　［ɐ］元音出现频率统计

发音人	三音节词		多音节词		共计	
	M	F	M	F	M	F
出现次数	70	75	32	52	102	127
百分比	69%	59%	31%	41%	100%	100%

　　表 2.97 为出现在三音节和多音节词中［ɐ］元音的音长（VD）、音强（VA）、共振峰目标值（F）统计表。从表 2.97 中可以看出，男发音人音节数量与［ɐ］元音音长、音强之间具有一定的相关性。如，该元音音长随着音节数量的增加而相对缩短，而其音强随着音节数量的增多相对变弱：

M：93ms→71ms；M：75.9dB→74.81dB
F：76ms→62ms；F：72.69dB→72.4dB

　　图 2.91 显示，［ɐ］元音 F1、F2 频率差值没有显示这样的特点。显然，音节数量的增多或减少对元音共振峰的影响不明显，共振峰在不同音节中相对稳定。

表 2.97　不同音节词中［ɐ］元音声学参数统计

发音人 统计项		M					F				
		VD	VA	F1	F2	F3	VD	VA	F1	F2	F3
三音 节词	平均值	93	75.9	603	1296	2557	76	72.69	750	1535	2662
	标准差	0.03	3.8	53.2	111.1	226	0.02	4.9	102.4	215.3	539.1
	变异系数	39.4%	5%	8.8%	8.5%	8.8%	35.1%	6.8%	13.6%	14%	20.2%
多音 节词	平均值	71	74.81	575	1290	2557	62	72.4	734	1535	2672
	标准差	0.02	4.06	44.7	91.2	244.8	0.02	4.78	74	200.2	527
	变异系数	33.9%	5.4%	7.7%	7%	9.5%	34.9%	6.6%	10%	13%	19.7%

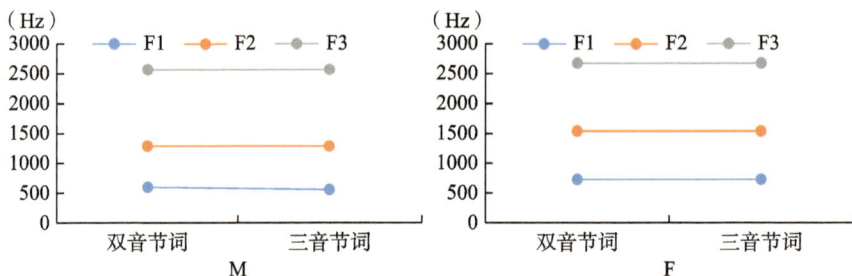

图 2.91　音节数量与共振峰之间关系示意（M&F）

我们对不同音节词中出现的［ɐ］元音 F1/F2、音长之间做了配对样本 T 检验，如表 2.98 所示。

从检验结果来看，男发音人在 F1 上差异显著，F2 上差异不显著；女发音人在 F1/F2 上差异不显著；音长参数上，男、女发音人表现出相同的规律，不同音节词中［ɐ］元音音长之间差异性显著。

表 2.98　检验结果

	sig（显著性）					
	M		F		M	F
	F1	F2	F1	F2	VD	VD
三音节词—多音节词	.009	.766	.354	.998	.003	.002

3. 音节类型与声学参数之间的关系

表 2.99 是［ɐ］元音在不同音节类型中的出现比例统计表。表 2.99 显

示，［ɐ］元音在 CV 和 CVC 音节中的出现比例最高，到达了 98%～99%。可以说，［ɐ］元音与 CV 和 CVC 音节之间的关系较密切。

表 2.99　不同音节类型中［ɐ］元音的频率统计

发音人	音节类型	CV	CVC	CVCC	CʲV	CʲVC	共计
M	N	76	23	1	1	1	102
F	N	100	26	1			127
M	%	75%	23%	1%	1%	1%	100%
F	%	79%	20%	1%			100%

表 2.100～2.101 为出现在不同音节类型中［ɐ］元音的声学参数统计表。从表 2.100～2.101 和图 2.92～2.93 中可以看出，［ɐ］元音音长受其所处音节类型的影响。如，CV、CVC 音节中的音长比其他音节中的音长相对长，而其音强不受音节类型的影响；CʲV、CʲVC 音节中［ɐ］元音的第一、第二共振峰均值相对高，其他的相对稳定。

表 2.100　不同音节类型中［ɐ］元音声学参数统计（M）

		VD	VA	F1	F2	F3
CV	平均值	90	75.93	598	1291	2566
	标准差	0.03	4.05	50.6	100.7	218.1
	变异系数	39.8%	5.3%	8.4%	7.8%	8.5%
CVC	平均值	75	74.86	592	1300	2553
	标准差	0.02	3.2	50.3	111.8	273.4
	变异系数	34.2%	4.2%	8.5%	8.6%	10.7%
CVCC	平均值	56	70	555	1142	2498
	标准差					
	变异系数					
CʲV	平均值	36	69	450	1479	2397
	标准差					
	变异系数					
CʲVC	平均值	58	75	536	1420	2189
	标准差					
	变异系数					

表 2.101　不同音节类型中 [ɐ] 元音声学参数统计 （F）

		VD	VA	F1	F2	F3
CV	平均值	73	73.2	757	1521	2630
	标准差	0.02	4.9	84.9	206.9	542
	变异系数	36.2%	6.7%	11.2%	13.6%	20.5%
CVC	平均值	61	70.26	693	1590	2756
	标准差	0.01	4	102.5	212.8	496.5
	变异系数	30.7%	5.7%	14.8%	13.3%	18%
CVCC	平均值	31	70	712	1452	3036
	标准差					
	变异系数					

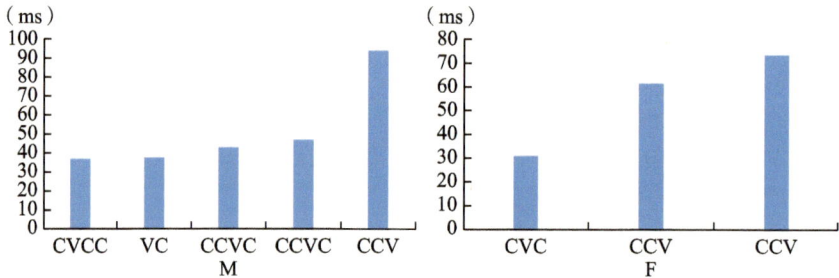

图 2.92　在不同音节类型中 [ɐ] 元音音长均值比较 （M&F）

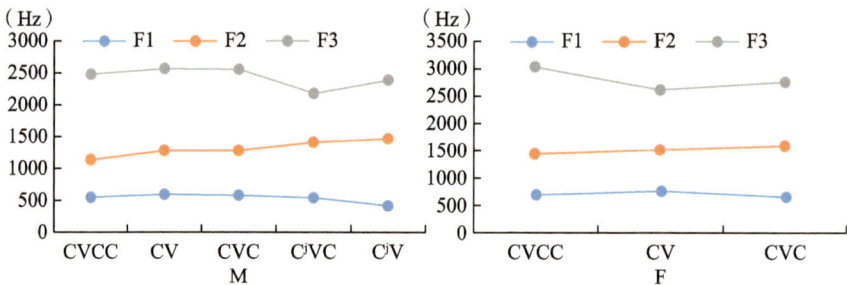

图 2.93　在不同音节类型中 [ɐ] 元音第一 （F1）、第二共振峰（F2）均值比较 （M&F）

　　我们对不同音节类型中出现的 [ɐ] 元音 F1/F2、音长之间做了配对样本 T 检验，结果如表 2.102 所示。

　　我们从检验结果来看，男发音人在 F1/F2 参数上差异不显著；女发音人在 F1 参数上差异显著，F2 参数上差异不显著。

从音长检验结果来看，男发音人差异不显著，女发音人差异显著。

表 2.102　检验结果

	sig（显著性）					
	M		F		M	F
	F1	F2	F1	F2	VD	VD
CV-CVC	.602	.717	.001	.138	.059	.028

4. 辅音音质与声学参数之间的关系

图 2.94 为出现在词腹音节不同辅音之后和无前置辅音音节中 [ɐ] 元音音长比较图，图 2.95 为出现在词腹音节（包括单音节词）[tʰ-、tɐ-、tʃʰɐ-、mɐ-、lɐ-、rɐ-、qɐ-、qʰɐ-、pɐ-、nɐ-] 等辅音（前置辅音）之后 [ɐ] 元音的第一、第二和第三共振峰前过渡（TF1、TF2、TF3）的变化示意图。其中，图 2.13 为以 TF2 的上升为准排列的，即以舌位自后至前排列示意图。

图 2.94 显示，辅音音质与 [ɐ] 元音有些声学参数之间具有一定的相关性。如，不送气辅音后的元音音长长于送气辅音后接元音；[n、p] 辅音后的元音音长相对长于其他辅音后接元音。

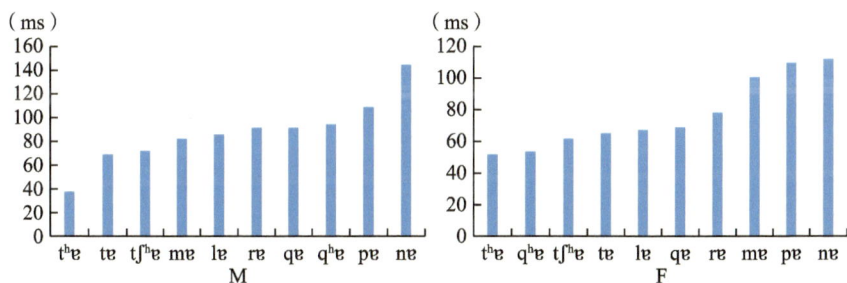

图 2.94　词腹音节不同辅音之后 [ɐ] 元音音长比较（M&F）

从图 2.95 中可以看到，与 [ɐ] 元音第二共振峰总均值（M：F2 = 1295Hz，F：F1 = 1535Hz）相比，出现在 [tʃʰ、t、r、n、tʰ] 等之后的 [ɐ] 元音 TF2 值分别上升到 1400~1800Hz（M）和 1700~2000Hz（F），而在 [m、p、q、qʰ] 等辅音之后，分别下降到 900~1200Hz（M）和 1400~1500Hz（F）。

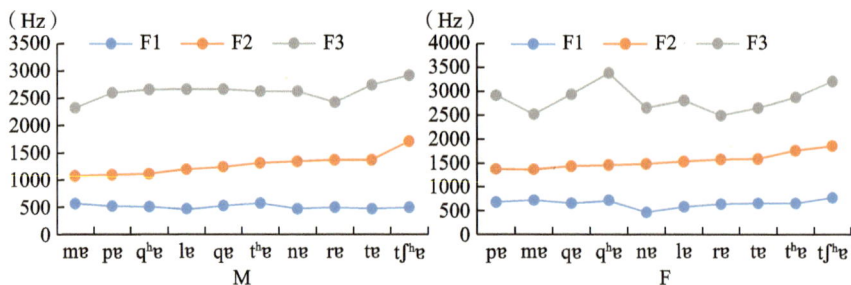

图 2.95　词腹不同辅音之后的 [ɐ] 元音三个共振峰前过渡
TF1、TF2、TF3 等的变化示意 (M&F)

（二）[ə] 元音

1. 参数平均值及其音质定位

表 2.103 为 [ə] 元音参数总统计表。该统计表显示男、女发音人 [ə]
元音的平均音长，平均音强分别为 M = 52ms、F = 42ms，M = 73.46dB、F =
70.64dB。该元音 F1 和 F2 的频率均值分别为 M：F1 = 444Hz、F2 = 1379Hz，
F：F1 = 495Hz、F2 = 1553Hz。

表 2.103　[ə] 元音统计

	M					F				
	VD	VA	F1	F2	F3	VD	VA	F1	F2	F3
平均值	52	73.46	444	1379	2594	42	70.64	495	1553	2943
标准差	0.01	3.43	51	208.7	245.9	0.01	4.04	99.6	206.7	268.3
变异系数	33.6%	4.6%	11.4%	15.1%	9.4%	40.9%	5.7%	20.1%	13.3%	9.1%

该元音为中、央、展唇、松元音。图 2.96 为男发音人 [əβəltʃin] "冬
营地"一词的三维语图。其中，词首元音 [ə] 的目标位置的 F1～F4 共振
峰分别为 366Hz、1443Hz、2461Hz、3182Hz。这是 [ə] 元音比较典型的声
学语图。

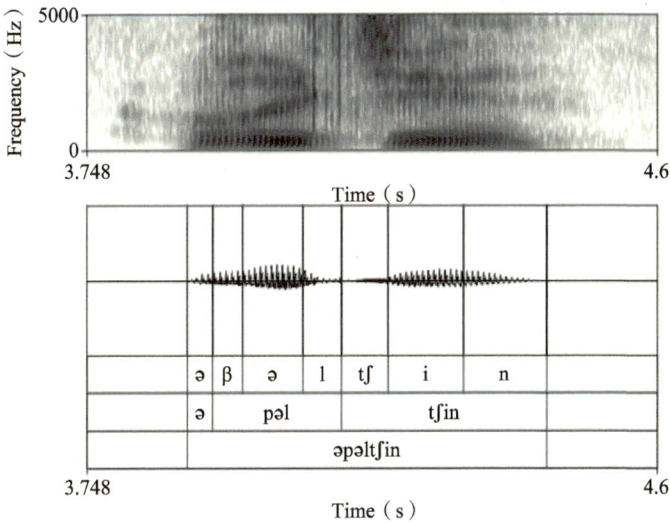

图 2.96　男发音人［əβəltʃin］"冬营地"一词的三维语图和三层标注实例

　　图 2.97 为男、女发音人［ə］元音在声学元音图中的位置及其声学空间中的分布模式。该元音在声学空间中的分布特点为上下方向扩散。显然，与国际音标的［ə］元音相比，该元音在声学空间中的分布位置为央，用国际音标［ə］标记，较接近其实际音质。

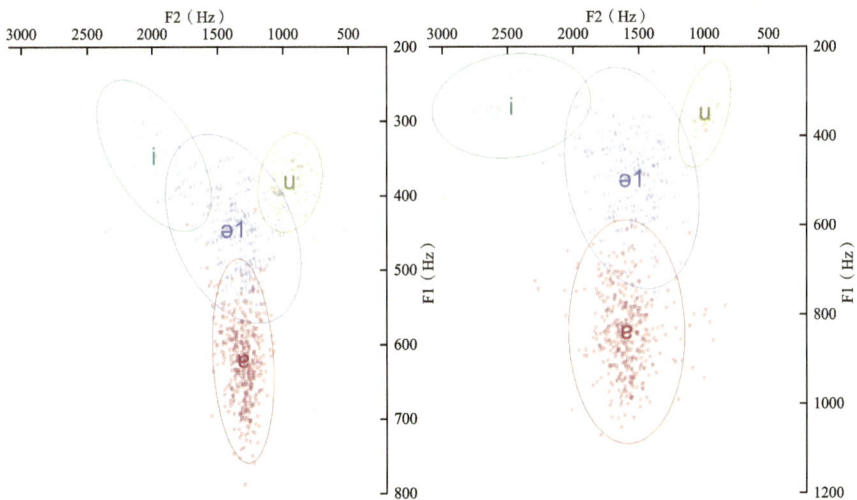

图 2.97　［ə］元音在声学元音图中的位置及其声学空间中的分布模式（M&F）

　　从图 2.97 中可以看到，东部裕固语第二元音［ə］在舌位前后维度上，

与 [ɐ] 相似；在舌位高低维度（开口度）上 [i] 和 [u] 与 [ɐ] 之间。

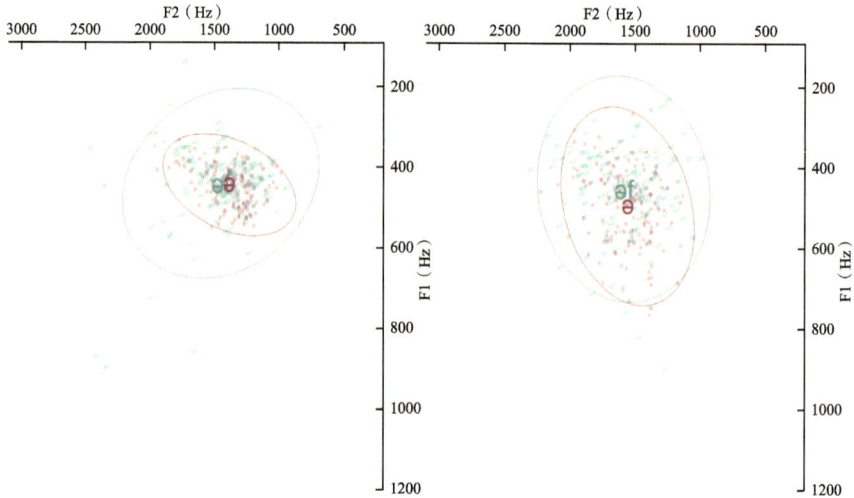

图 2.98 [ə] **元音目标位置共振峰（F1/F2）及其前过渡段**
共振峰（TF1/TF2）比较（M&F）

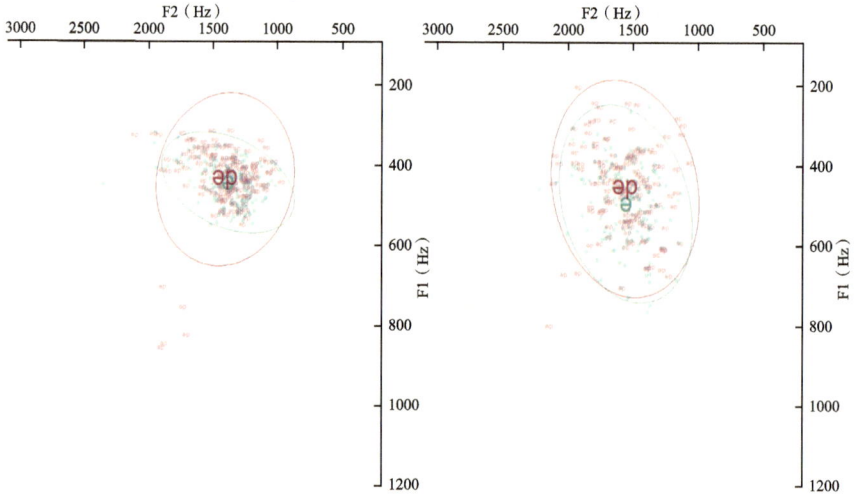

图 2.99 [ə] **元音目标位置共振峰（F1/F2）及其后过渡段**
共振峰（TP1/TP2）比较（M&F）

图 2.98~2.99 为 [ə] 元音目标位置共振峰及其前、后过渡段共振峰比较图。其中，图 2.98 为目标位置共振峰 F1/F2 和前过渡 TF1/TF2 比较图，图 2.99 为目标位置共振峰 F1/F2 和后过渡 TP1/TP2 比较图。从图 2.98~2.99 中

可以看出，与目标位置共振峰频率相比，[ə] 元音前、后过渡段共振峰频率虽然都有所变化。其中，前后过渡段频率 TP1 的上移，说明 [ə] 元音在其前后过渡段中舌位上移。

我们对词首音节元音第一、第二共振峰 F1/F2、音长与词腹音节元音第一、第二共振峰 F1/F2、音长之间做了配对样本 T 检验分析，结果如表 2.104 所示。

从检验结果来看，第一，在 F1 参数上，男发音人差异显著，女发音人差异不显著；第二，在 F2 参数上，男女发音人都差异显著；第三，音长之间也差异显著。

表 2.104　检验结果

	sig（显著性）					
	M		F		M	F
	F1	F2	F1	F2	VD	VD
词首—词腹	.000	.389	.177	.893	.000	.000

* 均值差的显著性水平为 0.05。

2. 音节数量与声学参数之间的关系

表 2.105 为 [ə] 元音在三音节和多音节词中出现的频率统计表。该表显示，在统一平台中出现的 147 次（M）和 142 次（F1）[ə] 元音在，大约 81%（M）和 72%（F1）的 [ə] 都是在三音节词中出现的。

表 2.105　不同音节中 [ə] 元音出现频率统计

发音人	三音节词		多音节词		共计	
	M	F	M	F	M	F
出现次数	119	102	28	40	147	142
百分比	81%	72%	19%	28%	100%	100%

表 2.106 为出现在三音节词和多音节词中 [ə] 元音的音长（VD）、音强（VA）、共振峰目标值（F）统计表。从表 2.106 中可以看出，音长随着音节数量的增多相对变短，女发音人音强变弱；男发音人的元音音强与音节数量之间没有规律：

M：53ms→46ms；M：73.43dB→73.57dB

F：42ms→42ms；F：70.83dB→70.17dB

图 2.100 显示，[ə] 元音目标位置的 F1（舌位高低）和 F2（舌位前后）与音节数量之间有一定的相关性。不同音节之间共振峰相对稳定。

表 2.106　不同音节词中 [ə] 元音的声学参数统计

发音人 统计项		M					F				
		VD	VA	F1	F2	F3	VD	VA	F1	F2	F3
三音节词	平均值	53	73.43	444	1379	2596	42	70.83	490	1536	2940
	标准差	0.01	3.3	51.6	216.8	240.2	0.01	4.1	101.7	201.4	293
	变异系数	32.1%	4.6%	11.6%	15.7%	9.2%	37.9%	5.8%	20.7%	13.1%	9.9%
多音节词	平均值	46	73.57	447	1379	2585	42	70.17	508	1598	2951
	标准差	0.01	3.6	49.4	173.6	273.4	0.02	3.8	93.9	215.7	193.8
	变异系数	38.8%	4.9%	11%	12.5%	10.5%	48.4%	5.5%	18.5%	13.5%	6.5%

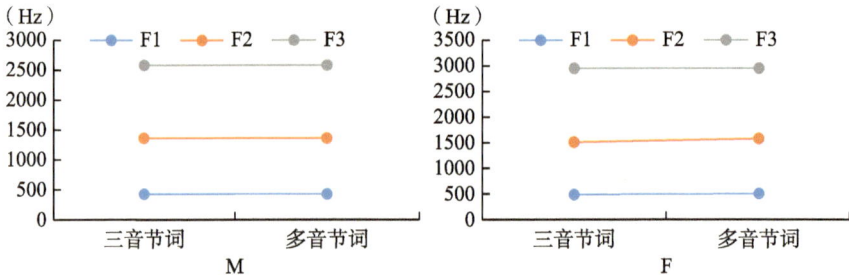

图 2.100　音节数量与共振峰之间关系示意 (M&F)

我们对不同音节词中出现的 [ə] 元音 F1/F2、音长之间做了配对样本 T 检验，结果如表 2.107 所示。

我们从检验结果来看，男、女发音人在 F1/F2 参数上，表现出相同的规律，不同音节词中 [ə] 元音 F1/F2 和音长之间差异性不明显。

从音长检验结果来看，除了男发音人差异显著，女发音人差异不显著。

表 2.107　检验结果

	sig（显著性）					
	M		F		M	F
	F1	F2	F1	F2	VD	VD
三音节词—多音节词	.763	.997	.325	.106	.045	.827

3. 参数之间的关系

统一平台统计结果显示，[ə] 元音共出现 147 次（男）和 142 次（女）。其中，大部分都在 CVC、CV 等两种音节中出现，见表 2.108。

表 2.109~2.110 为出现在不同音节类型中 [ə] 元音的声学参数统计表。从表 2.109~2.110 和图 2.101~2.102 可以看出，[ə] 元音音长与音强受其所处音节类型的影响不明显。不同音节中 [ə] 元音的第一、第二共振峰均值相对稳定。

表 2.108　出现在不同音节类型中 [ə] 元音统计

发音人	音节类型	CV	CVC	CVCC	CʲV	CʲVC	共计
M	N	84	57		5	1	147
F	N	93	45	4			142
M	%	57%	39%		3%	1%	100%
F	%	65%	32%	3%			100%

表 2.109　出现在不同音节类型中 [ə] 元音的声学参数统计 （M）

		VD	VA	F1	F2	F3
CV	平均值	53	73.04	449	1384	2640
	标准差	0.01	3.7	54.5	224.1	248.4
	变异系数	34.7%	5%	12.1%	16.1%	9.4%
CVC	平均值	52	73.91	440	1371	2541
	标准差	0.01	2.9	47.3	196.6	238.3
	变异系数	30.2%	3.9%	10.7%	14.3%	9.3%
CʲV	平均值	40	75.4	423	1376	2433
	标准差	0.02	3.3	15.1	50	123.8
	变异系数	52.4%	4.4%	3.5%	3.6%	5%
CʲVC	平均值	37	73	401	1482	2585
	标准差					
	变异系数					

表 2.110　出现在不同音节类型中 [ə] 元音的声学参数统计 （F）

		VD	VA	F1	F2	F3
CV	平均值	41	70.82	504	1545	2970
	标准差	0.01	4.06	100.9	217.2	270
	变异系数	41%	5.7%	20%	14%	9%
CVC	平均值	43	70.64	484	1563	2903
	标准差	0.01	3.8	96	187.3	263.1
	变异系数	42%	5.4%	19.8%	11.9%	9%
CVCC	平均值	46	66.5	396	1640	2778
	标准差	0.01	4.7	30	183.9	219.9
	变异系数	30%	7.2%	7.5%	11.2%	7.9%

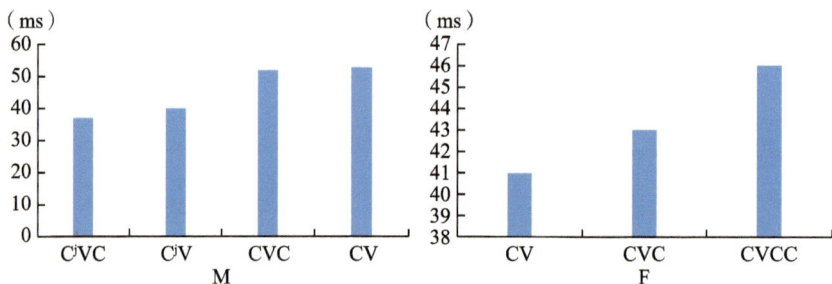

图 2.101　出现在不同音节中 [ə] 元音的音长均值比较 （M&F）

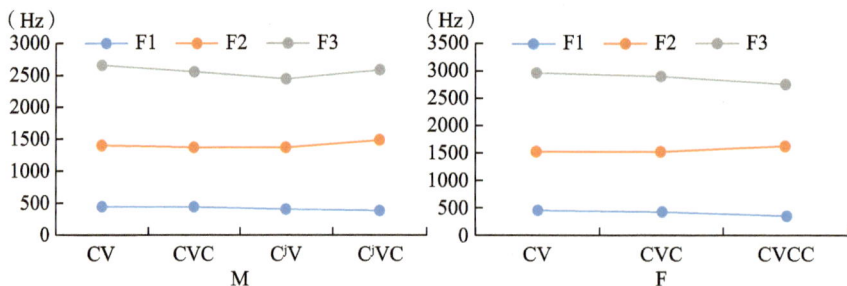

图 2.102　出现在不同音节中 [ə] 元音的第一、第二共振峰均值比较 （M&F）

我们对不同音节词中出现的 [ə] 元音 F1/F2、音长之间做了单因素方差分析，结果如表 2.111 所示。

我们从检验结果来看，男发音人在不同音节类型中 [ɐ] 元音的 F1/F2

参数之间差异不显著；女发音人在 F1 参数，CV-CVC 之间差异不显著，F2
参数上差异不显著。

从音长检验结果来看，男发音人在不同音节类型中 [ɐ] 元音的音长参
数在，CV~CVC 之间差异不显著，女发音人的音长参数在不同音节之间差
异不显著。

表 2.111　检验结果

	sig（显著性）					
	M		F		M	F
	F1	F2	F1	F2	VD	VD
CʲV-CV	.110	.765			.001	
CʲV-CVC	.335	.701			.001	
CV-CVC	.552	.996	.470	.876	.977	.854
CV-CVCC			.002	.620		.829
CVC-CVCC			.004	.722		.939

4. 辅音音质与声学参数之间的关系

图 2.103 为词腹音节（包括单音节词）[ʃ-、s-、qʰ-、tʃʰ-、tʰ-、z-、
k-、tʃ-、q-、t-、p-、m-、l-、pʰ-、n-、ŋ-、kʰ-、ɾ-] 等辅音之后
[ə] 元音音长比较图。从图 2.103 中可以看出，辅音音质与 [ə] 元音有些
声学参数之间具有较好的相关性：浊辅音后接的元音音长相对长于其他辅
音后接元音音长。

图 2.104 为词腹音节（包括单音节词）[ʃ-、s-、qʰ-、tʃʰ-、tʰ-、z-、
k-、tʃ-、q-、t-、p-、m-、l-、pʰ-、n-、ŋ-、kʰ-、ɾ-] 等辅音之后
[ə] 元音第一、第二和第三共振峰前过渡 TF1、TF2、TF3 的变化示意图，
以 TF2 的上升为准排列的，即以舌位自后至前排列示意图。从图 2.20 中可以
看到，[ə] 元音目标值（M：F2=1379、F：F2=1553）比较的话，[ə] 元音
前过渡在男发音人在 [ʃ-、s-、qʰ-、tʃʰ-、tʰ-、z-] 等辅音之后较低，而
在 [k-、tʃ-、q-、t-、p-、m-、l-、pʰ-、n-、ŋ-、kʰ-、ɾ-] 等辅音之
后较高；女发音人在 [ŋ-、q-、p-、m-、qʰ-、n-、l-、ɾ-] 等辅音之后
较低，而在 [t-、pʰ-、k-、z-、s-、tʃʰ-、kʰ-] 等辅音之后较高。

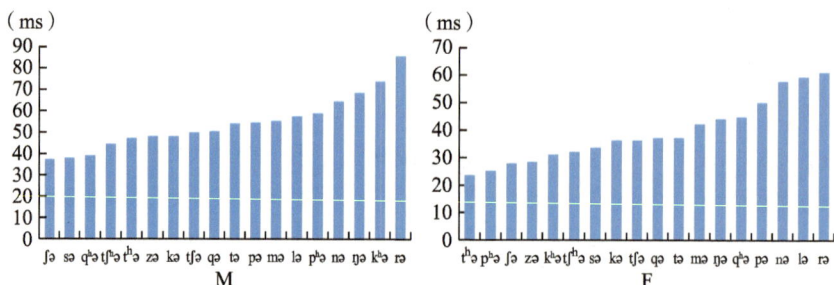

图 2.103　词腹音节不同辅音之后和无前置辅音音节中［ə］

元音音长比较（M&F）

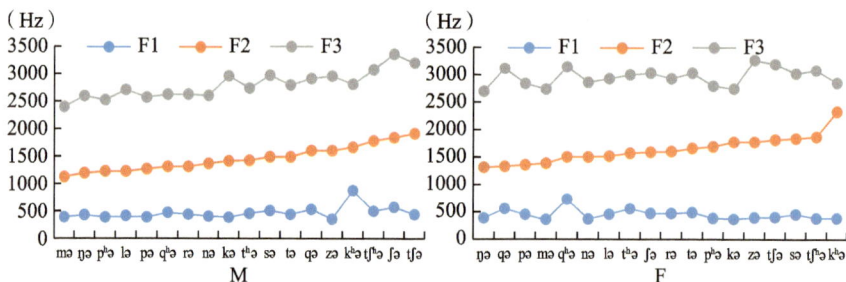

图 2.104　词腹音节［ə］元音三个共振峰前过渡 TF1、TF2、TF3

等的变化示意（M&F）

（三）［i］元音

1. 参数平均值及其音质定位

表 2.112 为［i］元音声学参数总统计表。该统计表显示，男、女发音人［i］元音的平均音长、平均音强分别为 M = 63ms、F = 56ms，M = 71.86dB、F = 70dB。该元音 F1 和 F2 的频率均值分别为 M：F1 = 345Hz、F2 = 2009Hz，F：F1 = 355Hz、F2 = 2394Hz。

表 2.112　［i］元音声学参数统计

	M					F				
	VD	VA	F1	F2	F3	VD	VA	F1	F2	F3
平均值	63	71.86	345	2009	2628	56	70	355	2394	3003
标准差	0.02	4.1	36.3	202.2	201.3	0.02	5	63.9	233.4	202.5
变异系数	37.6%	5.7%	10.5%	10%	7.6%	48.2%	7.1%	18%	9.7%	6.7%

　　我们认为该元音为高、前、展唇、松元音。图 2.105 为男发音人
［eltʃiɤen］"毛驴"一词的三维语图。其中，词首元音［i］的目标位置的
F1~F4 共振峰分别为 322Hz、2108Hz、2553Hz、3533Hz。这是［i］元音比
较典型的声学语图。图 2.106 为男、女发音人［i］元音在声学元音图中的
位置及其声学空间中的分布模式。显然，该元音的分布位置较靠前，声学
空间中的分布离散度相对小。

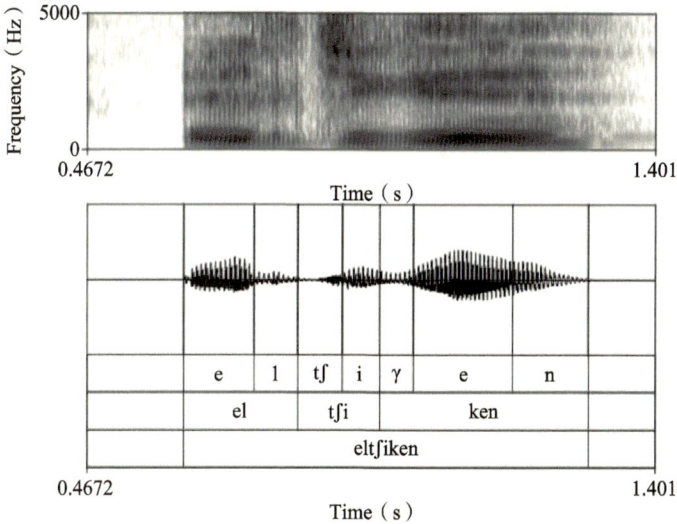

图 2.105　男发音人［eltʃiɤen］"毛驴"一词的三维语图和三层标注实例

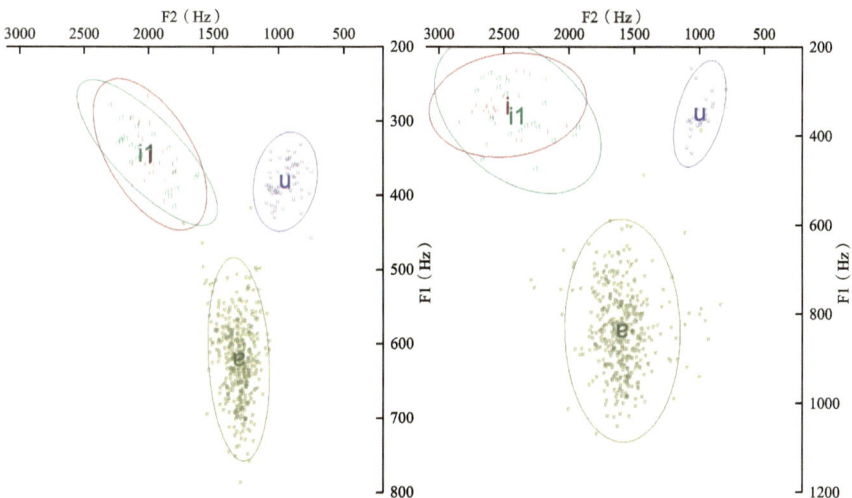

图 2.106　［i］元音在声学元音图中的位置及其声学空间中的分布模式（M&F）

　　图 2.107~2.108 为 [i] 元音目标位置共振峰及其前、后过渡段共振峰比较图。其中，图 2.107 为目标位置共振峰 F1/F2 和前过渡 TF1/TF2 比较图，图 2.108 为目标位置共振峰 F1/F2 和后过渡 TP1/TP2 比较图。从图 2.107~2.108 中可以看出，与目标位置共振峰频率相比，[i] 元音前、后过渡段共振峰频率都有所变化。其中，前过渡段 TF1 的频率上升，后过渡段 TP1 和 TP2 的频率都有所下降。相比之下，"前段变化大于前段"。

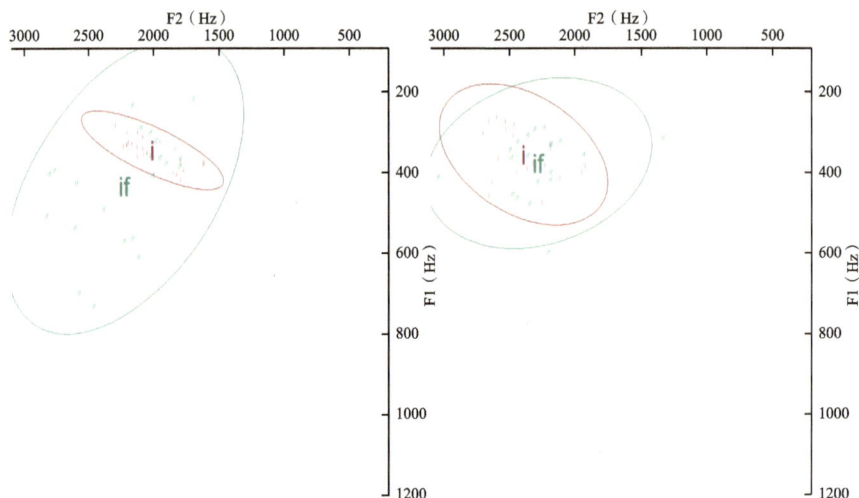

**图 2.107　[i] 元音目标位置共振峰（F1/F2）及其前过渡段
共振峰（TF1/TF2）比较（M&F）**

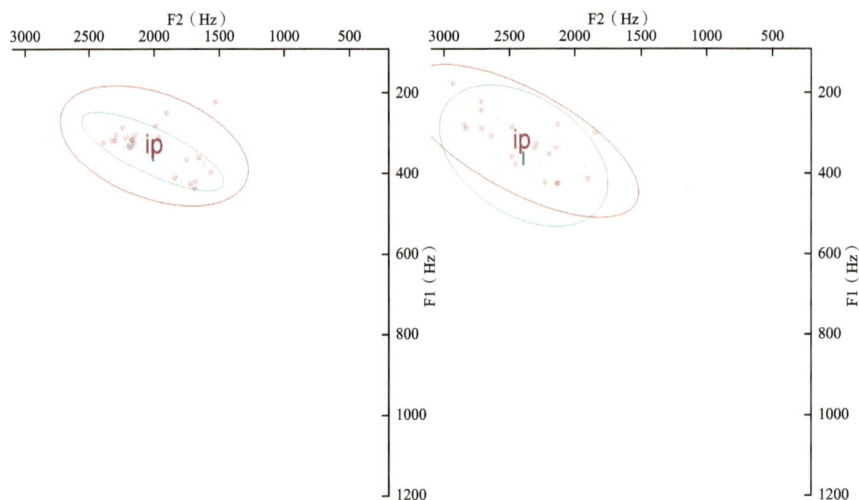

**图 2.108　[i] 元音目标位置共振峰（F1/F2）及其后过渡段
共振峰（TP1/TP2）比较（M&F）**

我们对词首元音和词腹元音的第一、第二共振峰 F1/F2 及音长之间做了配对样本 T 检验，结果如表 2.113 所示。

从检验结果来看，第一，男、女发音 F1/F2 参数上，差异不显著；第二，音长参数上，男发音人差异显著，女发音人差异不显著。

表 2.113　检验结果

	sig（显著性）					
	M		F		M	F
	F1	F2	F1	F2	VD	VD
词首元音—词腹元音	.869	.673	.160	.274	.005	.113

* 均值差的显著性水平为 0.05。

2. 音节数量与声学参数之间的关系

表 2.114 为 ［i］元音在三音节和多音节词中的出现频率统计表。表 2.114 显示，大约 57%（M）和 65%（F）的 ［i］元音是在三音节词中出现的。

表 2.114　［i］元音出现频率统计

发音人	三音节词		多音节词		共计	
	M	F	M	F	M	F
出现次数	13	13	10	7	23	20
百分比	57%	65%	43%	35%	100%	100%

表 2.115 为出现在三音节词和多音节词中 ［i］元音的音长（VD）、音强（VA）、共振峰目标值（F）统计表。从表 2.115 中可以看出，随着音节数量的增多音长缩短，音强变弱：

$$M：69ms \rightarrow 55ms；M：73.69dB \rightarrow 69.5dB$$
$$F：60ms \rightarrow 48ms；F：70.92dB \rightarrow 68.28dB$$

图 2.109 还显示，［i］元音目标位置的 F1 和 F2 与音节个数之间有一定相关性，不同的音节中 F1、F2 相对稳定。

表 2.115　出现在不同音节词中［i］元音的声学参数统计

发音人统计项		M					F				
		VD	VA	F1	F2	F3	VD	VA	F1	F2	F3
三音节词	平均值	69	73.69	355	1976	2634	60	70.92	357	2404	3027
	标准差	0.02	3.7	32.7	193.7	130.6	0.03	4.4	58.9	250	199.3
	变异系数	34.6%	5%	9.2%	9.8%	7.9%	50.7%	6.3%	16.5%	10.3%	6.5%
多音节词	平均值	55	69.5	329	2053	2621	48	68.28	353	2375	2957
	标准差	0.02	3.4	37.1	214.7	276.1	0.01	5.8	77.4	216.6	216
	变异系数	39.6%	4.9%	11.2%	10.4%	10.5%	38.5%	8.6%	21.9%	9.1%	7.3%

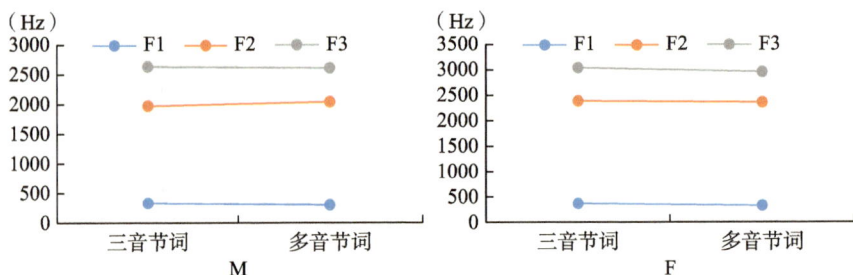

图 2.109　音节数量与共振峰之间关系示意（M&F）

我们对不同音节词中出现的［i］元音 F1/F2、音长之间做了配对样本 T 检验，结果如表 2.116 所示。

我们从检验结果来看，男、女发音人在不同音节词中出现的［i］元音 F1/F2、音长参数上差异不显著。

表 2.116　检验结果

	sig（显著性）					
	M		F		M	F
	F1	F2	F1	F2	VD	VD
三音节词—多音节词	.092	.375	.906	.797	.153	.372

（四）［ɔ］元音

1. 参数平均值及其音质定位

表 2.117 为［ɔ］元音声学参数总统计表。该统计表显示男、女发音人

［ɔ］元音的平均音长、平均音强分别为 M = 73ms、F = 59ms，M = 75.57dB、F = 70.961dB。该元音 F1 和 F2 的频率均值分别为 M：F1 = 487Hz、F2 = 978Hz，F：F1 = 569Hz、F2 = 1166Hz。

表 2.117　［ɔ］元音声学参数统计

	M					F				
	VD	VA	F1	F2	F3	VD	VA	F1	F2	F3
平均值	73	75.57	487	978	2774	59	70.96	569	1166	3002
标准差	0.02	4.1	33.5	137.5	214.2	0.01	4.7	87.5	145.6	337.7
变异系数	30.7%	5.5%	6.8%	14%	7.7%	33.5%	6.7%	15.3%	12.4%	11.2%

　　我们认为该元音为次低、后、圆唇、紧元音。图 2.110 为男发音人 ［pɔlɔsən］"熟的"一词的三维语图。其中，词首元音 ［ɔ］的目标位置的 F1 ~ F4 共振峰分别为 521Hz、1118Hz、2668Hz、3707Hz。这是 ［ɔ］元音比较典型的声学语图。图 2.111 为男、女发音人 ［ɔ］元音在声学元音图中的位置（均值）及其声学空间中的分布模式图。显然，该元音在声学空间中的分布特点为上下方向扩散。

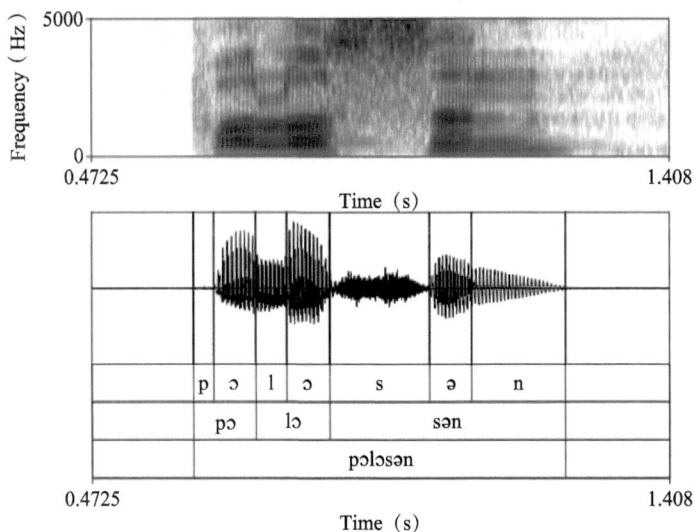

图 2.110　男发音人 ［pɔlɔsən］"熟的"一词的三维语图和三层标注实例

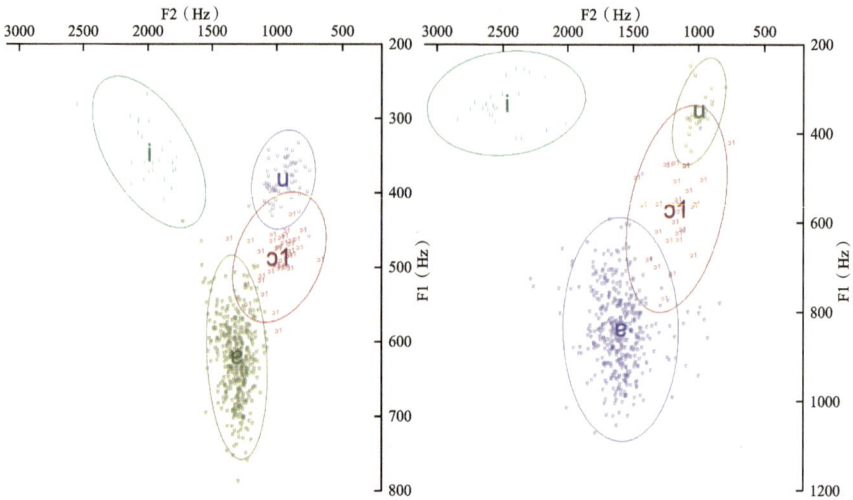

图 2.111　[ɔ] 元音在声学元音图中的位置及其声学空间中的分布模式

　　图 2.112~2.113 为 [ɔ] 元音目标位置共振峰（F1/F2）及其前、后过渡段共振峰比较图。其中，图 2.112 为目标位置共振峰 F1/F2 和前过渡 TF1/TF2 比较图，图 2.113 为目标位置共振峰 F1/F2 和后过渡 TP1/TP2 比较图。从图 2.112~2.113 中可以看出，与目标位置共振峰频率相比，[ɔ] 元音前、后过渡段共振峰频率都有所变化，总体上"后段变化大于前段"。其中，

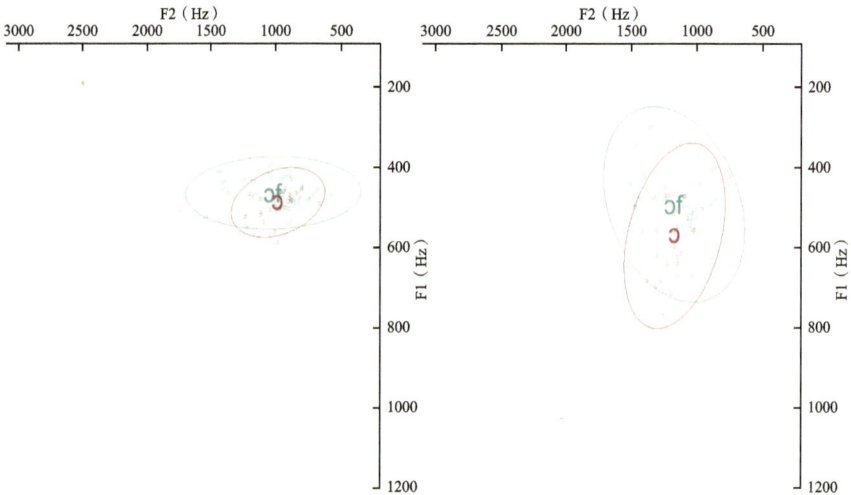

图 2.112　[ɔ] 元音目标位置共振峰（F1/F2）及其前过渡段
共振峰（TF1/TF2）比较（M&F）

前、后过渡段 F1 的频率有所下降（开口度相对变小），与目标位置共振峰相比"前后扩散"。

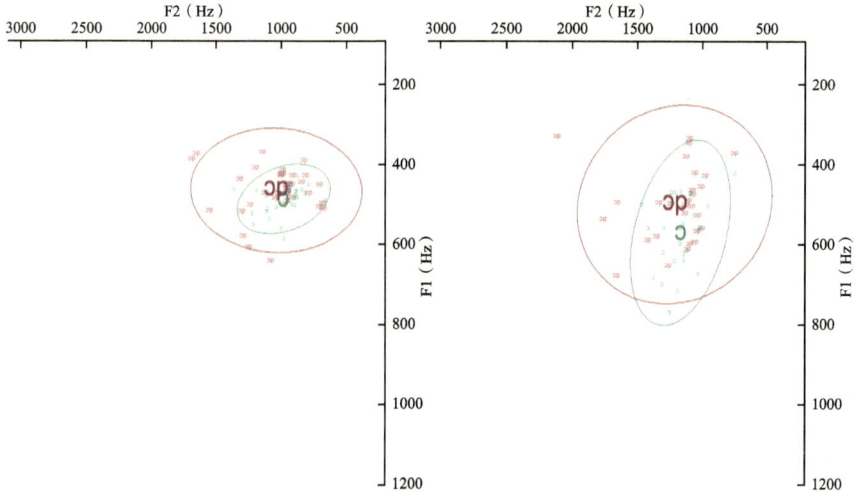

图 2.113　[ɔ] 元音目标位置共振峰（F1/F2）及其后过渡段共振峰（TP1/TP2）比较（M&F）

我们对目标位置第一、第二共振峰 F1/F2 及其前过渡 TF1/TF2 和后过渡 TP1/TP2 共振峰之间做了配对样本 T 检验，结果如表 2.118 所示。

从检验结果来看，男、女发音 F1/F2 参数上，差异不显著；音长参数上，差异显著。

表 2.118　检验结果

	sig（显著性）					
	M		F		M	F
	F1	F2	F1	F2	VD	VD
词首元音—词腹元音	.093	.898	.482	.678	.001	.000

* 均值差的显著性水平为 0.05。

2. 音节数量与声学参数之间的关系

表 2.119 为出现在三音节和多音节词中 [ɔ] 元音的出现频率统计表。表 2.119 显示，大约 66%（M）和 71%（F1）的 [ɔ] 元音是在三音节词中出现的。

　　表 2.120 为出现在三音节词和多音节词中的 [ɔ] 元音音长（VD）、音强（VA）、共振峰目标值（F）统计表。从表 2.120 中可以看出，该元音音长与音节数量之间具有一定的相关性：男发音人的音长随着音节数量的增加而相对缩短。

$$M：77ms \rightarrow 64ms；M：75.56dB \rightarrow 75.58dB$$

$$F：57ms \rightarrow 63ms；F：71.6dB \rightarrow 69.37dB$$

　　图 2.114 显示，[ɔ] 元音目标位置的 F1 和 F2 与音节数量之间有一定的相关性。不同音节中共振峰相对稳定。

表 2.119　[ɔ] 元音出现频率统计

发音人	三音节词		多音节词		共计	
	M	F	M	F	M	F
出现次数	23	20	12	8	35	28
百分比	66%	71%	34%	29%	100%	100%

表 2.120　出现在不同音节词中 [ɔ] 元音声学参数统计

发音人 统计项		M					F				
		VD	VA	F1	F2	F3	VD	VA	F1	F2	F3
三音节词	平均值	77	75.56	486	994	2781	57	71.6	562	1121	2963
	标准差	0.02	4.4	29.3	119.9	231.2	0.01	3.6	85.5	126.3	381.6
	变异系数	27%	5.8%	6.1%	12%	8.3%	29.4%	5%	15.2%	11.2%	12.8%
多音节词	平均值	64	75.58	488	947	2761	63	69.37	587	1278	3101
	标准差	0.02	3.8	41.1	167.7	186	0.02	6.9	95.8	135.4	170.3
	变异系数	36.3%	5%	8.4%	17.7%	6.7%	41.8%	9.9%	16.3%	10.5%	5.4%

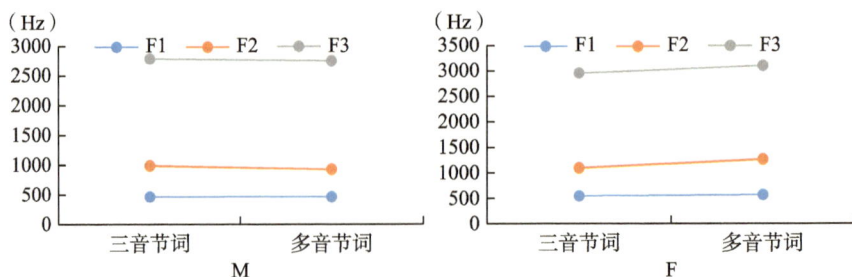

图 2.114　音节数量与共振峰之间关系示意（M&F）

　　我们对不同音节类型中出现的 [ɔ] 元音共振峰 F1/F2、音长之间做了配对样本 T 检验，结果如表 2.121 所示。

　　从检验结果来看，男、女发音人在 F1 参数上，差异不显著；F2 参数上男发音人差异不显著，女发音人差异显著；音长参数上，男、女发音人差异不显著，有相同的规律。

表 2.121　检验结果

	sig（显著性）					
	M		F		M	F
	F1	F2	F1	F2	VD	VD
三音节词—多音节词	.866	.349	.512	.007	.098	.443

3. 音节类型与声学参数之间的关系

　　统一平台统计结果显示，[ɔ] 元音主要在 CV、CVC 等音节中出现（详见表 2.122）。

表 2.122　出现在不同音节类型中 [ɔ] 元音统计

发音人	音节类型	CV	CVC	共计
M	N	23	12	35
F	N	19	9	28
M	%	66%	34%	100%
F	%	68%	32%	100%

　　表 2.123 ~ 2.124 为不同音节类型中 [ɔ] 元音的声学参数统计表，图 2.115 ~ 2.116 为根据表 2.123 ~ 2.124 画的不同音节 [ɔ] 元音的音长和第一、第二共振峰比较图。从上述图表中可以看出，音节类型与 [ɔ] 元音有些声学参数之间具有较好的相关性：CV 音节中 [ɔ] 元音的音长相对长于 CVC 音节元音，音素的增多而音长缩短，音强变弱；共振峰在不同音节中相对稳定。

表 2.123　出现在不同音节类型中 [ɔ] 元音的声学参数统计（M）

		VD	VA	F1	F2	F3
CV	平均值	75	75.6	483	957	2785
	标准差	0.02	4.3	34.6	138.3	172.1
	变异系数	31.8%	5.7%	7.1%	14.4%	6.1%
CVC	平均值	68	75.5	495	1017	2752
	标准差	0.01	3.9	31.2	132.5	286
	变异系数	28%	5.2%	6.3%	13%	10.3%

表 2.124　出现在不同音节类型中 [ɔ] 元音的声学参数统计（F）

		VD	VA	F1	F2	F3
CV	平均值	62	71.42	558	1170	3064
	标准差	0.02	5.2	78.7	123.1	159.1
	变异系数	32.9%	7.2%	14.1%	10.5%	5.1%
CVC	平均值	51	70	593	1157	2871
	标准差	0.01	3.7	104.8	193.1	547
	变异系数	32.2%	5.3%	17.6%	16.6%	19%

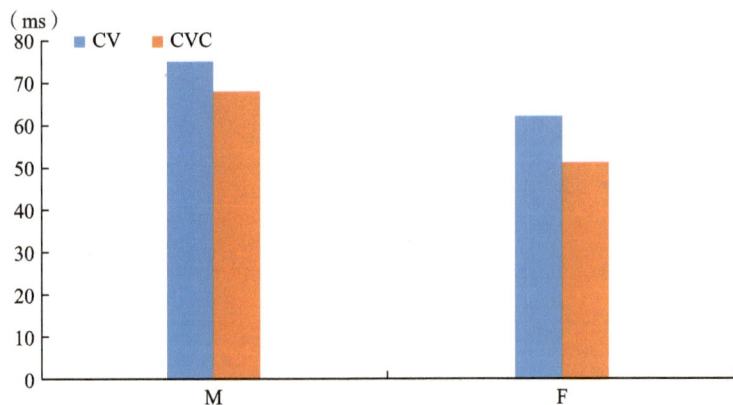

图 2.115　不同音节中 [ɔ] 元音的音长均值比较

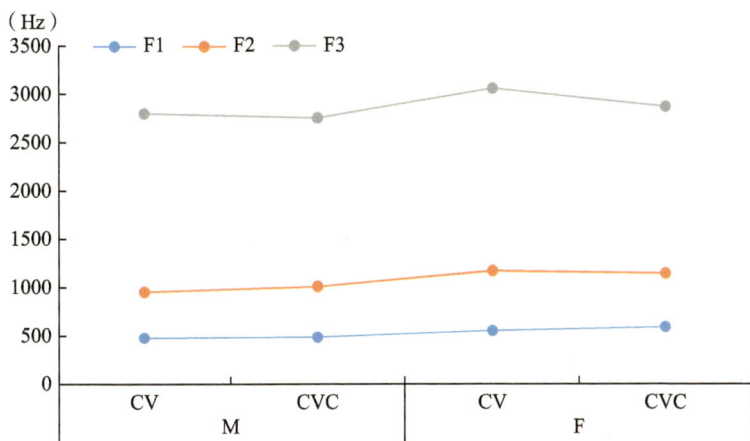

图 2.116　不同音节中 [ɔ] 元音的第一、第二共振峰均值比较

我们对不同音节词中出现的 [ɔ] 元音 F1/F2、音长之间做了配对样本 T 检验，结果如表 2.125 所示。

我们从检验结果来看，男、女发音人在不同音节词中出现的 [ɔ] 元音 F1/F2、音长参数上，差异不显著。

表 2.125　检验结果

	sig（显著性）					
	M		F		M	F
	F1	F2	F1	F2	VD	VD
CV-CVCC	.329	.223	.335	.828	.403	.184

4. 辅音音质与声学参数之间的关系

图 2.118 为词腹音节不同辅音之后和无前置辅音音节中 [ɔ] 元音音长比较图，图 2.117 为词腹音节（包括单音节词）[ɔ] 元音第一、第二和第三共振峰前后过渡 TF1、TF2、TF3 的变化示意图，以 TF2 的上升为序排列的，即以舌位自后至前排列示意图。

从图 2.117~2.118 中可以看出，辅音音质与 [ɔ] 元音有些声学参数之间具有一定的相关性：在 [q、m] 之后出现的 [ɔ] 元音音长比其他辅音之后出现的 [ɔ] 元音音长相对长。辅音音质与元音 [ɔ] 共振峰之间的相关性主要表现在其 F2（舌位前后）前过渡上。男发音人的 [ɔ] 元音前过渡在辅音之后相对稳定，[l、t] 之后相对高；女发音人的除了 [q]，其他辅音之后都相对高（[ɔ] 元音的目标位置的 M：F2＝978、F：F2＝1166）。

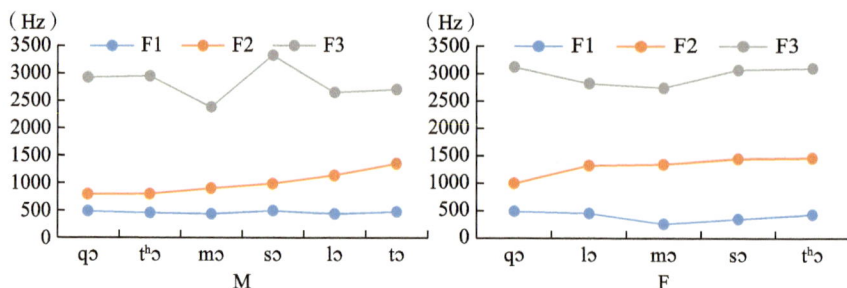

图 2.117　词腹音节 [ɔ] 元音三个共振峰前过渡 TF1、TF2、TF3 等的变化示意

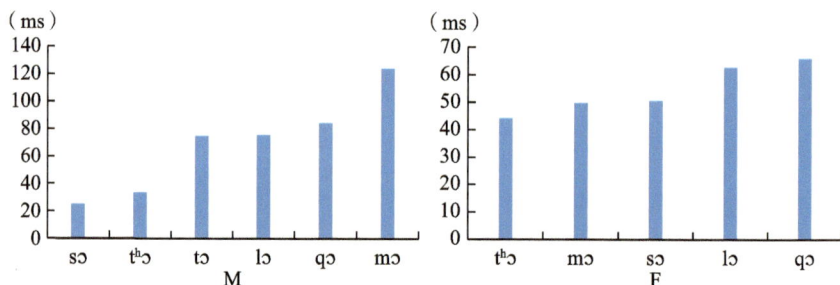

图 2.118　出现在词腹音节不同辅音之后和无前置辅音音节中 [ɔ] 元音音长比较

（五）[ʊ] 元音

1. 参数平均值及其音质定位

表 2.126 为 [ʊ] 元音声学参数总统计表。该统计表显示男、女发音人 [ʊ] 元音的平均音长、平均音强分别为 M＝76ms、F＝78ms，M＝75.2dB、F＝71.9dB。该元音 F1 和 F2 的频率均值分别为 M：F1＝470Hz、F2＝1016Hz，F：F1＝474Hz、F2＝1203Hz。男、女发音人语料中各出现 10 次。

表 2.126　[ʊ] 元音声学参数统计

	M					F				
	VD	VA	F1	F2	F3	VD	VA	F1	F2	F3
平均值	76	75.2	470	1016	2568	48	71.9	474	1203	2838
标准差	0.01	2.2	46.7	94.2	286.2	0.009	4.8	72.1	182.3	368.5
变异系数	23.5%	2.9%	9.9%	9.2%	11.1%	20.3%	6.7%	15.2%	15.1%	12.9%

　　我们认为该元音为中低、后、圆唇、紧元音。图 2.119 为男发音人
[nʊʀʊsən]"脊髓"一词的三维语图。其中，词首元音 [ʊ] 的目标位置
的 F1~F4 共振峰分别为 440Hz、1055Hz、2768Hz、3700Hz。这是 [ʊ] 元
音比较典型的声学语图。图 2.120 为男、女发音人 [ʊ] 元音在声学元音图
中的位置（均值）及其声学空间中的分布模式图。显然，该元音在声学空
间中的分布特点为上下方向扩散。

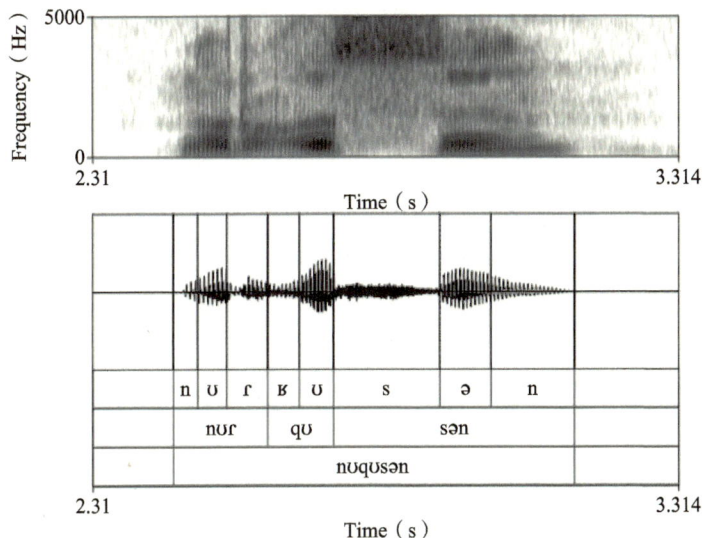

图 2.119　男发音人 [nʊʀʊsən]"脊髓"一词的三维语图和三层标注实例

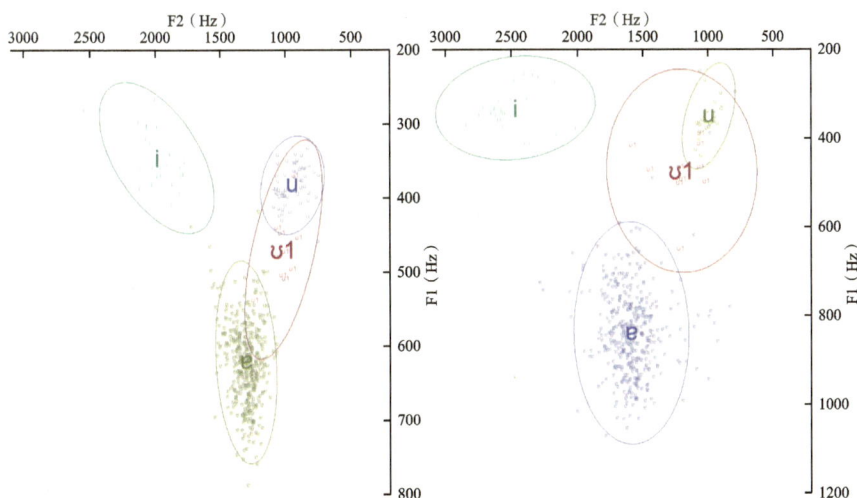

图 2.120　[ʊ] 元音在声学元音图中的位置及其声学空间中的分布模式

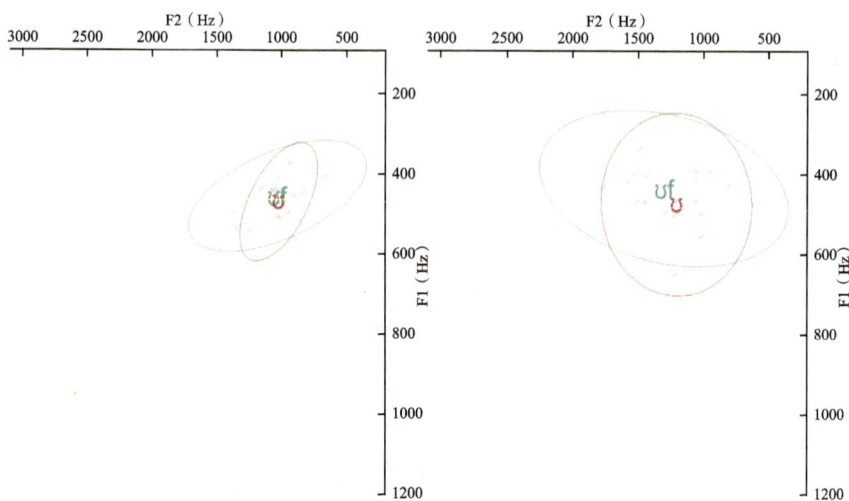

图 2.121　[ʊ] 元音目标位置共振峰（F1/F2）及其前过渡段
共振峰（TF1/TF2）比较（M&F）

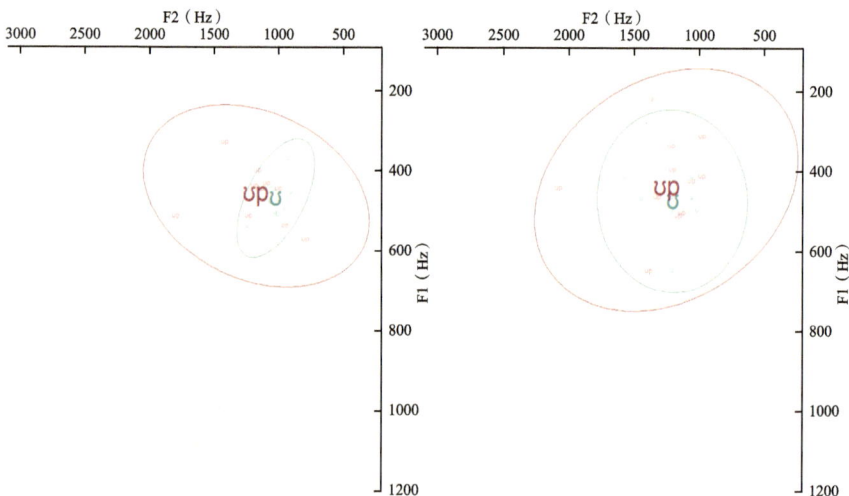

图 2.122　[ʊ] 元音目标位置共振峰（F1/F2）及其后过渡段
共振峰（TP1/TP2）比较

　　图 2.121~2.122 为 [ʊ] 元音目标位置共振峰（F1/F2）及其前、后过
渡段共振峰比较图。其中，图 2.121 为目标位置共振峰 F1/F2 和前过渡 TF1/
TF2 比较图，图 2.122 为目标位置共振峰 F1/F2 和后过渡 TP1/TP2 比较图。
从图 2.121~2.122 中可以看出，与目标位置共振峰频率相比，[ɔ] 元音前、后过渡段共振峰频率都有所变化，总体上"后段变化大于前段"。其中，前后过渡段 F1、F2 的频率变化较小，与目标位置共振峰相比"前后扩散"。

我们对词首元音与词腹元音的第一、第二共振峰 F1/F2 和音长之间做了单因素方差分析，结果如表 2.127 所示。

从检验结果来看，男、女发音人在词首元音与词腹元音的第一、第二共振峰 F1/F2 和音长参数上，差异不显著。

表 2.127　检验结果

	sig（显著性）					
	M		F		M	F
	F1	F2	F1	F2	VD	VD
词首元音—词腹元音	.143	.900	.812	.836	.787	.123

* 均值差的显著性水平为 0.05。

（六）［ʉ］元音

1. 参数平均值及其音质定位

表 2.128 为 ［ʉ］元音声学参数总统计表。该统计表显示男、女发音人 ［ʉ］元音的平均音长、平均音强分别为 M＝53ms、F＝71ms，M＝77.2dB、F＝72.37dB。该元音 F1 和 F2 的频率均值分别为 M：F1＝391Hz、F2＝1241Hz，F：F1＝404Hz、F2＝1273Hz。男发音人语料中出现 5 次，女发音人语料中出现 8 次。

表 2.128　［ʉ］元音声学参数统计

	M					F				
	VD	VA	F1	F2	F3	VD	VA	F1	F2	F3
平均值	53	77.2	391	1241	2573	71	72.37	404	1273	2836
标准差	0.02	3.7	45.8	132.9	153.3	0.01	3.5	35.3	173.3	127
变异系数	38.2%	4.7%	11.7%	10.7%	5.9%	23.8%	4.8%	8.7%	13.6%	4.4%

我们认为该元音为高、央、圆唇、紧元音。图 2.123 为男发音人 ［nutʉʁɐ］"拳头"一词的三维语图。其中，词首元音 ［ʉ］的目标位置的 F1～F4 共振峰分别为 449Hz、1309Hz、2298Hz、3362Hz。这是 ［ʉ］元音

比较典型的声学语图。图 2.124 为男、女发音人［ʉ］元音在声学元音图中的位置（均值）及其声学空间中的分布模式图。显然，该元音在声学空间中的分布特点为前后上下方向扩散。

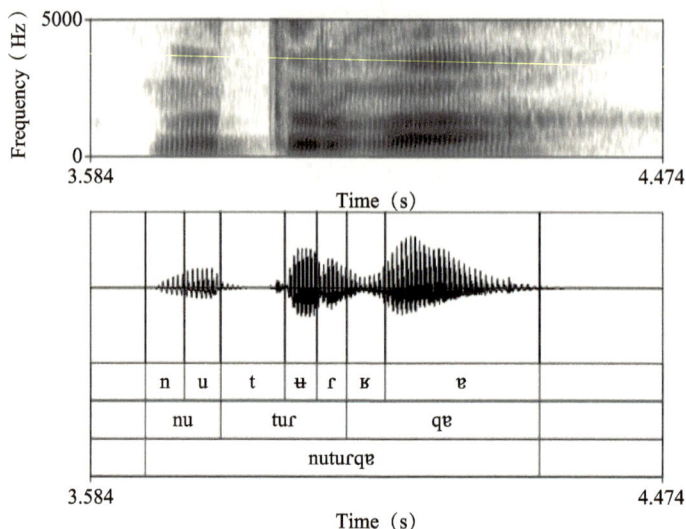

图 2.123　男发音人［nutʉʁʁɐ］"拳头"一词的三维语图和三层标注实例

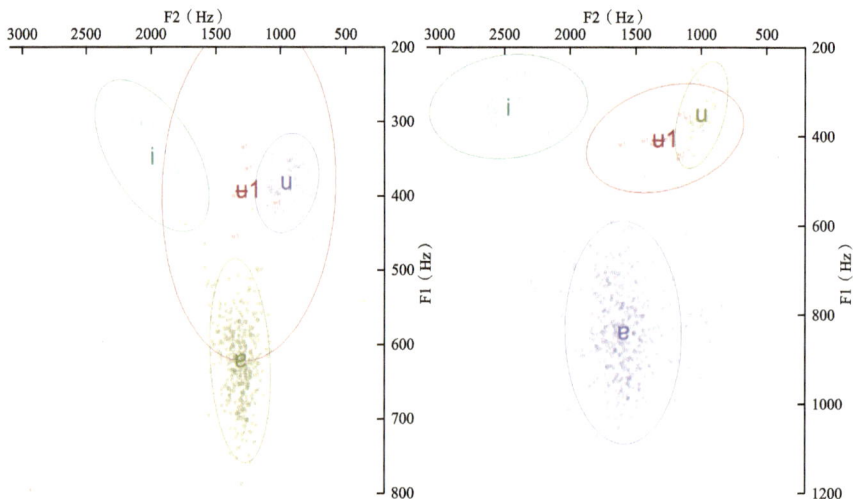

图 2.124　［ʉ］元音在声学元音图中的位置及其声学空间中的分布模式

图 2.125~2.126 为［ɔ］元音目标位置共振峰（F1/F2）及其前、后过渡段共振峰比较图。其中，图 2.125 为目标位置共振峰 F1/F2 和前过渡 TF1/

TF2 比较图，图 2.126 为目标位置共振峰 F1/F2 和后过渡 TP1/TP2 比较图。从图 2.125～2.126 中可以看出，与目标位置共振峰频率相比，［ɔ］元音前、后过渡段共振峰频率都有所变化，总体上"前段变化大于后段"。其中，前、后过渡段 F1、F2 的频率有所前移与目标位置共振峰相比"前后扩散"。

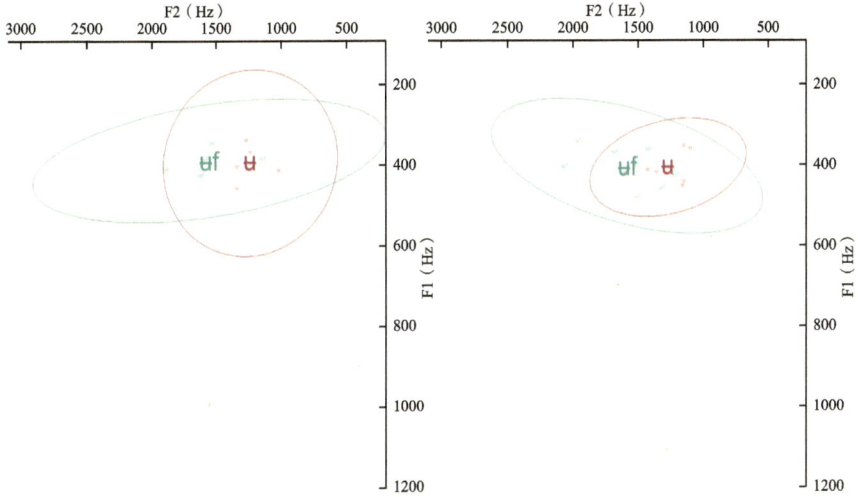

图 2.125　［ʉ］元音目标位置共振峰（F1/F2）及其前过渡段
共振峰（TF1/TF2）比较（M&F）

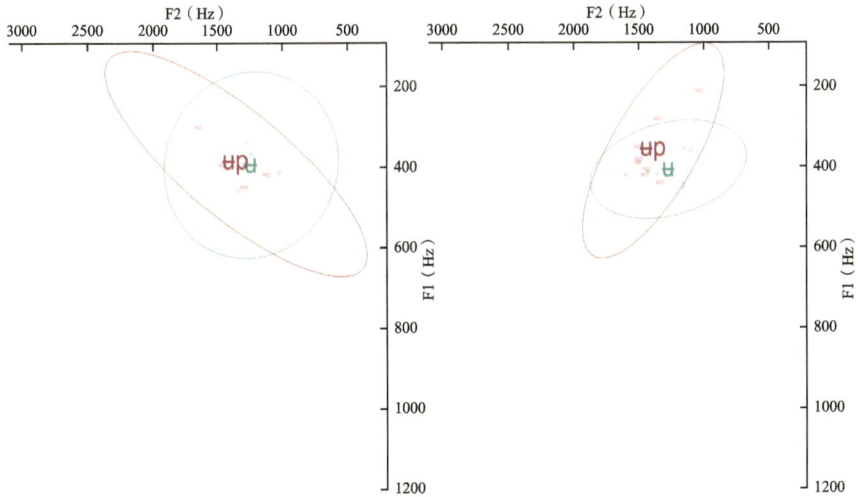

图 2.126　［ʉ］元音目标位置共振峰（F1/F2）及其后过渡段
共振峰（TP1/TP2）比较（M&F）

（七）［e］元音

1. 参数平均值及其音质定位

表 2.129 为 ［e］元音声学参数统计总表。该统计表显示，男、女发音人 ［e］元音平均音长、平均音强分别为 M = 92ms、F = 77ms，M = 76dB、F = 72.6B。该元音 F1 和 F2 的频率均值分别为 M：F1 = 409Hz、F2 = 1831Hz，F：F1 = 423Hz、F2 = 2262Hz。

表 2.129　［e］元音声学参数统计

	M					F				
	VD	VA	F1	F2	F3	VD	VA	F1	F2	F3
平均值	92	76	409	1831	2521	77	72.6	423	2262	2909
标准差	0.03	3.4	36.9	127.5	163.7	0.02	3.6	56.4	280.2	304
变异系数	43.4%	4.4%	9%	6.9%	6.4%	37.7%	5%	13.3%	12.3%	10.4%

我们认为该元音为次低、前、展唇、松元音。图 2.127 为男发音人 ［səβesən］“肚粪”一词的三维语图和三层标注实例。其中，词首元音 ［e］的目标位置的 F1~F4 共振峰分别为 437Hz、1743Hz、3098Hz、3393Hz。这是 ［e］元音比较典型的声学语图。图 2.128 为男、女发音人 ［e］元音在声学元音图中的位置及其声学空间中的分布模式图。

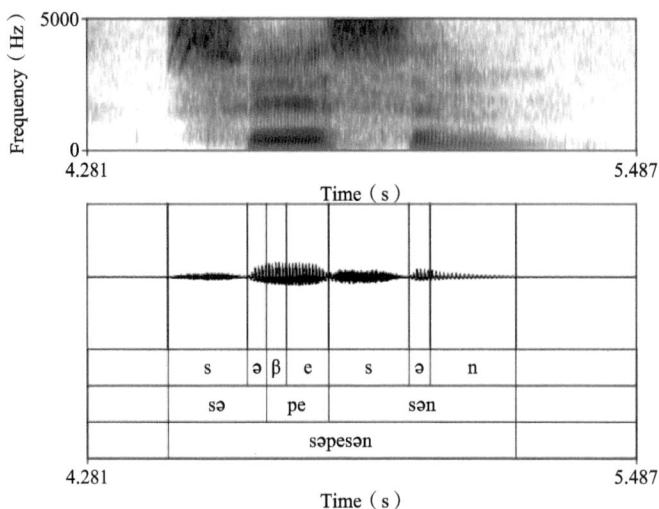

图 2.127　男发音人 ［səβesən］“肚粪”一词的三维语图和三层标注实例

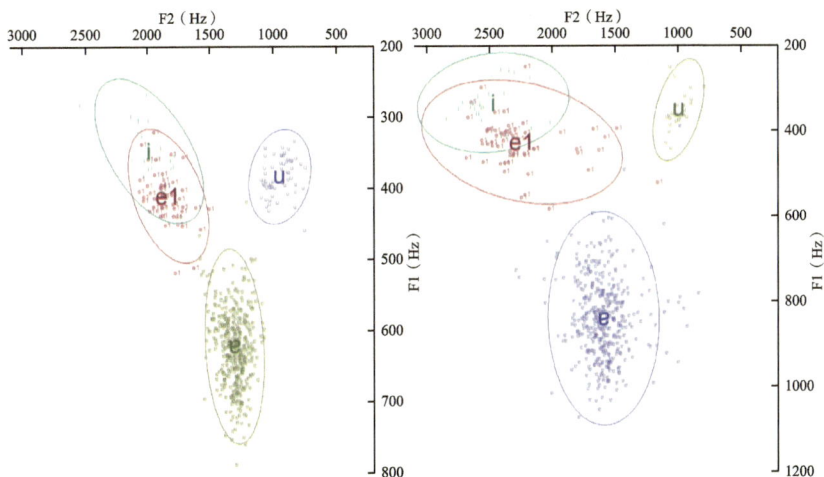

图 2.128 [e] 元音在声学元音图中的位置及其声学空间中的分布模式 (M&F)

图 2.129~2.130 为 [e] 元音目标位置共振峰及其前、后过渡段共振峰比较图。其中，图 2.129 为目标位置共振峰 F1/F2 和前过渡 TF1/TF2 比较图，图 2.130 为目标位置共振峰 F1/F2 和后过渡 TP1/TP2 比较图。从图 2.129~2.130 中可以看出，与目标位置共振峰频率相比，[e] 元音前、后过渡段共振峰频率都有所变化，总体上"后段变化大于前段"。其中，前、后过渡段 TF1 的频率有所下降（开口度相对变小），后过渡段 TP1 和 TP2 频率较稳定，与目标位置共振峰相比趋向于"高"。

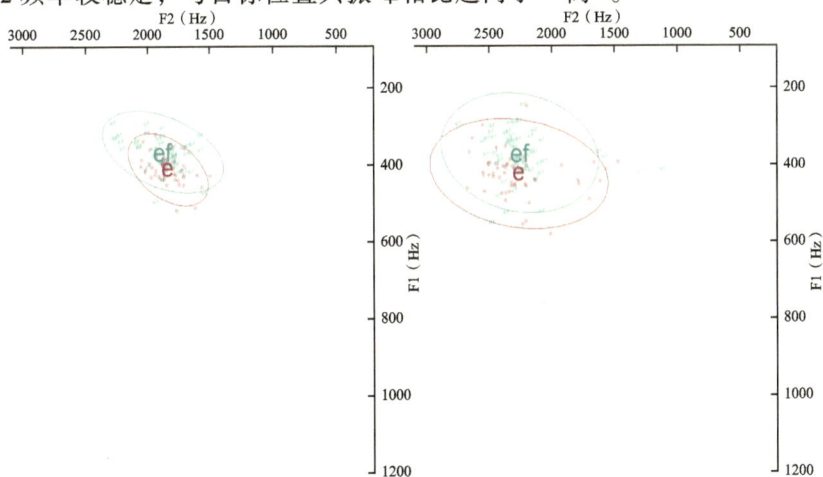

图 2.129 [e] 元音目标位置共振峰（F1/F2）及其前过渡段
共振峰（TF1/TF2）比较 (M&F)

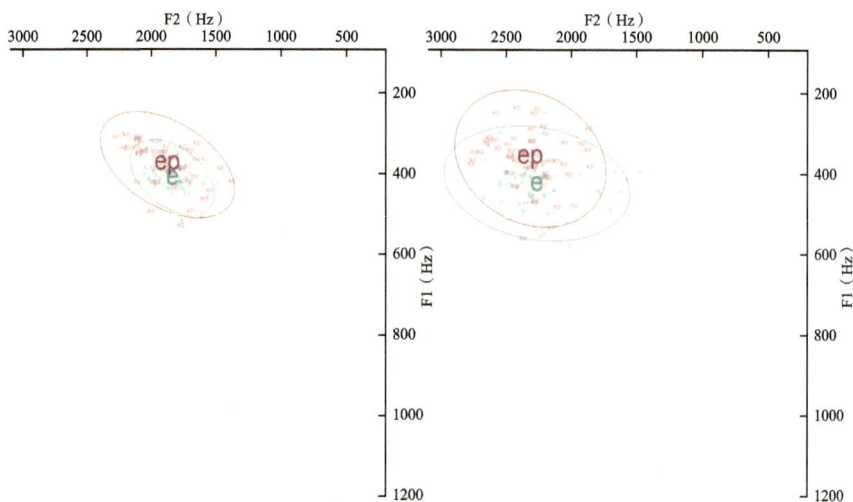

图 2.130　[e] 元音目标位置共振峰（F1/F2）及其后过渡段
共振峰（TP1/TP2）比较（M&F）

我们对词首元音与词腹元音的第一、第二共振峰 F1/F2 和音长之间做了单因素方差分析，结果如表 2.130 所示。

从检验结果来看，第一，男、女发音人在 F1 参数上差异显著；第二，男发音人在 F2 参数上差异显著，女发音人差异不显著；第三，音长参数上，男、女发音人差异显著。

表 2.130　检验结果

	sig（显著性）					
	M		F		M	F
	F1	F2	F1	F2	VD	VD
词首元音—词腹元音	.001	.005	.000	.862	.041	.000

* 均值差的显著性水平为 0.05。

2. 音节数量与声学参数之间的关系

表 2.131 为出现在三音节和多音节词中 [e] 元音的出现频率统计表。表 2.132 为出现在三音节词和多音节词中 [e] 元音的音长（VD）、音强（VA）、共振峰目标值（F）统计表。从表 2.132 和图 2.131 可以看出，随着音节数量的增多音长缩短，音强变弱；不同音节中共振峰参数相对稳定。

M：98ms→73ms；M：76.59dB→74.16dB

F：83ms→63ms；F：72.71dB→72.62dB

表 2.131　出现在不同音节词 ［e］ 元音中频率统计

发音人	三音节词		多音节词		共计	
	M	F	M	F	M	F
出现次数	37	39	12	16	49	55
百分比	76%	71%	24%	29%	100%	100%

表 2.132　出现在不同类型词中 ［e］ 元音的声学参数统计

发音人 统计项		M					F				
		VD	VA	F1	F2	F3	VD	VA	F1	F2	F3
三音节词	平均值	98	76.59	409	1837	2553	83	72.71	423	2255	2948
	标准差	0.04	2.8	28.3	136.4	144.8	0.03	3.2	63.5	304	295.9
	变异系数	42.6%	3.7%	6.9%	7.4%	5.6%	36.7%	4.5%	15%	13.4%	10%
多音节词	平均值	73	74.16	413	1813	2423	63	72.62	423	2278	2813
	标准差	0.02	4.3	57.5	98	185.9	0.01	4.5	34.9	219.1	312.1
	变异系数	36.6%	5.8%	13.9%	5.4%	7.6%	30.8%	6.1%	8.2%	9.6%	11%

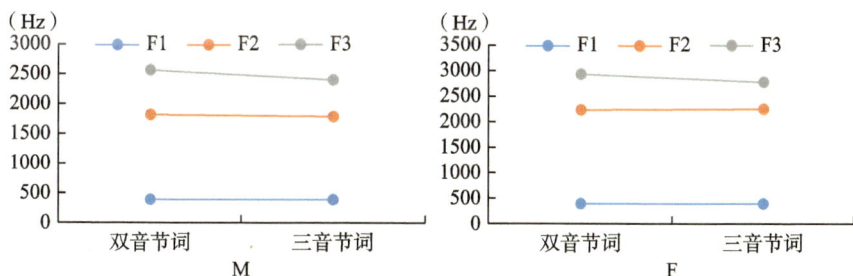

图 2.131　音节数量与共振峰之间关系示意 (M&F)

我们对不同音节词中 ［e］ 元音共振峰 F1/F2 和音长之间做了单因素方差分析，结果如表 2.133 所示。

我们从共振峰检验结果来看，男、女发音人表现出相同的规律，不同音节词中 ［e］ 元音 F1/F2 之间差异性不显著。

从音长检验结果来看，男、女发音人表现出相同的规律，不同音节词中［e］元音音长之间差异性不显著。

表 2.133　检验结果

	sig（显著性）					
	M		F		M	F
	F1	F2	F1	F2	VD	VD
三音节词—多音节词	.749	.590	.998	.780	.058	.017

3. 音节类型与声学参数之间的关系

统一平台统计结果显示，［e］元音主要在 CV 音节中出现。统一平台中出现的 27 次（男）和 42 次（女）［e］元音中 80%~88% 的［e］都在 CV 音节中出现的（见表 2.134）。

表 2.134　不同音节类型中［e］元音的频率统计

发音人	音节类型	CV	CVC	共计
M	N	43	6	49
F	N	44	11	55
M	%	88%	12%	100%
F	%	80%	20%	100%

表 2.135~2.136 为出现在不同音节类型中［e］元音的声学参数统计表，图 2.132~2.133 为根据表 2.135~2.136 所画的不同音节中［e］元音的第一、第二共振峰均值比较。从上述图表中可以看出，音节类型与元音有些声学参数之间具有一定的相关性：音节中音素的增加而后接元音音长相对短；音节类型和音强关系不大；［e］元音共振峰比较平稳，CV 音节的 F2 共振峰相对高于 CVC 音节。

表 2.135 不同音节类型中 ［e］元音的声学参数统计 （M）

		VD	VA	F1	F2	F3
CV	平均值	94	76.04	407	1838	2524
	标准差	0.04	3.4	38.5	124.5	172.9
	变异系数	43.1%	4.5%	9.4%	6.7%	6.8%
CVC	平均值	81	75.66	427	1786	2500
	标准差	0.03	3.3	14.2	151.4	75.4
	变异系数	47.2%	4.3%	3.3%	8.4%	3%

表 2.136 不同音节类型中 ［e］元音的声学参数统计 （F）

		VD	VA	F1	F2	F3
CV	平均值	79	72.54	420	2295	2926
	标准差	0.03	3.6	58.7	270.9	307.5
	变异系数	39.7%	5%	13.9%	11.8%	10.5%
CVC	平均值	72	73.27	433	2127	2839
	标准差	0.01	3.7	47	289.1	293.9
	变异系数	26.6%	5.1%	10.8%	13.5%	10.3%

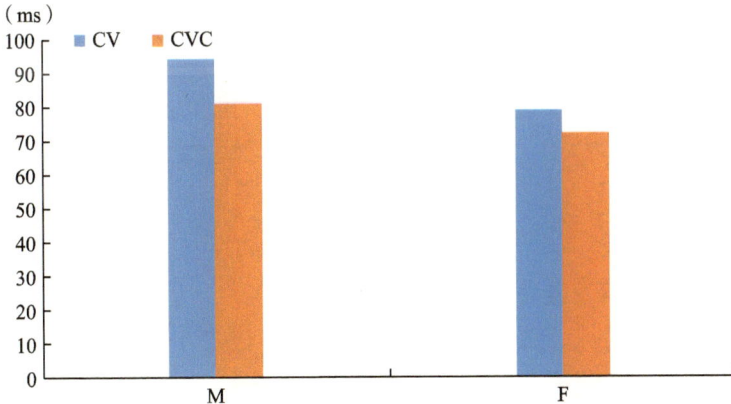

图 2.132 不同音节中 ［e］元音的音长均值比较 （M&F）

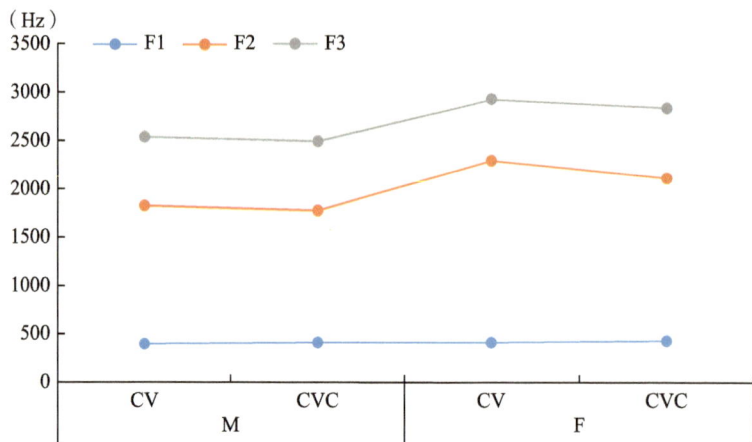

图 2.133　不同音节中〔e〕元音的第一、第二共振峰均值比较 (M&F)

我们对不同音节词中出现的〔e〕元音共振峰 F1/F2、音长之间做了配对样本 T 检验，结果如表 2.137 所示。

我们从共振峰和音长检验结果来看，不同音节类型中〔e〕元音的 F1、F2 和音长之间有差异性不显著。

表 2.137　检验结果

	sig（显著性）				M	F
	M		F			
	F1	F2	F1	F2	VD	VD
CV—CVC	.210	.356	.505	.075	.412	.488

(八)〔ø〕元音

1. 参数平均值及其音质定位

表 2.138 为〔ø〕元音声学参数统计总表。该统计表显示，男、女发音人〔ø〕元音平均音长、平均音强分别为 M＝96ms、F＝80ms，M＝78.03dB、F＝76dB。该元音 F1 和 F2 的频率均值分别为 M：F1＝410Hz、F2＝1769Hz，F：F1＝443Hz、F2＝2016Hz。

表 2.138　[ø] 元音声学参数统计

	M					F				
	VD	VA	F1	F2	F3	VD	VA	F1	F2	F3
平均值	96	78.03	410	1769	2490	80	76	443	2016	2729
标准差	0.04	2.5	31.6	118.3	139.2	0.02	3.08	34.1	233.1	246.9
变异系数	41.7%	3.2%	7.7%	6.6%	5.5%	29.7%	4%	7.6%	11.5%	9%

　　我们认为该元音为次低、前、圆唇、松元音。图 2.134 为男发音人 [sønøsən]"灵魂"一词的三维语图和三层标注实例。其中，词腹元音 [ø] 的目标位置的 F1~F4 共振峰分别为 465Hz、1767Hz、2773Hz、3623Hz。这是 [ø] 元音比较典型的声学语图。图 2.135 为男、女发音人 [ø] 元音在声学元音图中的位置及其声学空间中的分布模式图。

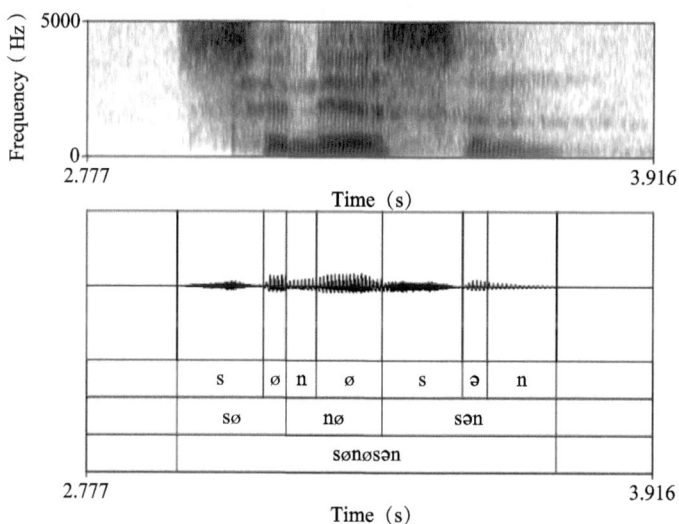

图 2.134　男发音人 [sønøsən] "灵魂" 一词的三维语图和三层标注实例

　　图 2.136~2.137 为 [ø] 元音目标位置共振峰及其前、后过渡段共振峰比较图。其中，图 2.136 为目标位置共振峰 F1/F2 和前过渡 TF1/TF2 比较图，图 2.137 为目标位置共振峰 F1/F2 和后过渡 TP1/TP2 比较图。从图 2.136~2.137 中可以看出，与目标位置共振峰频率相比，[ø] 元音前、后过渡段共振峰频率都有所变化，总体上"前段变化大于后段"。其中，前

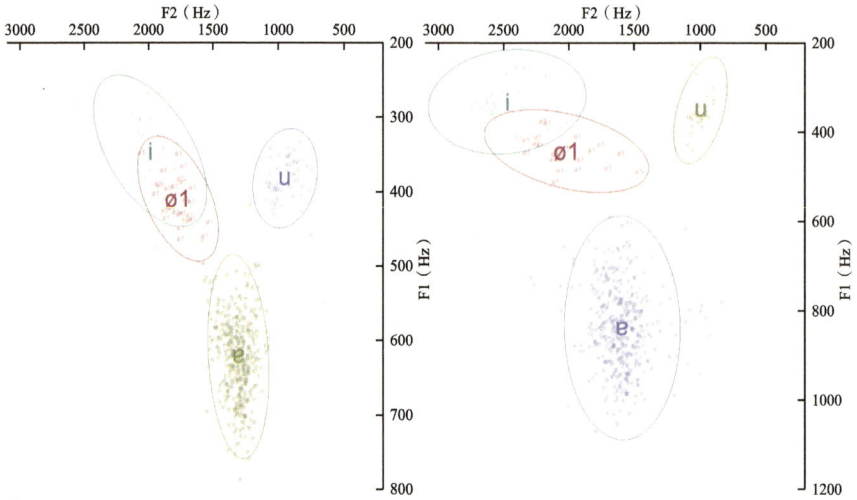

图 2.135 ［ø］元音在声学元音图中的位置及其声学空间中的分布模式 (M&F)

过渡段 TF1 的频率有所下降（开口度相对变小），后过渡段 TP1 频率下降，与目标位置共振峰相比趋向于"高"。

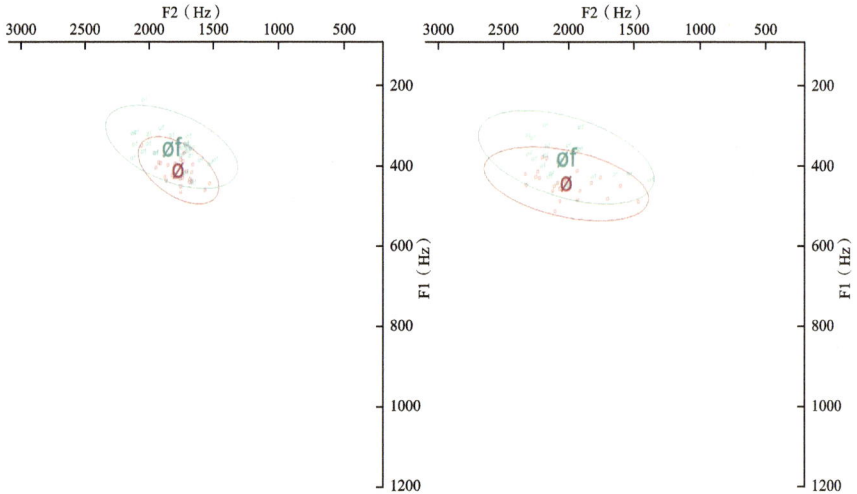

图 2.136 ［ø］元音目标位置共振峰（F1/F2）及其前过渡段
共振峰（TF1/TF2）比较 (M&F)

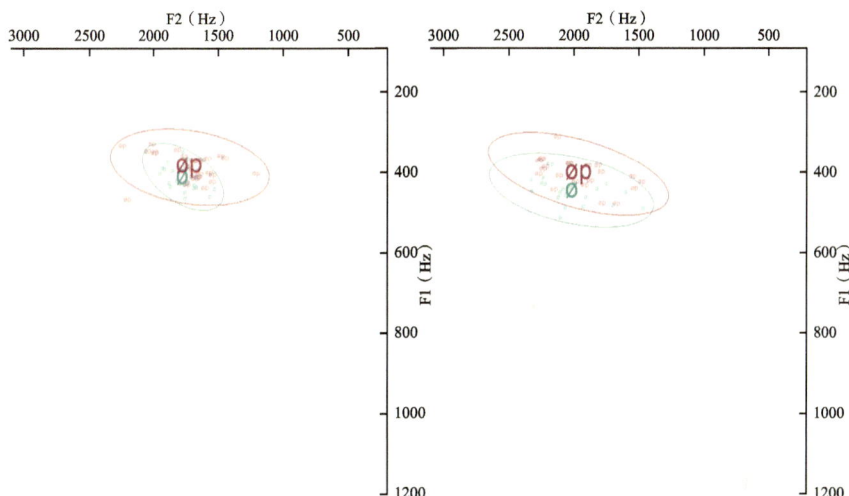

图 2.137　［ø］元音目标位置共振峰（F1/F2）及其后过渡段
共振峰（TP1/TP2）比较（M&F）

我们对词首元音与词腹元音的第一、第二共振峰 F1/F2 和音长之间做了配对样本 T 检验，结果如表 2.139 所示。

从检验结果来看，第一，男、女发音人在 F1、F2 参数上差异不显著；第二，在音长参数上，男发音人差异不显著，女发音人差异显著。

表 2.139　检验结果

	sig（显著性）					
	M		F		M	F
	F1	F2	F1	F2	VD	VD
词首元音—词腹元音	.126	.025	.573	.416	.940	.017

* 均值差的显著性水平为 0.05。

2. 音节数量与声学参数之间的关系

表 2.140 为出现在三音节和多音节词中［ø］元音的出现频率统计表。该元音出现频率较低。

表 2.140　出现在不同音节词 [ø] 元音中频率统计

	三音节词		多音节词		共计	
发音人	M	F	M	F	M	F
出现次数	26	18	1	4	27	22
百分比	96%	82%	4%	18%	100%	100%

3. 音节类型与声学参数之间的关系

统一平台统计结果显示，[ø] 元音主要在 CV 音节中出现。统一平台中出现的 27 次（男）和 22 次（女）[ø] 元音中 67%～82% 的 [ø] 都在 CV 音节中出现的，见表 2.141。

表 2.141　不同音节类型中 [ø] 元音的频率统计

发音人	音节类型	CV	CVC	共计
M	N	18	9	27
F	N	18	4	22
M	%	67	33	100%
F	%	82	18	100%

表 2.142～2.143 为出现在不同音节类型中 [ø] 元音的声学参数统计表，图 2.138～2.139 为根据表 2.142～2.143 所画的不同音节中 [ø] 元音的音长和第一、第二共振峰均值比较。从上述图表中可以看出，音节类型与元音音长相关性不明显；音节类型和音强关系不大；不同音节中共振峰相对平稳，CV 音节的 F2 共振峰相对高于 CVC 音节。

表 2.142　不同音节类型中 [ø] 元音的声学参数统计 (M)

		VD	VA	F1	F2	F3
CV	平均值	101	77.83	408	1793	2496
	标准差	0.04	2.6	34.8	119.9	165.4
	变异系数	43.3%	3.3%	8.5%	6.6%	6.6%
CVC	平均值	85	78.44	415	1722	2478
	标准差	0.02	2.5	25	105.7	67.6
	变异系数	35.1%	3.2%	6%	6.1%	2.7%

表 2.143　不同音节类型中 [ø] 元音的声学参数统计　(F)

		VD	VA	F1	F2	F3
CV	平均值	78	75.83	440	2061	2704
	标准差	0.02	3.1	35.9	189.3	265
	变异系数	27.1%	4.1%	8.1%	9.1%	9.8%
CVC	平均值	89	76.75	459	1815	2839
	标准差	0.03	3.09	20.7	333.4	96
	变异系数	40.2%	4%	4.5%	18.3%	3.3%

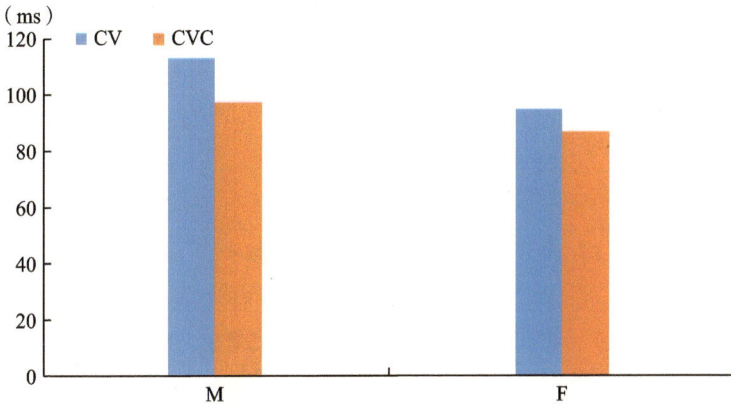

图 2.138　不同音节中 [ø] 元音的音长均值比较 (M&F)

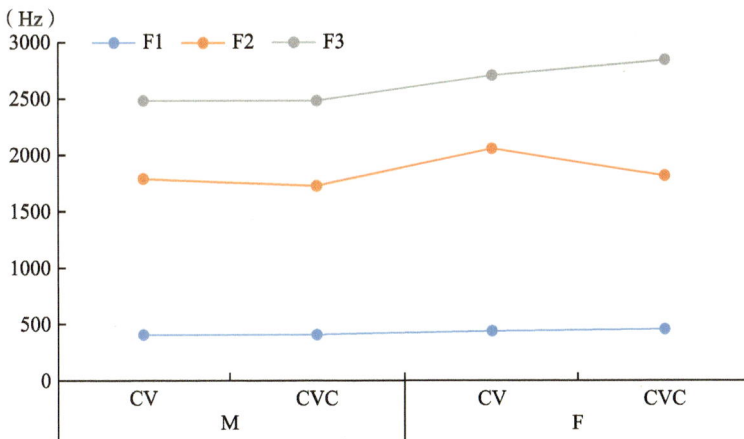

图 2.139　不同音节中 [ø] 元音的第一、第二共振峰均值比较 (M&F)

我们对不同音节词中出现的 [ø] 元音共振峰 F1/F2、音长之间做了配对样本 T 检验，结果如表 2.144 所示。

表 2.144　检验结果

	sig（显著性）					
	M		F		M	F
	F1	F2	F1	F2	VD	VD
CV-CVC	.572	.143	.333	.054	.330	.429

从共振峰和音长检验结果来看，不同音节类型中 [ø] 元音的 F1/F2 和音长之间差异性不显著。

（九）[y] 元音

1. 参数平均值及其音质定位

表 2.145 为 [y] 元音参数总统计表。该统计表显示男女发音人 [y] 元音的平均音长、平均音强分别为 M＝85ms、F＝46ms，M＝76dB、F＝70.2 dB。该元音 F1 和 F2 的频率均值分别为 M：F1＝351Hz、F2＝1891Hz，F：F1＝331Hz、F2＝2073Hz。男发音人语料中出现 7 次，女发音人语料中出现 5 次。

表 2.145　[y] 元音声学参数统计

	M					F				
	VD	VA	F1	F2	F3	VD	VA	F1	F2	F3
平均值	85	76	351	1891	2510	46	70.2	331	2073	2927
标准差	0.02	3.5	29.3	198	125.3	0.01	5.2	43.1	233.6	186.2
变异系数	26.4%	4.6%	8.3%	10.4%	4.9%	33.2%	7.4%	13%	11.2%	6.3%

该元音为前、高、圆唇、松元音，我们认为用 [y] 音标标记该元音接近其实际音值。图 2.140 为男发音人 [kʰuŋtʰyryːl]"抬起"一词的三维语图。其中，词首元音 [y] 的目标位置的 F1 ~ F4 共振峰分别为 304Hz、2056Hz、2372Hz、3423Hz。这是 [y] 元音比较典型的声学语图。

图 2.141 为男、女发音人 [y] 元音在声学空间中的分布模式（国际音标位置为其总均值），其在声学空间中的分布方向（趋势）为舌位上下维度

上小，前后维度上大。

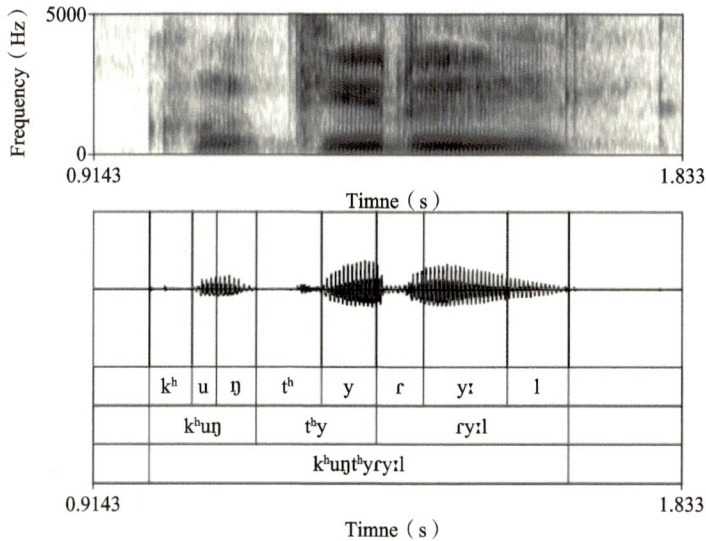

图 2.140　男发音人〔kʰuŋtʰyɾyːl〕"抬起"一词的三维语图三层标注实例

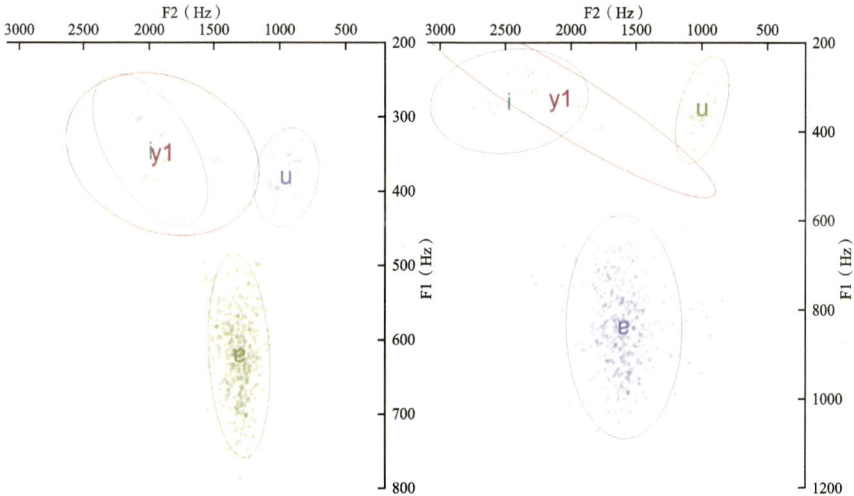

图 2.141　〔y〕元音在声学元音图中的位置及其声学空间中的分布模式（M&F）

　　图 2.142~2.143 为〔y〕元音目标位置第一、第二共振峰 F1/F2 及其前过渡 TF1/TF2 和后过渡 TP1/TP2 共振峰比较图。其中，图 2.142 为目标位置共振峰和前过渡共振峰比较图，图 2.143 为目标位置共振峰和后过渡共振峰比较图。从图 2.142~2.143 中可以看出，与目标位置共振峰频率相比，

[y] 元音前、后过渡段共振峰频率都有所变化，[y] 元音在其后过渡段中舌位明显上升（开口度明显变小），后过渡段的离散度大于前过渡段。

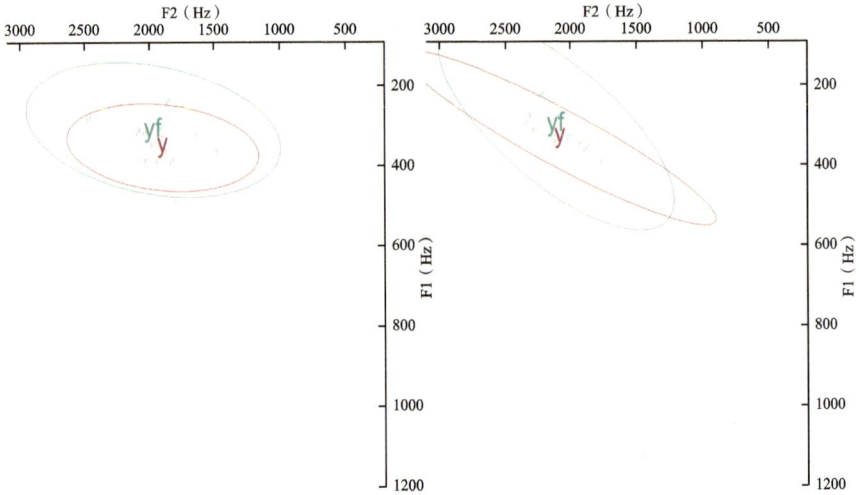

图 2.142　[y] 元音目标位置共振峰（F1/F2）及其前过渡段
共振峰（TF1/TF2）比较（M&F）

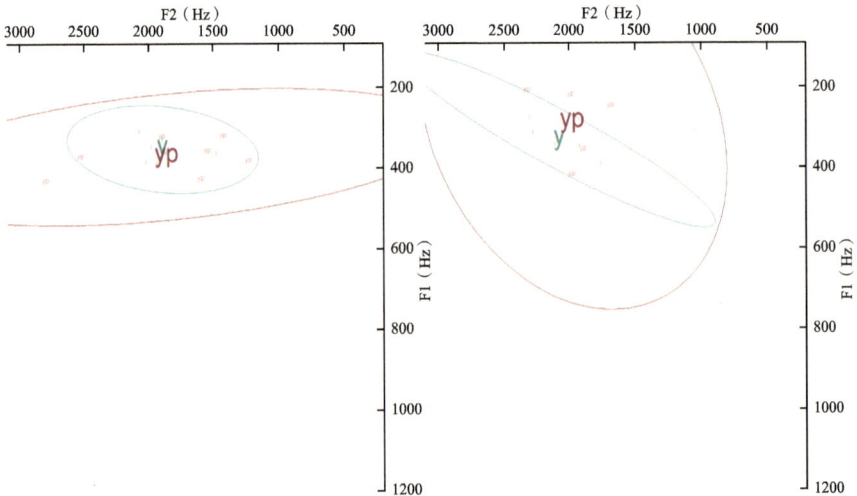

图 2.143　[y] 元音目标位置共振峰（F1/F2）及其后过渡段
共振峰（TP1/TP2）比较（M&F）

五　非词首音节词尾短元音

在"统一平台"中，词腹位置上共出现了 [ɐ、ə、i、ɔ、ʊ、u、o、ʉ、ø、e][1] 等短元音（[o] 在男发音人语料中出现 4 次，女发音人语料中出现 5 次；[ʊ] 男发音人语料中出现 1 次，女发音人语料中出现 6 次；[u] 元音在男发音人语料中出现 5 次，女发音语料中出现 2 次；[ʉ] 元音在男发音人语料中出现 1 次，女发音语料中出现 2 次）。

（一）[ɐ] 元音

1. 参数平均值及其音质定位

表 2.146 为 [ɐ] 元音参数总统计表。该统计表显示男、女发音人 [ɐ] 元音的平均音长、平均音强分别为 M＝189ms、F＝175ms，M＝74.16dB、F＝71.18dB。该元音 F1 和 F2 的频率均值分别为 M：F1＝619Hz、F2＝1298Hz，F：F1＝828Hz、F2＝1587Hz。

表 2.146　[ɐ] 元音声学参数统计

	M					F				
	VD	VA	F1	F2	F3	VD	VA	F1	F2	F3
平均值	189	74.16	619	1298	2670	175	71.18	828	1587	2872
标准差	0.06	5.09	63.1	92.1	272	0.06	5.2	120.2	171	511.9
变异系数	32.1%	6.8%	10.2%	7.1%	10.2%	36.8%	7.3%	14.5%	10.7%	17.8%

我们认为用 [ɐ] 音标（该音标在国际音标系统中是次开，即次低元音）标记该元音接近其实际音值。图 2.144 为男发音人 [qɐtɐr]"甲，壳"一词的三维语图。其中，词尾元音 [ɐ] 的目标位置的 F1～F4 共振峰分别为 611Hz、1390Hz、2925Hz、3616Hz。这是 [ɐ] 元音比较典型的声学语图。

图 2.145 为男、女发音人 [ɐ] 元音在声学空间中的分布模式。可以看出，[ɐ] 元音在声学空间中的分布方向（趋势）为舌位上下维度上大，前后维度上小。

---

[1] "统一平台"中元音 [o、u、ʉ、ʊ] 的出现频率极少，因而本书中没有具体分析。

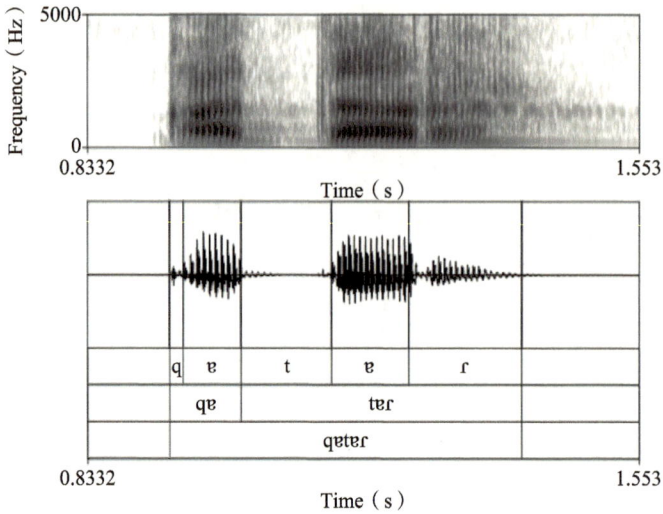

图 2.144　男发音人［qɐtɐɹ］"甲，壳"一词的三维语图和三层标注实例

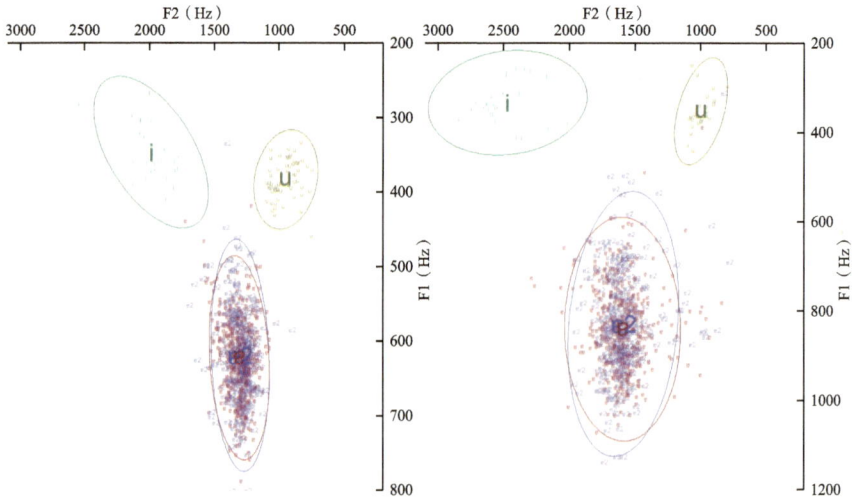

图 2.145　［ɐ］元音在声学元音图中的位置及其声学空间中的分布模式 (M&F)

　　图 2.146~2.147 为［ɐ］元音目标位置第一、第二共振峰 F1/F2 及其前过渡 TF1/TF2 和后过渡 TP1/TP2 共振峰比较图。其中，图 2.146 为目标位置共振峰和前过渡共振峰比较图，图 2.147 为目标位置共振峰和后过渡共振峰比较图。从图 2.146~2.147 中可以看出，与目标位置共振峰频率相比，［ɐ］元音前、后过渡段共振峰频率虽然都有所变化，但前过渡段频率 TF1 的下降，后过渡段 TP1 上升，后过渡段的离散度大于前过渡段。

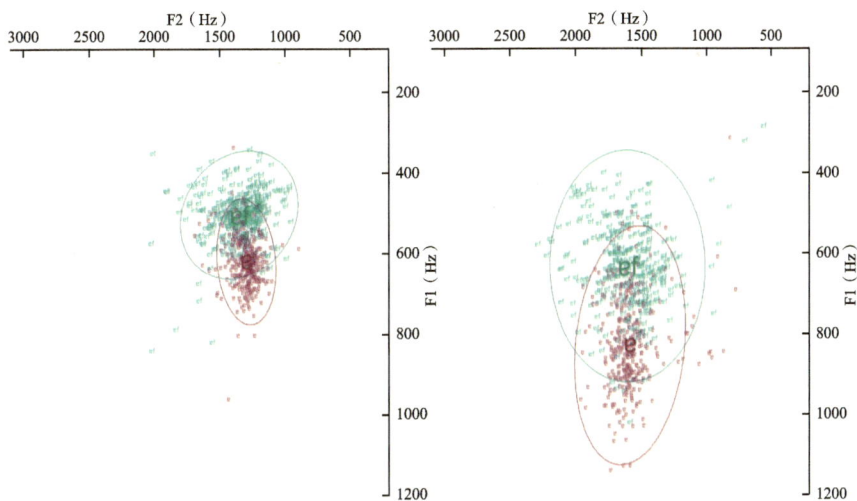

**图 2.146 ［ɐ］元音目标位置共振峰（F1/F2）及其前过渡段
共振峰（TF1/TF2）比较（M&F）**

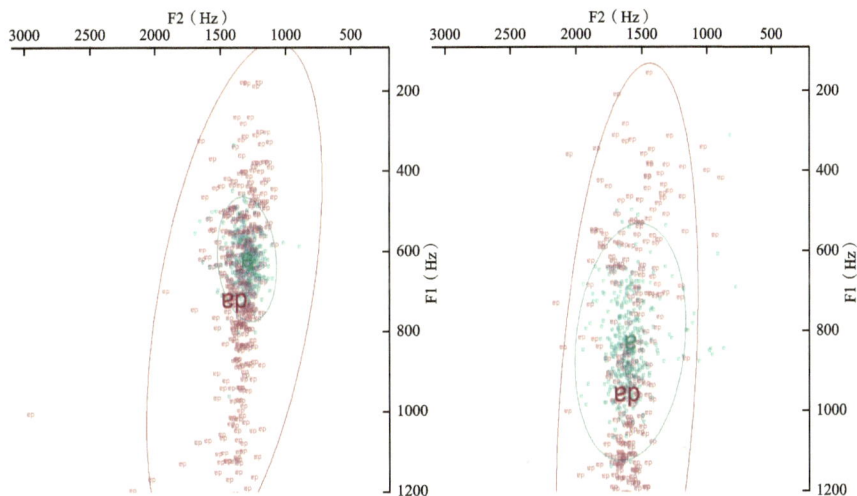

**图 2.147 ［ɐ］元音目标位置共振峰（F1/F2）及其后过渡段
共振峰（TP1/TP2）比较（M&F）**

我们对东部裕固语元音中［ɐ］元音的词首元音—词尾元音和词腹元音—词尾元音的第一、第二共振峰 F1/F2 及音长等参数之间进行单因素方差分析，结果如表 2.147 所示。

从检验结果来看，第一，在 F1 参数上，男、女发音人有相同的规律，词首元音—词尾元音之间差异不显著，词腹元音—词尾元音之间差异显著；第二，F2 参数上，男发音人差异不显著；第三，音长参数上男、女发音人差异显著，男、女发音人表现出相同的规律。

表 2.147　检验结果

	sig（显著性）					
	M		F		M	F
	F1	F2	F1	F2	VD	VD
词首元音—词尾元音	.750	.635	.399	.923	.000	.000
词腹元音—词尾元音	.000	.965	.000	.038	.000	.000

* 均值差的显著性水平为 0.05。

2. 音节数量与声学参数之间的关系

表 2.148 为 [ɐ] 元音在双音节、三音节和多音节词中出现的频率统计表。表 2.148 显示，在双音节词中出现的比例最高，约 50%（M）和 48%（F）。这种比例说明了东部裕固语双音节词在东部裕固语节律中的特殊意义和作用。

表 2.148　[ɐ] 元音出现频率统计

	双音节词		三音节词		多音节词		共计	
发音人	M	F	M	F	M	F	M	F
出现次数	212	102	199	94	10	17	324	320
百分比	50%	48%	47%	44%	3%	8%	100%	100%

表 2.149 为出现在双、三和多音节词中 [ɐ] 元音的音长（VD）、音强（VA）、共振峰目标值（F）统计表。从表 2.149 中可以看出，男发音人音节数量与 [ɐ] 元音音长、音强之间具有一定的相关性。该元音音长随着音节数量的增加而相对缩短，而其音强随着音节数量的增多相对变弱。

M：191ms→190ms→128ms；M：74.67dB→73.92dB→65.7dB

F：176ms→173ms→170ms；F：72.82dB→68.58dB→66.29dB

表 2.149 和图 2.148 显示，[ɐ] 元音 F1、F2 频率差值没有显示这样的特点。显然，音节数量的增多或减少对元音共振峰的影响不明显或音节数量与共振峰之间几乎没有相关性。

表 2.149 不同音节词中［ɐ］元音声学参数统计

发音人 统计项		M					F				
		VD	VA	F1	F2	F3	VD	VA	F1	F2	F3
双音节词	平均值	191	74.67	624	1295	2685	176	72.82	821	1577	2827
	标准差	0.06	4.5	58.9	90.6	290.3	0.03	4.4	121	195.7	535.4
	变异系数	34%	6%	9.4%	6.9%	10.8%	39%	6.1%	14.7%	12.4%	18.9%
三音节词	平均值	190	73.92	605	1288	2650	173	68.58	834	16.2	2936
	标准差	0.04	5.3	60.9	76	233.3	0.05	5.3	115.7	115.4	487.1
	变异系数	25.3%	7.2%	10%	5.9%	8.8%	33.1%	7.7%	13.8%	7.2%	16.5%
多音节词	平均值	128	65.7	646	1445	2554	170	66.29	872	1616	3032
	标准差	0.05	6.6	128.4	148.3	241.2	0.04	3.99	131.6	97.5	238
	变异系数	40.3%	10%	19.8%	10.2%	9.4%	27.7%	6%	15.1%	6%	7.8%

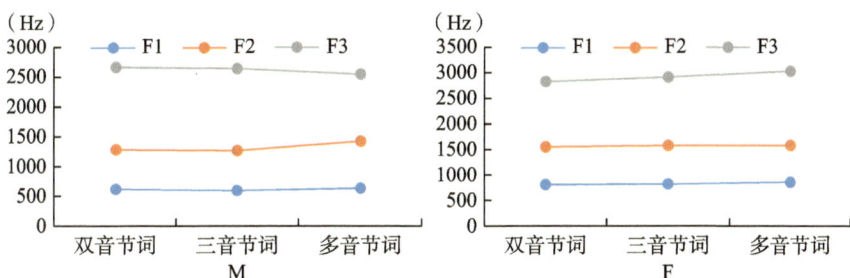

图 2.148 音节数量与共振峰之间关系示意 (M&F)

我们对不同音节词中出现的［ɐ］元音 F1/F2、音长之间做了单因素方差分析结果，如表 2.150 所示。

我们从检验结果来看，男发音人在 F1 参数上，双音节词—三音节词之间，F2 和音长参数上双音节词—多音节词、三音节词—多音节词之间差异显著；其他的表现出与女发音人相同的规律，差异不显著。

表 2.150 检验结果

	sig（显著性）					
	M		F		M	F
	F1	F2	F1	F2	VD	VD
双音节词—三音节词	.022	.779	.673	.336	.973	.879

续表

	sig（显著性）					
	M		F		M	F
	F1	F2	F1	F2	VD	VD
双音节词—多音节词	.859	.026	.302	.328	.009	.862
三音节词—多音节词	.596	.021	.516	.857	.010	.975

3. 音节类型与声学参数之间的关系

表 2.151 是 [ɐ] 元音在不同音节类型中的出现比例统计表。该表显示，[ɐ] 元音在 CV 音节中的出现比例最高，达到了 65%。

表 2.151　不同音节类型中 [ɐ] 元音的频率统计

发音人	音节类型	CV	C^{j}V	CVC	C^{j}VC	共计
M	出现次数	212	11	91	10	324
F	出现次数	209	5	95	1	320
M	百分比	65%	3%	28%	3%	100%
F	百分比	65%	2%	30%		100%

表 2.152~2.153 为出现在不同音节类型中 [ɐ] 元音的声学参数统计表。从表 2.152~2.153 和图 2.149~2.150 中可以看出，[ɐ] 元音音长受其所处音节类型的影响。如，音节音素的增多而音长缩短；不同音节中 [ɐ] 元音的第一、第二共振峰均值相对稳定。

表 2.152　不同音节类型中 [ɐ] 元音声学参数统计 （M）

		VD	VA	F1	F2	F3
CV	平均值	219	74.01	628	1284	2722
	标准差	0.04	5.2	64.8	82.7	270
	变异系数	20.6%	7.1%	10.3%	6.4%	9.9%
C^{j}V	平均值	199	75.27	629	1334	2648
	标准差	0.05	6.4	67.4	88.9	169.6
	变异系数	25.6%	8.5%	10.7%	6.6%	6.4%
CVC	平均值	126	74.35	607	1318	2569
	标准差	0.03	4.6	55.2	107.9	266.2
	变异系数	26.5%	6.2%	9%	8.1%	10.3%

续表

		VD	VA	F1	F2	F3
C^jVC	平均值	101	74.2	553	1365	2515
	标准差	0.02	39.4	39.4	57.7	163
	变异系数	20.5%	5.6%	7.1%	4.2%	6.4%

表 2.153　不同音节类型中 [ɐ] 元音声学参数统计（F）

		VD	VA	F1	F2	F3
CV	平均值	210	70.46	857	1596	2933
	标准差	0.04	5.4	108.5	148.4	443.3
	变异系数	21.3%	7.6%	12.6%	9.3%	15.1%
C^jV	平均值	150	70.4	903	1605	2823
	标准差	0.03	5.9	154.5	284.5	559.8
	变异系数	26%	8.4%	17.1%	17.7%	19.8%
CVC	平均值	100	72.77	761	1566	2938
	标准差	0.02	4.4	115	208	621.3
	变异系数	26.6%	6.1%	15.1%	13.2%	22.6%
C^jVC	平均值	101	74	626	1526	3088
	标准差					
	变异系数					

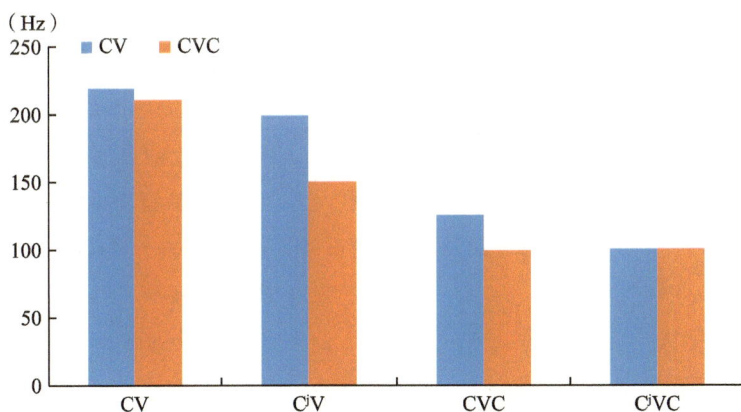

图 2.149　在不同音节类型中 [ɐ] 元音音长比较（M&F）

我们对不同音节类型中出现的 [ɐ] 元音 F1/F2、音长之间做了单因素方差检验，结果如表 2.154 所示。

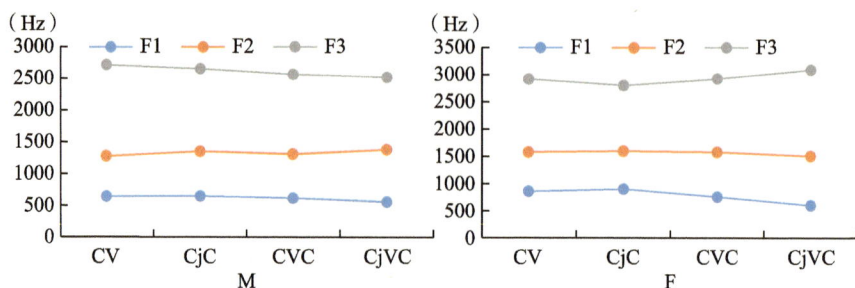

图 2.150　在不同音节类型中 ［ɐ］元音第一 (F1)、
第二共振峰（F2）比较 (M&F)

我们从检验结果来看，不同音节类型中 ［ɐ］元音的 F1/F2 和音长在元音同类音节之间，多数差异显著。

表 2.154　检验结果

	sig（显著性）					
	M		F		M	F
	F1	F2	F1	F2	VD	VD
CV–C^jV	.999	.311	.794	.997	.594	.044
CV–CVC	.050	.036	.000	.430	.000	.000
CV–C^jVC	.001	.006			.000	
C^jV–CVC	.749	.948	.215	.951	.004	.109
C^jV–C^jVC	.027	.766			.000	
CVC–C^jVC	.008	.164			.018	

4. 辅音音质与声学参数之间的关系

图 2.151 为出现在词尾音节不同辅音之后和无前置辅音音节中 ［ɐ］元音音长比较图，图 2.152 为出现在词尾音节（包括单音节词）［j-、z-、n-、p-、l-、ŋ-、m-、qʰ-、ʃ-、tʰ-、r-、q-、s-、t-］等辅音（前置辅音）之后 ［ɐ］元音的第一、第二和第三共振峰前过渡（TF1、TF2、TF3）的变化示意图。其中，图 2.152 为以 TF2 的上升为准排列的，即以舌位自后至前排列示意图。

图 2.151 显示，辅音音质与 ［ɐ］元音有些声学参数之间具有一定的相关性。如，不送气辅音后的元音音长长于送气辅音后接元音；擦音后的元音音长相对长于其他辅音后接元音。

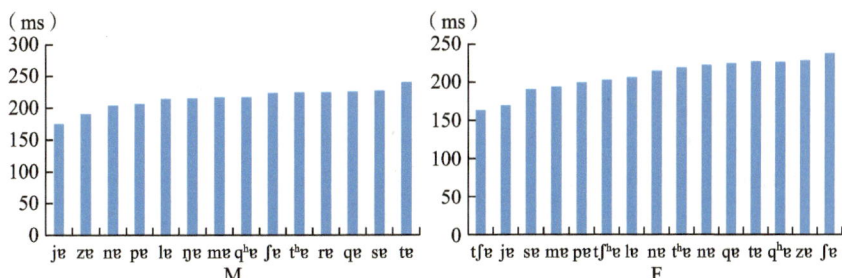

图 2.151 词尾音节不同辅音之后 [ɐ] 元音音长比较 (M&F)

从图 2.152 中可以看到，与 F2 总均值相比 (M：F2 = 1298Hz、F：F2 = 1587Hz) 在辅音 [p、m、q、1] 等之后的 [ɐ] 元音 TF2 值降低了其舌位高度，而其他辅音之后抬高了 [ɐ] 元音舌位高度。

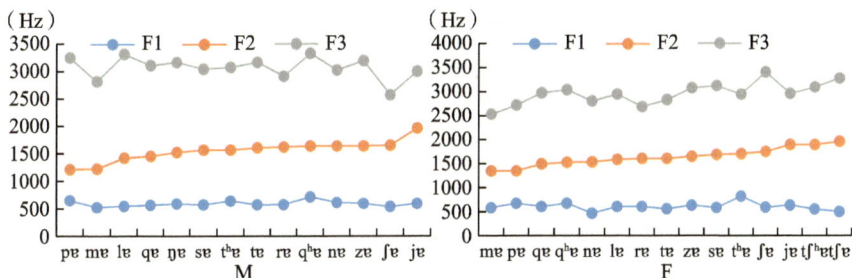

图 2.152 词尾不同辅音之后的 [ɐ] 元音三个共振峰前过渡 TF1、TF2、TF3 等的变化示意 (M&F)

(二) [ə] 元音

1. 参数平均值及其音质定位

表 2.155 为 [ə] 元音参数总统计表。该统计表显示男、女发音人 [ə] 元音的平均音长、平均音强分别为 M = 71ms、F = 70ms，M = 79.21dB、F = 76.26 dB。该元音 F1 和 F2 的频率均值分别为 M：F1 = 514Hz、F2 = 1189Hz，F：F1 = 620Hz、F2 = 1453Hz。

表 2.155 [ə] 元音统计

	M					F				
	VD	VA	F1	F2	F3	VD	VA	F1	F2	F3
平均值	150	73.33	431	1341	2675	131	70	473	1553	2944

续表

	M					F				
	VD	VA	F1	F2	F3	VD	VA	F1	F2	F3
标准差	0.06	5.3	43.1	153.3	255.3	0.07	4.9	83.4	224.8	282.1
变异系数	44.7%	7.3%	10%	11.4%	9.5%	59.4%	7%	17.6%	14.4%	9.5%

该元音为中、央、展唇、松元音。图 2.153 为男发音人［kessən］"肠，大肠"一词的三维语图。其中，词首元音［ə］的目标位置的 F1~F4 共振峰分别为 428Hz、1430Hz、2326Hz、3936Hz。这是［ə］元音比较典型的声学语图。

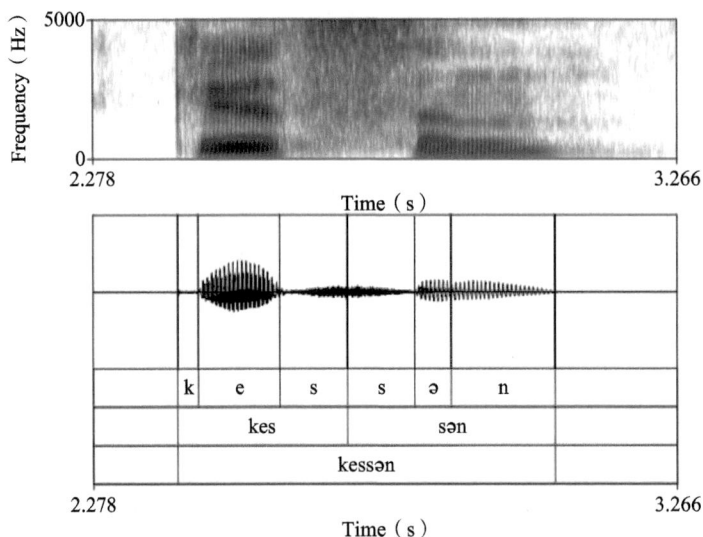

图 2.153　男发音人［kessən］"肠，大肠"一词的三维语图和三层标注实例

图 2.154 为男、女发音人［ə］元音在声学元音图中的位置及其声学空间中的分布模式。该元音在声学空间中的分布特点为上下方向扩散。显然，用国际音标［ə］标记，较接近其实际音质。

从图 2.154 中可以看到，东部裕固语第二元音［ə］在舌位前后维度上，与［ɐ］接近；在舌位高低维度（开口度）上［i］和［u］与［ɐ］之间。按照国际音标的记法用［ə］符号标记更接近其实际音质。

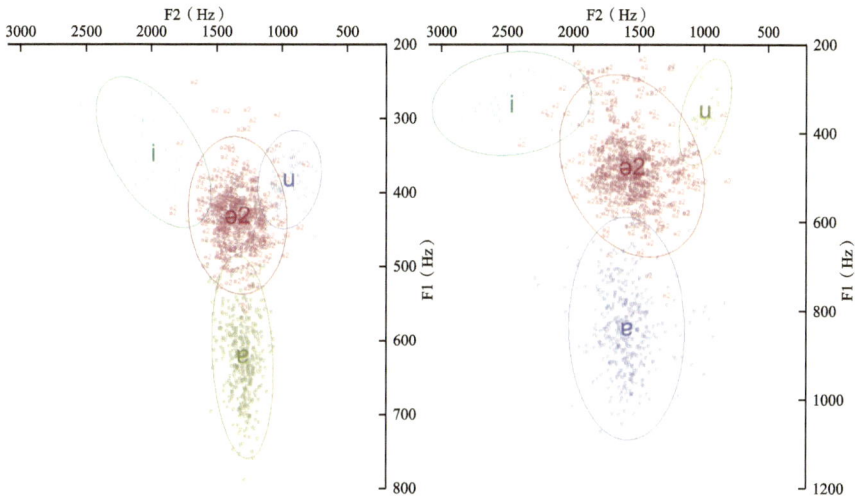

图 2.154　[ə] 元音在声学元音图中的位置及其声学空间中的分布模式　(M&F)

　　图 2.155~2.156 为 [ə] 元音目标位置共振峰及其前、后过渡段共振峰比较图。其中，图 2.155 为目标位置共振峰 F1/F2 和前过渡 TF1/TF2 比较图，图 2.156 为目标位置共振峰 F1/F2 和后过渡 TP1/TP2 比较图。从图 2.155~2.156 中可以看出，与目标位置共振峰频率相比，[ə] 元音前、后过渡段共振峰频率虽然都有所变化。后段的离散度大于前段。

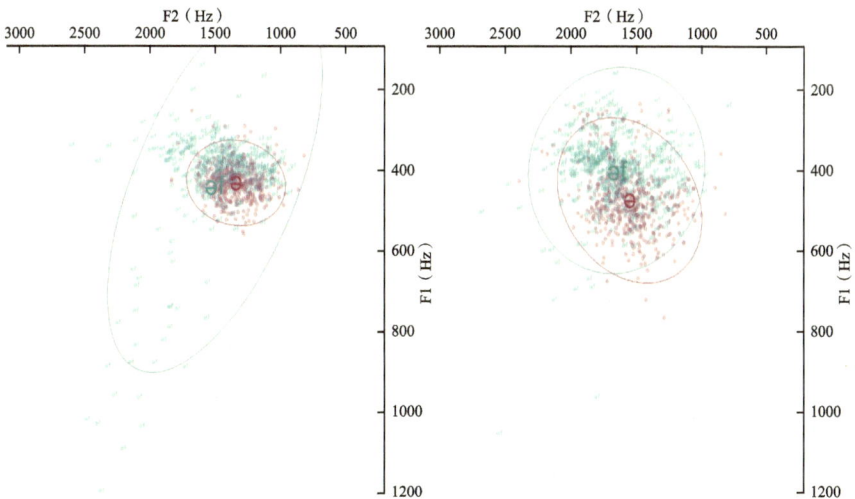

图 2.155　[ə] 元音目标位置共振峰（F1/F2）及其前过渡段
共振峰（TF1/TF2）比较　(M&F)

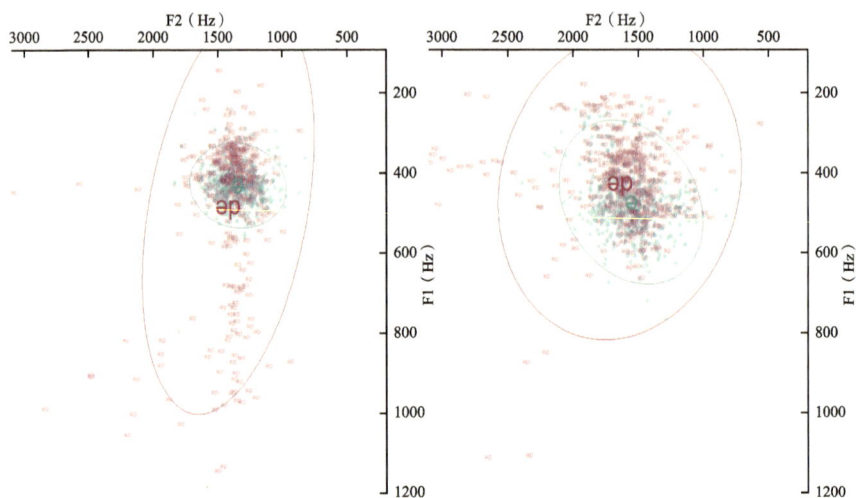

图 2.156　［ə］元音目标位置共振峰（F1/F2）及其后过渡段
共振峰（TP1/TP2）比较（M&F）

我们对词首元音—词尾元音之间、词腹元音—词尾元音之间的第一、第二共振峰 F1/F2 及其音长做了单因素方差分析，结果如表 2.156 所示。

从检验结果来看，第一，男、女发音人在 F1 参数上，词腹元音—词尾元音之间差异显著；F2 参数上差异不显著。第二，音长参数上，差异不显著。共振峰和音长上男、女发音人表现出相同的规律。

表 2.156　检验结果

	sig（显著性）					
	M		F		M	F
	F1	F2	F1	F2	VD	VD
词首元音—词尾元音	.306	.469	.451	.980	.000	.000
词腹元音—词尾元音	.014	.103	.048	1.000	.000	.000

* 均值差的显著性水平为 0.05。

2. 音节数量与声学参数之间的关系

表 2.157 为［ə］元音在双音节和多音节词中出现的频率统计表。该表显示，在统一平台中出现的 370 次（M）和 433 次（F1）［ə］元音在，大约 72%（M）和 75%（F1）的［ə］都是在双音节词中出现的。

表 2.157　不同音节中［ə］元音出现频率统计

发音人	双音节词		三音节词		多音节词		共计	
	M	F	M	F	M	F	M	F
出现次数	265	324	99	99	6	10	370	433
百分比	72%	75%	27	23%	1%	2%	100%	100%

　　表 2.158 为出现在双音节词、三音节词和多音节中［ə］元音的音长（VD）、音强（VA）、共振峰目标值（F）统计表。从表 2.158 中可以看出，女发音人的元音音长和音强与音节数量之间规律不显著。

　　M：152ms→143ms→172ms；M：74.07dB→71.41dB→72.5dB

　　F：132ms→124ms→141ms；F：70.7dB→68.29dB→64.4dB

　　图 2.158 和图 2.157 来看，［ə］元音目标位置的 F1（舌位高低）和 F2（舌位前后）与音节数量之间有一定的相关性。不同音节当中共振峰相对稳定。

表 2.158　不同音节词中［ə］元音的声学参数统计

发音人 统计项		M					F				
		VD	VA	F1	F2	F3	VD	VA	F1	F2	F3
双音节词	平均值	152	74.07	433	1326	2687	132	70.7	484	1535	2952
	标准差	0.06	5.09	44.2	160.4	249.8	7.9	4.7	75.7	226.7	265.7
	变异系数	43.8%	6.8%	10.2%	12.1%	9.2%	60.1%	6.7%	15.6%	14.7%	9%
三音节词	平均值	143	71.41	425	1378	2636	124	68.29	440	1602	2914
	标准差	0.06	5.6	40.7	125.6	269	0.07	4.7	99	208.3	337.9
	变异系数	48%	7.8%	9.5%	9.1%	10.2%	59.1%	6.9%	22.5%	13%	11.5%
多音节词	平均值	172	72.5	427	1361	2776	141	64.4	439	1635	3006
	标准差	0.05	5.3	26.4	167	216.7	0.05	4.9	58.4	250.4	158.6
	变异系数	32.1%	7.3%	6.1%	12.2%	7.8%	37.7%	7.6%	13.3%	15.3%	5.2%

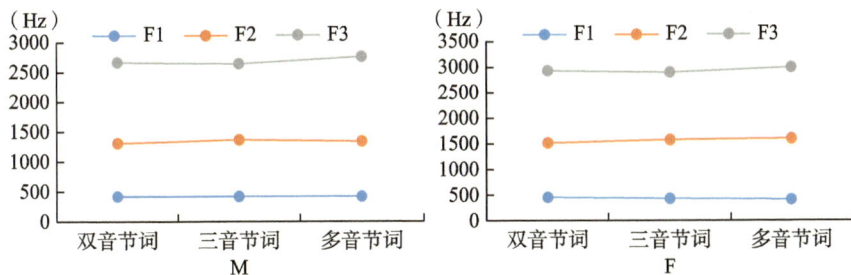

图 2.157　音节数量与共振峰之间关系示意（M&F）

我们对不同音节词中出现的〔ə〕元音 F1/F2、音长之间做了单因素方差分析，结果如表 2.159 所示。

我们从检验结果来看，F1 参数上，差异不显著（女发音人双音节词—三音节词之间差异显著）；F2 参数上，男、女发音人在双音节词—三音节词之间差异显著，其他的差异不显著。

从音长检验结果来看，男、女发音人表现出相同的规律，不同音节词中〔ə〕元音音长之间差异性不明显。

表 2.159　检验结果

	sig（显著性）					
	M		F		M	F
	F1	F2	F1	F2	VD	VD
双音节词—三音节词	.266	.004	.000	.018	.483	.645
双音节词—多音节词	.858	.874	.093	.456	.674	.871
三音节词—多音节词	.988	.968	.999	.916	.472	.653

3. 音节类型与声学参数之间的关系

统一平台统计结果显示，〔ə〕元音共出现 370 次（男）和 433 次（女）。其中，大部分都在 CVC、CV 等两种音节中出现的，见表 2.160。

表 2.161~2.162 为出现在不同音节类型中〔ə〕元音的声学参数统计表。从表 2.161~2.162 和图 2.158~2.159 中可以看出，〔ə〕元音音长受其所处音节类型的影响。如，以 V 开始的音节中的音长比以 C 开始的音节中的音长相对长，而其音强不受音节类型的影响；以辅音开头的 CV、CVC、CVCC 等音节中〔ə〕元音的第一、第二共振峰均值相对低；而在以元音开头的 V、VC、VCC 等音节中〔ə〕元音的第一、第二共振峰均值相对高。这一点上与〔ɐ〕元音相同。

表 2.160　出现在不同音节类型中〔ə〕元音统计

发音人	音节类型	CV	CʲV	CVC	CʲVC	CVCCC	共计
M	出现次数	183	10	172	5		370
F	出现次数	224	3	204	1	1	433
M	百分比	49%	3%	46%	1%		100%
F	百分比	52%	1%	47%			100%

表 2. 161　出现在不同音节类型中〔ə〕元音的声学参数统计（M）

		VD	VA	F1	F2	F3
CV	平均值	206	73.05	427	1318	2704
	标准差	0.04	5.7	45.6	160	201.3
	变异系数	19%	7.8%	10.7%	12.1%	7.4%
C^{j}V	平均值	175	73.1	450	1404	2609
	标准差	0.03	6.2	38.1	99.8	211.4
	变异系数	20.2%	8.5%	8.4%	7.1%	8.1%
CVC	平均值	91	73.61	435	1358	2656
	标准差	0.02	4.9	40.6	144.8	302.7
	变异系数	30.6%	6.7%	9.3%	10.6%	11.4%
C^{j}VC	平均值	69	74.6	415	1442	2438
	标准差	0.01	2.3	22.4	155.3	135.4
	变异系数	18.8%	3%	5.4%	10.7%	5.5%

表 2. 162　出现在不同音节类型中〔ə〕元音的声学参数统计（F）

		VD	VA	F1	F2	F3
CV	平均值	196	69.71	491	1500	2992
	标准差	0.04	5.1	60.6	221.6	215.5
	变异系数	24.1%	7.4%	12.3%	14.7%	7.2%
C^{j}V	平均值	156	70	563	1679	3028
	标准差	0.05	5.2	103.4	39	41.7
	变异系数	36.6%	7.5%	18.3%	2.3%	1.3%
CVC	平均值	59	70.33	451	1607	2890
	标准差	0.02	4.6	97.7	215.8	333.5
	变异系数	36.6%	6.6%	21.6%	13.4%	11.5%
C^{j}VC	平均值	60	7.	369	1868	2635
	标准差					
	变异系数					
CVCCC	平均值	50	65	614	1747	3374
	标准差					
	变异系数					

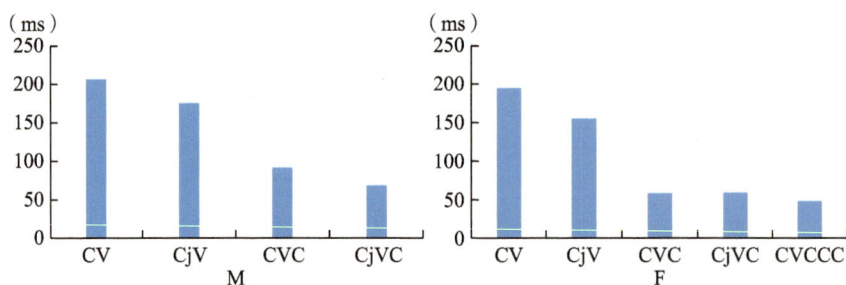

图 2.158 出现在不同音节中 [ə] 元音的音长均值比较 （M&F）

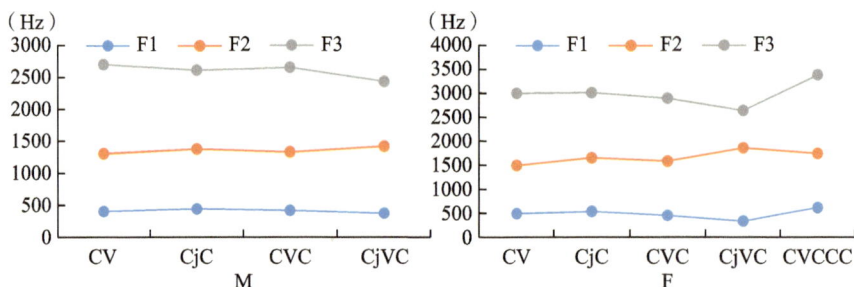

图 2.159 出现在不同音节中 [ə] 元音的第一、第二共振峰均值比较 （M&F）

我们对不同音节词中出现的 [ə] 元音 F1/F2、音长之间做了单因素方差分析，结果如表 2.163 所示。

我们从检验结果来看，不同音节类型中 [ɐ] 元音的 F1/F2 在元音同类音节之间，男发音人差异不显著；女发音人规律不明显。

从音长检验结果来看，不同音节类型中 [ɐ] 元音的音长在元音同类音节之间，男、女发音人在 CV-CʲV 音节之间以及女发音人在 CʲV-CVC 之间差异不显著，其他的差异显著。

表 2.163　检验结果

	sig （显著性）					
	M		F		M	F
	F1	F2	F1	F2	VD	VD
CV-CʲV	.300	.101	.553	.005	.081	.561
CV-CVC	.294	.061	.000	.000	.000	.000
CV-CʲVC	.688	.398			.000	
CʲV-CVC	.626	.540	.340	.112	.000	.174
CʲV-CʲVC	.163	.957			.000	
CVC- CʲVC	.334	.660			.060	

4. 辅音音质与声学参数之间的关系

图 2.160 为词尾音节（包括单音节词）[ŋ-、ɾ-、n-、tʰ-、m-、tʃʰ-、ʃ-、p-、l-、t-、q-、tʃ-、s-、qʰ-、k-、kʰ-、ʐ-] 等辅音之后音长比较图。从图 2.160 中可以看出，辅音音质与 [ə] 元音有些声学参数之间具有相关性不大。

图 2.161 为词尾音节（包括单音节词）[ŋ-、ɾ-、n-、tʰ-、m-、tʃʰ-、ʃ-、p-、l-、t-、q-、tʃ-、s-、qʰ-、k-、kʰ-、ʐ-] 等辅音之后 [ə] 元音第一、第二和第三共振峰前过渡 TF1、TF2、TF3 的变化示意图，以 TF2 的上升为准排列的，即以舌位自后至前排列示意图。从图 2.611 中可以看到，[ə] 元音目标位置的 F2（M：F2 = 1341，F：F2 = 1553）比较，在 [p-、ŋ-、k-、m-、q-、l-] 等辅音之后较低，其他辅音之后较高的特征。

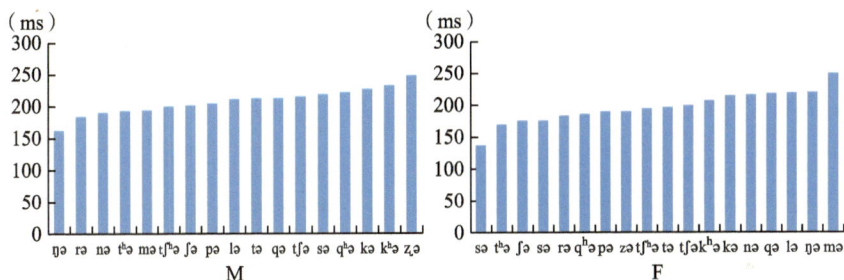

图 2.160　词尾音节不同辅音之后和无前置辅音音节中 [ə] 元音音长比较（M&F）

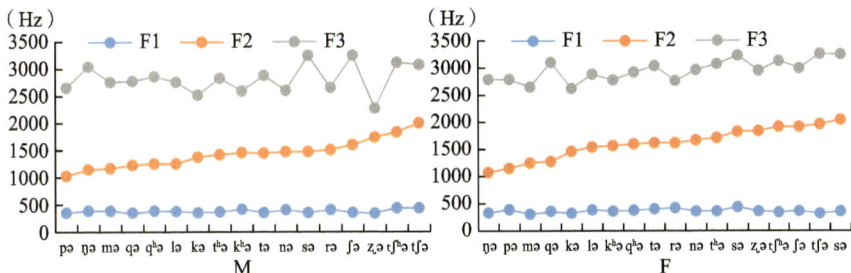

图 2.161　词尾音节 [ə] 元音三个共振峰前过渡 TF1、TF2、TF3 等的变化示意（M&F）

（三）［i］元音

1. 参数平均值及其音质定位

表 2.164 为［i］元音声学参数总统计表。该统计表显示，男、女发音人［i］元音的平均音长、平均音强分别为 M = 120ms、F = 142ms，M = 72.37dB、F = 70.72dB。该元音 F1 和 F2 的频率均值分别为 M：F1 = 372Hz、F2 = 1959Hz，F：F1 = 361Hz、F2 = 2441Hz。

表 2.164　［i］元音声学参数总统计

	M					F				
	VD	VA	F1	F2	F3	VD	VA	F1	F2	F3
平均值	120	72.37	372	1959	2757	142	70.72	361	2441	3169
标准差	0.06	4.2	43.6	245.2	313.6	0.1	4.2	37.5	406.4	300.6
变异系数	56.4%	5.8%	11.7%	12.5%	11.3%	74.1%	6%	10.3%	16.6%	9.4%

我们认为该元音为高、前、展唇、松元音。图 2.162 为男发音人［βetʃʰin］"病"一词的三维语图。其中，词首元音［i］的目标位置的 F1~F4 共振峰分别为 363Hz、1795Hz、2631Hz、3755Hz。这是［i］元音比较典型的声学语图。图 2.163 为男、女发音人［i］元音在声学元音图中的位置

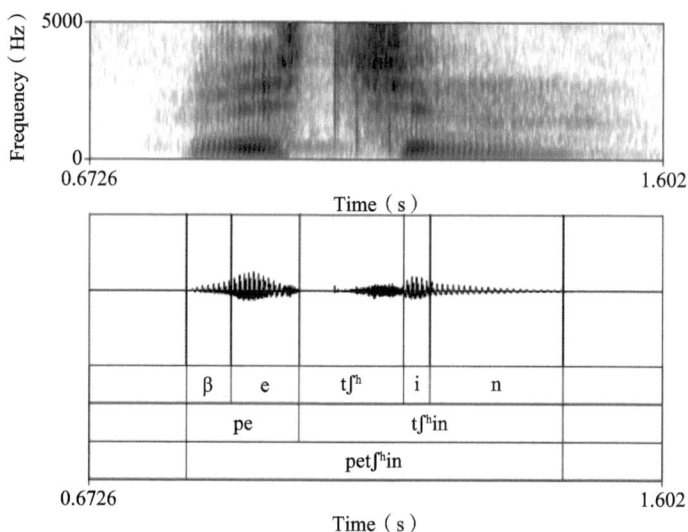

图 2.162　男发音人［βetʃʰin］"病"一词的三维语图和三层标注实例

及其声学空间中的分布模式。

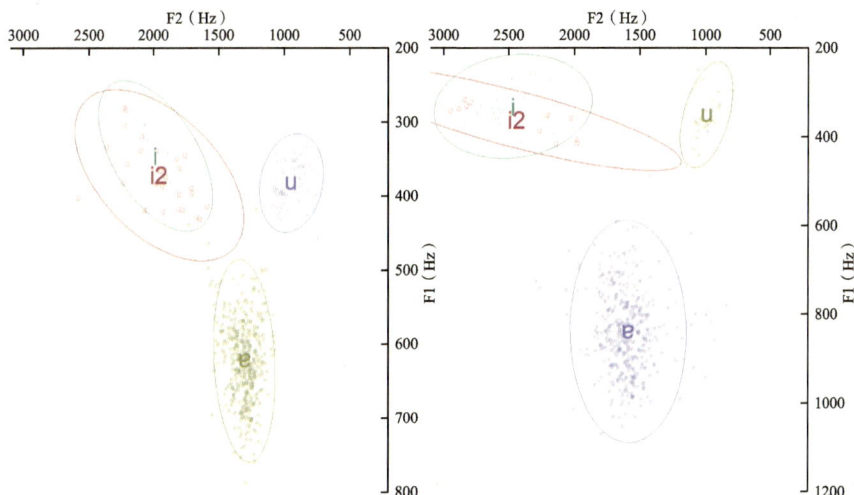

图 2.163 ［i］元音在声学元音图中的位置及其声学空间中的分布模式 (M&F)

图 2.164~2.165 为 ［i］元音目标位置共振峰及其前、后过渡段共振峰比较图。其中，图 2.164 为目标位置共振峰 F1/F2 和前过渡 TF1/TF2 比较图，图 2.165 为目标位置共振峰 F1/F2 和后过渡 TP1/TP2 比较图。从图 2.164~2.165 中可以看出，与目标位置共振峰频率相比，［i］元音前、

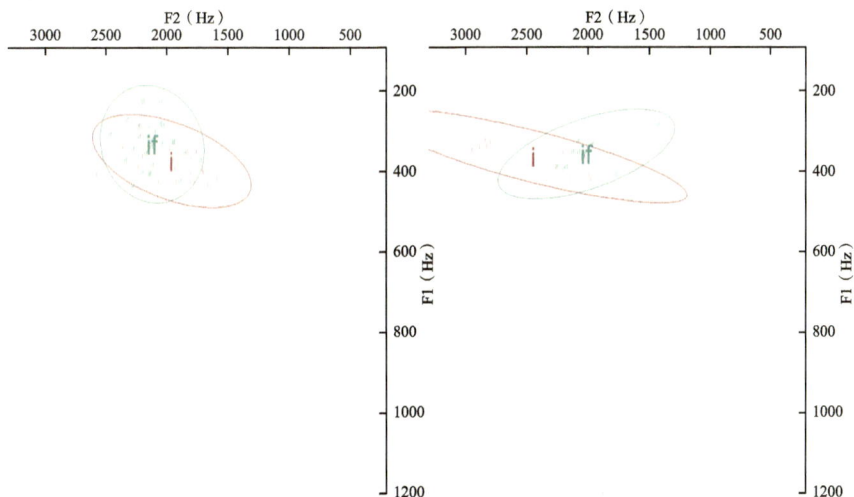

图 2.164 ［i］元音目标位置共振峰（F1/F2）及其前过渡段
共振峰（TF1/TF2）比较 (M&F)

后过渡段共振峰频率都有所变化。其中，前过渡段 TF1 的频率上升，后过渡段 TP1 和 TP2 的频率都有所下降。相比之下，"后段变化大于前段"。

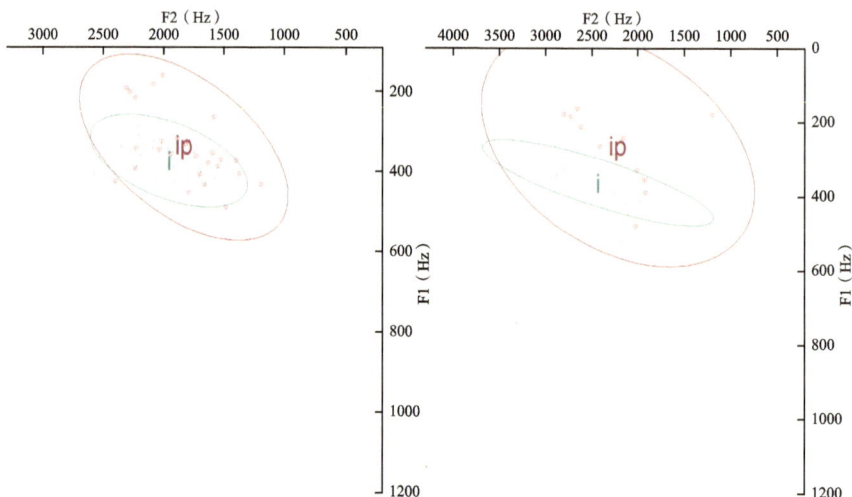

图 2.165　[i] 元音目标位置共振峰（F1/F2）及其后过渡段
共振峰（TP1/TP2）比较（M&F）

我们对词首元音—词尾元音和词腹元音—词尾元音之间的第一、第二共振峰 F1/F2 及其音长做了单因素方差分析，结果如表 2.165 所示。

从检验结果来看，男、女发音在 F1、F2 和音长参数上，差异不显著，男、女发音人表现出相同的规律。

表 2.165　检验结果

	sig（显著性）					
	M		F		M	F
	F1	F2	F1	F2	VD	VD
词首元音—词尾元音	.070	.886	.132	.944	.667	.140
词腹元音—词尾元音	.046	.711	.943	.934	.001	.054

* 均值差的显著性水平为 0.05。

2. 音节数量与声学参数之间的关系

表 2.166 为 [i] 元音在双音节和多音节词中的出现频率统计表，见表 2.18。

表 2.166　［i］元音出现频率统计

发音人	双音节词		三音节词		多音节词		共计	
	M	F	M	F	M	F	M	F
出现次数	17	5	10	5	0	1	27	11
百分比	63%	45%	37%	45%		10%	100%	100%

表 2.167 为出现在双音节词、三音节词和多音节词中［i］元音的音长（VD）、音强（VA）、共振峰目标值（F）统计表。从表 2.167 中可以看出，随着音节数量元音音长缩短。与音强参数之间没有太大的相关性。

M：124ms→113ms；M：71.76dB→73.4dB

F：154ms→149ms→47ms；F：72.6dB→68.8dB→71dB

图 2.166 显示，［i］元音目标位置的 F1 和 F2 与音节个数之间有一定相关性。相对音节增多的话 F1（舌位高低）稳定，F2（舌位前后）相对变低。

表 2.167　出现在不同音节词中［i］元音的声学参数统计

发音人 统计项		M					F				
		VD	VA	F1	F2	F3	VD	VA	F1	F2	F3
双音节词	平均值	124	71.76	362	1994	2783	154	72.6	366	2406	3096
	标准差	0.07	4.4	40.7	209.4	330.9	0.12	2.3	45.9	422.2	344.4
	变异系数	60.6%	6.2%	11.2%	10.5%	11.8%	79.8%	3.1%	12.5%	17.5%	11.1%
三音节词	平均值	113	73.4	388	1901	2712	149	68.8	351	2512	333
	标准差	0.05	3.8	45.5	299.6	293.2	0.1	5.5	32.9	467.6	128
	变异系数	48.9%	5.2%	11.7%	15.7%	10.8%	68.1%	8%	9.3%	18.6%	3.8%
多音节词	平均值						47	71	386	2261	2719
	标准差						154	72.6	366	2406	3096
	变异系数						0.12	2.3	45.9	422.2	344.4

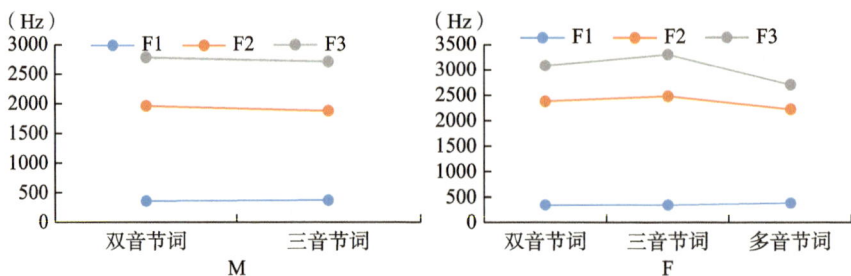

图 2.166　音节数量与共振峰之间关系示意 （M&F）

我们对不同音节词中出现的 ［i］元音 F1/F2、音长参数之间做了配对样本 T 检验，结果如表 2.168 所示。

我们从检验结果来看，男、女发音人在 F1/F2、音长参数上差异不显著。

表 2.168　检验结果

	sig （显著性）					
	M		F		M	F
	F1	F2	F1	F2	VD	VD
双音节词—三音节词	.138	.352	.559	.716	.689	.950

3. 音节类型与声学参数之间的关系

表 2.169 为不同音节类型中 ［i］元音出现的频率。［i］元音在统一平台中共出现 27 次 （M）和 11 次 （F）。其中，都在 CV 或 CVC 音节中出现的。

表 2.169　［i］元音在不同音节类型中的出现频率统计

发音人	音节类型	CV	CVC	共计
M	出现次数	8	19	27
F	出现次数	5	6	11
M	百分比	30%	70%	100%
F	百分比	45%	55%	100%

表 2.170~2.171 为出现在不同音节类型中 ［i］元音的声学参数统计表，图 2.167~2.168 为根据表 2.170~2.171 所画的不同音节中 ［i］元音的音长和第一、第二共振峰均值比较图。从表 2.169～2.170 和图 2.167～

2.168 中可以看出，音节类型与元音声学参数之间具有较好相关性。第一，音长在一定程度上受到音节类型的影响，音素的增多而音节音长缩短；第二，[i] 元音 F2 与音节类型之间具有一定的相关性，即音素的增多而 F2 变低。F1 相对稳定。

表 2.170　出现在不同音节类型中 [i] 元音的声学参数统计（M）

		VD	VA	F1	F2	F3
CV	平均值	213	72.87	333	2262	2978
	标准差	0.03	3.9	44.7	147.9	233.9
	变异系数	15.9%	5.4%	13.4%	6.5%	7.8%
CVC	平均值	80	72.15	388	1832	2664
	标准差	0.02	4.4	31.5	143.9	300
	变异系数	32.6%	6.2%	8.1%	7.8%	11.2%

表 2.171　出现在不同音节类型中 [i] 元音的声学参数统计（F）

		VD	VA	F1	F2	F3
CV	平均值	246	71.8	329	2854	3395
	标准差	0.05	4.4	10.1	60	85.8
	变异系数	22.9%	6.1%	3%	2.1%	2.5%
CVC	平均值	56	69.83	388	2097	2982
	标准差	0.01	4.2	28.8	120.8	285.6
	变异系数	26.6%	6.1%	7.4%	5.7%	9.5%

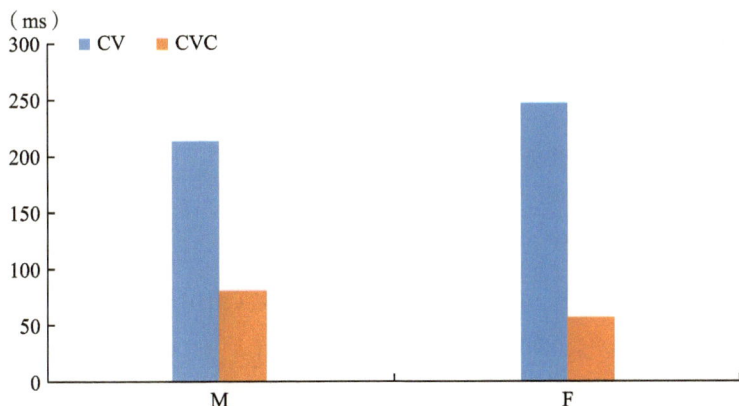

图 2.167　不同音节中 [i] 元音音长均值比较（M&F）

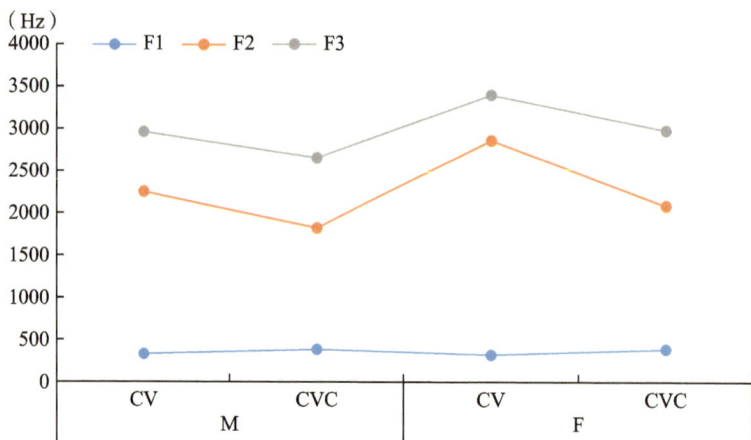

图 2.168　不同音节中〔i〕元音第一、第二共振峰均值比较（M&F）

　　我们对不同音节类型中出现的〔i〕元音共振峰 F1/F2、音长之间做了配对样本 T 检验，结果如表 2.172 所示。

　　我们从检验结果来看，不同音节类型之间的〔i〕元音的 F1/F2 和音长参数上，差异显著。

表 2.172　检验结果

	sig（显著性）					
	M		F		M	F
	F1	F2	F1	F2	VD	VD
CV-CVC	.001	.000	.002	.000	.000	.000

（四）〔ɔ〕元音

1. 参数平均值及其音质定位

　　表 2.172 为〔ɔ〕元音声学参数总统计表。该统计表显示男、女发音人〔ɔ〕元音的平均音长、平均音强分别为 M = 172ms、F = 168ms，M = 75.77dB、F = 72.03dB。该元音 F1 和 F2 的频率均值分别为 M：F1 = 481Hz，F2 = 932Hz，F：F1 = 560Hz，F2 = 1105Hz。

表 2.173　［ɔ］元音声学参数总统计

	M					F				
	VD	VA	F1	F2	F3	VD	VA	F1	F2	F3
平均值	172	75.77	481	932	2825	168	72.03	560	1105	3111
标准差	0.06	3.5	35.2	76.2	274	0.07	4.1	50.6	108.7	300
变异系数	39%	4.6%	7.3%	8.1%	9.7%	44%	5.7%	9%	9.8%	9.6%

　　我们认为该元音为次低、后、圆唇、紧元音。图 2.169 为男发音人
［ɔrɔn］"位置，被窝"一词的三维语图。其中，词首元音［ɔ］的目标位
置的 F1~F4 共振峰分别为 494Hz、993Hz、2681Hz、3135Hz。这是［ɔ］元
音比较典型的声学语图。图 2.170 为男、女发音人［ɔ］元音在声学元音图
中的位置（均值）及其声学空间中的分布模式图。显然，该元音在声学空
间中的分布特点为上下方向扩散。

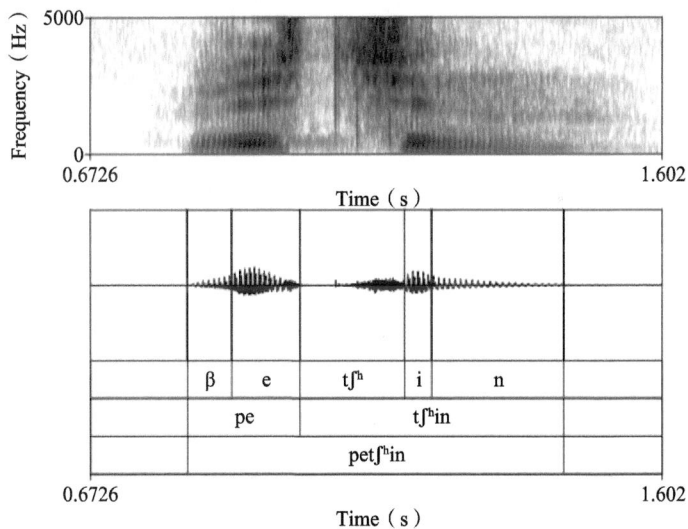

图 2.169　男发音人［ɔrɔn］"位置，被窝"一词的三维语图和
三层标注实例

　　图 2.171~2.172 为［ɔ］元音目标位置共振峰（F1/F2）及其前、后过
渡段共振峰比较图。其中，图 2.171 为目标位置共振峰 F1/F2 和前过渡 TF1/
TF2 比较图，图 2.172 为目标位置共振峰 F1/F2 和后过渡 TP1/TP2 比较图。

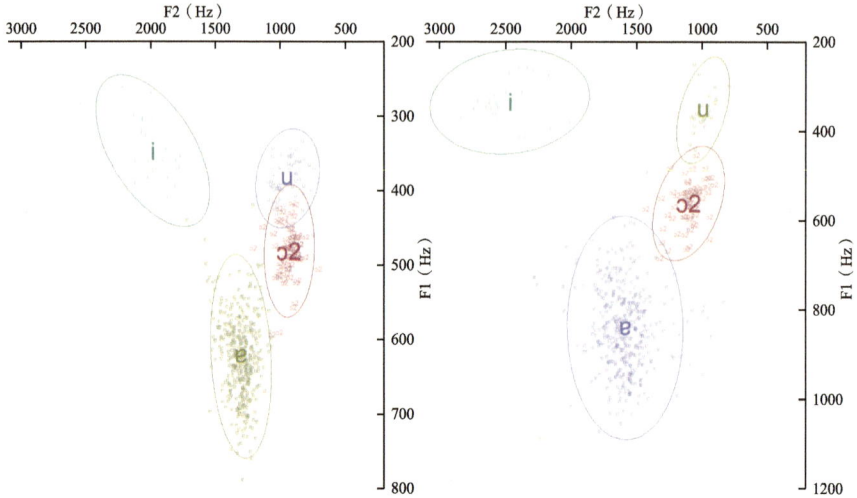

图 2.170 ［ɔ］元音在声学元音图中的位置及其声学空间中的分布模式

从图 2.171～2.172 中可以看出，与目标位置共振峰频率相比，［ɔ］元音前、后过渡段共振峰频率都有所变化，总体上"后段变化大于前段"。其中，前过渡段 F1 的频率有所下降（开口度相对变小）。

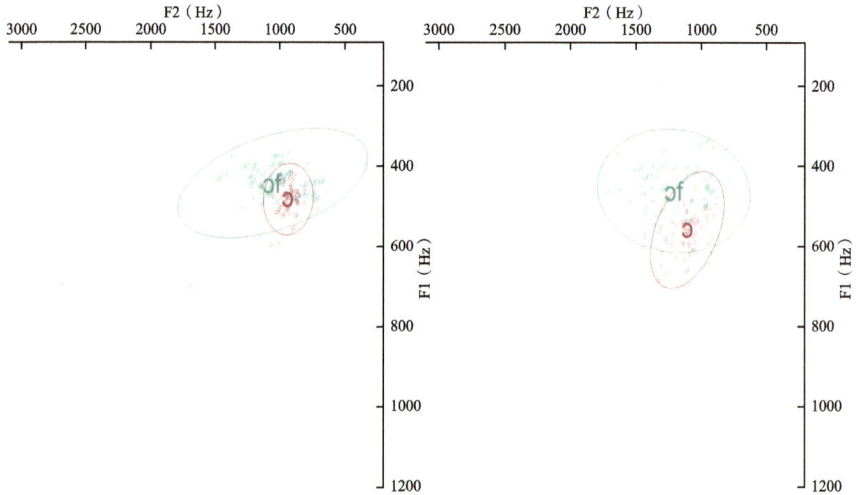

图 2.171 ［ɔ］元音目标位置共振峰（F1/F2）及其前过渡段
共振峰（TF1/TF2）比较

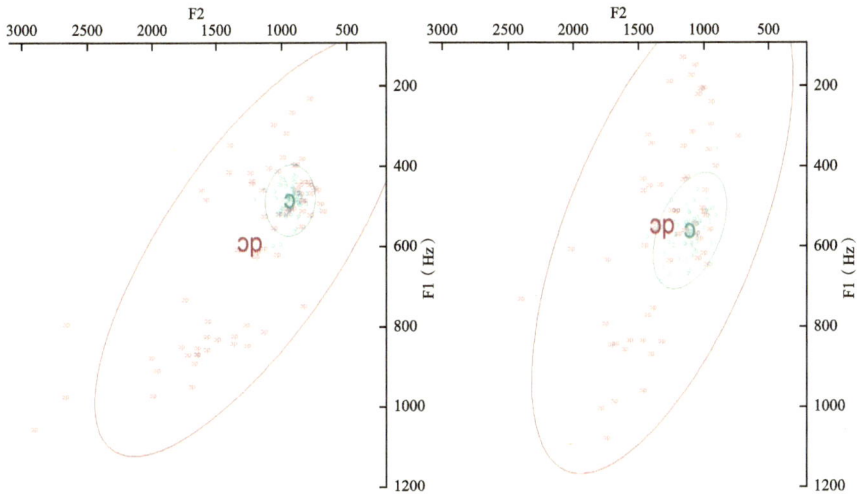

**图 2.172 ［ɔ］元音目标位置共振峰（F1/F2）及其后过渡段
共振峰（TP1/TP2）比较**

我们对词首元音—词尾元音、词腹元音—词尾元音之间的第一、第二共振峰 F1/F2 及其音长做了单因素方差分析，结果如表 2.174 所示。

表 2.174 检验结果

	sig（显著性）					
	M		F		M	F
	F1	F2	F1	F2	VD	VD
词首元音—词尾元音	.001	.000	.963	.022	.000	.000
词腹元音—词尾元音	.631	.167	.855	.131	.000	.000

* 均值差的显著性水平为 0.05。

从检验结果来看，F1 参数上，男发音人在词首元音和词尾元音之间差异显著，而女发音人差异不显著，词腹和词尾元音之间男、女发音人差异不显著；F2 参数上，男、女发音人在词首元音和词尾元音之间差异显著，词腹和词尾元音之间男、女发音人差异不显著。

音长参数上，男、女发音人差异显著。

2. 音节数量与声学参数之间的关系

表 2.175 为出现在双音节、三音节和多音节词中 ［ɔ］元音的出现频率

统计表。表 2.175 显示，大约 76%（M）和 83%（F1）的［ɔ］元音是在双音节词中出现的。

表 2.176 为出现在双音节词、三音节词和多音节词中的［ɔ］元音音长（VD）、音强（VA）、共振峰目标值（F）统计表。从表 2.176 可以看出，该元音音长与音节数量之间具有一定的相关性。如，女发音人中音长随着音节数量的增加而相对缩短，而其音强随着音节数量的增多相对变弱。

M：182ms→137ms→155ms；M：76.07dB→74.85dB→74.66dB

F：173ms→144ms；F：72.76dB→68.4db

图 2.173 显示，［ɔ］元音目标位置的 F1 和 F2 与音节数量之间有一定的相关性。不同音节类型中共振峰参数相对稳定。

表 2.175　［ɔ］元音出现频率统计

	双音节词		三音节词		多音节词		共计	
发音人	M	F	M	F	M	F	M	F
出现次数	53	50	14	10	3	0	70	60
百分比	76%	83%	20%	17%	4%		100%	100%

表 2.176　出现在不同音节词中［ɔ］元音声学参数统计

发音人 统计项		M					F				
		VD	VA	F1	F2	F3	VD	VA	F1	F2	F3
双音节词	平均值	182	76.07	482	921	2881	173	72.76	563	1110	3123
	标准差	0.06	3.4	33.3	68	248.2	0.07	3.8	50.8	109.6	317.5
	变异系数	35.8%	4.5%	6.9%	7.3%	8.6%	43.1%	5.2%	9%	9.8%	10.1%
三音节词	平均值	137	74.85	486	949	2665	144	68.4	542	1081	3052
	标准差	0.06	3.7	40.9	88.1	310.1	0.06	3.8	48.2	106.2	191.1
	变异系数	49.6%	4.9%	8.4%	9.2%	11.6%	48.1%	5.6%	8.9%	9.8%	6.2%
多音节词	平均值	155	74.66	438	1037	2577					
	标准差											
	变异系数											

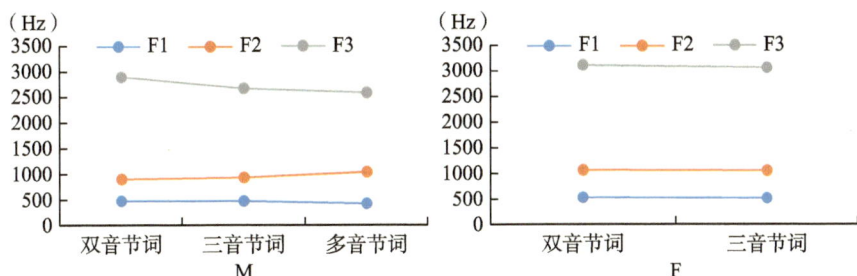

图 2.173 音节数量与共振峰之间关系示意 (M&F)

我们对不同音节类型中出现的 [ɔ] 元音共振峰 F1/F2、音长之间做了配对样本 T 检验，结果如表 2.177 所示。

表 2.177 检验结果

	sig（显著性）					
	M		F		M	F
	F1	F2	F1	F2	VD	VD
双音节词—三音节词	.698	.195	.227	.448	.025	.253

从检验结果来看，男、女发音人在 F1/F2 上有相同的规律，差异不显著；音长参数上，男发音人差异显著，女发音人差异不显著。

3. 音节类型与声学参数之间的关系

统一平台统计结果显示，[ɔ] 元音主要在 CV、CVC 两个音节中出现。请见表 2.178。

表 2.178 出现在不同音节类型中 [ɔ] 元音统计

发音人	音节类型	CV	CʲV	CVC	CʲVC	共计
M	出现次数	34	1	33	2	70
F	出现次数	33		27		60
M	百分比	49%	1%	47%	3%	100%
F	百分比	55%		45%		100%

表 2.179～2.180 为不同音节类型中 [ɔ] 元音的声学参数统计表，图 2.174～2.175 为根据表 2.179～2.180 画的不同音节 [ɔ] 元音的第一、

第二共振峰比较图。从上述图表中可以看出，音节类型与［ɔ］元音有些声学参数之间具有较好的相关性。如，音素的增多而音节音长缩短；本次实验结果显示，该元音音强之间没有明显的相关性；音节类型与［ɔ］元音共振峰前过渡之间具有一定的相关性。共振峰在不同类型音节当中相对稳定。

表 2.179　出现在不同音节类型中［ɔ］元音的声学参数统计（M）

		VD	VA	F1	F2	F3
CV	平均值	228	75.5	470	922	2831
	标准差	0.04	3.1	25.5	74	227.6
	变异系数	20.3%	4.1%	5.4%	8%	8%
C^jV	平均值	134	83	477	885	2794
	标准差					
	变异系数					
CVC	平均值	120	75.63	491	944	2834
	标准差	0.03	3.7	41.9	79.9	324
	变异系数	26%	5%	8.5%	8.4%	11.4%
C^jVC	平均值	95	79	477	917	2589
	标准差					
	变异系数					

表 2.180　出现在不同音节类型中［ɔ］元音的声学参数统计（F）

		VD	VA	F1	F2	F3
CV	平均值	229	71.45	535	1052	3185
	标准差	0.02	4.2	35.8	75.1	247.3
	变异系数	13%	6%	6.7%	7.1%	7.7%
CVC	平均值	94	72.74	590	1170	3020
	标准差	0.03	3.8	49.9	109.4	337
	变异系数	34.2%	5.3%	8.4%	9.3%	11.1%

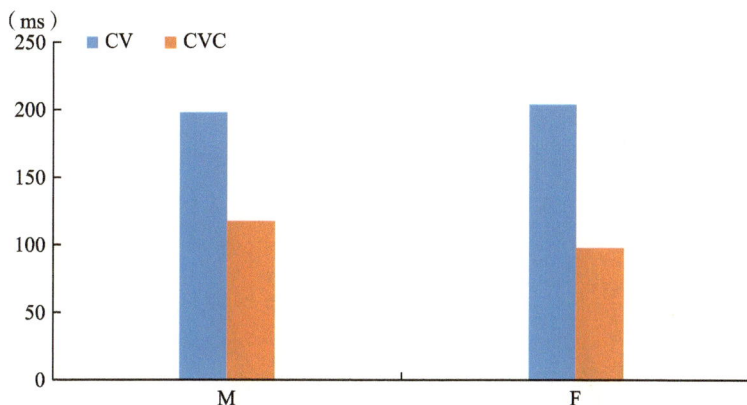

图 2.174 不同音节中 ［ɔ］ 元音的音长均值比较

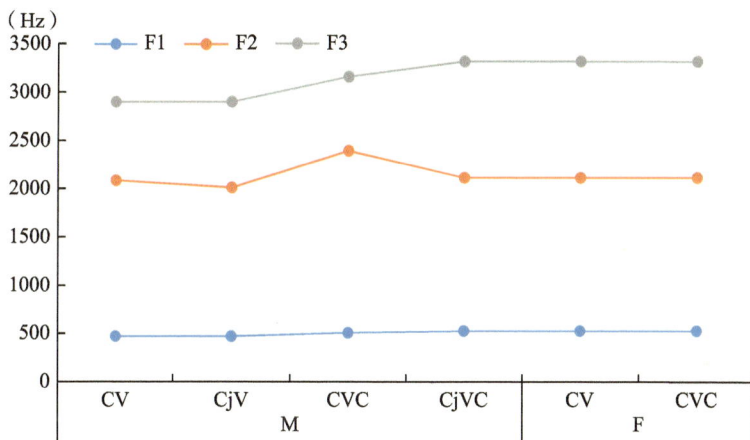

图 2.175 不同音节中 ［ɔ］ 元音的第一、第二共振峰均值比较

我们对不同音节词中出现的 ［ɔ］ 元音 F1/F2、音长之间做了配对样本 T 检验，结果如表 2.181 所示。

表 2.181 检验结果

	sig（显著性）					
	M		F		M	F
	F1	F2	F1	F2	VD	VD
CV-CVC	.016	.259	.000	.000	.000	.000

从检验结果来看，除了男发音人在 F2 参数上，差异不显著；其他都差异显著。

4. 辅音音质与声学参数之间的关系

图 2.176 为词尾音节不同辅音之后和无前置辅音音节中 [ɔ] 元音音长比较图，图 2.177 为词尾音节（包括单音节词）[ɔ] 元音第一、第二和第三共振峰前、后过渡 TF1、TF2、TF3 的变化示意图，以 TF2 的上升为序排列的，即以舌位自后至前排列示意图。

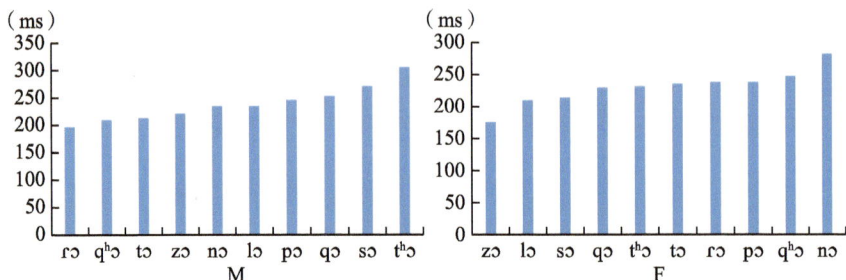

图 2.176　出现在词尾音节不同辅音之后和无前置辅音音节中 [ɔ] 元音音长比较

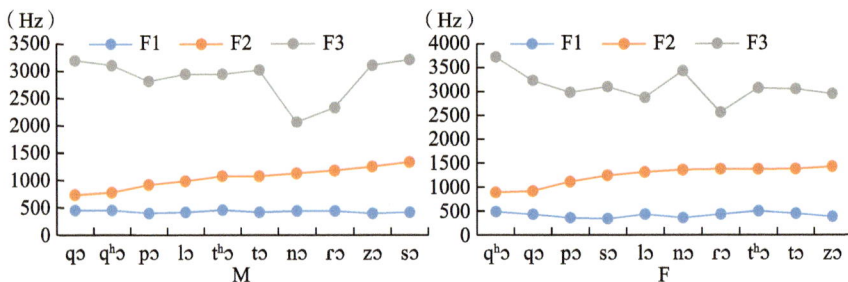

图 2.177　词尾音节 [ɔ] 元音三个共振峰前过渡 TF1、TF2、TF3 等的变化示意

从这些图中可以看出，辅音音质与 [ɔ] 元音音长之间相关性不大；辅音音质与元音 [ɔ] 共振峰之间的相关性主要表现在其 F2（舌位前后）前过渡上。如，[ɔ] 元音目标位置（M：F2＝932，F：F2＝1108）比较的话，元音前过渡在 [q-、qʰ-、p-] 等辅音之后较低，而在其他辅音之后相对高，请见图 2.176～2.177。

（五）[e] 元音

1. 参数平均值及其音质定位

表 2.182 为 [e] 元音声学参数统计总表。该统计表显示，男、女发音

人［e］元音平均音长、平均音强分别为 M = 203ms、F = 199ms，M = 75.9dB、F = 73.18dB。该元音 F1 和 F2 的频率均值分别为 M：F1 = 407Hz、F2 = 1936Hz，F：F1 = 459Hz、F2 = 2340Hz。

表 2.182　［e］元音声学参数统计

	M					F				
	VD	VA	F1	F2	F3	VD	VA	F1	F2	F3
平均值	203	75.9	407	1936	2622	199	73.18	459	2340	3068
标准差	0.06	4.04	30.7	107.6	143.6	0.07	4.4	52.1	155.9	221.7
变异系数	30.8%	5.3%	7.5%	5.5%	5.4%	35.9%	6%	11.3%	6.6%	7.2%

我们认为该元音为次低、前、展唇、松元音。图 2.178 为男发音人 ［emes］"疖，粉刺"一词的三维语图和三层标注实例。其中，词首元音 ［e］的目标位置的 F1 ~ F4 共振峰分别为 411Hz、1867Hz、2591Hz、3654Hz。这是［e］元音比较典型的声学语图。图 2.179 为男、女发音人 ［e］元音在声学元音图中的位置及其声学空间中的分布模式图。显然，该 元音在声学空间中的分布特点为前上下方向扩散大。

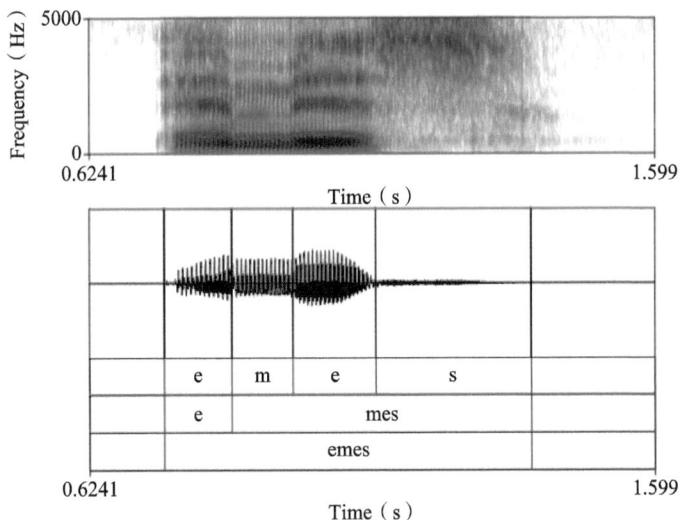

图 2.178　男发音人［emes］"疖，粉刺"一词的三维语图和
三层标注实例

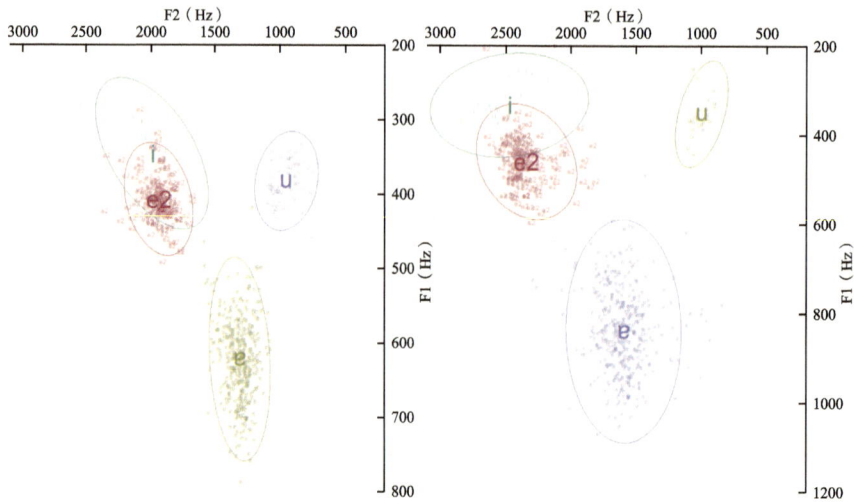

图 2.179　[e] 元音在声学元音图中的位置及其声学空间中的分布模式　(M&F)

图 2.180~2.181 为 [e] 元音目标位置共振峰及其前、后过渡段共振峰比较图。其中，图 2.180 为目标位置共振峰 F1/F2 和前过渡 TF1/TF2 比较图，图 2.181 为目标位置共振峰 F1/F2 和后过渡 TP1/TP2 比较图。从图 2.180~2.181 中可以看出，与目标位置共振峰频率相比，[e] 元音前、后过渡段共振峰频率都有所变化，总体上"后段变化大于前段"。其中，前后过渡段 TF1 的频率有所下降（开口度相对变小），与目标位置共振峰相比趋向于"前"。

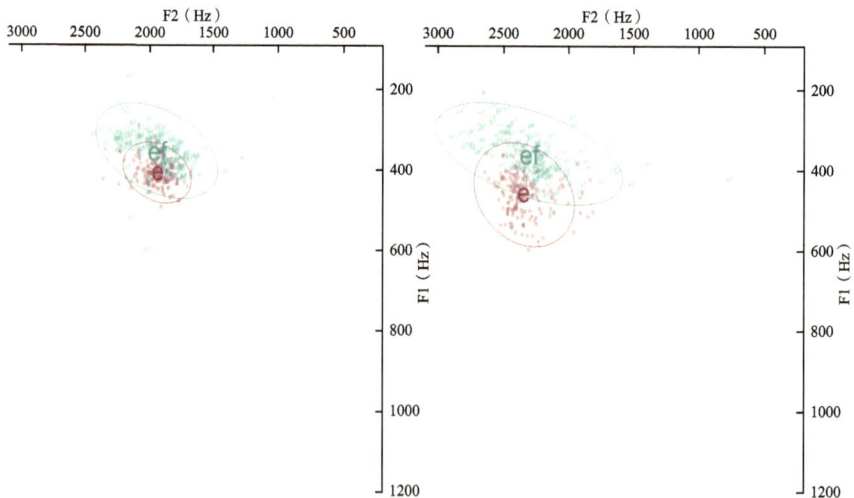

图 2.180　[e] 元音目标位置共振峰（F1/F2）及其前过渡段
共振峰（TF1/TF2）比较　(M&F)

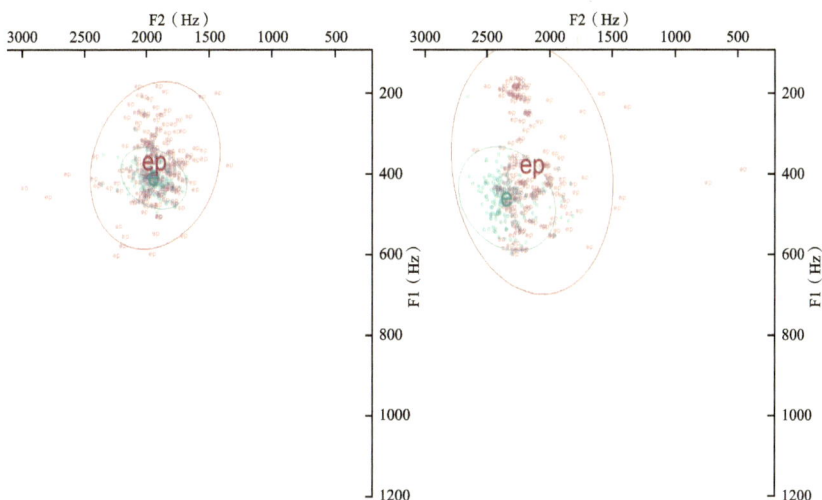

图 2.181 ［e］元音目标位置共振峰（F1/F2）及其后过渡段
共振峰（TP1/TP2）比较（M&F）

　　我们对词首元音—词尾元音、词腹元音—词尾元音之间的第一、第二
共振峰 F1/F2 及其音长做了单因素方差分析，结果如表 2.183 所示。

表 2.183　检验结果

	sig（显著性）					
	M		F		M	F
	F1	F2	F1	F2	VD	VD
词首元音—词尾元音	.000	.000	.984	.000	.000	.000
词腹元音—词尾元音	.931	.000	.000	.072	.000	.000

＊ 均值差的显著性水平为 0.05。

　　从检验结果来看，第一，F1 参数上，词首元音和词尾元音之间男发音
人差异显著，女发音人差异不显著；词腹元音和词尾元音之间，男发音人
差异不显著。女发音人差异显著；第二，F2 参数上，男发音人不同位置的
元音之间差异显著，女发音人在词首元音和词尾元音之间差异显著，词腹
元音和词尾元音之间差异不显著。

　　音长参数上，男、女发音人有相同的规律，差异显著。

2. 音节数量与声学参数之间的关系

　　表 2.184 为出现在双音节、三音节和多音节词中［e］元音的出现频率

统计表。表 2.184 显示，大约 74%（M）和 71%（F）的［e］元音都是在双音节词中出现的。表 2.185 为出现在双音节词、三音节词和多音节词中［e］元音的音长（VD）、音强（VA）、共振峰目标值（F）统计表。从表 2.185 和图 2.182 可以看出，音节数量与［e］元音音长、音强之间没有太大的相关性；不同音节当中共振峰参数相对稳定。

M：202ms→206ms→184ms；M：75.89dB→76dB→74dB

F：198ms→204ms→170ms；F：73.94dB→71.68dB→66.33dB

表 2.184　出现在不同音节词［e］元音中频率统计

发音人	双音节词		三音节词		多音节词		共计	
	M	F	M	F	M	F	M	F
出现次数	127	117	42	45	2	3	171	165
百分比	74%	71%	25%	27%	1%	2%	100%	100%

表 2.185　出现在不同类型词中［e］元音的声学参数统计

发音人 统计项		M					F				
		VD	VA	F1	F2	F3	VD	VA	F1	F2	F3
双音节词	平均值	202	75.89	411	1929	2619	198	73.94	467	2342	3065
	标准差	0.06	4.1	30.8	106.2	147.3	0.07	3.8	45.8	144.1	221.7
	变异系数	33.4%	5.4%	7.5%	5.5%	5.6%	38.1%	5.2%	9.8%	6.1%	7.2%
三音节词	平均值	206	76	396	1957	2627	204	71.68	443	2325	3072
	标准差	0.04	3.8	28	111.2	136	0.06	4.7	60.2	182.6	230
	变异系数	22.4%	5%	7%	5.7%	5.1%	30.1%	6.6%	13.6%	7.8%	7.4%
多音节词	平均值	184	74	390	1972	2690	170	66.33	376	25.4	3152
	标准差										
	变异系数										

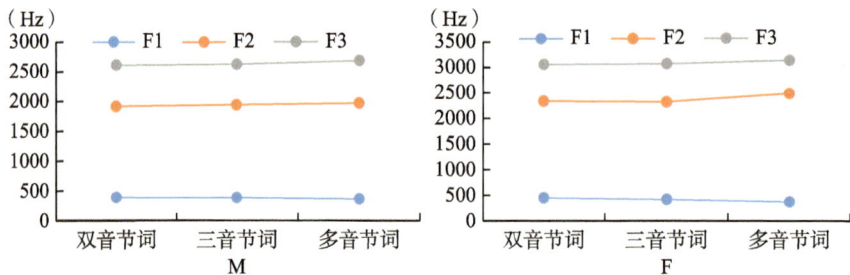

图 2.182　音节数量与共振峰之间关系示意（M&F）

我们对不同音节词中 ［e］元音共振峰 F1/F2 之间做了单因素方差分析，结果如表 2.186 所示。

表 2.186 检验结果

	sig（显著性）					
	M		F		M	F
	F1	F2	F1	F2	VD	VD
双音节词—三音节词	.010	.322	.039	.843	.928	.873
双音节词—多音节词	.000	.652	.088	.192	.906	.789
三音节词—多音节词	.302	.942	.142	.145	.875	.724

我们从共振峰检验结果来看，F1 参数上，双音节和三音节之间男、女发音人差异不显著，双音节和多音节之间男发音人差异显著；其他的不同音节之间差异不显著。

从音长检验结果来看，男、女发音人表现出相同的规律，不同音节词中 ［e］元音音长之间差异性不显著。

3. 音节类型与声学参数之间的关系

统一平台统计结果显示，［e］元音主要在 CV、CVC 音节中出现，见表 2.187。

表 2.187 不同音节类型中 ［e］元音的频率统计

发音人	音节类型	CV	CVC	共计
M	出现次数	110	61	171
F	出现次数	106	59	165
M	百分比	64%	36%	100%
F	百分比	64%	36%	100%

表 2.188～2.189 为出现在不同音节类型中 ［e］元音的声学参数统计表，图 2.183～2.184 为根据表 2.188～2.189 所画的不同音节中 ［e］元音的音长和第一、第二共振峰均值比较。从上述图表中可以看出，音节类型与元音有些声学参数之间具有一定的相关性。如，音素的增多而音长缩短；

音素的增多而 F1 相对稳定, F2 相对降低。

表 2.188　不同音节类型中 [e] 元音的声学参数统计　(M)

		VD	VA	F1	F2	F3
CV	平均值	237	76.07	401	1964	2638
	标准差	0.04	4.3	30.8	99.7	139.5
	变异系数	19.1%	5.7%	7.6%	5%	5.2%
CVC	平均值	140	75.59	419	1886	2592
	标准差	0.03	3.4	26.8	103.5	147.4
	变异系数	24.2%	4.5%	6.4%	5.4%	5.6%

表 2.189　不同音节类型中 [e] 元音的声学参数统计　(F)

		VD	VA	F1	F2	F3
CV	平均值	245	73.17	445	2369	3098
	标准差	0.03	4.3	41.5	140.8	209.9
	变异系数	16.3%	5.8%	9.3%	5.9%	6.7%
CVC	平均值	117	73.2	484	2289	3014
	标准差	0.03	4.6	60	169.2	233.7
	变异系数	26.2%	6.3%	12.4%	7.3%	7.7%

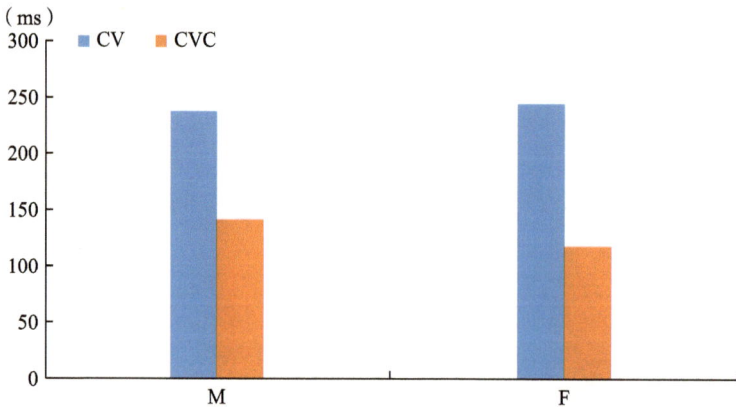

图 2.183　不同音节中 [e] 元音的音长均值比较　(M&F)

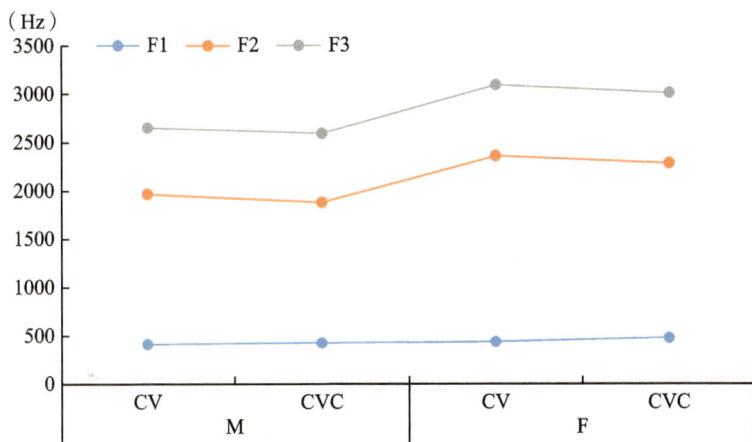

图 2.184　不同音节中［e］元音的第一、第二共振峰均值比较（M&F）

我们对不同音节词中出现的［e］元音共振峰 F1/F2、音长之间做了配对样本 T 检验，结果如表 2.190 所示。

表 2.190　检验结果

	sig（显著性）					
	M		F		M	F
	F1	F2	F1	F2	VD	VD
CV-CVC	.000	.000	.000	.001	.000	.000

我们从共振峰检验结果来看，不同音节类型中［e］元音的 F1/F2、音长之间有差异性显著。

4. 辅音音质与声学参数之间的关系

图 2.185 为词尾音节不同辅音之后和无前置辅音音节中［e］元音音长比较图，图 2.186 为词尾音节（包括单音节词）［e］元音第一、第二和第三共振峰前后过渡 TF1、TF2、TF3 的变化示意图，以 TF2 的上升为序排列的，即以舌位自后至前排列示意图。

从这些图中可以看出，辅音音质与［e］元音音长之间相关性不大；辅音音质与元音［e］共振峰之间的相关性主要表现在其 F2（舌位前后）前过渡上。如，［e］元音 F2 目标位置（M：F2＝1936，F：F2＝2340）前过渡在［kʰ-、k-、tʃ-］等辅音之后较高，而在其他辅音之后平稳，请见图 2.185~2.186。

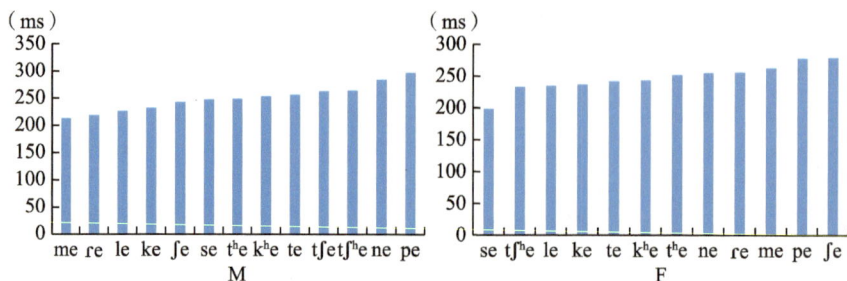

图 2.185　出现在词尾音节不同辅音之后和无前置辅音音节中［e］元音音长比较

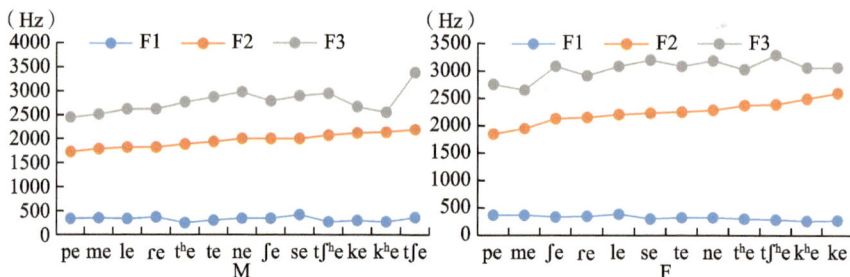

图 2.186　词尾音节［e］元音三个共振峰前过渡 TF1、TF2、TF3 等的变化示意

（六）［ø］元音

1. 参数平均值及其音质定位

表 2.191 为［ø］元音声学参数统计总表。该统计表显示，男、女发音人［ø］元音平均音长、平均音强分别为 M = 142ms、F = 176ms，M = 77.76dB、F = 74.44dB。该元音 F1 和 F2 的频率均值分别为 M：F1 = 428Hz、F2 = 1807Hz，F：F1 = 452Hz、F2 = 2099Hz。

表 2.191　［ø］元音声学参数统计

	M					F				
	VD	VA	F1	F2	F3	VD	VA	F1	F2	F3
平均值	142	77.76	428	1807	2459	176	74.44	452	2099	2793
标准差	0.03	3.6	17.1	100.5	129.3	0.07	4.2	45.9	215.3	267
变异系数	24.4%	4.7%	4%	5.5%	5.2%	40.5%	5.6%	10.1%	10.2%	9.5%

我们认为该元音为次低、前、展唇、松元音。图 2.187 为男发音人［tønøn］"四岁公牛"一词的三维语图和三层标注实例。其中，词尾元音

[ø] 的 目 标 位 置 的 F1 ～ F4 共 振 峰 分 别 为 426Hz、1970Hz、2757Hz、
3345Hz。这 是 [ø] 元 音 比 较 典 型 的 声 学 语 图。图 2.188 为 男、女 发 音 人
[ø] 元 音 在 声 学 元 音 图 中 的 位 置 及 其 声 学 空 间 中 的 分 布 模 式 图。显 然，该
元 音 在 声 学 空 间 中 的 分 布 特 点 为 前 上 下 左 右 方 向 扩 散 大。

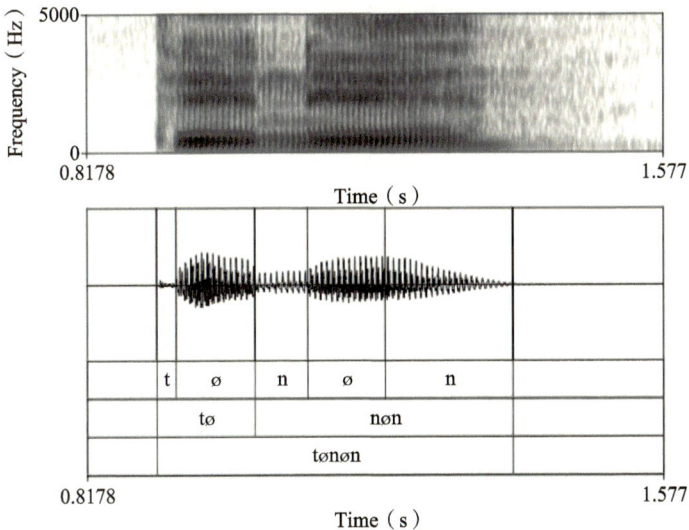

图 2.187　男发音人 [tønøn]"四岁公牛"一词的三维语图和三层标注实例

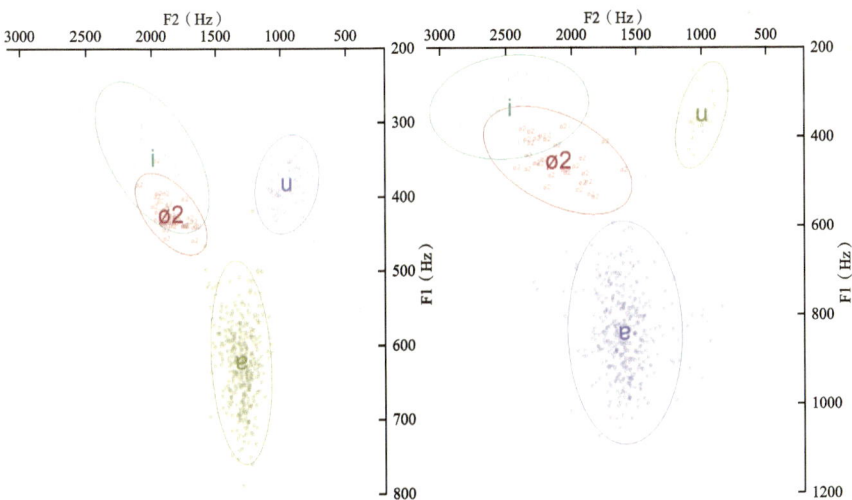

图 2.188　[ø] 元音在声学元音图中的位置及其声学空间中的分布模式 (M&F)

图 2.189～2.190 为 [ø] 元音目标位置共振峰及其前、后过渡段共振峰比

较图。其中，图 2.189 为目标位置共振峰 F1/F2 和前过渡 TF1/TF2 比较图，图 2.190 为目标位置共振峰 F1/F2 和后过渡 TP1/TP2 比较图。从图 2.189~2.190 中可以看出，与目标位置共振峰频率相比，[ø] 元音前、后过渡段共振峰频率都有所变化，总体上"前段变化大于后段"。其中，前、后过渡段 TF1 的频率有所下降（开口度相对变小），与目标位置共振峰相比趋向于"前"。

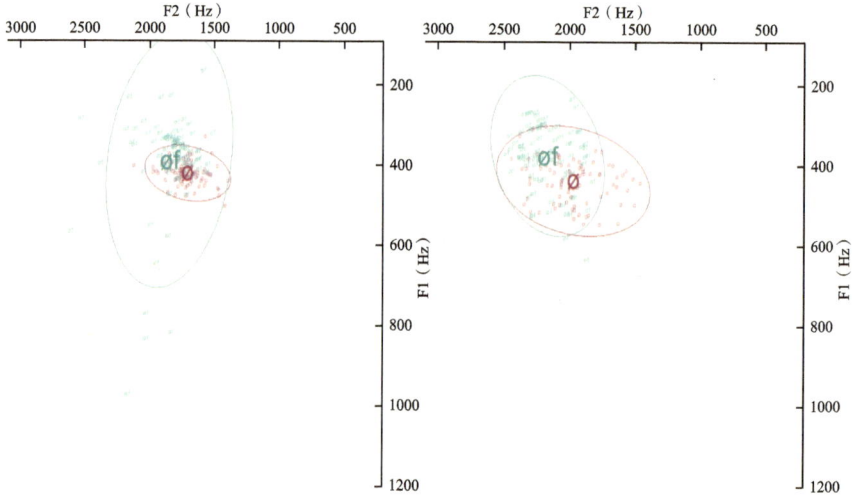

图 2.189 ［ø］元音目标位置共振峰（F1/F2）及其前过渡段
共振峰（TF1/TF2）比较（M&F）

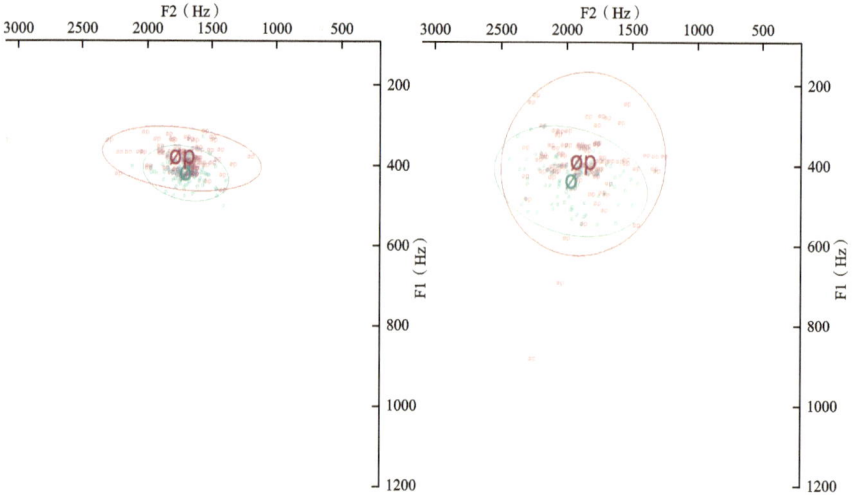

图 2.190 ［ø］元音目标位置共振峰（F1/F2）及其后过渡段
共振峰（TP1/TP2）比较（M&F）

我们对词首元音—词尾元音、词腹元音—词尾元音之间的第一、第二共振峰 F1/F2 及其音长做了单因素方差分析，结果如表 2.192 所示。

表 2.192　检验结果

	sig（显著性）					
	M		F		M	F
	F1	F2	F1	F2	VD	VD
词首元音—词尾元音	.902	.000	.297	.024	.000	.000
词腹元音—词尾元音	.224	.037	.717	.399	.000	.000

* 均值差的显著性水平为 0.05。

从检验结果来看，在 F1 参数上，男、女发音人不同位置的元音之间差异不显著；在 F2 参数上，词首元音—词尾元音之间，男、女发音人差异显著，词腹元音—词尾元音之间，男发音人差异显著，女发音人差异不显著。

音长参数上，男、女发音人，不同位置的元音之间差异显著。

2. 音节数量与声学参数之间的关系

表 2.193 为出现在双音节、三音节词和多音节词中 [ø] 元音的出现频率统计表。主要在双音节出现。表 2.194 为出现在双音节词、三音节词和多音节词中 [ø] 元音的音长（VD）、音强（VA）、共振峰目标值（F）统计表。从图表可以看出，音节数量与 [ø] 元音音长没有太大的相关性；随着音节的增对音强变弱；共振峰和音节量之间没有太大的相关性，相对稳定。

M：170ms→207ms→195ms；M：78.22dB→75.85dB→74dB

F：163ms→213ms→270ms；F：74.91dB→73dB→71dB

表 2.193　出现在不同音节词 [ø] 元音中频率统计

发音人	双音节词		三音节词		多音节词		共计	
	M	F	M	F	M	F	M	F
出现次数	27	23	7	5	1	1	35	29
百分比	77%	79%	20%	17%	3%	4%	100%	100%

表 2.194　出现在不同类型词中〔ø〕元音的声学参数统计

发音人统计项		M					F				
		VD	VA	F1	F2	F3	VD	VA	F1	F2	F3
双音节词	平均值	170	78.22	425	1836	2483	163	74.91	455	2052	2743
	标准差	0.06	2.8	17.6	115.9	143.1	0.06	4.1	47.9	215.6	278
	变异系数	37.2%	3.6%	4.1%	6.3%	5.7%	42.7%	5.5%	10.5%	10.5%	10.1%
三音节词	平均值	207	75.85	410	1867	2583	213	73	438	2270	2982
	标准差	0.05	4.1	30.8	74.4	53	0.06	4.7	42.1	80.8	39.7
	变异系数	27.1%	5.5%	7.5%	3.9%	2%	28.7%	6.4%	9.6%	3.5%	1.3%
多音节词	平均值	195	74	408	1861	2525	270	71	439	2329	3021
	标准差										
	变异系数										

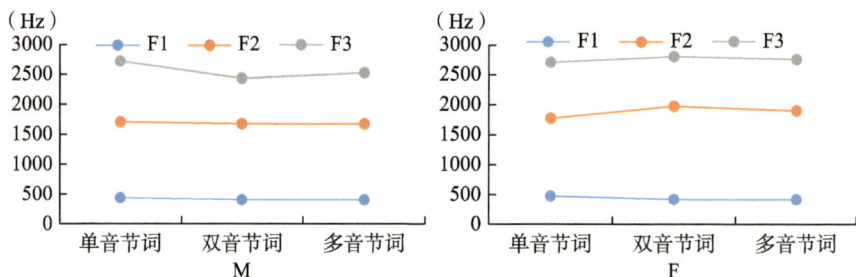

图 2.191　音节数量与共振峰之间关系示意 （M&F）

我们对不同音节词中〔ø〕元音共振峰 F1/F2 之间做了配对样本 T 检验，结果如表 2.195 所示。

表 2.195　检验结果

	sig（显著性）					
	M		F		M	F
	F1	F2	F1	F2	VD	VD
双音节词—三音节词	.096	.513	.470	.037	.176	.150

我们从共振峰检验结果来看，男、女发音人在 F1 参数表现出相同的规律，不同音节词中〔ø〕元音 F1/F2 之间差异性不显著。

从音长检验结果来看，男、女发音人表现出相同的规律，不同音节词中［ø］元音音长之间差异性不显著。

3. 音节类型与声学参数之间的关系

统一平台统计结果显示，［ø］元音主要在 CV、CVC 音节中出现，见表 2.196。

表 2.196 不同音节类型中［ø］元音的频率统计

发音人	音节类型	CV	CVC	CVCC	共计
M	出现次数	13	21	1	35
F	出现次数	13	16		29
M	百分比	37%	60%	3%	100%
F	百分比	45%	55%		100%

表 2.197～2.198 为出现在不同音节类型中［ø］元音的声学参数统计表，图 2.192～2.193 为根据表 2.197～2.198 所画的不同音节中［ø］元音的音长和第一、第二共振峰均值比较。从图表中可以看出，音节类型与元音有些声学参数之间具有一定的相关性。如，音节中音素的增加而后接元音音长相对短；音节类型和音强关系不大；音节中音素的增加而后接元音 F1 共振峰比较平稳，F2 共振峰下降。

表 2.197 不同音节类型中［ø］元音的声学参数统计 （M）

		VD	VA	F1	F2	F3
CV	平均值	240	77.46	412	1916	2585
	标准差	0.04	2.7	24.6	68.5	105.3
	变异系数	20.5%	3.5%	5.9%	3.5%	4%
CVC	平均值	142	77.76	428	1807	2459
	标准差	0.03	3.6	17.1	100.5	129.3
	变异系数	24.4%	4.7%	4%	5.5%	5.2%
CVCC	平均值	140	77	431	1664	2411
	标准差					
	变异系数					

表 2.198　不同音节类型中［ø］元音的声学参数统计（F）

		VD	VA	F1	F2	F3
CV	平均值	245	73.15	417	2263	2938
	标准差	0.04	3.7	33.2	102.5	194.7
	变异系数	16.4%	5.1%	7.9%	4.5%	6.6%
CVC	平均值	120	75.5	479	1966	2676
	标准差	0.02	4.4	36.3	189.9	264.5
	变异系数	21.9%	5.8%	7.5%	9.6%	9.8%

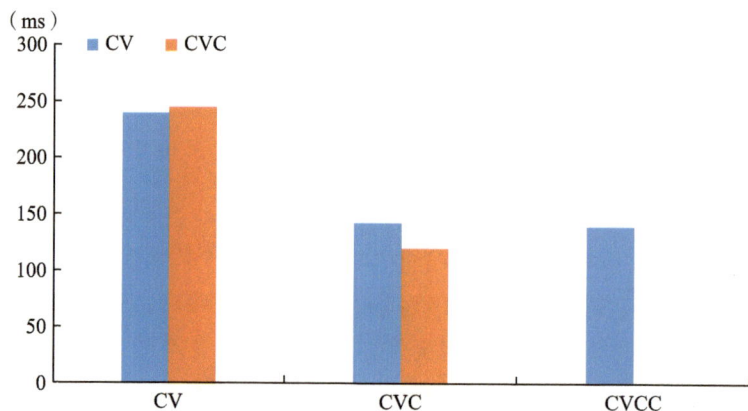

图 2.192　不同音节中［ø］元音的音长均值比较（M&F）

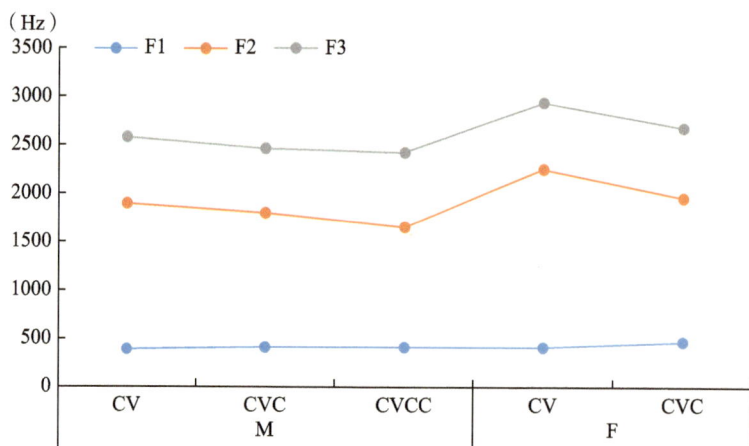

图 2.193　不同音节中［ø］元音的第一、第二共振峰均值比较（M&F）

　　我们对不同音节词中出现的［ø］元音共振峰 F1/F2、音长之间做了配对样本 T 检验，结果如表 2.199 所示。

表 2.199　检验结果

	sig（显著性）					
	M		F		M	F
	F1	F2	F1	F2	VD	VD
CV-CVC	.033	.002	.000	.000	.000	.000

　　我们从共振峰和音长检验结果来看，不同音节类型中〔ø〕元音的 F1/F2 和音长之间有差异性显著。

六　长元音

　　在"东部裕固语语音声学参数数据库"中共出现了〔ɐː、əː、iː、ɔː、uː、eː、øː、yː〕等长元音，请见图 2.194~2.196。

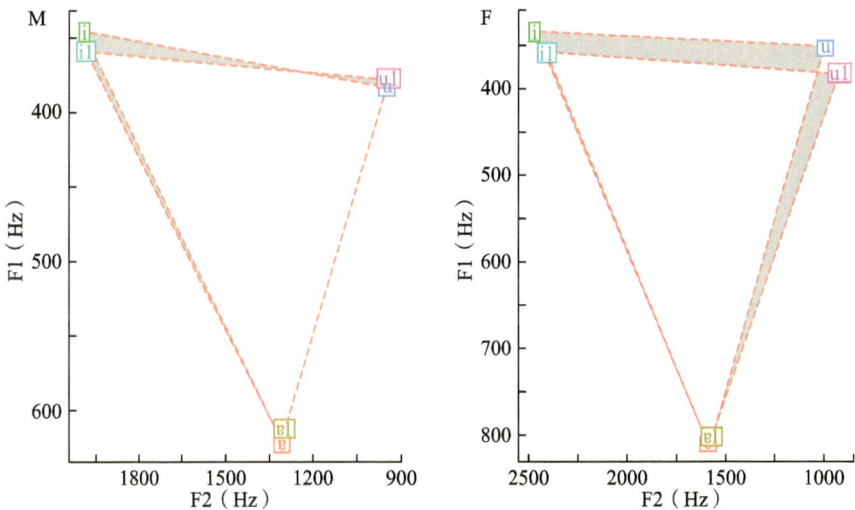

图 2.194　词首音节短元音和非词首音节短元音（元音+1）的
舌位三角形（M&F）

　　从图 2.194~2.196 中可以看出，随着词首音节长元音、非词首音节长元音和词首音节短元音的发音时间（音长）的相对缩短，元音舌位三角形变小，构成了大中小三个不同的三角形。三角形大小排列为（由大到小）：词首音节长元音的舌位三角形>非词首音节长元音的舌位三角形>词首音节短元音的舌位三角形。其中，词首音节短元音的舌位三角形最小。

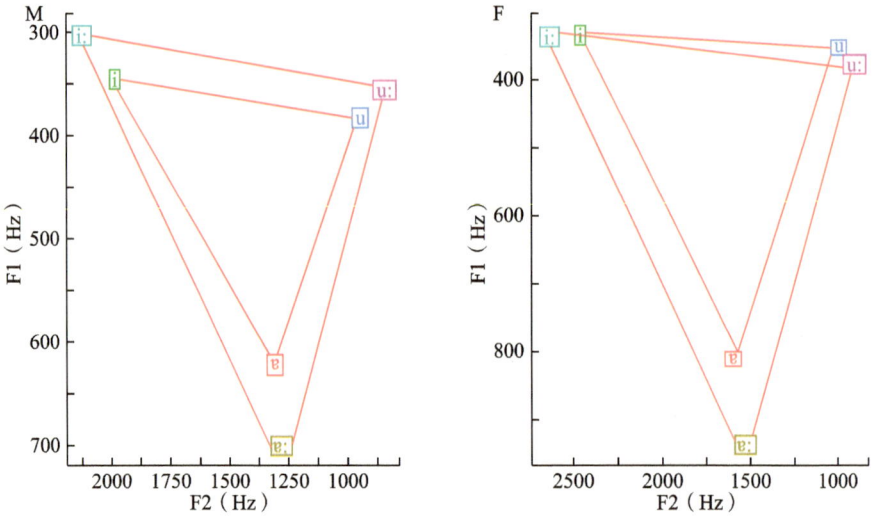

图 2.195　词首音节长元音、短元音的舌位三角形（M&F）

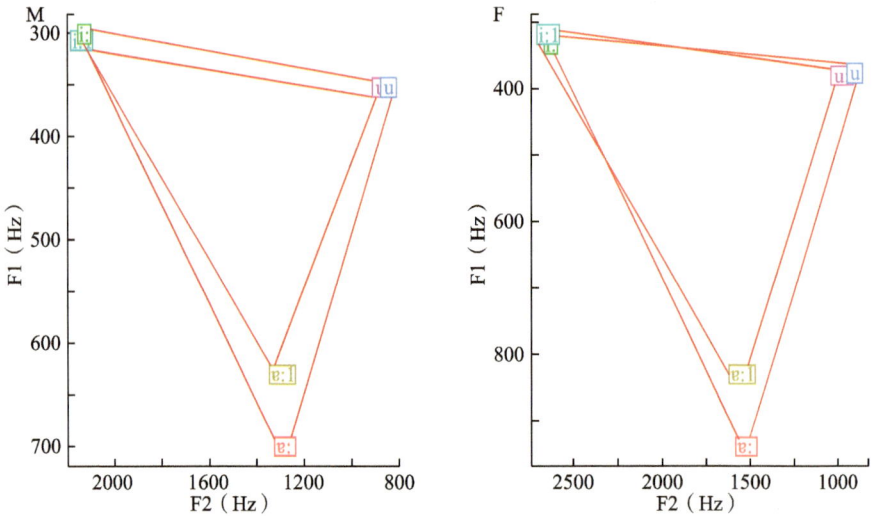

图 2.196　词首音节长元音和非词首音节长元音（元音+1）的
舌位三角形（下同）

东部裕固语中已形成了词首音节长元音、非词首音节长元音、词首音节短元音和非词首音节短元音等舌位三角形的格局。其中，短元音和长元音之间的差异性较大，而短元音与短元音之间（词首短元音和非词首短音间），长元音与长元音之间（词首长元音和非词首长元音）的差异较小。这与蒙古语标准话元音特点有所不同。其中，较明显的差异是东部裕固语非词首音节短元音的央化程度远不如蒙古语标准话非词首音节短元音。

(一) [ɐː] 元音

1. 参数平均值及其音质定位

表 2.200~2.201 为词首和非词首音节 [ɐː] 元音参数总统计表。这两个表显示，词首音节男、女发音人 [ɐː] 元音音长、音强和共振峰均值分别为：M = 213ms、F = 178ms，M = 76.79dB、F = 73.89 dB，M：F1 = 700Hz、F2 = 1280Hz，F：F1 = 937Hz、F2 = 1530Hz；非词首音节男、女发音人 [ɐː] 元音音长、音强和共振峰均值分别为：M = 178ms、F = 169ms，M = 72.62dB、F = 70.59dB；F1 和 F2 的频率均值分别为 M：F1 = 630Hz、F2 = 1290Hz，F：F1 = 829Hz、F2 = 1556Hz。可以看出，词首和非词首音节 [ɐː] 元音声学参数具有一定的差异。如，在音长、音强和共振峰均值方面的差异分别为：M：+35ms、F：+9ms，M：+4.17dB、F：+3.3 dB，MF1：+30Hz、MF2：−10Hz，FF1：+8Hz、FF2：−26Hz。其中，"+"表示词首大于非词首；"−"表示词首小于非词首，下同。

我们认为该元音为低、央、展唇、紧元音（请见词首音节短 [ɐ] 的描述）。图 2.197 为男发音人 [ɬɐːnɛːɹ]"裸体"一词的三维语图和三层标注实例。其中，词首元音 [ɐ] 的目标位置 F1~F4 共振峰分别为 774Hz、1328Hz、3056Hz、3633Hz。这是 [ɐː] 元音比较典型的声学语图。图 2.198 为词首和非词首音节长元音 [ɐː] 在声学空间中所处位置及其分布模式比较图。图中，正常表音，如"ɐː"为词首音节长元音，"ɐː1"（元音+1）图标为非词首音节长元音，下同；其中，左为男发音人图，右为女发音人图，下同。从图 2.198 中可以看出，男、女发音人中，非词首音节 [ɐː] 元音舌位比词首 [ɐː] 相对高。

表 2.200　词首 [ɐː] 元音总统计

单位：VD 为 ms、VA 为 dB、F 为 Hz，下同

	M					F				
	VD	VA	F1	F2	F3	VD	VA	F1	F2	F3
平均值	213	76.79	700	1280	2736	178	73.89	937	1530	2650

续表

	M					F				
	VD	VA	F1	F2	F3	VD	VA	F1	F2	F3
标准差	0.06	4.01	46.2	61.2	2112	0.04	3.9	86.2	186.5	558.9
变异系数	31.7%	5.2%	6.6%	4.7%	7.7%	26.9%	5.3%	9.2%	12.1%	21%

表 2.201　非词首 [ɐː] 元音总统计

单位：VD 为 ms、VA 为 dB、F 为 Hz，下同

	M					F				
	VD	VA	F1	F2	F3	VD	VA	F1	F2	F3
平均值	178	72.62	630	1290	2651	169	70.59	829	1556	2830
标准差	0.04	6.4	71.1	81.1	272.8	0.05	5.6	102.8	173.5	523.5
变异系数	27.5%	8.8%	11.2%	6.2%	10.2%	30.9%	8%	12.4%	11.1%	18.5%

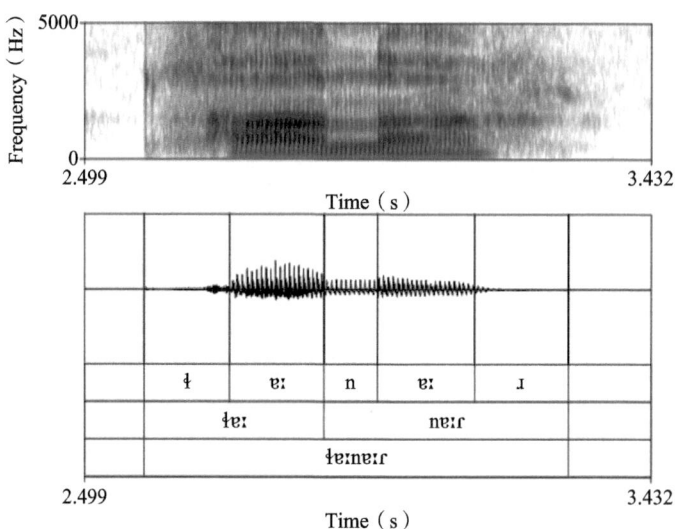

图 2.197　男发音人 [ɬɐːnɐːɾ]"裸体"一词的三维语图和三层标注实例

图 2.199～2.200 为词首音节和非词首音节长元音 [ɐː] 的目标位置共振峰（F1/F2）及其前过渡段共振峰（TF1/TF2）和后过渡段共振峰（TP1/TP）比较图。图中，[ɐː] 为目标位置共振峰分布图；"ɐːf"为前过渡段共振峰分布图；"ɐːp"为后过渡段共振峰分布图。其中，左为男发音人图，右为女发音人图，下同。

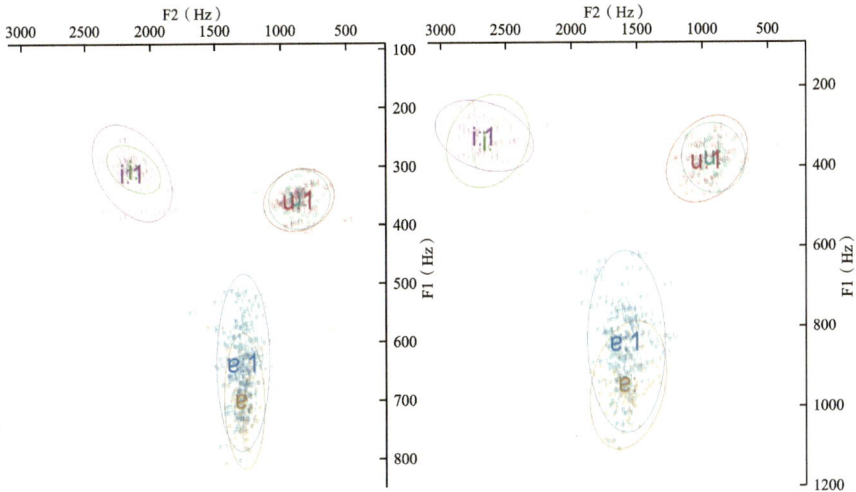

图 2.198 词首和非词首音节长元音 ［ɐː］ 在声学空间中
所处位置及其分布模式比较 （M&F）

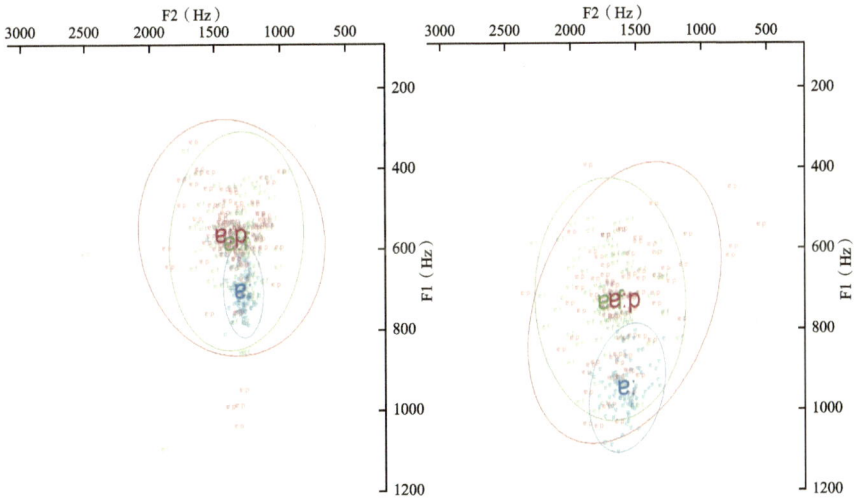

图 2.199 词首音节 ［ɐː］ 元音目标位置共振峰及其前、后
过渡段共振峰比较 （M&F）

从图 2.199~2.200 中可以看出，与目标位置共振峰频率相比，词首和
非词首音节 ［ɐ］ 元音前、后过渡段共振峰频率都有所变化。其中，词首
音节 ［ɐ］ 元音前、后过渡段变化基本上"后段变化大于前段"，但非词首

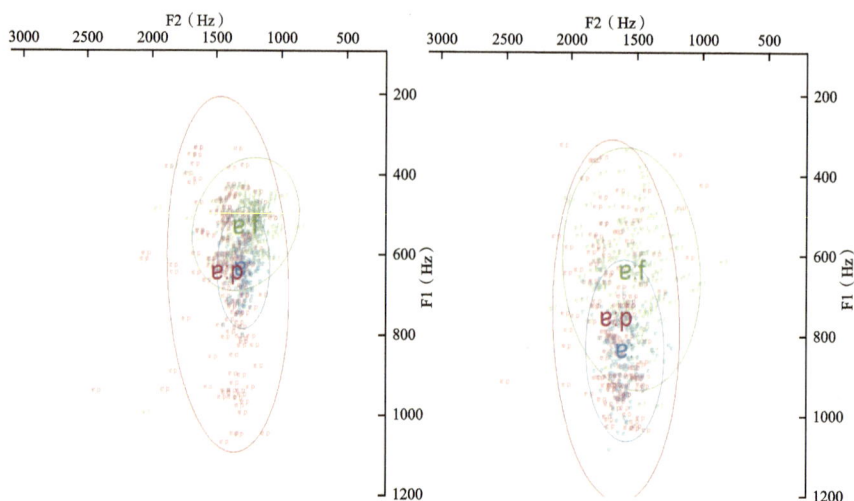

图 2.200　非词首音节 [ɐː] 元音目标位置共振峰及其
前、后过渡段共振峰比较　(M&F)

音节 [ɐː] 元音前、后过渡段共振峰频率变化基本上与词首音节长元音的
"后段变化大于前段" 相符合。

2. 辅音音质与声学参数之间的关系

图 2.201～2.202 为词首音节和非词首音节不同辅音之后 [ɐː] 元音音长
比较图，图 2.203 为词首音节不同辅音之后 [ɐː] 元音三个共振峰 (F1～F3)
前过渡段频率（TF1、TF2、TF3）比较图，图 2.204 为非词首音节不同辅
音之后 [ɐː] 元音三个共振峰 (F1～F3) 前过渡段频率（TF1、TF2、TF3）
比较图。其中，图 2.203 和图 2.204 是以 TF2 的上升为准排列的，即以舌位
自后至前排列的。从这些图中可以看出，辅音音质与 [ɐː] 元音第二共振
峰前过渡频率之间具有一定的相关性。如，[tʃ-、tʃʰ-、ʃ-、j-] 等辅音之

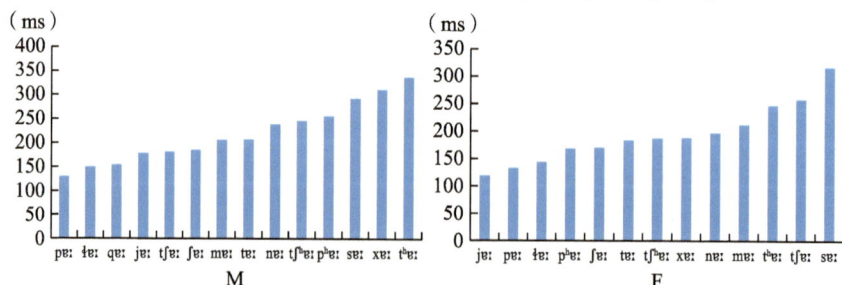

图 2.201　词首音节不同辅音之后 [ɐː] 元音音长比较 (M&F)

后［ɐ:］元音第二共振峰前过渡频率比其他辅音之后的相对高。［p、j、ɬ、q］辅音之后的［ɐ:］元音音长相对短。

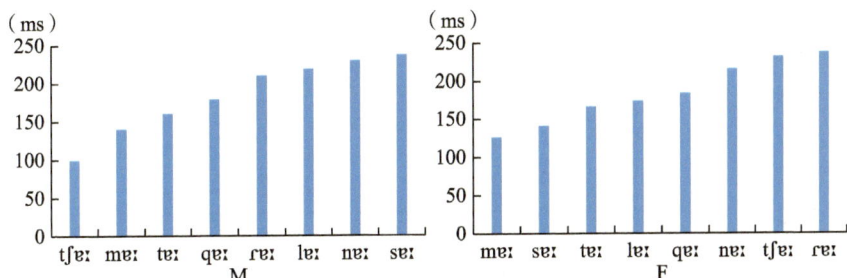

图 2.202　非词首音节不同辅音之后［ɐ:］元音音长比较（M&F）

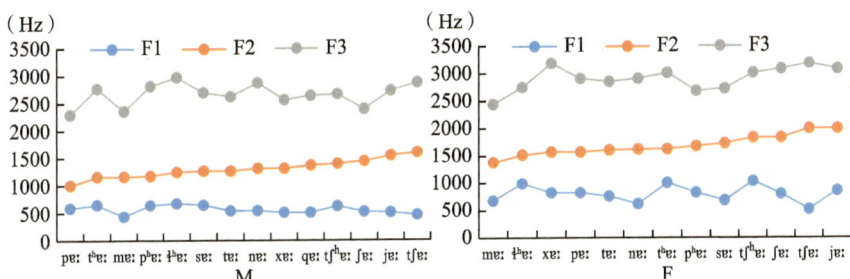

图 2.203　词首音节不同辅音之后［ɐ:］元音第一、第二和第三共振峰前
过渡段频率比较（M&F）

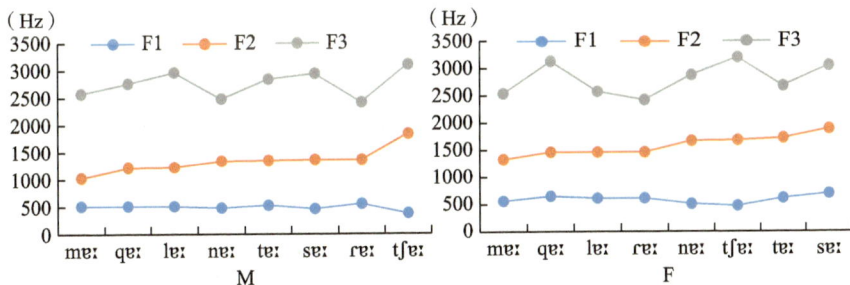

图 2.204　非词首音节不同辅音之后［ɐ:］元音第一、第二和第三共振峰前
过渡段频率比较（M&F）

3. 音节数量与声学参数之间的关系

表 2.202 为在单音节词、双音节词和多音节词中出现的［ɐ:］频率统计表，60%（M）、71%（F）在双音节中出现。表 2.203 为［ɐ:］元音的音长（VD）、音强（VA）、目标位置共振峰目标值（F）均值统计表，图 2.205～

2.1206 为音节数量与［ɐː］元音音长、音强和目标位置共振峰之间的关系示意图。从上述表和图中可以看出，音节数量与［ɐː］元音声学参数之间具有一定的相关性。如，随着音节数量的增多该元音音长相对变短；男发音人随着音节数量的增多该元音音强相对变弱。音节数量与［ɐː］元音目标位置共振峰频率之间相对稳定。

表 2.202　不同音节中［ɐː］元音出现频率统计

发音人	单音节词		双音节词		多音节词		共计	
	M	F	M	F	M	F	M	F
出现次数	27	20	58	59	11	4	96	83
百分比	28%	24%	60%	71%	12	5%	100%	100%

表 2.203　不同音节词中［ɐː］元音声学参数统计

发音人 统计项		M					F				
		VD	VA	F1	F2	F3	VD	VA	F1	F2	F3
单音节词	平均值	286	76.7	683	1272	2712	221	74.35	963	1556	2757
	标准差	0.07	3.5	46.8	63.5	220.1	0.05	3.8	78.39	181.9	565.1
	变异系数	24.5%	4.6%	6.8%	4.9%	8.1%	25.1%	5.2%	8.1%	11.6%	20.5%
双音节词	平均值	185	76.51	705	1288	2761	165	73.77	925	1516	2607
	标准差	0.04	4.4	45.8	59.9	210.1	0.03	4.04	89.1	191.8	570.3
	变异系数	22%	5.7%	6.4%	4.6%	7.6%	22%	5.4%	9.6%	12.6%	21.8%
多音节词	平均值	178	78.45	714	1261	2663	162	73.25	984	1608	2748
	标准差	0.02	2.2	38.5	60.4	193.2	0.04	4.4	9.7	117.5	218.8
	变异系数	15.7%	2.9%	5.4%	4.7%	7.2%	25.3%	6%	0.9%	7.3%	11.6%

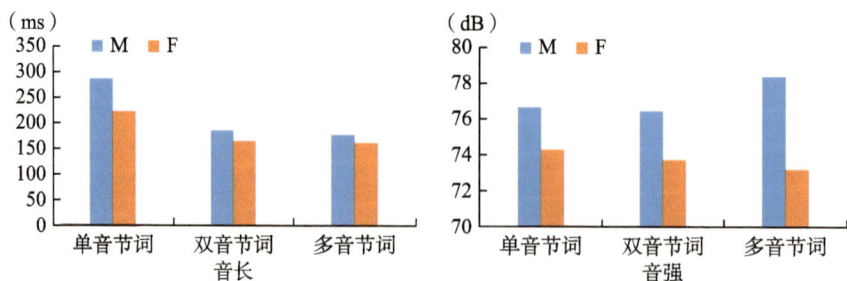

图 2.205　音节数量与［ɐː］元音音长、音强之间的关系示意 (M&F)

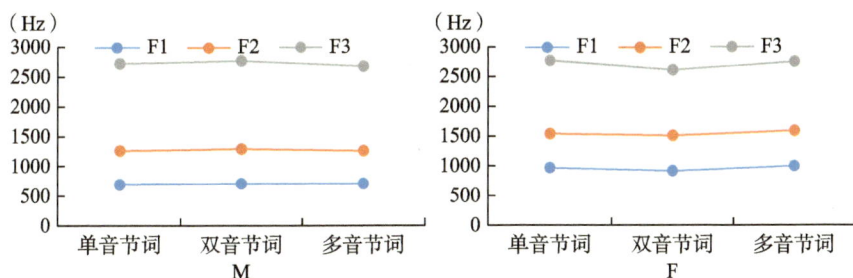

图 2.206　音节数量与［ɐː］元音目标位置共振峰之间的关系示意 (M&F)

我们对不同音节类型之间和词中出现的不同位置［ɐː］元音之间共振峰、音长参数做了单因素方差分析和配对样本 T 检验，结果如表 2.204~2.205 所示。

表 2.204　检验结果

	sig（显著性）					
	M		F		M	F
	F1	F2	F1	F2	VD	VD
单音节词—双音节词	.999	.447	.001	.675	.000	.005
单音节词—多音节词	.000	.589	.000	.791	.000	.000
双音节词—多音节词	.000	.947	.004	.946	.000	.052

我们从检验结果来看，F1 参数上，除了男发音人单音节词—双音节词外，其他的差异显著；F2 参数上，男、女发音人差异不显著。

音长参数上，男、女发音人不同音节类型之间差异显著。

表 2.205　检验结果

	sig（双侧）					
	M		F		M	F
	F1	F2	F1	F2	VD	VD
词首—非词首	.000	.356	.000	.393	.000	.214

我们从共振峰检验结果看，F1 参数上，男、女发音人差异显著；F2 参数上，男、女发音人差异不显著。

从音长参数上，男发音人的音长参数在词首与非词首音节之间差异性显著，女发音人在音长上差异性不显著。

（二）［ə:］元音

1. 参数平均值及其音质定位

［ə:］在男发音人语料中出现 2 次，女发音人语料中出现 5 次。表 2.206 为［ə:］元音参数汇总统计表。

我们认为该元音为中、央、展唇、松元音（请见词首音节［ə］的描述）。图 2.207 为男发音人［kʰə:］"盛，装"一词的三维语图和三层标注实例。其中，词首元音［ə:］的目标位置的 F1～F4 共振峰分别为 497Hz、1342Hz、2604Hz、3599Hz。这是［ə:］元音比较典型的声学语图。

表 2.206 词首 ［ə:］ 元音总统计

	M					F				
	VD	VA	F1	F2	F3	VD	VA	F1	F2	F3
平均值	330	76.5	490	1253	2754	182	73	546	1199	2689

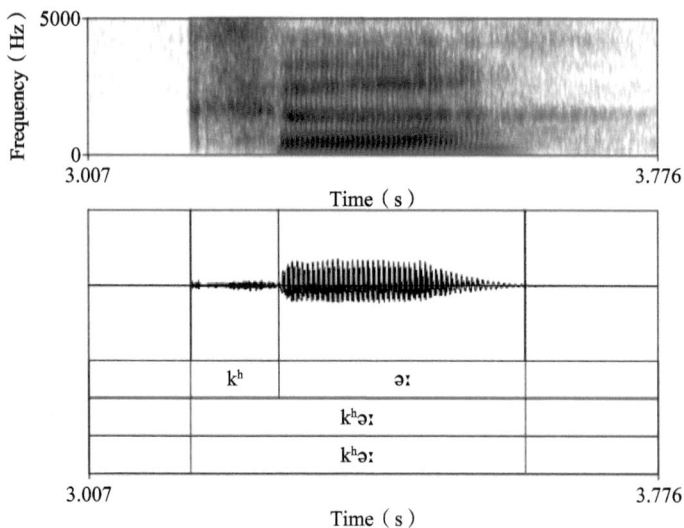

图 2.207 男发音人 ［kʰə:］ "盛，装" 一词的三维语图和三层标注实例

（三）［iː］元音

1. 参数平均值及其音质定位

表 2. 207~2. 208 为词首和非词首音节［iː］元音参数总统计表。可以看出，词首和非词首音节［iː］元音声学参数具有一定的差异。如，词首音节［iː］元音音长、音强和共振峰均值分别为：M = 215ms、F = 174ms，M = 76. 12dB、F = 74.06dB，M：F1 = 303Hz、F2 = 2127Hz，F：F1 = 334Hz、F2 = 2640Hz；非词首音节［iː］元音音长、音强和共振峰均值分别为：M = 216ms、F = 222ms，M = 74. 93dB、F = 70. 65dB；F1 和 F2 的频率均值分别为 M：F1 = 309Hz、F2 = 2138Hz，F：F1 = 320Hz、F2 = 2669Hz。差异分别为：M：−1ms、F：−48ms，M：+1.19dB、F：+3.41dB，MF1：−6Hz、MF2：−11Hz，FF1：+14Hz、FF2：−29Hz。

我们认为该元音为高、前、展唇、松元音（请见词首音节［i］的描述）。图 2. 208 为男发音人［tiːsən］"绳子"一词的三维语图和三层标注实例。其中，词首元音［iː］的目标位置的 F1 ~ F3 共振峰分别为 302Hz、2060Hz、2534Hz、3292Hz。这是［iː］元音比较典型的声学语图。

表 2. 207　词首音节［iː］元音统计

	M					F				
	VD	VA	F1	F2	F3	VD	VA	F1	F2	F3
平均值	215	76. 12	303	2127	2725	174	74. 06	334	2640	3193
标准差	0. 1	3. 09	15. 7	77. 7	158. 2	0. 08	2. 4	43. 8	120. 9	230
变异系数	47. 6%	4%	5. 1%	3. 6%	5. 8%	46. 6%	3. 3%	13. 1%	4. 5%	7. 2%

表 2. 208　非词首音节［iː］元音统计

	M					F				
	VD	VA	F1	F2	F3	VD	VA	F1	F2	F3
平均值	216	74. 93	309	2138	2724	222	70. 65	320	2669	3263
标准差	0. 06	3. 05	32. 2	118. 6	153. 9	0. 06	3. 9	34. 4	146. 7	166. 4
变异系数	29. 1%	4%	10. 4%	5. 5%	5. 6%	28. 3%	5. 5%	10. 7%	5. 4%	5. 1%

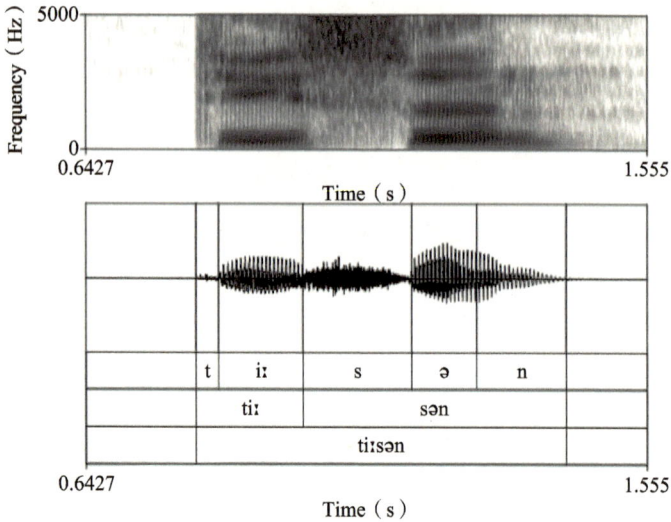

图 2.208　男发音人［tiːsən］"绳子"一词的三维语图和三层标注实例

　　图 2.209 为词首和非词首音节长元音［iː］在声学空间中所处位置及其分布模式比较图。可以看出，非词首音节长元音［iː］的舌位比词首［iː］相对前，并且离散度较大。

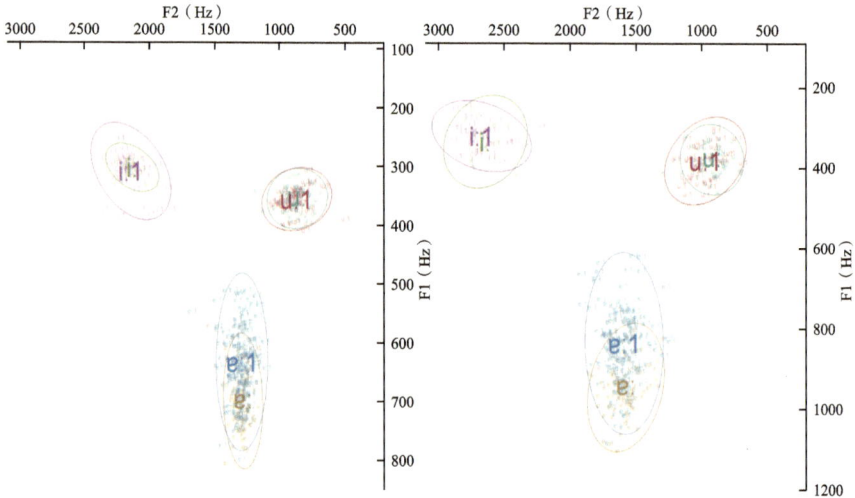

图 2.209　词首和非词首音节长元音［iː］在声学空间
所处位置及其分布模式比较　(M&F)

2. 目标位置共振峰及其前、后过渡段共振峰比较

图 2.210~2.211 为词首音节和非词首音节长元音［iː］的目标位置共振峰（F1/F2）及其前过渡段共振峰（TF1/TF2）和后过渡段共振峰（TP1/TP）比较图。可以看出，与目标位置共振峰频率相比，男发音人的词首音节前、后过渡段频率基本上没有变化，女发音人的前、后过渡段频率在舌位前移，非词首的变化基本上跟词首相似。后段变化大于前段。

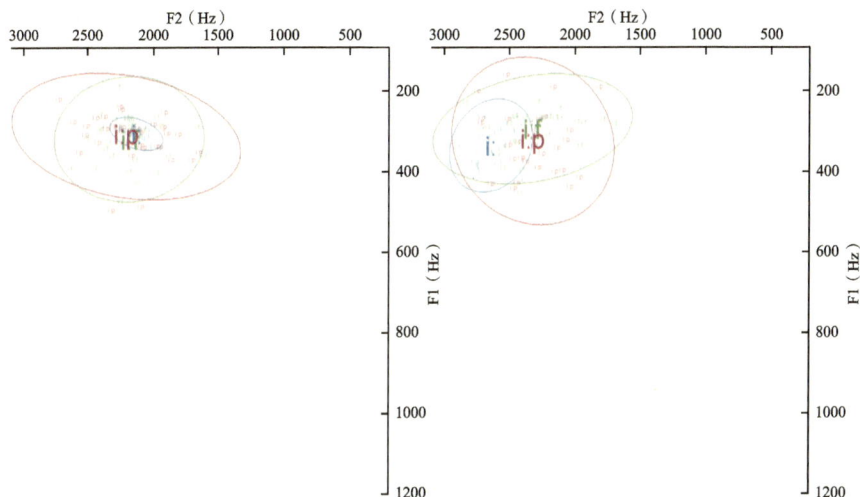

图 2.210　词首音节［iː］元音目标位置共振峰及其前、后过渡段共振峰比较　(M&F)

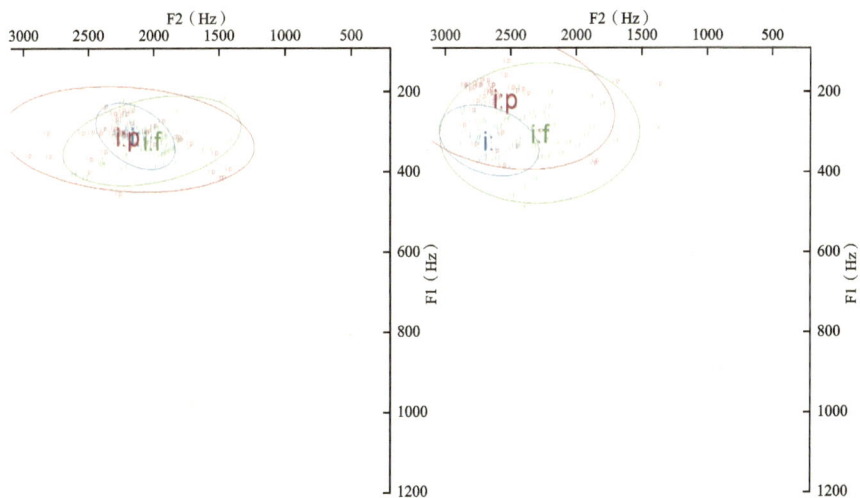

图 2.211　非词首音节［iː］元音目标位置共振峰及其前、后过渡段共振峰比较　(M&F)

我们对不同音节类型之间和词中出现的不同位置 [iː] 元音之间的共振峰、音长参数做了单因素方法分析和配对样本 T 检验，结果如表 2.209~2.210 所示。

表 2.209　检验结果

	sig（显著性）					
	M		F		M	F
	F1	F2	F1	F2	VD	VD
单音节词—双音节词	.871	.998	.403	.667	.000	.119
单音节词—多音节词	..094	.683	.511	.977	.000	.051
双音节词—多音节词	.130	.657	.990	.688	.001	.581

从检验结果来看，F1、F2 参数上，男、女发音人有相同的规律，差异不显著；音长参数上，男、女发音人正相反，男发音人差异显著，女发音人差异不显著。

表 2.210　检验结果

	sig（双侧）					
	M		F		M	F
	F1	F2	F1	F2	VD	VD
词首—非词首	.334	.650	.161	.394	.922	.008

从共振峰检验结果看，男、女发音人的 F1、F2 参数上，有相同的规律，差异不显著。

音长检验结果看，男发音人差异性不显著，女发音人差异显著。

3. 辅音音质与声学参数之间的关系

图 2.212~2.213 为词首音节和非词首音节不同辅音之后 [iː] 元音音长比较图，图 2.214~2.215 为词首音节不同辅音之后 [ɐː] 元音三个共振峰 (F1~F3) 前过渡段频率（TF1、TF2、TF3）比较图。其中，图 2.214 和图 2.215 是以 TF2 的上升为准排列的，即以舌位自后至前排列的。从这些图中可以看出，词首辅音音质与 [iː] 元音第二共振峰前过渡频率之间相关性不大；非词首辅音音质与 [iː] 元音第二共振峰前过渡频率之间具有一定的相关性。如，[t-、tʃʰ-、kʰ-、tʰ-] 等辅音之后 [iː] 元音第二共振峰前过渡频率比其他辅音之后的相对高。辅音之后的 [ɐː] 元音音长之间相关性不大。

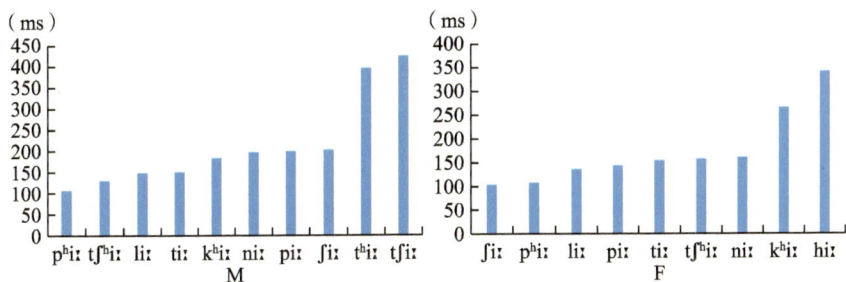

图 2.212　词首音节不同辅音之后和无前置辅音音节中〔iː〕元音音长比较（M&F）

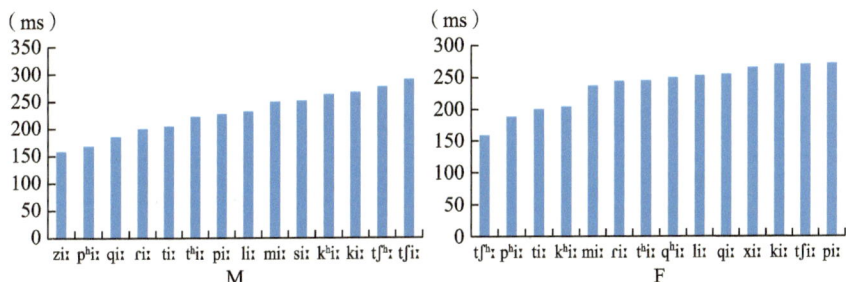

图 2.213　非词首音节不同辅音之后和无前置辅音音节中〔iː〕元音音长比较（M&F）

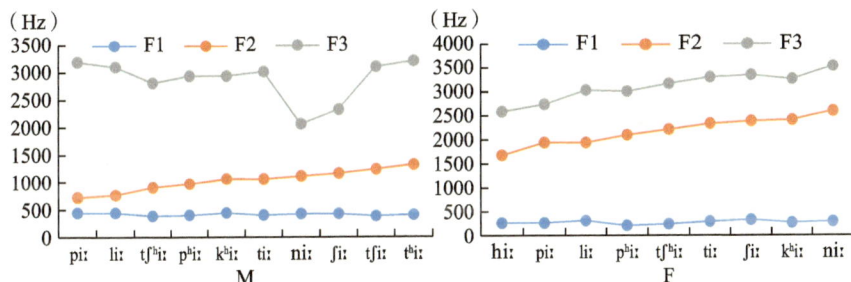

图 2.214　词首音节不同辅音之后〔iː〕元音第一、第二和第三共振峰前
过渡段频率比较（M&F）

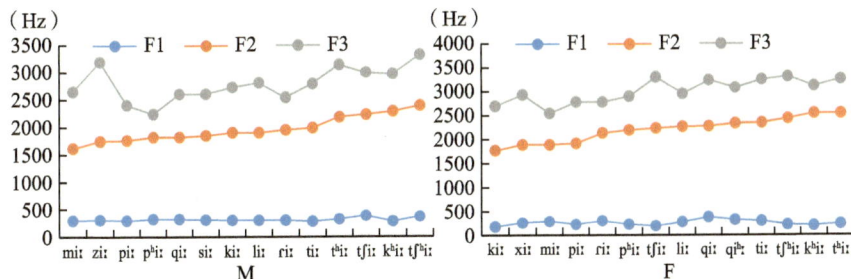

图 2.215　非词首音节不同辅音之后〔iː〕元音第一、第二和第三共振峰前
过渡段频率比较（M&F）

4. 音节数量与声学参数之间的关系

表 2.211 为在单音节词、双音节词和多音节词中出现的 [iː] 频率统计表，47%（M）、62%（F）在双音节中出现。表 2.212 为 [iː] 元音的音长（VD）、音强（VA）、目标位置共振峰目标值（F）均值统计表，图 2.216~2.217 为音节数量与 [iː] 元音音长、音强和目标位置共振峰之间的关系示意图。从上述表和图中可以看出，音节数量与 [iː] 元音声学参数之间具有一定的相关性。如，随着音节数量的增多该元音音长相对变短；音强与音节数量之间相关性不大；音节数量与 [iː] 元音目标位置共振峰频率之间几乎看不到相关性，共振峰相对稳定。

表 2.211　不同音节 [ɐː] 出现频率统计

发音人	单音节词		双音节词		多音节词		共计	
	M	F	M	F	M	F	M	F
出现次数	14	9	15	18	3	2	32	29
百分比	44%	31%	47%	62%	9%	7%	100%	100%

表 2.212　不同音节词中 [ɐː] 元音声学参数统计

发音人统计项		M					F				
		VD	VA	F1	F2	F3	VD	VA	F1	F2	F3
单音节词	平均值	315	76.42	299	2141	2726	266	75.33	345	2690	3289
	标准差	0.06	3.2	18.5	82.9	153.5	0.08	2.5	45.4	160.6	216.3
	变异系数	21.6%	4.3%	6.1%	3.8%	5.6%	32.8%	3.3%	13.1%	5.9%	6.5%
双音节词	平均值	136	75.66	306	2103	2704	135	73.27	323	2604	3123
	标准差	0.03	2.9	13.4	71	176	0.02	2.2	41.6	90	222.3
	变异系数	22.3%	3.9%	4.3%	3.3%	6.5%	19.9%	3.1%	12.8%	3.4%	7.1%
多音节词	平均值	138	77	298	2174	2823	113	75.5	383	2739	3389
	标准差										
	变异系数										

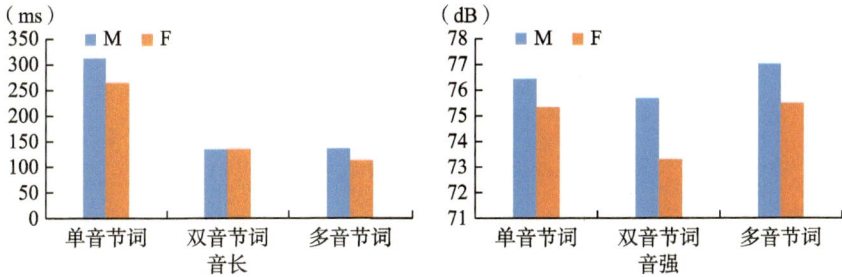

图 2.216 音节数量与 ［iː］元音音长、音强之间的关系示意 (M&F)

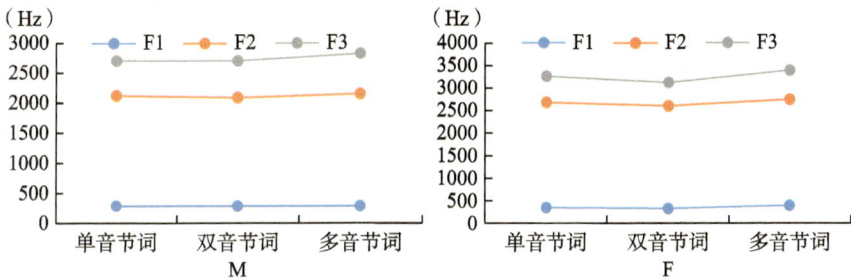

图 2.217 音节数量与 ［iː］元音共振峰之间的关系示意 (M&F)

我们对不同类型音节 ［iː］元音之间的共振峰、音长参数之间做了单因素方差分析，结果如表 2.213 所示。

表 2.213 检验结果

	sig（显著性）					
	M		F		M	F
	F1	F2	F1	F2	VD	VD
单音节词—双音节词	.871	.998	.403	.667	.000	.119
单音节词—多音节词	.094	.683	.511	.977	.000	.051
双音节词—多音节词	.130	.657	.990	.688	.001	.581

我们从共振峰检验结果看，F1、F2 参数上，男、女发音人在不同类型音节的 ［ɐː］元音之间差异不显著。

从音长检验结果看，男发音人的音长参数上差异性显著，女发音人在音长上差异性不显著。

（四）［ɔː］元音

1. 参数平均值及其音质定位

表 2.214～2.215 为［ɔː］词首和非词首音节元音参数总统计表。可以看出，词首音节［ɔː］元音音长、音强和共振峰均值分别为：M＝187ms、F＝185ms，M＝77.33dB、F＝74.31dB，M：F1＝502Hz、F2＝927Hz，F：F1＝560Hz、F2＝1113Hz；非词首音节［ɔː］元音音长、音强和共振峰均值分别为：M＝178ms、F＝167ms，M＝74.64dB、F＝70.04dB；F1 和 F2 的频率均值分别为 M：F1＝477Hz、F2＝942Hz，F：F1＝549Hz、F2＝1130Hz。词首和非词首音节［ɔː］元音声学参数之间的差异是：M：＋9ms、F：＋18ms，M：＋2.69dB、F：＋4.27dB，MF1：＋25Hz、MF2：－15Hz，FF1：＋11Hz、FF2：－17Hz。

我们认为该元音为次低、后、圆唇、紧元音。图 2.218 为男发音人［sɔːn］"打奶桶"一词的三维语图和三层标注实例。其中，非词首元音［ɔː］的目标位置的 F1～F4 共振峰分别为 500Hz、898Hz、3008Hz、3602Hz。这是词首音节［ɔː］元音比较典型的声学语图。

图 2.219 为词首和非词首音节长元音［ɔː］在声学空间中所处位置及其分布模式比较图。可以看出，非词首音节长元音［ɔː］的舌位比词首［ɔː］相对前而高。

表 2.214　词首［ɔː］元音统计

	M					F				
	VD	VA	F1	F2	F3	VD	VA	F1	F2	F3
平均值	187	77.33	502	927	2880	185	74.31	560	1113	3019
标准差	0.05	2.2	26.8	64.5	258.9	0.03	4.6	47.5	79.2	109.8
变异系数	29%	2.9%	5.3%	6.9%	8.9%	20.1%	6.2%	8.4%	7.1%	3.6%

表 2.215　非词首［ɔː］元音统计

	M					F				
	VD	VA	F1	F2	F3	VD	VA	F1	F2	F3
平均值	178	74.64	477	942	2788	167	70.04	549	1130	3078

续表

	M					F				
	VD	VA	F1	F2	F3	VD	VA	F1	F2	F3
标准差	0.04	5.3	35.1	68.8	198.2	0.05	5.3	62.8	142	174.4
变异系数	23.2%	7.1%	7.3%	7.3%	7.1%	35.7%	7.6%	11.4%	12.5%	5.6%

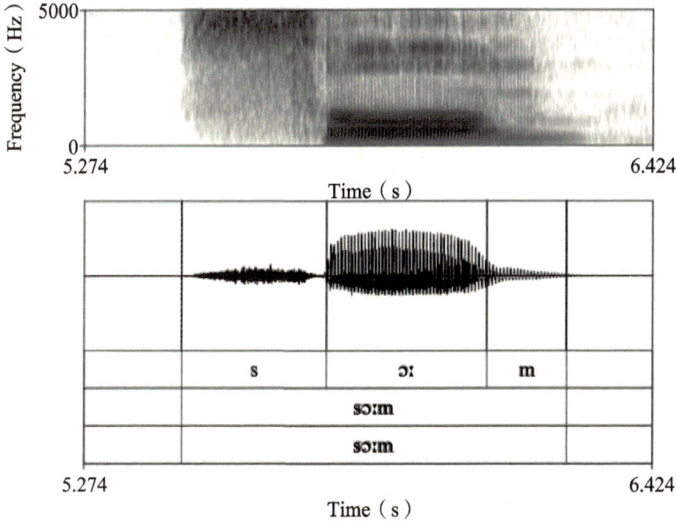

图 2.218　男发音人［sɔːn］"打奶桶"一词的三维语图和三层标注实例

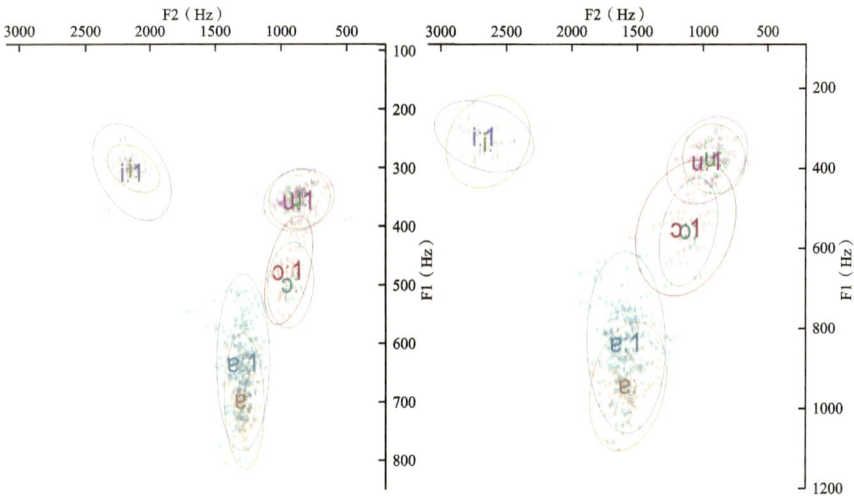

图 2.219　词首和非词首音节长元音［ɔː］在声学空间中所处位置

及其分布模式比较 (M&F)

2. 目标位置共振峰及其前、后过渡段共振峰比较

图 2. 220~2. 221 为词首音节和非词首音节长元音［ɔː］的目标位置共振峰（F1/F2）及其前过渡段共振峰（TF1/TF2）和后过渡段共振峰（TP1/TP）比较图。可以看出，与目标位置共振峰频率相比，词首和非词首音节［ɔː］元音前、后过渡段共振峰频率都有所变化。总体上词首和非词首音节

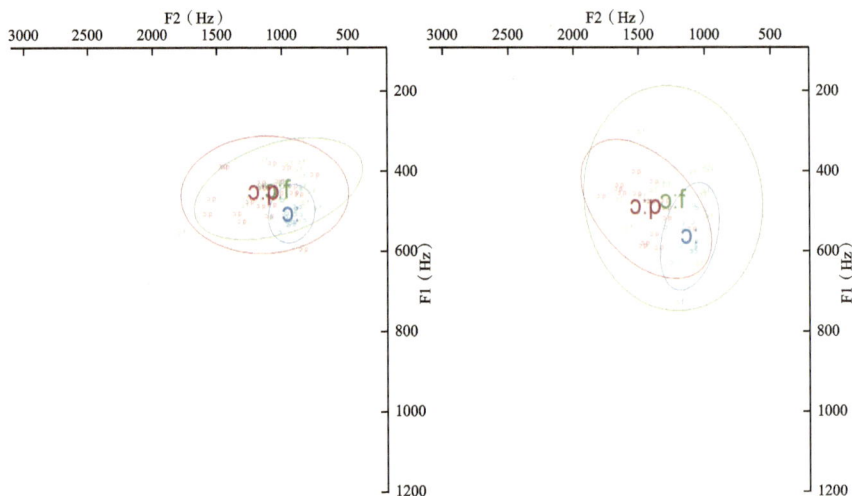

图 2. 220　词首音节［ɔː］元音目标位置共振峰及其前、后过渡段共振峰比较　(M&F)

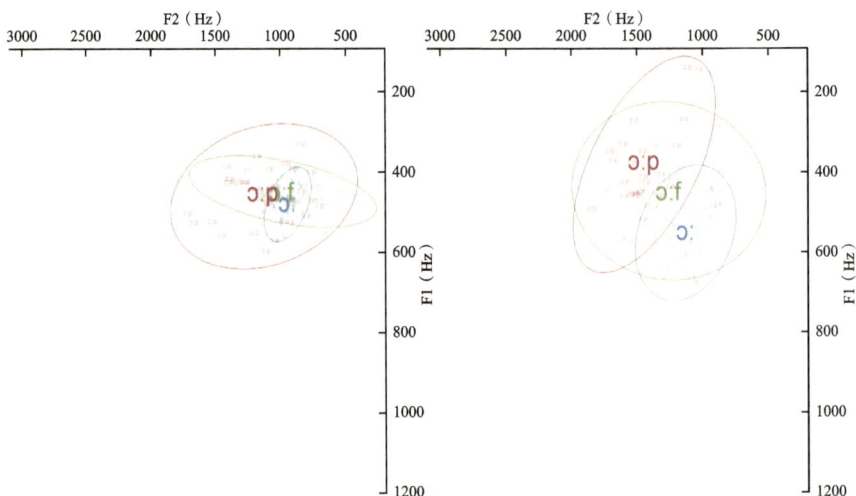

图 2. 221　非词首音节［ɔː］元音目标位置共振峰及其前、后过渡段共振峰比较　(M&F)

［ɔː］的前、后过渡频率变化趋向于高、前（前、后维度上的变化相对大）。相比之下，词首音节的前段变化大于后段，非词首音节的后段变化大于前段，非词首［ɔː］元音前后过渡段共振峰频率离散度都较大。

3. 音节数量与声学参数之间的关系

表 2.216 为［ɔː］元音在单音节词、双音节词和多音节词中出现的频率统计表。表 2.217 为在单音节词、双音节词和多音节词中出现的［ɔː］元音的音长（VD）、音强（VA）、目标位置共振峰目标值（F）均值统计表，图 2.222～2.223 为音节数量与［ɔː］元音音长、音强和目标位置共振峰之间的关系示意图。从表 2.217、图 2.222 和 2.223 中可以看出，音节数量与［ɔː］元音声学参数之间具有一定的相关性。如，随着音节数量的增多该元音音长相对变短；音节数量的增多与元音音强相关性不大。音节数量与［ɔː］元音目标位置共振峰频率之间几乎看不到相关性，共振峰相对稳定。

表 2.216　［ɔː］元音出现频率统计

	单音节词		双音节词		多音节词		共计	
发音人	M	F	M	F	M	F	M	F
出现次数	6	2	29	25	14	12	49	39
百分比	12%	5%	59%	64%	29%	31%	100%	100%

表 2.217　不同音节词中［ɔː］元音声学参数统计

单位：VD 为 ms，VA 为 dB，F 为 Hz，下同

发音人 统计项		M					F				
		VD	VA	F1	F2	F3	VD	VA	F1	F2	F3
单音节词	平均值	232	77.66	514	960	2842	246	71	559	1116	2961
	标准差	0.05	2.1	20.3	72.2	121.1					
	变异系数	24.5%	2.7%	3.9%	7.5%	4.2%					
双音节词	平均值	186	76.93	490	937	2844	185	72.88	547	1097	3060
	标准差	0.04	2.8	29.8	66.6	272.7	0.04	4.7	58.4	98.3	158
	变异系数	23.1%	3.6%	6%	7.1%	9.5%	24%	6.5%	10.6%	8.9%	5.1%
多音节词	平均值	153	72.64	470	923	2785	140	69.66	565	1179	3058
	标准差	0.02	6.3	39	66.5	1555.5	0.04	6.4	49.8	149.8	155
	变异系数	18.8%	8.7%	8.2%	7.2%	5.5%	35.2%	9.3%	8.8%	12.7%	5%

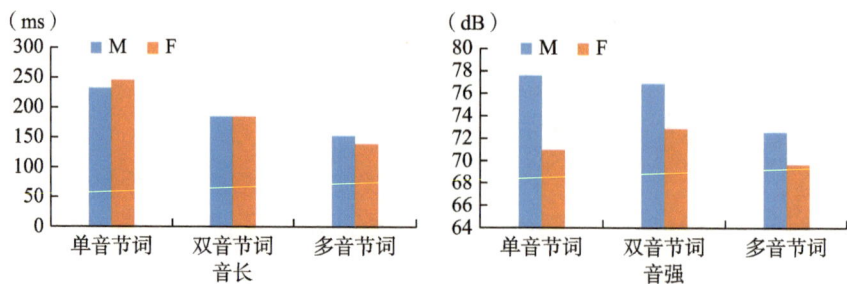

图 2.222　音节数量与［ɔː］元音音长、音强之间的关系示意　(M&F)

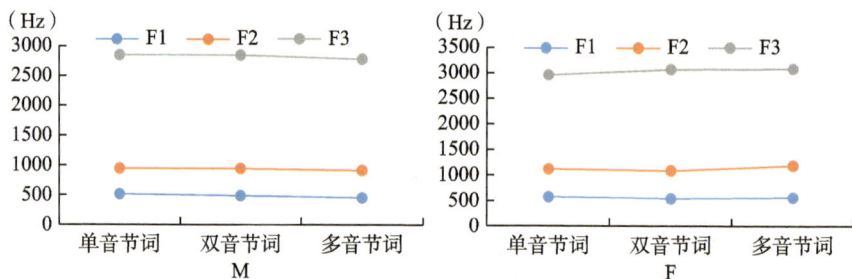

图 2.223　音节数量与［ɔː］元音共振峰之间的关系示意　(M&F)

　　我们对不同音节类型之间和词中出现的不同位置［ɔː］元音之间的共振峰、音长参数做了单因素方差分析和配对样本 T 检验，结果如表 2.218～2.219 所示。

表 2.218　检验结果

	sig（显著性）					
	M		F		M	F
	F1	F2	F1	F2	VD	VD
单音节词—双音节词	.087	.767	.985	.961	.233	.020
单音节词—多音节词	.011	.553	.996	.730	.040	.001
双音节词—多音节词	.226	.787	.600	.228	.012	.035

　　从检验结果来看，F1、F2 参数上，除了男发音人在单音节词和多音节词［ɔː］元音之间差异显著，其他的不同音节之间差异不显著。

　　音长参数上，男发音人在单音节和双音节词［ɔː］元音之间差异不显著，其他的不同音节之间差异显著。

表 2.219　检验结果

	sig（双侧）					
	M		F		M	F
	F1	F2	F1	F2	VD	VD
词首—非词首	.008	.447	.550	.664	.524	.289

从共振峰和音长检验结果看，男、女发音人词首和非词首音节［ɔː］元音之间差异不显著，男发音人 F1 参数上差异显著。

（五）［ʊː］元音

1. 参数平均值及其音质定位

［ʊː］元音在男发音人语料中，词首音节出现 6 次，非词首音节 9 次；女发音人语料中，词首音节出现 11 次，非词首音节出现 6 次。

表 2.220~2.221 为词首和非词首音节［ʊː］元音参数总统计表。我们认为该元音为中低、后、圆唇、紧元音。图 2.224 为男发音人［xʊːɾ］"保护，守护"一词的三维语图和三层标注实例。其中，词首元音［ʊː］的目标位置 F1~F4 共振峰分别为 459Hz、884Hz、2481Hz、3683Hz。这是［ʊː］元音比较典型的声学语图。图 2.225 为词首和非词首音节长元音［ʊː］在声学空间中所处位置及其分布模式比较图。显然，非词首音节［ʊː］元音舌位比词首音节［ʊː］相对靠后、高。

表 2.220　词首［ʊː］元音总统计

	M					F				
	VD	VA	F1	F2	F3	VD	VA	F1	F2	F3
平均值	206	78	458	938	2857	146	73.63	543	1096	2930
标准差	0.04	3.3	25.6	53.2	97	0.03	4.7	68.7	82.2	245
变异系数	20.6%	4.2%	5.5%	5.6%	3.3%	21.6%	6.4%	12.6%	7.5%	8.3%

表 2.221　非词首［ʊː］元音总统计

	M					F				
	VD	VA	F1	F2	F3	VD	VA	F1	F2	F3
平均值	163	77.33	421	823	2912	157	72.16	410	822	2784

续表

	M					F				
	VD	VA	F1	F2	F3	VD	VA	F1	F2	F3
标准差	0.03	1.7	39.5	62.5	188.5	0.04	4.7	35.5	57.2	520.7
变异系数	21.7%	2.2%	9.3%	7.6%	6.4%	26.2%	6.6%	8.6%	6.9%	18.7%

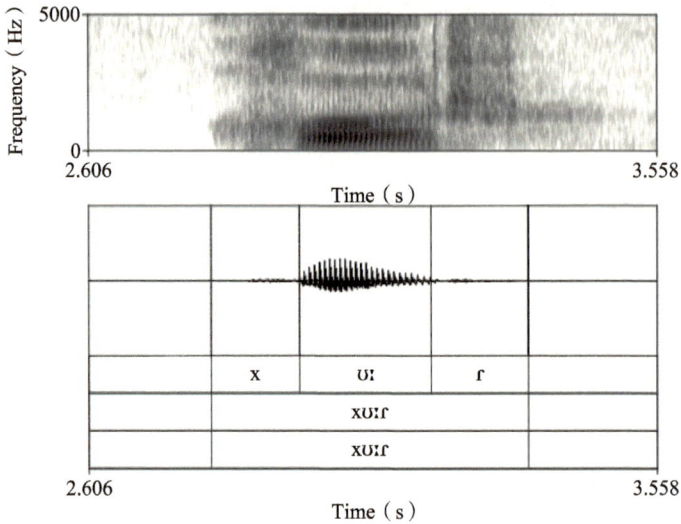

图 2.224 男发音人 [xʊɪɾ] "保护，守护" 一词的三维语图和三层标注实例

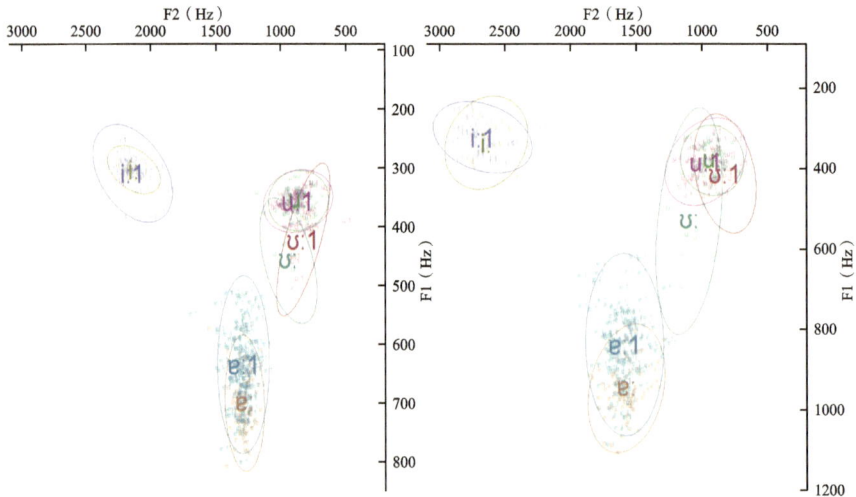

图 2.225 词首和非词首音节长元音 [ʊ:] 在声学空间中所处位置
及其分布模式比较 (M&F)

2. 目标位置共振峰及其前、后过渡段共振峰比较

图 2.226~2.227 为词首音节和非词首音节长元音［ʊː］的目标位置共振峰（F1/F2）及其前过渡段共振峰（TF1/TF2）和后过渡段共振峰（TP1/TP）比较图。可以看出，与目标位置共振峰频率相比，词首和非词首音节

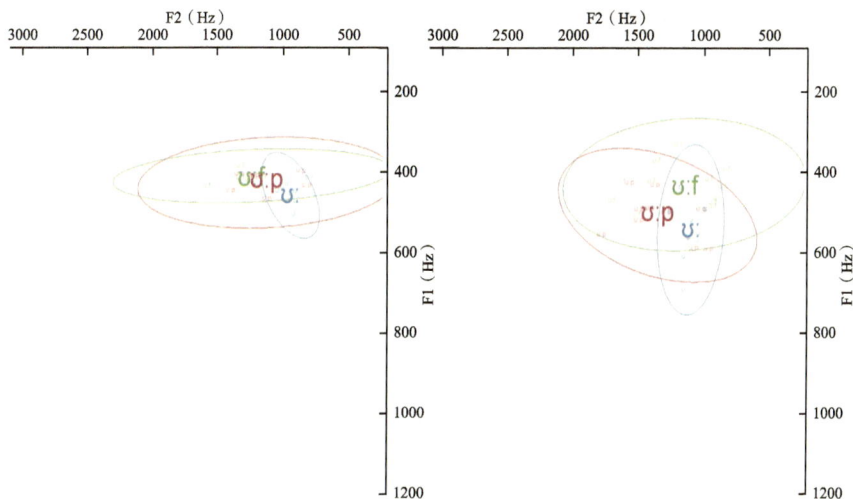

图 2.226 词首音节［ʊː］元音目标位置共振峰及其前后过渡段
共振峰比较 （M&F）

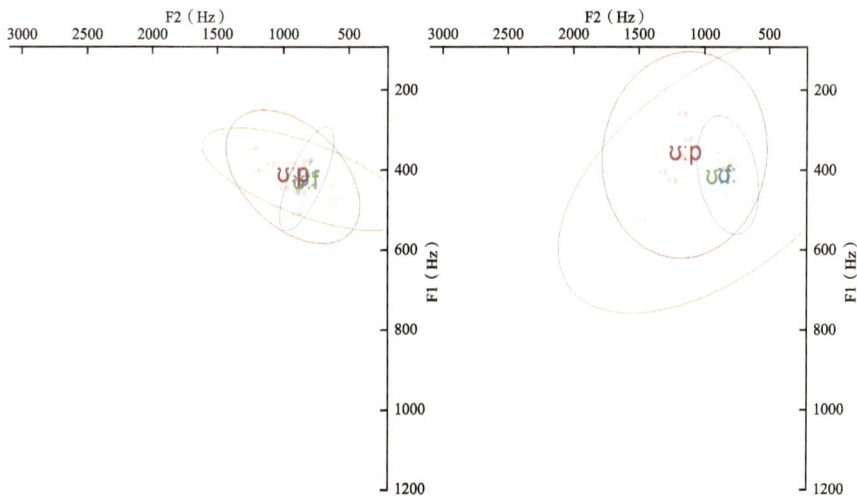

图 2.227 非词首音节［ʊː］元音目标位置共振峰及其前后过渡段
共振峰比较 （M&F）

［ʊː］元音前、后过渡段共振峰频率都有所变化。总体上词首和非词首音节［ʊː］的前、后过渡频率变化趋向于前（前、后维度上的变化相对大）。总体上，前段变化大于后段。无论在词首还是非词首［ʊː］元音前、后过渡段共振峰频率离散度都较大。

（六）［uː］元音

1. 参数平均值及其音质定位

表 2.222～2.223 为词首和非词首音节［uː］元音参数总统计表。统计表显示，词首音节［uː］元音音长、音强和共振峰均值分别为：M = 189ms、F = 168ms，M = 74.44dB、F = 73.33dB，M：F1 = 355Hz、F2 = 849Hz，F：F1 = 378Hz、F2 = 908Hz；非词首音节［uː］元音音长、音强和共振峰均值分别为：M = 165ms、F = 167ms，M = 73.2dB、F = 71.86dB；F1 和 F2 的频率均值分别为 M：F1 = 356Hz、F2 = 863Hz，F：F1 = 381Hz、F2 = 969Hz。显然，词首和非词首音节［uː］元音声学参数具有一定的差异。如，在音长、音强和共振峰均值方面的差异分别为：M：+24ms、F：+1ms，M：+1.24dB、F：+1.47dB，MF1：−1Hz、MF2：−14Hz，FF1：−3Hz、FF2：−61Hz。

我们认为该元音为高、后、圆唇、紧元音。图 2.228 为男发音人［xuːsən］"空的，胡说，空旷"一词的三维语图和三层标注实例。其中，词首元音［uː］的目标位置 F1～F4 共振峰分别为 331Hz、916Hz、2623Hz、3667Hz。这是［uː］元音比较典型的声学语图。图 2.229 为词首和非词首音节长元音［uː］在声学空间中所处位置及其分布模式比较图。显然，非词首音节［uː］元音舌位比词首音节［uː］相对靠前、低。

表 2.222　词首［uː］元音总统计

	M					F				
	VD	VA	F1	F2	F3	VD	VA	F1	F2	F3
平均值	189	74.44	355	849	2665	168	73.33	378	908	2749
标准差	0.08	3.3	20.2	75.3	157.4	0.07	2.7	34.4	87.4	217.6
变异系数	45.4%	4.4%	5.6%	8.8%	5.9%	45.2%	3.8%	9.1%	9.6%	7.9%

表 2.223 非词首 [uː] 元音统计

	M					F				
	VD	VA	F1	F2	F3	VD	VA	F1	F2	F3
平均值	165	73.2	356	863	2714	167	71.86	381	969	2738
标准差	0.05	3.4	21	105.3	251	0.05	3.8	42.3	120.8	209.4
变异系数	30.8%	4.7%	5.8%	12.2%	9.2%	35%	5.3%	11.1%	12.4%	7.6%

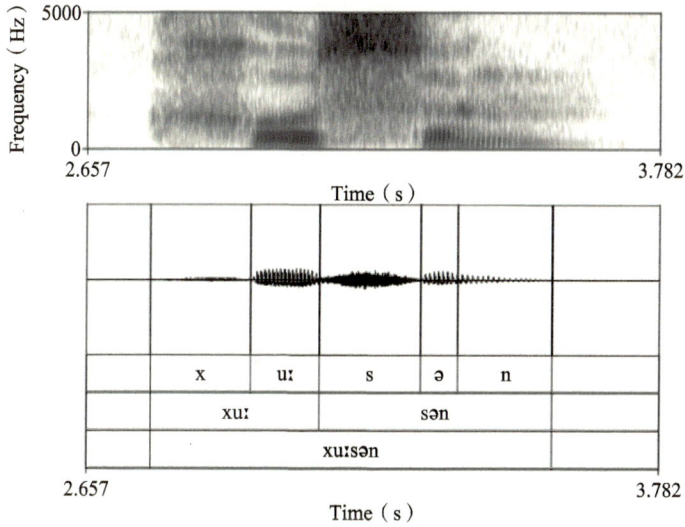

图 2.228 男发音人 [xuːsən] "空的,胡说,空旷" 一词的三维语图和三层标注实例

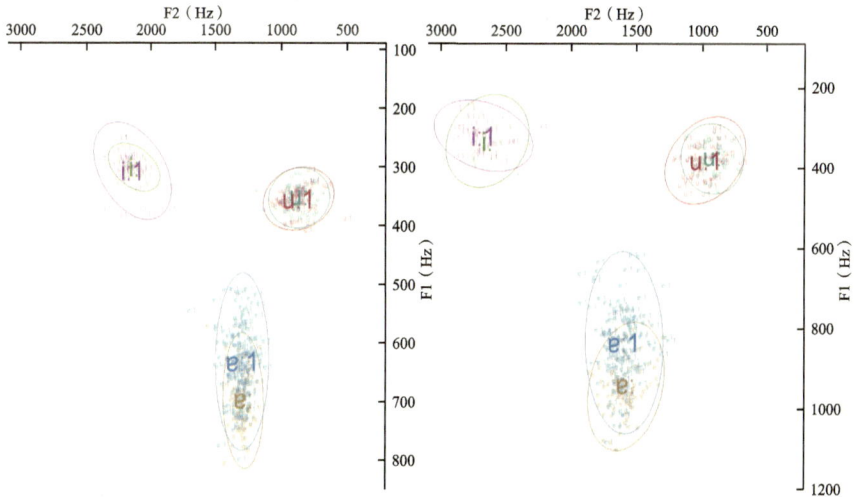

图 2.229 词首和非词首音节长元音 [uː] 在声学空间中所处位置

及其分布模式比较 (M&F)

2. 目标位置共振峰及其前、后过渡段共振峰比较

图 2.230~2.231 为词首音节和非词首音节长元音 [uː] 的目标位置共振峰（F1/F2）及其前过渡段共振峰（TF1/TF2）和后过渡段共振峰（TP1/TP）比较图。可以看出，与目标位置共振峰频率相比，词首和非词首音节 [uː] 元音前、后过渡段共振峰频率都有所变化。总体上词首和非词首音节

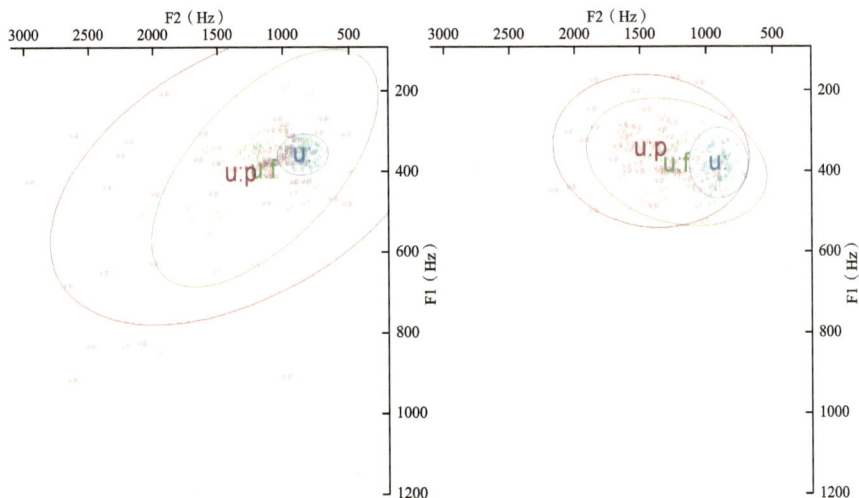

图 2.230 词首音节 [uː] 元音目标位置共振峰及其前、后过渡段共振峰比较 (M&F)

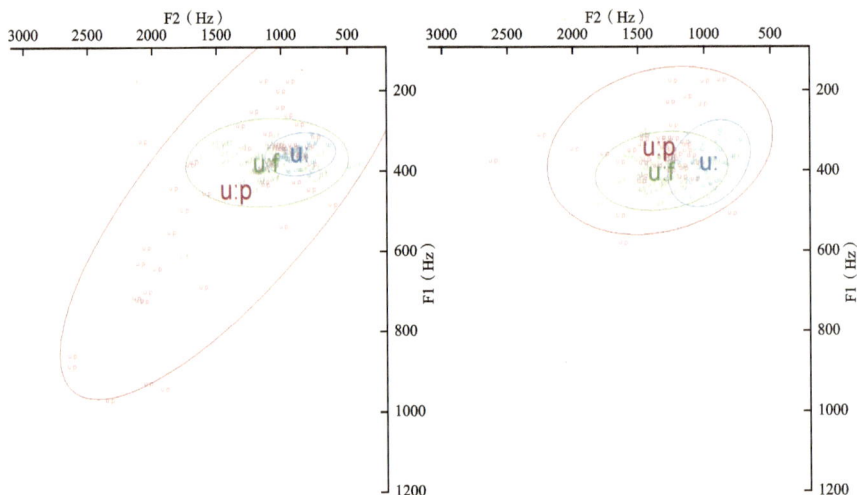

图 2.231 非词首音节 [uː] 元音目标位置共振峰及其前、后过渡段共振峰比较 (M&F)

[u:]的前、后过渡频率变化趋向于前而低（前、后维度上的变化相对大）。总体上，后段变化大于前段。无论在词首还是非词首[u:]元音前、后过渡段共振峰频率离散度都较大。

我们对词首和非词首音节[u:]元音之间的共振峰、音长参数做了配对样本 T 检验，结果如表 2.224 所示。

表 2.224　检验结果

	sig（双侧）					
	M		F		M	F
	F1	F2	F1	F2	VD	VD
词首—非词首	.768	.423	.693	.004	.067	.931

从共振峰检验结果看，男发音人的 F1、F2 参数上，词首与非词首音节之间差异性不显著，女发音人 F2 上差异性显著，F1 上差异不显著。

音长检验结果看，男、女发音人的音长参数在词首与非词首音节之间差异性显著。

3. 辅音音质与声学参数之间的关系

图 2.232 为词首音节不同辅音之后[u:]元音音长比较图，图 2.233 为词首音节不同辅音之后[u:]元音三个共振峰（F1～F3）前过渡段频率（TF1、TF2、TF3）比较图，其中，图 2.233 是以 TF2 的上升为准排列的，即以舌位自后至前排列的。从这些图中可以看出，辅音音质与[u:]元音第二共振峰前过渡频率之间具有一定的相关性。[m-、p-、x-]等辅音之后[u:]元音第二共振峰前过渡频率比其他辅音之后的相对低；不送气辅音后的[u:]元音音长相对比送气长，如 p>p^h、t>t^h。

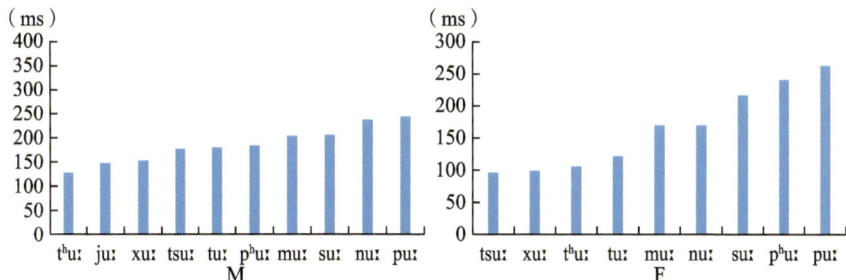

图 2.232　词首音节不同辅音之后和无前置辅音音节中[u:]元音音长比较（M&F）

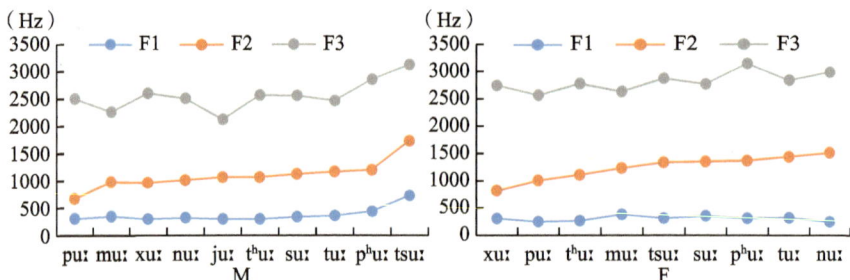

**图 2.233　词首音节不同辅音之后［uː］元音第一、第二和第三共振峰前
过渡段频率比较（M&F）**

4. 音节数量与声学参数之间的关系

表 2.225 为［uː］元音在单音节词、双音节词和多音节词中出现的频率
统计表。表 2.226 为在单音节词、双音节词和多音节词中出现的［uː］元音
的音长（VD）、音强（VA）、目标位置共振峰目标值（F）均值统计表，
图 2.234~2.235 为音节数量与［uː］元音音长、音强和目标位置共振峰之
间的关系示意图。从上述表和图中可以看出，音节数量与［uː］元音声学
参数之间具有一定的相关性。如，随着音节数量的增多该元音音长相对变
短；音节数量与元音音强相关性不大。音节数量与［uː］元音目标位置共
振峰频率之间几乎看不到相关性，共振峰相对稳定。

表 2.225　［uː］元音出现频率统计

发音人	单音节词		双音节词		多音节词		共计	
	M	F	M	F	M	F	M	F
出现次数	21	19	33	29	9	8	63	56
百分比	33%	34%	53%	52%	14%	14%	100%	100%

表 2.226　不同音节词中［uː］元音声学参数统计

单位：VD 为 ms，VA 为 dB，F 为 Hz，下同

发音人 统计项		M					F				
		VD	VA	F1	F2	F3	VD	VA	F1	F2	F3
单音 节词	平均值	285	76.04	354	814	2648	248	73.47	380	861	2706
	标准差	0.06	2.9	21.9	71	190.7	0.07	2.5	34.8	79.5	233.4
	变异系数	24.4%	3.8%	6.2%	8.7%	7.2%	28.6%	3.4%	9.1%	9.2%	8.6%

续表

发音人 统计项		M					F				
		VD	VA	F1	F2	F3	VD	VA	F1	F2	F3
双音 节词	平均值	145	73.3	354	874	2687	131	73.51	376	927	2779
	标准差	0.04	3.4	19.3	73.5	131.1	0.03	2.7	36.1	81.1	208.6
	变异系数	28.4%	4.7%	5.4%	8.4%	4.8%	28.2%	3.7%	9.6%	8.7%	7.5%
三音 节词	平均值	127	74.88	362	840	2622	114	72.37	379	949	2744
	标准差	0.03	1.9	19.8	62	166.3	0.02	3.5	30.7	89.9	221.7
	变异系数	30.5%	2.5%	5.4%	7.3%	6.3%	19.6%	4.8%	8.1%	9.4%	8%

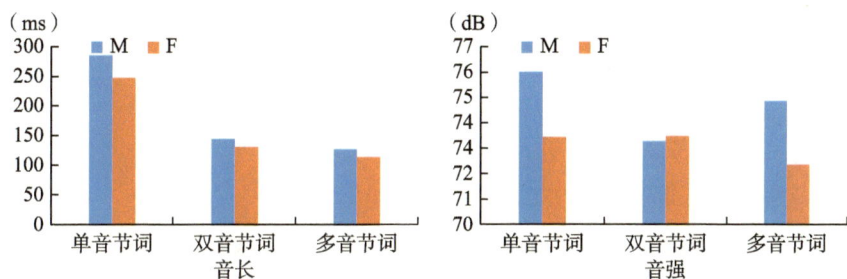

图 2.234 音节数量与 [uː] 元音音长、音强之间的关系示意 (M&F)

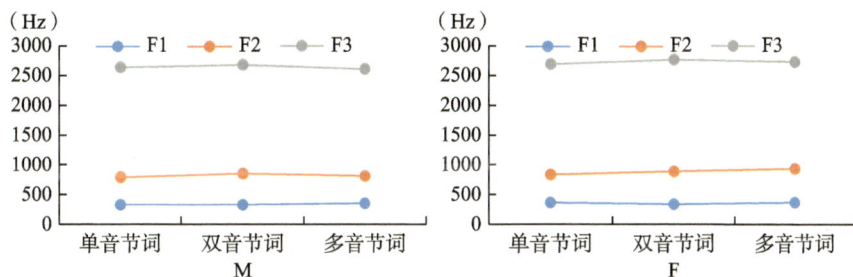

图 2.235 音节数量与 [uː] 元音共振峰之间的关系示意 (M&F)

我们对不同类型音节 [uː] 元音之间的共振峰、音长参数做了单因素方差分析，结果如表 2.227 所示。

表 2.227 检验结果

	sig（显著性）					
	M		F		M	F
	F1	F2	F1	F2	VD	VD
单音节词—双音节词	.950	.008	.974	.001	.000	.000

续表

	sig（显著性）					
	M		F		M	F
	F1	F2	F1	F2	VD	VD
单音节词—多音节词	.917	.621	.992	.011	.000	.000
双音节词—多音节词	.979	.128	.939	.807	.126	.005

从共振峰检验结果看，男、女发音人的 F1 参数上，在词首与非词首音节之间差异性不显著；F2 参数上，男、女发音人表现不同。

音长检验结果看，男发音人在双音节词和多音节词元音之间差异不显著，其他的不同类型元音之间的音长差异显著。

（七）[eː] 元音

1. 参数平均值及其音质定位

表 2.228~2.229 为词首和非词首 [eː] 元音参数总统计表。统计表显示，词首音节 [eː] 元音音长、音强和共振峰均值分别为：M = 221ms、F = 172ms，M = 78.12dB、F = 74.9B，M：F1 = 427Hz、F2 = 1836Hz，F：F1 = 447Hz、F2 = 2297Hz；非词首音节男、女发音人 [eː] 元音音长、音强和共振峰均值分别为：M = 184ms、F = 176ms，M = 73.44dB、F = 71.07dB；F1 和 F2 的频率均值分别为 M：F1 = 382Hz、F2 = 1953Hz，F：F1 = 452Hz、F2 = 2341Hz。差异分别为：M：+ 37ms、F：- 4ms，M：+ 4.68dB、F：+ 3.83dB，MF1：+45Hz、MF2：-117Hz，FF1：-5Hz、FF2：-44Hz。

我们认为该元音为次高（开）、前、展唇、松元音。图 2.236 为男发音人 [teː3] "宝瓶" 一词的三维语图和三层标注实例。这是 [eː] 元音比较典型的声学语图。其中，词首元音 [eː] 的目标位置 F1~F4 共振峰分别为 426Hz、1834Hz、2539Hz、3739Hz。图 2.237 词首和非词首音节长元音 [eː] 在声学空间中所处位置及其分布模式比较图。其中，[eː] 元音在词首音节，男发音语料中出现 24 次，女发音人语料中出现 22 次，[eː] 元音在非词首音节，男发音语料中出现 81 次，女发音人语料中出现 71 次。该元音主要在非词首音节出现。男发音人非词首音节 [eː] 元音舌位比词首音节 [eː] 相对前而高，女发音人的大致相同。

表 2.228　词首［eː］元音统计

	M					F				
	VD	VA	F1	F2	F3	VD	VA	F1	F2	F3
平均值	221	78.12	427	1836	2599	172	74.9	447	2297	2983
标准差	0.07	3.04	30.8	107.9	125	0.04	4.1	43.1	273.4	235.9
变异系数	34.1%	3.8%	7.2%	5.8%	4.8%	24.6%	5.5%	9.6%	11.9%	7.9%

表 2.229　非词首［eː］元音统计

	M					F				
	VD	VA	F1	F2	F3	VD	VA	F1	F2	F3
平均值	184	73.44	382	1953	2595	176	71.07	452	2341	2938
标准差	0.05	5.8	54.1	107.1	134.5	0.05	5.9	61	187.7	294.2
变异系数	28.8%	8%	14.1%	5.4%	5.1%	33.5%	8.3%	13.5%	8%	10%

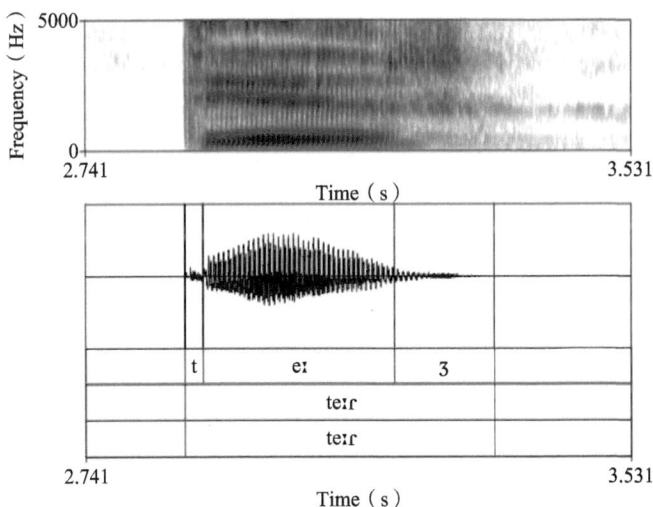

图 2.236　男发音人［teːʒ］"宝瓶"一词的三维语图和三层标注实例

2. 目标位置共振峰及其前、后过渡段共振峰比较

图 2.238～2.239 为词首音节和非词首音节长元音［eː］的目标位置共振峰（F1/F2）及其前过渡段共振峰（TF1/TF2）和后过渡段共振峰（TP1/TP）比较图。可以看出，与目标位置共振峰频率相比，男、女发音人词首

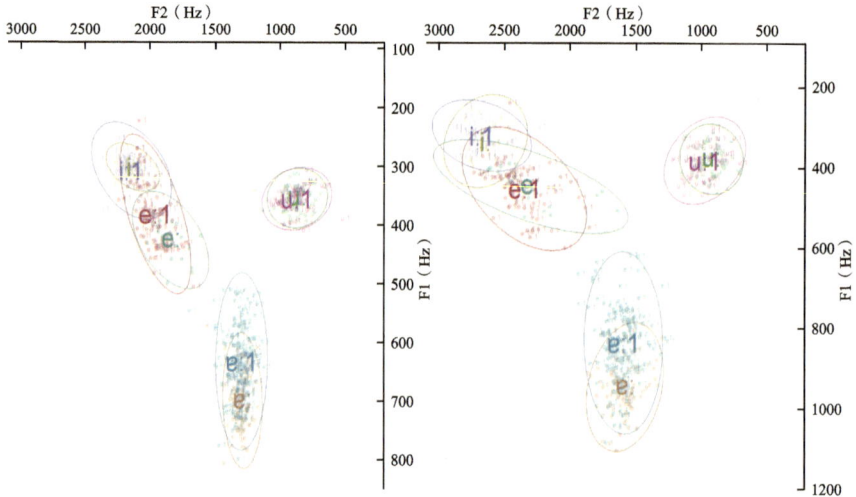

图 2.237　词首和非词首音节长元音 [eː] 在声学空间中所处位置及其分布模式比较 （M&F）

音节 [eː] 元音前过渡段相对升高而前（舌位上升）、后过渡段共振峰频率相对后（舌位后移）。男、女发音人非词首音节 [eː] 前过渡频率变化相对上升，离散度较大，后过渡段频率相对下降，离散度都较大。

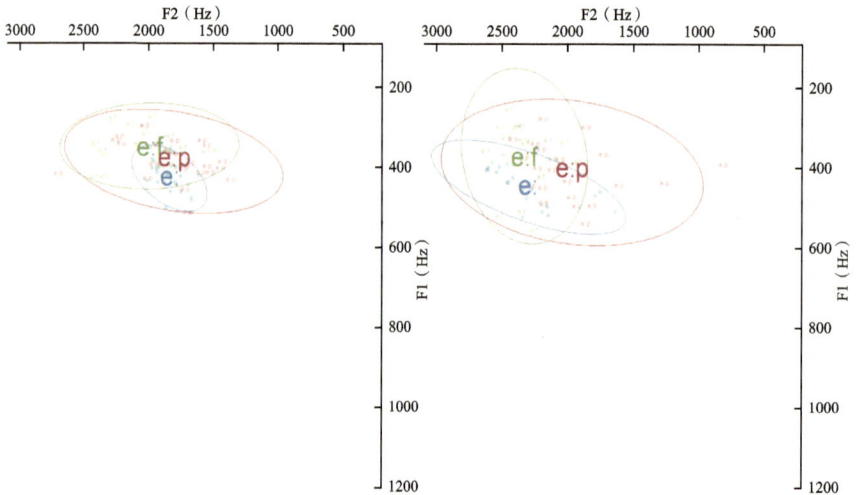

图 2.238　词首音节 [eː] 元音目标位置共振峰及其前、后过渡段共振峰比较 （M&F）

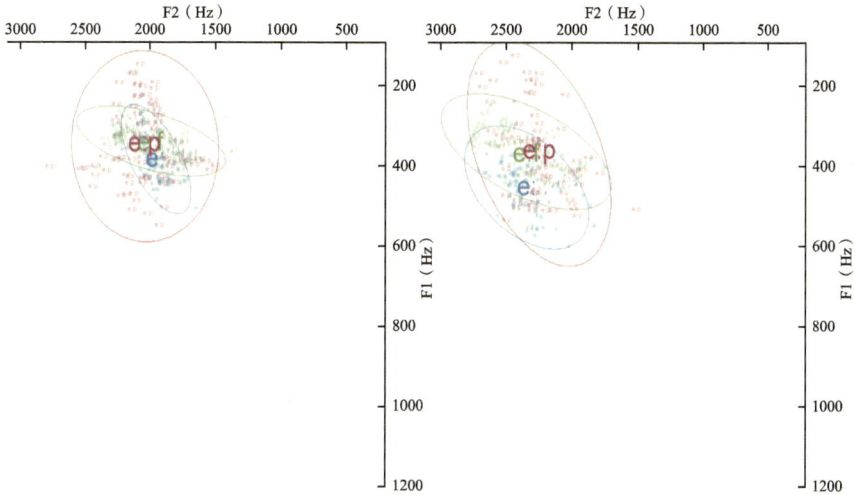

图 2.239　非词首音节［eː］元音目标位置共振峰及其前、后过渡段共振峰比较（M&F）

3. 辅音音质与声学参数之间的关系

图 2.240 为非词首音节不同辅音之后［eː］元音音长比较图，图 2.241 为非词首音节不同辅音之后［eː］元音三个共振峰（F1~F3）前过渡段频率

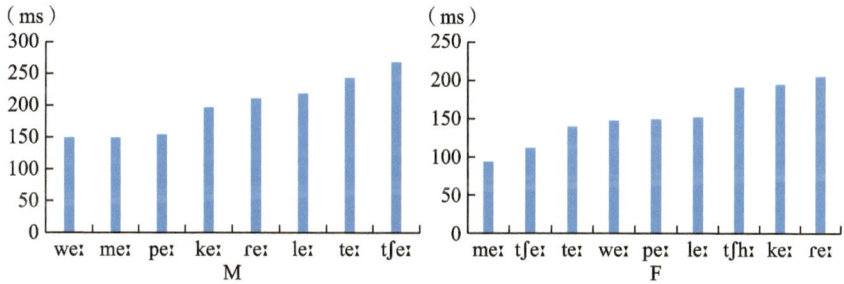

图 2.240　非词首音节不同辅音之后和无前置辅音音节中［eː］元音音长比较（M&F）

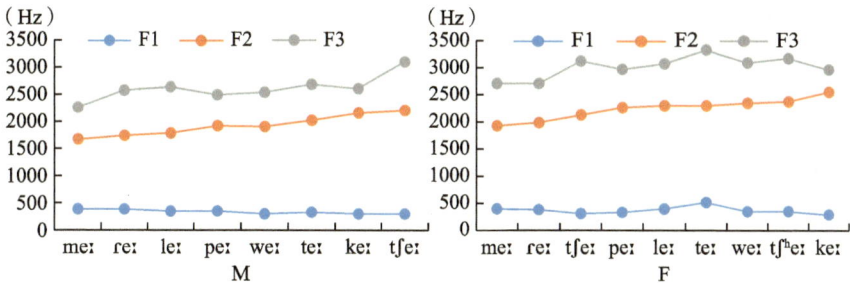

图 2.241　非词首音节不同辅音之后［eː］元音第一、第二和第三

共振峰前过渡段频率比较（M&F）

（TF1、TF2、TF3）比较图，图 2.241 是以 TF2 的上升为准排列的，即以舌位自后至前排列的。从这些图中可以看出，辅音音质与［eː］元音第二共振峰前过渡段频率之间具有一定的相关性。如，［k-、tʃʰ-、t-、wj-］等辅音之后［eː］元音第二共振峰前过渡段频率比其他辅音之后的相对高。辅音之后［eː］元音音长之间相关性不大。

4. 音节数量与声学参数之间的关系

表 2.230 为［eː］元音在单音节词、双音节词和多音节词中出现的频率统计表。表 2.231 为在单音节词、双音节词和多音节词中出现的［eː］元音的音长（VD）、音强（VA）、目标位置共振峰目标值（F）均值统计表，图 2.242~2.243 为音节数量与［eː］元音音长、音强和目标位置共振峰之间的关系示意图。从上述表和图中可以看出，音节数量与［eː］元音声学参数之间具有一定的相关性。如，随着音节数量的增多该元音音长相对变短；随着音节数量的增多该元音音强相对变弱。音节数量增多［eː］元音 F1 降低，F2 升降，共振峰相对稳定。

表 2.230 ［eː］元音出现频率统计

发音人	单音节词		双音节词		多音节词		共计	
	M	F	M	F	M	F	M	F
出现次数	8	5	45	46	52	42	105	93
百分比	8%	5%	43%	50%	49%	45%	100%	100%

表 2.231 不同音节词中［eː］元音声学参数统计

单位：VD 为 ms，VA 为 dB，F 为 Hz，下同

发音人 统计项		M					F				
		VD	VA	F1	F2	F3	VD	VA	F1	F2	F3
单音节词	平均值	294	79.25	431	1798	2545	294	79.25	431	1798	2545
	标准差	0.08	4.02	24.2	98.1	105.7	0.08	4.02	24.2	98.1	105.7
	变异系数	29.2%	5%	5.6%	5.4%	4.1%	29.2%	5%	5.6%	5.4%	4.1%
双音节词	平均值	202	76.71	422	1893	2617	202	76.71	422	1893	2617
	标准差	0.05	3.5	38.2	117.9	141.2	0.05	3.5	38.2	117.9	141.2
	变异系数	26.3%	4.6%	9%	6.2%	5.3%	26.3%	4.6%	9%	6.2%	5.3%

续表

发音人 统计项		M					F				
		VD	VA	F1	F2	F3	VD	VA	F1	F2	F3
多音 节词	平均值	169	71.88	361	1974	2586	169	71.88	361	1974	2586
	标准差	0.04	6.1	49.4	94.8	125.7	0.04	6.1	49.4	94.8	125.7
	变异系数	24.2%	8.6%	13.6%	4.8%	4.8%	24.2%	8.6%	13.6%	4.8%	4.8%

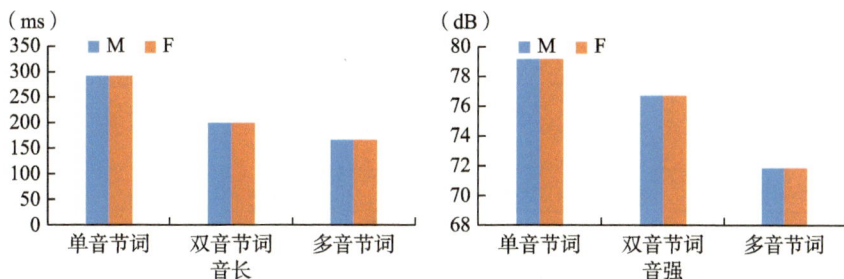

图 2.242　音节数量与［eː］元音音长、音强之间的关系示意　(M&F)

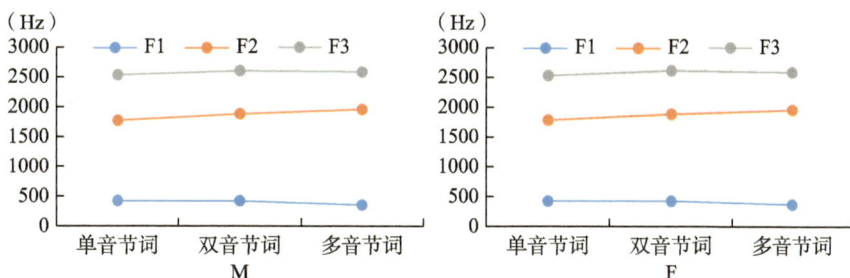

图 2.243　音节数量与［eː］元音共振峰之间的关系示意　(M&F)

我们对不同音节类型之间和词中出现的不同位置［eː］元音之间的共振峰、音长参数做了单因素方差分析和配对样本 T 检验，结果如表 2.232～2.233 所示。

表 2.232　检验结果

	sig（显著性）					
	M		F		M	F
	F1	F2	F1	F2	VD	VD
单音节词—双音节词	.663	.076	.882	.902	.045	.368
单音节词—多音节词	.000	.003	.300	.699	.011	.969
双音节词—多音节词	.000	.001	.029	.235	.004	.042

从检验结果来看，F1、F2 参数上，男发音人在单音节词—双音节词之间差异不显著，其他的不同音节之间差异显著；女发音人在 F1 参数上双音节词—多音节词之间差异显著，其他不同类型音节之间差异不显著。

音长参数上，男发音人在不同类型音节之间差异显著；女发音人双音节词—多音节词之间差异显著。

表 2.233　检验结果

	sig（双侧）					
	M		F		M	F
	F1	F2	F1	F2	VD	VD
词首—非词首	.000	.000	.716	.397	.008	.740

从共振峰检验结果看，男发音人的 F1、F2 和音长参数上，在词首与非词首音节之间差异性显著，女发音人差异不显著。

（八）［ø:］元音

1. 参数平均值及其音质定位

男发音语料中共出现 23 词（词首音节 13 词、非词首音节 10 次），女发音人语料中共出现 21 次（词首音节 13 次，非词首音节 8 次）。

表 2.234~2.235 为词首和非词首［ø:］元音参数总统计表。统计表显示，词首音节［ø:］元音音长、音强和共振峰均值分别为：M = 234ms、F = 195ms，M = 80.53dB、F = 75.53dB，M：F1 = 422Hz、F2 = 1758Hz，F：F1 = 436Hz、F2 = 1992Hz；非词首音节男、女发音人［ø:］元音音长、音强和共振峰均值分别为：M = 185ms、F = 227ms，M = 74.3dB、F = 74.62dB；F1 和 F2 的频率均值分别为 M：F1 = 385Hz、F2 = 1913Hz，F：F1 = 462Hz、F2 = 2190Hz。差异分别为：M：+49ms、F：-32ms，M：+6.23dB、F：+0.91dB，MF1：+37Hz、MF2：-155Hz，FF1：-26Hz、FF2：-198Hz。

我们认为该元音为次高（开）、前、展唇、松元音。图 2.244 为男性发音人［kø:n］"乳房"一词的三维语图和三层标注实例。这是［ø:］元音比较典型的声学语图。其中，词首元音［ø:］的目标位置 F1~F4 共振峰分别为 418Hz、1823Hz、2405Hz、3292Hz。图 2.245 词首和非词首音节长元音［ø:］在声学空间中所处位置及其分布模式比较图。男发音人非词首音节

［ø:］元音舌位比词首音节［ø:］相对后而高，女发音人的相对低。

表 2.234　词首［ø:］元音统计

	M					F				
	VD	VA	F1	F2	F3	VD	VA	F1	F2	F3
平均值	234	80.53	422	1758	2462	195	75.53	436	1992	2778
标准差	0.06	2.3	15.5	114.4	71.6	0.06	3.4	49.8	140.1	243.1
变异系数	28.3%	2.8%	3.6%	6.5%	2.9%	34.1%	4.5%	11.4%	7%	8.7%

表 2.235　非词首［ø:］元音统计

	M					F				
	VD	VA	F1	F2	F3	VD	VA	F1	F2	F3
平均值	185	74.3	385	1913	2529	227	74.62	462	2190	2991
标准差	0.04	5.01	48.6	92.7	51.8	0.07	5.1	45.5	176	97.4
变异系数	23.7%	6.7%	12.6%	4.8%	2%	33.9%	6.9%	9.8%	8%	3.2%

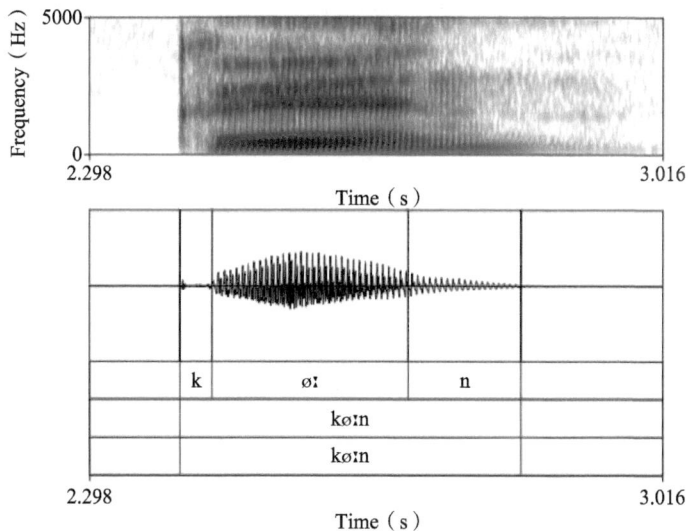

图 2.244　男发音人［kø:n］"乳房"一词的三维语图和三层标注实例

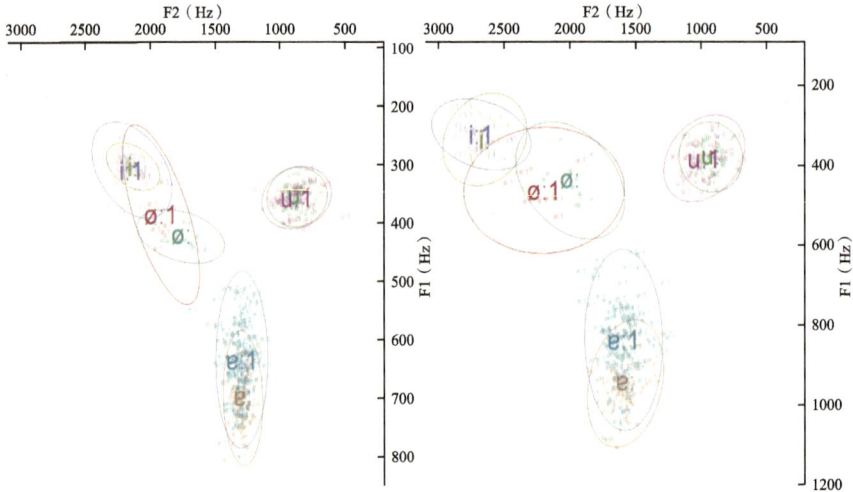

图 2.245　词首和非词首音节长元音［ø:］在声学空间中所处位置
及其分布模式比较（M&F）

2. 目标位置共振峰及其前、后过渡段共振峰比较

　　图 2.246~2.247 为词首音节和非词首音节长元音［ø:］的目标位置共
振峰（F1/F2）及其前过渡段共振峰（TF1/TF2）和后过渡段共振峰（TP1/
TP）比较图。可以看出，与目标位置共振峰频率相比，男、女发音人词首
音节［ø:］元音前、后过渡段相对升高（舌位上升）、后过渡段共振峰频率

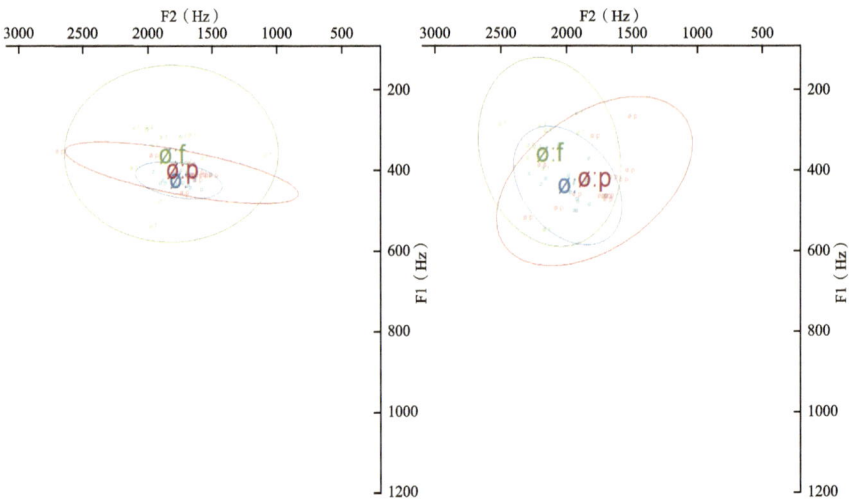

图 2.246　词首音节［ø:］元音目标位置共振峰及其前后过渡段共振峰比较（M）

相对后（女发音人的舌位后移）。男、女发音人非词首音节［ø:］前过渡频率变化相对上升，非词首离散度大于词首音节。

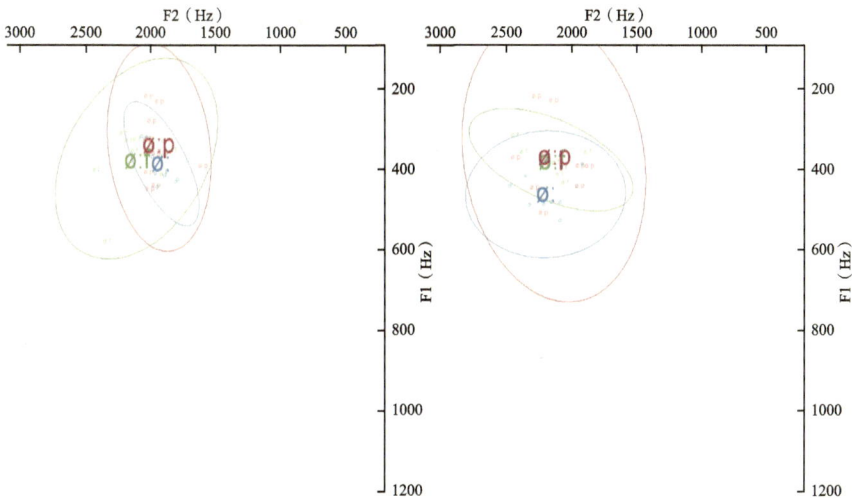

图 2.247　非词首音节［ø:］元音目标位置共振峰及其前、后过渡段
共振峰比较　（M&F）

（九）［y:］元音

1. 参数平均值及其音质定位

表 2.236～2.237 为词首和非词首［y:］元音参数总统计表。统计表显示，词首音节［y:］元音音长、音强和共振峰均值分别为：M = 190ms、F = 163ms，M = 74.87dB、F = 73.02dB，M：F1 = 310Hz、F2 = 2035Hz，F：F1 = 323Hz、F2 = 2186Hz；非词首音节男、女发音人［y:］元音音长、音强和共振峰均值分别为：M = 181ms、F = 173ms，M = 73.15dB、F = 73.08dB；F1 和 F2 的频率均值分别为：M：F1 = 322Hz、F2 = 2072Hz，F：F1 = 343Hz、F2 = 2254Hz。差异分别为：M：+9ms、F：-10ms，M：+1.63dB、F：-0.06dB，MF1：-12Hz、MF2：-37Hz，FF1：-20Hz、FF2：-68Hz。

我们认为该元音为高（开）、前、圆唇、松元音。图 2.248 为男发音人［sy:l］"尾巴"一词的三维语图和三层标注实例。这是［y:］元音比较典型的声学语图。其中，词首元音［y:］的目标位置 F1～F4 共振峰分别为 288Hz、2023Hz、2365Hz、3553Hz。图 2.249 词首和非词首音节长元音

［y:］在声学空间中所处位置及其分布模式比较图。男、女发音人非词首音节［y:］元音舌位比词首音节［y:］相对低。

表 2.236　词首［y:］元音统计

	M					F				
	VD	VA	F1	F2	F3	VD	VA	F1	F2	F3
平均值	190	74.78	310	2035	2510	163	73.02	323	2186	2751
标准差	0.06	3.3	26.4	125.2	174	0.07	2.9	32.2	222.9	166.3
变异系数	36.1%	4.4%	8.5%	6.1%	6.9%	48.6%	4%	10%	10.1%	6%

表 2.237　非词首［y:］元音统计

	M					F				
	VD	VA	F1	F2	F3	VD	VA	F1	F2	F3
平均值	181	73.15	322	2072	2587	173	73.08	343	2254	2796
标准差	0.03	3.8	23.5	114.8	87.3	0.05	3.8	47	273.9	229.1
变异系数	22%	5.2%	7.3%	5.5%	3.3%	30.6%	5.2%	13.7%	12.1%	8.1%

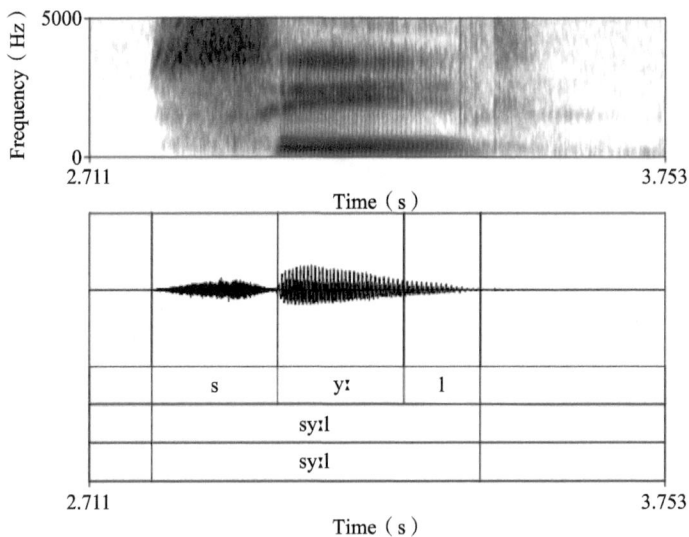

图 2.248　男发音人［sy:l］"尾巴"一词的三维语图和三层标注实例

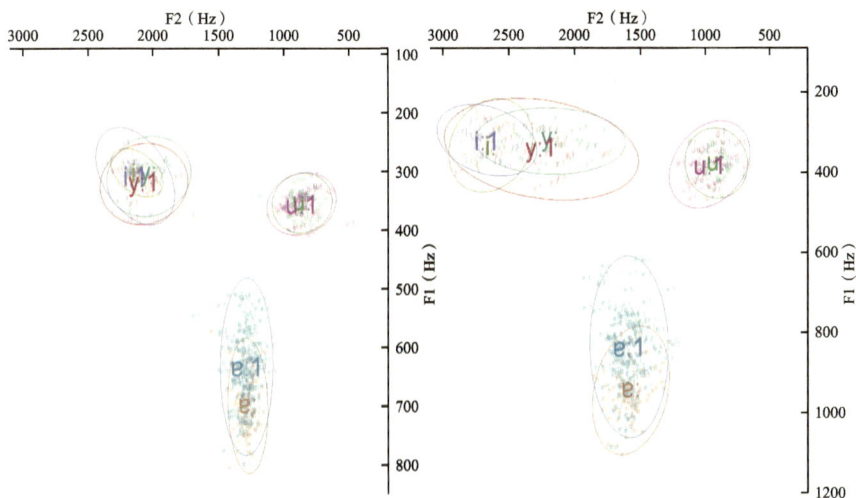

图 2.249　词首和非词首音节长元音［y:］在声学空间中所处位置
及其分布模式比较（M&F）

2. 目标位置共振峰及其前、后过渡段共振峰比较

图 2.250~2.251 为词首音节和非词首音节长元音［y:］的目标位置共振峰（F1/F2）及其前过渡段共振峰（TF1/TF2）和后过渡段共振峰（TP1/TP）比较图。可以看出，与目标位置共振峰频率相比，男、女发音人词首音节［y:］元音前过渡段相对升高（舌位上升）、后过渡段共振峰频率大致

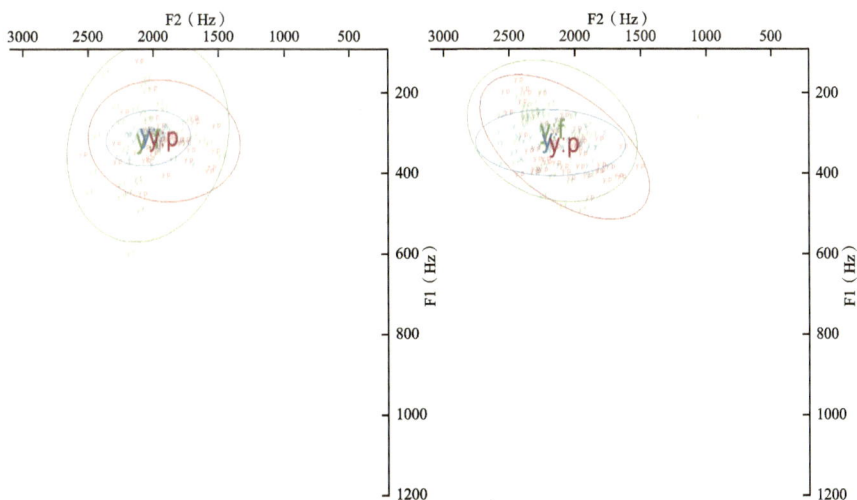

图 2.250　词首音节［y:］元音目标位置共振峰及其前、后过渡段共振峰比较

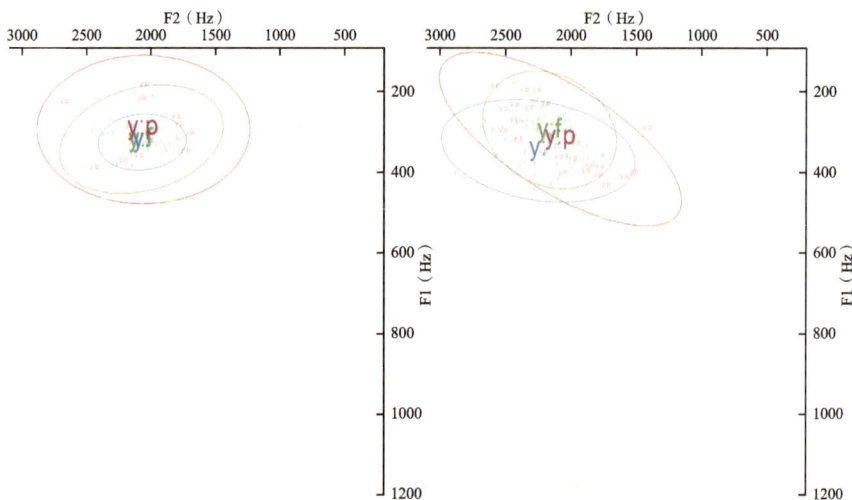

图 2.251 非词首音节［y:］元音目标位置共振峰及其前、后过渡段
共振峰比较（M&F）

相同。男、女发音人非词首音节［y:］前过渡频率变化相对上升，离散度
较大，后过渡段频率相对下降，离散度都较大。

3. 辅音音质与声学参数之间的关系

图 2.252 为词首音节不同辅音之后［y:］元音音长比较图，图 2.253 为
词首音节不同辅音之后［y:］元音三个共振峰（F1～F3）前过渡段频率
（TF1、TF2、TF3）比较图，其中，图 2.253 是以 TF2 的上升为准排列的，
即以舌位自后至前排列的。从这些图中可以看出，辅音音质与［y:］元音
第二共振峰前过渡频率之间具有一定的相关性。如，［n-、m-、t-、h-］
等辅音之后［y:］元音第二共振峰前过渡频率比其他辅音之后的相对低。
［ʃ］辅音后的［y:］元音音长相对比其他辅音长。

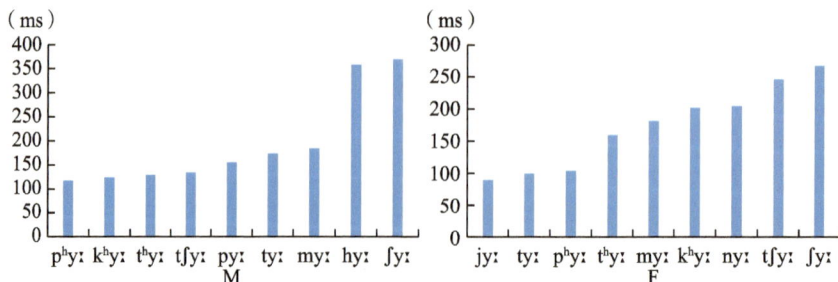

图 2.252 词首音节不同辅音之后和无前置辅音音节中［y:］元音音长比较（M&F）

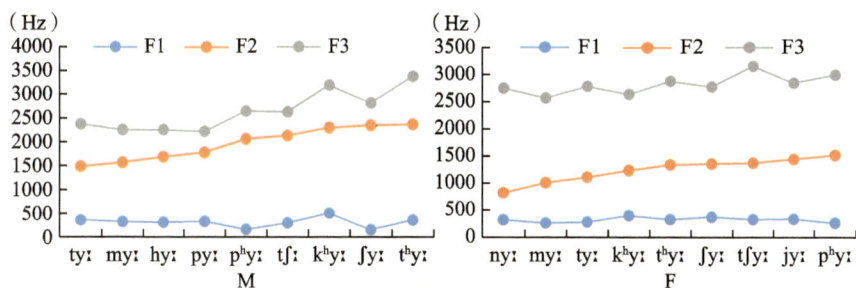

图 2.253　词首音节不同辅音之后 [y:] 元音第一、第二和第三共振峰前过渡段频率比较 (M&F)

4. 音节数量与声学参数之间的关系

表 2.238 为 [y:] 元音在单音节词、双音节词和多音节词中出现的频率统计表。表 2.239 为在单音节词、双音节词和三音节词中出现的 [y:] 元音的音长（VD）、音强（VA）、目标位置共振峰目标值（F）均值统计表，图 2.1254~2.255 为音节数量与 [y:] 元音音长、音强和目标位置共振峰之间的关系示意图。从上述表和图中可以看出，音节数量与 [y:] 元音声学参数之间具有一定的相关性。如，女发音人中随着音节数量的增多该元音音长相对变短；男、女发音人随着音节数量的增多该元音音强相对变弱。音节数量与 [y:] 元音目标位置共振峰频率之间几乎看不到相关性，共振峰相对稳定。

表 2.238　[y:] 元音出现频率统计

发音人	单音节词		双音节词		三音节词		共计	
	M	F	M	F	M	F	M	F
出现次数	14	19	21	25	2	4	37	48
百分比	38%	40%	57%	52%	5%	8%	100%	100%

表 2.239　不同音节词中 [y:] 元音声学参数统计

单位：VD 为 ms，VA 为 dB，F 为 Hz，下同

发音人 统计项		M					F				
		VD	VA	F1	F2	F3	VD	VA	F1	F2	F3
单音节词	平均值	249	75.28	314	2044	2531	230	73.47	319	2183	2764
	标准差	0.06	3.3	32.9	154.5	195.5	0.08	3.2	27.5	230.3	152.3
	变异系数	25.6%	4.4%	10.4%	7.5%	7.7%	36.1%	4.4%	8.6%	10.5%	5.5%

续表

发音人 统计项		M					F				
		VD	VA	F1	F2	F3	VD	VA	F1	F2	F3
双音 节词	平均值	152	74.52	307	2028	2495	125	72.96	325	2192	2728
	标准差	0.04	3.3	23.1	109.3	168.5	0.03	2.8	33	237.3	185.1
	变异系数	28%	4.4%	7.5%	5.3%	6.7%	26.7%	3.9%	10.1%	10.8%	6.7%
多音 节词	平均值	177	74	310	2049	2520	88	71.25	329	2161	2837
	标准差										
	变异系数										

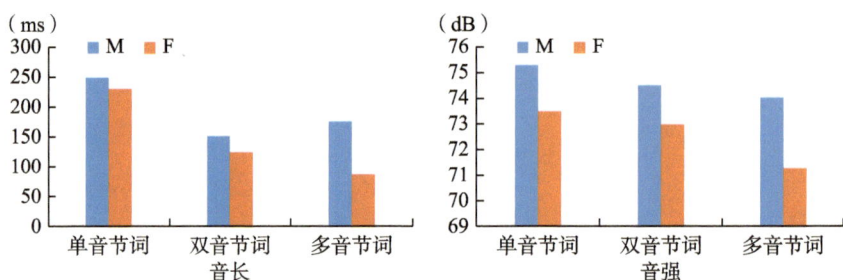

图 2.254　音节数量与［yː］元音音长、音强之间的关系示意（M&F）

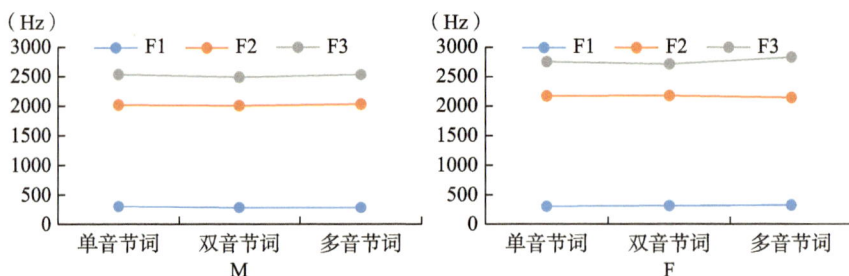

图 2.255　音节数量与［yː］元音共振峰之间的关系示意（M&F）

　　我们对不同音节类型之间和词中出现的不同位置［yː］元音之间的共振峰、音长参数做了单因素方差分析和配对样本 T 检验，结果如表 2.240～2.241 所示。

表 2.240　检验结果

	sig（显著性）					
	M		F		M	F
	F1	F2	F1	F2	VD	VD
单音节词—双音节词	1.000	.997	.376	.840	.001	.002
单音节词—多音节词	.718	.991	.287	.969	.001	.000
双音节词—多音节词	.385	.976	.603	.995	.736	.179

　　我们从检验结果来看，F1、F2 参数上，男、女发音人有相同的规律，不同类型音节词［yː］元音之间差异不显著；音长参数上，双音节词—多音节词之间差异不显著，其他的不同类型词［yː］元音之间差异显著。

　　从共振峰、音长检验结果看，男、女发音人的 F1/F2 参数和音长参数上，词首与非词首音节［yː］元音之间差异性不显著（除了女发音人 F1 参数，［oː］男发音人语料中出现 5 次，女发音人语料中 3 次；［uː］男发音人语料中出现 1 次，女发音人语料中 4 次）。

表 2.241　检验结果

	sig（双侧）					
	M		F		M	F
	F1	F2	F1	F2	VD	VD
词首—非词首	.148	.360	.037	.266	.659	.589

七　复合元音

　　东部裕固语中复合元音与其他蒙古语族语言比较的话，相对多。"统一平台"中出现［ɐi、ɔi、əi、ɥi、ɑʊ、ʊi、ei、ui］等 8 个复合元音。

　　我们先把复合元音分 3 个段，即起始段、过渡段和目标段，然后从每个段上自动提取 10 个参数点，即第一共振峰 F1、第二共振峰 F2 及其音长等，见图 2.2556。为探索了解东部裕固语复合元音特点，我们进行了以下 2 种统计分析：第一，复合元音共振峰动态滑移的连续性分析；第二，复合元音音长的非对称性分析。

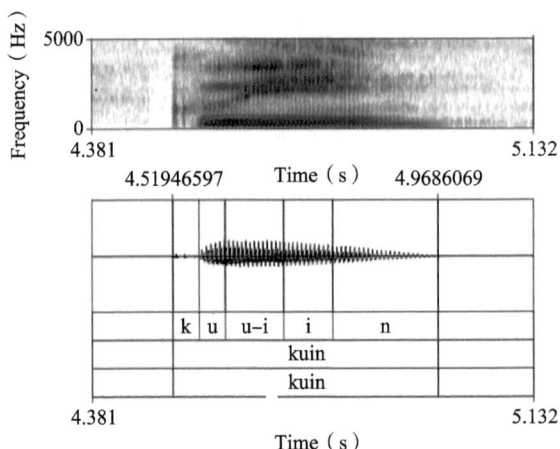

图 2.256 男发音人［kuin］"骒马"一词的三维语图和三层标注实例

（一）复合元音共振峰动态滑移的连续性分析

为了观察东部裕固语复合元音共振峰的动态变化及其在动态变化过程中的连续性和不可分割性特点，我们绘制了复合元音第一、第二共振峰动态模式图 2.257 和复合元音声学空间动态分布图 2.258、图 2.259。为方便比较，在绘制共振峰模式图时，我们采用 0~10 为起始段、10~20 为过渡段、20~30 为目标段。

从图 2.257 中可以看出，东部裕固语复合元音的 F1 和 F2 都有一个连续的、无间断的滑动过程（动态变化），即自前稳定段滑到过渡段，再从过渡段滑到后稳定段。显然，每个复合元音都是一个连续滑动变化的音段，而不是两个音段的简单直接黏合。例如，复合元音［ui］的［u］与［i］之间有一段［u~i］的过渡段。其中，［u］的 F1 频率大于［i］频率的缘故，导致 F1 自［u］至［i］向下滑动；而［u］的 F2 频率小于［i］频率的缘故，导致 F2 自［u］至［i］向上滑动。显然，［ui］的共振峰走势突显出自窄变宽的滑移趋势。

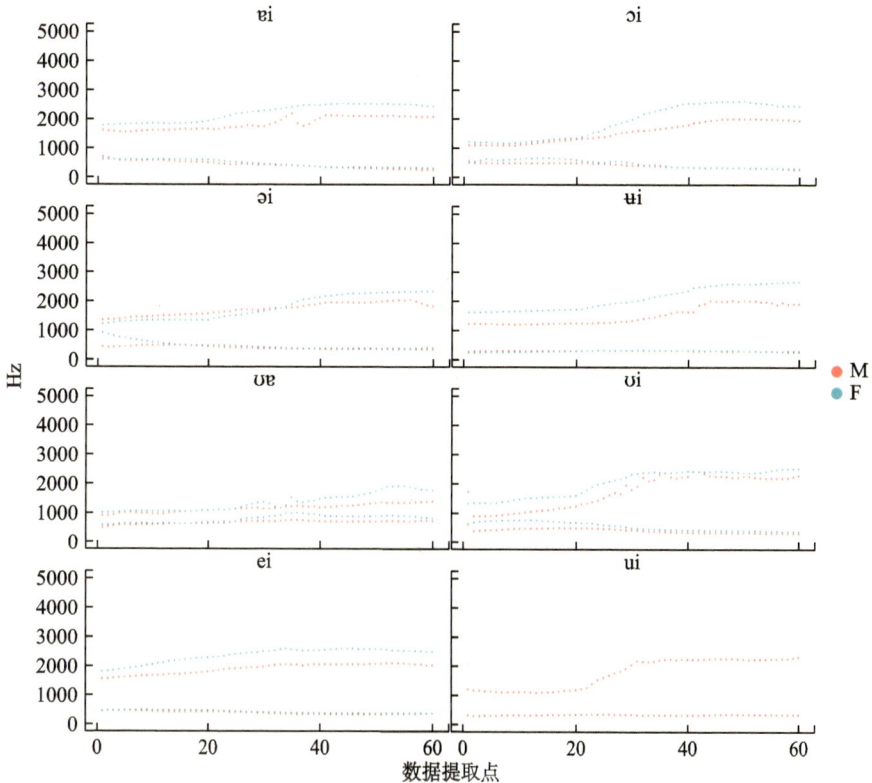

图 2.257　东部裕固语复合元音第一共振峰 F1 和第二共振峰 F2
动态模式

图 2.258 和图 2.259 为东部裕固语复合元音声学空间动态分布图（复合元音发音动程图）。从图 2.258 和图 2.259 中可以看出，东部裕固语复合元音的舌位活动轨迹（发音动程）是一个个连续不断的动态画面，是自前稳定段滑向过渡段，再从过渡段滑向后稳定段的曲线图。复合元音的起始元音（前置元音）与相应的单元音相比（只是记音问题，前置元音实际音值与其相应的单元音音值之间的差距较大），这些前置元音的舌位有的前化，有的央化，目标元音（后置元音）的舌位与其相应单元音的舌位基本相同，见表 2.242。

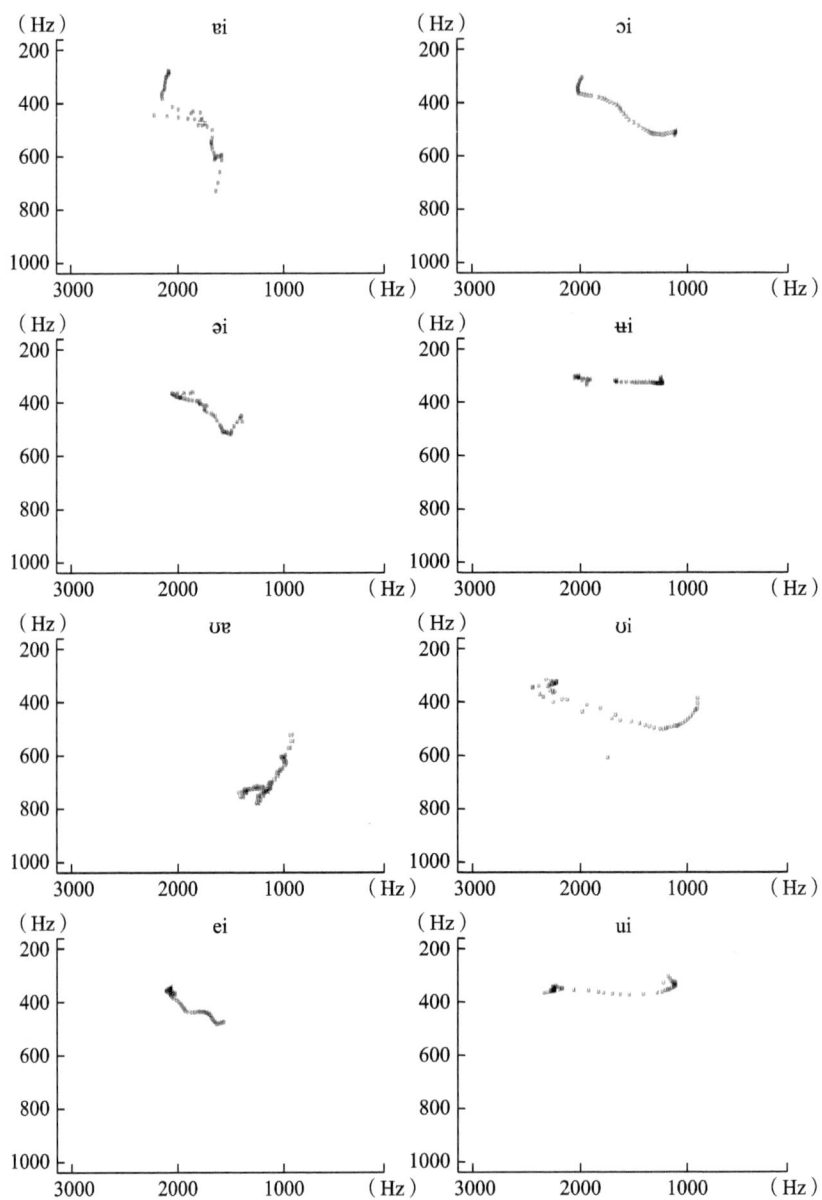

图 2.258　男发音人东部裕固语复合元音声学空间动态分布
（复合元音发音动程）

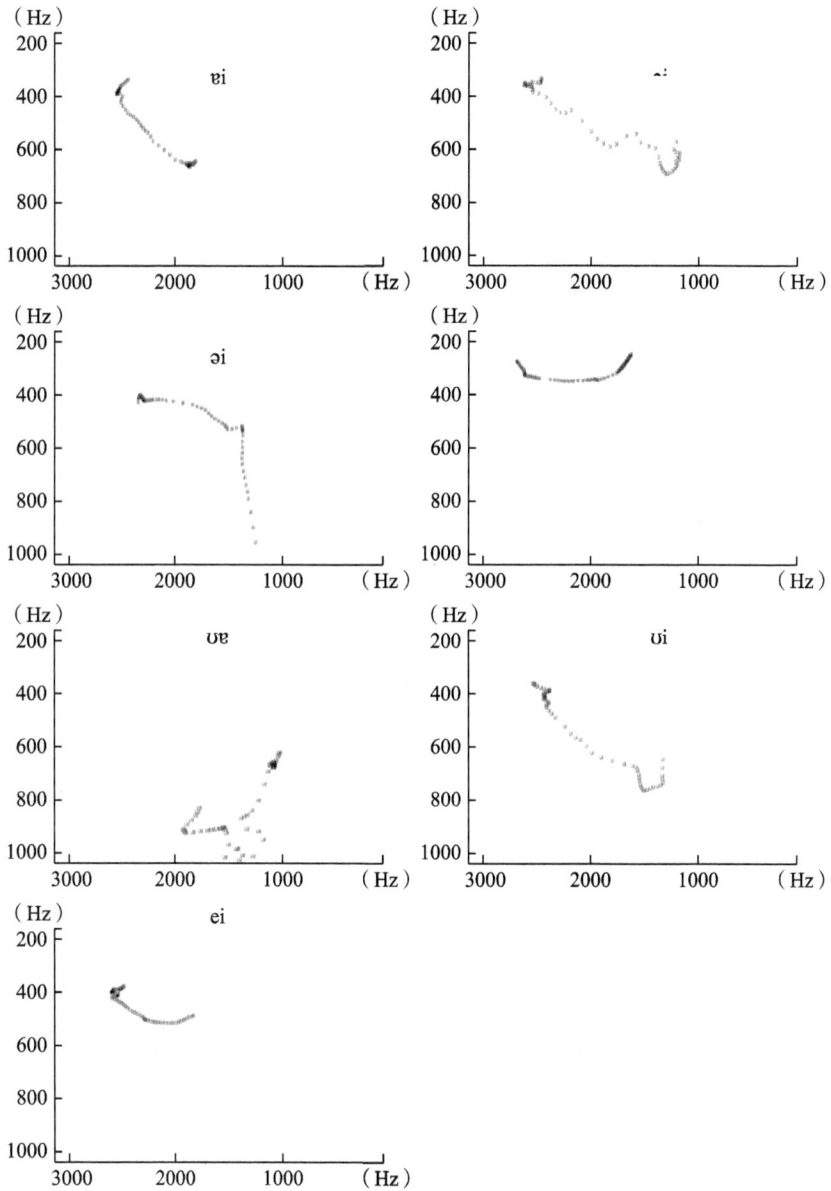

图 2.259　女发音人东部裕固语复合元音声学空间动态分布
（复合元音发音动程）

表 2.242　单元音 F1、F2 共振峰均值

单位：Hz

	M		F	
	F1	F2	F1	F2
ɐ	622	1304	809	1592
i	346	1987	333	2470
u	383	946	351	995

　　显然，东部裕固语复合元音中前置元音的舌位变化起关键作用，是复合元音的中心或骨架。但从舌头运动姿势看，东部裕固语复合元音的发音机制基本上是"自后至前"的滑动过程。前置后元音被后置前元音前引而变成前长元音的。这说明在东部裕固语音变中后置音段的影响远大于前置音段对后置音段的影响。

（二）复合元音音长的非对称性分析

　　为进一步观察东部裕固语复合元音音长的非对称性特点，表 2.243 为复合元音动态音长比较。

　　表 2.243 为东部裕固语复合元音动态音长参数统计表，图 2.260 是根据表 2.243 数据绘制的东部裕固语复合元音动态音长百分比例。我们从表 2.243 和图 2.260 中可以看出，东部裕固语复合元音目标元音段的音长都比起始元音音长相对长。东部裕固语复合元音过渡段音长占复合元音总音长的 42%～59%（M1：42%～50%；F1：45%～59%）。说明发复合元音时，发音时间的一半都会用在音质的转换上（过渡段）。音长的非对称性特点是复合元音向长元音过渡的重要的声学线索（复合元音 ［ʉi］ 只有在词尾开音节的形式出现，因此目标段比过渡段长）。

表 2.243　东部裕固语复合元音动态音长比较

单位：s

M	起始段	过渡段	目标段	F	起始段	过渡段	目标段
ʊɐ	0.071344	0.131124	0.070489	ʊi	0.047734	0.101794	0.065313
ʊi	0.060942	0.139489	0.09585	ɔi	0.062717	0.11227	0.065814
ɐi	0.060204	0.102424	0.049796	ei	0.025483	0.052365	0.039443

续表

M	起始段	过渡段	目标段	F	起始段	过渡段	目标段
ui	0.04327	0.108717	0.074046	ɐi	0.029843	0.069235	0.0448
ʉi	0.02652	0.041176	0.195411	əi	0.024398	0.04736	0.029465
əi	0.054826	0.075712	0.047864	ʊɐ	0.046893	0.103034	0.04293
ei	0.041372	0.078501	0.049858	ʉi	0.010893	0.048368	0.023003
ɔi	0.024591	0.047691	0.023845				

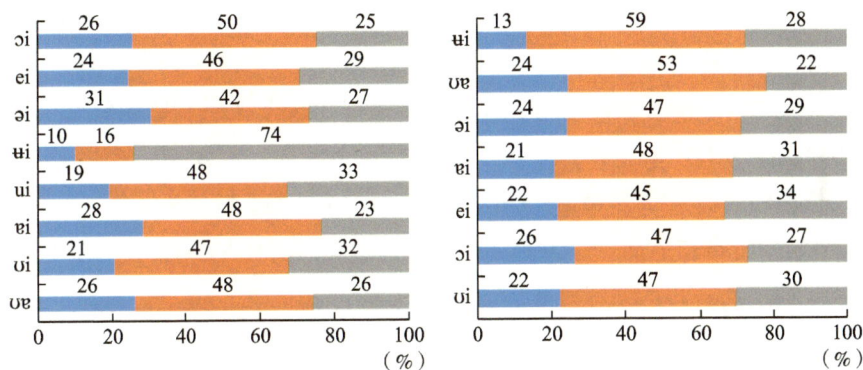

图 2.260 东部裕固语复合元音动态音长比例

八 带擦元音

据有关文献记载，早在 1957 年苏联学者马洛夫记录过有关阿尔泰语系语言的带擦元音。后来与马洛夫同一时代的另一位苏联学者捷尼舍夫提到过马洛夫的发现，并称之为紧喉元音。但在他所著的《裕固语结构》一书中，把该现象纳入了辅音的变化，认为带擦元音的擦音成分是辅音成阻前的一个送气成分。陈宗振研究员认为，带擦元音是附有短促的，灵活多变的擦音成分的特殊元音。他在《论西部裕固语的带擦元音》一文中，详细分析西部裕固语带擦元音的特点、出现位置以及来源等问题并提出西部裕固语中有与该语言基本元音 [a、ə、e、o、u、ø] 相对应的 [ah、əh、eh、oh、uh、øh] 等 6 个带擦元音。在蒙古语族诸语言中，有带擦元音的语言较少。保朝鲁、贾拉森等两位先生认为，东部裕固语位于开音节后面的 [q] 一般读成一种长辅音，我们把它标为 [gq]，这个标音表示：在软腭成阻，接着有个较长时间的小舌位持阻后，破裂成音。该音的准确描写尚待实验测定。上述发音特点无疑从西部裕固语而来，实际上，在所谈场合有时也遇到那种特殊的送气发音。例如：［pǝgqɑ］"牤牛"，［dɑgqɑ］"鸡"，［mɑgqɑn］"肉"，［Gɑgqɑi］"猪"，［seigqɑn］"美丽"，［nɔgpǝn］"狗"，［mɔgqɔr］"钝"，［ʤɑgqur］"火石"等①。

从上述阐述中得知，无论对带擦元音的命名，还是对其性质的认识方面学者们的观点不一致。如果捷尼舍夫认为的紧喉元音是指西部裕固语和东部裕固语的"带擦元音"，他的这个观点是不成立的。因为这里所谈的带擦元音与图瓦等语言的"紧喉元音"不是同一个发声类型问题。他所阐述的"带擦元音的擦音成分是辅音成阻前的一个送气成分"的阐述也不妥。因为语音学上所说的"前置送气"（preaspiration）不是指这类现象。我们也不支持保朝鲁、贾拉森等两位先生的"长辅音"观点。因为他们所说的"长辅音"是跨音节的。这不符合音节理论。我们支持陈宗振先生的"带擦元音"的观点，并认为这是元音上负载的辅音（送气）特点。因为元音和辅音的有些特点是可互载的。

自 2009 年以来，我们课题组先后几次到肃南裕固族自治县，调查和录制了大量的东部裕固语语料。近年来，在国家社科基金重大招标项目"中国少数民族语言语音声学参数统一平台建设研究"的资助下，修订了"东部裕固语语音声学参数库"。本书基于该参数库探讨了东部裕固语带擦元音的特点和来源问题。

（一）东部裕固语带擦元音特点

1. 带擦元音出现条件

表 2.243 为从"东部裕固语语音声学参数库"中出现的 33 个带擦元音统计表。表中的"ZYGM4A0065"为声音文件名；"原始记音"指在《东部裕固语和蒙古语》（保朝鲁、贾拉森，1992）中的记音；"实际读音"为本项研究所确定的记音；"蒙古文拉丁转写"是按照 2005 年我国向国际标准化组织（ISO）提交的"蒙古语拉丁转写方案"转写的。从表 2.244 中可

① 在该方案中，把蒙古语书面语的元音转写为：［ɑ~a、e、i、o、u、ö、ü］，辅音转写为：［n、ng、b、p、x、g、m、l、s、š、t、d、č、j、y、r、w］等。

以看出，除少数西部裕固语和其他来源词外，大部分带擦元音的词都与蒙古语同源。图 2.261～2.262 是男、女发音人（左为男，右为女，下同）[tɐʰ/qʰəm]"䐃"和 [ʊr/tɐʰ/ɢə]"此前的，上次的"等两个词中出现的带擦元音 [ɐʰ]～[ɐːʰ]（带擦元音标记方法是在元音上方标出送气符号）的声波图、三维语图和语音标注实例。图表中的 [qʰ] 或 [kʰ] 是国内外蒙古语语言学家们习惯标记的 [q] 或 [k] 等阿尔泰语系语言的古老音。与西部裕固语带擦元音相比，东部裕固语带擦元音的出现条件有些特殊。如，带擦元音不出现在词首，只在词首辅音之后出现；带擦元音之后没有收尾辅音，都是以带擦元音结尾；带擦元音音节的后续辅音（即下一音节开头的辅音）都是 [k、q]。

表 2.244　东部裕固语带擦元音统计

声音文件名	原始记音	实际读音	蒙古文拉丁转写	意义
ZYGM4A0065	tʃkən	ʧʰʰ/gən	či/xi	耳朵
ZYGM4A0119	sqəi-	sʰ/ɢəi-	šagayixu	瞄（用单眼瞄视）
ZYGM4B0056	daqəm	tɐʰ/ɢəm（qʰ）	taxim	䐃
ZYGM4B0199	møkør-	møkʰør-		倒扣
ZYGM4B0228	mɔqɔr	mɔʰ/qʰɔr	muxur	钝的、钝物
ZYGM4B0300	nɔgqɔi	nɔʰ/ɢəi（qʰ）	noxay	狗
ZYGM4B0372	dʒagqur	tʃɐʰ/ɢuːr	čaxigur	火石
ZYGM4B0376	dagqa	tɐʰ/ɐ（qʰ）	taxiy_a	鸡
ZYGM4B0395	bekə	peʰ/gə～pe/kʰə	bexi	坚实的、结实、牢固
ZYGM4B0412	duɢqə-	tɔʰ/ɢə-（qʰ）		搅拌、掺合、搅合
ZYGM4B0512	daːqə	* tɐ:/qʰə	daxi	乱毛（纠结成团的）
ZYGM4B0541	seigqan	sɛːʰ/qʰɐn	sayixan	美丽、漂亮
ZYGM4B0619	nəkiː	* nəg/giː～nə/kʰiː	nexi	熟羊皮
ZYGM4B0683	magqan	mɐʰ/qʰɐn	mix_a	肉
ZYGM4B0979	yːkən	y:ʰ/gon～（kʰ）	ögexü	脂肪
ZYGM4B0993	qagqai	qɐ̥ʰ/ɢəi（qʰ）	gaxay	猪、野猪

续表

声音文件名	原始记音	实际读音	蒙古文拉丁转写	意义
ZYGM4B1008	baqǎr	* pɐʰ/ɢər~（qʰ）	西部裕固语词	紫铜
ZYGM4C0047	sɔgdɔːqei	sɔq /cʰ/qʰie（sɔç）	sogto-	沉醉的
ZYGM4C0051	xurugɡəi	xɔ/rɔʰ/ieɢ	xoroxay	虫子
ZYGM4C0077	aidaqai	ɐi/tɐʰ/ieɢ（qʰ）	ayumtagay	胆小的
ZYGM4C0080	dɔqɔlɢa-	tɔ/qʰɔl/ːɐ（tʰ）		捣乱
ZYGM4C0168	tulugqəi	tʰʊ/lʊʰ/ieɢ（cɔ ʰ iː）		结巴
ZYGM4C0179	arəkə	ɐ/rɐʰ/gə（ɐrɐ）	araxi	酒
ZYGM4C0204	ɢartʃaqiəb	qɐɹ/tʃ ɐʰ/iːɢ（əb）	xarčagay	猎隼（鹘）
ZYGM4C0221	daɢdʒarqei	tʃɐ q/tʃ ʰ ɐʃ/ieɢ	čarčaxay	蝗虫
ZYGM4C0225	daː qəraː-	tɐː /ieɢ/ɐʃ（tɐːʰ/qʰ）	daxi	毛发纠结
ZYGM4C0269	urdaqə	ʊz/tɐːʰ/gə	urida	前此的、上次的
ZYGM4C0349	sadʒaxqai	sɐ/tʃɐʰ/qʰiː	šajagay	喜鹊
ZYGM4C0367	muː daqai	muː/tɐʰ/qʰiː	maguta-	虚弱，瘦
ZYGM4C0374	tamakə	* tʰɐ/mɐg/gə（mɐ）	damaxi	香烟等
ZYGM4C0384	ʃiː rekəi	ʃiː/rɐ̥ʰ/kʰiː（ɾe）	šigereng	遗尿的、尿炕的
ZYGM4D0034	qurquraqai	qʰʊ̥ʰ/qʰ ɐ̥ʰ ɐ /rɐʰ/ɢiː	xurxira-	爱打呼噜的
ZYGM4D0037	duqul-	tʊʰ/qʰʊl/ɐː		捣乱（西部指"搅"）

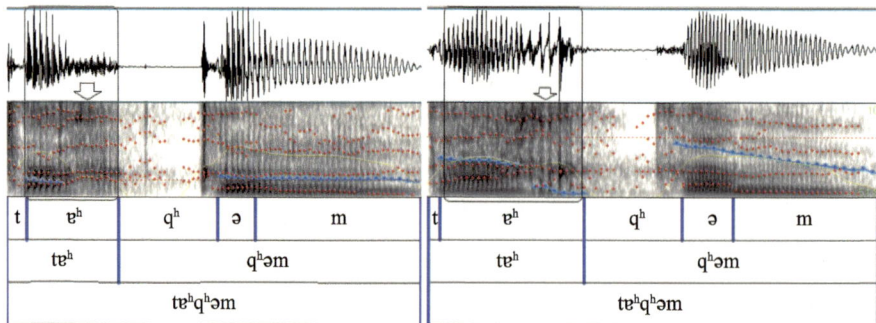

图 2.261　[tɐʰqʰəm]"膕"一词的声波图、三维语图和三层标注实例

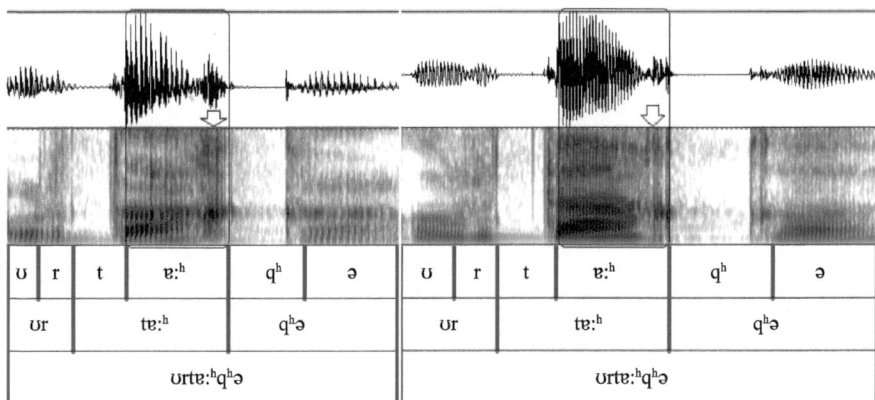

图 2.262　［ʊr/tɐʰ/Gə］"此前的，上次的"一词的声波图、三维语图和三层标注实例

2. 带擦元音特点

东部裕固语带擦元音是附有短促的、灵活多变的擦音成分的特殊元音，主要出现在后音节为［qʰ］或［kʰ］等辅音开头词中，即带擦元音音节的后续辅音（即下一音节开头的辅音）都是［k、q］辅音。声学表现为除元音共振峰外其后段伴有较强的摩擦成分（在元音共振峰中也交杂摩擦成分），请见图 2.261～2.262 上的标记部分。该元音在东部裕固语中不承担区别意义功能，即不是独立音位。这一点与西部裕固语带擦元音有很大不同①，可以认为是元音的一种条件变体。东部裕固语带擦元音有以下几个特点。

（1）出现频率较低，只占所选单词的 1.9%。请见表 2.245。

（2）在词首或非词首开音节中，一般都在后续音节为以［qʰ］辅音（少数以［kʰ］）开头的音节之前出现，即带擦元音音节的大多数后续辅音（即下一音节开头的辅音）都是［q］②。请见表 2.245 和图 2.261～2.262。

（3）有一定的随意性。在相同条件下，有时出现，有时不出现，并且因人而异。如图 2.263 所示，男发音人的语图有带擦元音（［peʰ/kʰə］），而女发音人语图没有带擦元音（［pe/kʰə］）。与之相反，在图 2.264 中女发

---

① 陈宗振（1986）先生把马"ɑht"和名字"ɑt"两个词作为带擦元音在西部裕固语中有区别意义的典型例子。我们认为有些不妥。因为这里所例句的马"ɑht"中的"ɑh"其实不是带擦元音，而是 VC 音节。

② 从西部裕固语带擦元音后续辅音的统计结果看，在后续辅音中［g、ɢ、k、q］等辅音出现 154 次，占所有后续辅音的 34%。另外，在所有后续辅音中塞音、塞擦音（［g、ɢ、k、q、b、p、d、t、dʒ、dʐ、tʂ］）共出现 379 次，占所有后续辅音的 84.4%。

音语图有带擦元音（［tɔʰ/qɔl/ɢɐː］），而男发音人语图没有带擦元音（［tɔ/qɔl/ɢɐː］）。

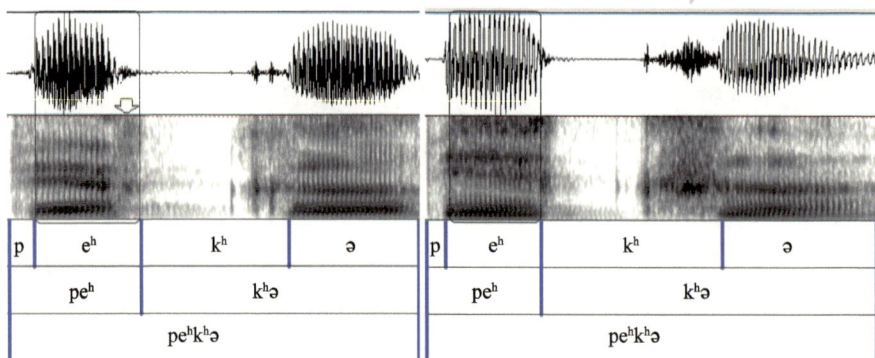

图 2.263 ［peʰ/kʰə］ ~ ［pe/kʰə］ "结实，牢固" 一词的声波图、
三维语图和三层标注实例

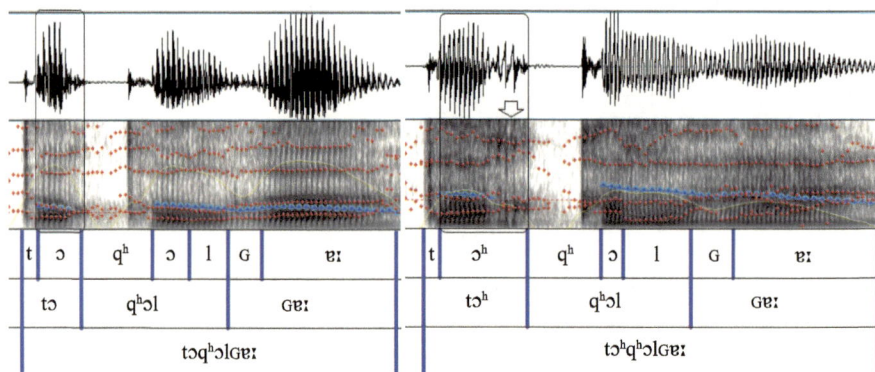

图 2.264 ［tɔ/qɔl/ɢɐː］ ~ ［tɔʰ/qɔl/ɢɐː］ "捣乱" 一词的声波图、
三维语图和三层标注实例

（4）带擦元音有时会清化。清化带擦元音的特点是虽然能够听到声音到，但语图上看不到。如图 2.265 所示，［ə̥ʰ］元音虽然发音动程上有元音+擦音，但声带没有振动并且擦音段比元音段清晰并带有浊擦成分。

（5）与蒙古语标准话清擦音、清送气和不送气塞音、塞擦音前音节元音之后出现的摩擦成分相比，无论是摩擦力度还是表现形式都截然不同。图 2.266 为 ［ʊtʃʰɨr］ "原因，道理" 一词的声波图、三维语图和语音标注实例。从该图中我们可以看到，在 ［ʊ］ 的后部（大约 1/3，见箭头所示部分）有 35ms 长的摩擦段（乱纹）。蒙古语中无论是发音机理，还是感知上都意识不到这段摩擦成分。显然，这是受［tʃʰ］辅音影响而导致的协同发音现象。语音学上把此类现象叫作"前置送气"。

（6）东部裕固语带擦元音与蒙古语标准话类似 ak/tʰa > aχ（x）/tʰa > aχ（x）tʰɔ̃的不是一类语音现象。因为上述词中的［χ（x）］是［k］受后音节首送气塞音［tʰ］的影响而变化的逆同化现象。

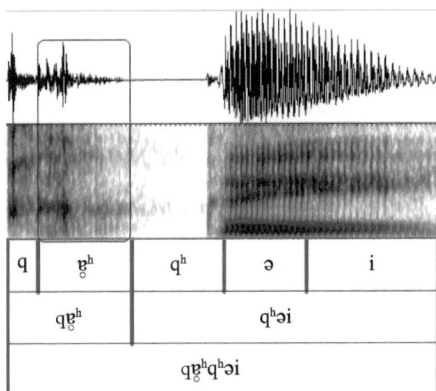

图 2.265　［qʊ̥ʰ/qʰəi］"猪"一词的声波图、三维语图和三层标注实例

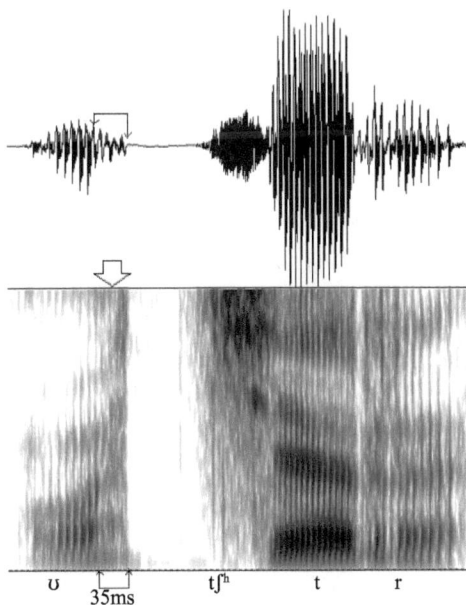

图 2.266　蒙古语［ʊtʃʰɬr］"原因，道理"一词的声波图、三维语图和三层标注实例

（二）带擦元音来源问题

据《裕固族简史》（甘肃人民出版社，1983）记载，河西回鹘中居住在甘州（今张掖一带）的一支最为强大，他们于 10 世纪初曾建立了政权，统领河西回鹘各部。因此，河西回鹘也统称甘州回鹘。公元 1028 年甘州回鹘被李元昊的西夏打败，政权覆亡，部落四散。其中，一部分迁出嘉峪关外，过游牧生活。一部分迁入祁连山区，也过游牧生活。有关操蒙古语族语言的裕固人的渊源问题，目前尚无一致的意见。一种意见认为，他们大致上是一直居住在祁连山区的那一部分撒里维吾尔族人的后裔，由于他们长期靠近蒙古族部落生活，语言被蒙古化了；另一种意见则认为，一部分原来讲古老蒙古语的蒙古族部落，长期同裕固族的祖先撒里维吾尔族人生活在一起，逐渐地融合成了裕固族。无论从人种和风俗习惯，还是语言状况的视角，我们支持后一种观点。"讲古老蒙古语的蒙古族部落"虽然长期同裕固族的祖先撒里维吾尔族人生活在一起，但他们却保留了自己母语的主要特点。语言之间的相互影响是外因通过内因起作用，在同化（外因）和保留（内因）的较量中，同化的力量是有限的。

学者们一致认为，东部裕固语的这种发音特点（带擦元音）是受西部裕固语影响的结果。我们不否认西部裕固语的影响因素，但我们认为这只是外因，是表面现象。真正的原因来自内因，即东部裕固语自身语音系统的发展演变所致。

我们也曾经把东部裕固语带擦元音纳入辅音变化范畴并认为带擦元音摩擦成分是辅音成阻前的一个送气成分，并试图用"送气前移"的理论去解释。但带擦元音的摩擦成分是出现在前音节末，感知上就是前开音节的"闭塞尾"。无法解释后音节辅音摩擦成分的跨音节问题。那么，是否跟陈宗振（1986）先生解释一样，"aht 中的擦音成分是比古代突厥语更早的ɑkt 中 k 的遗迹；bɑht-（容纳）中的擦音成分也可能与 aht 的 h 同样来自古老的 * k"。结论是不可以的。因为该两个词读音的演化通过比较蒙古语书面语和口语可以证明的，用不着寻古，并且与东部裕固语带擦元音无关。

我们初步认为，东部裕固语带擦元音的擦音部分可能是原始共同阿尔泰语* k 辅音演变过程中某一阶段的"活化石"。原始共同阿尔泰语的 * k（本书标记为 kʰ），还在前蒙古语或古老阿尔泰语中发展成一个位置远远向后了的舌根（小舌）* q（本书标记为 q^h）时，* k 在前元音词干中还照样保持着。所以 q^h 在蒙古语中（> χ 等）和在老阿尔泰语中都是次源①。从上述阐述中，我们可以了解到：（1）* k^h 比 * q^h 早，即 * k^h > * q^h；（2）原始共同阿尔泰语 * k^h 辅音在蒙古语族语言中的演变轨迹为 * k^h > * q^h > χ（在后元音之前）和 * k^h > * k^h > x（在前元音之前）；（3）现代蒙古语标准话 /x/［x，χ］辅音的来源有以下两种：

$$在后元音之前：* k^h > * q^h > χ$$
$$在前元音之前：* k^h > * k^h > x \Bigg\rangle x$$

那么，东部裕固语带擦元音是否反映（保留）了阿尔泰语系古老辅音［q^h~k］演变过程中的分化（^{h}/q^h）阶段形式：

* k^h > q^h	>	^{h}/q^h	>	* ^{h}/χ	>	* /^{h}χ	>	/χ
mɐ/q^hɐn	>	mɐ^h/q^hɐn	>	* mɐ^h/χɐn	>	* mɐ/^{h}χɐn	>	mɐ/χзn "肉"
		（东部裕固语）						（蒙古语标准话）
		————		————				————
		分化	>	擦化	>		>	合并

* k^h > q^h	>	^{h}/q^h	>	* ^{h}/	>	/^{h}	>	/χ
mɐ/q^hɐn	>	mɐ^h/q^hɐn	>	* mɐ^h/χɐn	>	mɐ/^{h}ɐːn	>	mɐ/χзn> "肉"
		（东部裕固语）				（科尔沁话）		（蒙古语标准话）
		————		————				————
		分化	>	脱落	>		>	组合

我们初步认为，k^h 或 q^h 在蒙古语族语言中可能经历过上述两种演化过程，即分化（^{h}/q^h）> 擦化（^{h}/χ）> 合并（/^{h}χ > /χ）或分化（^{h}/q^h）> 脱落（/^{h}）> 组合（/^{h}> /χ）过程。东部裕固语带擦元音现象，可能是上述演化过程中的分化（^{h}/q^h）遗迹。

在分化>擦化>合并和分化>脱落>组合等两种演化过程中，我们目前倾向于后者并认为东部裕固语带擦元音是反映（保留）了辅音［q^h~k］的分

———————————

① N. 鲍培：《阿尔泰语比较语法》，周建奇译，呼和审校，内蒙古教育出版社，2004。

化（ʰ/qʰ）阶段的演变形式。因为在蒙古语科尔沁话中还有［mɐ/ʰɐːn tɔl/ɤɐː]"肉脑袋"（头发少或秃子，贬义词）和［kɐ/ʰɐːn tɔl/ɤɐː]"猪头"等词。其中，［mɐ/ʰɐːn］形式可能比东部裕固语［mɐʰ/qʰɐn］晚，比蒙古语标准话中的［mɐ/χɜn］形式早。或者说，东部裕固语［mɐʰ/qʰɐn］在蒙古语科尔沁话中演变为［mɐ/ʰɐːn］形式，而在察哈尔话中演变为［mɐ/χɜn］形式。有关这些问题，有待进一步探讨。

九 弱短元音

弱短元音指不构成音节、不承担音位功能，只是因辅音破裂所需而在词末或音节末出现的、相对不稳定的元音。东部裕固语的弱短元音主要出现在词中音节末和词末辅音，出现频率较低，男发音人语料中出现2次，女发音人语料中出现9次。有三种弱短元音，我们可以用［ə̯］来标记弱短元音。如，图2.267为男性发音人［ɐpɐlt］"摔跤"一词的三维语图中的弱短元音［ə̯］（VD=61ms、VA=59db、F1=420Hz、F2=1360Hz、F3=2359Hz）。

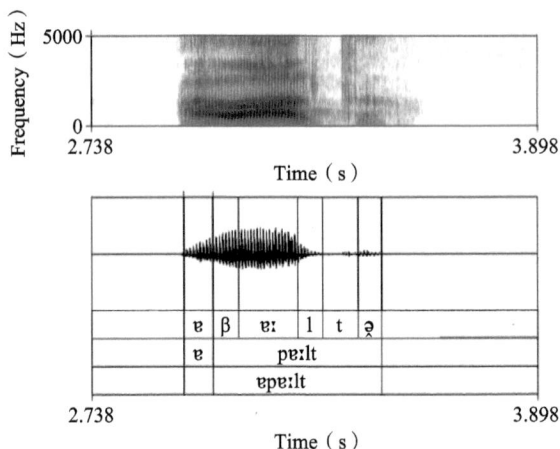

图2.267 男发音人［ɐpɐlt］"摔跤"一词的三维语图和三层标注实例

十 元音和谐律

元音和谐律是阿尔泰语系诸语言的重要语音特征。蒙古语族语言中存在元音和谐是学界共识。但是，学者们在元音和谐的语音学类型、内容，有不同的认识。

在传统东部裕固语语音学里，元音可分为相互对立的松元音和紧元音两类，即通常所说的阴性元音和阳性元音。这种松紧或阴阳对立现象是元音和谐律的基础。按照元音和谐规律，阴性元音和阳性元音（除中性元音）互相排斥，不出现在同一个词里。除阴阳和谐外，还存在唇形和谐规则。

有些学者认为在蒙古语族语言和方言土语中，元音和谐律受到不同程度的破坏，例如东部裕固语元音和谐律，但我们认为，东部裕固语元音和谐不规范的一个主要原因是对东部裕固语借词和固有词的界限不明显。

在本次研究中，我们依据实验数据，对东部裕固语中的元音和谐现象进行了初步的探讨。

我们用东部裕固语元音第一、第二共振峰（F1、F2）的均值绘制了 2 位发音人的短元音声学空间图（joos 型声学元音图），见图 2.269。该图以 F1 为纵坐标（表示舌位的高低），线性刻度；以 F2 为横坐标（表示舌位的前后），对数刻度。这种二维声学元音图与元音舌位图之间具有较好的对应性，能够呈现每个元音声学空间及其声学空间中的分布区域和不同元音之间的相对关系，以及目标语言元音系统在声学空间中的格局。图 2.269 中的虚线为阴阳元音（松紧元音）的分割线，左为松元音（阴性元音），右为紧元音（阳性元音）。

从图 2.268 中可以看出，东部裕固语松紧元音在调音方面（舌位前后）较显著的差异性，即紧元音在后，松元音在前，互不重叠。图 2.268 进一步验证了呼和教授提出的"松紧界限"不是一条线（静态），而是一条带或区域（动态）的观点。

元音属性层面（元音自身发音机制），东部裕固语元音分为松元音组 [i、y、e、ø、ə] 和紧元音组 [ɤ、ɔ、u] 两组，元音属性层面不会有所谓的"中性元音"。但在元音和谐律层面，有些元音即可与阳性词同处一个词，也可与阴性词同处一个词。东部裕固语传统语言学中所说的"中性元音"就是这类元音。显然，这里所说的"中性"指元音和谐律的和谐属性分类问题。东部裕固语的元音和谐律的中性元音是 [i、ə]。

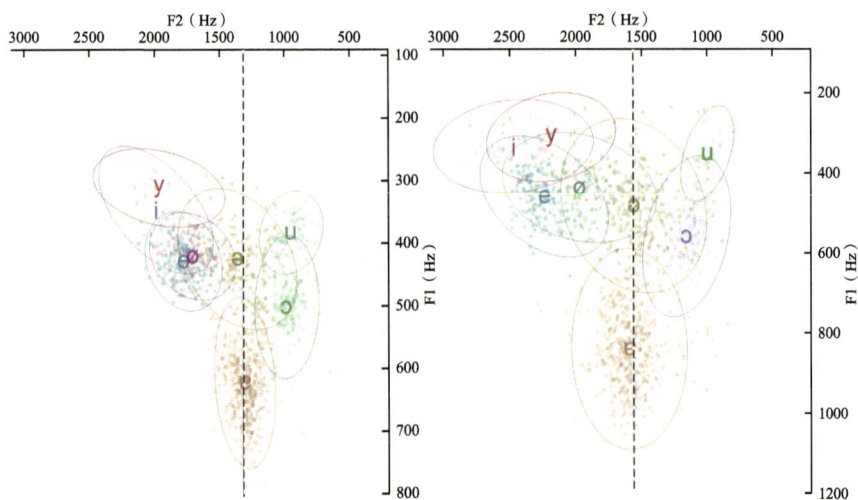

图 2.268　松紧（阴阳）元音分隔（M&F）

第三章

东部裕固语辅音声学特征

鲍怀翘研究员在其实验语音学讲义中，从以下几个方面比较准确地总结了辅音的发音特点。以下是对鲍氏观点稍做修改后的阐述：（1）声源：气流克服阻碍通过口腔时激发阻碍的各部位而形成声波，发浊辅音时在上述声源上加载声带振动波；（2）感知：噪声（除半元音外）；（3）时程：虽然相对短促，但不一定比元音短；（4）气流类型：脉冲波（塞音）和湍流（擦音）；（5）气流受阻方式：口腔中存在不同程度的阻塞（塞音）或阻碍（擦音）；（6）肌肉活动范围：发音成阻部位肌肉紧张，这是辅音的共性。下面从东部裕固语自身的特点总结其辅音系统的某些特点。

一 东部裕固语辅音基本特点

（一）单辅音系统

从辅音自身的结构，东部裕固语辅音可以分为单辅音和辅音组合。其中，单辅音系统比较简单，有 [p、pʰ、tʰ、t、k、kʰ、q、qʰ、tʃʰ、tʃ、s、ʃ、x、h、n、ŋ、m、n̥、l、ɾ、j、w] 等22个基本辅音音位，[f、ʂ、ç、z、z̪、ɬ、tç、tʂ、tsʰ、ts] 等10个借词辅音。按发音方法把东部裕固语基本辅音可以分为：（1）清塞音 [p、pʰ、tʰ、t、k、kʰ、q、qʰ]；（2）清塞擦音 [tʃʰ、tʃ]；（3）擦音 [s、ʃ、x、h]；（4）鼻音 [n、ŋ、m、n̥]；（5）边音 [l]；（6）颤音 [ɾ]；（7）半元音 [j、w]。其中，[n、ŋ、m、l、j、ɾ、w] 为浊辅音。表3.1为有关东部裕固语归纳的发音表。

表 3.1　东部裕固语基本辅音发音

发音方法		发音部位							
		双唇阻	舌尖前阻	舌叶阻	舌叶阻	舌面阻	舌面阻	小舌阻	喉门阻
		上唇下唇	舌尖齿区	舌叶齿龈前区	舌叶齿龈后区	舌面前硬腭区	舌面后硬腭区	舌根和小舌	喉部声门处
塞音	不送气	p	t				k	q	
	送气	pʰ	tʰ				kʰ	qʰ	
塞擦音	不送气				tʃ				
	送气				tʃʰ				
擦音	清				s	ʃ	x		h
	浊	w			j				
鼻音	清		n̥						
	浊	m	n				,		
边音			l						
颤音					ɾ				

（二）辅音群问题

无论从词层面，还是从音节层面看，东部裕固语是辅音群比较丰富的语言之一。我们把词中跨音节和音节内的辅音组合统称为辅音群。辅音群指出现在同一个音节（一起发音）或跨音节（有音节停顿）的两个或三个，甚至四个连续的辅音组合。其中，由两个或三个，甚至四个辅音组成的一起发音（同一个音节）的辅音群叫作复辅音（在英文文献中叫作 consonant-cluster），这是不可分割的音节单元，可以用 CC、CCV#、#VCC 表示（#表示任何元音和辅音下同）；而由两个或三个，甚至四个辅音组成的不一起发音（跨音节，有音节停顿）的辅音群叫作辅音串，在音节层面上辅音串是跨音节的，而在词层面上它们属同一个单元，可以用#C/C#、#CC/C#、#C/CC#表示。复辅音分独立（单独构成音节）或非独立（与元音一起构成音节），辅音串分二辅音串、三辅音串、四辅音串等。复辅音的组合规律比较严谨，而辅音串的组合没有特定的组合规律，随机性和自由度较大。以下是辅音群分类图 3.1。

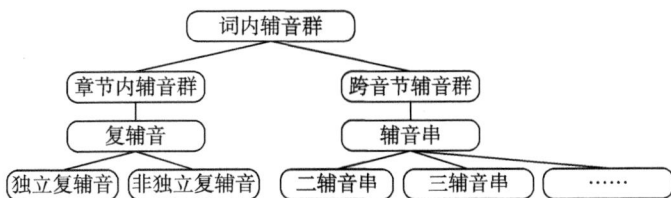

图 3.1　**东部裕固语辅音群分类**

（三）"长辅音"问题

本节将分析和讨论上述辅音串中由同一个辅音组成的辅音串，如，[ŋ/ŋ、n/n、m/m、l/l、s/s、k/k、tʰ/tʰ] 等的问题。图 3.2 为东部裕固语 [ŋ/ŋ]（同一个辅音组成的）等辅音串和 [ŋ] 等音节首单辅音的声学语图比较图。从图 3.2 中可以看出，这是同一个辅音在特殊位置（跨音节，即前音节末，后音节首）上出现时的特殊辅音串，发音机制（方式）因其特殊位置而有些特殊。如相同两个清擦音和浊擦音前置辅音的除阻段和后置辅音成阻段的界限变模糊或相同两个塞音共享一个较长的持阻段（前音节末辅音不破裂，两个辅音享用共同的持阻段，比单一辅音相对长）。

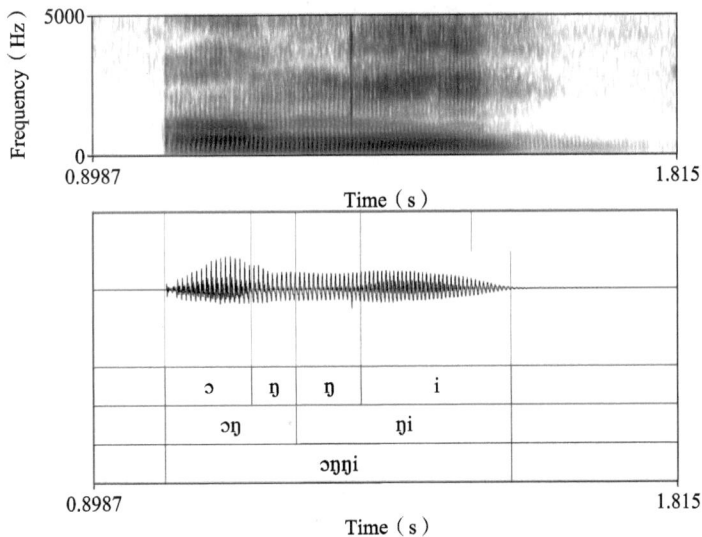

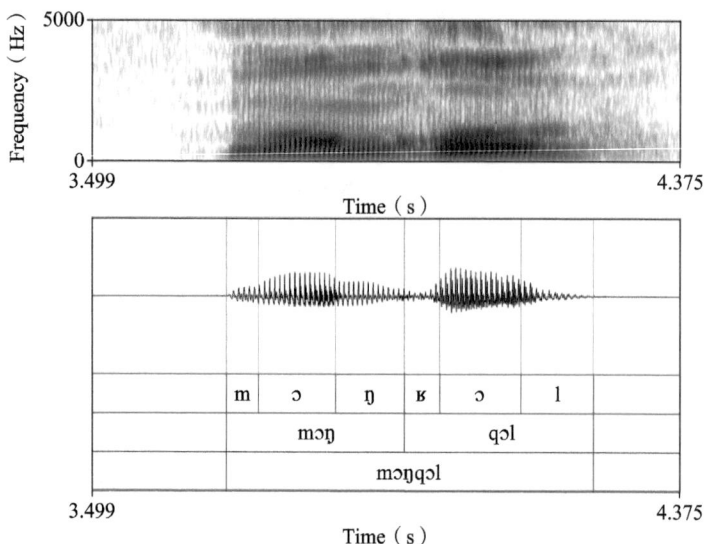

图 3.2　由同一个辅音组成的辅音串和单辅音的声学语图比较

（四）辅音的腭化问题

东部裕固语辅音的腭化比其他蒙古语族语言，例如跟蒙古语和东部裕固语比较的话，相对简单。"腭化"不仅是辅音本身的问题，而且涉及元音的前化、音位系统和言语声学工程等重要研究领域。"腭化"是指一个音段的次要发音为舌前部向腭部抬起，或（带后辅音）收紧点移向腭部，而主要发音在别的位置上产生的现象（R.L. 特拉斯克，2000）。东部裕固语辅音腭化问题中分歧最多的是有关腭化辅音的数量问题。

（五）辅音的浊化和清化问题

在语流中辅音因受前后置或前后位音段的影响而改变其发音方法和部位的现象比较普遍。例如，元音之间出现的 ［p］ 通常会变成 ［β］ 或 ［ɸ］（清塞音变成浊擦音或清擦音），元音之间出现的 ［k］ 通常会变成 ［ɣ］ 或 ［χ］（清塞音变成浊擦音或清擦音），送气辅音之前的 ［r］ 会变成 ［ɹ］（浊音变成清擦音）等。请见图 3.3~3.5。

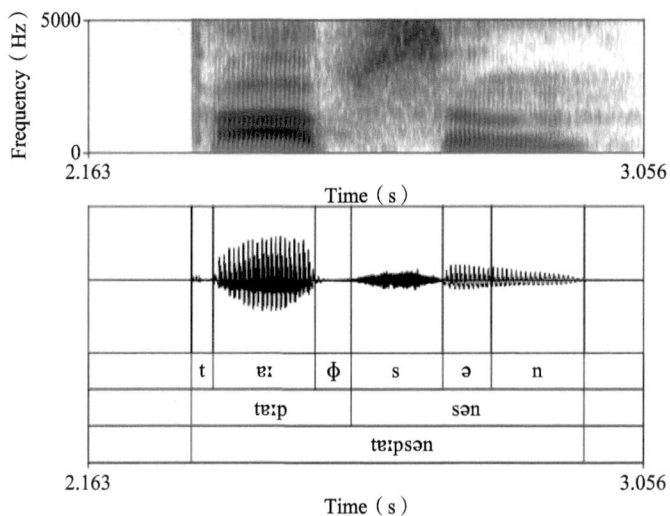

图 3.3　/p/辅音擦化变体 [ɸ] 音实例

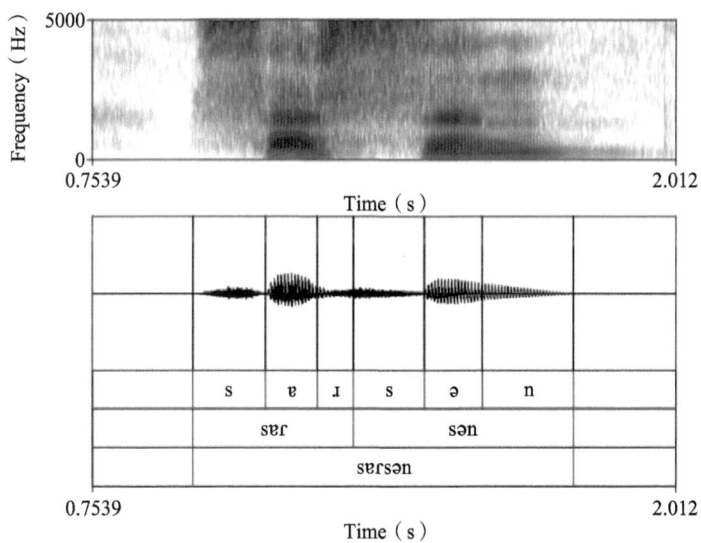

图 3.4　/r/辅音清化变体 [ɹ] 音实例

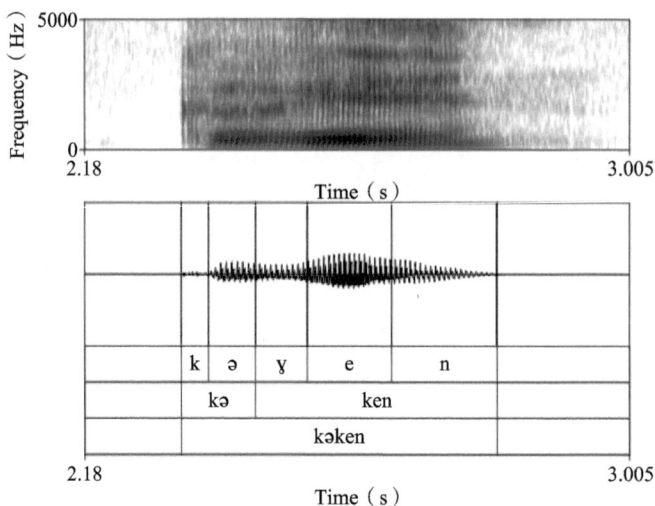

图 3.5 /k/辅音浊化变体 [ɣ] 音实例

二 辅音声学特征参数及分析方法

根据声学语音学理论和鲍怀翘研究员的讲义，辅音的基本声学特征可以归纳为如下几个模式。

(一) 冲直条 (Spike)

塞音破裂产生的脉冲频谱，表现为一直条。时程较短，约 10~20ms，意味着在所有的频率成分上都有能量分布。图 3.6 为 [tʃʰɔɹtʰen]"塔"一词中 [tʃʰ] 和 [tʰ] 的冲直条示例。请见图 3.6 中两个"右指箭头"所指位置。

(二) 无声空间 (GAP)

在塞音和塞擦音破裂之前有一段空白，这是辅音成阻、持阻时段的表现，造成清塞音的效果。这一段虽是空白，但对塞音感知来说是不可缺少的，可以说"此处无声胜有声"。请见图 3.6 中"上指箭头"所指位置。

(三) 嗓音横杠 (Voice Bar)

这是声带振动的浊音流经鼻腔辐射到空气中在语图上的表现。冲直条之前若有一条 500Hz 以下较宽的嗓音横杠，说明这是浊塞音。东部裕固语

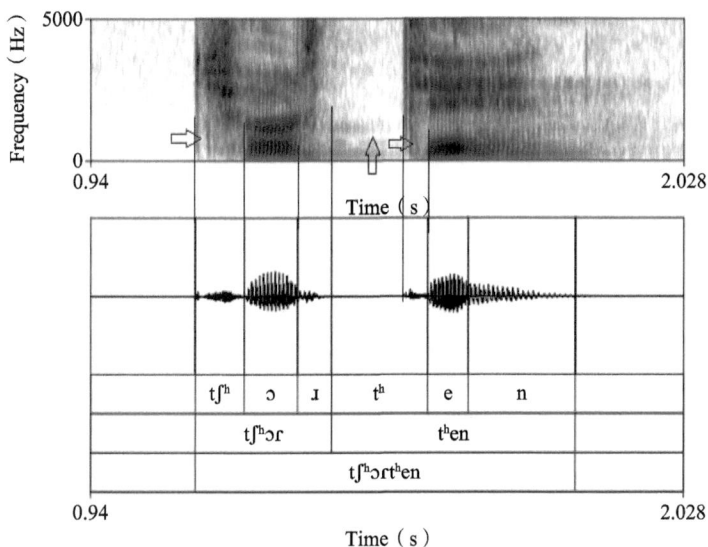

图 3.6　在［tʃʰɔɹtʰen］"塔"一词中［tʃʰ］和［tʰ］的冲直条示例

中没有浊塞音。请见图 3.8。

（四）乱纹（Fills）

这是气流流经口腔某部位狭窄通道造成的湍流，所有的擦音在语图上都表现为乱纹。图 3.7 为［søsən］"胆，胆汁"一词中［s］的乱纹示例，请见箭头⇧所指位置。

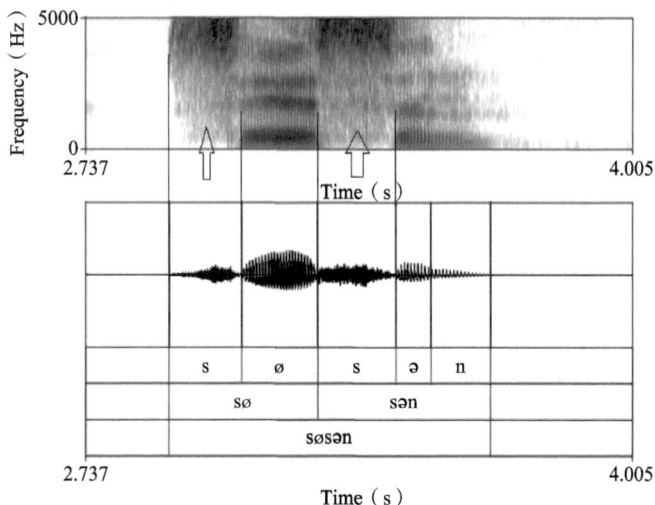

图 3.7　在［søsən］"胆，胆汁"一词中［s］的乱纹示例

（五）共振峰（Formant）

共振峰是由声带振动作为激励源经声腔共鸣形成的，鼻音、边音等浊辅音都有共振峰。请见图3.8中直线箭头所指位置。

图3.8是引自鲍怀翘讲义的辅音声学特征基本模式图。

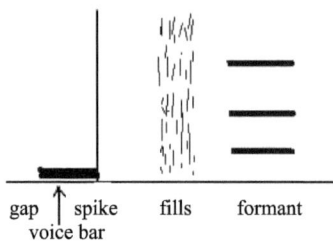

图 3.8 辅音声学特征基本模式

因辅音发音方法的不同，这些基本模式的组合方式也不同。如，浊塞音的声学表现为嗓音横条与冲直条、清塞音为无声间隙与冲直条、清塞擦音为冲直条与一段较短时程的乱纹、清送气塞擦音为冲直条与一段较长时程的乱纹、清擦音为较长的乱纹、浊擦音为乱纹与共振峰，等等。

（六）嗓音起始时间（Voice Onset Time，VOT）

如图3.9所示，嗓音起始时间是指声带振动产生的浊音流（嗓音）出现在冲直条前后的位置及其时间。出现在冲直条之前的就是浊音，VOT为负值；出现在冲直条之后的为正值，就是清辅音。它们都分布在时间轴上，因此都可以用时间来量化。根据VOT数据，比较容易区分清塞音、清塞擦音、清塞送气音、清塞擦送气音。图3.9为引自鲍怀翘讲义的嗓音起始时间（VOT）示意图。

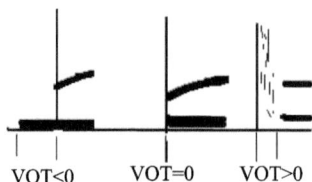

图 3.9 嗓音起始时间（VOT）示意

GAP和VOT参数对塞音/塞擦音有较明确的区别意义。图3.10为东部裕固语词中音节首塞音、塞擦音的声学格局图。图中的 x 轴为 VOT、y 轴为 GAP。从图 3.10 中我们可以看到：（1）［p］、［pʰ］、［t］、［tʰ］、［k］、［kʰ］、［tʃ］、［tʃʰ］、［q］、［qʰ］等 8 个清塞音、塞擦音，在格局图上总是分布在三个区域，形成三个聚合；（2）送气塞音［tʃʰ］在格局图中总是居于最高的位置，而不送气塞音［tʃ］、［k］、［p］、［q］在格局图中总是居于最左边的位置，送气塞擦音［tʰ］、［pʰ］、［kʰ］在格局图中总是居于最右边的位置，而不送气［p］音在格局图中总是居于最低位置上；（3）在送气和不送气塞音、塞擦音中，送气音在格局图中总是居于不送气的右、上的位置。

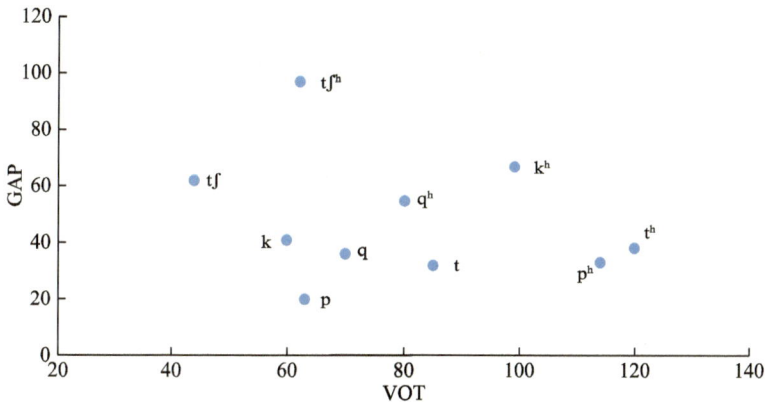

图 3.10　词中音节首塞音、塞擦音的声学格局（M）

（七）强频集中区（Concentrated Frequency Area）

强频集中区（CFA）又称辅音共振峰，是清擦音和一切摩擦噪声（塞擦音中的摩擦段和送气音）经声腔共鸣形成的共振峰（我们在参数库中标记为 CF1、CF2、……）。擦音是一种摩擦噪声，在语图上表现为乱纹。但由于发音部位的不同（气流受阻位置不同），形成特定的共鸣腔和反共鸣腔，于是某些频率位置的能量得到加强，这就是强频区。发音部位越靠前，共鸣腔越短，共鸣频率（特别是最强共鸣）就越高，反之则反。所以［s］音最高，［h］音最低。利用"东部裕固语语音声学参数数据库"，对东部裕固语［s、ʃ、x、h］等清擦音的共振峰分布模式进行分析后得出：［s、ʃ、x、h］等清擦音的 CF 在词中不同位置上的分布模式相对稳定，说明清辅音共振峰频率是有效参数。该三个清擦音的共振峰（CF2～CF4）随着舌位的后移，呈现整体下降的趋势。请见图3.11。

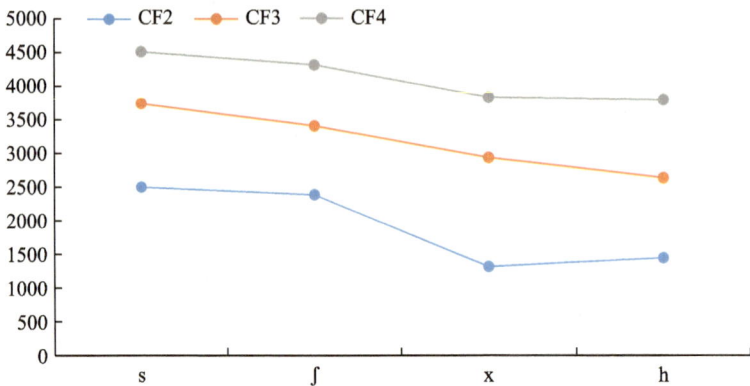

图3.11　[s、ʃ、x、h] 等三个辅音共振峰（CF2～CF4）分布模式（M2）

虽然清擦音、清塞音和清塞擦音的 CF 是有效参数，但与其他声学参数相比提取该参数需要经验。我们在"中国少数民族语言语音声学参数统一平台"中采用自动提取和手工修改相结合的方法。提取原则和方法是：每个人的共鸣腔是固定的，决定上下移动幅度的是舌位（高低前后）。这对准确采集擦音、清塞音和塞擦音等的共振峰具有非常重要的意义。我们采用这种"顺藤摸瓜"的方法，比较容易找到这些辅音的共振峰。请见图3.12。

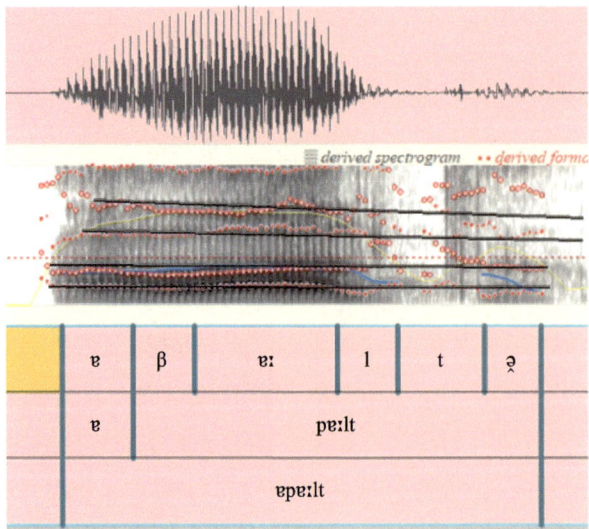

图3.12　东部裕固语 [ɐpɛːlt]"摔跤"一词中的音段共振峰分布模式

（八）辅音谱特征

在清擦音噪声谱分析中 Svantesson（1986）提出了"谱重心"（COG，Center of Gravity）和"离散"（Dispersion）程度方法。具体做法是在擦音谱稳定段的某一时间点上做 FFT 分析，然后将其转换为临界带（critical band）。将 0~10000Hz 频率范围划分为 24 个子带，计算出每个子带的平均能量。谱重心即为能量最强的子带的频率，计算重心的公式为：

$$m = \sum n \times 10^{(xn/10)} / F \qquad 其中\ m\ 为重心子带，n\ 为\ 1~24\ 个子带$$

离散度表示语音频谱的离散程度，离散度越大表示谱越离散，反之则反是。离散度的计算公式为：

$$s = \sqrt{(\sum (n-m)^2 \times 10^{(xn/10)} / F)} \qquad s\ 为离散度$$
$$F = \sum 10^{(xn/10)} \qquad\qquad F\ 为语音谱能量$$

以谱重心为横轴，分散度为纵轴，可以绘制图 3.13 擦音空间分布图。

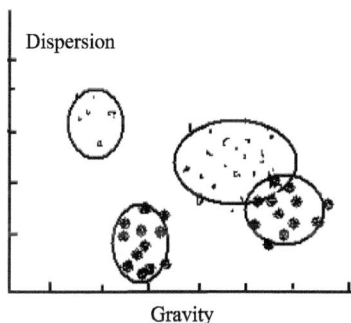

图 3.13　擦音谱重心—分散度分布图示例

对以上公式做一些修正，用 $S(f)$ 表示语音的复数谱，f 表示频率，将频率域改为连续域，则参数的积分式定义如下：

谱能量（Energy）$= \int_0^\infty |S(f)|^2 df$；

谱重心（COG）为：$\int_0^\infty f |S(f)|^2 df$ 除以谱能量，单位赫兹，以下公式中 fc 等于谱重心 COG；

离散度（Dispersion）为：$\int_0^\infty (f-fc)^2 |S(f)|^2 df$ 除以谱能量，单位赫

兹，然后取平方根；

令 A 为：$\int_0^\infty (f-fc)^3 \mid S(f) \mid^2 df$ 除以 $\int_0^\infty \mid S(f) \mid^2 df$；B 为：$\int_0^\infty (f-fc)^2$ $\mid S(f) \mid^2 df$ 除以 $\int_0^\infty \mid S(f) \mid^2 df$，则倾斜度 SKEW 为：A／（B）$^{1.5}$。

倾斜度 SKEW 表示低于谱重心的谱与平均频率以上的谱的差，无单位。

上述描述引自周学文《彝语辅音谱特征分析》（周学文，2013）一文。

冉启斌在他的博士学位论文（2005）中引入了这种方法并对普通话及几种方言的擦音进行了深入的研究进而给出了具体的数据。结论是：普通话 5 个清擦音可分为两类，[s]、[ɕ]、[ʂ] 谱重心高而分散度小，分布范围小；[f]、[x] 谱重心低而分散度大，分布范围也大。该文表明，谱重心对应的频率比语图中实际显示的高得多，从统计上看，擦辅音两两比较时才有显著性意义。尽管如此，该方法在清擦音研究中是一种值得重视的方法。

我们在"中国少数民族语言语音声学参数统一平台"中采用了 COG、Dispersion 和 SKEW 这三个谱参数。为了避免辅音随便取点可能带来的野点问题和受其前、后置音段的影响因素，在经过多次实验的基础上，我们采用辅音中间 1/3 段来计算的方法。

呼和用该三个参数分析蒙古语标准话辅音后得出：COG、STD 和 SKEW 三个谱参数相对稳定，能够有效区别东部裕固语标准话辅音的清、浊和不同发音部位的清擦音，具有语言学意义。其中，清辅音的 COG 和 STD 值都明显大于浊辅音，而其 SKEW 值则小于浊辅音；该三个参数与清辅音发音部位之间具有较好的相关性，而与浊辅音发音部位之间的相关性较差（呼和，满语研究，2015）。

三　单辅音

东部裕固语有 [p、pʰ、tʰ、t、k、kʰ、q、qʰ、tʃʰ、tʃ、s、ʃ、x、h、n、ŋ、m、n̥、l、r、j、w] 等 22 个基本辅音音位，[f、ʂ、ɕ、z、z̩、ɬ、ts、tɕ、tɕʰ] 等 9 个借词辅音。按发音方法把东部裕固语基本辅音可以分为：（1）清塞音 [p、pʰ、tʰ、t、k、kʰ、q、qʰ]；（2）清塞擦音 [tʃʰ、tʃ]；（3）擦音 [s、ʃ、x、h]；（4）鼻音 [n、ŋ、m、n̥]；（5）边音 [l]；

（6）颤音［r］；（7）半元音［j、w］。其中，［n、ŋ、m、l、j、r、w］为浊辅音。

分析方法：我们从以下几个方面观察了辅音声学特征。（1）词首（CV-）和（2）词末（-VC）。其中，V 为任何一个能够在该位置上出现的元音。满足上述两种条件的是在单音节或多音节词中出现的所有开头或结尾的辅音。（3）词中音节首（-CV-）。其中，V 为任何一个能够在该位置上出现的元音。满足这种条件的是在多音节词中出现的所有非词首音节首的辅音。（4）词中音节末（-VC-）。其中 V 为任何一个能够在该位置上出现的元音。满足这种条件的是在多音节词中出现的所有非词末音节末的辅音。（5）词首复辅音（C1C3C2V，只有词首音节出现），其中 C1 为复辅音前置辅音，C2 为复辅音后置辅音，C3 为复辅音内置辅音。（6）复辅音后置辅音（-VC1C2）。其中，C2 为后置辅音，包括词末和非词末位置。（7）复辅音前置辅音（-VC1C2-）。C1 为前置辅音其中，C2 为能够与其组成复辅音的辅音。满足这种条件的是在音节尾（包括词尾和非词尾）出现的能够与其他辅音组成复辅音的所有辅音。请见图 3.14 中 6 个位置上的 6 种辅音。其中，1~4 为针对单辅音，5~6 为针对复辅音。显然，这 6 种位置是不重复的。

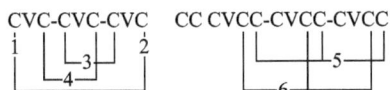

CVC-CVC-CVC　　CC CVCC-CVCC-CVCC

图 3.14　辅音分析条件示意

（一）塞音

塞音（stop），又称作爆破音（plosive），是辅音中按发音方法区分中的一个基本类别。塞音的发音特点是：（1）主动发音器官上举与被动发音器官构成完全性的接触，从而关闭了口腔或鼻腔的气流通路，这就是塞音的成阻阶段；（2）声门下的气流被阻塞在关闭点后部，随着气流的积聚，口腔内形成超压（即大于体外的大气压力），这就是持阻阶段；（3）关闭点被突然打开，释放出一股强气流，冲破空气的阻力，形成一个类冲击波，这就是除阻阶段。由于发这类辅音时，口腔或鼻腔完全关闭，气流被阻塞，故而称之为塞音。塞音与塞擦音的主要区别是：发音时两个器官必须构成阻塞，气流不断在口腔内集聚，口腔内就会形成超压，突然释放，发出一个爆破音。因此塞音又叫破裂音；先是塞音破裂，口腔不马上打开，而是留有一窄缝，紧接着口腔内余气从缝隙中挤出，产生摩擦，发出塞擦音（鲍怀翘，2005）。

1. /p/辅音

表 3.2　/p/辅音统计

/p/	M		F	
	出现次数	百分比	出现次数	百分比
/p/	269	100%	275	100%
[p]	125	46%	116	42%
[β]	117	44%	128	47%
[ɸ]	27	10%	31	11%

在统一平台中，/p/辅音以［p］、［β］、［ɸ］这三种变体形式共出现了 269 次（M）或 275 次（F）。其中，M 的［p］为 125 次，占所有/p/辅音的 46%；F 为 116 次，占所有/p/辅音的 42%。该变体，男发音人词中各位置都出现；M 的［β］为 117 次，占所有/p/辅音的 44%，F 为 128 次，占所有/p/辅音的 47%。该变体一般在词中音节首元音之间或音节末在浊辅音之前或少数在词末出现；M 的［ɸ］为 27 次，占所有/p/辅音的 10%，F 为 31 次占所有/p/辅音的 11%。变体［ɸ］一般在音节末，［s］、［ʃ］、［x］、［tʰ］、［tʃʰ］、［kʰ］等送气辅音之前出现；从/p/辅音［p］、［β］、［ɸ］3 种变体的统计分析结果看，无论是从词和音节里的分布特点，还是从词中的出现位置和条件以及出现频率，［p］已具备了作为典型变体的条件，把［p］作为典型变体，符合东部裕固语语音特点。/p/辅音的三个变体［p］、［β］、［ɸ］是在不同条件下出现的条件变体。请见表 3.2。

1.1　［p］辅音

1.1.1　声学语图特点

东部裕固语/p/辅音的典型变体［p］为双唇、不送气、清塞音，而不是双唇不送气浊塞音［b］。图 3.15~3.16 为男发音人［pɐs］"小山丘"一词的三维语图和［p］辅音频谱图。显然，东部裕固语［p］辅音是比较典型的双唇、不送气、清塞音。到目前为止，有些论著中把东部裕固语该辅音标记为［b］，这是不符合国际音标的标记原则的。

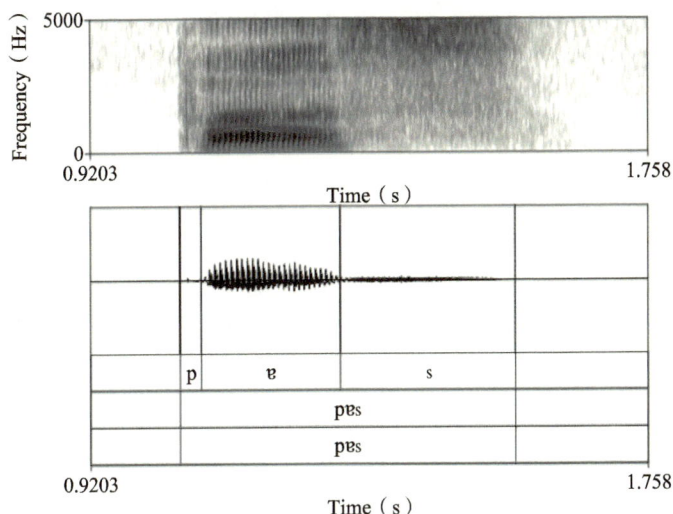

图 3.15　男发音人［pɐs］"小山丘"一词的三维语图和三层标注
（音段、音节和词，下同）实例

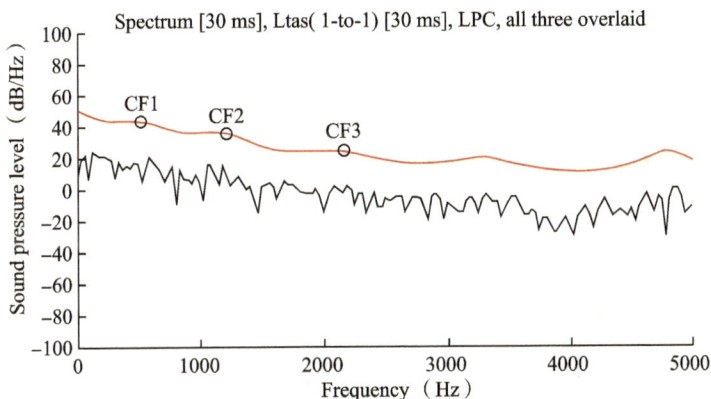

图 3.16　男发音人［pɐs］"小山丘"一词［p］辅音的频谱图

1.1.2　共振峰分布模式

表 3.3 为两位发音人［p］辅音的参数统计表。图 3.17 为两位发音人
［p］辅音第一、第二和第三共振峰的分布图，图 3.18 为两位发音人［p］辅
音三个共振峰均值比较图。表 3.3 显示了两位发音人［p］辅音三个共振峰均
值，即 M：CF1 = 984Hz、CF2 = 1906Hz、CF3 = 2898Hz，F：CF1 = 829Hz、
CF2 = 1861Hz、CF3 = 2906Hz。从图 3.16 中可以看出，男、女发音人共振峰频
率浮动围绕为，男：CF1 = 300 ~ 1600Hz，CF2 = 1200 ~ 2200Hz，CF3 = 2000 ~

3200Hz；女：CF1＝300～1500Hz，CF2＝1400～2100Hz，CF3＝1900～3300Hz；
CF2 数据比较集中，CF1 数据范围比较大。

表3.3 ［p］**辅音统计**

单位：CD 为 ms、CA 为 dB、CF 为 Hz、下同

	M					F				
	VOT	CA	CF1	CF2	CF3	VOT	CA	CF1	CF2	CF3
平均值	28.1	48.97	984	1906	2898	19.8	50.99	829	1861	2906
标准差	0.01	8.8	361.8	371	396.7	0.6	7.9	268.6	246.3	245.4
变异系数	39%	18%	36.7%	19.4%	13.6%	31.5%	15.6%	32.3%	13.2%	8.4%

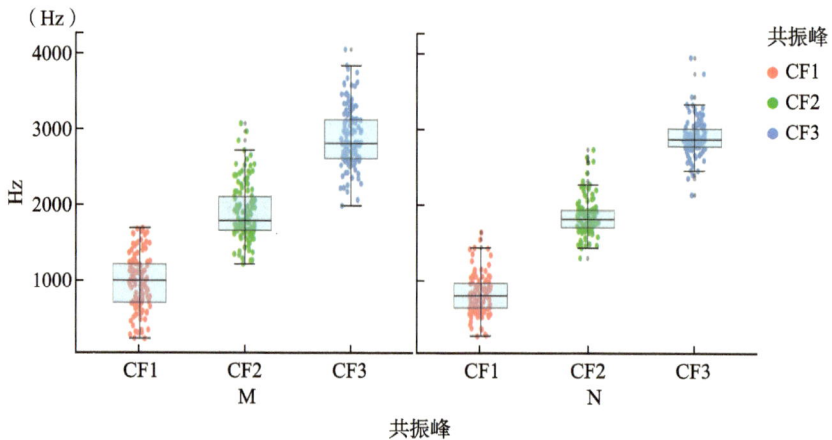

图3.17 ［p］**辅音共振峰分布**（M&F）

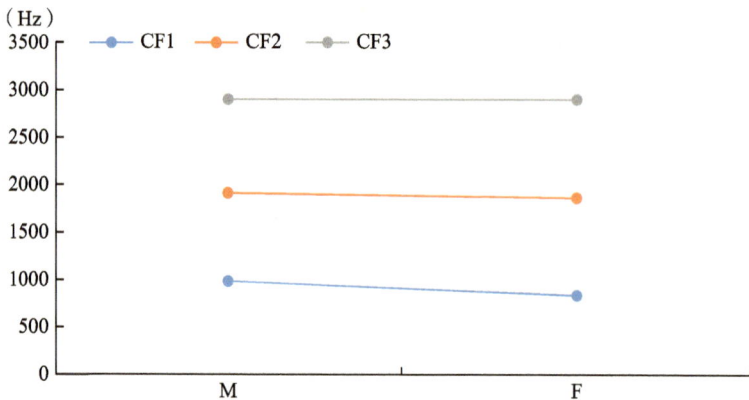

图3.18 **为男、女发音人**［p］**辅音三个共振峰均值比较**

从表 3.3 可以看出，[p] 辅音的 VOT 比较短，十几毫秒，女发音人的音强略高于男性发音人（目前词首塞音的 GAP 无法测量）。

1.1.3　词中位置与声学参数之间的关系

表 3.4~3.5 为词中不同位置 [p] 辅音声学参数统计表。图 3.19 为根据表 3.4~3.5 所画的词中不同位置 [p] 辅音 GAP 和 VOT 参数比较图，图 3.20 为词中不同位置 [p] 辅音音强比较图。图 3.21 为词中不同位置 [p] 辅音第一、第二和第三共振峰比较图。上述表和图显示，词中位置与 [p] 辅音声学参数之间具有一定的相关性。如，（1）词中 [p] 的 VOT 居中；（2）词末辅音 [p] 的 VOT 最长。

表 3.4　词中不同位置 [p] 辅音的参数统计（M）

位置		参数							
		N	GAP	VOT	CD	CA	CF1	CF2	CF3
词首	平均值	83		30.4		48.25	989	1845	2850
	标准差			0.01		7.7	294.9	235.3	321.4
	变异系数			34.4%		16%	29.8%	12.7%	11.2%
词中音节首	平均值	22	63.4	20	84	57.81	1126	2172	3041
	标准差		0.04	0.01	0.04	5.8	456.6	498	454.7
	变异系数		66.6%	51.1%	58.8%	10.1%	40.5%	22.9%	14.9%
词中音节末	平均值	6	79.1	25.8	105	37.5	1024	1856	3050
	标准差		0.02	0.008	0.01	3.5	435.7	493.2	437.1
	变异系数		28.1%	32.9%	18.6%	9.5%	42.5%	26.5%	14.3%
词末	平均值	9	113	32.2	129	38.33	591	1801	2897
	标准差		0.04	0.01	0.04	4.2	323.3	614.3	756.9
	变异系数		43.2%	33.4%	34%	11.1%	54.7%	34.1%	26.1%
复辅音前置	平均值	2		20		54	986	2101	2802
	标准差								
	变异系数								
复辅音后置	平均值	3	91	18	109	55.66	910	1912	2948
	标准差								
	变异系数								

表 3.5 词中不同位置 [p] 辅音的参数统计 (F)

位置		参数							
		N	GAP	VOT	CD	CA	CF1	CF2	CF3
词首	平均值	79		18.9		52.24	777	1794	2872
	标准差			0.005		6.4	238.8	168.1	196.7
	变异系数			27.5%		12.2%	30.7%	9.3%	6.8%
词中音节首	平均值	31	50.7	21.5	72.3	50.06	961	2028	2981
	标准差		0.03	0.008	0.03	9.1	301.7	297.8	310
	变异系数		68.7%	37.9%	54.4%	18.2%	31.4%	14.6%	10.3%
词中音节末	平均值	2	76	22	98	42	695	1975	2742
	标准差								
	变异系数								
词末	平均值	3	178	23.6	189	32	971	2001	3115
	标准差								
	变异系数								
复辅音前置	平均值	1		20		41	689	1923	4032
	标准差								
	变异系数								
复辅音后置	平均值	1	80	24	104	57	714	1307	2843
	标准差								
	变异系数								

再看 GAP 音长：词中音节首最短，词末音节最长。

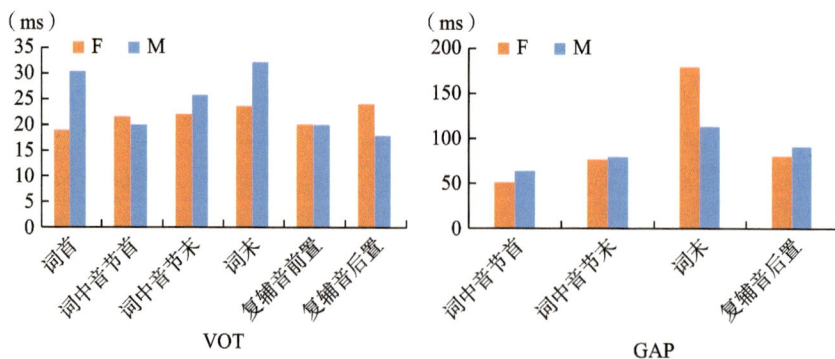

图 3.19 词中不同位置 [p] 辅音音长均值比较 (M&F)

　　图 3.20 显示，词中位置与［p］辅音音强之间也有一定的相关性。如，单辅音为例，词末音节音强比其他位置音强相对弱。复辅音后置辅音比前置辅音强。图 3.21 显示词中位置与［p］辅音共振峰频率之间几乎没有相关性。

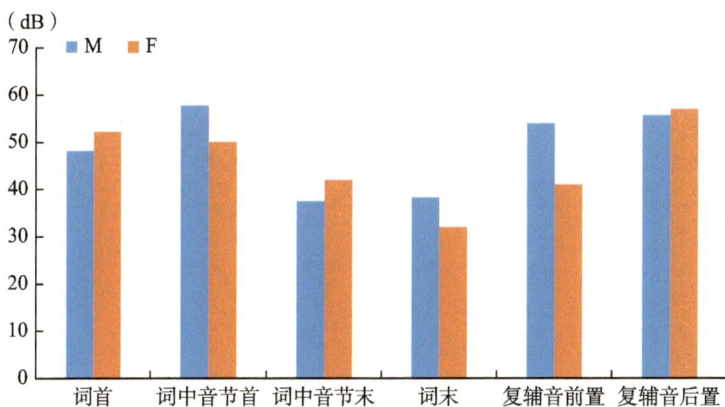

图 3.20　词中不同位置［p］辅音音强均值比较

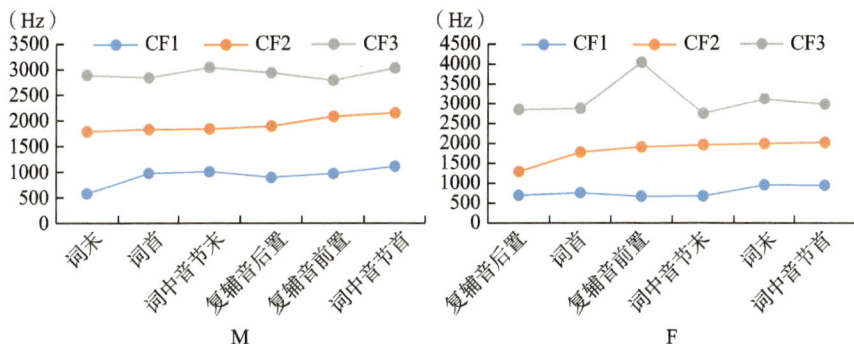

图 3.21　词中不同位置［p］辅音的共振峰均值比较 (M&F)

1.1.4　后置元音音质与声学参数之间的关系

　　表 3.6 为词首不同元音之前［p］辅音参数统计表，图 3.22~3.24 为不同元音之前［p］辅音音长、音强和共振峰比较图。从表 3.6 和图 3.22~3.24 中可以看出，后置元音与［p］辅音音长（VOT）和音强之间有一定的相关性。如，圆唇元音之前的音长比其他元音之前的相对长，［ɐ］之前的最短；［ɐ］元音之前［p］辅音的音强比其在其他辅音之前的音强相对强，在［u］之前的音强最弱；元音之前［p］辅音第二共振峰（CF2）比较稳定。

表 3.6　词首不同元音之前［t］辅音统计（M&F）

	M					F				
	VOT	CA	CF1	CF2	CF3	VOT	CA	CF1	CF2	CF3
pɐ	22.5	55.57	878	1723	2712	14.8	53.7	711	1809	2891
pə	35.6	44.5	1114	1862	2862	17.7	49.71	741	1714	2757
pɔ	31.4	45.5	1004	1832	2655	24.4	48.37	869	1721	2856
pe	26	52	783	1889	2870	18	53.5	580	1915	2898
pu	41.6	41.36	1061	1833	2880	22.1	46.84	824	1736	2884
pʊ	41.8	42.33	991	1787	3152					

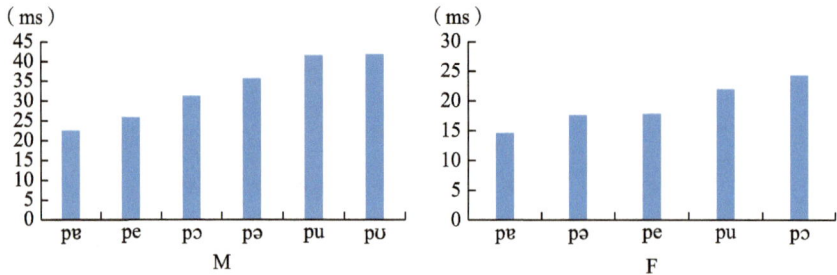

图 3.22　不同元音之前［p］辅音 VOT 均值比较（M&F）

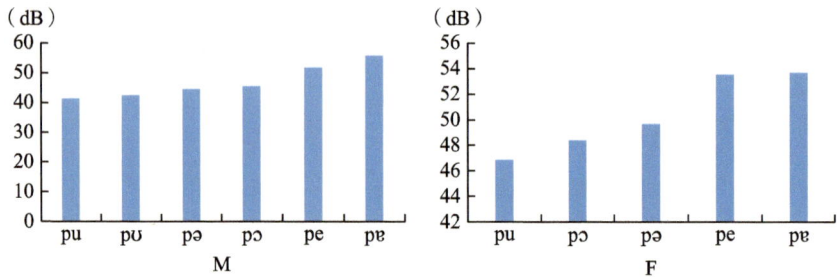

图 3.23　不同元音之前［p］辅音音强均值比较（M&F）

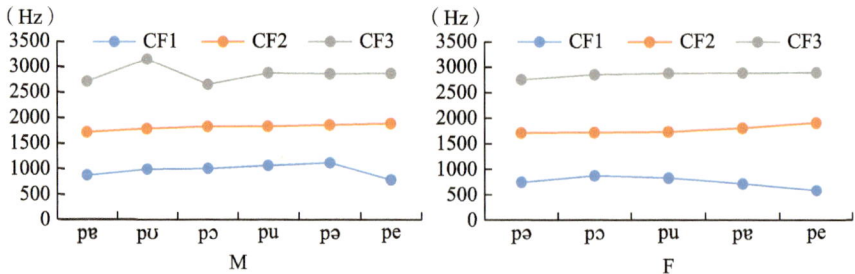

图 3.24　不同元音之前［p］辅音的三个共振峰均值（以 CF2 的上升为序排列的）
比较（M&F）

我们对男、女发音人不同位置的 VOT、GAP 参数之间做了单因素方差分析，结果如表 3.7 所示。

表 3.7　检验结果

	sig（显著性）		
	M		F
	VOT	GAP	VOT
词首音节—词中音节首	.001		.067
词首音节—词中音节末	.621		
词首音节—词末	.962		
词中音节首—词中音节末	.524	.455	
词中音节首—词末	.050	.048	
词中音节末—词末	.592	.206	

* 均值差的显著性水平为 0.05。

我们从检验结果来看，男发音人词首音节和词中音节首音节上的 VOT 参数差异显著；男、女发音人在词中音节首和词末音节上 VOT 和 GAP 参数差异显著。其他位置上的 VOT 和 GAP 参数差异性不显著。

1.2　[β] 辅音

1.2.1　声学语图特点

东部裕固语/p/辅音另一个重要的变体是双唇浊擦音 [β]。图 3.25 ~

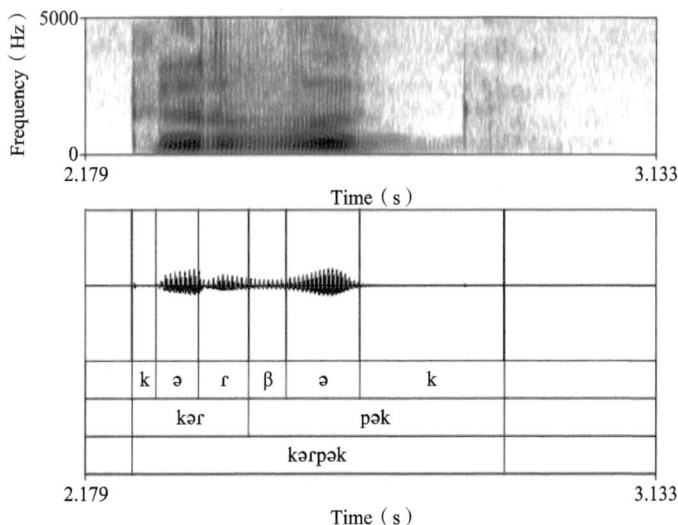

图 3.25　男发音人 [kərβək]"眉毛"一词的三维语图和三层标注实例

3.26 为男发音人［kərβək］"眉毛"一词的三维语图和［β］辅音频谱图。东部裕固语［β］辅音是比较典型的双唇浊擦音。

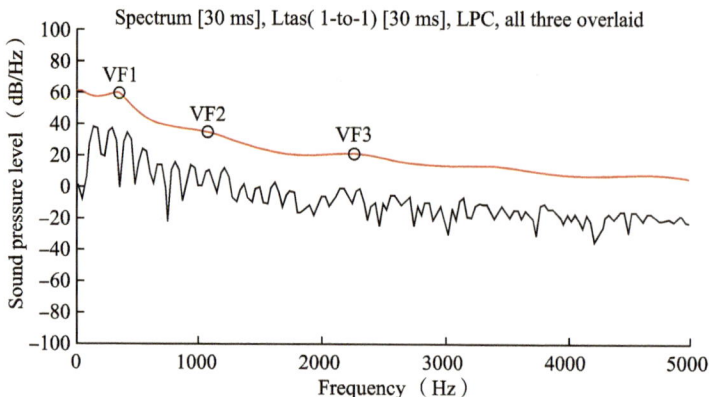

图 3.26　男发音人［kərβək］"眉毛"一词［β］辅音频谱图

1.2.2　共振峰和谱特点

表 3.8～3.9 为两位发音人［β］辅音参数的统计表，图 3.27 为两位发音人［β］辅音第一、第二和第三共振峰的分布图。表 3.8～3.9 显示了两位发音人［β］辅音三个共振峰均值。M：VF1 = 407Hz、VF2 = 11384Hz、VF3 = 2586Hz，F：VF1 = 551Hz、VF2 = 1664Hz、VF3 = 2946Hz。从图 3.27 中可以看出，男、女发音人共振峰频率浮动围绕为，男：CF1 = 300～600Hz，CF2 = 700～2100Hz，CF3 = 2300～3300Hz；女：CF1 = 250～1200Hz，CF2 = 900～2100Hz，CF3 = 2400～3500Hz；男发音人，VF1 数据范围最集中，VF2 数据范围最大；女发音人，VF3 数据范围最集中，VF2 数据范围最大。

从表 3.8～3.9 和图 3.28 中我们还可以看到，男发音人［β］辅音谱重心（COG）、离散度（Dispersion）参数小于女发音人。

表 3.8　［β］辅音参数统计（M）

	CD	CA	VF1	VF2	VF3	COG	Dispersion	SKEW
平均值	60	67.93	407	1384	2586	339	350	13.7
标准差	0.01	5.9	166.3	394.9	247.3	92.8	146.4	3.9
变异系数	33.2%	8.7%	40.8%	28.5%	9.5%	27.3%	41.8%	28.7%

表 3.9　［β］辅音参数统计（F）

	CD	CA	VF1	VF2	VF3	COG	Dispersion	SKEW
平均值	62	65.75	551	1664	2946	362	410.8	10.5
标准差	0.02	5.6	324.4	457.9	305.1	124.7	131.4	4.08
变异系数	35.4%	8.5%	58.9%	27.5%	10.3%	34.5%	32%	38.5%

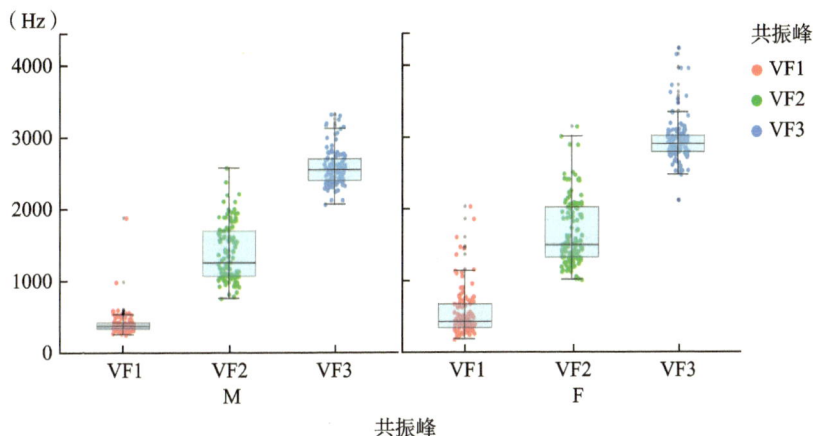

图 3.27　［β］辅音的三个共振峰分布图（M&F）

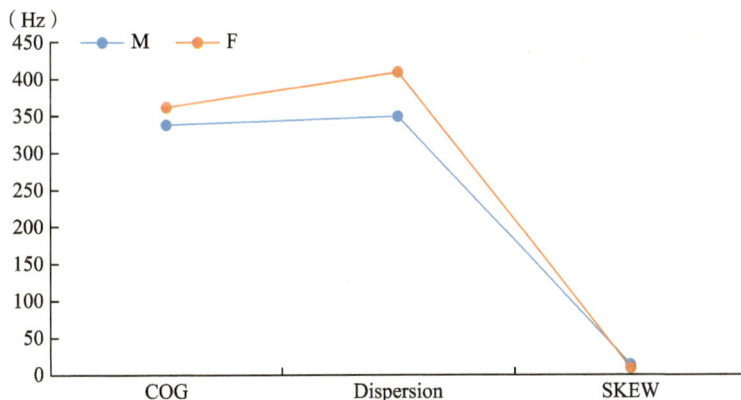

图 3.28　辅音谱特征示意

1.2.3　词中位置与声学参数之间的关系

表 3.10~3.11 为词中不同位置［β］辅音声学参数统计表。图 3.29 为根据表 3.10~3.11 所画的词中不同位置［β］辅音 VD、CA 参数比较图。图 3.30 为词中不同位置［β］辅音第一、第二和第三共振峰比较图。

表 3.10　词中不同位置 [β] 辅音的参数统计 （M）

位置		N	参数				
			CD	CA	VF1	VF2	VF3
词首	平均值	9	86	61.77	409	1463	2530
	标准差		0.03	2.6	218.9	286.2	281.8
	变异系数		37.2%	4.2%	53.6%	19.5%	11.1%
词中音节首	平均值	97	57	69.05	390	1374	2567
	标准差		0.01	5.2	72.1	376.9	221.5
	变异系数		29.5%	7.6%	18.5%	27.4%	8.6%
词中音节末	平均值	10	68	62.6	568	1445	2841
	标准差		0.01	8.3	475.3	631.8	330.1
	变异系数		27.7%	13.3%	83.6%	43.7%	11.3%

表 3.11　词中不同位置 [β] 辅音的参数统计

位置		N	参数				
			CD	CA	VF1	VF2	VF3
词首	平均值	12	70	61.16	459	1772	2860
	标准差		0.01	3.2	310.5	423.5	201.6
	变异系数		28%	5.3%	67.6%	23.9%	7%
词中音节首	平均值	115	61	66.29	562	1655	2955
	标准差		0.02	5.5	326.7	462.8	314.5
	变异系数		36.1%	8.4%	58.1%	27.9%	10.6%
词末	平均值	1	93	59	407	1347	2911
	标准差						
	变异系数						

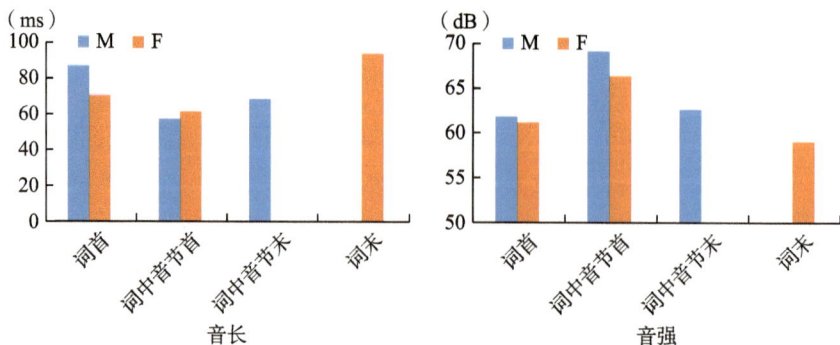

图 3.29　词中不同位置 [β] 辅音音长、音强均值比较

图 3.29 显示，词末和词中音节首音长短于其他位置音长。词中位置与
［β］辅音音强之间也有一定的相关性。如，词末和词首音节首音强比其他
位置音强相对弱，词中音节首位置音强相对强。图 3.30 显示词中位置与
［β］辅音共振峰频率相对稳定。

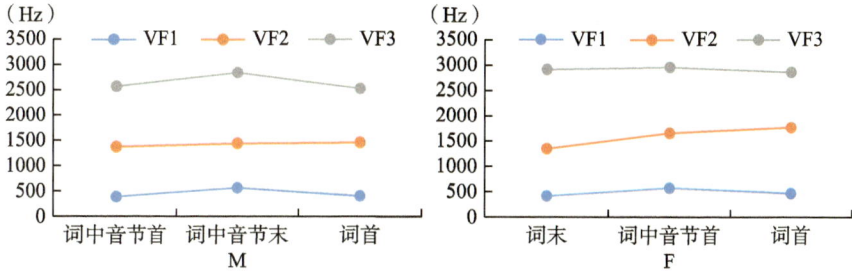

图 3.30　词中不同位置［β］辅音的共振峰均值比较

1.3　［ɸ］辅音

1.3.1　声学语图特点

东部裕固语/p/辅音还有双唇清擦音变体［ɸ］。图 3.31～3.32 为男发音
人［tɔɸtʰəl］"让奔驰"一词的三维语图和［ɸ］辅音频谱图。东部裕固语
/p/辅音在［s］、［ʃ］、［x］、［tʰ］、［tʃʰ］等送气辅音之前会变成双唇清擦
音。请见图 3.26。

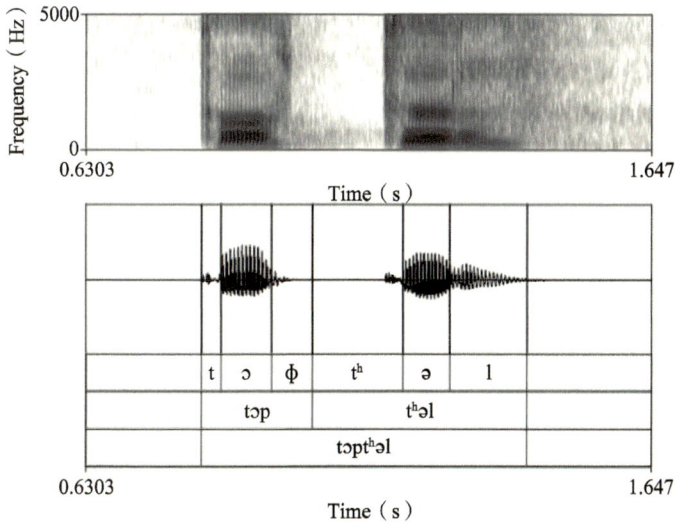

图 3.31　男发音人［tɔɸtʰəl］"让奔驰"一词的三维语图和三层标注实例

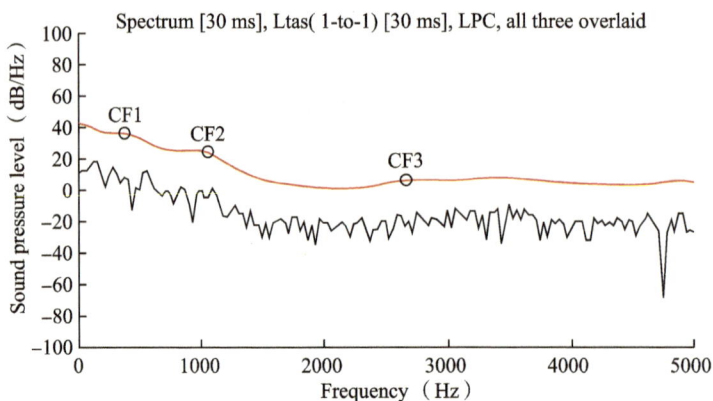

图 3.32　男发音人 [tɔɸtʰəl] "让奔驰" 一词 [ɸ] 辅音频谱图

1.3.2　共振峰和谱特点

表 3.12~3.13 为两位发音人 [ɸ] 辅音的统计表，图 3.33 为两位发音人 [ɸ] 辅音第一、第二和第三共振峰的分布图。表 3.12~3.13 显示了两位发音人 [ɸ] 辅音三个共振峰均值，即 M：CF1 = 685Hz、CF2 = 1827Hz、CF3 = 2951Hz，F：CF1 = 744Hz、CF2 = 1865Hz、CF3 = 3020Hz。从图 3.33 中可以看出，男女发音人共振峰频率浮动围绕为，男：CF1 = 350~900Hz，CF2 = 1200~2000Hz，CF3 = 1900~3100Hz；女：CF1 = 200~1300Hz，CF2 = 1300~2600Hz，CF3 = 2200~3500Hz；男发音的 CF1 数据范围比较集中，女发音人 CF3 数据范围比较集中。

从表 3.12~3.13 和图 3.34 中我们还可以看到，男发音人 [β] 辅音谱重心（COG）、偏离度 (Dispersion) 参数小于女发音人的参数。

表 3.12　[ɸ] 辅音统计（M）

	VD	CA	CF1	CF2	CF3	COG	Dispersion	SKEW
平均值	72	50.74	685	1827	2951	666	883.5	6.9
标准差	0.01	6.5	302.6	370.7	379.5	534.1	505.4	4.08
变异系数	22.5%	12.8%	44.1%	20.2%	12.8%	80.2%	57.2%	58.6%

表 3.13　[ɸ] 辅音统计（F）

	VD	CA	CF1	CF2	CF3	COG	Dispersion	SKEW
平均值	79	50.41	744	1865	3020	1062	958	6.3

续表

	VD	CA	CF1	CF2	CF3	COG	Dispersion	SKEW
标准差	0.02	6.05	425.7	368.7	277.3	1100.9	647.7	6.8
变异系数	26.9%	12%	57.2%	19.7%	9.1%	103%	67.6%	107%

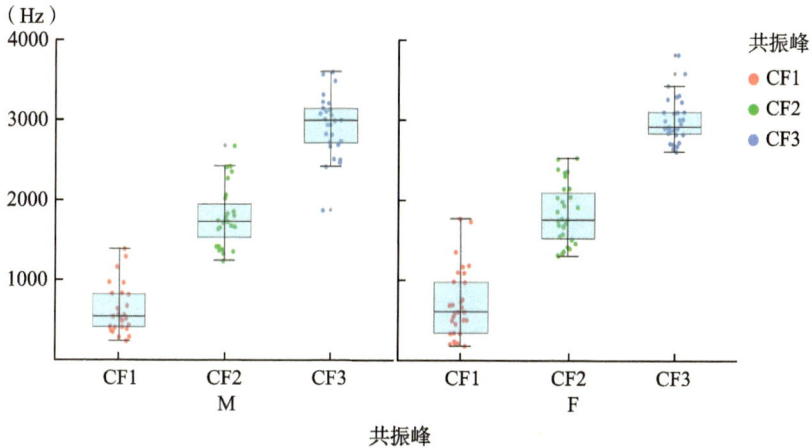

图 3.33　［ɸ］辅音的三个共振峰分布（M&F）

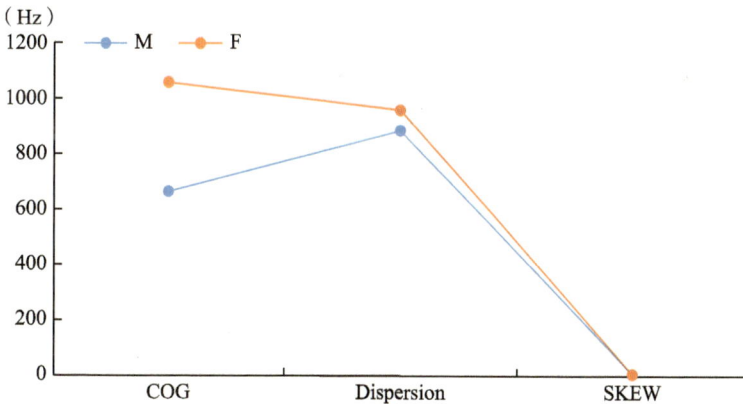

图 3.34　辅音谱特征示意

2. /pʰ/辅音

/pʰ/辅音在统一平台中的出现频率较高（M：38 次，F：46 次）。其中，以单辅音形式出现的位置为词首、词中音节首；复辅音前后置辅音的形式也出现。请见表 3.14。

显然，/pʰ/辅音在词中主要在词首，在其他位置上出现的比例相对少。（男、女发音人中，复辅音前置辅音形式都在词首位置。）

表 3.14 〔pʰ〕辅音出现频率

词中位置		发音人			
		M		F	
		出现次数	百分比	出现次数	百分比
所有		38	100%	46	100%
辅音	词首	31	81%	19	41%
	词中音节首	1	5%	5	11%
	复辅音之前	5	13%	21	46%
	复辅音后置	1	3%	1	2%

2.1 声学语图特点

东部裕固语〔pʰ〕为双唇、送气、清塞音。图 3.35～3.36 男发音人〔pʰɐːsən〕"屎，粪"一词的三维语图及其标注层和〔pʰ〕辅音频谱图。

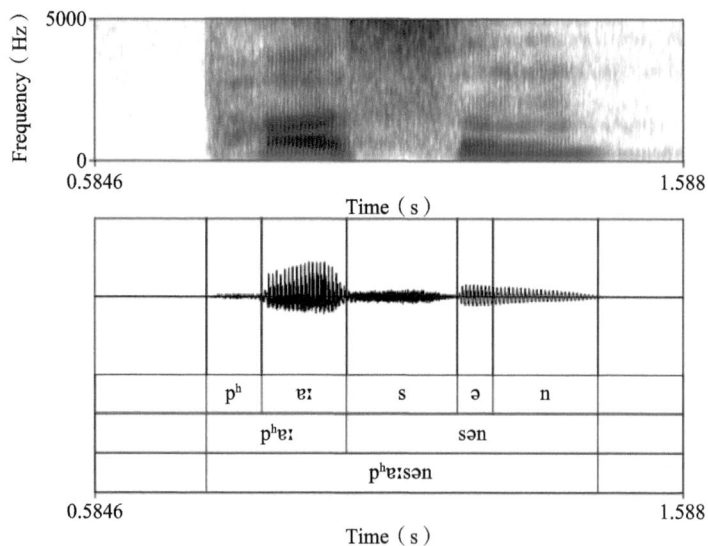

图 3.35 男发音人〔pʰɐːsən〕"屎，粪"一词的三维语图
和三层标注实例

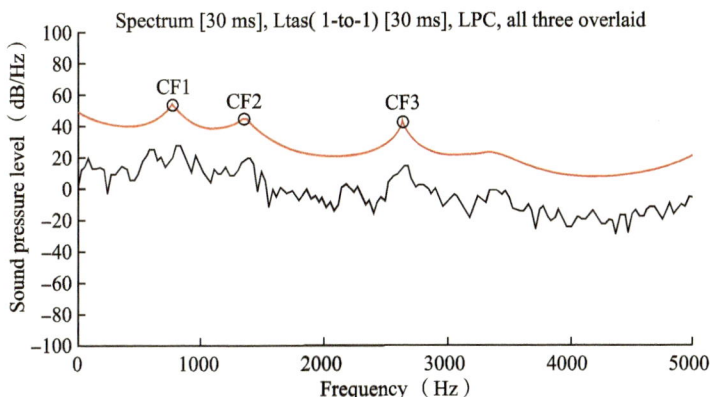

图 3.36　男发音人 [pʰɐːsən] "屎，粪" 一词 [pʰ] 辅音频谱图 (M)

2.2　共振峰分布模式

表 3.15 为两位发音人 [pʰ] 辅音参数统计总表。图 3.37 为两位发音人 [pʰ] 辅音第一、第二和第三共振峰分布图。图 3.37 显示了两位发音人 [pʰ] 辅音三个共振峰频率范围，男、女发音人共振峰频率浮动围绕为，男：CF1 = 250~1350Hz，CF2 = 900~2100Hz，CF3 = 2400~3300Hz；女：CF1 = 500~1000Hz，CF2 = 1200~2100Hz，CF3 = 2200~3100Hz；男发音中，CF3 数据比较集中，女发音人中，CF1 数据比较集中。

表 3.15　[t] 辅音统计（M&F）

	M					F				
	VOT	CA	CF1	CF2	CF3	VOT	CA	CF1	CF2	CF3
平均值	71.5	52	1055	1950	3009	67.6	53.17	947	1855	2850
标准差	0.01	7.2	235.9	240	272.6	0.01	3.9	214.4	225.9	307.1
变异系数	27.5%	13.9%	22.3%	12.3%	9%	29.1%	7.3%	22.6%	12.1%	10.7%

2.3　词中位置与声学参数之间的关系

表 3.16~3.17 为词中不同位置 [pʰ] 辅音声学参数统计表。图 3.38 为根据表 3.16~3.17 所画的词中不同位置 [pʰ] 辅音 GAP 和 VOT 参数比较图，图 3.39 为词中不同位置 [pʰ] 辅音音强比较图。图 3.40 为词中不同位置 [pʰ] 辅音第一、第二和第三共振峰比较图。上述表和图显示，词中位置与 [pʰ] 辅音声学参数之间具有一定的相关性。如，词首 [pʰ] 的 VOT 和 GAP 最长。

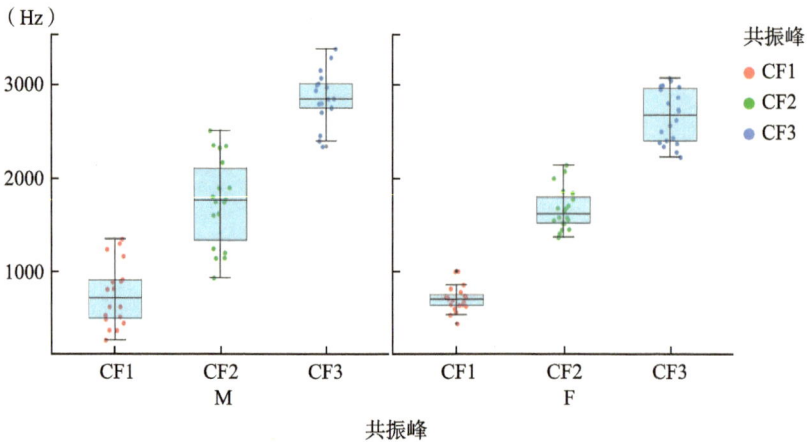

图 3.37 〔pʰ〕辅音共振峰分布（M&F）

表 3.16 词中不同位置〔pʰ〕辅音的参数统计（M）

位置		参数						
		GAP	VOT	CD	CA	CF1	CF2	CF3
词首	平均值		75.7		51.41	1043	1954	2991
	标准差		0.01		7.1	221.4	251.6	271.4
	变异系数		23.5%		13.9%	21.2%	12.8%	9%
词中音节首	平均值	114	33	147	47	604	1700	2621
	标准差							
	变异系数							
复辅音前置	平均值		61.1		58.4	1128	1915	3095
	标准差		0.01		4.5	197	125.4	120.4
	变异系数		24.6%		7.7%	17.4%	6.5%	3.8%
复辅音后置	平均值	77	34	111	43	1502	2265	3541
	标准差							
	变异系数							

表 3.17 词中不同位置〔pʰ〕辅音的参数统计（F）

位置		参数						
		GAP	VOT	CD	CA	CF1	CF2	CF3
词首	平均值		72		53.52	894	1859	2812
	标准差		0.01		3.5	184	236.7	406.7
	变异系数		19.8%		6.6%	20.5%	12.7%	14.4%

续表

位置		参数						
		GAP	VOT	CD	CA	CF1	CF2	CF3
词中音节首	平均值	114	50	164	55.4	1023	1961	2885
	标准差	0.02	0.02	0.03	5.1	286.9	327.4	123.2
	变异系数	19.8%	52.1%	21.5%	9.2%	28%	16.6%	4.2%
复辅音前置	平均值		70		52.52	985	1829	2864
	标准差		0.01		3.9	222.6	198.3	235.1
	变异系数		26.7%		7.5%	22.5%	10.8%	8.2%
复辅音后置	平均值	100	22	122	49	789	1806	3101
	标准差							
	变异系数							

图 3.38 显示，词中位置与 [pʰ] 辅音音长之间相关性不大。

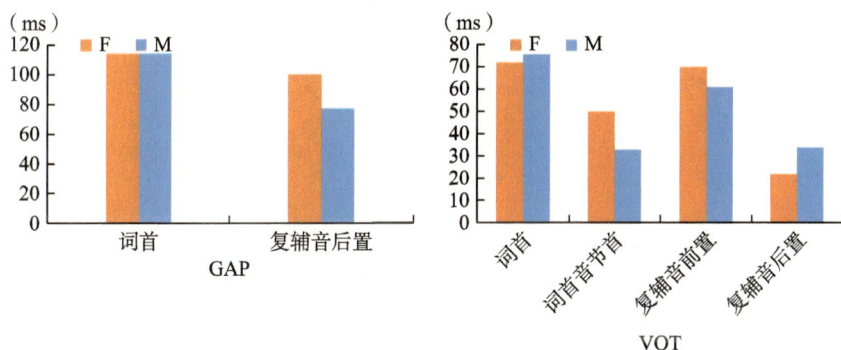

图 3.38　词中不同位置上 [pʰ] 辅音的音长比较 （M&F）

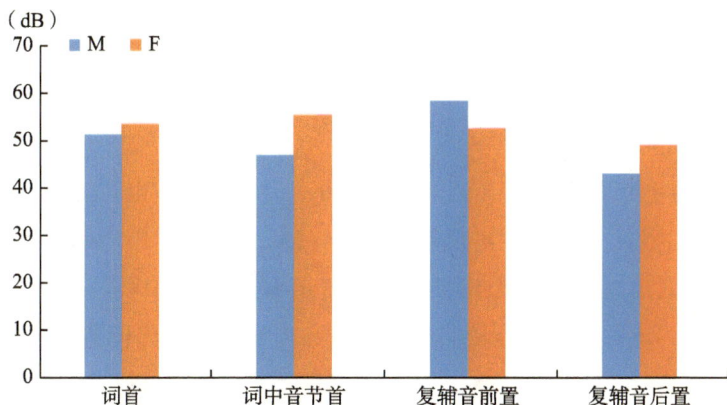

图 3.39　词中不同位置 [pʰ] 辅音音强均值比较

图 3.39 显示，词中位置与［pʰ］辅音音强之间也有一定的相关性。如，复辅音后置辅音的音强比其他位置音强相对弱。

图 3.40 显示词中位置与［pʰ］辅音共振峰频率之间几乎没有相关性（词首 CF1 相对低）。

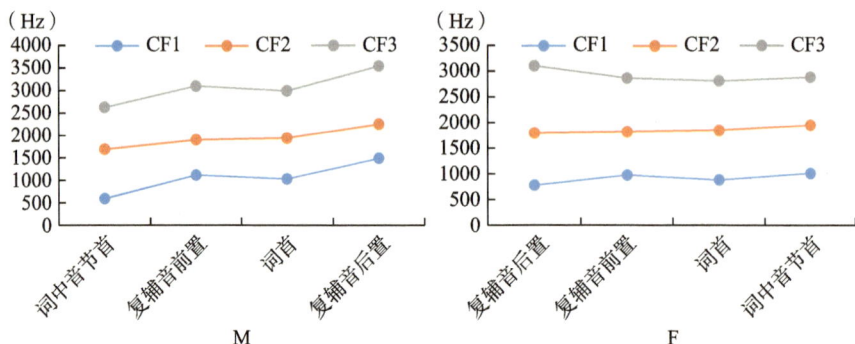

图 3.40　词中不同位置［pʰ］辅音的共振峰均值比较（M&F）

我们对不同音节中出现的［pʰ］辅音 VOT 参数之间做了配对样本 T 检验，结果如表 3.18 所示。

表 3.18　检验结果

	sig（显著性）
	F
	VOT
词首音节—复辅音前置	.719

从检验结果看，女发音人在词首音节—词中音节首之间 VOT 参数差异性不显著。

3. /t/辅音

3.1　词中分布特征

/t/辅音在统一平台中的出现频率较高（M：427 次，F：390 次）。其中，以单辅音形式出现的位置为词首、词中音节首、词中音节末和词末等；以复辅音的形式出现的位置为复辅音前置辅音和复辅音后置辅音等。其中，/t/辅音以单辅音形式出现 407 次，以复辅音后置辅音形式出现 20 次（M）；以单辅音形式出现 379 次，以复辅音后置辅音形式出现 11 次（F）。在所有/t/

辅音中，（1）以单辅音形式在词中音节首出现的比例最高，如230次，占54%（M）；224次，占57%（F）；（2）以单辅音形式在词首出现的比例位居第二，如，在词首140次，占33%（M）；在词首127次，占33%（F）；（3）以单辅音形式在词末音节出现的比例位居第三，如，29次，占7%（M）；24次，占6%（F）；（4）以单辅音形式在词中音节末出现的比例较少，如，19次，占4%（M）；10次，占3%（F）；（5）以复辅音前置辅音形式出现的比例最少（男女发音人各一次）。请见表3.19。

　　显然，/t/辅音在词中主要以单辅音形式出现与词中音节首和词首位置，在其他位置上出现的比例相对少。

表 3.19　[t] 辅音出现频率统计表

		M		F	
		出现频率	百分比	出现频率	百分比
所有		427	100%	390	100%
单辅音	词首	140	33%	127	33%
	词中音节首	230	54%	224	57%
	词中音节末	8	2%	4	1%
	词末	29	7%	24	6%
复辅音	复辅音前置	1	0%	1	0%
	复辅音后置	19	4%	10	3%

3.2　声学特征

3.2.1　声学语图特点

东部裕固语 [t] 为不送气清塞音，而不是不送气浊塞音 [d]。图3.41～3.42男发音人为 [tɛːn]"黑醋，脱脂酸奶"一词的三维语图和 [t] 辅音频谱图。东部裕固语 [t] 辅音是舌尖齿区、不送气、清塞音。到目前为止，大多数论著中把该辅音标记为 [d]，这与国际音标标记原则不符。

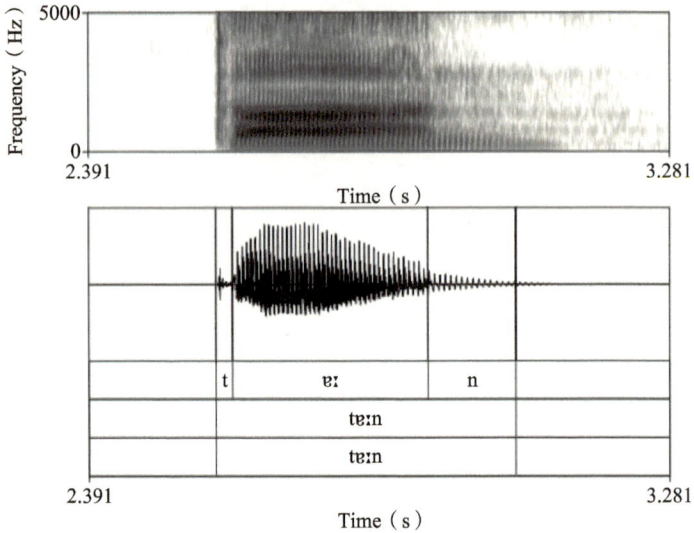

图 3.41　男发音人［tɛːn］"黑醋，脱脂酸奶"一词的三维语图和三层标注实例

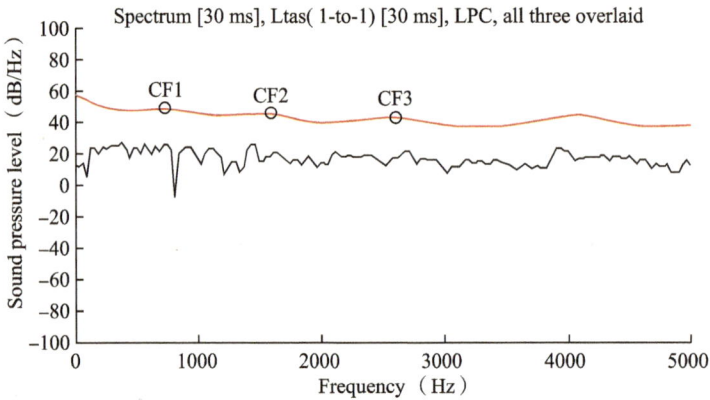

图 3.42　男发音人［tɛːn］"黑醋，脱脂酸奶"一词的［t］辅音（词首）频谱图

3.2.2　共振峰分布模式

表 3.20 为两位发音人［t］辅音参数统计总表。图 3.43 为两位发音人［t］辅音第一、第二和第三共振峰分布图。图 3.43 显示了两位发音人［t］辅音三个共振峰频率范围，即男、女发音人共振峰频率浮动围绕为，男：$CF1 = 300 \sim 1200Hz$，$CF2 = 900 \sim 2500Hz$，$CF3 = 2300 \sim 3600Hz$；女：$CF1 = 400 \sim 1400Hz$，$CF2 = 1300 \sim 2700Hz$，$CF3 = 2200 \sim 3700Hz$，男、女发音中的 CH1 数据范围最集中，CH3 数据范围最大。

　　各类声学参数的标准差和变异系数都较大，说明对于该辅音来说，因所出现的词中位置不同其声学参数也有所差别。

表 3.20　［t］辅音统计

	M					F				
	VOT	CA	CF1	CF2	CF3	VOT	CA	CF1	CF2	CF3
平均值	30.1	52.35	949	1911	2994	20.9	55.02	937	1986	2992
标准差	0.009	7.2	293.2	307.5	321.7	0.009	7.7	237.8	287.8	357.3
变异系数	32.4%	13.8%	30.8%	16%	10.7%	47.3%	14.1%	25.3%	14.4%	11.9%

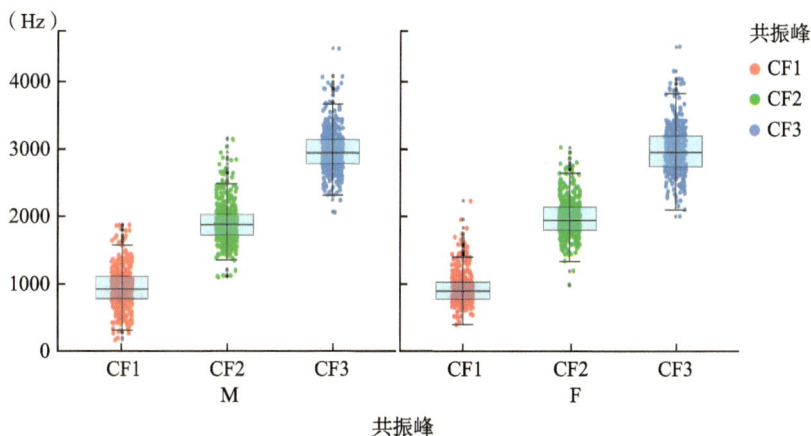

图 3.43　［t］辅音共振峰分布（M&F）

3.2.3　词中位置与声学参数之间的关系

　　表 3.21~3.22 为词中不同位置［t］辅音声学参数统计表。图 3.44 为根据表 3.21~3.22 所画的词中不同位置［t］辅音 GAP 和 VOT 参数比较图，图 3.45 为词中不同位置［t］辅音音长音强比较图。图 3.46 为词中不同位置［t］辅音第一、第二和第三共振峰比较图。上述表和图显示，词中位置与［t］辅音声学参数之间具有一定的相关性。如，（1）词末［t］的 VOT 最长；（2）另外，复辅音后置和复辅音前置的［t］辅音 VOT 也较长；（3）男、女两位发音人 VOT 音长也有所不同，即男发音人 VOT 比女发音人相对长，词末［t］的 GAP 最长。

表 3.21　词中不同位置［t］辅音的参数统计（M）

位置		参数						
		GAP	VOT	CD	CA	CF1	CF2	CF3
词首	平均值		28.7		54.08	958	1819	2948
	标准差		0.007		4.5	201.7	222.6	241
	变异系数		25.9%		8.3%	21%	12.4%	8.1%
词中音节首	平均值	82.6	30	112.7	53.03	980	1979	3039
	标准差	0.03	0.009	0.03	5.5	310.8	303.5	319.7
	变异系数	39.9%	31.6%	31.9%	10.4%	31.7%	15.3%	10.5%
词中音节末	平均值	90	22.5	79.2	64.12	1197	2884	3473
	标准差	0.004	0.007	0.03	18.5	250.3	230.5	564.9
	变异系数	4.7%	34.5%	38%	28.9%	20.9%	7.9%	16.2%
词末	平均值	176	37.7	205	37.89	610	1767	2778
	标准差	0.05	0.01	0.06	5.9	265.2	452.3	503.4
	变异系数	32.5%	46.5%	30.6%	15.6%	43.4%	25.6%	18.1%
复辅音前置辅音	平均值	101	34	135	41	296	2022	3356
	标准差							
	变异系数							
复辅音后置辅音	平均值	94	30.8	125	49.15	1036	1884	3036
	标准差	0.04	0.007	0.04	7.7	337.4	254.8	318.6
	变异系数	42.7%	23.9%	32.2%	15.7%	32.5%	13.5%	10.4%

表 3.22　词中不同位置［t］辅音的参数统计（F）

位置		参数						
		GAP	VOT	CD	CA	CF1	CF2	CF3
词首	平均值		17.6		55.64	948	2026	3064
	标准差		0.005		5.08	238.9	292.5	347.4
	变异系数		29.2%		9.1%	25.1%	14.4%	11.3%
词中音节首	平均值	85	20.5	105.5	56.28	947	1982	2969
	标准差	0.03	0.006	0.03	6.7	241.8	286.3	359.2
	变异系数	35.6%	32.7%	30.2%	12%	25.5%	14.4%	12.1%

续表

位置		参数						
		GAP	VOT	CD	CA	CF1	CF2	CF3
词中音节末	平均值	78	29.2	107	43.25	871	1845	2692
	标准差	0.03	0.01	0.02	5.9	47.8	282.8	158.7
	变异系数	38.6%	37.8%	19.8%	13.7%	5.4%	15.3%	5.8%
词末	平均值	230	42	255.9	40.29	780	1850	2874
	标准差	0.06	0.02	0.06	11.5	156.6	201.1	310
	变异系数	26.5%	53.1%	24.4%	28.6%	20%	10.8%	10.7%
复辅音前置辅音	平均值	90.3	30	12.3	53	411	2100	3055
	标准差							
	变异系数							
复辅音后置辅音	平均值	104.3	19.4	123.7	57.2	989	1940	2969
	标准差	0.03	0.004	0.03	4.7	201.6	356	445
	变异系数	32%	25.2%	24.9%	8.3%	20.3%	18.3%	14.9%

再看 GAP 音长：以单辅音为例，词中位置与 [t] 辅音 GAP 之间几乎没有相关性。

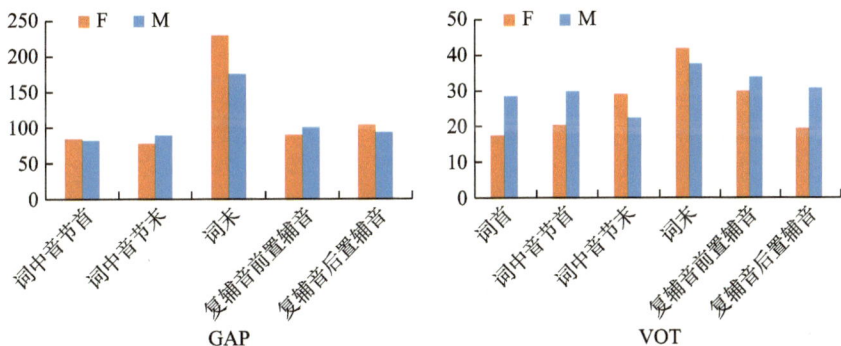

图 3.44 词中不同位置 [t] 辅音音长均值比较 (M&F)

图 3.45 显示，词中位置与 [t] 辅音音强之间也有一定的相关性。如，词首和音节首音节音强比其他位置音强相对强，词末音节音强比其他位置音强相对弱。图 3.46 显示词中位置与 [t] 辅音共振峰频率之间几乎没有相关性（词首 CF1 相对高）。

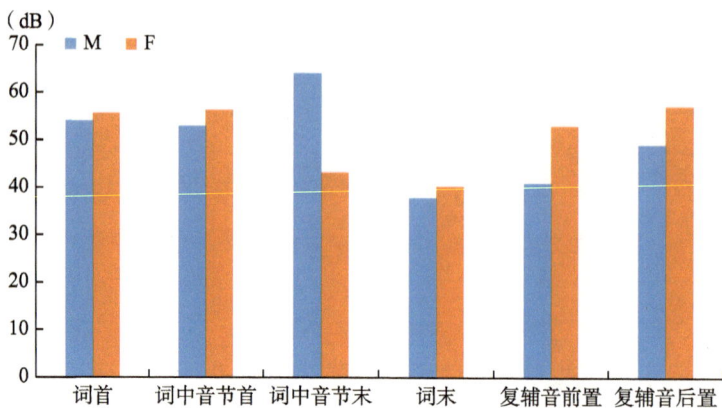

图 3.45 词中不同位置 [t] 辅音音强均值比较

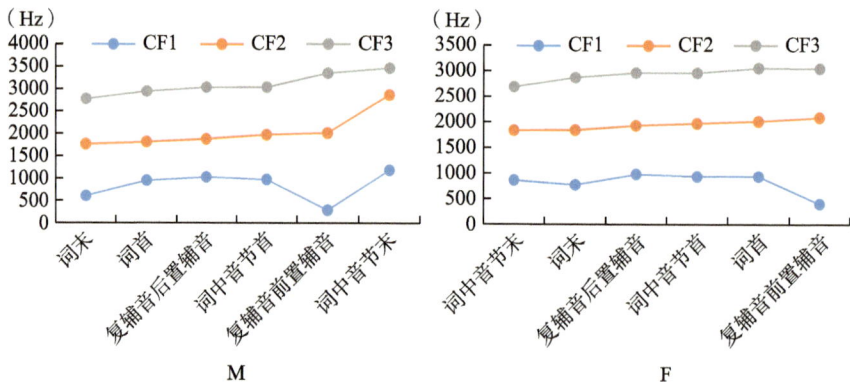

图 3.46 词中不同位置 [t] 辅音的共振峰均值 (以 CF2 的上升为序排列的)
比较 (M&F)

3.2.4 后置元音音质与声学参数之间的关系

表 3.23 为男、女发音人词首不同元音之前 [t] 辅音参数统计表，图 3.47~3.49 为不同元音之前 [t] 辅音音长、音强和共振峰比较图。从表 323 和图 3.47~3.49 中可以看出，后置元音与 [t] 辅音音长（VOT）和音强之间有一定的相关性。如，低元音 [ɐ、ʊ、ɔ] 之前的音长比其他元音之前的相对短，高元音 [i、y] 之前的音长比其他元音之前的相对长；[ɐ、ʊ、ɔ] 元音之前 [t] 辅音的音强比其在其他辅音之前的音强相对强。在 [i、y] 等舌位高元音之前的音强比其他元音之前的相对弱；元音之前 [t] 辅音第二共振峰（CF2）之间相关性不大。

表 3.23　词首不同元音之前 ［t］辅音统计 （M&F）

	M					F				
	VOT	CA	CF1	CF2	CF3	VOT	CA	CF1	CF2	CF3
tɤ	24.4	57.71	1013	1845	2941	17.7	54.35	1005	1916	3006
tɔ	24.8	56.85	905	1707	2996	15.7	58.12	1028	1903	3092
tə	30.3	56	1400	2542	3159	18.3	52.33	1094	1809	2934
te	33.4	51.75	875	1876	2993	18.2	54.44	858	2202	3149
ti						32	44	806	1936	3255
ty	35.5	51	767	1794	2803	24	55	973	1757	3050
tu	32.5	52	897	1638	2880					
tʊ	33.5	53.6	929	1726	3024	14.2	58	797	1692	3031
tø	29.7	52.33	833	1832	2970	17.9	53	875	2267	3106

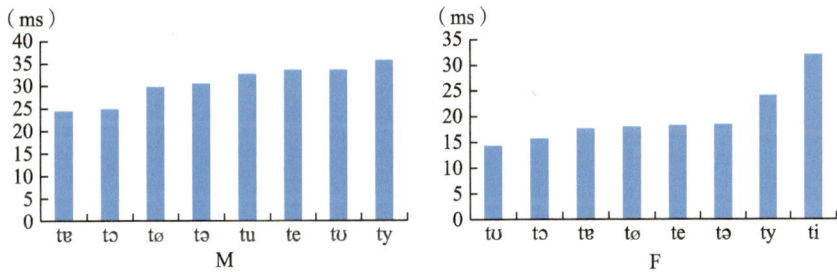

图 3.47　不同元音之前 ［t］辅音 VOT 均值比较 （M&F）

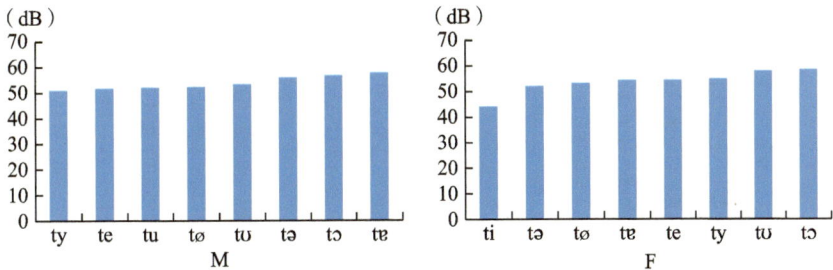

图 3.48　不同元音之前 ［t］辅音音强均值比较 （M&F）

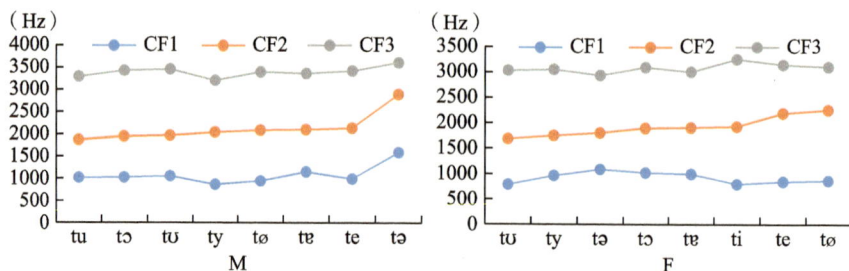

图 3.49 不同元音之前 [t] 辅音的三个共振峰均值 (以 CF2 的
上升为序排列的) 比较 (M&F)

我们对不同音节中出现的 [t] 辅音 VOT、GAP 之间做了单因素方差分析，结果如表 3.24 所示。

表 3.24 检验结果

	sig（显著性）			
	VOT		GAP	
	M	F	M	F
词首音节—复辅音后置	.772	.799		
词首音节—词中音节首	.612	.000		
词首音节—词中音节末	.802	.401		
词首音节—词末	.076	.000		
复辅音后置—词中音节首	.990	.953	.629	.330
复辅音后置—词中音节末	.692	.625	.973	.594
复辅音后置—词末	.344	.001	.000	.000
词中音节首—词中音节末	.730	.720	.393	1.000
词中音节首—词末	.163	.001	.000	.000
词中音节末—词末	.394	.120	.000	.000

从检验结果来看，VOT 参数上：男发音人在不同音节之间差异性不显著；女发音人在词首音节—词中音节首、复辅音后置—词末、词中音节首—词末之间差异性显著，其他情况下差异性不显著。

GAP 参数上：男、女发音人有相同的规律。复辅音后置—词末、词中音节首—词末和词中音节末—词末之间差异性显著，其他情况下差异性不显著。

4. /tʰ/辅音

4.1　词中分布特征

/tʰ/辅音在统一平台中以单辅音或复辅音后置辅音形式共出现 190 次（M），216 次（F）。其中，以单辅音形式出现的位置为词首、词中音节首、词中音节末和词末等；以复辅音的形式出现的位置为复辅音前置辅音、复辅音内置辅音和复辅音后置辅音等。

在所有/tʰ/辅音中，（1）以单辅音形式在词首和词中音节首出现的比例最高，如 M：在词首 124 次，占 65%，在词中音节首 53 次，占 28%；F：在词首 118 次，占 55%，在词中音节首 72 次，占 33%；（2）以复辅音形式在出现的比例位居第二，分别为 12 次，占 7%（M），21 次，占 11%（F）；（3）以单辅音形式在词中音节末和词末出现的比例最少，在词中音节末没出现，在词末 1 次，占 1%（M），在词中音节末 3 次，占 1%，在词末未出现（F）。请见表 3.25。

显然，/tʰ/辅音在词中主要以单辅音形式出现于词首和词中音节首（音节首）位置，在其他位置上出现的次数相对少。

表 3.25　［tʰ］辅音出现频率统计

		M		F	
		出现频率	百分比	出现频率	百分比
所有		190	100%	216	100%
单辅音	词首	124	65%	118	55%
	词中音节首	53	28%	72	33%
	词中音节末			3	1%
	词末	1	1%		
复辅音	复辅音前置辅音			2	1%
	复辅音内置辅音	1	1%	6	3%
	复辅音后置辅音	11	6%	15	7%

4.2　声学特征

4.2.1　声学语图特点

东部裕固语［tʰ］为舌尖齿、送气、清塞音。图 3.50～3.51 为男发音人［tʰøːɹ］"抱，捆"一个词的三维语图和［tʰ］辅音频谱图。可以看出，

［tʰ］在词中的 VOT 明显短于其在词首［tʰ］的 VOT。

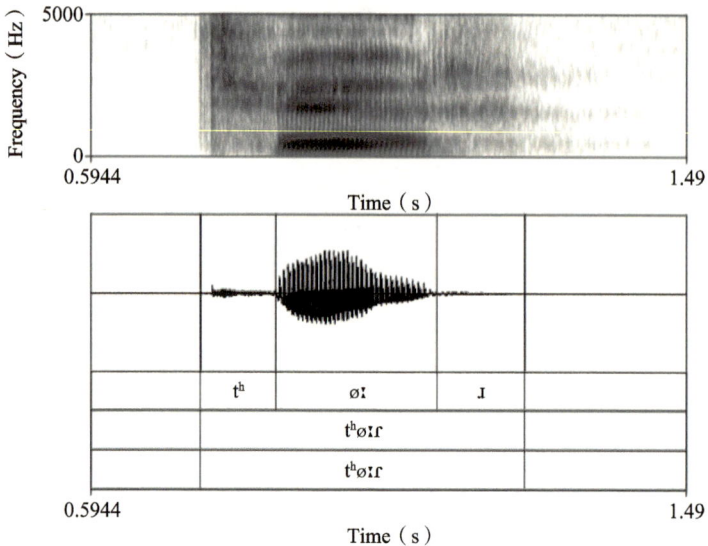

图 3.50　男发音人［tʰøːɹ］"抱，捆"一词的三维语图和三层标注实例

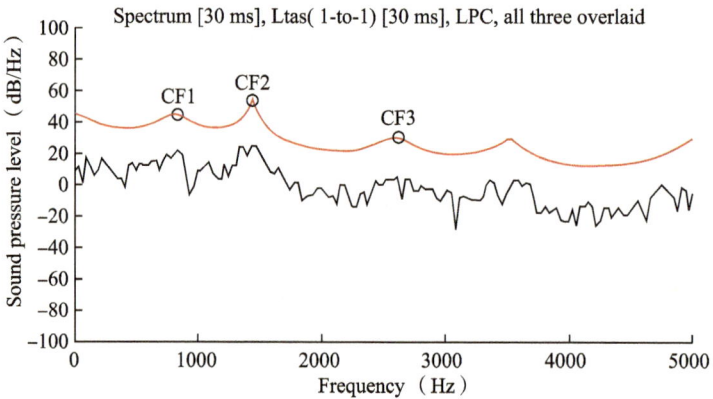

图 3.51　男发音人［tʰøːɹ］"抱，捆"一词的［tʰ］辅音（词首）频谱图

4.2.2　共振峰分布模式

表 3.26 为两位发音人［tʰ］辅音参数统计总表。图 3.52 为两位发音人［tʰ］辅音第一、第二和第三共振峰的分布图。图 3.52 显示了两位发音人［tʰ］辅音的三个共振峰的频率范围，即男、女发音人共振峰频率浮动围绕为，男：CF1 = 500 ~ 1400Hz，CF2 = 1400 ~ 2400Hz，CF3 = 2400 ~ 3600Hz；

女：CF1 = 550 ~ 1500Hz，CF2 = 1300 ~ 2600Hz，CF3 = 2200 ~ 3800Hz；男、女发音人中，CF1 数据范围最集中，CF2 数据范围最离散。

表 3.26 ［tʰ］辅音统计 （M&F）

	M					F				
	VOT	CA	CF1	CF2	CF3	VOT	CA	CF1	CF2	CF3
平均值	63.7	53.4	966	1902	2972	52.1	55.76	949	1936	2982
标准差	0.03	5.8	208.4	243.5	255.7	0.02	6.9	200.2	283.1	342.8
变异系数	48%	11%	21.5%	12.8%	8.6%	46.5%	12.3%	21%	14.6%	11.4%

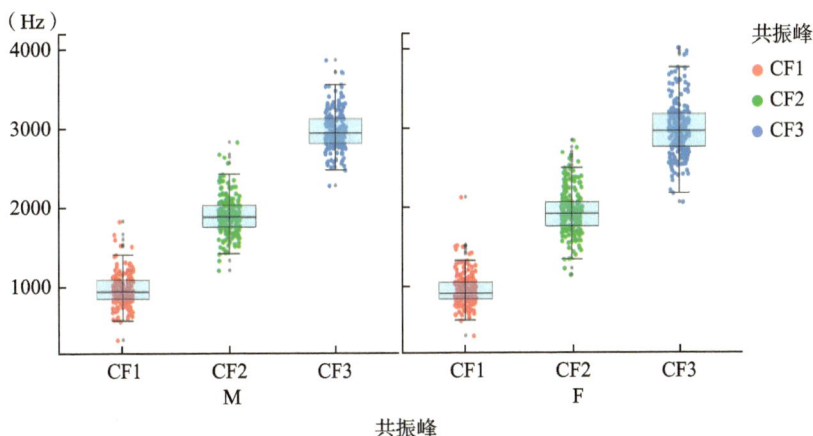

图 3.52 ［tʰ］辅音共振峰分布 （M&F）

4.2.3 词中位置与声学参数之间的关系

表 3.27~3.28 为词中不同位置时的 ［tʰ］辅音参数统计表。图 3.53 为根据表 3.27 ~ 3.28 所画的词中不同位置 ［tʰ］辅音 GAP 和 VOT 分布图，图 3.54 为词中不同位置 ［tʰ］辅音音强分布图。图 3.55 为词中不同位置 ［tʰ］辅音的第一、第二和第三共振峰（CF）分布图。从这些表和图中可以看出，词中位置与 ［tʰ］辅音声学参数之间具有一定的相关性。如，词末音节 ［tʰ］辅音的 VOT 最长，其次是词末的 VOT，词中音节首最短。词中位置 GAP 的长短排序：词末>词中音节首>复辅音后置。

表 3.27　**词中不同位置** [tʰ] **辅音统计**（M）

位置		参数						
		GAP	VOT	CD	CA	CF1	CF2	CF3
词首	平均值		73.9		53.95	957	1863	2951
	标准差		0.01		5.2	180.9	225.9	249.2
	变异系数		23.4%		9.7%	18.9%	12.1%	8.4%
词中音节首	平均值	120	38.4	158.4	51.86	1001	2000	3014
	标准差	0.03	0.01	0.03	6.2	270.1	261.8	268.2
	变异系数	32%	37.8%	24%	12%	26.9%	13%	8.9%
词末	平均值	314	143	31.4	59	870	1669	2864
	标准差							
	变异系数							
复辅音内置辅音	平均值	48	38	86.8	37	680	2247	3553
	标准差							
	变异系数							
复辅音后置辅音	平均值	120	66.1	152	55.54	922	1855	2964
	标准差	0.06	0.08	0.05	7.8	123.2	212.1	210.9
	变异系数	55.7%	131.2%	37.4%	14.1%	13.3%	11.4%	7.1%

表 3.28　**词中不同位置** [tʰ] **辅音统计**（F）

位置		参数						
		GAP	VOT	CD	CA	CF1	CF2	CF3
词首	平均值		66.7		58.16	920	1926	3043
	标准差		0.01		5.4	171.9	302.8	341.8
	变异系数		28.7%		9.2%	18.7%	15.7%	11.2%
词中音节首	平均值	109	34.9	144	53.41	1003	1963	2913
	标准差	0.03	0.01	0.03	6.5	237.1	268.3	342.8
	变异系数	30.8%	47.1%	25.7%	12.2%	23.6%	13.6%	11.7%
词中音节末	平均值	71.6	39	111	49.33	915	1681	2952
	标准差							
	变异系数							
复辅音前置辅音	平均值		78.3		49.5	955	1763	2974
	标准差							
	变异系数							

续表

位置		参数						
		GAP	VOT	CD	CA	CF1	CF2	CF3
复辅音内置辅音	平均值	120	26.3	146.5	41.16	853	1858	2730
	标准差	0.02	0.004	0.02	11	95.1	234.8	357.6
	变异系数	21.1%	17.5%	14%	26.7%	11.1%	12.6%	13.1%
复辅音后置辅音	平均值	106	28.7	134	56.13	975	2005	2930
	标准差	0.03	0.01	0.03	6.6	177.8	189.9	311.4
	变异系数	30%	48.1%	24.3%	11.8%	18.2%	9.4%	10.6%

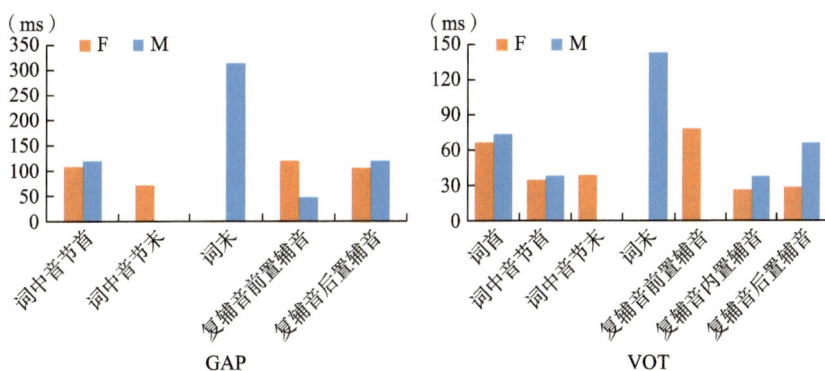

图 3.53　词中不同位置［tʰ］辅音 GAP、VOT 音长均值比较（M&F）

图 3.54 显示，词中位置与［tʰ］辅音音强之间有一定的相关性。词末最强位置比其他位置相对强，复辅音内置辅音比其他位置相对弱。

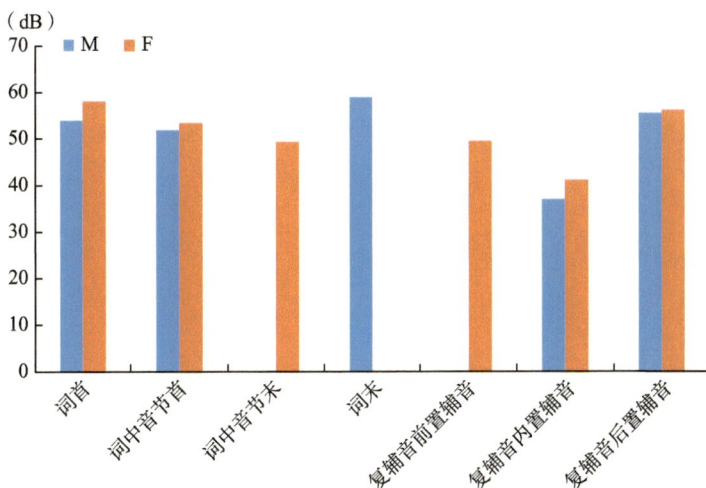

图 3.54　词中不同位置［tʰ］辅音的音强均值比较（M&F）

从图 3.55 来看，词中位置与［tʰ］辅音共振峰频率之间几乎没有相关性，相对稳定。

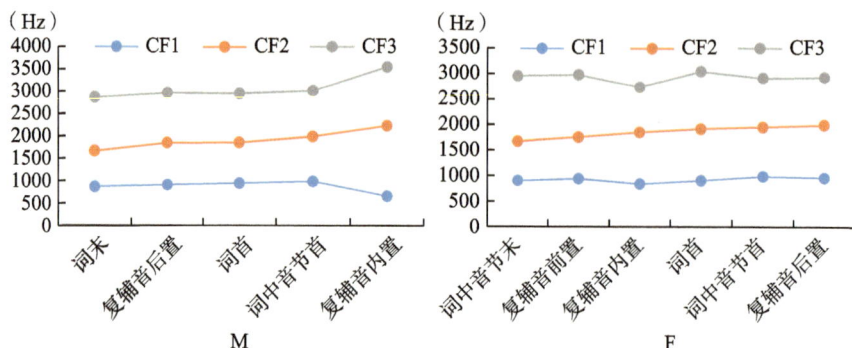

图 3.55　词中不同位置［tʰ］辅音的共振峰均值（以 CF2 的上升为序排列的）比较（M&F）

4.2.4　后置元音音质与声学参数之间的关系

表 3.29 为不同元音之前［tʰ］辅音参数统计表。图 3.56~3.58 为根据表 3.29 所画的不同元音之前［tʰ］辅音的音长、音强和共振峰分布图（下同）。本次实验数据显示，［ə、ʊ］元音之前［tʰ］辅音的音长最短，［ɐ、ə］元音之前［tʰ］辅音的音强最强，不同元音之前［tʰ］辅音的共振峰（CF）之间规律不明显。

表 3.29　不同元音之前的［tʰ］辅音统计（M&F）

	M					F				
	VOT	CA	CF1	CF2	CF3	VOT	CA	CF1	CF2	CF3
tʰɐ	72.8	58.75	1023	1834	2751	61.3	63.92	882	1851	2923
tʰɔ	73.4	55.4	1024	1775	3029	53.6	60	878	1901	3035
tʰə	40.2	60	1297	1922	3078	49.4	62	906	2084	2857
tʰe	76.8	48.33	854	1848	2901	76.7	56.5	887	1792	2990
tʰu	71.7	54.33	972	2122	3162	78.9	53.72	904	1919	2966
tʰʊ	68.2	53.5	980	1946	3255	49.8	56.66	792	1964	2894
tʰø	77.6	51.8	948	1920	2957	58.1	57.62	1096	2254	3397

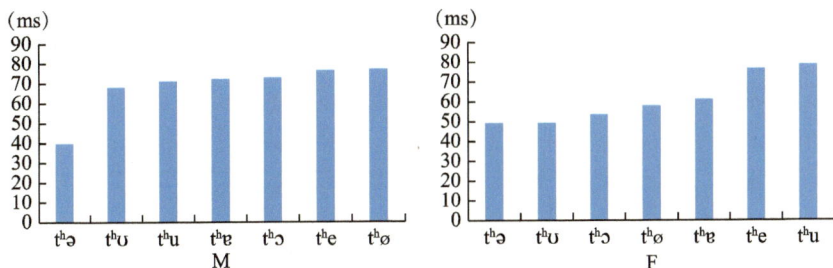

图 3.56　不同元音之前 [tʰ] 辅音的 VOT 均值比较 （M&F）

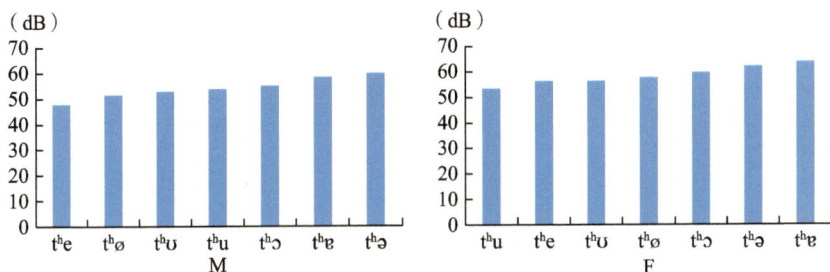

图 3.57　不同元音之前 [tʰ] 辅音的音强均值比较 （M&F）

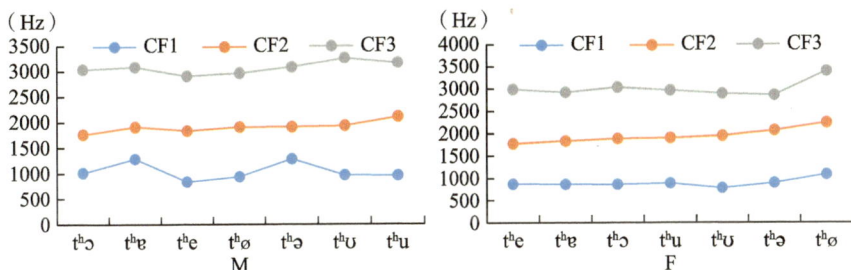

图 3.58　不同元音之前 [tʰ] 辅音的三个共振峰均值 （以 CF2 的上升为序排列的）
比较 （M&F）

　　我们对不同音节中出现的 [tʰ] 辅音 VOT、GAP 之间做了单因素方差分析，结果如表 3.30 所示。

表 3.30　检验结果

	sig （显著性）			
	VOT		GAP	
	M	F	M	F
词首音节—复辅音后置	.953	.000		

	sig（显著性）			
	VOT		GAP	
	M	F	M	F
词首音节—词中音节首	.000	.000		
复辅音后置—词中音节首	.561	.284	.974	.793

从检验结果来看，VOT 参数上，男发音人在词首音节—词中音节首之间差异性显著，其他音节之间差异不显著；女发音人在词首音节—词中音节首、词首音节—复辅音后置之间差异显著，其他音节之间差异不显著。

GAP 参数上，男、女发音人表现出规律，复辅音后置—词中音节首之间差异不显著。

5. /k/辅音

/k/辅音在统一平台中以 [k]、[ɤ]、[χ] 等 3 种变体形式共出现了 384 次（M）或 340 次（F），如表 3.31。其中，M 的 [k] 为 204 次，占所有 /k/辅音的 53%，[ɤ] 为 127 次（33%），[χ] 为 53 次（14%）；F 的 [k] 为 162 次（48%），[ɤ] 为 122 次（36%），[χ] 为 56 次（16%）。[k] 主要在词首出现，[ɤ] 一般在词中音节首元音之间或两个浊音之前或少数在词末出现，[χ] 一般在音节末在 [s]、[ʃ]、[x]、[tʰ]、[tʃʰ] 等送气辅音之前出现。从/k/辅音的 3 种变体的统计结果看，[ɤ] 或 [k] 的占比最高，但考虑到词首位置的重要性，我们把 [k] 作为典型变体。

表 3.31　/k/辅音统计

辅音	发音人			
	M		F	
	出现次数	百分比	出现次数	百分比
/k/	384	100%	340	100%
[k]	204	53%	162	48%
[ɤ]	127	33%	122	36%
[χ]	53	14%	56	16%

5.1　[k] 辅音

5.1.1　声学语图特点

东部裕固语 [k] 为舌面后—软腭、不送气、清塞音，而不是不送气浊塞音［g］。图 3.59~3.60 为男发音人［keʒ］"家，房子"一词的三维语图和［k］辅音频谱图。显然，东部裕固语标准话［k］辅音是清塞音。到目前为止，有些论著中把该辅音标记为［g］，这不符合其实际音质。

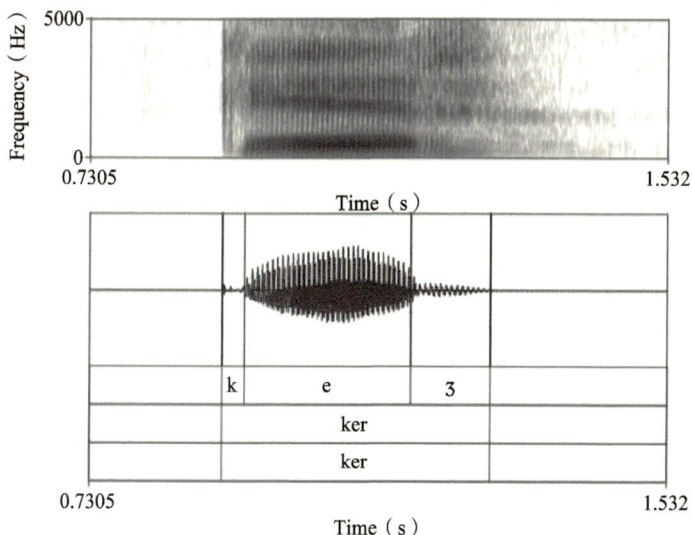

图 3.59　男发音人［keʒ］"家，房子"一词的三维语图和三层标注实例

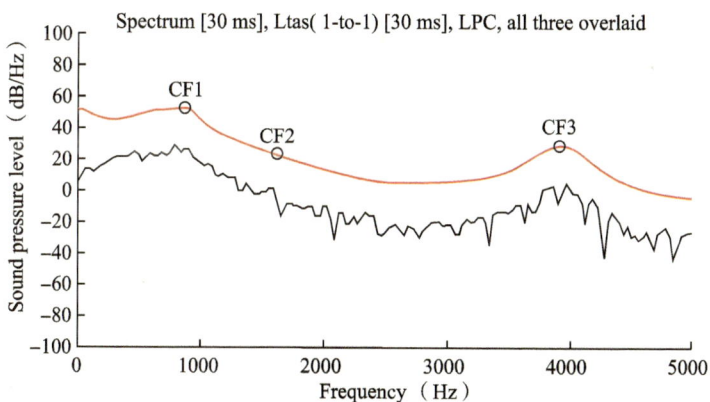

图 3.60　男发音人［keʒ］"家，房子"一词的［k］辅音频谱图

5.1.2　共振峰分布模式

表 3.32 为［k］辅音声学参数总统计表。图 3.61 为两位发音人［k］辅音第一、第二和第三共振峰的分布图。表 3.32 和图 3.61 显示了两位发音人［k］辅音的三个共振峰的频率范围，即男、女发音人共振峰频率浮动围绕为，男：CF1 = 300 ~ 1800Hz，CF2 = 600 ~ 2200Hz，CF3 = 1600 ~ 3700Hz；

女：CF1 = 400 ~ 1700Hz，CF2 = 1000 ~ 2700Hz，CF3 = 1700 ~ 3700Hz；男、女发音中，CF1 数据范围最集中。

表 3.32　[k] 辅音统计（M&F）

	M					F				
	VOT	CA	CF1	CF2	CF3	VOT	CA	CF1	CF2	CF3
平均值	41.2	48.44	982	1656	2726	37.7	47.49	1029	1723	2708
标准差	0.01	7.7	311.8	415.3	447.4	0.01	8.8	291.1	370.3	433.2
变异系数	43%	16%	31.7%	25%	16.4%	49.6%	18.5%	28.2%	21.4%	16%

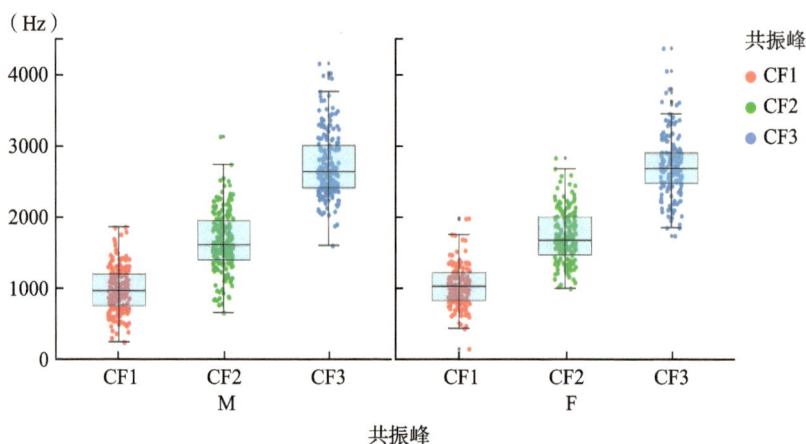

图 3.61　[k] 辅音共振峰分布（M&F）

5.1.3　词中分布特征

[k] 辅音在统一平台中的出现频率较高（M：204 次，F：162 次）。其中，以单辅音形式出现的位置为词首、词中音节首、词中音节末和词末等；以复辅音形式出现的位置为复辅音内置和复辅音后置辅音。其中，/k/辅音以单辅音形式出现 188 次，以复辅音形式出现 16 次（M）；以单辅音形式出现 149 次，以复辅音形式出现 13 次（F）。在所有/k/辅音中，（1）男发音人以单辅音形式在词首和词末音节出现的比例最高。如，114 次，占 56%（M）；女发音人以单辅音形式在词首和词末音节出现的比例最高。如，100 次，占61%（F）。（2）词中音节首 53 次，占 26%（M）；词中音节首 41 次，占 25%（F）。（3）以单辅音形式在词中音节末出现的比例较少。如，21 次，占 10%；8 次，占 5%（F）。（4）以复辅音形式出现的比例最少。请见表 3.33。

表 3.33 [k] 辅音出现频率统计

		M		F	
		出现频率	百分比	出现频率	百分比
所有		204	100%	162	100%
单辅音	词首	57	28%	54	33%
	词中音节首	53	26%	41	25%
	词中音节末	21	10%	8	5%
	词末	57	28%	46	28%
复辅音	复辅音内置辅音	3	1%	3	2%
	复辅音后置辅音	13	6%	10	6%

5.1.4 词中位置与声学参数之间的关系

表 3.34~3.35 为词中不同位置 [k] 辅音声学参数统计表。图 3.62 为根据表 3.34~3.35 所画的词中不同位置 [k] 辅音 GAP 和 VOT 参数比较图，图 3.63 为词中不同位置 [k] 辅音音强比较图。图 3.64 为词中不同位置 [k] 辅音第一、第二和第三共振峰比较图。上述表和图显示，词中位置与 [k] 辅音声学参数之间具有一定的相关性。如，（1）单辅音中，词末音节首 [k] 的 VOT 最长；（2）男女两位发音人 VOT 音长也有所不同，即男发音人 VOT 比女发音人相对长。

表 3.34 词中不同位置 [k] 辅音的参数统计（M）

位置		参数						
		GAP	VOT	VD	CD	CF1	CF2	CF3
词首	平均值		43.6		48.84	899	1538	2631
	标准差		0.01		4.03	255.2	435.5	407.1
	变异系数		24.8%		8.2%	28.3%	28.3%	15.4%
词中音节首	平均值	60	41.3	101.7	55.07	1096	1666	2749
	标准差	0.03	0.01	0.04	5.1	373.1	382.8	446.3
	变异系数	57.3%	46.7%	44.4%	9.2%	34%	22.9%	16.2%
词中音节末	平均值	58.1	27.5	85.6	48.52	952	1714	2973
	标准差	0.02	0.008	0.02	7.8	355.6	409.8	590.2
	变异系数	36.9%	30.4%	25.2%	16.1%	37.3%	23.9%	19.8%

续表

位置		参数						
		GAP	VOT	VD	CD	CF1	CF2	CF3
词末	平均值	194	42.2	218	40.75	915	1742	2697
	标准差	0.08	0.02	0.08	6.6	253.6	432.8	440
	变异系数	42.1%	54.7%	38.1%	16.4%	27.7%	24.8%	16.3%
复辅音内置辅音	平均值	54	34.6	88.2	48	1397	1876	2980
	标准差	0.01	0.01	0.02	2.6	179.9	207.2	405.9
	变异系数	35.3%	37.6%	27%	5.5%	12.8%	11%	13.6%
复辅音后置辅音	平均值	87.7	50.5	138	53.38	1137	1617	2712
	标准差	0.02	0.008	0.02	3.9	190.1	331.3	234.6
	变异系数	27.8%	16.1%	17.5%	7.4%	16.7%	20.4%	8.6%

表 3.35　词中不同位置 [k] 辅音的参数统计 （F）

位置		参数						
		GAP	VOT	CD	CA	CF1	CF2	CF3
词首	平均值		34.2		47.11	975	1718	2701
	标准差		0.009		5.8	225.5	385.3	304.4
	变异系数		26.8%		12.4%	23.1%	22.4%	11.3%
词中音节首	平均值	52.1	36.2	87.3	53.39	1146	1858	2838
	标准差	0.02	0.01	0.03	7.3	374.4	415.4	409
	变异系数	53.2%	38.5%	39.1%	13.8%	32.6%	22.3%	14.41%
词中音节末	平均值	39	23.6	62.6	47.25	1085	1941	3160
	标准差	0.01	0.006	0.02	7.1	345.7	555.5	568.8
	变异系数	48.4%	29.4%	37.4%	15%	31.8%	28.6%	18%
词末	平均值	233	45.9	257	42.3	954	1572	2501
	标准差	0.07	0.02	0.07	8.8	235	227.3	493.2
	变异系数	34.1%	62%	30.7%	20.9%	24.6%	14.4%	14.4%
复辅音内置辅音	平均值	49	27	80.6	42.33	721	1734	2944
	标准差	0.01	0.04	0.008	14	366.9	187.3	218.4
	变异系数	28.8%	62.8%	10.8%	33%	50.9%	10.8%	7.4%

续表

位置		参数						
		GAP	VOT	CD	CA	CF1	CF2	CF3
复辅音后置辅音	平均值	119	39.2	158.5	51	1235	1731	2764
	标准差	0.06	0.009	0.06	12.3	163.1	221.2	249.5
	变异系数	55.8%	24.4%	38.8%	24.1%	13.2%	12.7%	9%

再看 GAP 音长：词末音节最长。

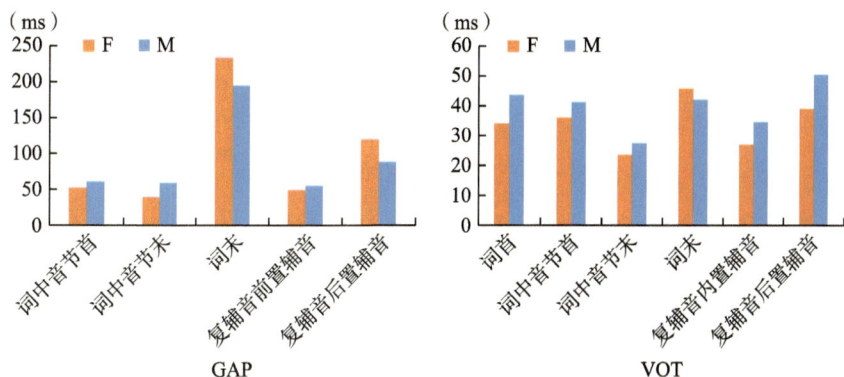

GAP　　　　　　　　　　　　VOT

图 3.62　词中不同位置 [k] 辅音音长均值比较　(M&F)

图 3.63 显示，词中音节首位置 [k] 辅音音强比其他位置相对强；词末音节位置的音强比其他位置相对弱。图 3.64 显示词中位置与 [k] 辅音共振峰频率之间几乎没有相关性。

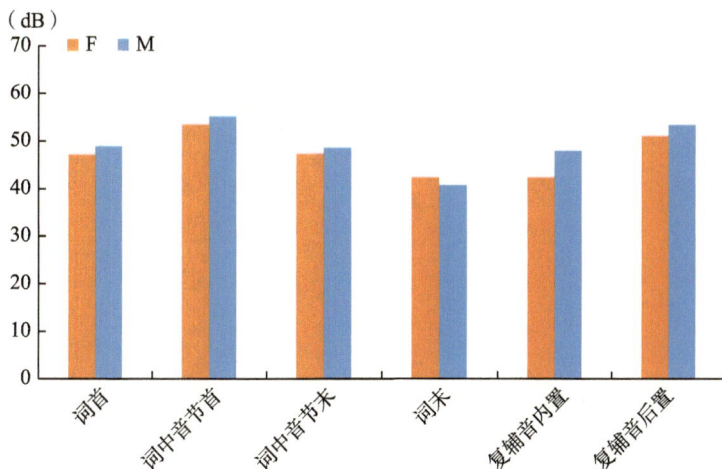

图 3.63　词中不同位置 [k] 辅音音强均值比较

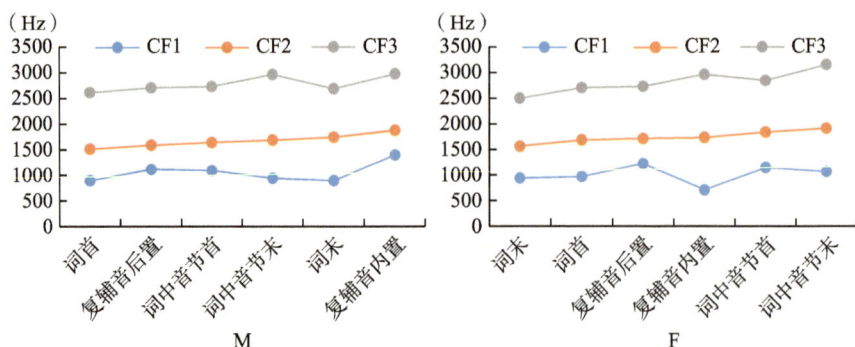

图 3.64　词中不同位置 [k] 辅音的共振峰均值 (以 CF2 的上升为序排列的) 比较 (M&F)

5.1.5　后置元音音质与声学参数之间的关系

表 3.36 为不同元音之前 [k] 辅音声学参数统计表。图 3.65 ~ 3.67 为不同元音之前 [k] 辅音音长、音强和共振峰比较图。从上述表和图上可以看出，后置元音与 [k] 辅音音长（VOT）和音强之间有一定的相关性。如，后、圆唇元音 [u] 之前的音长比其他元音之前的相对长，前、圆唇元音 [ø] 之前的音长比其他元音之前的相对短；音强的规律正与音长规律相反。在后置元音音质与 [k] 辅音共振峰频率之间具有一定的相关性。如，[k] 辅音在前、圆唇元音 [ø] 等之前的第二共振峰频率相对低于其他元音之前的。

表 3.36　不同元音前的 [k] 辅音统计 （M&F）

	M					F				
	VOT	CA	CF1	CF2	CF3	VOT	CA	CF1	CF2	CF3
kə	43.5	50.8	859	1538	2327	31.4	51.75	1199	1627	2504
kø	31.3	49.66	1043	1798	2472	23.8	49.66	940	1954	2298
ke	35.8	50	1023	2034	2565	32.5	46.2	1111	2234	2819
ko	52.7	44	1028	1451	2524					
ku	54.9	43	666	997	3150	37.1	39.333	746	1455	2942

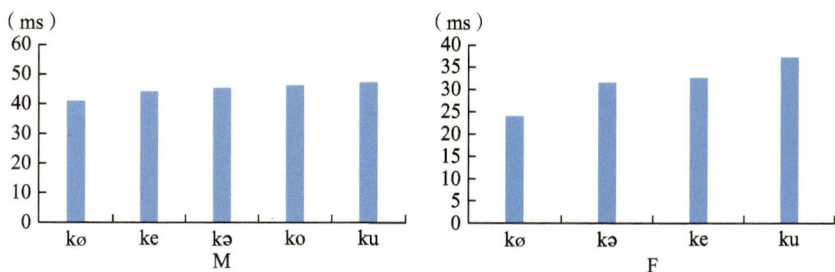

图 3.65　不同元音之前 [k] 辅音的 VOT 均值比较（M&F）

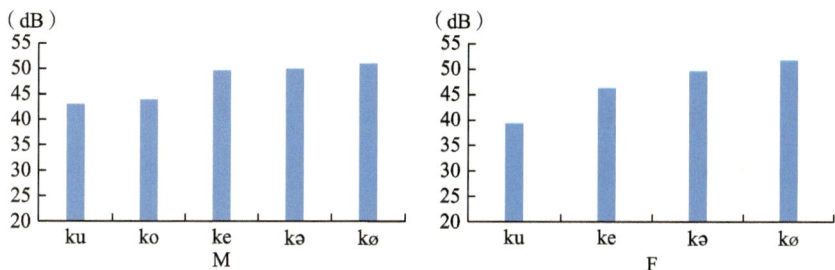

图 3.66　不同元音之前 [k] 辅音的音强均值比较（M&F）

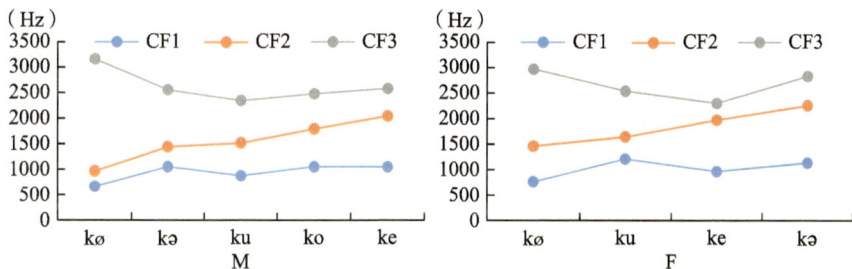

图 3.67　不同元音之前 [k] 辅音的三个共振峰均值（以 CF2 的上升为序排列的）
比较（M&F）

　　我们对女发音人不同音节中出现的 [k] 辅音 VOT、GAP 之间做了单因素方差，结果如表 3.37 所示。

表 3.37　检验结果

	sig（显著性）			
	M	F	M	F
	VOT	VOT	GAP	GAP
词首音节—复辅音后置	.127	.612		

	sig（显著性）			
	M	F	M	F
	VOT	VOT	GAP	GAP
词首音节—词中音节首	.943	.932		
词首音节—词中音节末	.000	.018		
词首音节—词末	.993	.072		
复辅音后置—词中音节首	.090	.937	.019	.067
复辅音后置—词中音节末	.000	.012	.011	.028
复辅音后置—词末	.208	.708	.000	.002
词中音节首—词中音节末	.001	.008	.987	.358
词中音节首—词末	1.000	.256	.000	.000
词中音节末—词末	.001	.000	.000	.000

检验结果来看，VOT 参数上，男、女发音人表现出相同的规律，如词首音节—词中音节末、复辅音后置—词中音节末、词中音节首—词中音节末、词中音节末—词末音节之间差异性显著，其他音节之间差异性不显著。

GAP 参数上，男、女发音人在复辅音后置—词中音节末、词中音节首—词末、词中音节末—词末音节、复辅音后置—词末之间差异性显著，表现出相同的规律；女发音人其他音节之间差异性不显著；男发音人另外在复辅音后置—词中音节首之间差异性显著，其他音节之间差异性不显著。

5.2 ［ɣ］辅音

5.2.1 声学语图特点

东部裕固语［ɣ］为舌面后-软腭浊擦音，主要出现在词中和词末位置。图 3.68~3.69 为男发音人［tʃəɣəʒ］"纺线车（木制）"一词的三维语图和［ɣ］辅音频谱图，显然，［ɣ］是浊擦音。

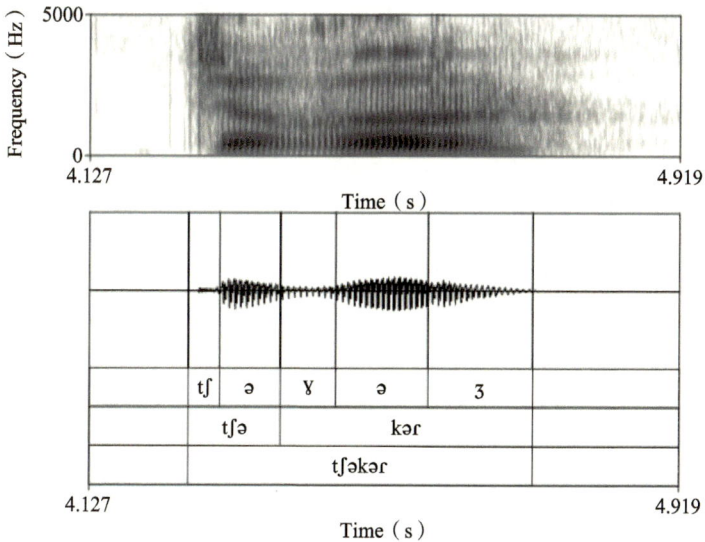

图 3.68　男发音人［tʃəʁəʒ］"纺线车（木制）"一词的三维语图和
三层标注实例

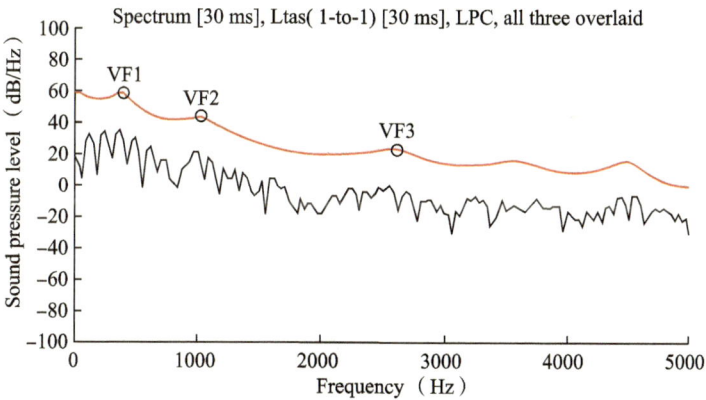

图 3.69　男发音人［tʃəʁəʒ］"纺线车（木制）"一词［ʁ］辅音频谱图

5.2.2　共振峰分布模式

表 3.38~3.39 为两位发音人［ʁ］辅音的参数统计总表。图 3.70 为两位发音人［ʁ］辅音第一、第二和第三共振峰的分布图。图 3.71 为两位发音人［ʁ］辅音谱特征示意图。表 3.38~3.39 和图 3.70 显示了两位发音人［ʁ］辅音的三个共振峰的频率范围，即男、女发音人共振峰频率浮动围绕为，男：VF1 = 400~700Hz，VF2 = 600~2500Hz，VF3 = 2100~3600Hz；女：

VF1 = 300 ~ 700Hz，VF2 = 800 ~ 3100Hz，VF3 = 2300 ~ 3600Hz；男发音人谱重心（COG）和离散度（Dispersion）参数低于女发音人；男、女发音人CF1 数据范围最集中，CF2 数据范围最离散。

表 3.38　[ɤ] 辅音统计（M）

	M							
	CD	CA	CF1	CF2	CF3	COG	Dispersion	SKEW
平均值	61	64.33	344	1847	2627	295	422	11
标准差	0.01	4.3	135.4	465.4	391.4	93.5	189.1	3.6
变异系数	18.9%	6.7%	39.3%	25.2%	14.9%	31.7%	44.8%	32.9%

表 3.39　[ɤ] 辅音统计（M）

	F							
	CD	CA	CF1	CF2	CF3	COG	Dispersion	SKEW
平均值	67	59.81	411	2145	2980	360	646	9.4
标准差	0.01	5.7	377.1	553.3	398	198.4	371.1	5
变异系数	23.4%	9.5%	91.8%	25.8%	13.3%	55.1%	57.4%	53.4%

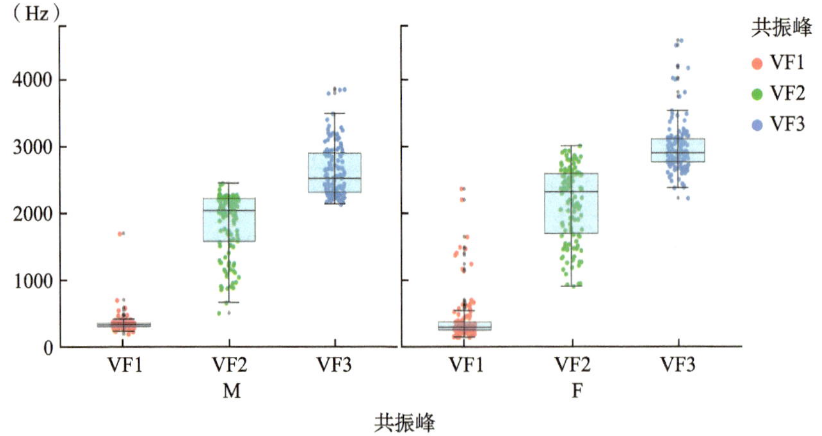

图 3.70　[ɤ] 辅音共振峰分布（M&F）

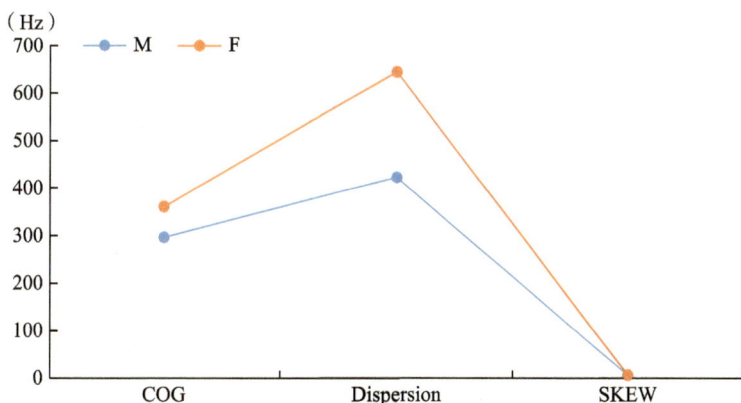

图 3.71 辅音谱特征示意

5.2.3 词中位置与声学参数之间的关系

在统一平台中［ɤ］辅音以单辅音或复辅音后置辅音形式共出现 127 次（M），122 次（F）。其中，以单辅音形式出现的位置为词首（男）、词中音节首、词中音节末和词末（女）等；以复辅音后置辅音（男）的形式出现等。

在所有［ɤ］辅音中，（1）以单辅音形式在词中音节首出现的比例最高，如 M：在词中音节首 117 次，占 92%；F：在词中音节首 114 次，占 93%；（2）其他位置出现的比例较小，在词中音节末 7 次，占 6%（M），在词中音节末 7 次，占 6%，在词末 1 次，占 1%（F），复辅音形式出现的比例最少。请见表 3.40。

表 3.40 ［ɤ］辅音的统计

		M		F	
		出现频率	百分比	出现频率	百分比
所有		127	100%	122	100%
单辅音	词首	1	1%		
	词中音节首	117	92%	114	93%
	词中音节末	7	6%	7	6%
	词末			1	1%
复辅音	复辅音后置辅音	2	2%		

表 3.41~3.42 为词中不同位置上［ɤ］辅音的参数统计表。图 3.72~3.74 为词中不同位置上［ɤ］辅音的共振峰、音长和音强的比较图。上述表和图显

示，[ɤ] 辅音主要在词中音节首位置。[ɤ] 辅音词中位置与 [ɤ] 辅音的共振峰和音强几乎没有相关性。词中不同位置 [ɤ] 辅音音长之间有一定的相关性。如，词中音节末音节的音长最长，词中音节首音节的音长最短。

表 3.41　词中不同位置 [ɤ] 辅音统计（M）

位置		参数				
		CD	CA	VF1	VF2	VF3
词首	平均值	68	60	295	1746	2235
	标准差					
	变异系数					
词中音节首	平均值	61	64.52	343	1881	2632
	标准差	0.01	4	139.4	452.9	398.7
	变异系数	18.6%	6.2%	40.6%	24%	15.1%
词中音节末	平均值	69	61.85	371	1356	2683
	标准差	0.01	7.7	88.3	510.2	283.8
	变异系数	22.7%	12.5%	23.7%	37.6%	10.5%
复辅音后置复辅音	平均值	64	64	331	1625	2316
	标准差					
	变异系数					

表 3.42　词中不同位置 [ɤ] 辅音统计（F）

位置		参数				
		CD	CA	VF1	VF2	VF3
词中音节首	平均值	67	59.77	408	2179	2987
	标准差	0.01	5.4	388	541.5	407.1
	变异系数	24.2%	9%	95.2%	24.8%	13.6%
词中音节末	平均值	71	62.14	440	1491	2858
	标准差	0.003	8.4	164.1	254.6	222.8
	变异系数	5.4%	13.6%	37.2%	17%	7.7%
词末	平均值	68	48	570	2766	3140
	标准差					
	变异系数					

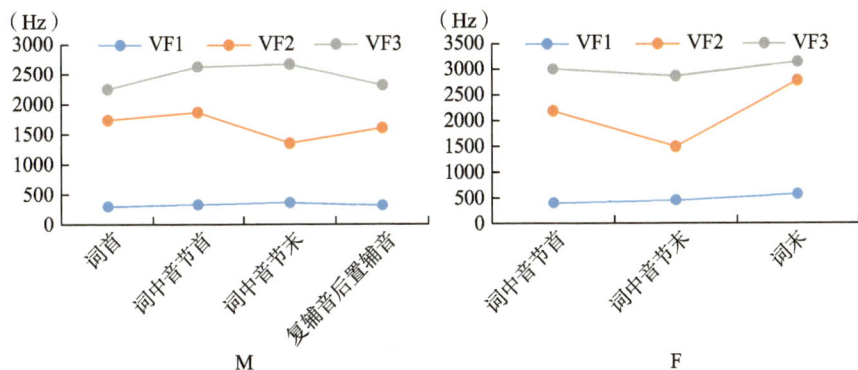

图 3.72　不同元音之前 [ɤ] 辅音三个共振峰均值比较（M&F）

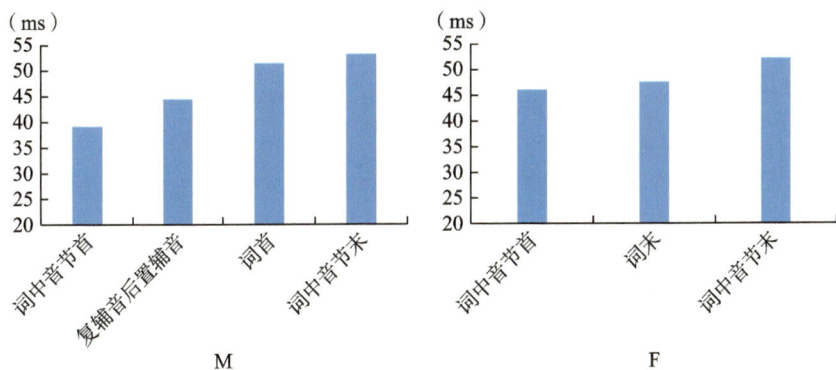

图 3.73　图 3.64 词中不同位置 [ɤ] 辅音音长均值比较（M&F）

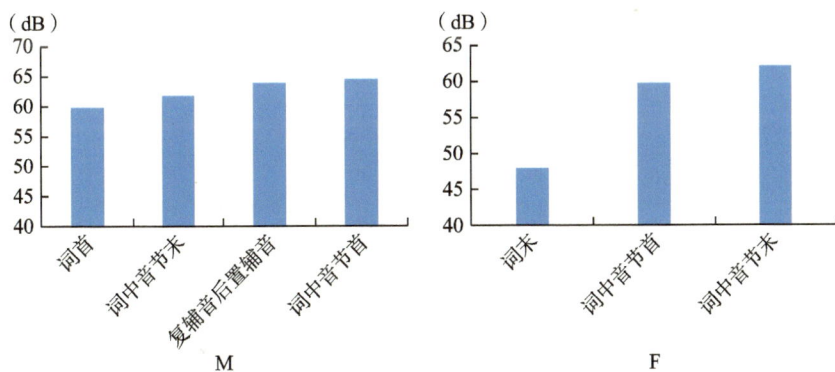

图 3.74　图 3.65 词中不同位置 [ɤ] 辅音音强均值比较（M&F）

5.3　[χ] 辅音

在同一平台中 [χ] 辅音男发音人语料中出现了 53 次，女发音人语料中出现 56 次。

5.3.1 声学语图特点

东部裕固语 [χ] 为舌面后–软腭清擦音，主要出现在词末和词 [s]、[ʃ]、[x]、[tʰ]、[tʃʰ] 等送气清音和清擦音之前。图 3.75~3.76 为男发音人 [tɔχʃən]"猛烈，紧张，厉害"一词的三维语图和 [χ] 辅音频谱图，显然，[χ] 是清擦音。

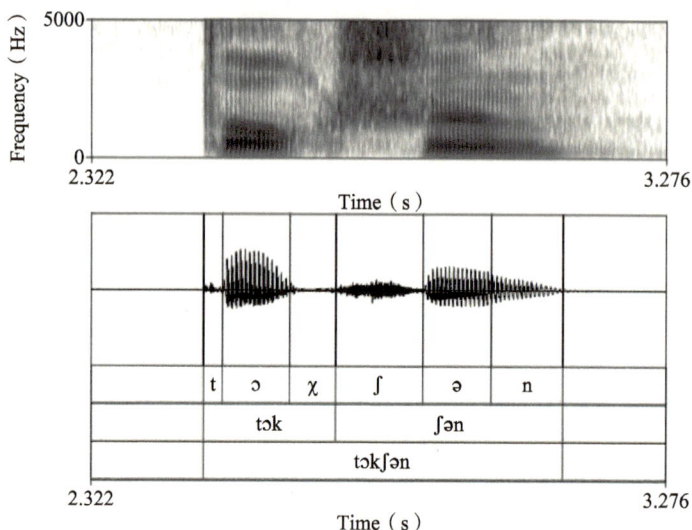

图 3.75　男发音人 [tɔχʃən]"猛烈，紧张，厉害"一词的三维语图和三层标注实例

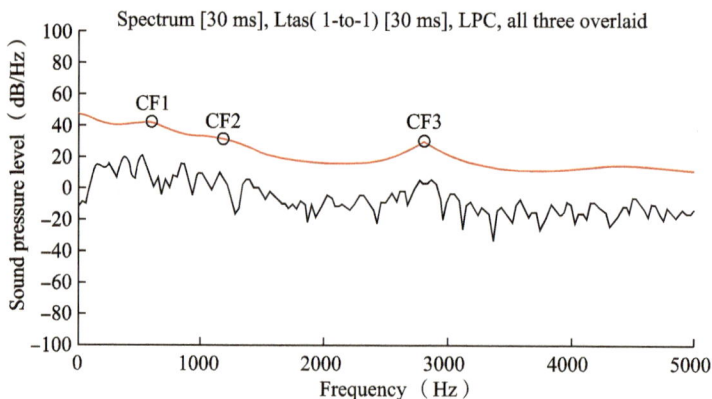

图 3.76　男发音人 [tɔχʃən]"猛烈，紧张，厉害"一词 [χ] 辅音频谱图

5.3.2 共振峰分布模式

表 3.43~3.44 为男发音人 [χ] 辅音参数统计总表。图 3.77 为 [χ]

辅音第一、第二和第三共振峰的分布图。图 3.77 显示了男发音人［χ］辅音的三个共振峰的频率范围，即男发音人共振峰频率浮动围绕为，CF1 = 200～1200Hz，CF2 = 800～2400Hz，CF3 = 2200～4100Hz，女发音人共振峰频率浮动围绕为 CF1 = 200～2100Hz，CF2 = 1000～3000Hz，CF3 = 2100～4500Hz；［χ］辅音男发音人谱重心（COG）和离散度（Dispersion）参数小于女发音人；男、女发音人 CF1 数据范围最集中，CF3 数据范围最离散。

表 3.43　［χ］辅音统计（M）

| | M | | | | | | | |
	CD	CA	CF1	CF2	CF3	COG	Dispersion	SKEW
平均值	79	55.05	935	1587	3042	1344	1398	4.4
标准差	0.02	7.9	345.2	417.9	475.7	764.3	692.1	5
变异系数	26.1%	14.4%	36.9%	26.3%	15.6%	56.8%	49.5%	1.1%

表 3.44　［χ］辅音统计（F）

| | M | | | | | | | |
	CD	CA	CF1	CF2	CF3	COG	Dispersion	SKEW
平均值	77	56.03	1071	1821	3348	1025	1123	4.2
标准差	0.02	7.3	378.9	493.6	465.8	669.9	520.3	4.4
变异系数	26.5%	13%	35.3%	27.1%	13.9%	65.3%	46.3%	102%

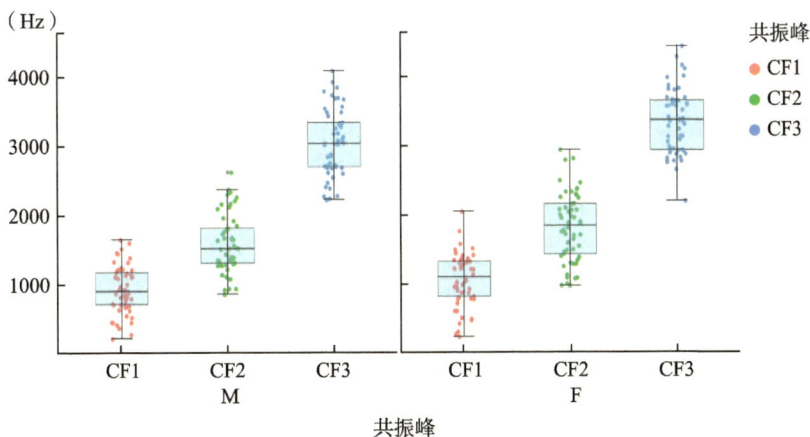

图 3.77　［χ］辅音共振峰分布（M&F）

5.3.3 辅音词中位置与其声学参数之间的关系

在统一平台中［χ］辅音以单辅音或复辅音后置辅音形式共出现 53 次（M），56 次（F）。其中，以单辅音形式出现的位置为词中音节首（女）、词中音节末和词末等；以复辅音前置、复辅音内置（男）和复辅音后置辅音的形式出现等。

在所有［χ］辅音中，（1）以单辅音形式在女发音人词中音节首出现的比例最高，如 F：在词中音节首 30 次，占 54%；男发音人在词中音节末出现比例最高 42 次，占 79%。（2）其他位置出现的比例较小。请见表 3.45。

表 3.45 ［χ］辅音的统计

		M		F	
		出现频率	百分比	出现频率	百分比
所有		53	100%	56	100%
单辅音	词首				
	词中音节首			30	54%
	词中音节末	42	79%	15	27%
	词末	9	17%	9	16%
复辅音	复辅音前置辅音	2	4%	1	2%
	复辅音内置辅音	3	6%		
	复辅音后置辅音	2	4%	1	2%

表 3.46~3.47 为词中不同位置上的［χ］辅音参数统计表。图 3.78~3.80 为两位发音人［χ］辅音在词中不同位置上的共振峰、音长和音强分布图。从上述表和图中可以看出，词中位置与［χ］辅音共振峰和音强参数之间具有一定的相关性，音长之间相关性不大。如，复辅音位置的 CF2 参数比其他位置的相对大；复辅音后置［χ］辅音最强。

表 3.46 词中不同位置［χ］辅音统计（M）

位置		参数				
		CD	CA	CF1	CF2	CF3
词中音节末	平均值	76	56.9	937	1554	3047
	标准差	0.01	5.4	326.2	411.5	507.8
	变异系数	15.2%	9.6%	34.8%	26.4%	16.6%

续表

位置		参数				
		CD	CA	CF1	CF2	CF3
词末	平均值	120	43.5	711	1481	2921
	标准差	0.04	4.9	381.7	303.1	137.1
	变异系数	36.5%	11.3%	53.6%	20.4%	4.6%
复辅音前置辅音	平均值	43	58.5	580	1542	2709
	标准差					
	变异系数					
复辅音内置辅音	平均值	72	38.33	1180	1899	3257
	标准差					
	变异系数					
复辅音后置辅音	平均值	102	61	1321	2071	3185
	标准差					
	变异系数					

表 3.47　词中不同位置 [X] 辅音统计 （F）

位置		参数				
		CD	CA	CF1	CF2	CF3
词中音节首	平均值	75	58.63	1118	1786	3409
	标准差	0.01	5.08	288.9	542.7	466.3
	变异系数	21.7%	8.6%	25.8%	30.3%	13.6%
词中音节末	平均值	72	56.46	1182	1881	3340
	标准差	0.01	6.2	409.4	423	485.2
	变异系数	25.1%	11%	34.6%	22.4%	14.5%
词末	平均值	97	45.44	681	1785	3190
	标准差	0.02	6.9	419.2	504.5	458.3
	变异系数	26.3%	15.2%	61.5%	28.2%	14.3%
复辅音前置辅音	平均值	42	61	1353	2287	3575
	标准差					
	变异系数					
复辅音后置辅音	平均值	69	62	1225	1816	2832
	标准差					
	变异系数					

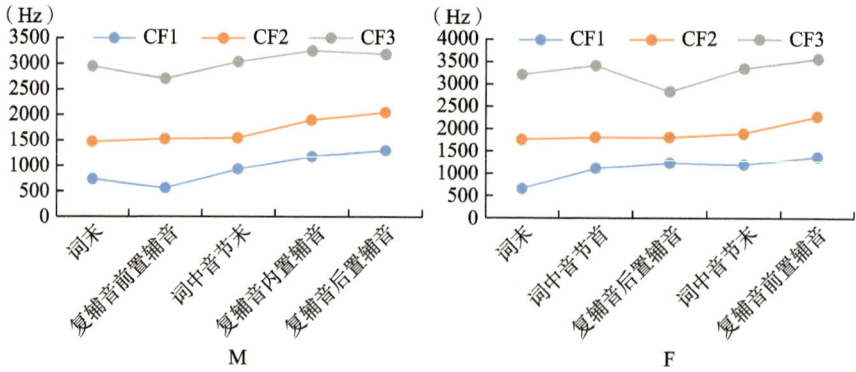

图 3.78　出现在词中不同位置［χ］辅音的共振峰均值比较（M）

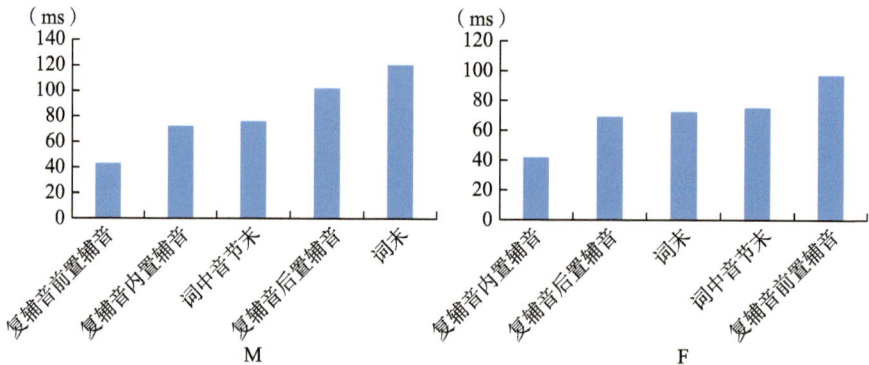

图 3.79　出现在词中不同位置［χ］辅音的音长均值比较（M）

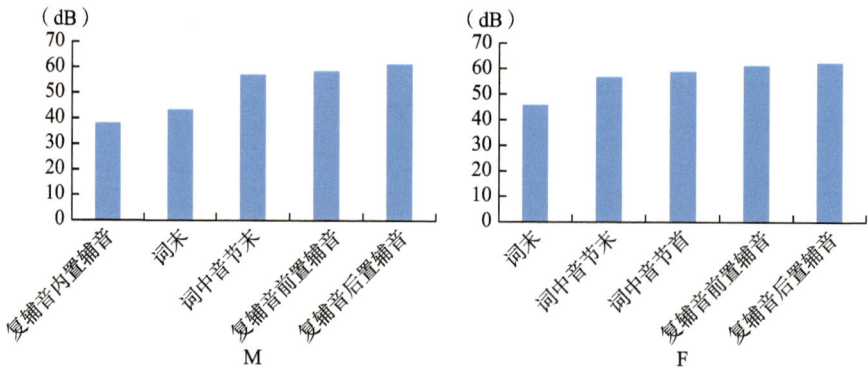

图 3.80　出现在词中不同位置［χ］辅音的音强均值比较（M）

6. /kʰ/辅音

6.1　词中分布特征

/kʰ/辅音在统一平台中以单辅音或复辅音后置辅音形式共出现 133 次（M），142 次（F）。其中，以单辅音形式出现的位置为词首、词中音节首；以复辅音前置和复辅音后置辅音的形式出现等。

在所有/kʰ/辅音中，（1）以单辅音形式在词首和词中音节首出现的比例最高，如 M：在词首 85 次，占 64%，在词中音节首 26 次，占 20%；F：在词首 72 次，占 51%，在词中音节首 38 次，占 27%。（2）复辅音出现的比例较小。如，在复辅音前置 8 次，占 6%，复辅音后置 14 次，占 10%（M）；在复辅音前置 17 次，占 12%，复辅音后置 15 次，占 10%（F）。请见表 3.48。

显然，/kʰ/辅音在词中主要以单辅音形式出现于词首和词中音节首（音节首）位置，在其他位置上出现的比例相对少。

表 3.48　［kʰ］辅音出现频率统计

		M		F	
		出现频率	百分比	出现频率	百分比
所有		133	100%	142	100%
单辅音	词首	85	64%	72	51%
	词中音节首	26	20%	38	27%
	词中音节末				
	词末				
复辅音	复辅音前置辅音	8	6%	17	12%
	复辅音后置辅音	14	10%	15	10%

6.2　声学特征

6.2.1　声学语图特点

东部裕固语［kʰ］为舌面后—软腭、送气、清塞音。图 3.81～3.82 为男发音人［kʰes］"消溶，融化"一词的三维语图和［kʰ］辅音频谱图。可以看出，［kʰ］在词中的 VOT 明显长于其在词首［k］的 VOT。

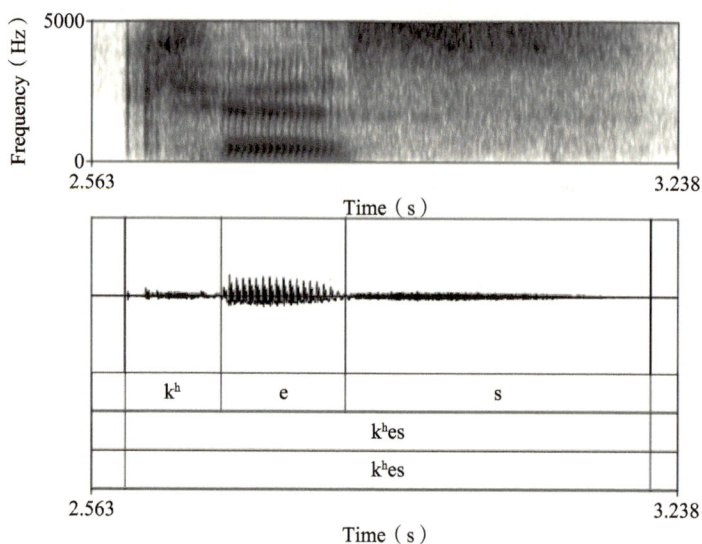

图 3.81　男发音人 [kʰes]"消溶，融化"一词的三维语图和三层标注实例

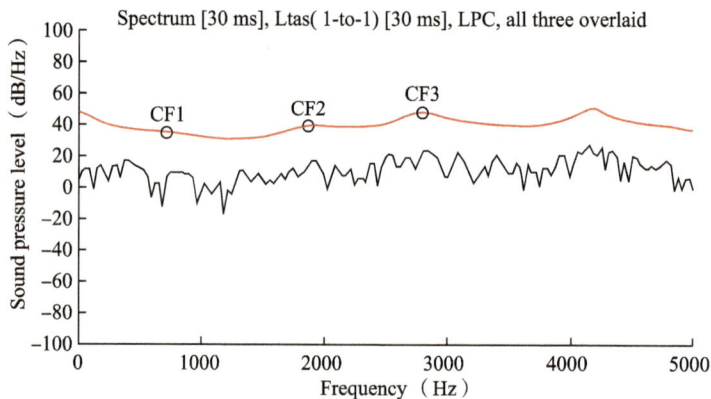

图 3.82　男发音人 [kʰes]"消溶，融化"一词 [kʰ] 辅音（词首）频谱图

6.2.2　共振峰分布模式

表 3.49 为两位发音人 [kʰ] 辅音参数统计总表。图 3.83 为两位发音人 [kʰ] 辅音第一、第二和第三共振峰的分布图。表 3.49 和图 3.83 显示了两位发音人 [kʰ] 辅音的三个共振峰的频率范围，即男、女发音人共振峰频率浮动围绕为，男：CF1 = 500～1300Hz，CF2 = 700～2000Hz，CF3 = 1700～3500Hz；女：CF1 = 600～1600Hz，CF2 = 900～2700Hz，CF3 = 1800～3500Hz；男、女发音人 CF1 数据范围最集中，CF2 数据范围最离散。

表 3.49　[kʰ] **辅音统计**

	M					F				
	VOT	CA	CF1	CF2	CF3	VOT	CA	CF1	CF2	CF3
平均值	87	53.29	1044	1616	2631	79	52.87	1089	1705	2538
标准差	0.02	4.8	230.9	400.5	385.4	0.02	5.5	236.5	417.1	335
变异系数	28%	9.1%	22.1%	24.7%	14.6%	36.3%	10.4%	21.7%	24.4%	13.2%

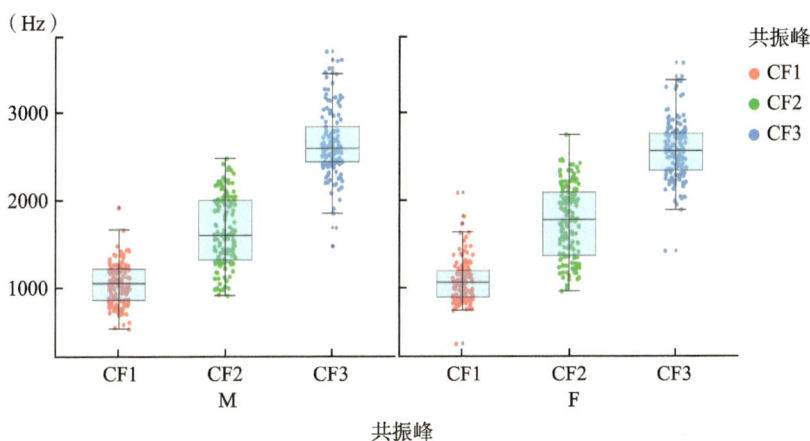

图 3.83　[kʰ] **辅音共振峰分布**（M&F）

6.2.3　词中位置与声学参数之间的关系

表 3.50~3.51 为词中不同位置 [kʰ] 辅音参数统计表。图 3.84 为根据表 3.50~3.51 所画的词中不同位置 [kʰ] 辅音 GAP 和 VOT 分布图，图 3.85 为词中不同位置 [kʰ] 辅音音强分布图。图 3.86 为词中不同位置 [kʰ] 辅音的第一、第二和第三共振峰（CF）分布图。从这些表和图中可以看出，词中位置与 [kʰ] 辅音声学参数之间具有一定的相关性。如，词首位置的 VOT 比其他位置的 VOT 相对长；词中音节首的 GAP 比其他位置的 GAP 相对长；不同位置的 [kʰ] 辅音的音强之间的相关性不明显；词中音节 [kʰ] 辅音的第二共振峰频率相对稳定，男、女有相同的规律。

表 3.50　词中不同位置 [kʰ] 辅音统计（M）

位置		参数						
		GAP	VOT	CD	CA	CF1	CF2	CF3
词首	平均值		93.9		51.74	1042	1650	2660
	标准差		0.02		3.7	211.6	404.1	383.1
	变异系数		21.5%		7.2%	20.3%	24.4%	14.4%
词中音节首	平均值	99	66.9	166	56.26	1064	1694	2634
	标准差	0.03	0.01	0.03	5.8	207.8	406	
	变异系数	32.3%	27.9%	20%	10.4%	19.5%	23.9%	
复辅音前置辅音	平均值		60.8		53.75	912	1442	2619
	标准差		0.01		4.09	132.6	305.2	535
	变异系数		23.6%		7.6%	14.5%	21.1%	20.4%
复辅音后置辅音	平均值	79	53.2	132	55.42	1168	1674	2686
	标准差	0.02	0.009	0.02	6.07	362.9	418.8	408.8
	变异系数	26.8%	18.2%	20%	10.9%	31%	25%	15.2%

表 3.51　词中不同位置 [kʰ] 辅音统计（F）

位置		参数						
		GAP	VOT	CD	CA	CF1	CF2	CF3
词首	平均值		103		54.58	1020	1738	2498
	标准差		0.02		3.8	178.4	422.3	281.4
	变异系数		21.4%		6.9%	17.4%	24.3%	11.2%
词中音节首	平均值	87	71.8	159	53.44	1146	1888	2668
	标准差	0.02	0.01	0.03	8.2	264	371.5	316
	变异系数	29.2%	27%	20.6%	15.4%	23%	19.6%	11.8%
复辅音前置辅音	平均值		92.8		54.05	1044	1465	2417
	标准差		0.03		3.1	185.3	311.8	451
	变异系数		41.1%		5.8%	17.7%	21.2%	18.6%
复辅音后置辅音	平均值	86	56.3	143	50.53	1232	1802	2822
	标准差	0.01	0.01	0.02	5.2	349.4	466.6	287.8
	变异系数	18.8%	24.7%	14.7%	10.3%	28.3%	25.8%	10.2%

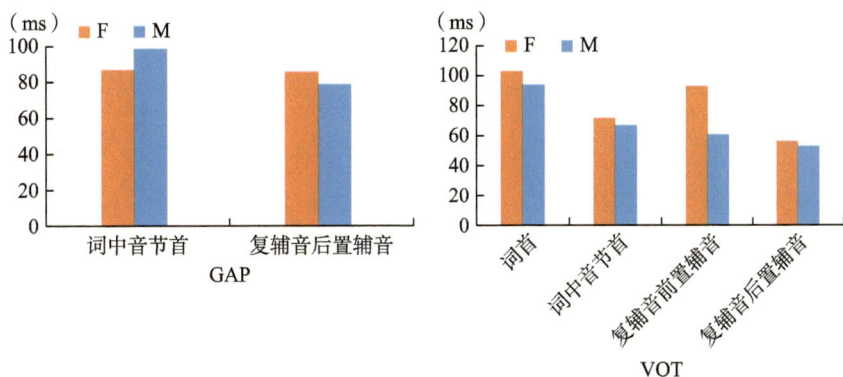

图 3.84　词中不同位置 [kʰ] 辅音 GAP、VOT 音长均值比较（M&F）

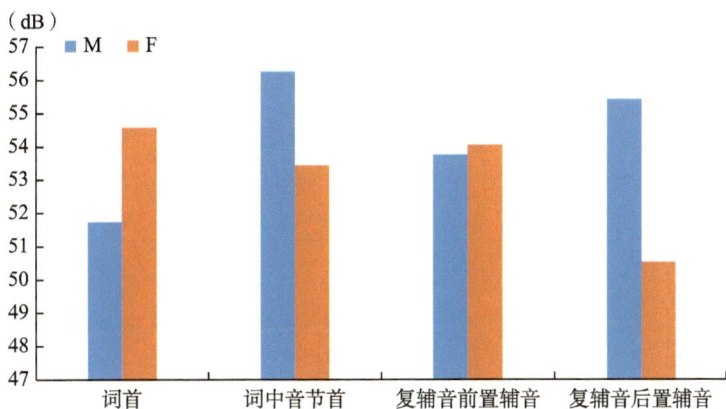

图 3.85　词中不同位置 [kʰ] 辅音的音强均值比较（M&F）

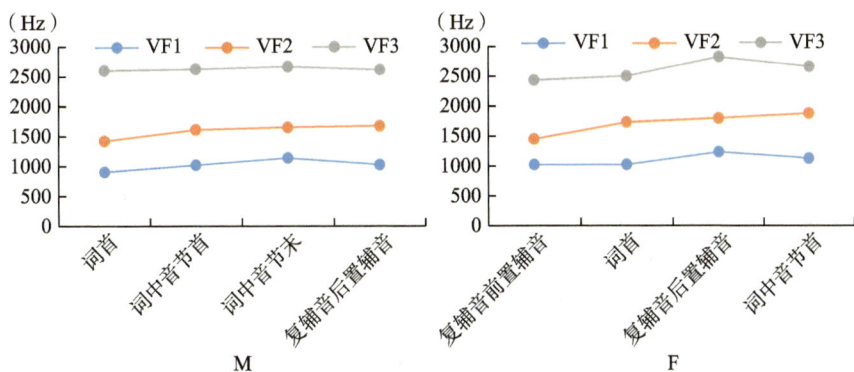

图 3.86　词中不同位置 [kʰ] 辅音的共振峰均值（以 CF2 的上升为序排列的）
比较（M&F）

6.2.4　后置元音音质与声学参数之间的关系

表 3.52 为不同元音之前 [kʰ] 辅音参数统计表。图 3.87~3.89 为根据表 3.52 所画的不同元音之前 [kʰ] 辅音的音长、音强和共振峰分布图。本次实验数据显示，[ø] 元音之前 [kʰ] 辅音的音长比其他元音之前的音长相对短；[u] 元音之前 [kʰ] 辅音的音强比其他元音之前的音强相对弱；[ɐ] 和 [u] 元音之前 [kʰ] 辅音的第二共振峰比其他元音之前的第二共振峰明显低。

表 3.52　不同元音前的 [kʰ] 辅音统计（M&F）

	M					F				
	VOT	CA	CF1	CF2	CF3	VOT	CA	CF1	CF2	CF3
kʰɐ	105	56	1076	1571	2213	113	55	848	1235	2288
kʰə	95.6	53.33	1137	1594	2458	115	56	996	1796	2380
kʰe	101.5	55.5	1186	2141	2562	95.4	56.62	988	2056	2684
kʰu	102	47.33	789	1205	2717	104.7	52.2	852	1218	2347
kʰø	92	53	1128	1706	2517	89.9	56.14	993	1858	2372

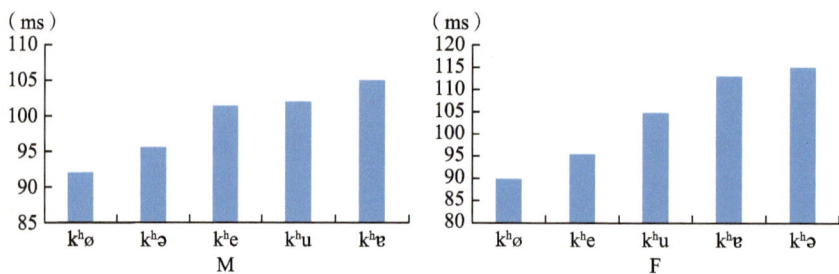

图 3.87　不同元音之前 [kʰ] 辅音的 VOT 均值比较（M&F）

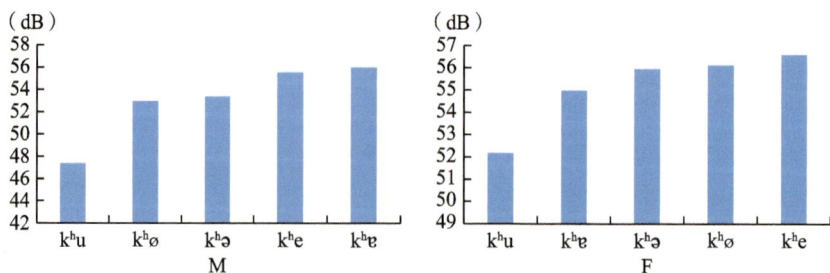

图 3.88　不同元音之前 [kʰ] 辅音的音强均值比较（M&F）

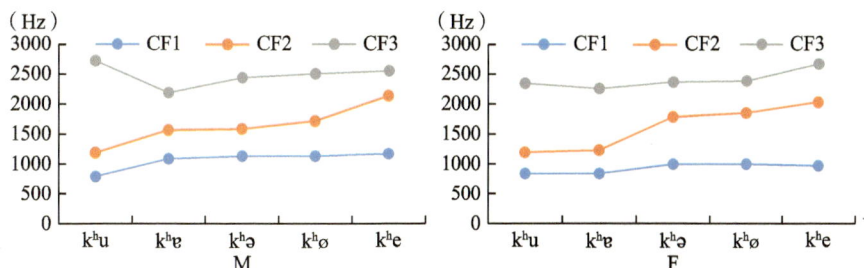

图 3.89　不同元音之前［kʰ］辅音的三个共振峰均值（以 CF2 的
上升为序排列的）比较（M&F）

　　我们对不同音节中出现的［kʰ］辅音 VOT、GAP 之间做了单因素方差
分析，结果如表 3.53 所示。

表 3.53　检验结果

	sig（显著性）			
	VOT		GAP	
	M	F	M	F
词首—复辅音前置	.001	.717		
词首音节—复辅音后置	.000	.000	.047	.885
词首音节—词中音节首	.000	.000		
复辅音前置—复辅音后置	.562	.007		
复辅音前置—词中音节首	.765	.173		
复辅音后置—词中音节首	.021	.013		

　　从检验结果来看，VOT 参数上，词首—复辅音前置（男）、词首音节—
复辅音后置、词首音节—词中音节首、复辅音前置—复辅音后置（女）音
节之间差异性显著；其他音节之间差异性不明显；GAP 参数上，词首音
节—复辅音后置音节之间，男发音人参数差异性显著，女发音人参数差异
性不显著。

　　7. /q/辅音

表 3.54　/q/辅音统计

/q/	M		F	
	出现次数	百分比	出现次数	百分比
/q/	579	100%	527	100%

/q/	M		F	
	出现次数	百分比	出现次数	百分比
[q]	337	58%	305	58%
[ʁ]	226	39%	204	39%
[ħ]	16	3%	18	3%

在统一平台中/q/辅音以［q］、［ʁ］、［ħ］等 3 种变体形式共出现了 579 次（M）或 527 次（F）。其中，M 的［q］为 337 次，占所有/q/辅音的 58%；F 为 305 次，占所有/q/辅音的 58%。该变体，男、女发音人主要在词首和词中音节首出现；M 的［ʁ］为 226 次，占所有/q/辅音的 39%，F 为 204 次，占所有/q/辅音的 39%；M 的［ħ］为 16 次，占所有/q/辅音的 3%，F 为 18 次占所有/q/辅音 3%。变体［ħ］一般［s］、［ʃ］、［x］、［tʰ］、［tʃʰ］等送气辅音之前出现。从/q/辅音［q］、［ʁ］、［ħ］等 3 种变体的统计分析结果看，无论是从词和音节里的分布特点，还是从词中的出现位置和条件以及出现频率，［q］已具备了作为典型变体的条件，把［q］作为典型变体，符合东部裕固语语音特点。/q/辅音的 3 个变体［q］、［ʁ］、［ħ］等是在不同条件下出现的条件变体。请见表 3.54。

7.1 ［q］辅音

7.1.1 声学语图特点

在统一平台中/q/辅音以单辅音或复辅音后置辅音形式共出现 337 次（M）和 305 次（F）。其中，以单辅音形式主要在词首、词中音节首、词中音节末（男）和词末等位置上出现；以复辅音形式主要在复辅音后置辅音和复辅音前置辅音的位置上出现。在男发音人语料中出现的 337 次/q/辅音中，319 次为单辅音，其他为 18 次复辅音；在女发音人语料中出现的 305 次/q/辅音中，292 次为单辅音，其余 13 次在复辅音。在所有/q/辅音中，（1）63%左右出现在词首和词中音节首位置，其中男发音人 214 次，女发音人 210 次；（2）在词末出现比例，男发音人 97 次，女发音人各 82 次；（3）在其他位置，如词中音节末或复辅音位置出现比例很少。请见表 3.55。显然，该辅音主要出现于词首和词中音节首位置。

表 3.55 /q/辅音出现频率统计

		M		F	
		出现频率	百分比	出现频率	百分比
所有		337	100%	305	100%
单辅音	词首	109	32%	105	34%
	词中音节首	105	31%	105	34%
	词中音节末	8	2%		
	词末	97	29%	82	27%
复辅音	复辅音前置辅音	2	1%	2	1%
	复辅音后置辅音	16	5%	11	4%

　　东部裕固语/q/辅音的典型变体 ［q］为小舌、不送气、清塞音。图 3.90~3.91 为男发音人 ［qɐŋ］"雪峰，悬崖"一词的三维语图和 ［q］辅音频谱图。显然，东部裕固语 ［q］辅音是比较典型的小舌、不送气、清塞音。

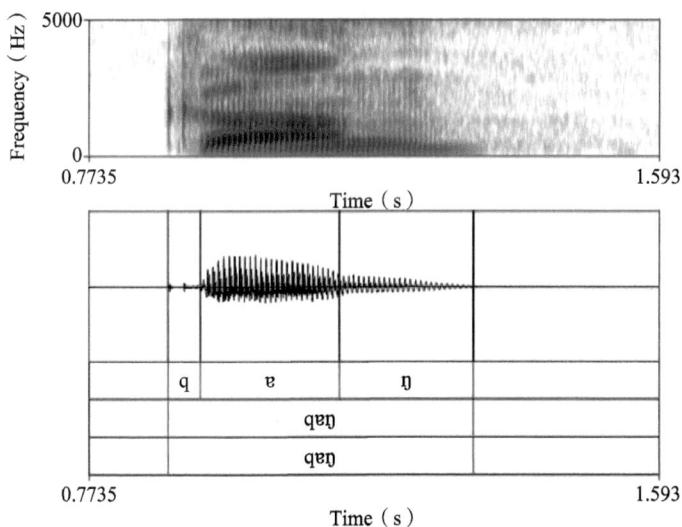

图 3.90 男发音人 ［qɐŋ］"雪峰，悬崖"一词的三维语图和
三层标注实例

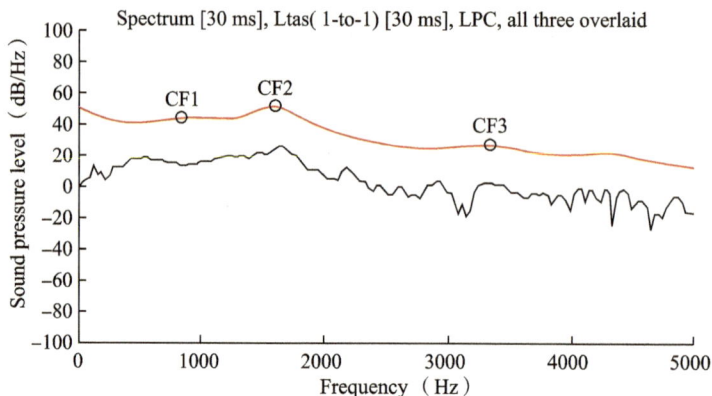

图 3.91　男发音人［qʁŋ］"雪峰，悬崖"一词［q］辅音的频谱图

7.1.2　共振峰分布模式

表 3.56 为两位发音人［q］辅音的参数统计表。图 3.92 为两位发音人［q］辅音第一、第二和第三共振峰的分布图，图 3.93 为两位发音人［q］辅音三个共振峰均值比较图。［q］辅音男、女发音人共振峰频率浮动围绕为，男：$CF1 = 250 \sim 1500Hz$，$CF2 = 600 \sim 2500Hz$，$CF3 = 1500 \sim 4300Hz$；女：$CF1 = 350 \sim 1600Hz$，$CF2 = 1000 \sim 2500Hz$，$CF3 = 2100 \sim 3900Hz$；男发音人 CF1 数据范围最集中，女发音人 CF2 数据范围最集中；男、女发音人 CF3 数据最离散。

表 3.56　［q］辅音统计

单位：CD 为 ms、CA 为 dB、CF 为 Hz、下同

	M					F				
	VOT	CA	CF1	CF2	CF3	VOT	CA	CF1	CF2	CF3
平均值	35.4	50.94	824	1435	2958	30	49.91	1082	1650	2978
标准差	0.01	9.1	235.3	441.3	534.8	0.01	9.7	246.5	297.4	391.3
变异系数	49.5%	17.8%	28.5%	30.7%	18%	41.3%	19.5%	22.7%	18%	13.1%

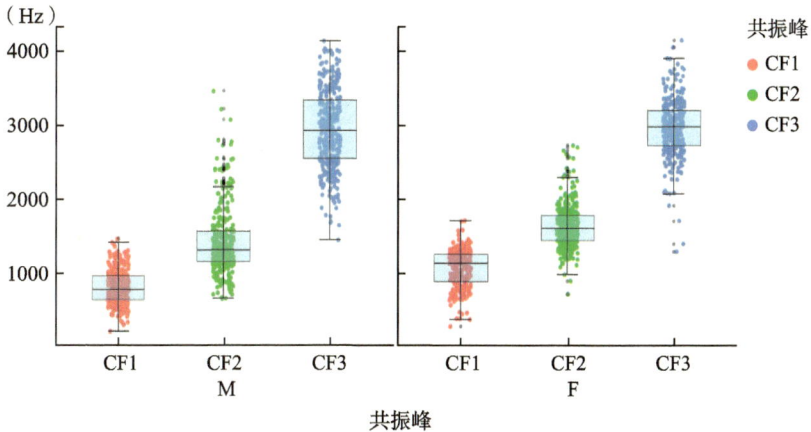

图 3.92 ［q］辅音共振峰分布

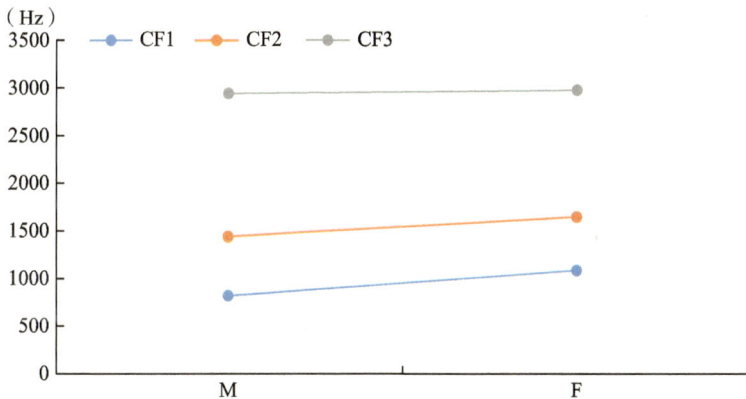

图 3.93 男、女发音人［q］辅音三个共振峰均值比较

从表 3.56 可以看出，［q］辅音的 VOT 比较短，十几毫秒，男发音人的音强略高于女发音人（目前词首塞音的 GAP 无法测量）。

7.1.3 词中位置与声学参数之间的关系

表 3.57~3.58 为词中不同位置［q］辅音声学参数统计表。图 3.94 为根据表 3.57~3.58 所画的词中不同位置［q］辅音 GAP 和 VOT 参数比较图，图 3.95 为词中不同位置［q］辅音音强比较图。图 3.96 为词中不同位置［q］辅音第一、第二和第三共振峰比较图。上述表和图显示，词中位置与［q］辅音声学参数之间有一定的相关性。

表 3.57　词中不同位置［q］辅音的参数统计

位置		参数						
		GAP	VOT	CD	CA	CF1	CF2	CF3
词首	平均值		30.5		54.21	775	1198	2757
	标准差		0.01		4.4	220.2	273.5	313.5
	变异系数		32.7%		8.2%	28.4%	22.8%	11.3%
词中音节首	平均值	69.9	36.1	106	56.47	843	1433	3009
	标准差	0.03	0.01	0.03	6.1	245.8	368.1	588.2
	变异系数	46.5%	44.2%	32.8%	10.8%	29.1%	25.6%	19.5%
词中音节末	平均值	51.5	30.2	81.7	51.87	844	1454	2861
	标准差	0.02	0.009	0.02	5.1	123.7	241.8	827.2
	变异系数	52.2%	30.5%	29.1%	9.8%	14.6%	16.6%	29.9%
词末	平均值	129.8	40.6	149	40.47	856	1711	3120
	标准差	0.07	0.02	0.07	7.6	248.2	540.7	597.8
	变异系数	57.4%	59.3%	47.6%	18.8%	29%	31.6%	19.1%
复辅音前置辅音	平均值		50.9		49.5	652	1027	2692
	标准差							
	变异系数							
复辅音后置辅音	平均值	90.3	34	124	55.56	838	1416	3083
	标准差	0.02	0.01	0.02	5.4	189.6	231.5	423.6
	变异系数	29.1%	45.4%	22.4%	9.7%	22.6%	16.3%	13.7%

表 3.58　词中不同位置［q］辅音的参数统计（F）

位置		参数						
		GAP	VOT	CD	CA	CF1	CF2	CF3
词首	平均值		27.7		51.26	1100	1788	3007
	标准差		0.007		5.8	257.9	256.5	265.8
	变异系数		26.8%		11.4%	23.4%	14.3%	8.8%
词中音节首	平均值	57.1	30.2	87.3	54.81	1105	1575	3059
	标准差	0.03	0.01	0.03	5.9	241.2	263.5	465.3
	变异系数	52.5%	37.7%	38.3%	10.9%	21.8%	16.7%	15.2%

续表

位置		参数						
		GAP	VOT	CD	CA	CF1	CF2	CF3
词末	平均值	176	32.7	189	40.5	1004	1572	2854
	标准差	0.08	0.01	0.08	11.4	230.3	342.4	401.6
	变异系数	45.8%	53.2%	43%	28.1%	22.9%	21.7%	14%
复辅音前置辅音	平均值		42.8		53.5	1105	1731	2742
	标准差							
	变异系数							
复辅音后置辅音	平均值	81.3	29.6	110.9	59.72	1260	1616	2895
	标准差	0.009	0.01	0.01	3.1	136.3	147.1	371
	变异系数	11.2%	42.9%	15.1%	5.2%	10.8%	9.1%	12.8%

图 3.94 显示，GAP 参数上，词末音节比其他音节相对长，词中音节首相对短；VOT 参数上，词首音节比其他音节相对短，复辅音前置音节位置的比其他音节相对长。

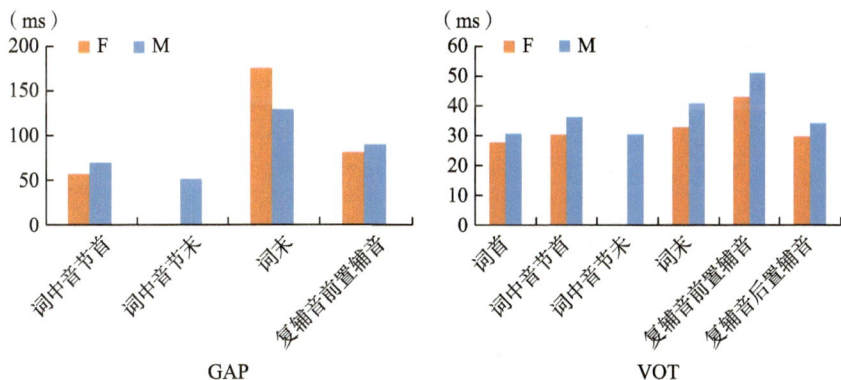

图 3.94　词中不同位置 [q] 辅音音长均值比较

图 3.95 显示，词中位置与 [q] 辅音音强之间也有一定的相关性。如，词末音节音强比其他位置音强相对弱。图 3.96 显示词末音节位置共振峰频率比其他音节高。

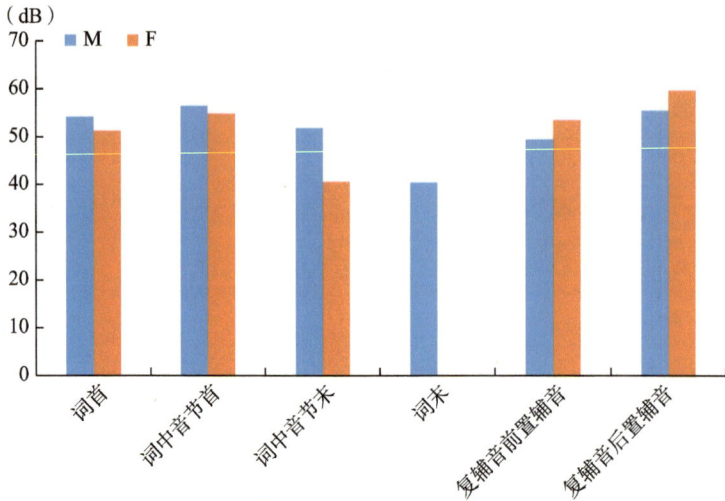

图 3.95 词中不同位置〔q〕辅音音强均值比较

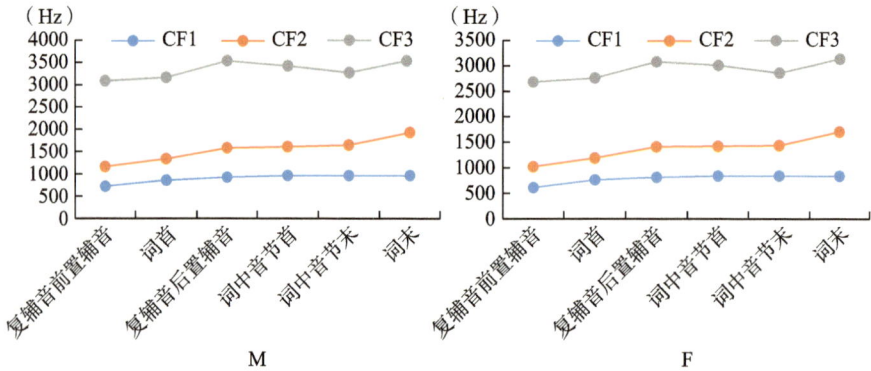

图 3.96 词中不同位置〔q〕辅音的共振峰均值比较

7.1.4 后置元音音质与声学参数之间的关系

表 3.59 为词首不同元音之前〔q〕辅音参数统计表，图 3.97～3.99 为不同元音之前〔q〕辅音音长、音强和共振峰比较图。从表 3.59 和图 3.97～3.99 中可以看出，后置元音与〔q〕辅音音长（VOT）和音强之间有一定的相关性。如，〔ɔ〕之前的音长比其他元音之前的相对短；〔ɐ〕元音之前〔q〕辅音的音强比其在其他辅音之前的音强相对强，〔ʊ〕的相对弱；元音之前〔q〕辅音第二共振峰（CF2）之间规律不明显。

表 3.59　词首不同元音之前 [q] 辅音统计（M&F）

	M					F				
	VOT	CA	CF1	CF2	CF3	VOT	CA	CF1	CF2	CF3
qɐ	28.4	54.65	766	1261	2669	28.2	53.96	1292	1764	3059
qɔ	26.7	53.8	641	949	2846	23.9	50.8	819	2137	3149
qə	30.9	53.28	826	1262	2734	27.4	50.66	1229	1831	2906
qʊ	30.3	51.53	589	973	2960	27.5	44.25	700	1701	2889

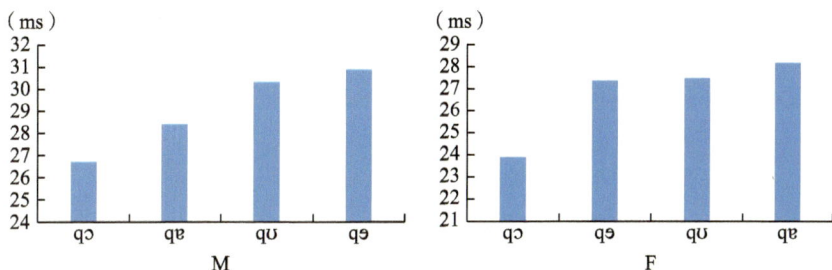

图 3.97　不同元音之前 [q] 辅音 VOT 均值比较

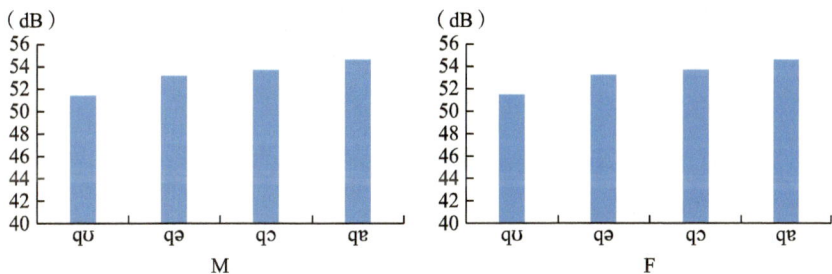

图 3.98　不同元音之前 [q] 辅音音强均值比较

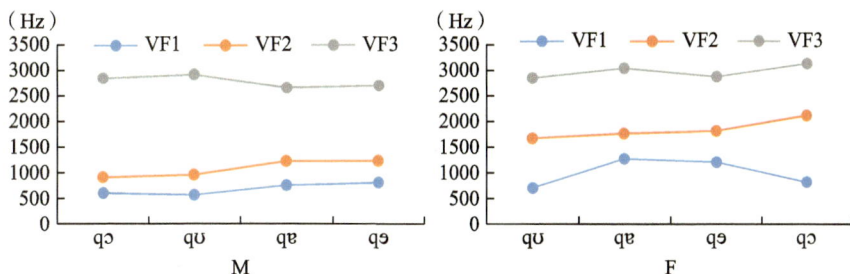

图 3.99　不同元音之前 [q] 辅音的三个共振峰均值（以 CF2 的
上升为序排列的）比较

我们对男、女发音人不同位置的 VOT 参数之间做了单因素方差分析，结果如表 3.60 所示。

表 3.60 检验结果

	sig（显著性）			
	VOT		GAP	
	M	F	M	F
词首音节—复辅音后置	.900	.959		
词首音节—词中音节首	.023	.232		
词首音节—词中音节末	1.000			
词首音节—词末	.002	.075		
复辅音后置—词中音节首	.987	.999	.047	.000
复辅音后置—词中音节末	.941		.022	
复辅音后置—词末	.631	.887	.001	.000
词中音节首—词中音节末	.518		.31	
词中音节首—词末	.530	.674	.000	.000
词中音节末—词末	.129		.000	

* 均值差的显著性水平为 0.05。

我们从检验结果来看，VOT 参数上，男发音人在词首音节—词中音节首、词首音节—词末之间差异显著，其他音节之间差异不显著；女发音人在不同音节之间差异显著。

GAP 参数上，男发音人在词中音节首—词中音节末音节之间差异不显著；男、女发音人在其他的不同音节之间差异显著。

7.2 ［ʁ］辅音

7.2.1 声学语图特点

男发音人语料中出现 226 次，都在词中音节首位置出现；女发音人语料中出现 204 次，其中词中音节首位置出现 201 次，词中音节末位置出现 3 次。

东部裕固语/q/辅音另一个重要的变体是双唇浊擦音［ʁ］。图 3.100 ~ 3.101 为男发音人［mɔŋʁɔl］"蒙古"一词的三维语图和［ʁ］辅音频谱图。东部裕固语［ʁ］辅音是比较典型的小舌浊擦音。

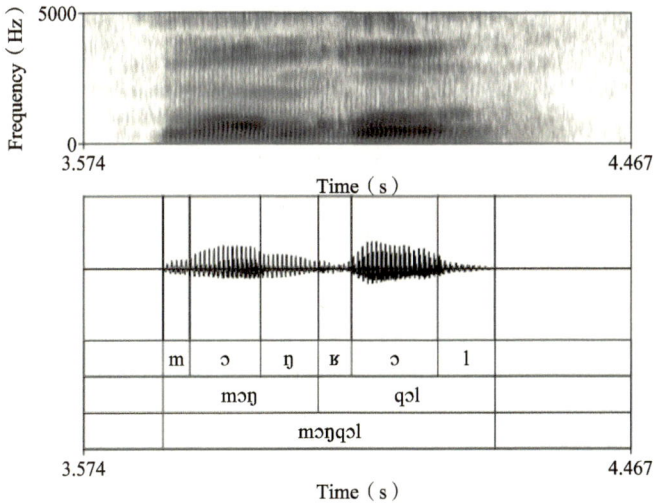

图 3.100　男发音人［mɔŋʁɔl］"蒙古"一词的三维语图和三层标注实例

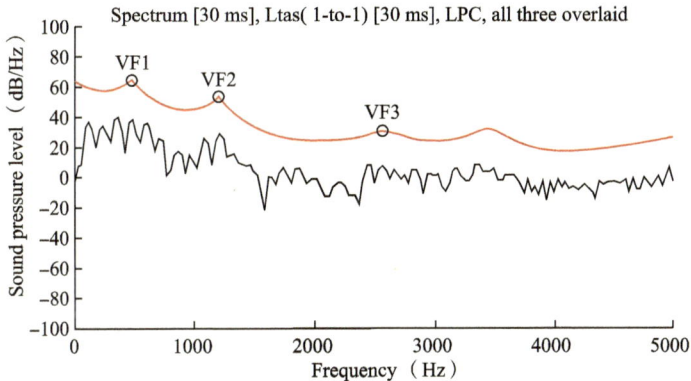

图 3.101　男发音人［mɔŋʁɔl］"蒙古"一词［ʁ］辅音频谱图

7.2.2　共振峰和谱特点

表 3.61~3.62 为两位发音人［ʁ］辅音参数的统计表，图 3.102 为两位发音人［ʁ］辅音第一、第二和第三共振峰的分布图。表 3.103 显示了两位发音人［ʁ］辅音谱特征示意图。M：VF1 = 497Hz、VF2 = 1208Hz、VF3 = 2874Hz；F：VF1 = 631Hz、VF2 = 1462Hz、VF3 = 3172Hz。从图 3.24 中可以看出，男、女发音人共振峰频率浮动围绕为，男：CF1 = 200 ~ 1300Hz，CF2 = 500 ~ 1500Hz，CF3 = 2200 ~ 3600Hz；女：CF1 = 250 ~ 1500Hz，CF2 = 700 ~ 2600Hz，CF3 = 2500 ~ 3600Hz；男发音人谱重心（COG）参数与女发音人相当，男发音人离散度（Dispersion）参数比女发音人相对小；男、女发音人

CF1 数据范围最集中，CF3 数据范围最离散。

表 3.61 ［ʁ］辅音参数统计（M）

	CD	CA	VF1	VF2	VF3	COG	Dispersion	SKEW
平均值	58	63.92	497	1208	2874	464	541	9.1
标准差	0.01	4.8	146.8	409.8	359	142.7	273.2	3.6
变异系数	19.2%	7.6%	29.5%	33.9%	12.4%	30.7%	50.5%	39.6%

表 3.62 ［ʁ］辅音参数统计（F）

	CD	CA	VF1	VF2	VF3	COG	Dispersion	SKEW
平均值	63	61.37	631	1462	3172	443	653	6.4
标准差	0.01	5.1	299.7	463.9	375.1	165.2	283.3	2.5
变异系数	26.8%	8.4%	47.5%	31.7%	11.8%	37.3%	43.3%	40.3%

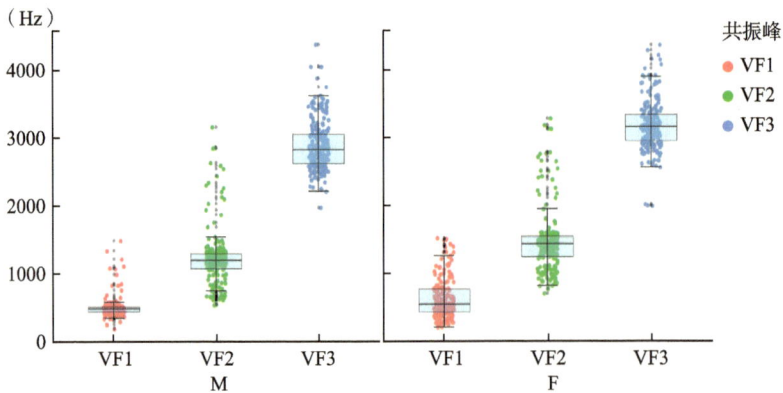

图 3.102 ［ʁ］辅音的三个共振峰分布（M&F）

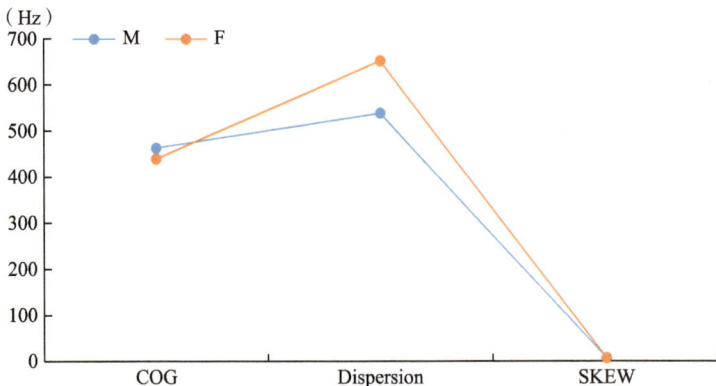

图 3.103 辅音谱特征示意

7.3　[ħ] 辅音

7.3.1　声学语图特点

男发音人语料中出现 16 次，女发音人语料中出现 18 次。

东部裕固语/q/辅音还有小舌清擦音变体［ħ］。图 3.104～3.105 为男发音人［pɔħsɔ］"单腿绊"一词的三维语图和［ħ］辅音频谱图。东部裕固语/ħ/辅音在［s］、［ʃ］、［x］、［tʰ］、［tʃʰ］等送气辅音之前会变成小舌清擦音。

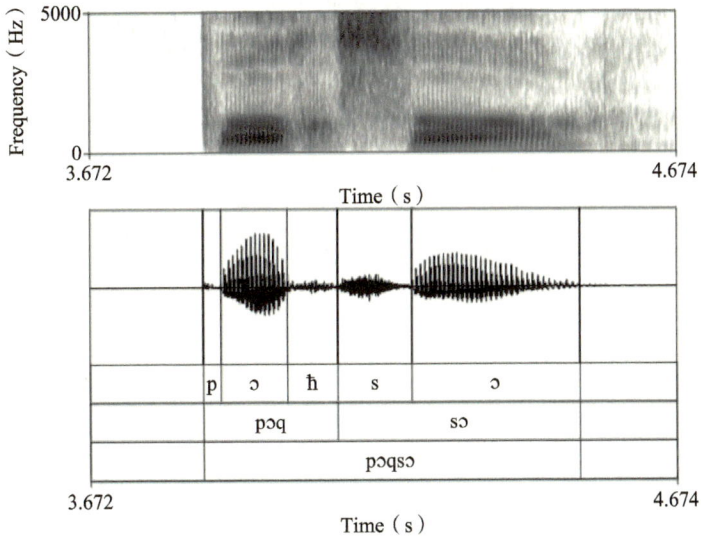

图 3.104　男发音人［pɔħsɔ］"单腿绊"一词的三维语图和三层标注实例

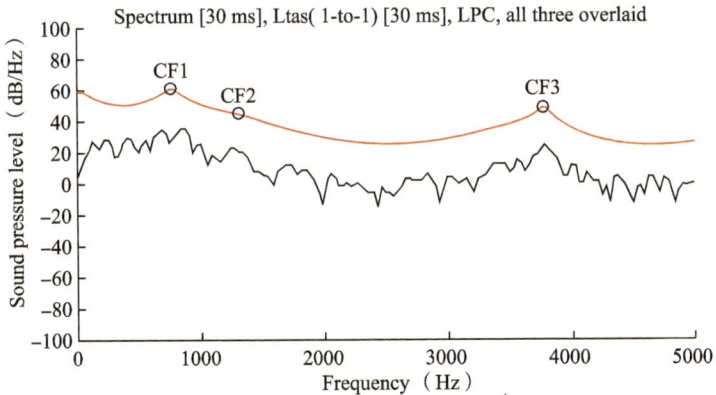

图 3.105　男发音人［pɔħsɔ］"单腿绊"一词［ħ］辅音频谱图

7.3.2 共振峰和谱特点

表 3.63~3.64 为两位发音人 [ħ] 辅音的统计表，图 3.106 为两位发音人 [ħ] 辅音第一、第二和第三共振峰的分布图。M：CF1 = 782Hz、CF2 = 1318Hz、CF3 = 3018Hz；F：CF1 = 761Hz、CF2 = 1602Hz、CF3 = 3285Hz。从图 3.106 中可以看出，男、女发音人共振峰频率浮动围绕为，男：CF1 = 500 ~ 1300Hz，CF2 = 1000 ~ 1600Hz，CF3 = 2300 ~ 3600Hz；女：CF1 = 450 ~ 1200Hz，CF2 = 900 ~ 2400Hz，CF3 = 2500 ~ 4100Hz；女发音人谱重心（COG）和离散度（Dispersion）参数比男发音人低；男、女发音人的 CF1 数据范围最集中，CF3 数据范围最离散。图 3.107 显示了两位发音人 [ħ] 辅音谱特征示意图。

表 3.63　[ħ] 辅音统计（M）

	CD	CA	CF1	CF2	CF3	COG	Dispersion	SKEW
平均值	90	51.25	782	1318	3018	1187	1246	4.9
标准差	0.02	8.07	226.8	164.7	886.7	886.7	700.4	2.9
变异系数	23.4%	15.7%	29%	12.4%	74.7%	74.7%	56.2%	60.1%

表 3.64　[ħ] 辅音统计（F）

	CD	CA	CF1	CF2	CF3	COG	Dispersion	SKEW
平均值	94	45.77	769	1602	3285	543	757	6.9
标准差	0.02	8.1	242.7	425.7	427.4	278	550.4	5.6
变异系数	23.5%	17.7%	31.5%	13%	13%	51.1%	72.7%	81.4%

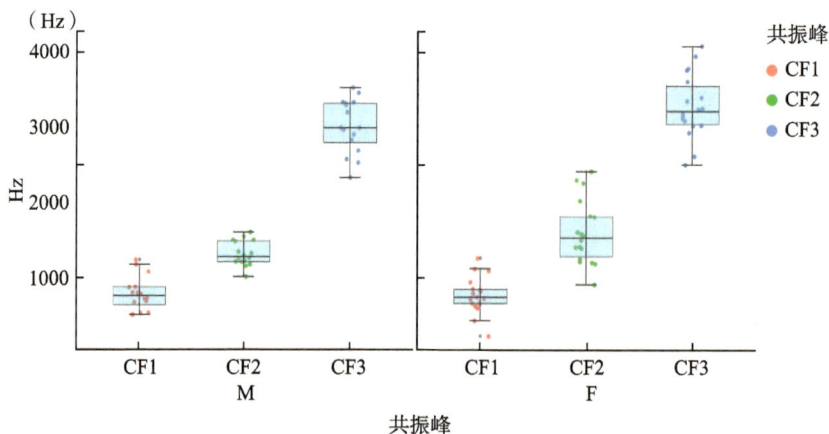

图 3.106　[ħ] 辅音的三个共振峰分布（M&F）

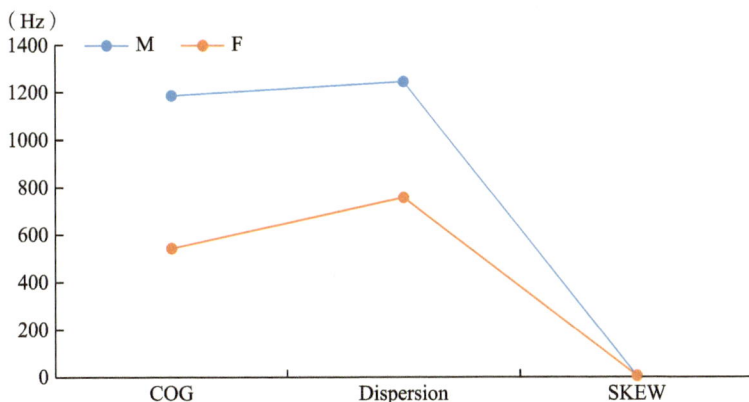

图 3.107　辅音谱特征示意

8. /qʰ/辅音

/qʰ/辅音在统一平台中的出现频率较低（M：50 次，F：61 次）。其中，以单辅音形式出现的位置为词首、词中音节首；以复辅音后置辅音的形式出现比例相对高，其中复辅音前置在词首音节位置出现。请见表 3.65。

显然，/qʰ/辅音在词中主要在词首音节，在其他位置上出现的比例相对少。

表 3.65　[qʰ] 辅音出现频率

词中位置		发音人			
		M		F	
		出现次数	百分比	出现次数	百分比
所有		50	100%	61	100%
单辅音	词首	16	32%	1	2%
	词中音节首	21	42%	26	42%
	复辅音之前辅音	9	18%	25	41%
	复辅音后置辅音	4	8%	9	15%

8.1　声学语图特点

东部裕固语 [qʰ] 为小舌、送气、清塞音。图 3.108～3.109 男发音人 [qʰsən] "笔" 一词的三维语图及其标注层和 [qʰ] 辅音频谱图。

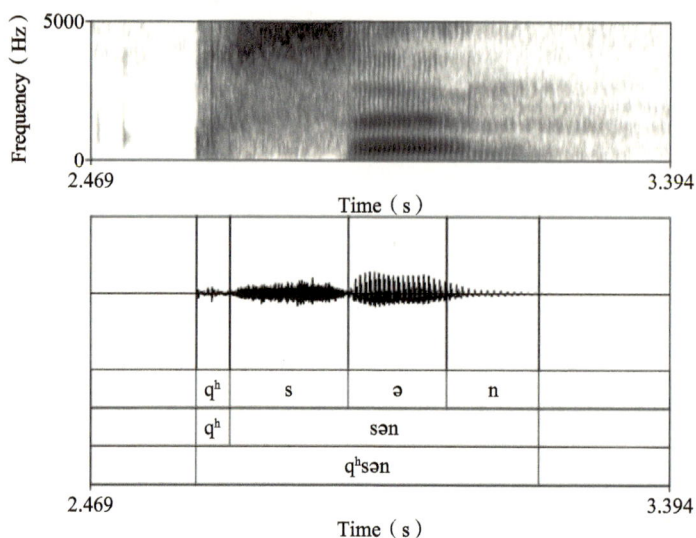

图 3.108　男发音人 [qʰsən] "笔" 一词的三维语图和三层标注实例

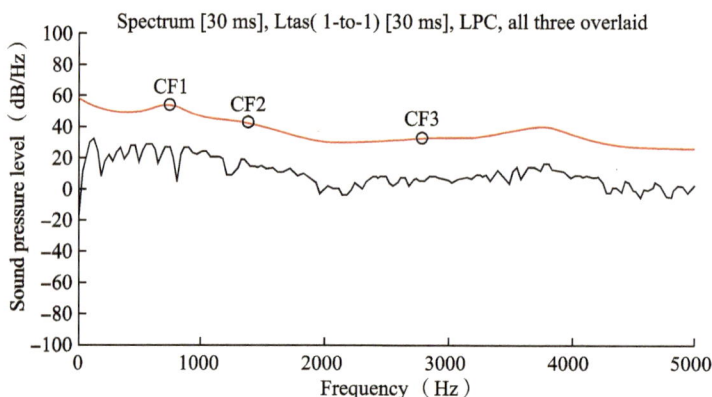

图 3.109　男发音人 [qʰsən] "笔" 一词 [qʰ] 辅音频谱图

8.2　共振峰分布模式

表 3.66 为两位发音人 [qʰ] 辅音参数统计总表。图 3.110 为两位发音人 [qʰ] 辅音第一、第二和第三共振峰分布图。图 3.110 显示了两位发音人 [qʰ] 辅音三个共振峰频率范围，男、女发音人共振峰频率浮动围绕为，男：CF1 = 500~1500Hz，CF2 = 700~2100Hz，CF3 = 2200~3700Hz；女：CF1 = 650~1700Hz，CF2 = 1200~2100Hz，CF3 = 2200~3600Hz；男、女发音人的

CF2 数据最集中。

表 3.66 ［qʰ］辅音统计（M&F）

	M					F				
	VOT	CA	CF1	CF2	CF3	VOT	CA	CF1	CF2	CF3
平均值	57.4	56.02	857	1330	3084	58.3	55.8	1083	1572	2882
标准差	0.02	6.3	265.5	310.1	397.4	0.02	4.8	249	239.2	374.6
变异系数	35.8%	11.3%	30.9%	23.3%	12.8%	38.9%	8.7%	22.9%	15.2%	12.9%

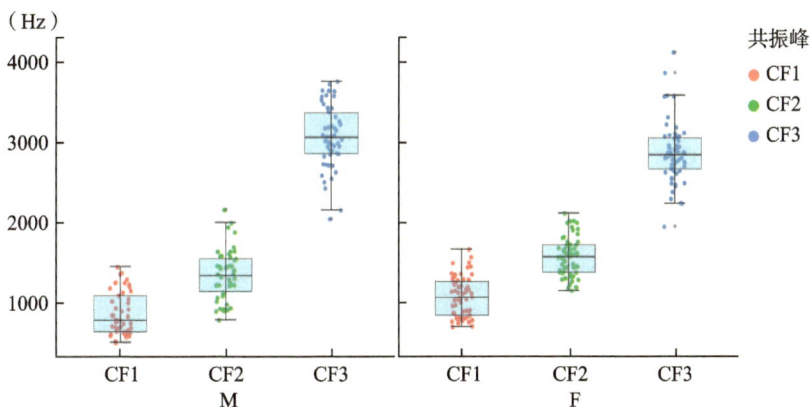

图 3.110 ［qʰ］辅音共振峰分布（M&F）

8.3 词中位置与声学参数之间的关系

表 3.67~3.68 为词中不同位置［qʰ］辅音声学参数统计表。图 3.111 为根据表 3.67~3.68 所画的词中不同位置［qʰ］辅音 GAP 和 VOT 参数比较图，图 3.112 为词中不同位置［qʰ］辅音音强比较图。图 3.113 为词中不同位置［qʰ］辅音第一、第二和第三共振峰比较图。上述表和图显示，词中位置与［qʰ］辅音声学参数之间具有一定的相关性。如，（1）词首［qʰ］的 VOT 最长，复辅音后置位置的 VOT 短于其他不同位置音节；（2）词中音节首长于其他不同位置音节。

表 3.67　词中不同位置 [qʰ] 辅音的参数统计 (M)

位置		参数						
		GAP	VOT	CD	CA	CF1	CF2	CF3
词首	平均值		66.5		56.68	752	1221	2927
	标准差		0.02		3.7	223.4	230.9	328.1
	变异系数		34%		6.5%	29.7%	18.9%	11.2%
词中音节首	平均值	80.3	54.8	135	55.14	929	1438	3138
	标准差	0.03	0.02	0.03	6.3	256	363.4	438.4
	变异系数	42.2%	38.2%	26.6%	11.5%	27.5%	25.2%	13.9%
复辅音前置	平均值		53.2		56.88	910	1286	3182
	标准差		0.01		4.8	297.5	266.7	395.9
	变异系数		27.5%		8.5%	32.7%	20.7%	12.4%
复辅音后置	平均值	68	45	113.6	50	925	1521	3059
	标准差	0.02	0.001	0.02	14.4	346.9	198.5	404.7
	变异系数	40.3%	2.2%	19.3%	28.9%	37.5%	13%	13.2%

表 3.68　词中不同位置 [qʰ] 辅音的参数统计 (F)

位置		参数						
		GAP	VOT	CD	CA	CF1	CF2	CF3
词首	平均值		87		57	1051	1669	2649
	标准差							
	变异系数							
词中音节首	平均值	77.7	55.2	132.9	53.73	1138	1643	2864
	标准差	0.03	0.01	0.03	5.8	234.3	261.1	488
	变异系数	39.1%	32.4%	27.9%	10.8%	20.5%	15.8%	17%
复辅音前置	平均值		71.6		56.16	951	1459	2848
	标准差		0.02		3.1	221.9	204.3	193.1
	变异系数		33%		5.6%	23.3%	14%	6.7%
复辅音后置	平均值	77.8	40	117.9	59.11	1257	1642	2969
	标准差	0.02	0.01	0.03	3.8	217.5	168.1	421.4
	变异系数	35.1%	28.8%	27.3%	6.5%	17.3%	10.2%	14.1%

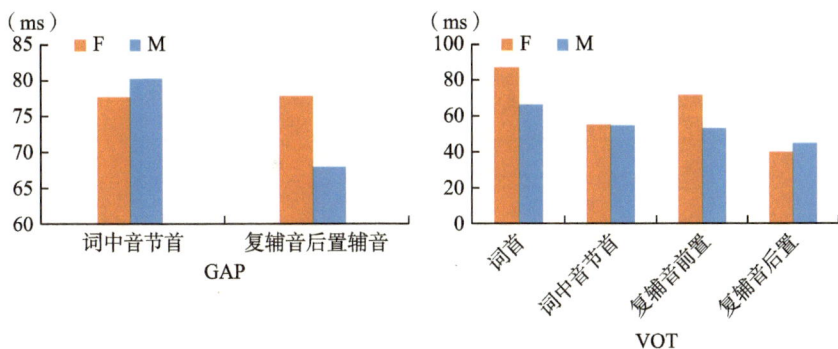

图 3.111　词中不同位置上〔qʰ〕辅音的音长比较（M&F）

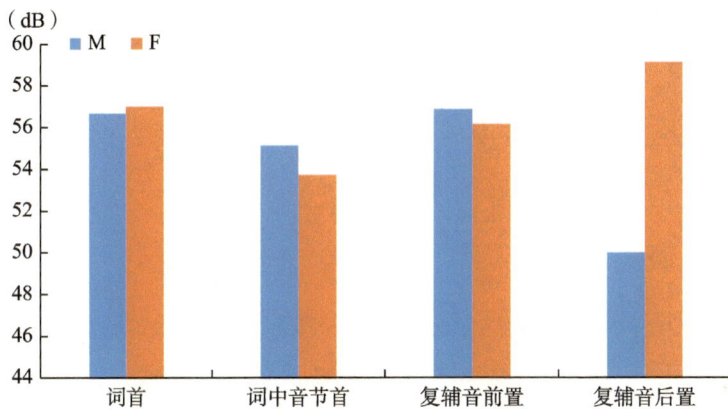

图 3.112　词中不同位置〔qʰ〕辅音音强均值比较

图 3.112 显示，词中位置与〔qʰ〕辅音音强之间相关性不大。

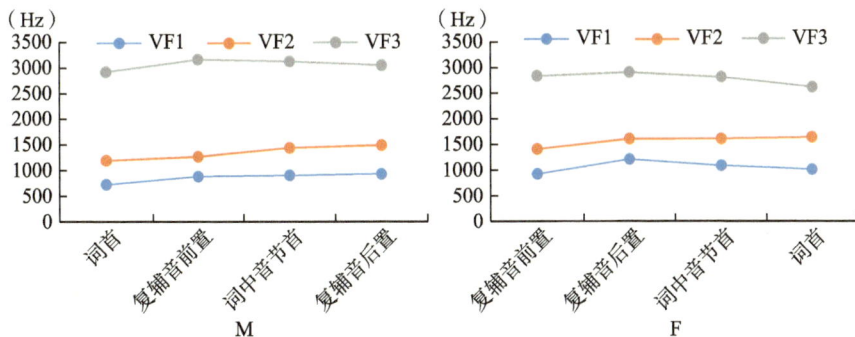

图 3.113　词中不同位置〔qʰ〕辅音的共振峰均值比较（M&F）

图 3.113 显示，词中位置与〔pʰ〕辅音共振峰频率相对稳定。

我们对不同音节中出现的〔pʰ〕辅音 VOT 参数之间做了单因素方差分

析，结果如表 3.69 所示。

表 3.69　检验结果

	sig（显著性）	
	VOT	
	M	F
词首音节—复辅音前置	.199	
词首音节—词中音节首	.254	
复辅音前置—复辅音后置		.000
复辅音前置—词中音节首	.971	.021
复辅音后置—词中音节首		.021

＊ 均值差的显著性水平为 0.05。

我们从检验结果来看，男发音人在不同位置上的 VOT 参数差异不显著；女发音人在不同位置上的 VOT 参数差异显著。

（二）擦音

擦音指发音时两个器官靠近，不完全阻塞，形成一个缝隙，气流强行通过缝隙产生摩擦噪声。这是气流流经口腔某部位狭窄通道造成的湍流，所有的擦音在语图上都表现为乱纹。东部裕固语有/s、ʃ、x、h/等 4 个清擦音音位，有/f、ʂ、ç、z、ʐ/[①]5 个借词擦音音位。

1. /s/辅音

东部裕固语/s/辅音有清擦音。/s/辅音在统一平台中的出现频率较高，为 295 次（M）或 263 次（F）。请见表 3.42。

1.1　[s]辅音

在统一平台中/s/辅音共出现了 295 次（M）和 263 次（F），以单辅音或复辅音形式出现。其中，单辅音形式出现在词首、词中音节首、词中音节末和词末等位置；复辅音形式出现在复辅音前置辅音、复辅音内置辅音和复辅音后置辅音。男发音人 295 次/s/辅音中，265 次为单辅音，只有 30 次为

---

① ［ç］辅音在男发音人语料中出现 2 次，女发音人语料中出现 1 次；［f］辅音在男、女发音人语料中各出现 1 次；［ʂ］辅音在男发音中 1 次，女发音人中 5 次；［ʐ］在男、女发音人语料中各出现 2 次，出现频率较低，所以没有具体分析。

复辅音；女发音人 263 次/s/辅音中，234 次为单辅音，只有 29 次为复辅音。在所有/s/辅音中，（1） 70% ~ 79%在词首和词中音节首位置上出现，M：206 次，F：208 次；（2） 在词中音节末和词末位置上出现的比例较低；（3） 以复辅音后置辅音形式出现的/s/辅音最少。显然，该辅音主要在词首和词中音节首位置上出现。见表 3.70。

表 3.70　[s] 辅音出现频率统计

		M		F	
		出现频率	百分比	出现频率	百分比
所有		295	100%	263	100%
单辅音	词首	116	39%	111	42%
	词中音节首	90	31%	97	37%
	词中音节末	40	14%	10	4%
	词末	19	6%	16	6%
复辅音	复辅音前置	7	2%	9	3%
	复辅音内置	5	2%	1	0%
	复辅音后置	18	6%	19	7%

1.1.1　声学语图

[s] 辅音是舌叶齿龈后区清擦音。图 3.114 ~ 3.115 为男发音人

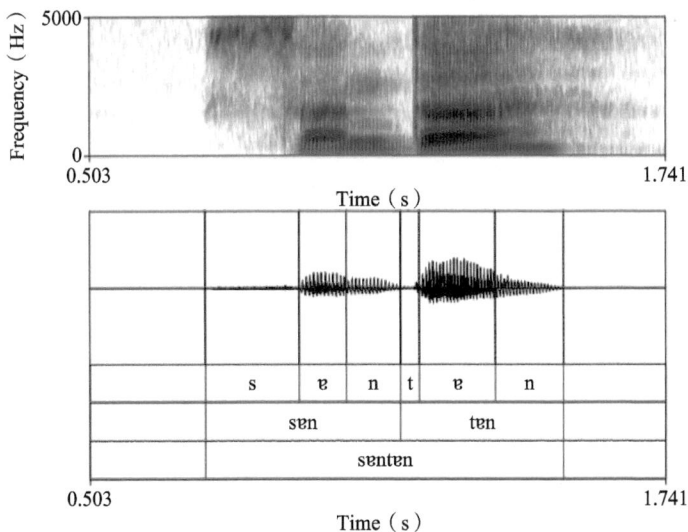

图 3.114　男发音人 [sɐntɐn]"沉香"一词的三维语图和三层标注实例

[senten]"沉香"一词三维语图和三层标注图和[s]辅音频谱图。

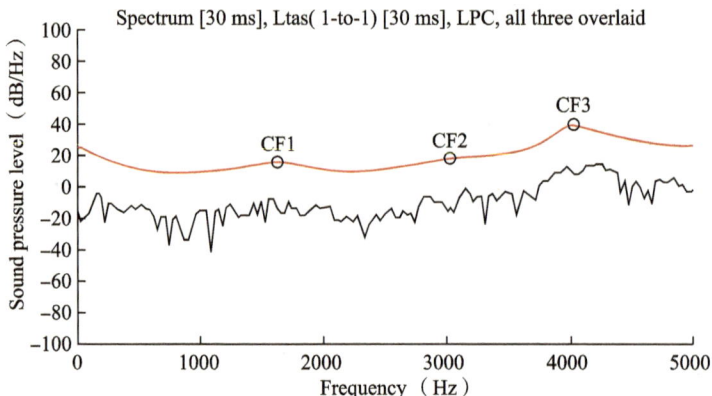

Spectrum [30 ms], Ltas(1-to-1) [30 ms], LPC, all three overlaid

图 3.115　男发音人［senten］"沉香"一词［s］辅音（词首）频谱图

1.1.2　共振峰分布模式

表 3.71~3.72 为两位发音人［s］辅音的参数统计总表。图 3.116 为两位发音人［s］辅音共振峰分布图。图 3.116 显示［s］辅音的三个共振峰的频率范围，即男、女发音人共振峰频率浮动围绕为，男：CF1 = 700 ~ 1900Hz，CF2 = 1100 ~ 3600Hz，CF3 = 3100 ~ 4000Hz；女：CF1 = 600 ~ 1800Hz，CF2 = 1600~3000Hz，CF3 = 2600~4200Hz。图 3.117 为两位发音人［s］辅音谱特征示意图，［s］辅音谱重心（COG）和离散度 (Dispersion) 两个谱参数相等；男、女发音人 CF1 数据范围最集中。

表 3.71　［s］辅音统计（M）

	CD	CA	CF1	CF2	CF3	COG	Dispersion	SKEW
平均值	168	60.85	1391	2517	3750	6599	1765	-0.1
标准差	0.04	5.3	269	460.6	295.6	821.2	304.2	0.6
变异系数	29.5%	8.8%	19.3%	18.3%	7.8%	12.4%	17.2%	-611%

表 3.72　［s］辅音统计（F）

	CD	CA	CF1	CF2	CF3	COG	Dispersion	SKEW
平均值	160	53.52	1223	2233	3357	6442	1750	-0.88
标准差	0.04	6	266.3	279.7	357.6	1462	463	1.03
变异系数	26.8%	11.2%	21.7%	12.5%	10.6%	22.6%	26.4%	-116%

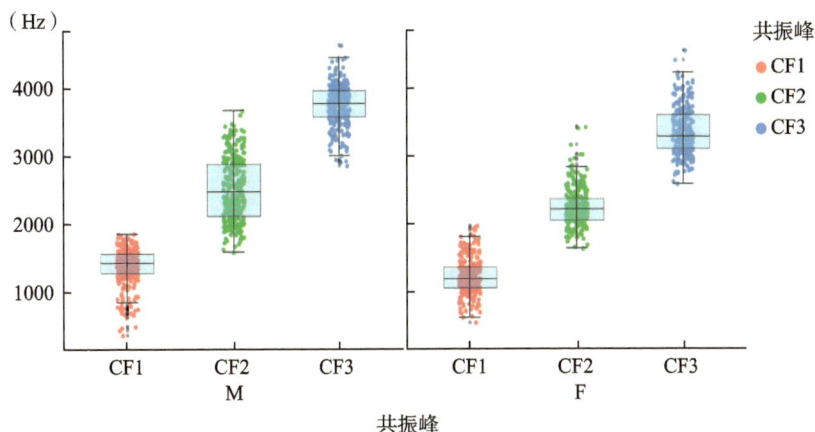

图 3.116　[s] 辅音共振峰分布（M&F）

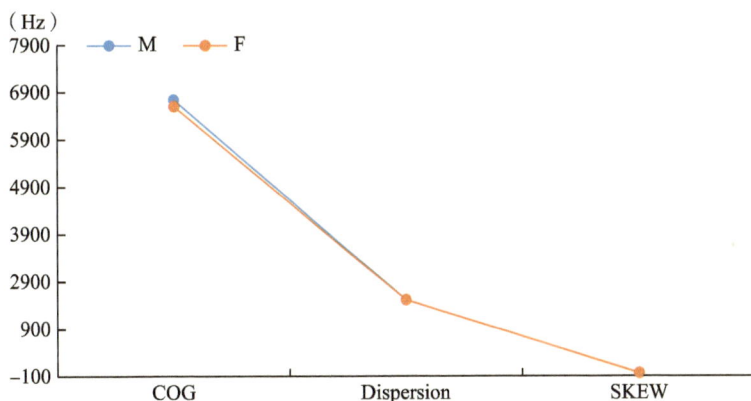

图 3.117　辅音谱特征示意

1.1.3　词中位置与声学参数之间的关系

表 3.73~3.74 为词中不同位置上的 [s] 辅音参数统计表。图 3.118~3.120 为出现在词中不同位置上 [s] 辅音的共振峰、音长、音强参数比较图。从上述表和图中可以看出，[s] 辅音词中位置与其声学参数之间具有一定的相关性。例如，词中各位置上的第二共振峰频率相对稳定；[s] 辅音词中位置与音长之间具有一定的相关性，如，词末音节的音长比其他音节相对长，词中音节位置的相对短；词首和词末出现的 [s] 辅音音强最弱，复辅音内置和复辅音后置位置的相对强。

表 3.73 词中不同位置［s］辅音统计（M）

位置		参数				
		CD	CA	CF1	CF2	CF3
词首	平均值	186	57.15	1427	2556	3762
	标准差	0.03	4.2	163.4	491.3	210.8
	变异系数	19.3%	7.3%	11.4%	19.2%	5.6%
词中音节首	平均值	156	63.55	1391	2498	3730
	标准差	0.02	3.8	324	449	361.6
	变异系数	18.1%	6.06%	23.2%	17.9%	9.6%
词中音节末	平均值	112	63.12	1249	2409	3740
	标准差	0.02	3.9	396	414.1	384.5
	变异系数	22.6%	6.2%	31.7%	17.1%	10.2%
词末	平均值	273	59.42	1408	2711	3937
	标准差	0.04	6.1	253.8	451.1	146.7
	变异系数	16%	10.2%	18%	16.6%	3.7%
复辅音前置	平均值	151	60.14	1419	2812	3770
	标准差	0.02	3.1	148.4	461.4	207.4
	变异系数	13.4%	5.2%	10.4%	16.4%	5.5%
复辅音内置	平均值	116	63.6	1316	2330	3552
	标准差	0.02	0.89	103.6	232.8	263.9
	变异系数	18.2%	1.4%	7.8%	9.9%	7.4%
复辅音后置	平均值	145	67.16	1460	2331	3652
	标准差	0.03	6.03	138.7	344.6	261.4
	变异系数	27.3%	8.9%	9.5%	14.7%	7.1%

表 3.74 词中不同位置［s］辅音统计（F）

位置		参数				
		CD	CA	CF1	CF2	CF3
词首	平均值	152	51.45	1188	2254	3431
	标准差	0.03	4.9	221.5	265.1	379.4
	变异系数	20.8%	9.6%	18.6%	11.7%	11%

续表

位置		参数				
		CD	CA	CF1	CF2	CF3
词中音节首	平均值	158	54.67	1265	2208	3297
	标准差	0.03	5.4	305.6	311.2	347.4
	变异系数	19.6%	10%	24.1%	14%	10.5%
词中音节末	平均值	114	56.1	1284	2295	3465
	标准差	0.02	3.8	305.4	362.1	309.4
	变异系数	20.7%	6.7%	23.7%	15.7%	8.9%
词末	平均值	261	49.56	1285	2272	3361
	标准差	0.05	6.3	366.8	334.9	346.3
	变异系数	21.8%	12.8%	28.5%	14.7%	10.3%
复辅音前置	平均值	153	54.44	1009	2157	3367
	标准差	0.04	5.4	179.2	150.2	222.2
	变异系数	27.8%	9.9%	17.7%	6.9%	6.6%
复辅音内置	平均值	119	59	1136	2146	2933
	标准差					
	变异系数					
复辅音后置	平均值	152	60.94	1242	2214	3184
	标准差	0.03	7.04	124.3	100.3	258.2
	变异系数	19.8%	11.5%	10%	4.5%	8.1%

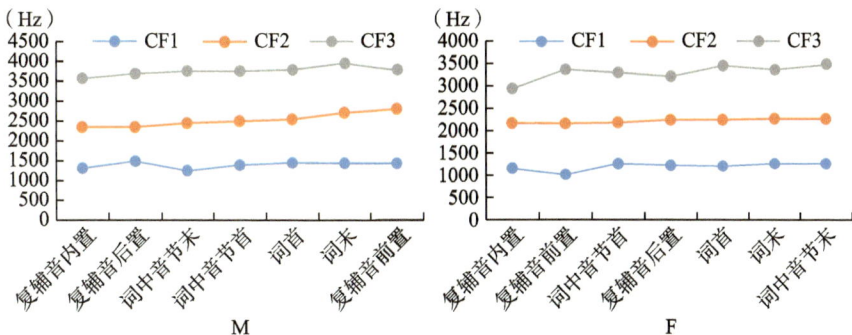

图 3.118　出现在词中不同位置 [s] 辅音的共振峰均值
（以 CF2 的上升为序排列的）比较（M&F）

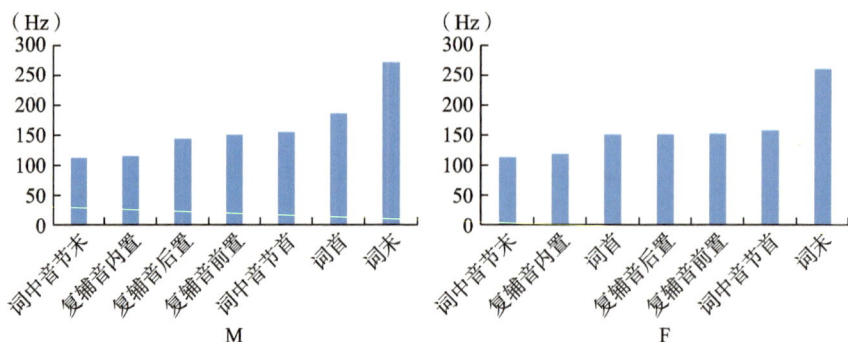

图 3.119　出现在词中不同位置 [s] 辅音的音长均值比较（M&F）

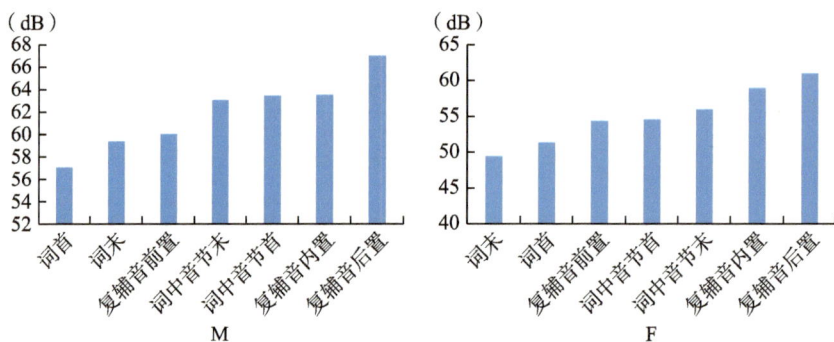

图 3.120　出现在词中不同位置 [s] 辅音的音强均值比较（M&F）

1.1.4　后置元音音质与声学参数之间的关系

表 3.75 为 [s] 辅音在不同元音之前的参数统计表。图 3.121～3.123 为不同元音之前 [s] 辅音的共振峰、音长和音强比较图。这些图表显示后续元音音质与 [s] 辅音声学参数之间有一定的相关性。如，元音音质与 [s] 辅音音长和音强之间的相关性不明显；[ʊ] 元音之前的第二共振峰频率相对高。

表 3.75　不同元音前的 [s] 辅音统计（M&F）

	M				F				
CD	CA	CF1	CF2	CF3	CD	CA	CF1	CF2	CF3
sɐ	183	56.64	1431	2286	3751	134	49.5	1183	2193	3151
sɔ	157	54.62	1290	2444	3829	141	50.33	1168	2276	3727
sə	201	57.75	1476	2605	4019	166	53.66	1265	2261	3425
se	182	58.25	1436	2259	3775	134	51.75	1149	2178	3210

续表

M					F				
CD	CA	CF1	CF2	CF3	CD	CA	CF1	CF2	CF3
su	182	55.11	1449	2741	3526	181	52	1098	2249	3550
sʊ	146	52	1333	2988	3773	152	55.66	1391	2696	3849
sø	168	58.6	1450	2889	3887	151	53.75	1049	2118	3159

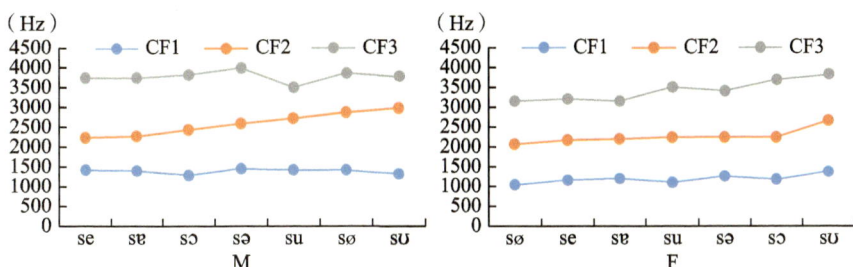

图 3.121　不同元音之前 [s] 辅音的三个共振峰比较（M&F）

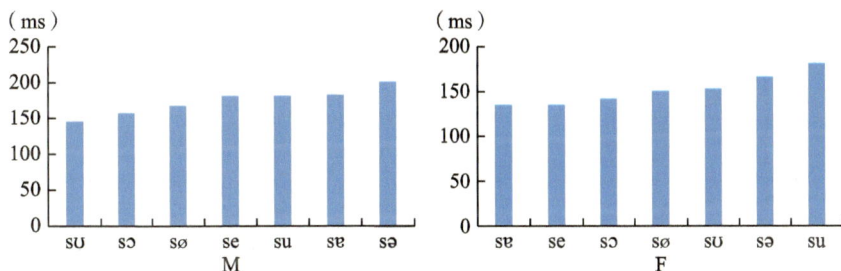

图 3.122　不同元音之前 [s] 辅音的音长比较（M&F）

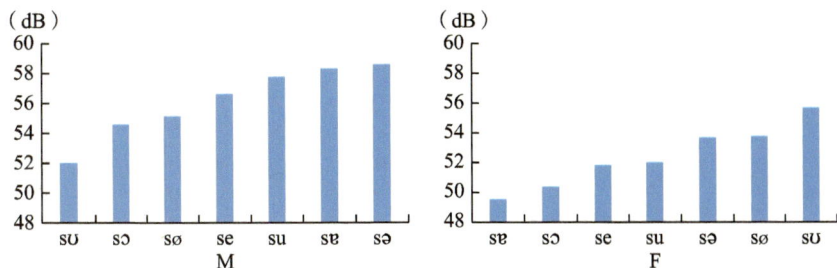

图 3.123　不同元音之前 [s] 辅音的音强比较（M&F）

我们对不同音节中出现的 [s] 辅音音长、谱重心之间做了单因素方差分析，结果如表 3.76 所示。

表 3.76 检验结果

	sig（显著性）			
	CD		谱重心	
	M	F	M	F
词首音节—复辅音前置	.023	1.000	.184	1.000
词首音节—复辅音后置	.005	1.000	.021	.023
词首音节—词中音节首	.000	.747	.000	.302
词首音节—词中音节末	.000	.005	.000	.684
词首音节—词末	.000	.000	.907	.079
复辅音前置—复辅音后置	.996	1.000	.002	.305
复辅音前置—词中音节首	.989	.999	.002	.814
复辅音前置—词中音节末	.011	.219	.000	.702
复辅音前置—词末	.000	.000	.831	.260
复辅音后置—词中音节首	.873	.967	1.000	.001
复辅音后置—词中音节末	.034	.013	.726	.133
复辅音后置—词末	.000	.000	.018	.001
词中音节首—词中音节末	.000	.001	.242	.929
词中音节首—词末	.000	.000	.000	.549
词中音节末—词末	.000	.000	.000	1.000

我们从音长检验结果来看，音长参数上，男发音人在复辅音前置—复辅音后置、复辅音前置—词中音节首、复辅音后置—词中音节首之间差异不显著；女发音人在词首音节—复辅音前置、词首音节—复辅音后置、词首音节—词中音节首、复辅音前置—复辅音后置、复辅音前置—词中音节首、复辅音前置—词中音节末、复辅音后置—词中音节首之间差异不显著；其他不同音节之间差异显著。

谱重心参数上，男、女发音人出现相反的规律，男发音人中，多数的不同音节之间差异显著，而女发音人相反。

1.2 ［z］辅音

［z］辅音在统一平台中共出现了 10 次（M）或 9 次（F）。

1.2.1 声学语图

东部裕固语［z］辅音是舌尖—龈浊擦音。图 3.124～3.125 为男发音人

［ə ʒ zɐ ŋ］"拴牛拉绳"一词三维语图和三层标注图和［z］辅音频谱图。

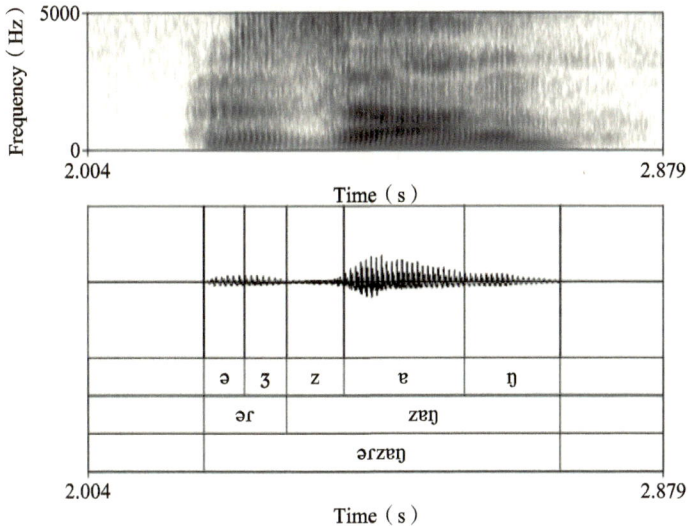

Time（s）

图 3.124 男发音人［ə ʒ zɐ ŋ］"拴牛拉绳"一词的三维语图和三层标注实例

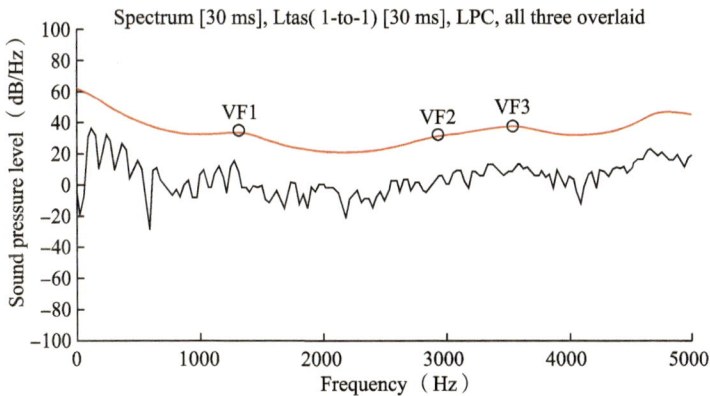

图 3.125 男发音人［ə ʒ zɐ ŋ］"拴牛拉绳"一词［z］辅音频谱图

1.2.2 共振峰分布模式

表 3.77~3.78 为两位发音人［z］辅音的参数统计总表。图 3.126 为［z］辅音共振峰分布图。该图显示，［z］辅音三个共振峰的频率范围为，M：VF1 在 250Hz~1800Hz，VF2 在 1700Hz~3500Hz，VF3 在 3100Hz~4300Hz，F：VF1 在 250Hz~1700Hz，VF2 在 1900Hz~2600Hz，VF3 在 2600Hz~3900 Hz；男发音人谱重心（COG）和离散度（Dispersion）比女发音人的相对大；男女发音人的 CF2 数据范围最集中。

表 3.77　[z] 辅音统计（M）

	CD	CA	VF1	VF2	VF3	COG	Dispersion	SKEW
平均值	100	55.1	1009	2585	3794	5514	2996	−0.4
标准差	0.03	4.4	555.9	554	503.1	1633	823	0.84
变异系数	31.2%	8%	55%	21.4%	13.2%	29.6%	27.4%	−206%

表 3.78　[z] 辅音统计（F）

	CD	CA	VF1	VF2	VF3	COG	Dispersion	SKEW
平均值	112	48.66	1223	2320	3371	4964	1901	−1.32
标准差	0.01	2.5	511.4	255.6	395.6	1233	616.8	1.2
变异系数	14.8%	5.1%	41.8%	11%	11.7%	24.8%	32.4%	−91%

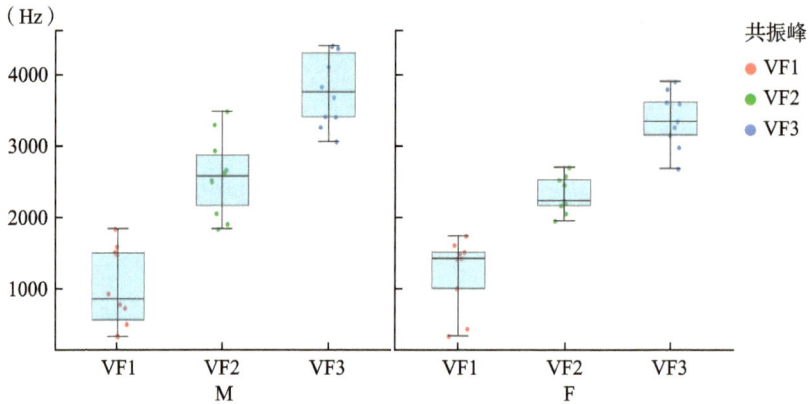

图 3.126　[z] 辅音共振峰分布（M）

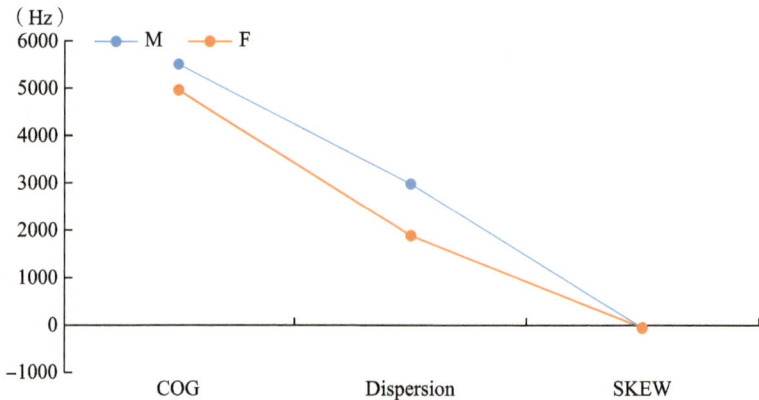

图 3.127　辅音谱特征示意

2. /ʃ/辅音

东部裕固语/ʃ/辅音有清擦音。/ʃ/辅音在统一平台中的出现频率较高，为 153 次（M）或 138 次（F）。请见表 3.42 和表 3.46。

2.1　[ʃ] 辅音

在统一平台中/ʃ/辅音以单辅音或复辅音后置辅音形式共出现 153 次（M）和 138 次（F)。其中，以单辅音形式主要在词首、词中音节首、词中音节末和词末等位置上出现；以复辅音形式主要在复辅音后置辅音、复辅音内置辅音和复辅音前置辅音的位置上出现。在男发音人语料中出现的 153 次/ʃ/辅音中，139 次为单辅音，其他为 14 次复辅音；在女发音人语料中出现的 138 次/ʃ/辅音中，112 次为单辅音，其余 26 次在复辅音。在所有/ʃ/辅音中，（1）76% ~ 72% 出现在词首和词中音节首位置，其中男发音人 116 次，女发音人 99 次；（2）在其他位置，如词中音节末、词末或复辅音位置出现较少。请见表 3.79。显然，该辅音主要出现于词首和词中音节首位置。

表 3.79　/ʃ/辅音出现频率统计

		M		F	
		出现频率	百分比	出现频率	百分比
所有		153	100%	138	100%
单辅音	词首	82	54%	63	46%
	词中音节首	34	22%	36	26%
	词中音节末	9	6%	4	3%
	词末	12	8%	9	7%
复辅音	复辅音前置辅音	9	6%	20	14%
	复辅音内置	1	1%	2	1%
	复辅音后置辅音	4	3%	4	3%

2.1.1　声学语图

东部裕固语 [ʃ] 辅音是舌面前、前硬腭区清擦音。图 3.128 ~ 3.129 为男发音人 [ʃel]"玻璃，镜子"一词三维语图和三层标注图和 [ʃ] 辅音频谱图。

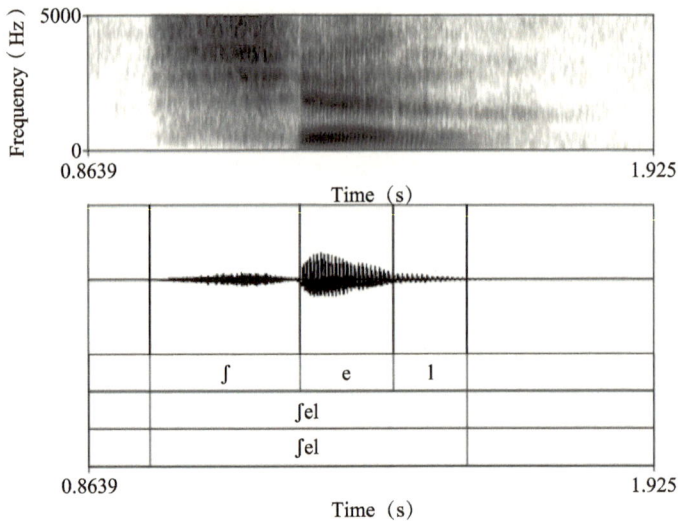

图 3.128　男发音人 [ʃel]"玻璃，镜子"一词的三维语图和三层标注实例

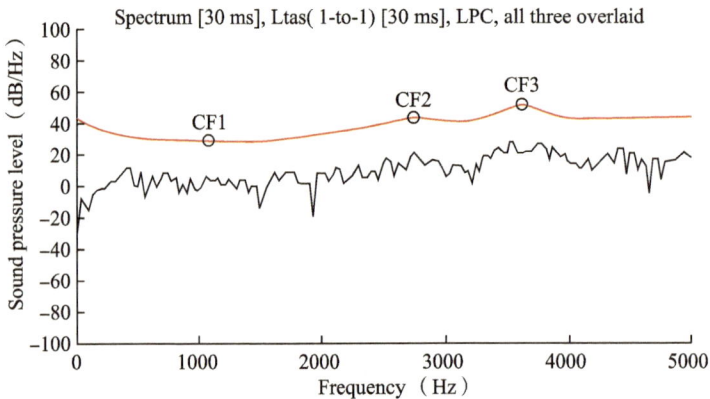

图 3.129　男发音人 [ʃel]"玻璃，镜子"一词 [ʃ] 辅音频谱图

2.1.2　共振峰模式

表 3.80~3.81 为两位发音人 [ʃ] 辅音参数统计总表。图 3.130 为两位发音人 [ʃ] 辅音共振峰分布图，即男、女发音人共振峰频率浮动围绕为，男：CF1 = 1300~2000Hz，CF2 = 1700~3100Hz，CF3 = 2600~4100Hz；女：CF1 = 500~2100Hz，CF2 = 1600~3200Hz，CF3 = 2600~4100Hz。图 3.131 为 [ʃ] 辅音谱特征示意图。男、女发音人的 [ʃ] 辅音谱重心（COG）和离散度（Dispersion）参数相等；男、女发音人 CF1 数据范围最集中，CF2 数据范围最离散。

表 3.80　[ʃ] 辅音统计（M）

	CD	CA	CF1	CF2	CF3	COG	Dispersion	SKEW
平均值	175	57.03	1609	2401	3417	4586	2009	0.42
标准差	0.04	4.9	189.3	288.9	314.3	966.8	351.5	0.6
变异系数	26.6%	8.7%	11.7%	12%	9.1%	21%	17.4%	141%

表 3.81　[ʃ] 辅音统计（F）

	CD	CA	CF1	CF2	CF3	COG	Dispersion	SKEW
平均值	157	57.03	1575	2456	3365	4585	1839	0.43
标准差	0.04	4.3	255.1	377.5	295.4	727	393	0.52
变异系数	31.6%	7.6%	16.2%	15.3%	8.7%	15.8%	21.3%	120%

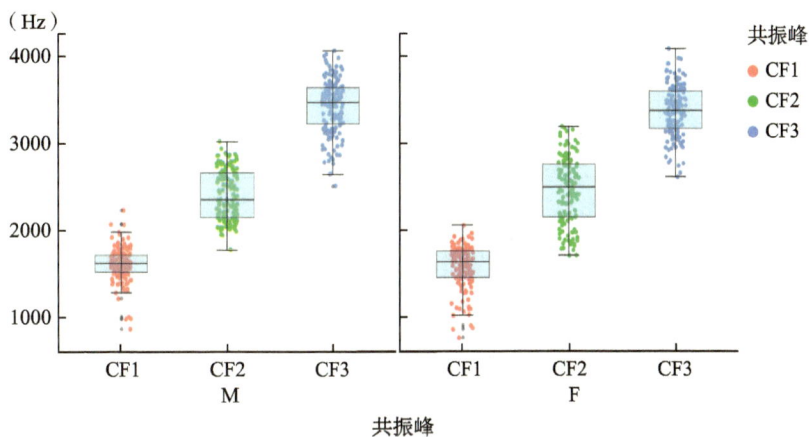

图 3.130　[ʃ] 辅音共振峰分布（M&F）

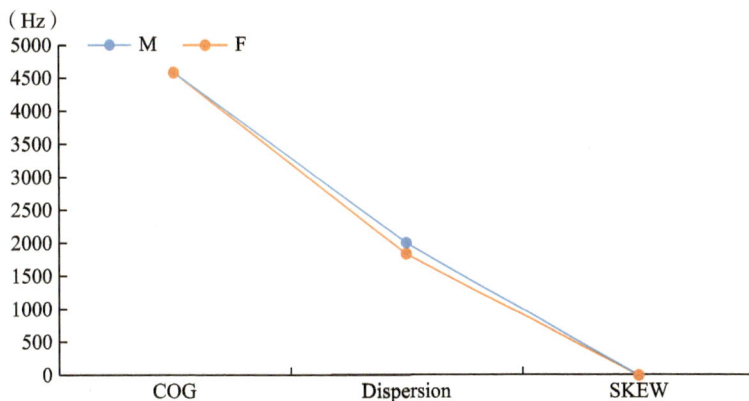

图 3.131　辅音谱特征示意

2.1.3 词中位置与声学参数之间的关系

表 3.82~3.83 为词中不同位置［ʃ］辅音的参数统计表。图 3.132~3.134 为词中不同位置［ʃ］辅音的共振峰、音长、音强参数比较图。

表 3.82 词中不同位置［ʃ］辅音统计（M）

位置		参数				
		CD	CA	CF1	CF2	CF3
词首	平均值	180	54.53	1596	2496	3439
	标准差	0.03	3.3	220.7	263.4	286.3
	变异系数	17.6%	6.1%	13.8%	10.5%	8.3%
词中音节首	平均值	156	62.94	1656	2363	3451
	标准差	0.03	2.6	156.1	314.5	357.6
	变异系数	21.6%	4.2%	9.4%	13.3%	10.3%
词中音节末	平均值	110	61.44	1531	2182	3552
	标准差	0.03	2.1	119.7	265.8	277.7
	变异系数	32.8%	3.5%	7.8%	12.1%	7.8%
词末	平均值	264	55.33	1612	2267	3389
	标准差	0.05	5.1	99.6	200.5	274.6
	变异系数	22%	9.3%	6.1%	8.8%	8.1%
复辅音前置	平均值	147	52.88	1648	2135	3088
	标准差	0.02	2.2	164.8	182.5	351.2
	变异系数	16.4%	4.1%	10%	8.5%	11.3%
复辅音内置	平均值	142	61	1431	2024	3389
	标准差					
	变异系数					
复辅音后置	平均值	168	60.83	1584	2307	3289
	标准差	0.01	3.6	109.1	254.1	244.8
	变异系数	9.7%	6%	6.8%	11%	7.4%

表 3.83　词中不同位置 [ʃ] 辅音统计 （F）

位置		参数				
		CD	CA	CF1	CF2	CF3
词首	平均值	154	54.88	1557	2456	3352
	标准差	0.02	3.7	257.1	337.6	300.8
	变异系数	18.8%	6.7%	16.5%	13.7%	8.9%
词中音节首	平均值	137	60.36	1572	2551	3399
	标准差	0.03	3.5	270.6	410.7	297.1
	变异系数	22%	5.9%	17.2%	16.1%	8.7%
词中音节末	平均值	106	60.25	1503	2580	3504
	标准差	0.03	2.9	358.2	387.8	372.7
	变异系数	32.7%	4.9%	23.8%	15%	10.6%
词末	平均值	297	57.22	1701	2629	3552
	标准差	0.05	3.6	176.6	408.5	212.2
	变异系数	17.3%	6.4%	10.3%	15.5%	5.9%
复辅音前置	平均值	153	56.1	1617	2268	3285
	标准差	0.03	4.06	251.1	332.9	292.4
	变异系数	21.2%	7.2%	15.5%	14.6%	8.9%
复辅音内置	平均值	129	59.5	1370	2259	3218
	标准差					
	变异系数					
复辅音后置	平均值	142	60.75	1571	2130	3175
	标准差	0.02	3.4	141.3	499.5	119.7
	变异系数	16.1%	5.6%	8.9%	23.4%	3.7%

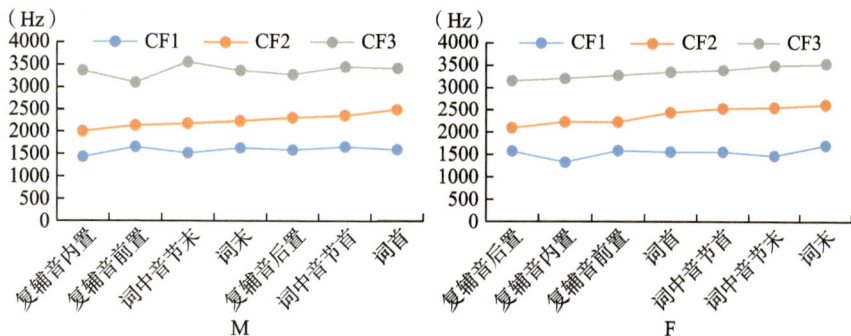

图 3.132　出现在词中不同位置 [ʃ] 辅音的共振峰均值比较 （M&F）

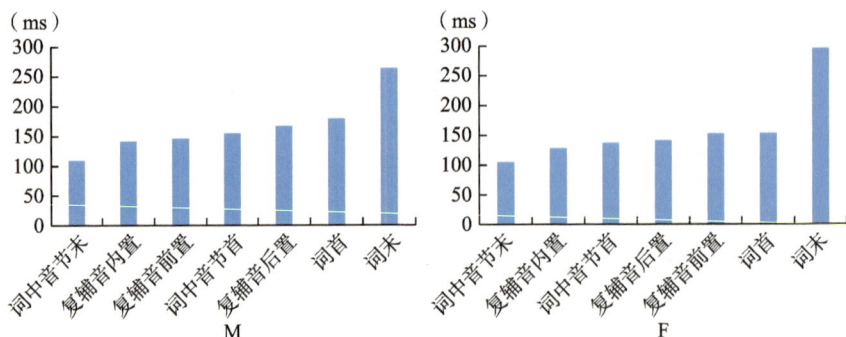

图 3.133　出现在词中不同位置上［ʃ］辅音的音长均值比较（M&F）

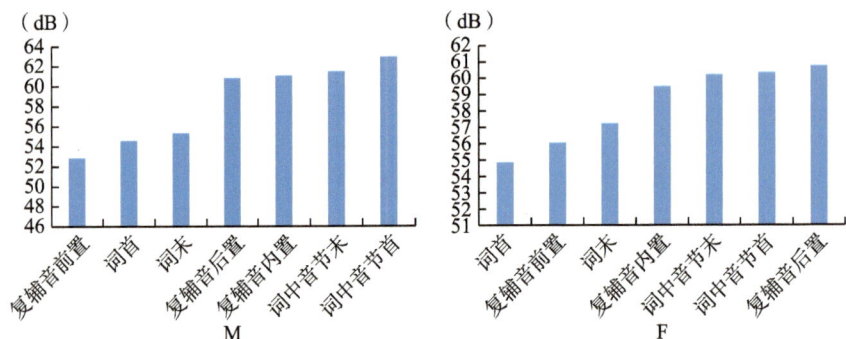

图 3.134　出现词中不同位置［ʃ］辅音的音强均值比较（M&F）

从表 3.82~3.83 和图 3.132~3.134 中看出，［ʃ］辅音词中位置与其声学参数之间具有一定的相关性。例如，［ʃ］在词末和词首位置上音长比其他位置上的音长相对长，词中音节末的音长相对短；词首和复辅音前置［ʃ］的音强比其他位置上的［ʃ］相对弱；［ʃ］辅音词中位置与共振峰参数之间相关性不大。

2.1.4　后置元音音质与声学参数之间的关系

表 3.84 为不同元音之前的［ʃ］辅音参数统计表。图 3.135~3.137 为两位发音人不同元音之前［ʃ］辅音的共振峰、音长和音强比较图。

表 3.84　不同元音前的［ʃ］辅音统计（M&F）

	M					F				
	CD	CA	CF1	CF2	CF3	CD	CA	CF1	CF2	CF3
ʃa	161	53.5	1482	2637	3528	112	53	1720	2902	3796
ʃə	188	53.73	1575	2297	3342	169	56.05	1661	2477	3343

续表

	M					F				
	CD	CA	CF1	CF2	CF3	CD	CA	CF1	CF2	CF3
ʃe	191	55	1418	2690	3592	147	53.66	1105	2293	3484
ʃi	168	57.25	1595	2772	3589	177	56.5	1218	2551	3320
ʃu	174	53	1586	2207	3186	167	53.75	1762	2271	3057
ʃo	211	52	2227	2643	3609	172	59	1508	2875	3175

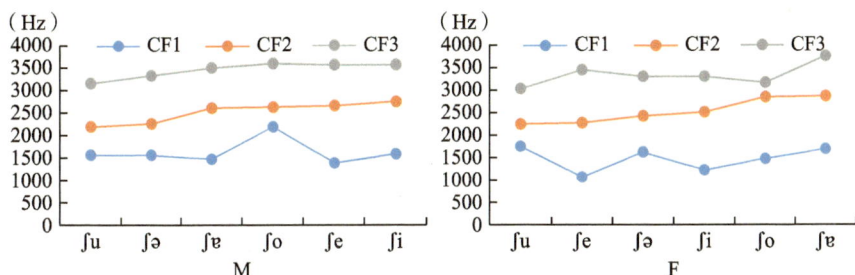

图 3.135　出现在不同元音之前 [ʃ] 辅音的三个共振峰均值比较（M&F）

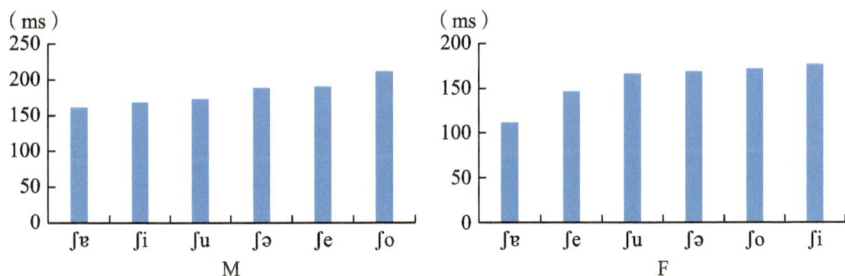

图 3.136　出现不同元音之前 [ʃ] 辅音的音长均值比较（M&F）

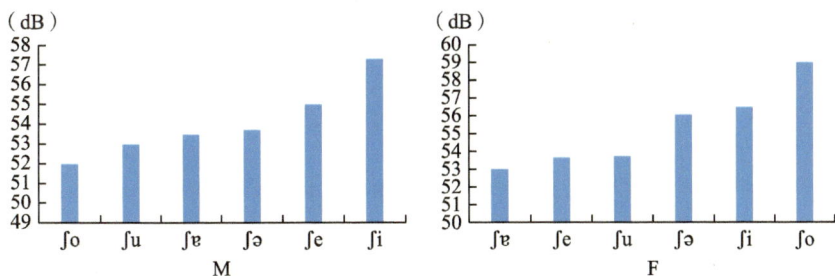

图 3.137　出现在不同元音之前 [ʃ] 辅音的音强均值比较（M&F）

　　从表 3.84 和图 3.135~3.137 中可以看出，后续元音音质与 [ʃ] 辅音声学参数之间有一定的相关性。如，[ʃ] 辅音在 [u] 元音之前的共振峰频率比其他元音之前的相对低；[ʃ] 辅音在 [ɐ] 元音之前的音长比其他元音之前的相对短；不同元音之前［ʃ］辅音音强之间相关性不大。

我们对不同音节中出现的［ʃ］辅音音长、谱重心之间做了单因素方差分，结果如表 3.85 所示。

表 3.85　检验结果

	sig（显著性）			
	CD		谱重心	
	M	F	M	F
词首音节—复辅音前置	.017	.999	.145	.900
词首音节—词中音节首	.000	.039	.000	.000
词首音节—词中音节末	.000		.000	
词首音节—词末	.000	.000	.844	.043
复辅音前置—词中音节首	.973	.282	.002	.033
复辅音前置—词中音节末	.008		.000	
复辅音前置—词末	.000	.000	.751	.294
词中音节首—词中音节末	.000		.184	
词中音节首—词末	.000	.000	.001	.888
词中音节末—词末	.000		.000	

我们从音长检验结果来看，音长参数上，男、女发音人在复辅音前置—词中音节首、词首音节—复辅音前置（女）音节之间差异不显著，其他的［ʃ］辅音在不同音节之间差异显著。

谱重心参数上，男、女发音人在不同音节之间有不同的表现。

3. /x/辅音

3.1　词中分布特征

/x/辅音在统一平台中共出现了 145（M）和 144 次（F），只有以单辅音形式出现。从表 3.86 中可以看出，在所有/x/辅音主要在词首音节出现。

表 3.86　［x］辅音出现频率统计

		M	F
		出现频率	出现频率
所有		145	144
单辅音	词首	140	136
	词中音节首	4	5
	词中音节末	1	2

续表

		M	F
		出现频率	出现频率
复辅音	复辅音前置		1

3.2　声学特征

3.2.1　声学语图

东部裕固语 [x] 辅音是舌面后—硬腭区清擦音。图 3.138～3.139 为男发音人 [xɐŋ] "锡" 一词三维语图和 [x] 辅音频谱图。

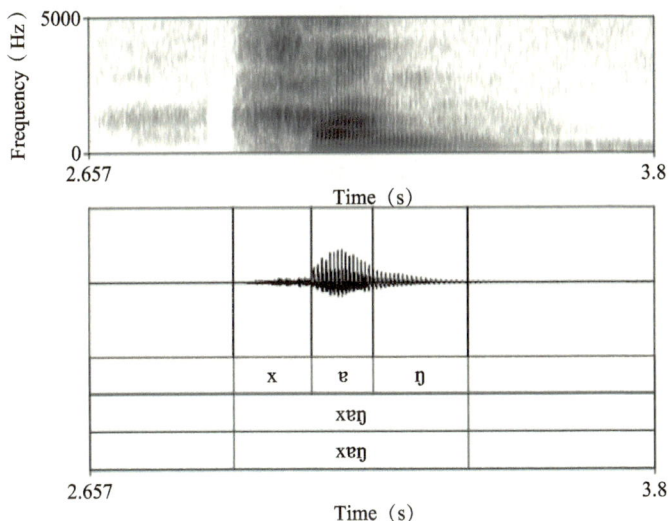

图 3.138　男发音人 [xɐŋ] "锡" 一词的三维语图和三层标注实例

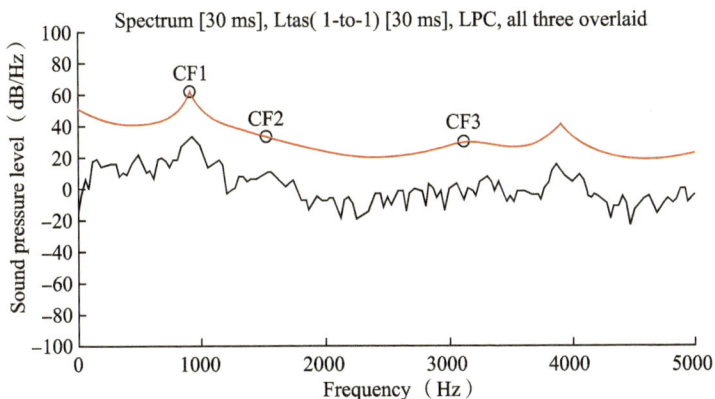

图 3.139　男发音人 [xɐŋ] "锡" 一词 [x] 辅音频谱图

3.2.2 共振峰模式

表 3.87~3.88 为两位发音人 [x] 辅音的参数统计总表。图 3.140 为两位发音人 [x] 辅音共振峰分布图。图 3.140 显示 [x] 辅音的三个共振峰的频率范围，即男、女发音人共振峰频率浮动围绕为，男：CF1 = 300～1500Hz，CF2 = 700～1900Hz，CF3 = 2100～3600Hz；女：CF1 = 900～1600Hz，CF2 = 900～2300Hz，CF3 = 2400～3900Hz。图 3.141 为 [x] 辅音谱特征示意图，男、女发音人 [x] 辅音谱重心（COG）、离散度（Dispersion）和倾斜度（SKEW）等三个谱参数相等；男、女发音人 CF2 数据范围最集中。

表 3.87 [x] 辅音统计（M）

	CD	CA	CF1	CF2	CF3	COG	Dispersion	SKEW
平均值	139	47.01	934	1319	2943	1351	1376	3.8
标准差	0.03	5.2	219.4	250.7	305.2	462.1	580.9	2.07
变异系数	26.4%	11.2%	23.5%	19%	10.3%	34.1%	42.2%	54.4%

表 3.88 [x] 辅音统计（F）

	CD	CA	CF1	CF2	CF3	COG	Dispersion	SKEW
平均值	122	47.73	1049	1555	3175	1325	1427	2.6
标准差	0.02	6.7	245.8	288.3	344.7	638.4	432.7	1.4
变异系数	22.6%	14%	23.4%	18.5%	10.8%	48.1%	30.3%	55.2%

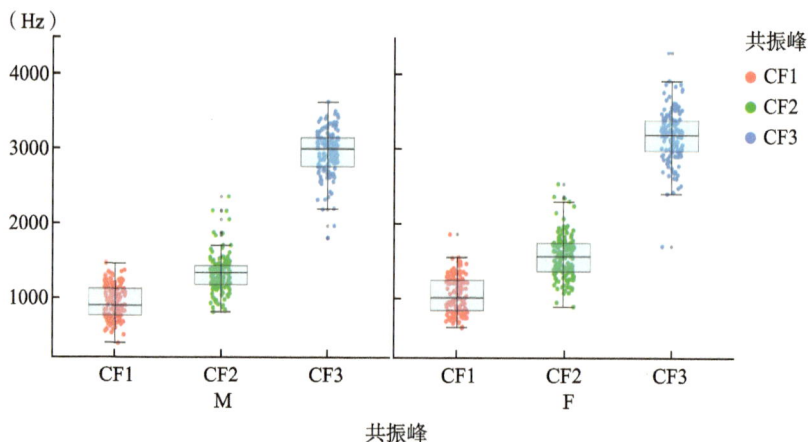

图 3.140 [x] 辅音共振峰分布（M&F）

（Hz）

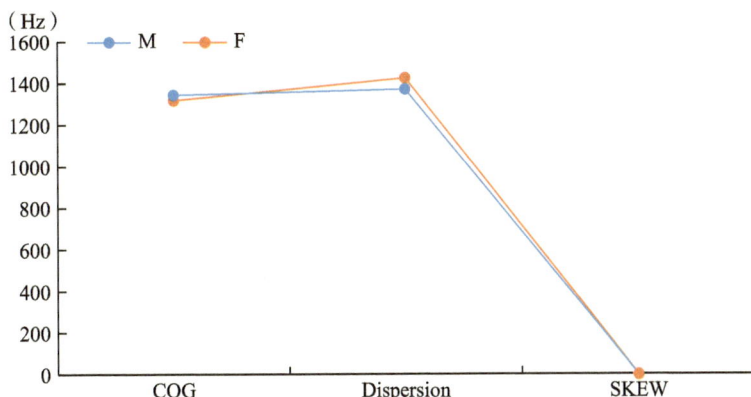

图 3.141　辅音谱特征示意

3.2.3　后置元音音质与声学参数之间的关系

表 3.89 为不同元音之前的［x］辅音参数统计表。图 3.142～3.144 为出现在不同元音之前［x］辅音的共振峰、音长和音强的均值比较图。从上述表和图中可以看出，辅音声学参数与其后置元音音质之间具有一定的相关性。如，［x］辅音在展唇、央元音［ɐ］之前的第二共振峰明显高于在其他元音之前的第二共振峰；［ɐ］、［ə］元音之前的［x］辅音音长相对长于出现在其他元音之前的音长；［ɐ］、［ə］元音之前的［x］辅音音强相对强于出现在其他元音之前的音强。

表 3.89　不同元音前的［x］辅音统计（M&F）

	M					F				
	CD	CA	CF1	CF2	CF3	CD	CA	CF1	CF2	CF3
xɐ	157	48.87	1093	1464	2986	135	48.6	1225	1723	3158
xɔ	114	45.54	762	1191	3056	126	46.9	858	1353	3148
xə	142	46.66	976	1138	2935	146	47.5	1098	1611	3109
xo	90	44	848	1235	2815	96	37	853	1362	3207
xu	137	39	723	1189	3444	85	40	980	1449	1701
xʊ	125	44.2	688	1099	2933	116	47.38	766	1323	3294

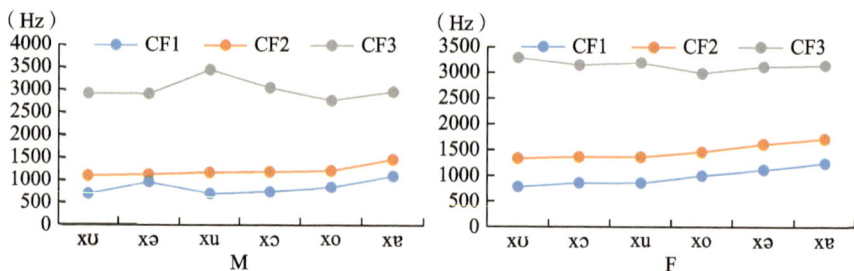

图 3.142　出现在不同元音之前 [x] 辅音的三个共振峰比较（M&F）

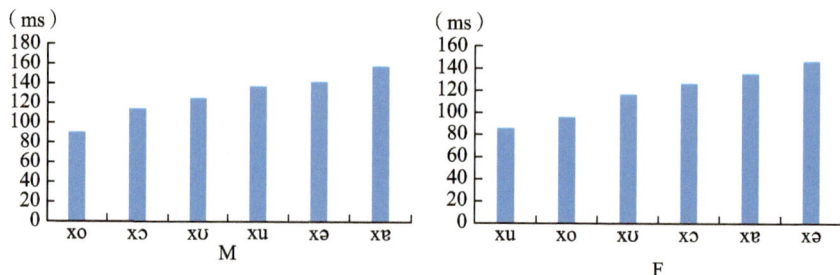

图 3.143　出现在不同元音之前 [x] 辅音的音长比较（M&F）

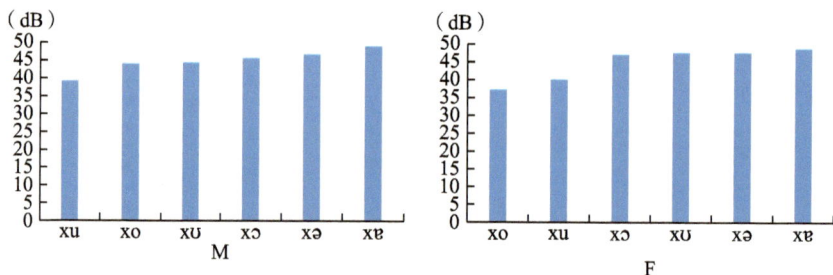

图 3.144　出现在不同元音之前 [x] 辅音的音强均值比较（M&F）

4. /h/辅音

4.1　词中分布特征

/h/辅音在统一平台中词首音节共出现了53次（M：词首出现52次，复辅音前置出现1次）和50次（F：词首出现47次，复辅音前置出现3次）。

4.2　声学特征

4.2.1　声学语图

东部裕固语 [h] 辅音是喉部声门处清擦音。图 3.145~3.146 为男发音人 [hɐʒ]"纹，皱纹"一词三维语图、三层标注图和 [h] 辅音频谱图。

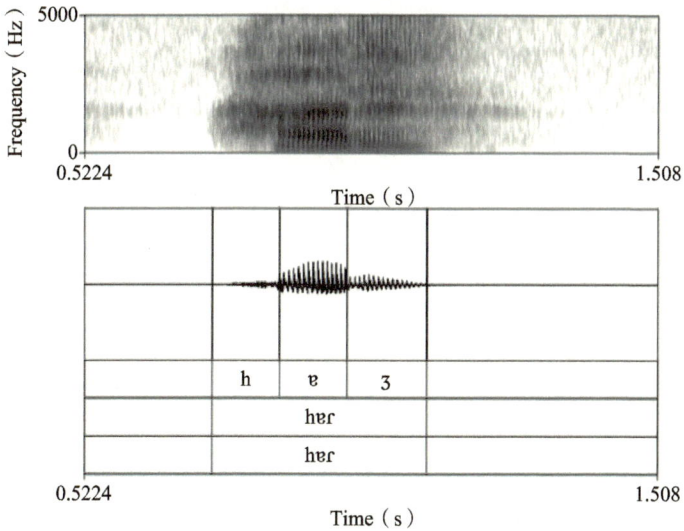

图 3.145　男发音人 ［hɐʒ］ "纹，皱纹" 一词的三维语图和三层标注实例

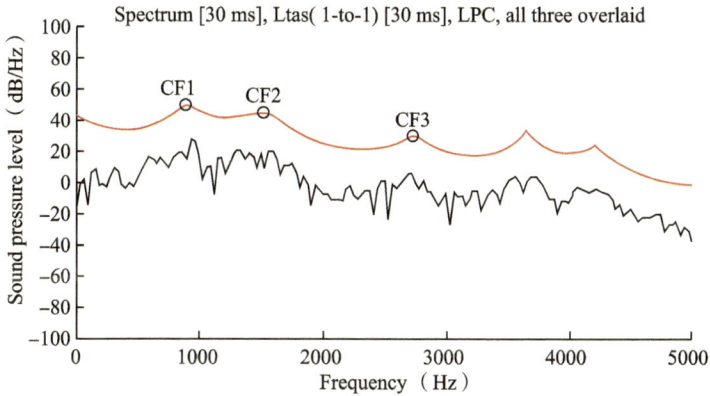

图 3.146　男发音人 ［hɐʒ］ "纹，皱纹" 一词 ［h］ 辅音频谱图

4.2.2　共振峰模式

表 3.90~3.91 为两位发音人 ［h］ 辅音的参数统计总表。图 3.147 为 ［h］ 辅音第一、第二和第三共振峰的分布图。图 3.147 辅音 ［h］ 谱特征示意图。从上述表和图来看，女发音人共振峰相对比男发音人高；男发音人谱重心（COG）和离散度（Dispersion）参数比女发音人相对低；男、女发音人 CF1 数据范围最集中，CF2 数据范围最离散。

表 3.90　[h] 辅音统计（M）

	CD	CA	CF1	CF2	CF3	COG	Dispersion	SKEW
平均值	90	44.33	782	1444	2645	986	770	4.7
标准差	0.01	3.2	148	315.6	220.7	280.7	424.8	2.2
变异系数	19.6%	7.3%	18.9%	21.8%	8.3%	28.4%	55.1%	47.7%

表 3.91　[h] 辅音统计（F）

	CD	CA	CF1	CF2	CF3	COG	Dispersion	SKEW
平均值	82	36.58	991	1787	2860	1244	995	2.4
标准差	0.01	9.1	221	315.7	329.7	289.7	356.8	1.1
变异系数	22.5%	25%	22.3%	17.6%	11.5%	23.2%	35.8%	49.1%

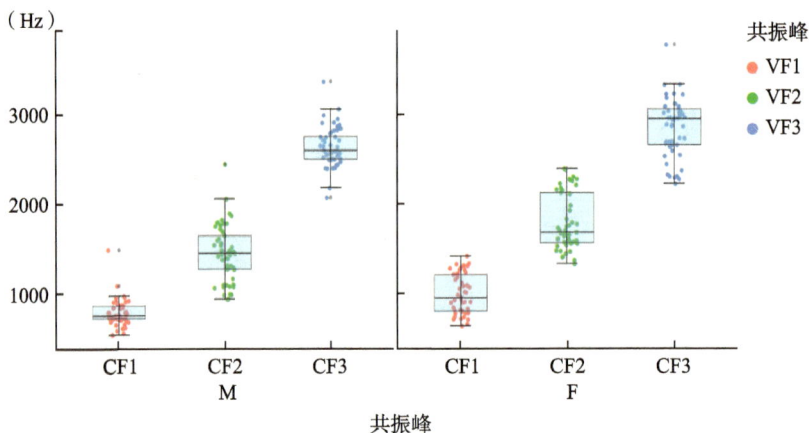

图 3.147　[h] 辅音共振峰分布（M&F）

（三）塞擦音

塞擦音指具有先塞后擦特点的辅音，但塞擦音不是塞音和擦音在时序（时位空间）上的简单序列（组合），也不是连续发塞音和擦音的结果，而是将塞与擦的特点融于一体的特殊辅音。发音机制如下。首先，两个发音器官先产生闭塞，堵住气流，形成一个闭塞段（GAP），然后在形成闭塞处出现缝隙，气流强行通过缝隙，产生摩擦噪声。塞擦音在三维语图上表现

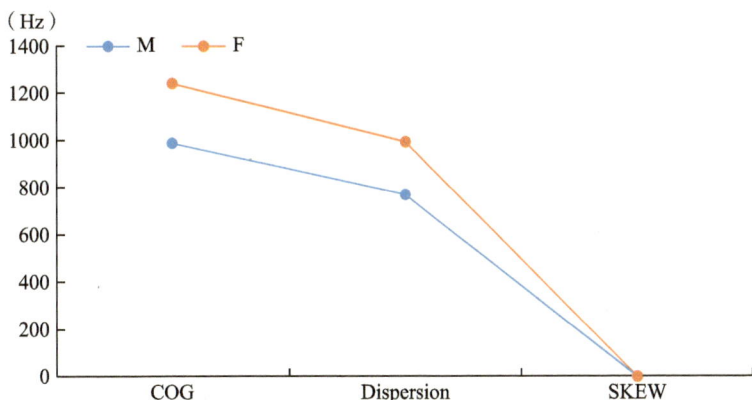

图 3.148　辅音谱特征示意

为空白段、微弱冲直条和摩擦乱纹。东部裕固语有/tʃ、tʃʰ、tɕ、tʂ、tsʰ、ts/①6 个清塞擦音。

1. /tʃ/辅音

1.1　词中分布特征

/tʃ/辅音在统一平台中共出现了 230（M）和 208 次（F），以单辅音或复辅音后置辅音形式出现。其中，单辅音形式出现在词首、词中音节首和词中音节末等位置；复辅音形式出现在复辅音前置、复辅音内置和复辅音后置辅音位置。男发音人语料中出现的 230 次/tʃ/辅音中，224 次为单辅音，其他 6 次为复辅音；女发音人语料中出现的 208 次/tʃ/中，203 次为单辅音，其余 5 次为复辅音。在所有/tʃ/辅音中，出现在词首和词中音节首的单辅音比例最高，共占 94%，出现在其他位置的少很多，请见表 3.92。显然，该辅音主要以单辅音形成出现在词中音节首和词首。

表 3.92　[tʃ] 辅音出现频率统计

	M		F	
	出现频率	百分比	出现频率	百分比
所有	230	100%	208	100%

---

① [tɕ] 辅音在男发音人语料中出现 2 次，女发音语料中 1 次；[tʂ] 在男发音语料中未出现，女发音语料中出现 2 次；[tsʰ] 辅音在男、女发音人语料各出现 1 次，出现频率较少，没有具体分析。

续表

		M		F	
		出现频率	百分比	出现频率	百分比
单辅音	词首	101	44%	91	44%
	词中音节首	115	50%	104	50%
	词中音节末	11	5%	8	4%
	词末				
复辅音	复辅音前置辅音	2	1%		
	复辅音内置辅音			1	0%
	复辅音后置辅音	4	2%	4	2%

1.2　声学特征

1.2.1　声学语图特点

东部裕固语［tʃ］为舌叶—齿龈后区、不送气、清塞擦音，而不是浊塞擦音［ʤ］。图 3.149~3.150 为男发音人［tʃyːn］"针"一词的三维语图和［tʃ］辅音频谱图。

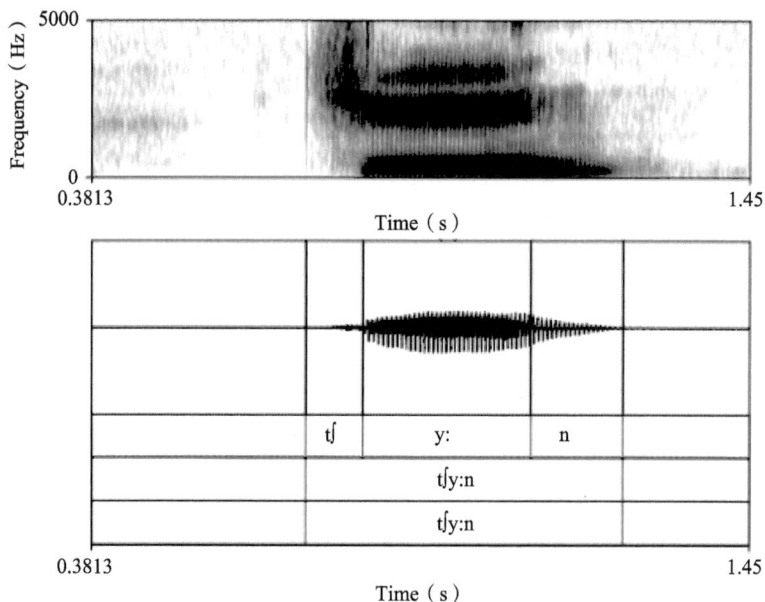

图 3.149　男发音人［tʃyːn］"针"一词的三维语图和三层标注实例

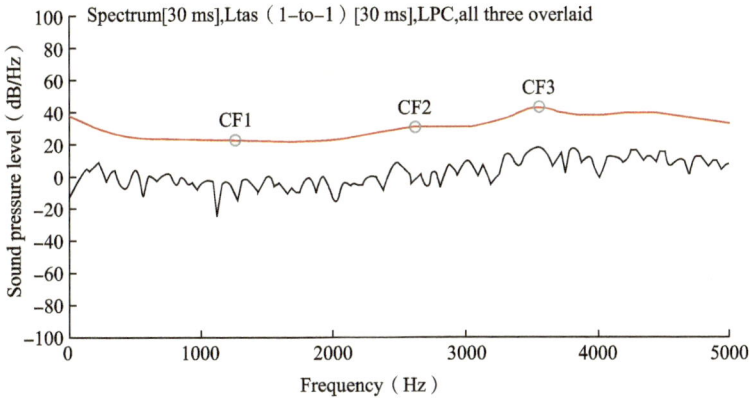

图 3.150　男发音人 [tʃyːn] "针"一词 [tʃ] 辅音频谱图

1.2.2　共振峰分布模式

表 3.93 为两位发音人 [tʃ] 辅音的参数统计总表。图 3.151 为 [tʃ] 辅音第一、第二和第三共振峰的分布图。图 3.151 显示了 [tʃ] 辅音三个共振峰的频率范围，男、女发音人共振峰频率浮动围绕为，男：CF1 = 200~2400Hz，CF2 = 1500~3400Hz，CF3 = 2600~4300Hz；女：CF1 = 500~2100Hz，CF2 = 1500~3400Hz，CF3 = 2700~4400Hz；男、女发音人的 CF3 数据的范围最集中。

表 3.93　[tʃ] 辅音统计（M）

	M					F				
	VOT	CA	CF1	CF2	CF3	VOT	CA	CF1	CF2	CF3
平均值	62	49.57	1224	2462	3463	58	51.97	1246	2437	3427
标准差	0.01	7.1	409.4	358.1	320.9	0.01	5.06	337.2	373.5	349.5
变异系数	29.6%	14.4%	33.4%	14.5%	9.2%	27.8%	9.7%	27%	15.3%	10.1%

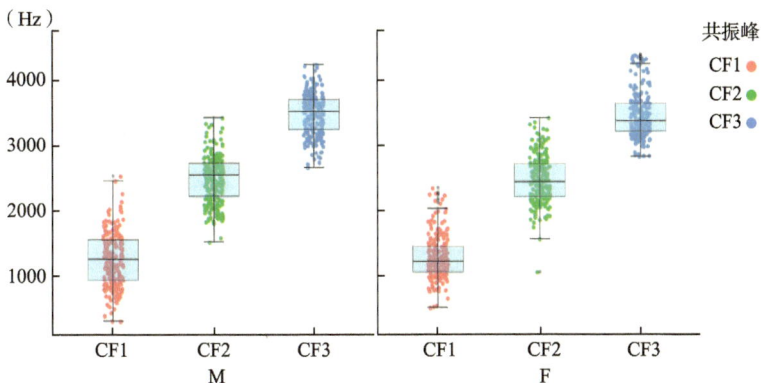

图 3.151　[tʃ] 辅音共振峰分布（M&F）

1.2.3　词中位置与声学参数之间的关系

表 3.94 ~ 3.95 为词中不同位置上［tʃ］辅音参数统计表。图 3.152 ~ 3.154 为根据表 3.94 ~ 3.95 所画的词中不同位置上［tʃ］辅音的共振峰、音长、音强均值比较图。表 3.94 ~ 3.95 和图 3.152 ~ 3.154 显示，词中位置与辅音声学参数之间具有一定的相关性。如，复辅音后置的［tʃ］辅音的音长比其他位置上的相对短；词首［tʃ］辅音的音强比其他位置上的相对弱；不同音节的 CF2 频率也相对稳定。

表 3.94　**词中不同位置［tʃ］辅音统计（M）**

位置		参数						
		GAP	VOT	CD	CA	CF1	CF2	CF3
词首	平均值		63		44.39	1198	2361	3383
	标准差		0.01		7.06	355.8	322	282.6
	变异系数		23.5%		15.9%	29.6%	13.6%	8.3%
词中音节首	平均值	43.5	61.7	105	53.5	1239	2545	3550
	标准差	0.02	0.02	0.03	3.7	439.3	382.9	342.6
	变异系数	50.4%	33.6%	33.8%	7%	35.4%	15%	9.6%
词中音节末	平均值	56.5	62.4	119	54.54	1336	2506	3337
	标准差	0.02	0.01	0.03	5.6	578.6	171.9	188.7
	变异系数	36.2%	28.6%	28.3%	10.3%	43.3%	6.8%	5.6%
复辅音前置辅音	平均值		59		57	1073	2609	3543
	标准差							
	变异系数							
复辅音后置辅音	平均值	51	47	98	54.5	1173	2530	3197
	标准差							
	变异系数							

表 3.95　**词中不同位置［tʃ］辅音统计（F）**

位置		参数						
		GAP	VOT	CD	CA	CF1	CF2	CF3
词首	平均值		55.6		48.57	1173	2329	3245
	标准差		0.01		4.2	247.7	319.6	205.6
	变异系数		30.9%		8.7%	21.1%	13.7%	6.3%

续表

位置		参数						
		GAP	VOT	CD	CA	CF1	CF2	CF3
词中音节首	平均值	52	59.8	112	55.07	1322	2520	3581
	标准差	0.02	0.01	0.03	3.7	361.7	395.9	379.1
	变异系数	42.2%	25.4%	26.9%	6.8%	27.3%	15.7%	10.5%
词中音节末	平均值	58	69	127	50.37	928	2552	3470
	标准差	0.01	0.01	0.01	3.4	355.6	226.4	209.1
	变异系数	18.7%	15.9%	13%	6.8%	38.3%	8.8%	6%
复辅音内置辅音	平均值	30	87	117	49	989	2093	3003
	标准差							
	变异系数							
复辅音后置辅音	平均值	25	49.7	74.9	52.5	1603	2574	3587
	标准差							
	变异系数							

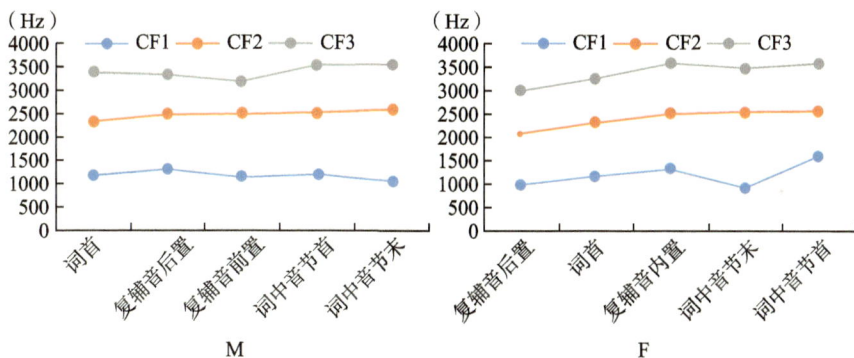

图 3.152　词中不同位置 ［tʃ］ 辅音的共振峰均值比较（M&F）

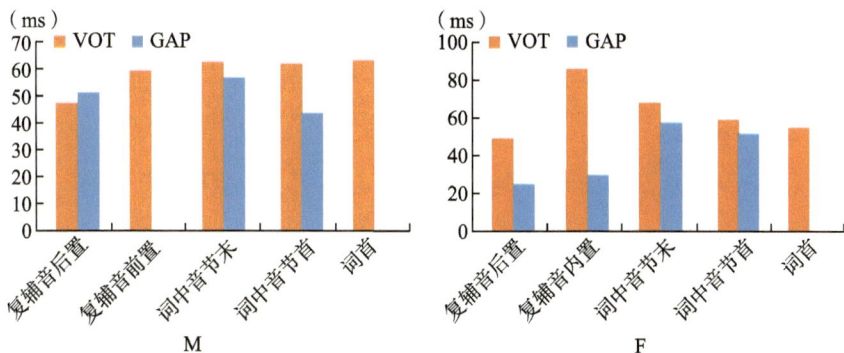

图 3.153　词中不同位置 ［tʃ］ 辅音 VOT 音长均值比较（M&F）

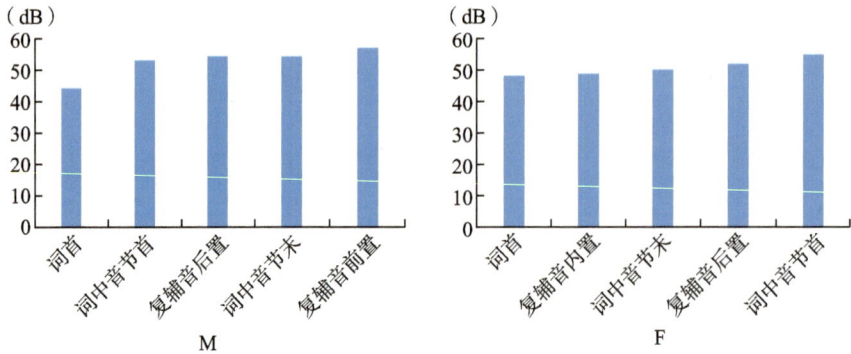

图 3.154　词中不同位置〔tʃ〕辅音的音强均值比较（M&F）

1.2.4　后置元音音质与声学参数之间的关系

表 3.96 为不同元音之前〔tʃ〕辅音的参数统计表。图 3.155～3.157 为不同元音之前〔tʃ〕辅音的共振峰、音长和音强均值比较图。从上述表图中可以看出，后置元音音质与〔tʃ〕辅音声学参数之间具有一定的相关性。如，〔e、u〕之前的〔tʃ〕辅音音长相对长于其他元音之前的音长；〔i、y、u、ə〕之前的〔tʃ〕辅音音强相对弱；元音之前的〔tʃ〕辅音共振峰频率相对稳定。

表 3.96　不同元音前的〔tʃ〕辅音统计（M&F）

	M					F				
	VOT	CA	CF1	CF2	CF3	VOT	CA	CF1	CF2	CF3
tʃɐ	74	49.07	1444	2423	3571	46.3	51	1092	2242	3268
tʃɔ	40.9	48.5	1294	2390	3414	53.6	52	1136	2439	3634
tʃə	53.5	45.83	1156	2283	3518	57.4	48	1194	2448	3273
tʃe	72.8	47	1520	2545	3717	73.6	51	1274	2429	3199
tʃi	64.9	42	1306	2205	3514					
tʃy	63.5	45.33	1668	2484	3332	59.6	46.33	1170	2252	2969
tʃu	76.2	42	1170	2542	3335					

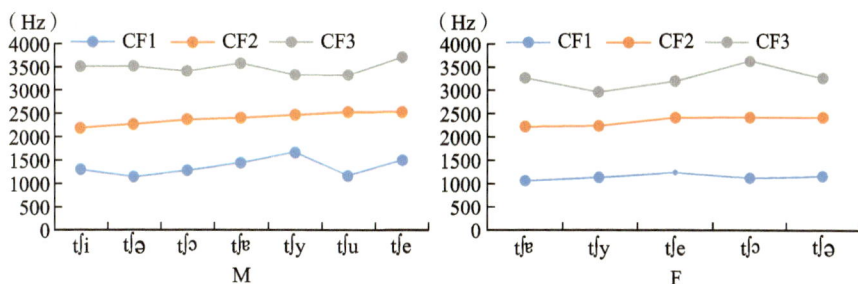

图 3.155　不同元音之前［tʃ］辅音的三个共振峰均值比较（M&F）

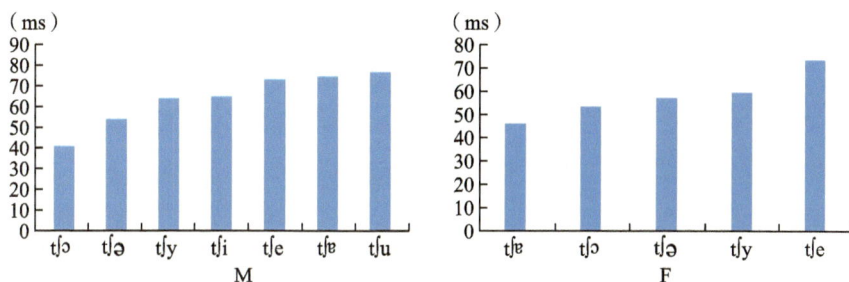

图 3.156　不同元音之前［tʃ］辅音的 VOT 均值比较（M&F）

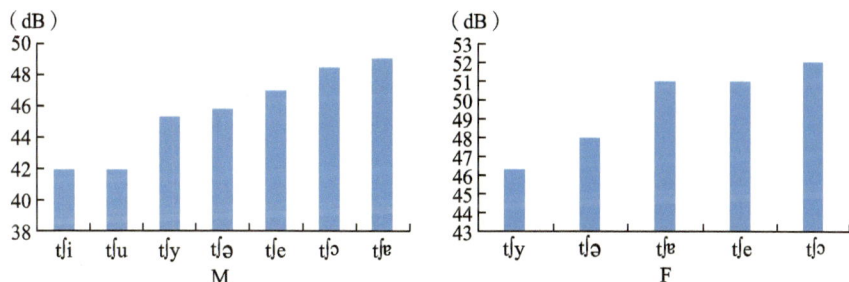

图 3.157　不同元音之前［tʃ］辅音的音强均值比较（M&F）

我们对不同音节中出现的［tʃ］辅音 VOT、GAP 之间做了单因素方差分析，结果如表 3.97 所示。

表 3.97　检验结果

	sig（显著性）			
	VOT		GAP	
	M	F	M	F
词首音节—词中音节首	.854	.175		
词首音节—词中音节末	.994	.024		
词中音节首—词中音节末	.991	.115	.063	.445

我们从检验结果来看，VOT 参数上，男、女发音在（除了女发音人在词首音节—词中音节末音节之间差异性显著）不同音节之间差异不显著。

GAP 参数上，男、女发音人差异不显著。

2. /tʃʰ/辅音

2.1 词中分布特征

/tʃʰ/辅音在统一平台中以单辅音或复辅音后置辅音形式共出现了 226 次（M）和 227 次（F）。其中，以单辅音形式在词首、词中音节首、词中音节末和词末等位置出现；复辅音形式以复辅音前置辅音和复辅音后置辅音。其中，在男发音人语料中出现的 226 次/tʃʰ/辅音中，184 次为单辅音，42 次为复辅音；在女发音人语料中出现的 227 次/tʃʰ/辅音中，185 次为单辅音，42 次为复辅音后置辅音。在所有/tʃʰ/辅音中，以单辅音形式出现在词中音节首的比例最高 (46%~48%)，以单辅音形式出现在词首位置的/tʃʰ/辅音位居第二（31%~29%），在其他位置上出现的比例相对少，请见表 3.98。显然，该辅音主要以单辅音形成在词中音节首和词首出现。

表 3.98　［tʃʰ］辅音出现频率统计

		M		F	
		出现频率	百分比	出现频率	百分比
所有		226	100%	227	100%
单辅音	词首	70	31%	65	29%
	词中音节首	104	46%	110	48%
	词中音节末	6	3%	9	4%
	词末	4	2%	4	2%
复辅音	复辅音前置辅音	9	4%	15	7%
	复辅音后置辅音	33	15%	27	12%

2.2 声学特征

2.2.1 声学语图特点

东部裕固语［tʃʰ］为舌叶—齿龈后区、送气、清塞擦音。图 3.158~3.159 为男发音人［tʃʰɐm］"跳神"一词的三维语图和［tʃʰ］辅音频谱图。

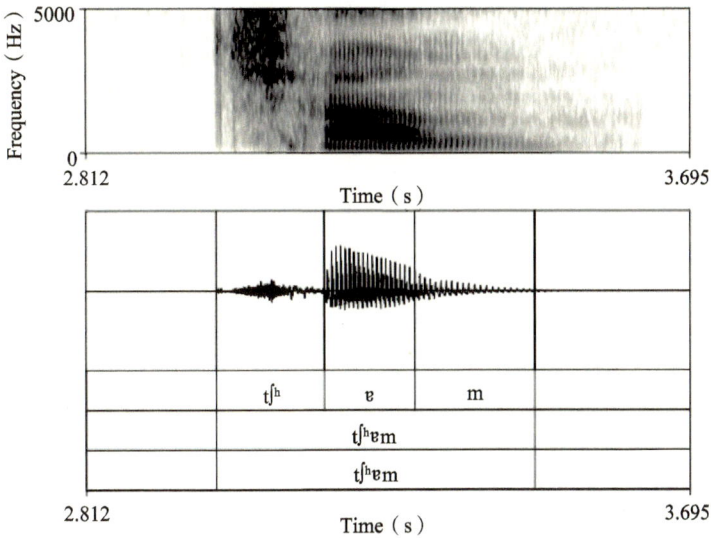

图 3.158　男发音人［tʃʰɐm］"跳神"一词的三维语图和三层标注实例

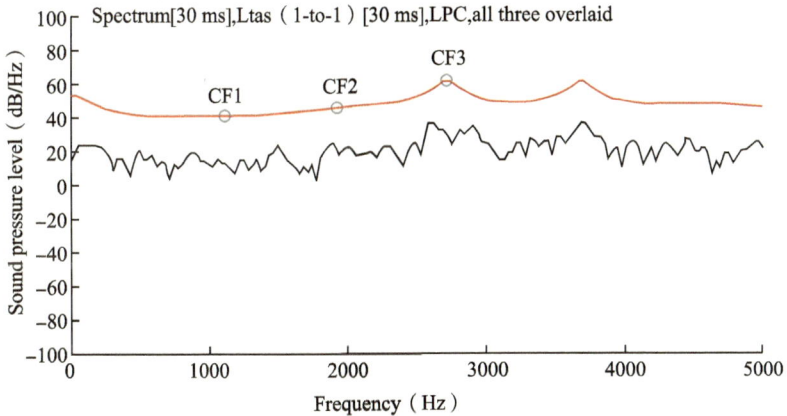

图 3.159　男发音人［tʃʰɐm］"跳神"一词的［tʃʰ］辅音（词首）频谱图

2.2.2　共振峰分布模式

　　表 3.99 为［tʃʰ］辅音的参数统计总表。图 3.160 为两位发音人［tʃʰ］辅音第一、第二和第三共振峰分布图。图 3.160 显示了［tʃʰ］辅音三个共振峰的频率范围，即男、女发音人共振峰频率浮动围绕为，男：CF1 = 500 ~ 2100Hz，CF2 = 1800 ~ 3100Hz，CF3 = 2600 ~ 4100Hz；女：CF1 = 600 ~ 2000Hz，CF2 = 1600 ~ 3700Hz，CF3 = 2800 ~ 4300Hz；男发音人 CF2 数据范

围最集中，女发音人 CF1 数据范围最集中。

表 3.99　[tʃʰ] 辅音统计（M&F）

	M					F				
	VOT	CA	CF1	CF2	CF3	VOT	CA	CF1	CF2	CF3
平均值	106	56.79	1327	2543	3438	92	58.47	1191	2436	3436
标准差	0.03	4.1	323.3	292.7	278.9	0.02	4.4	265.4	303.3	297.1
变异系数	29.7%	7.3%	24.3%	11.5%	8.1%	30.3%	7.5%	22.2%	12.4%	8.6%

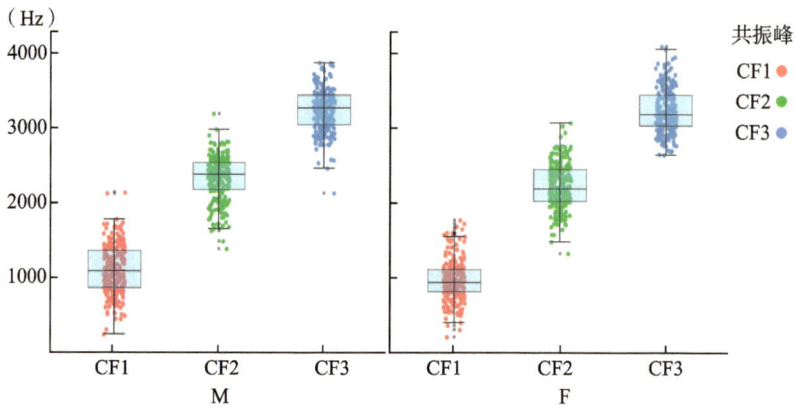

图 3.160　[tʃʰ] 辅音共振峰分布（M&F）

2.2.3　词中位置与声学参数之间的关系

表 3.100～3.101 为词中不同位置 [tʃʰ] 辅音统计表，图 3.161～3.163 为根据表 3.100～3.101 所画的图。这些图表显示，辅音词中位置与其声学参数之间具有一定的相关性。如，在词首位置上 [tʃʰ] 辅音的 CF2 频率相对稳定；词末的 VOT 和 GAP 音长相对长于其他音节；词末和词中音节末的音强比其他位置相对弱，词首的音强比其他位置相对强。

表 3.100　词中不同位置 [tʃʰ] 辅音统计（M）

位置		参数						
		GAP	VOT	CD	CA	CF1	CF2	CF3
词首	平均值		125.5		59.87	1392	2587	3398
	标准差		0.02		3.08	297.8	212	268.4
	变异系数		20.8%		5.1%	21.4%	8.1%	7.9%

续表

位置		参数						
		GAP	VOT	CD	CA	CF1	CF2	CF3
词中音节首	平均值	61.8	97.3	159.3	55.3	1297	2559	3496
	标准差	0.02	0.02	0.03	3.8	331.8	326.7	277.6
	变异系数	32.7%	27.4%	21.5%	6.9%	25.5%	12.7%	7.9%
词中音节末	平均值	83.5	105	188.5	53	1388	2491	3196
	标准差	0.02	0.01	0.01	4.1	364.2	287.6	437.7
	变异系数	26.8%	17.3%	8.7%	7.9%	26.2%	11.5%	13.6%
词末	平均值	123	147.7	235.8	52	1687	2615	3467
	标准差	0.06	0.01	0.03	3.1	303.2	43.8	210.6
	变异系数	56.6%	8.8%	14.9%	6%	17.9%	1.6%	6%
复辅音前置辅音	平均值		101.4		58.55	1316	2558	3402
	标准差		0.02		1.8	348.7	186.3	154.9
	变异系数		23.2%		3%	26.4%	7.2%	4.5%
复辅音后置辅音	平均值	60.3	90.6	143	55.75	1232	2393	3389
	标准差	0.04	0.03	0.04	4	301.9	332.8	273.8
	变异系数	75.4%	43.1%	29.7%	7.1%	24.5%	13.9%	8%

表 3.101　词中不同位置 [tʃʰ] 辅音统计 （F）

位置		参数						
		GAP	VOT	CD	CA	CF1	CF2	CF3
词首	平均值		98		60.37	974	2279	3365
	标准差		0.02		3.2	223.6	303.7	295.8
	变异系数		25.3%		5.4%	22.9%	13.3%	8.7%
词中音节首	平均值	77.7	86.9	164.7	57.87	1292	2522	3455
	标准差	0.02	0.02	0.03	4.4	224	271.2	292.8
	变异系数	27.5%	29.9%	22.2%	7.6%	17.3%	10.7%	8.4%
词中音节末	平均值	110	90	200	53.44	1205	2583	3283
	标准差	0.02	9.9	0.02	5.6	258.9	208.2	294.1
	变异系数	25.1%	11%	11.5%	10.5%	21.4%	8%	8.2%
词末	平均值	120.3	133.5	213	55	1208	2362	3484
	标准差	0.07	0.04	0.05	5.8	107.5	118	306.4
	变异系数	65.8%	32.9%	25.3%	10.7%	8.9%	4.9%	8.7%

续表

位置		参数						
		GAP	VOT	CD	CA	CF1	CF2	CF3
复辅音前置辅音	平均值		116.8		60.26	1157	2375	3484
	标准差		0.03		3.7	280.8	323.7	367.3
	变异系数		28%		6.1%	24.2%	13.6%	10.5%
复辅音后置辅音	平均值	79.2	77	156.2	57.85	1288	2433	3432
	标准差	0.02	0.02	0.03	4.3	238	312.8	267.9
	变异系数	35.3%	30.3%	24.5%	7.5%	18.4%	12.8%	7.8%

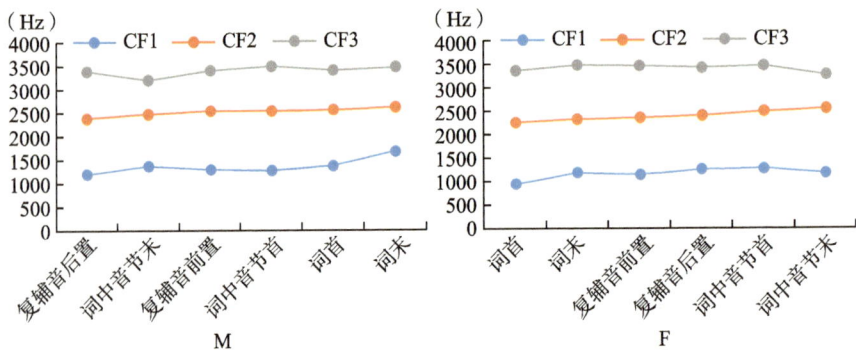

图 3.161　词中不同位置上〔tʃʰ〕辅音的共振峰均值分布（M&F）

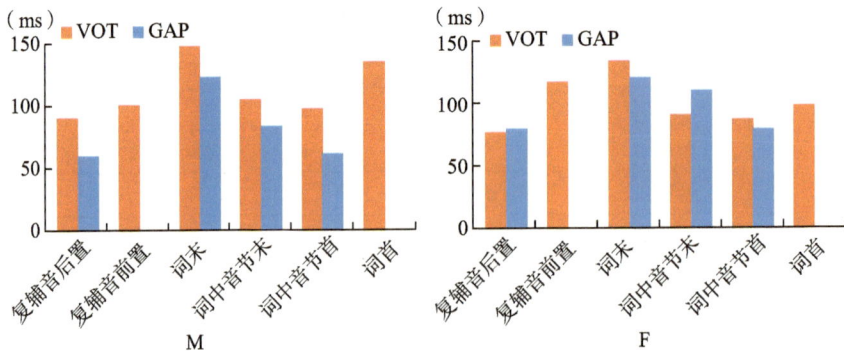

图 3.162　词中不同位置上〔tʃʰ〕辅音的 VOT 均值分布（M&F）

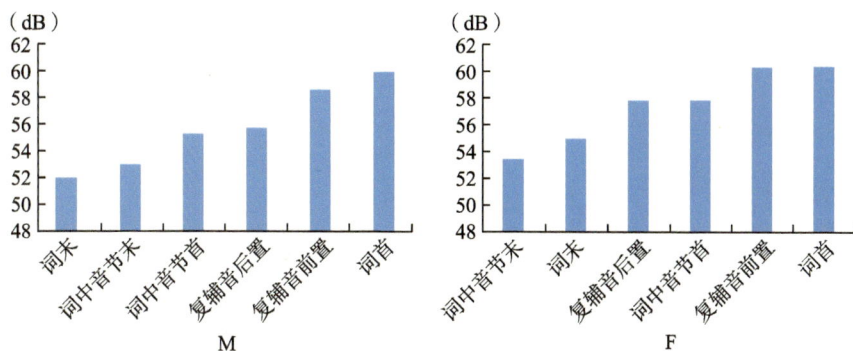

图 3.163　词中不同位置上［tʃʰ］辅音的音强均值分布（M&F）

2.2.4　后置元音音质与声学参数之间的关系

表 3.102 为不同元音之前［tʃʰ］辅音的参数统计表。图 3.164～3.166 为不同元音之前［tʃʰ］辅音的共振峰、音长和音强均值比较图。上述表和图显示，辅音声学参数与其后置元音音质之间具有一定的相关性。不同元音之前［tʃʰ］辅音第二共振峰相对稳定（除了女发音人［ʊ］元音之前）；［i］元音之前［tʃʰ］辅音的 VOT 比其他元音之前的相对长；［i］元音之前［tʃʰ］辅音的音强比其他元音之前的相对强。

表 3.102　不同元音前的［tʃʰ］辅音统计（M）

	M					F				
	VOT	CA	CF1	CF2	CF3	VOT	CA	CF1	CF2	CF3
tʃʰɐ	126	58.33	1228	2590	3363	86	57	914	2207	3328
tʃʰə	123	59.75	1415	2701	3225	112	61.5	1030	2423	3573
tʃʰe	152	61	1179	2813	3530	111	59.25	954	2213	3303
tʃʰi	162	64	1421	2719	3571	114	62.33	1088	2128	3243
tʃʰø	131	55.66	1478	2666	3318	107	62	892	2239	3295
tʃʰu	102	57	1278	2769	3538					
tʃʰʊ	118	60	1759	2521	3201	73	61	1318	2959	4123

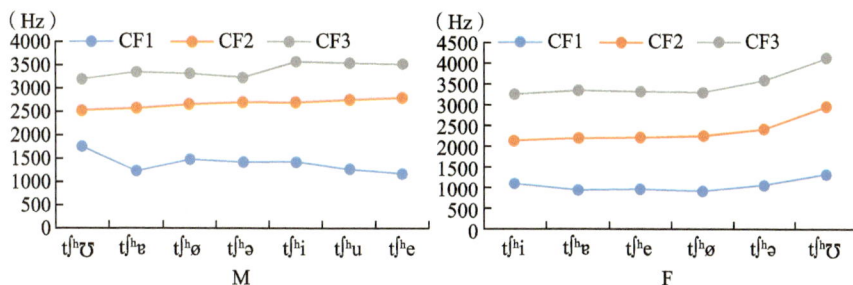

图 3.164　不同元音之前［tʃʰ］辅音的三个共振峰均值比较（M&F）

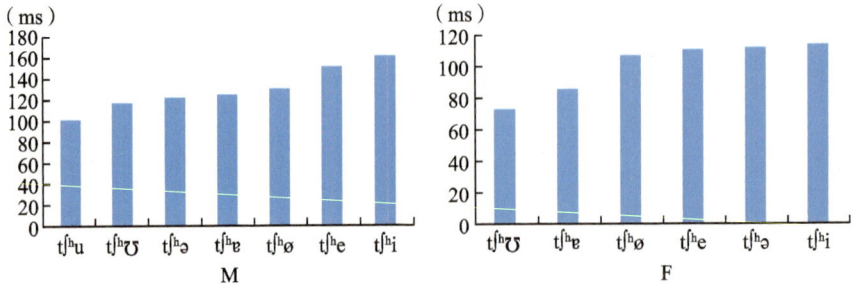

图 3.165　不同元音之前 [tʃʰ] 辅音 VOT 均值比较 （M&F）

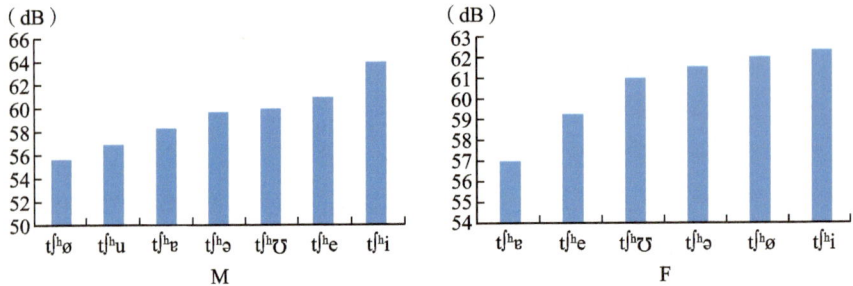

图 3.166　不同元音之前 [tʃʰ] 辅音的音强均值比较 （M&F）

　　我们对不同音节中出现的 [tʃʰ] 辅音 VOT、GAP 之间做了单因素方差分析，结果如表 3.103 所示。

表 3.103　检验结果

	sig（显著性）			
	VOT		GAP	
	M	F	M	F
词首音节—复辅音前置	.940	.269		
词首音节—复辅音后置	.000	.004		
词首音节—词中音节首	.000	.044		
词首音节—词中音节末	.188	.465		
复辅音前置—复辅音后置	.831	.004		
复辅音前置—词中音节首	.986	.025		
复辅音前置—词中音节末	.997	.063		
复辅音后置—词中音节首	.886	.365	.980	.956
复辅音后置—词中音节末	.610	.158	.170	.030
词中音节首—词中音节末	.851	.901	.136	.019

我们从检验结果来看，VOT 参数上，男、女发音人在词首音节—复辅音后置、词首音节—词中音节首、复辅音前置—复辅音后置（女）、复辅音前置—词中音节首（女）音节之间差异性显著，其他不同音节之间差异不显著。

GAP 参数上，男、女发音人有不同表现，男发音人在不同音节之间差异不显著。

3. /ts/辅音

3.1　词中分布特征

/ts/男发音语料中出现 14 次（M：词首 13 次，词中音节首 1 次），女发音语料中出现 17 次（F：词首 16 次，词中音节首 1 次）。

3.2　声学特征

3.2.1　声学语图特点

东部裕固语［ts］为舌叶—齿龈后、送气、清塞擦音。图 3.167～3.168 男发音人为［tsənpiː］"眯眼"一词的三维语图和［ts］辅音频谱图。

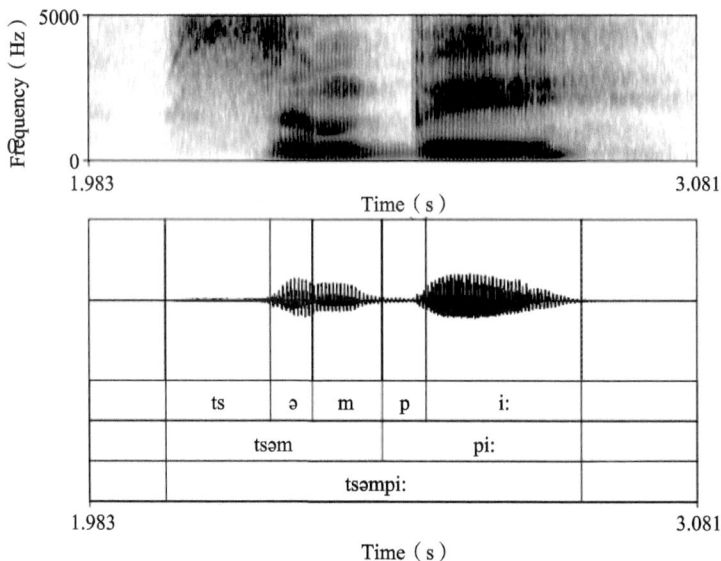

图 3.167　男发音人［tsənpiː］"眯眼"一词的三维语图和三层标注实例

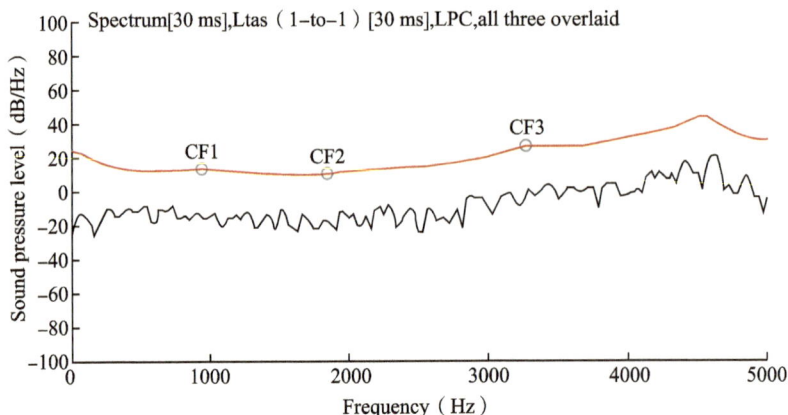

图 3.168　男发音人［tsənpiː］"眯眼"一词［ts］辅音（词首）频谱图

3.2.2　共振峰分布模式

表 3.104 为［ts］辅音的参数统计总表。图 3.169 为两位发音人［ts］辅音第一、第二和第三共振峰分布图。图 3.169 显示了［ts］辅音三个共振峰的频率范围，即男、女发音人共振峰频率浮动围绕为，男：CF1 = 1100 ~ 1700Hz，CF2 = 1600 ~ 3400Hz，CF3 = 3100 ~ 4400Hz；女：CF1 = 200 ~ 1700Hz，CF2 = 1800 ~ 2700Hz，CF3 = 3000 ~ 3600Hz；男发音人 CF1 数据范围最集中，女发音人 CF3 数据范围最集中。

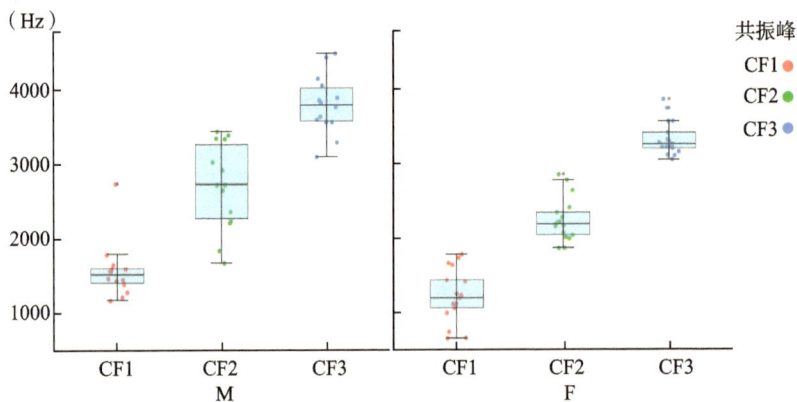

图 3.169　［ts］辅音共振峰分布（M&F）

表 3.104　[ts] 辅音统计（M&F）

	M					F				
	VOT	CA	CF1	CF2	CF3	VOT	CA	CF1	CF2	CF3
平均值	129	51.5	1526	2665	3760	67	45.76	1182	2198	3283
标准差	0.04	3.5	377.2	579.1	392.3	0.02	3.7	354.8	289.3	229.7
变异系数	35.9%	6.9%	24.7%	21.7%	10.4%	30.4%	8.2%	30%	13.1%	6.9%

（四）鼻音

鼻音是通过鼻腔辐射到外的辅音，发鼻音时口腔紧闭，声带振动，气流通过鼻腔，在鼻腔中产生共鸣。根据口腔内阻塞形成点的不同，把东部裕固语鼻音可以分为双唇鼻音、舌尖—齿鼻音和舌面后—软腭鼻音。东部裕固语有 [n、m、ŋ、ɳ] 4 个鼻音音位。

1. /n/辅音

1.1　词中分布特征

/n/辅音在统一平台中以单辅音或复辅音前置辅音形式共出现了 431 次（M）和 410 次（F）。其中，以单辅音形式出现的位置有词首、词中音节首、词中音节末和词末等；以复辅音形式出现在复辅音前置辅音和复辅音后置辅音位置。M 的 431 次/n/中，424 次为单辅音，其他 7 次为复辅音；F 的 410 次/n/中，407 次为单辅音，其余 3 次为复辅音。以单辅音形式出现在词末位置的频率比例最高（59%），其次是词中音节首。以单辅音形式出现在词首和词中音节末位置出现的位居第三（19%～18%），其他位置出现的比例相对少。请见表 3.105。

表 3.105　[n] 辅音出现频率统计

		M		F	
		出现频率	百分比	出现频率	百分比
所有		431	100%	410	100%
单辅音	词首	65	15%	65	16%
	词中音节首	65	15%	91	22%
	词中音节末	39	9%	8	2%
	词末	255	59%	243	59%

续表

		M		F	
		出现频率	百分比	出现频率	百分比
复辅音	复辅音前置辅音	2	0%	2	0%
	复辅音后置辅音	5	1%	1	0%

1.2 声学特征

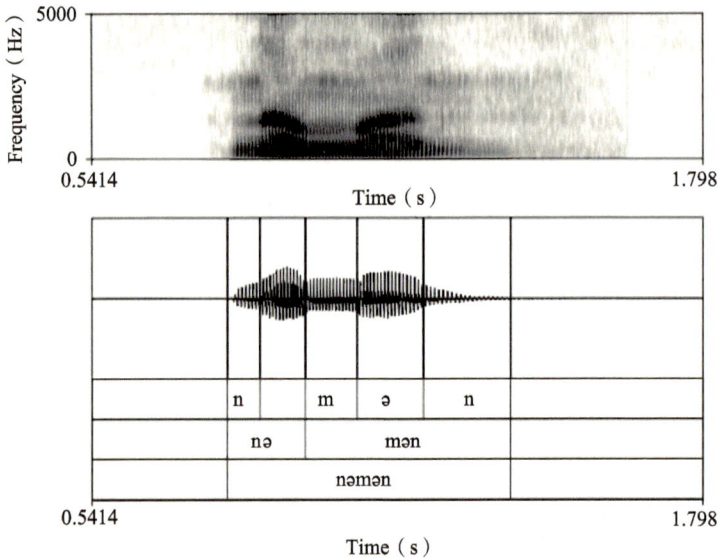

图 3.170　男发音人［nəmən］"弓的弦，弓，弩"一词的三维语图和三层标注

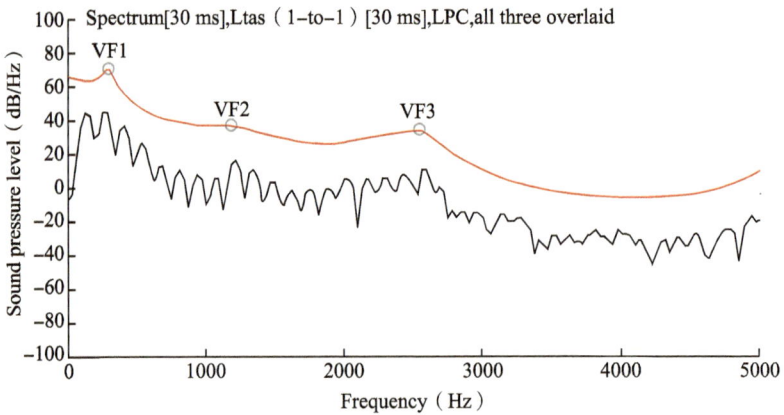

图 3.171　男发音人［nəmən］"弓的弦，弓，弩"一词［n］辅音（词首）频谱图

1.2.1　声学语图

东部裕固语 [n] 辅音是舌尖—齿区鼻音。图 3.170～3.171 为男发音人 [nəmən] "弓的弦，弓，弩" 一词三维语图、三层标注图和 [n] 辅音频谱图。

1.2.2　共振峰分布模式

表 3.106 为两位发音人 [n] 辅音参数统计总表。图 3.172 为 [n] 辅音共振峰分布图。图 3.172 显示了 [n] 辅音的三个共振峰的频率范围，即男、女发音人共振峰频率浮动围绕为，男：VF1 = 200～800Hz，VF2 = 700～2400Hz，VF3 = 1800～3300Hz；女：VF1 = 250～600Hz，VF2 = 600～2500Hz，VF3 = 1700～3900Hz；男、女发音人 CF1 数据范围最集中。

表 3.106　[n] 辅音统计（M&F）

	M					F				
	CD	CA	VF1	VF2	VF3	CD	CA	VF1	VF2	VF3
平均值	111	66.68	349	1552	2617	121	64.8	283	1628	2746
标准差	0.04	4.3	117.6	315.5	270.1	0.04	3.9	70.9	474.1	465.8
变异系数	36.4%	6.4%	33.7%	20.3%	10.3%	34.6%	6%	25.1%	16.9%	16.9%

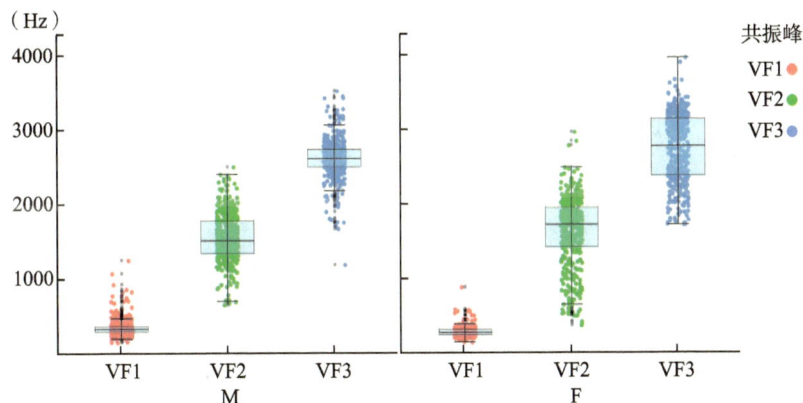

图 3.172　[n] 辅音共振峰分布（M&F）

1.2.3　词中位置与声学参数之间的关系

表 3.107～3.108 为词中不同位置上的 [n] 辅音参数统计表。图 3.173～3.175 为根据表 3.107～3.108 所画的词中不同位置上 [n] 辅音的共振峰、音长、音强参数均值比较图。上述表和图显示，辅音 [n] 词中位置与该辅音声学参数之间具有一定的相关性。如，词末比其他位置上的音长相对长；

在词末位置上比其他位置上的音强相对弱；辅音 [n] 词中位置与该辅音共振峰参数之间相关性不大。

表 3.107　词中不同位置 [n] 辅音统计 （M）

位置		参数				
		CD	CA	VF1	VF2	VF3
词首	平均值	70	67.01	289	1526	2566
	标准差	0.02	2.1	23.5	401.2	162.6
	变异系数	41.6%	3.1%	8.1%	26.2%	6.3%
词中音节首	平均值	84	69.78	335	1397	2597
	标准差	0.02	2.5	33.6	241.6	176.9
	变异系数	29.2%	3.6%	10%	17.3%	6.8%
词中音节末	平均值	92	69.94	357	1541	2579
	标准差	0.01	3.3	74.2	304.4	149.9
	变异系数	19.9%	4.8%	20.8%	19.7%	5.8%
词末	平均值	133	65.27	368	1605	2644
	标准差	0.03	4.5	144.2	297.5	320.9
	变异系数	25.5%	6.9%	39.2%	18.5%	12.1%
复辅音前置辅音	平均值	96	67	291	1493	2658
	标准差					
	变异系数					
复辅音后置辅音	平均值	58	68.2	311	1307	2444
	标准差	0.01	3.2	7.2	101	135.9
	变异系数	17.7%	4.7%	2.3%	7.7%	5.5%

表 3.108　词中不同位置 [n] 辅音统计 （F）

位置		参数				
		CD	CA	VF1	VF2	VF3
词首	平均值	78	63.9	303	1462	2981
	标准差	0.02	2.5	45.5	640.6	396.4
	变异系数	29%	3.9%	15%	43.8%	13.2%
词中音节首	平均值	92	68.86	281	1453	2563
	标准差	0.02	2.7	47.7	485.3	356.9
	变异系数	25.7%	4.06%	16.9%	33.4%	13.9%

续表

位置		参数				
		CD	CA	VF1	VF2	VF3
词中音节末	平均值	111	68.37	300	1458	2711
	标准差	0.03	3.4	113.6	468.5	496.1
	变异系数	33.1%	5%	37.9%	32.1%	18.3%
词末	平均值	144	63.38	278	1749	2755
	标准差	0.03	3.4	81	372.5	492.1
	变异系数	24.2%	5.5%	29.1%	21.3%	17.8%
复辅音前置辅音	平均值	116	65	219	932	2427
	标准差					
	变异系数					
复辅音后置辅音	平均值	82	68	304	1760	2870
	标准差					
	变异系数					

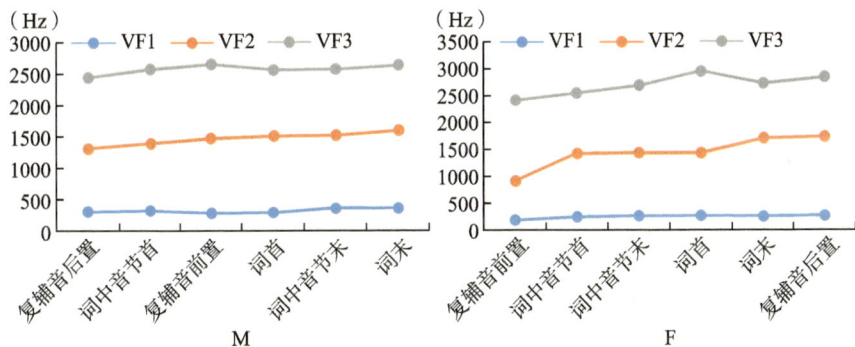

图 3.173　词中不同位置上 ［n］ 辅音的共振峰均值比较（M&F）

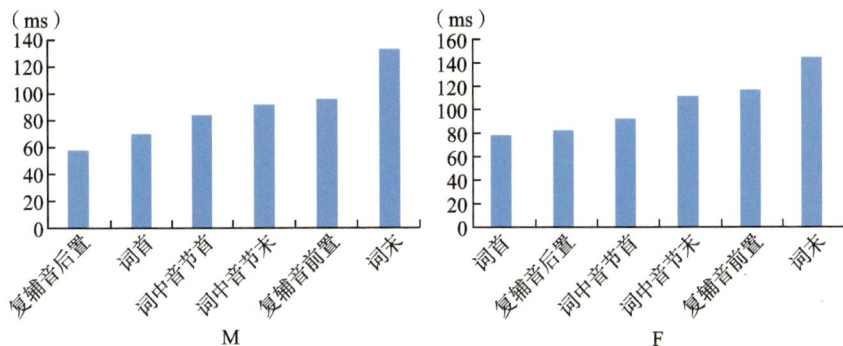

图 3.174　词中不同位置上 ［n］ 辅音的音长均值比较（M&F）

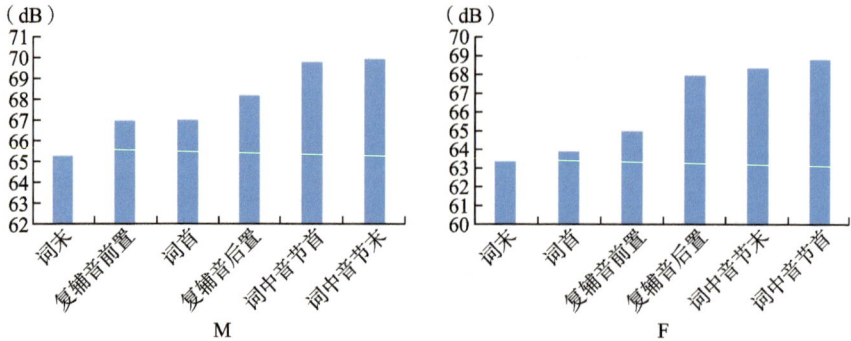

图 3.175　词中不同位置上［n］辅音的音强均值比较（M&F）

1.2.4　后置元音音质与声学参数之间的关系

表 3.109 为不同元音之前［n］辅音的参数统计表。图 3.176~3.178 为根据表 3.109 所画的［n］辅音在不同元音之前的共振峰、音长和音强均值比较图。上述表和图显示，后续元音音质与［n］辅音声学参数之间有一定的相关性。前元音［i、ø］之前［n］辅音的 VF2 比其他元音之前的 VF2 相对低；后续元音与［n］辅音的音长和音强之间相关性不明显。

表 3.109　不同元音前的［n］辅音统计（M&F）

	M					F				
	CD	CA	CF1	CF2	CF3	CD	CA	CF1	CF2	CF3
nɐ	69	69	308	1542	2583	65	63.4	329	1748	3096
nɔ	59	66	270	1543	2680	68	62.2	313	1735	2909
nə	77	68.5	282	1403	2160	106	66.25	283	1526	2865
ne	74	67.25	302	1624	2563	68	64	280	1053	2992
ni	84	67	283	1369	2687	91	68	229	860	3089
nø	62	67	292	1343	2533	88	66.5	256	878	2666
nu	58	66.25	282	1809	2675	91	62.75	296	1735	2649
nʊ	49	65.25	278	1264	2491	84	64	295	1184	2571

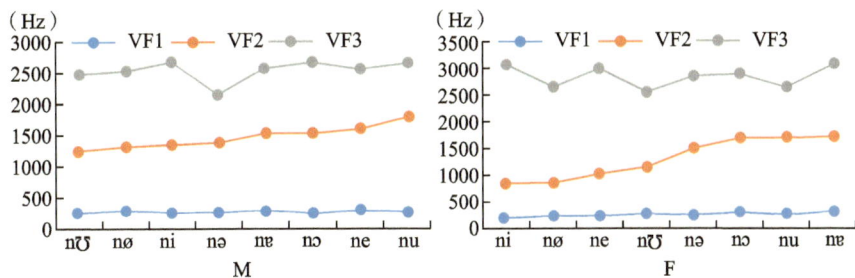

图 3.176　不同元音之前［n］辅音的三个共振峰均值比较（M&F）

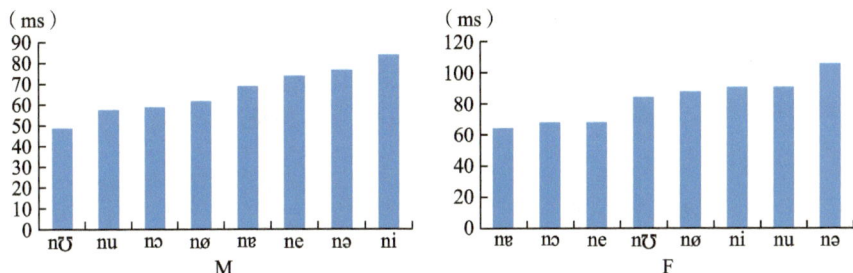

图 3.177　不同元音之前［n］辅音的音长均值比较（M&F）

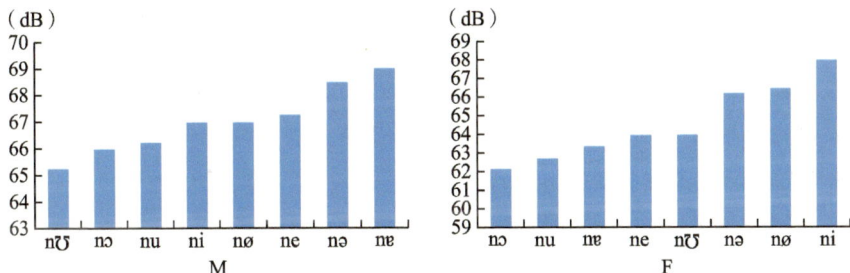

图 3.178　不同元音之前［n］辅音的音强均值比较（M&F）

　　我们对不同音节中出现的［n］辅音音长、共振峰之间做了单因素方差分析，结果如表 3.110 所示。

表 3.110　检验结果

	sig（显著性）							
	M	F	M			F		
	CD	CD	F1	F2	F3	F1	F2	F3
词首音节—词中音节首	.017	.002	.000	.123	.731	.019	1.000	.000
词首音节—词中音节末	.000	.153	.000	.997	.978	1.000	1.000	.488
词首音节—词末	.000	.000	.000	.446	.035	.007	.005	.001

	sig（显著性）							
	M	F	M			F		
	CD	CD	F1	F2	F3	F1	F2	F3
词中音节首—词中音节末	.204	.531	.320	.067	.944	.963	1.000	.841
词中音节首—词末	.000	.000	.007	.000	.399	.981	.000	.001
词中音节末—词末	.000	.131	.892	.605	.170	.947	.371	.994

我们从检验结果来看，音长参数上，男发音人在词中音节首—词中音节末音节之间差异不显著，其他不同音节之间差异显著；女发音人规律不明显。

F1参数上，男、女发音人相反；F2男、女发音人相同的规律，不同音节之间差异性不显著；F3参数上，男、女发音人相反。

2. /m/辅音

2.1 词中分布特征

/m/辅音在统一平台中以单辅音或复辅音前置辅音形式共出现了226次（M）和224次（F）。其中，以单辅音形式出现的位置有词首、词中音节首、词中音节末和词末等；以复辅音形式出现的位置有复辅音前置辅音和复辅音后置辅音。M的226次/m/辅音中，223次为单辅音形式出现，其余3次为复辅音形式出现；F的224次/m/辅音中，221次为单辅音形式出现，其余3次为复辅音形式出现。从词中整体分布特征看，在词中音节首词首出现频率最高39%~51%，其次词中音节末和词末位置出现的单辅音频率，该辅音在复辅音位置上出现的频率较低。请见表3.111。

表3.111 [m]辅音出现频率统计

		M		F	
		出现频率	百分比	出现频率	百分比
所有		226	100%	224	100%
单辅音	词首	73	32%	69	31%
	词中音节首	89	39%	115	51%
	词中音节末	38	17%	15	7%
	词末	23	10%	22	10%
复辅音	复辅音前置辅音	1	0%	1	0%
	复辅音后置辅音	2	1%	2	1%

2.2 声学特征

2.2.1 声学语图

东部裕固语 ［m］辅音是双唇鼻音。图 3.179~3.180 为男发音人 ［mɐl］"牲畜"一词三维语图、三层标注图和 ［m］辅音频谱图。

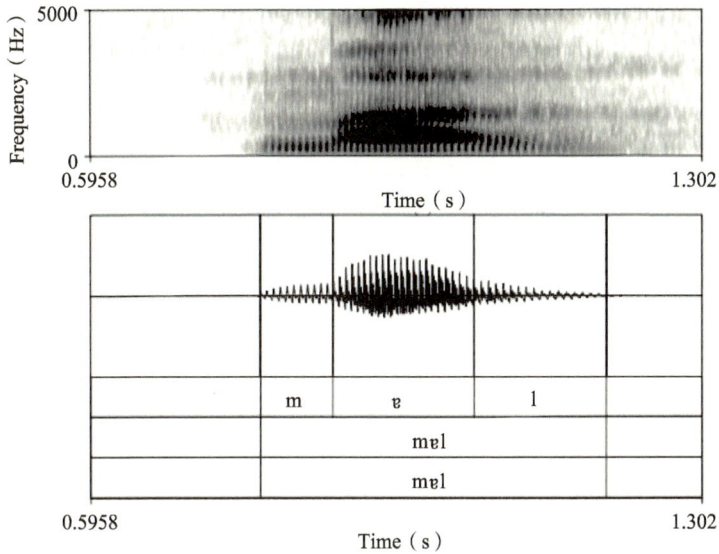

图 3.179 男发音人 ［mɐl］"牲畜"一词的三维语图和三层标注实例

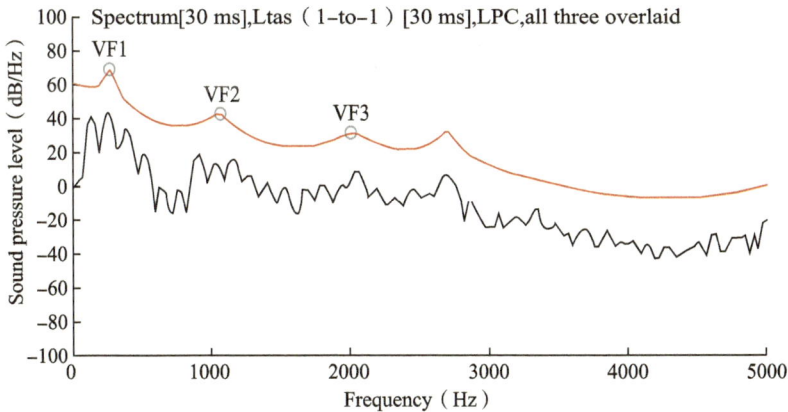

图 3.180 男发音人 ［mɐl］"牲畜"一词 ［m］辅音频谱图

2.2.2 共振峰分布模式

表 3.112 为 ［m］辅音的参数统计总表。图 3.181 为两位发音人 ［m］

辅音共振峰分布图。图 3.181 显示了［m］辅音三个共振峰的频率范围，即男、女发音人共振峰频率浮动围绕为，男：VF1 = 250 ~ 500Hz，VF2 = 700 ~ 22000Hz，VF3 = 1700 ~ 3200Hz；女：VF1 = 250 ~ 400Hz，VF2 = 700 ~ 1900Hz，VF3 = 1900 ~ 3400H；男、女发音人 CF1 数据范围最集中，CF3 数据范围最离散。

表 3.112　［m］辅音统计（M&F）

	M					F				
	CD	CA	VF1	VF2	VF3	CD	CA	VF1	VF2	VF3
平均值	90	67.82	322	1290	2750	99	66.97	262	1323	2645
标准差	0.03	3.2	114.8	324.8	254.5	0.03	3.9	32.6	255.3	312.9
变异系数	40%	4.7%	35.6%	25.1%	10.1%	39.5%	5.9%	12.4%	19.2%	11.8%

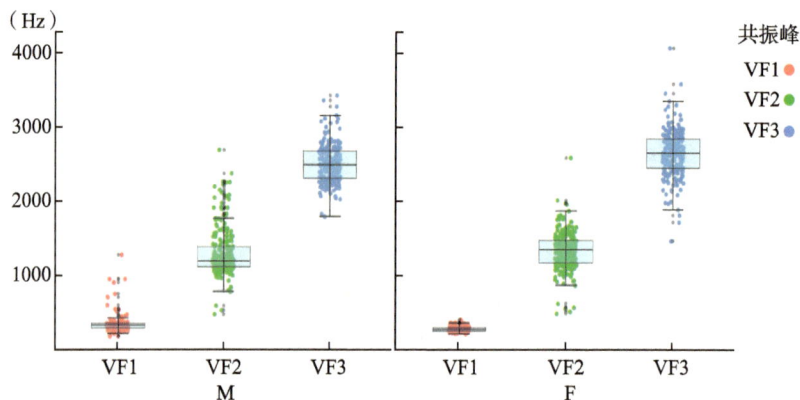

图 3.181　［m］辅音共振峰分布（M&F）

2.2.3　词中位置与声学参数之间的关系

表 3.113 ~ 3.114 为词中不同位置上［m］辅音的参数统计表。图 3.182 ~ 3.184 为根据表 3.113 ~ 3.114 所画的两位发音人词中不同位置上［m］辅音的共振峰、音长、音强参数均值比较图。上述表和图显示，词中位置与［m］辅音声学参数之间具有一定的相关性。如，在词中各位置上［m］辅音的第二共振峰相对稳定；词末音节音长比其他音节相对长，词首音节相对短；词中音节末音强比其他音节相对强。

表 3.113　词中不同位置 [m] 辅音统计 （M）

位置		参数				
		CD	CA	VF1	VF2	VF3
词首	平均值	63	65.61	268	1307	2554
	标准差	0.02	2.7	28.7	385.9	245.4
	变异系数	33.1%	4.1%	10.7%	29.5%	9.6%
词中音节首	平均值	91	69.17	350	1262	2452
	标准差	0.01	2.8	128.5	311.9	256.8
	变异系数	20.2%	4.1%	36.7%	24.7%	10.4%
词中音节末	平均值	97	69.39	336	1281	2479
	标准差	0.02	2.7	74.8	261.2	262.3
	变异系数	25.9%	3.9%	22.2%	20.3%	10.5%
词末	平均值	162	66.82	366	1371	2545
	标准差	0.03	2.9	203.3	274.1	248.8
	变异系数	23.6%	4.4%	55.5%	19.9%	9.7%
复辅音前置辅音	平均值	122	69	305	1163	2594
	标准差					
	变异系数					
复辅音后置辅音	平均值	72	69	329	1262	2452
	标准差					
	变异系数					

表 3.114　词中不同位置 [m] 辅音统计 （F）

位置		参数				
		CD	CA	VF1	VF2	VF3
词首	平均值	70	63.42	277	1236	2804
	标准差	0.02	2.2	35.2	309.7	325.4
	变异系数	31.8%	12.7%	12.7%	25%	11.6%
词中音节首	平均值	99	68.9	251	1335	2567
	标准差	0.02	3.4	24.6	221.4	269.9
	变异系数	21.3%	4.9%	9.8%	16.5%	10.5%
词中音节末	平均值	103	69.2	268	1464	2605
	标准差	0.02	4.03	36.5	232	403.2
	变异系数	22.1%	5.8%	13.6%	15.8%	15.4%

续表

位置		参数				
		CD	CA	VF1	VF2	VF3
词末	平均值	188	66.59	268	1438	2591
	标准差	0.02	2.6	39.6	158.2	267.4
	变异系数	14.4%	3.9%	14.8%	11%	10.3%
复辅音前置辅音	平均值	90	62	237	1230	2535
	标准差					
	变异系数					
复辅音后置辅音	平均值	102	69	244	1369	2621
	标准差					
	变异系数					

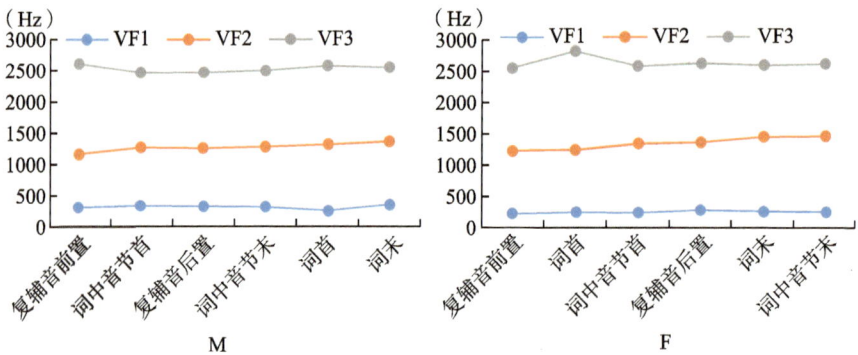

图 3.182 词中不同位置上 [m] 辅音的共振峰均值比较 (M&F)

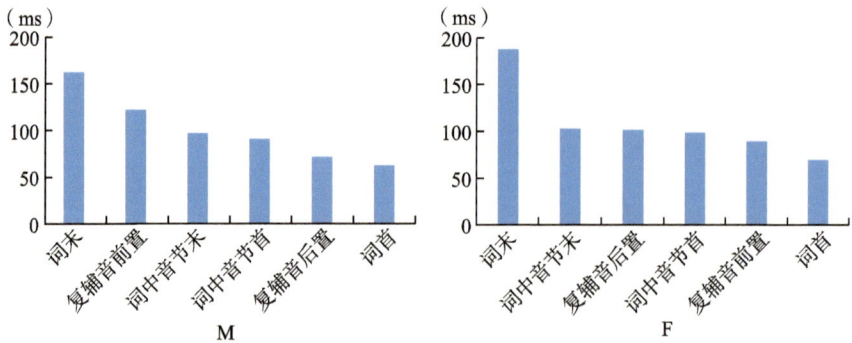

图 3.183 词中不同位置上 [m] 辅音的音长均值比较 (M&F)

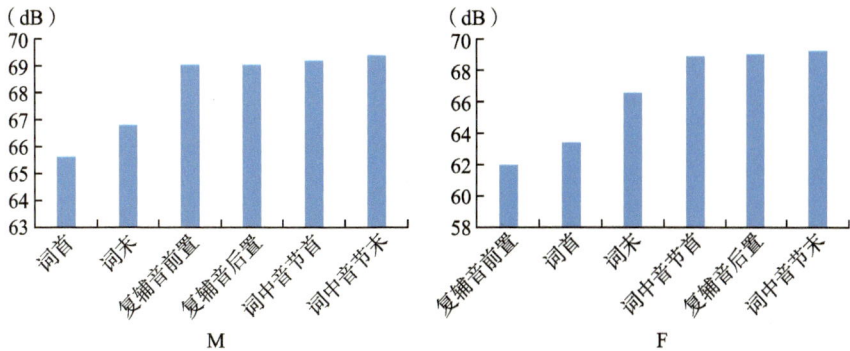

图 3.184　不同位置上［m］辅音的音强均值比较（M&F）

2.2.4　后置元音音质与声学参数之间的关系

表 3.115 为两位发音人不同元音之前［m］辅音参数统计表。图 3.185～3.187 为［m］辅音在不同元音之前的共振峰、音长和音强均值比较图。从这些图和数据看，［m］辅音声学参数与其后置元音音质之间具有一定的相关性。如，［m］辅音共振峰与其后置元音音质之间相关性不大；［ɐ］元音之前［n］辅音的音长比其他元音之前的相对短，［ɔ、o］相对长；［ɐ］元音之前［n］辅音的音强比其他元音之前的相对弱。

表 3.115　不同元音前的［m］辅音统计（M&F）

	M					F				
	CD	CA	VF1	VF2	VF3	CD	CA	VF1	VF2	VF3
mɐ	43	63	257	1191	2522	57	61.75	286	1438	2690
mɔ	52	64.75	256	1456	2671	74	64.33	274	1150	2705
mə	84	67.5	266	1120	2733	74	63.16	273	1081	2703
me	53	63.33	278	1389	2591	65	63.5	264	1548	3127
mo	79	68	267	1160	2807	103	64	243	1314	2826
mu	71	66.6	250	1166	2525	62	63.5	263	1175	2797
mø	76	67.5	273	1086	2329	64	64	288	1642	2616

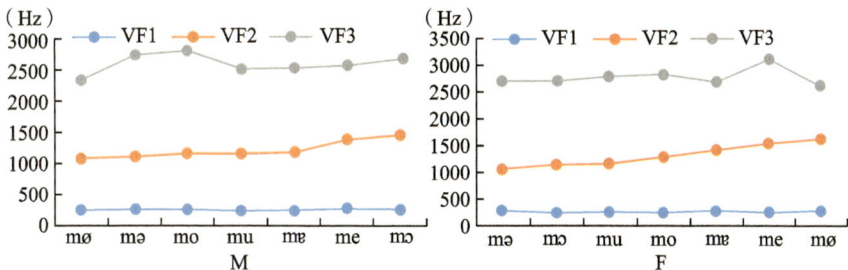

图 3.185　不同元音之前［m］辅音的三个共振峰均值比较（M&F）

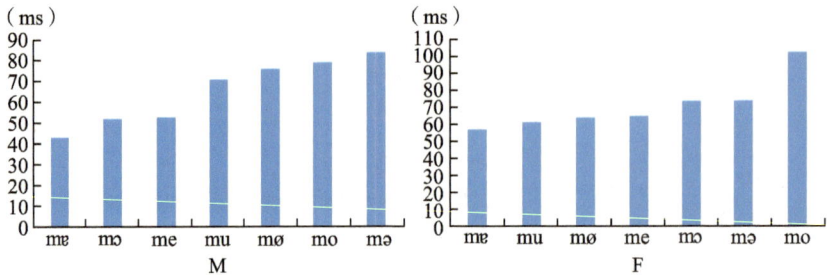

图 3.186　不同元音之前［m］辅音的音长均值比较（M&F）

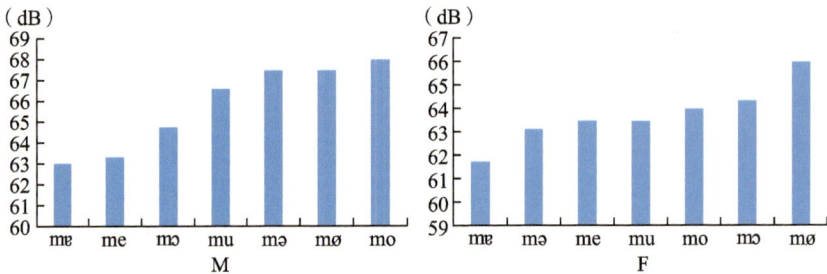

图 3.187　不同元音之前［m］辅音的音强均值比较（M&F）

我们对不同音节中出现的［m］辅音音长、共振峰之间做了单因素方差分析，结果如表 3.79 所示。

表 3.116　检验结果

	sig（显著性）							
	M	F	M			F		
	CD	CD	F1	F2	F3	F1	F2	F3
词首音节—词中音节首	.000	.000	.000	.850	.054	.000	.099	.000
词首音节—词中音节末	.000	.000	.000	.975	.467	.793	.017	.313
词首音节—词末	.000	.000	.129	.815	.999	.738	.001	.019
词中音节首—词中音节末	.518	.947	.868	.984	.950	.373	.215	.983
词中音节首—词末	.000	.000	.984	.360	.397	.282	.61	.979
词中音节末—词末	.000	.000	.903	.587	.759	1.000	.981	.999

我们从检验结果显示，在音长参数上，男、女发音人在词中音节首—词中音节末音节之间差异不显著，其他不同音节之间差异显著。

F1 参数上，男、女发音人出现相同的规律，多数的不同音节之间差异不显著；F2 和 F3 参数上，男发音人不同音节之间差异不显著，女发音人规律不明显。

3. /ŋ/辅音

3.1　词中分布

/ŋ/辅音在统一平台中共出现了 139 次（M）和 132 次（F）。东部裕固语中该辅音都以单辅音的形式在词中音节首、词中音节末和词末出现，不出现在词首。请见表 3.117。

表 3.117　[ŋ] 辅音出现频率统计

		M		F	
		出现频率	百分比	出现频率	百分比
所有		139	100%	132	100%
单辅音	词首				
	词中音节首	11	8%	70	53%
	词中音节末	85	61%	20	32%
	词末	43	31%	42	15%

3.2　声学特征

3.2.1　声学语图

东部裕固语 [ŋ] 辅音为软腭—舌面后鼻音。图 3.188~3.189 为男发音人 [eŋes]"窄"一词三维语图、三层标注图和 [ŋ] 辅音频谱图。

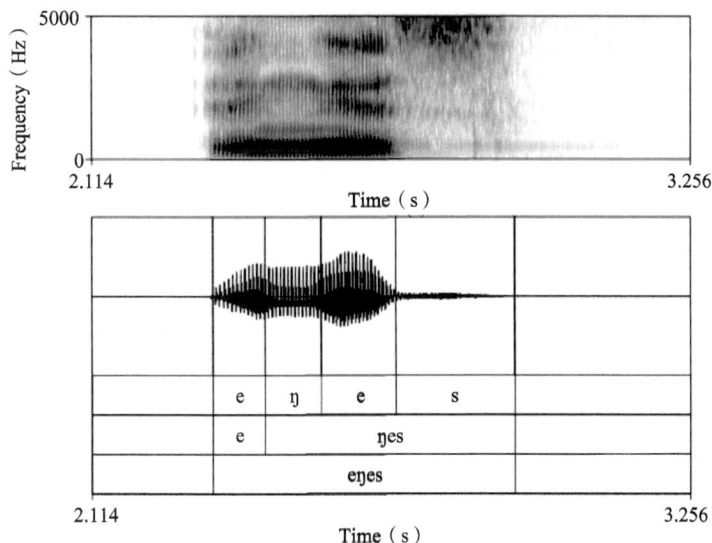

图 3.188　男发音人 [eŋes]"窄"一词的三维语图和三层标注实例

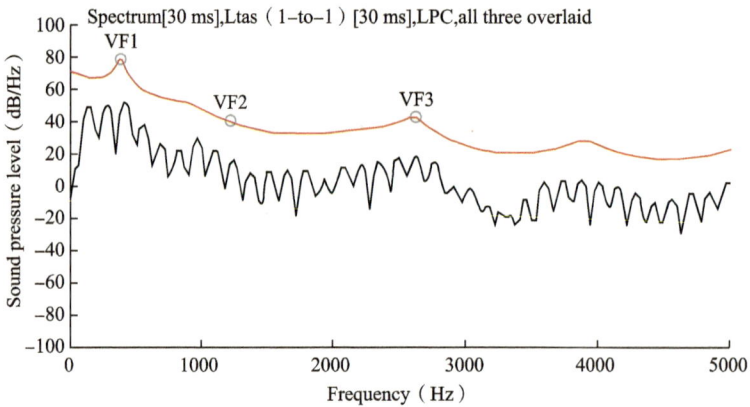

图 3.189　男发音人［eŋes］"窄"一词［ŋ］辅音（音节首）频谱图

3.2.2　共振峰分布模式

表 3.118 为两位发音人［ŋ］辅音的参数统计总表。图 3.190 为两位发音人［ŋ］辅音共振峰分布图。图 3.190 显示［ŋ］辅音的三个共振峰的频率范围，即男、女发音人共振峰频率浮动围绕为，男：VF1 = 250 ~ 700Hz，VF2 = 700 ~ 2400Hz，VF3 = 1700 ~ 3500Hz；女：VF1 = 250 ~ 750Hz，VF2 = 600 ~ 1700Hz，VF3 = 1500 ~ 3400Hz；男、女发音人中 VF1 数据最集中。

表 3.118　［ŋ］辅音统计（M&F）

	M					F				
	CD	CA	VF1	VF2	VF3	CD	CA	VF1	VF2	VF3
平均值	115	68.85	395	1356	2600	121	66.87	294	1121	2467
标准差	0.03	3.5	76.4	395.2	343.2	0.03	4.01	96.9	257.8	421.6
变异系数	33.1%	5.1%	19.2%	29.1%	13.2%	32.3%	6%	32.9%	23%	17%

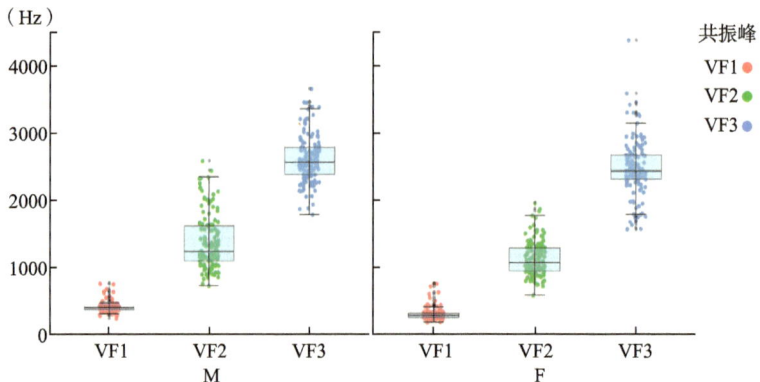

图 3.190　［ŋ］辅音共振峰分布（M&F）

3.2.3 词中位置与声学参数之间的关系

表 3.119~3.120 为词中不同位置上［ŋ］辅音的参数统计表。图 3.191~3.193 为根据表 3.119~3.120 所画的两位发音人词中不同位置上［ŋ］辅音的共振峰、音长、音强参数均值比较图。

本次实验结果显示，词中位置与［ŋ］辅音声学参数之间有一定的相关性。如，词中不同位置［ŋ］辅音的第二共振峰相对稳定；词末位置［ŋ］辅音的音长比其他位置相对长，词中音节首相对短；词中音节首位置［ŋ］辅音音强比其他位置相对强，词首的相对弱。

表 3.119 词中不同位置［ŋ］辅音统计（M）

位置		参数				
		CD	CA	VF1	VF2	VF3
词中音节首	平均值	84	71.54	386	1321	2590
	标准差	0.01	2.2	25.3	391	181.3
	变异系数	20.3%	3.1%	6.5%	29.6%	7%
词中音节末	平均值	100	70	398	1312	2587
	标准差	0.02	2.6	57.1	399.3	321.8
	变异系数	26.5%	3.7%	14.3%	30.4%	12.4%
词末	平均值	152	65.9	393	1452	2627
	标准差	0.03	3.4	111.8	379.7	413.5
	变异系数	22.6%	5.2%	28.4%	26.1%	15.7%

表 3.120 词中不同位置［ŋ］辅音统计（F）

位置		参数				
		CD	CA	VF1	VF2	VF3
词中音节首	平均值	101	68.42	307	1083	2528
	标准差	0.02	3.4	121.7	257.2	387.6
	变异系数	22.6%	5%	39.6%	23.7%	15.3%
词中音节末	平均值	107	67.4	289	1134	2496
	标准差	0.03	2.9	59	249.6	268.8
	变异系数	30.7%	4.3%	20.4%	22%	10.7%
词末	平均值	160	64.02	276	1178	2351
	标准差	0.03	3.8	52.8	257.3	510.9
	变异系数	20.5%	6%	19.1%	21.8%	21.7%

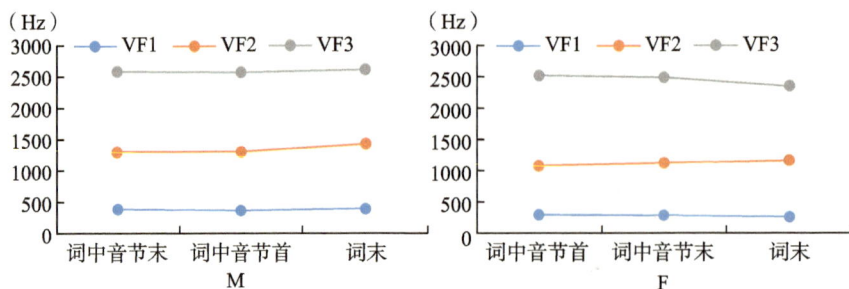

图 3.191　词中不同位置上［ŋ］辅音的共振峰均值比较（M&F）

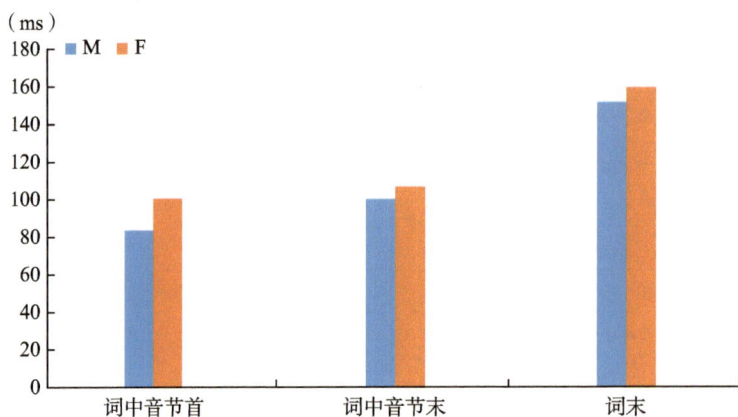

图 3.192　词中不同位置上［ŋ］辅音的音长均值比较（M&F）

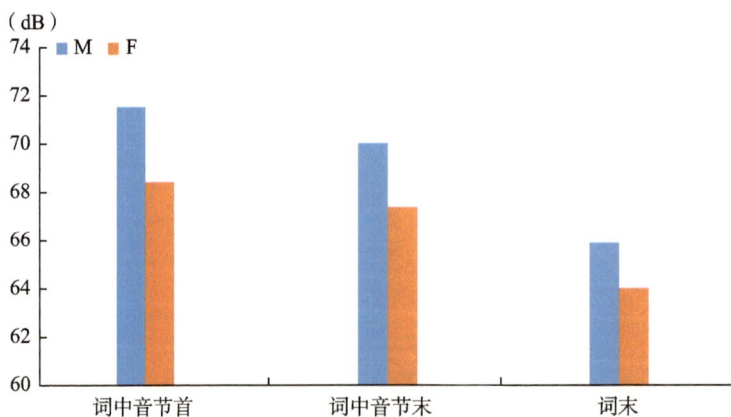

图 3.193　词中不同位置上［ŋ］辅音的音强均值比较（M&F）

　　我们对不同音节中出现的［ŋ］辅音音长、共振峰之间做了单因素方差分析，结果如表 3.121 所示。

表 3.121　检验结果

	sig（显著性）							
	M	F	M			F		
	CD	CD	F1	F2	F3	F1	F2	F3
词中音节首—词中音节末	.047	.733	.483	.997	.999	.636	.702	.905
词中音节首—词末	.000	.000	.928	.588	.898	.152	.146	.136
词中音节末—词末	.000	.000	.965	.133	.848	.668	.799	.316

　　我们从检验结果来看，音长参数上，男、女发音人在不同音节之间差异显著（除了女发音人的词中音节首—词中音节末之间）。

　　共振峰参数上，男、女发音人有相同规律，不同音节之间差异不显著。

　　4.［n̥］辅音

　　男、女发音人语料中各出现 3 次。东部裕固语［n̥］辅音是舌尖—齿区清鼻音。图 3.194~3.195 为男发音人［n̥iː］"笑"一词三维语图、三层标注实例和［n］辅音频谱图。

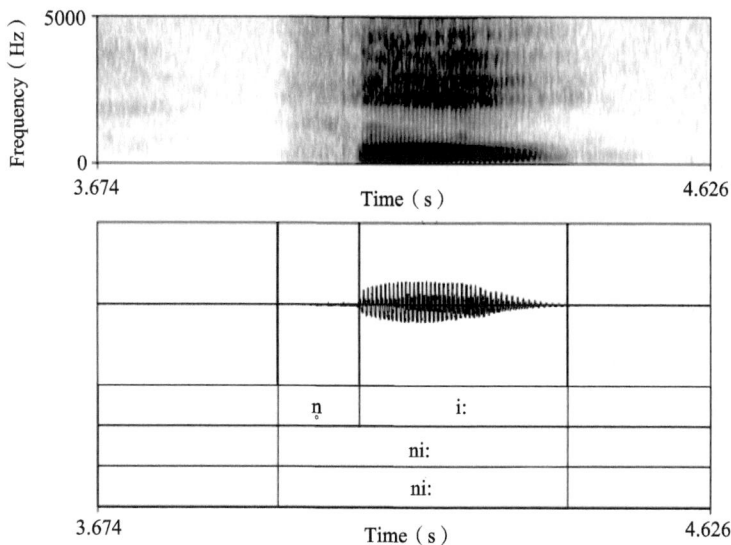

图 3.194　男发音人［n̥iː］"笑"一词的三维语图和三层标注实例

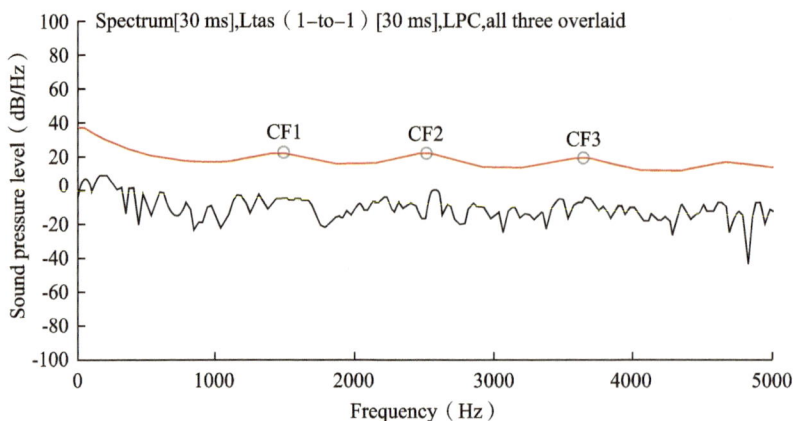

图 3.195　男发音人 [n̥iː] "笑" 一词 [n̥] 辅音频谱图

（五）其他辅音

本节主要讨论边音/l/、/ɬ/，闪音/ɾ/和半元音/j/、/w/等辅音音位。

1. /l/辅音

东部裕固语/l/辅音有浊边音 [l]、清边音 [l̥] 等两种变体。其中，[l] 为典型变体。[l̥] 变体主要在送气辅音之前出现。

1.1　[l] 辅音

[l] 辅音在统一平台中以单辅音或复辅音前置辅音形式共出现了 455（M）或 446 次（F）。其中，以单辅音形式主要在词首、词中音节首、词中音节末和词末等位置出现；以复辅音形式主要在复辅音前置辅音和复辅音后置辅音位置出现。M 的 455 次 [l] 中，453 次为单辅音，其余 2 次为复辅音前置辅音；F 的 446 次 [l] 中，441 次为单辅音，其余 5 次为复辅音。可以看出，[l] 辅音主要以单辅音形式出现，以复辅音前置辅音形式出现的频率较低；该辅音主要在词中音节首和词中音节末位居第一（81%～82%），词末位置出现频率第二（15%），在词首位置出现的频率较低。请见表 3.122。

表 3.122　[l] 辅音出现频率统计

	M		F	
	出现频率	百分比	出现频率	百分比
所有	455	100%	446	100%

续表

		M		F	
		出现频率	百分比	出现频率	百分比
单辅音	词首	15	3%	13	3%
	词中音节首	240	53%	312	70%
	词中音节末	130	29%	48	11%
	词末	68	15%	68	15%
复辅音	复辅音前置	2	0%	3	1%
	复辅音后置			2	0%

1.1.1 声学语图

东部裕固语［l］辅音是舌尖—齿浊边音。图 3.196~3.197 为男发音人［lɔm］"宗教/经书"一词三维语图、三层标注实例和［l］辅音频谱图。

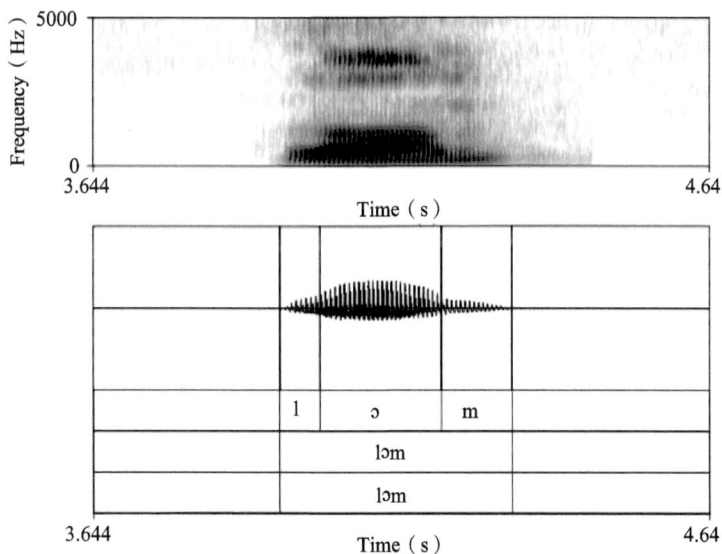

图 3.196 男发音人［lɔm］"宗教/经书"一词的三维语图和
三层标注实例

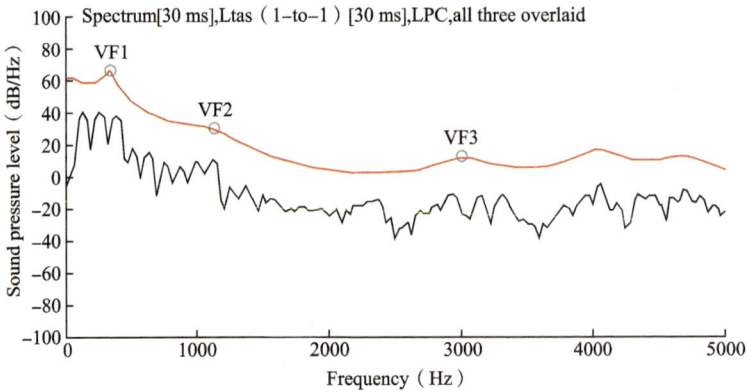

图 3. 197　男发音人［lɔm］"宗教/经书"一词［1］辅音（词首）频谱图

1. 1. 2　共振峰分布模式

表 3. 123 为［1］辅音声学参数统计总表。图 3. 198 为［1］辅音共振峰分布图。该图显示，［1］辅音三个共振峰的频率范围，即男、女发音人共振峰频率浮动围绕为，男：VF1 = 200 ~ 700Hz，VF2 = 700 ~ 2000Hz，VF3 = 2000 ~ 3500Hz；女：VF1 = 300 ~ 700Hz，VF2 = 700 ~ 2500Hz，VF3 = 24000 ~ 3800Hz；男、女发音人 CF1 数据范围最集中，CF2 数据范围最离散。

表 3. 123　［1］辅音统计（M&F）

	M					F				
	CD	CA	VF1	VF2	VF3	CD	CA	VF1	VF2	VF3
平均值	80	69. 36	368	1343	2705	90	65. 9	370	1671	2887
标准差	0. 02	4. 7	152	354. 4	255. 7	0. 03	4. 8	209. 7	348. 8	372. 2
变异系数	31. 6%	6. 7%	41. 3%	26. 3%	9. 4%	35. 4%	7. 2%	56. 7%	20. 8%	12. 8%

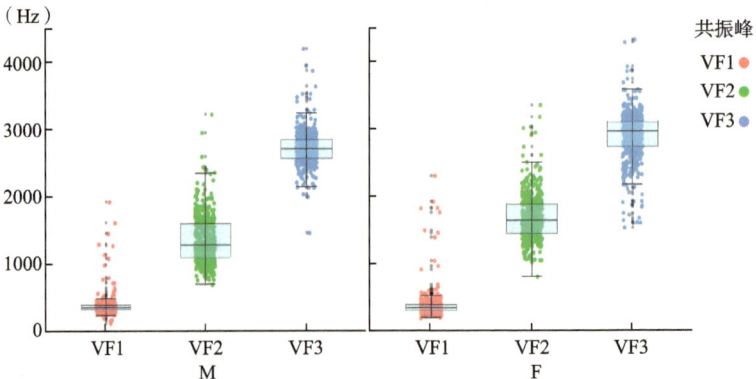

图 3. 198　［1］辅音共振峰分布（M&F）

1.1.3　词中位置与声学参数之间的关系

表3.124~3.125为词中不同位置上的［1］辅音参数统计表。图3.199~
3.201为词中不同位置上的［1］辅音共振峰、音长、音强参数分布图。上述
图表显示，辅音词中位置与其声学参数之间具有一定的相关性。如，词中
不同位置音节［1］辅音第二共振峰频率相对稳定；词中音节首［1］辅音音
强比其他音节相对强，词末和词首相对弱；在词首位置上［1］辅音的音长
相对短，词末位置音长相对长。

表3.124　词中不同位置［1］辅音统计（M）

位置		参数				
		CD	CA	VF1	VF2	VF3
词首	平均值	63	62.8	326	1339	2768
	标准差	0.01	9.09	87.4	287.7	240.5
	变异系数	29.8%	14.4%	26.8%	21.4%	8.6%
词中音节首	平均值	74	70.35	354	1332	2701
	标准差	0.01	3.8	126.9	331.9	253.3
	变异系数	23%	5.4%	35.8%	24.9%	9.3%
词中音节末	平均值	78	70.21	380	1343	2674
	标准差	0.01	3.6	157.7	380	247.7
	变异系数	25.4%	5.1%	41.5%	28.3%	9.2%
词末	平均值	113	65.67	402	1380	2771
	标准差	0.03	5.1	217	399.2	275.9
	变异系数	30.6%	7.8%	53.9%	28.9%	9.9%
复辅音前置辅音	平均值	71	69	377	1487	2565
	标准差					
	变异系数					

表3.125　词中不同位置［1］辅音统计（F）

位置		参数				
		CD	CA	VF1	VF2	VF3
词首	平均值	62	63.76	351	1689	2882
	标准差	0.02	4.1	60.9	369.2	328.3
	变异系数	34.9%	6.5%	17.3%	21.8%	11.3%

续表

位置		参数				
		CD	CA	VF1	VF2	VF3
词中音节首	平均值	82	66.55	364	1678	2858
	标准差	0.01	4.4	198.4	354.3	369.4
	变异系数	24%	6.6%	54.4%	21.1%	12.9%
词中音节末	平均值	74	65.75	464	1692	3037
	标准差	0.02	5.9	341.5	460.5	399.7
	变异系数	35.4%	9%	73.5%	27.2%	13.1%
词末	平均值	142	63.52	339	1607	2911
	标准差	0.03	5.04	137.9	210.4	361
	变异系数	21.1%	7.9%	40.6%	13%	12.4%
复辅音前置辅音	平均值	63	64.66	307	1792	3028
	标准差					
	变异系数					
复辅音后置	平均值	75	65	271	1931	2745
	标准差					
	变异系数					

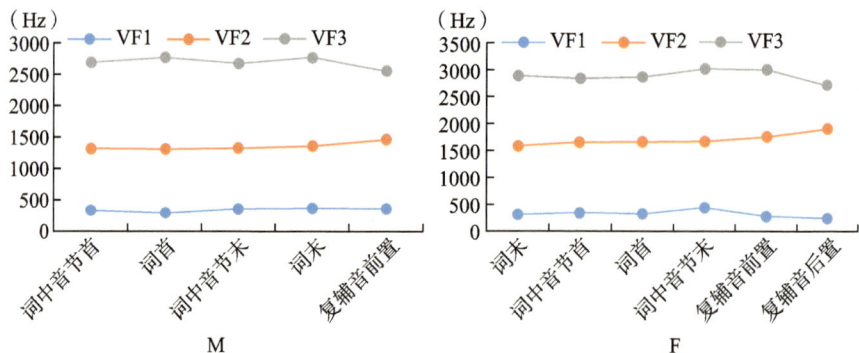

图 3.199　词中不同位置上［1］辅音的共振峰均值比较（M&F）

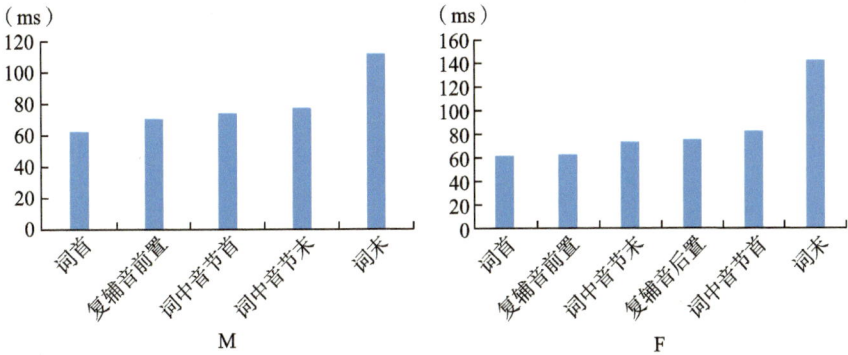

图 3.200 词中不同位置上 [1] 辅音的音长均值比较（M&F）

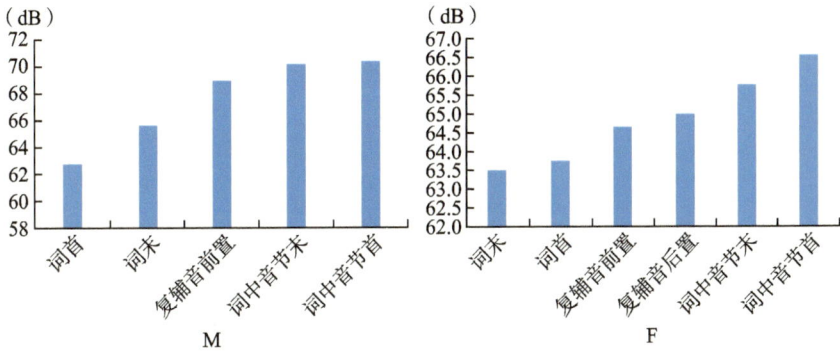

图 3.201 词中不同位置上 [1] 辅音的音强均值比较（M&F）

我们对不同音节中出现的 [1] 辅音音长、共振峰之间做了单因素方差分析，结果如表 3.126 所示。

表 3.126 检验结果

	sig（显著性）							
	M	F	M			F		
	CD	CD	F1	F2	F3	F1	F2	F3
词首音节—词中音节首	.164	.028	.663	1.000	.727	.917	1.000	.994
词首音节—词中音节末	.043	.396	.208	1.000	.503	.144	1.000	.492
词首音节—词末	.000	.000	.139	.967	1.000	.960	.861	.992
词中音节首—词中音节末	.218	.140	.383	.993	.763	.209	.997	.025
词中音节首—词末	.000	.000	.305	.797	.238	.609	.126	.697
词中音节末—词末	.000	.000	.873	.920	.077	.089	.627	.309

我们从检验结果来看，音长参数上，男、女发音人基本上有着相同的规律。共振峰参数上，男、女发音人在不同音节之间差异不显著。

1.2 [l̥] 辅音

[l̥] 是/l/辅音的变体，主要在送气辅音前出现。男发音人语料中出现 29 次，女发音人语料中出现 26 次。

1.2.1 声学语图

东部裕固语 [l̥] 辅音是舌尖—齿清边音。图 3.202～3.203 为男发音人 [ɐl̥tʰɐn] "金子" 一词三维语图、三层标注实例和 [l̥] 辅音频谱图。

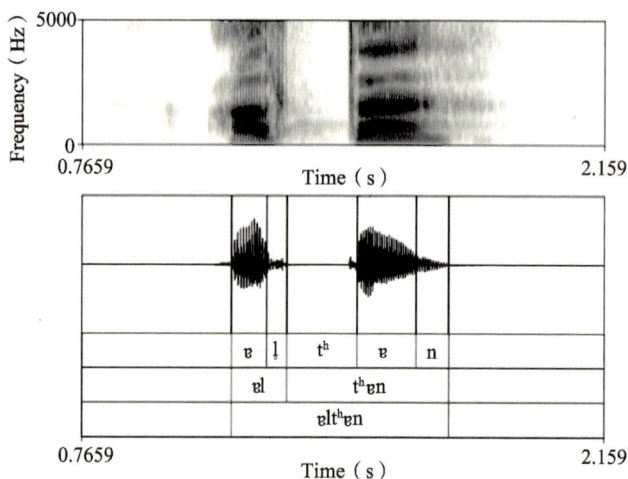

图 3.202 男发音人 [ɐl̥tʰɐn] "金子" 一词的三维语图和三层标注实例

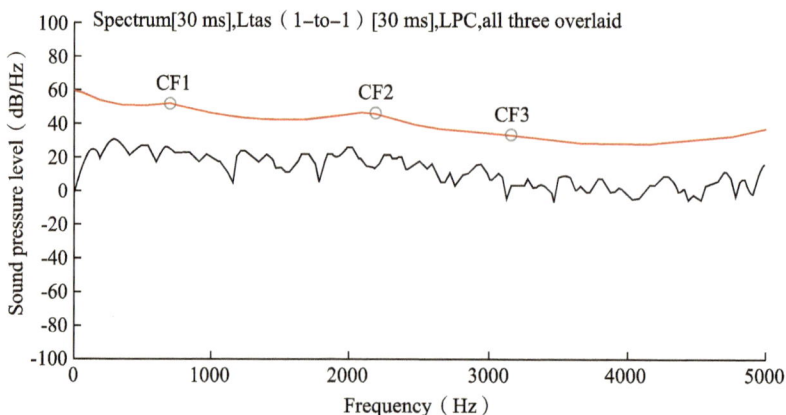

图 3.203 男发音人 [ɐl̥tʰɐn] "金子" 一词 [l̥] 辅音（词首）频谱图

1.2.2　共振峰分布模式

表 3.127 为 [l̥] 辅音声学参数统计总表。图 3.204 为 [l̥] 辅音共振峰分布图。该图显示，[l̥] 辅音三个共振峰的频率范围，即男女发音人共振峰频率浮动围绕为，男：VF1 = 250 ~ 1500Hz，VF2 = 700 ~ 1800Hz，VF3 = 1400 ~ 2600Hz；女：VF1 = 250 ~ 1550Hz，VF2 = 1500 ~ 3100Hz，VF3 = 2400 ~ 3900Hz；男发音人 CF2 数据范围最集中，CF3 数据范围最离散；女发音人 CF1 数据范围最集中，CF2 数据范围最离散。

表 3.127　[l̥] 辅音统计（M&F）

	M					F				
	CD	CA	CF1	CF2	CF3	CD	CA	CF1	CF2	CF3
平均值	68	66.03	919	1944	2906	67	62.69	855	2118	3182
标准差	0.03	6.3	373	367.4	505.6	0.01	6.7	328.3	465.9	344.6
变异系数	51.6%	9.5%	40.6%	18.8%	17.4%	25.9%	10.7%	38.4%	21.9%	10.8%

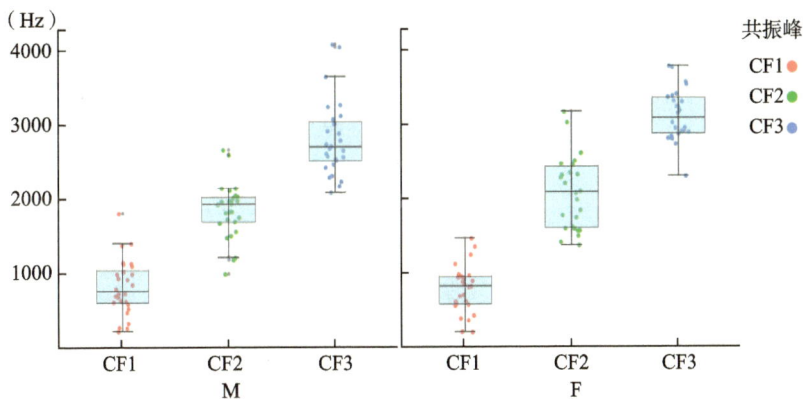

图 3.204　[l̥] 辅音共振峰分布（M&F）

1.3　[ɬ] 辅音

[ɬ] 辅音在统一平台中共出现了 8 次（M）或 7 次（F）。东部裕固语 [ɬ] 辅音是舌尖—齿清边音，发音时声带不振动。图 3.205 ~ 3.206 为男发音人发 [ɬɯːɹ]"红"一词三维语图、三层标注实例和 [ɬ] 辅音频谱图。

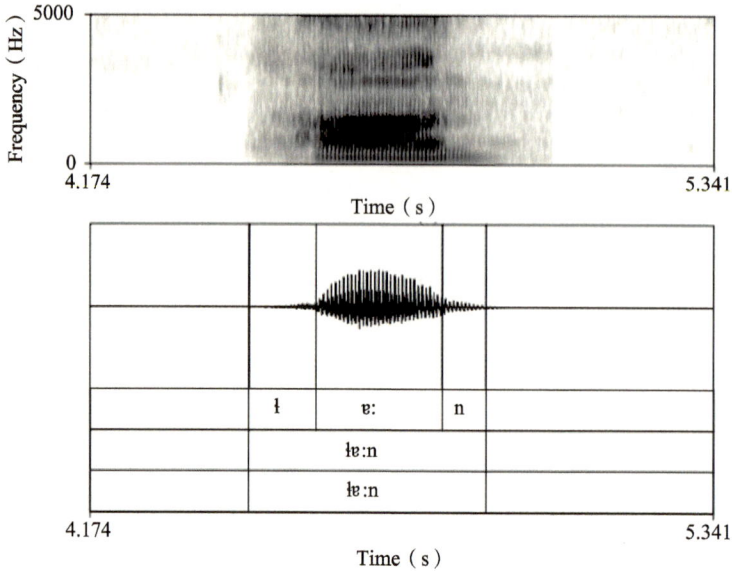

图 3.205　男发音人 [ɬɐːn] "红" 一词的三维语图和三层标注

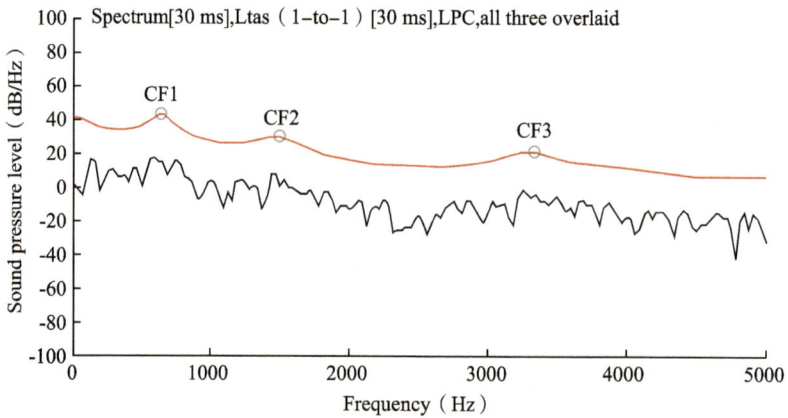

图 3.206　男发音人 [ɬɐːn] "红" 一词 [ɬ] 辅音频谱图

1.3.1　共振峰分布模式

表 3.128 为两位发音人 [ɬ] 辅音的参数统计总表。图 3.207 为两位发音人 [ɬ] 辅音共振峰分布图。图 3.207 显示了 [ɬ] 辅音三个共振峰的频率范围，即男、女发音人共振峰频率浮动围绕为，男：CF1 = 700～900Hz，CF2 = 1150～1800Hz，CF3 = 2800～3300Hz；女：CF1 = 400～800Hz，CF2 = 1100～2000Hz，CF3 = 2600～3400Hz；男、女发音人 CF1 数据范围最集中，

男发音人 CF2 数据范围最离散，女发音人 CF3 数据范围最离散。

表 3.128　[ɬ] 辅音统计（M&F）

	M					F				
	CD	CA	VF1	VF2	VF3	CD	CA	VF1	VF2	VF3
平均值	110	46	688	1631	2957	103	42.57	624	1608	3000
标准差	0.02	8.7	169.8	304.3	182.1	0.04	10.1	218.8	387.9	295.6
变异系数	26%	19%	24.6%	18.6%	6.1%	41.1%	23.8%	35%	24.1%	9.8%

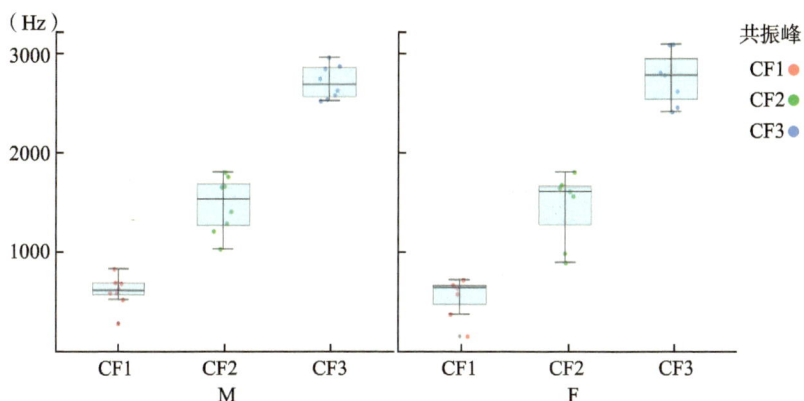

图 3.207　[ɬ] 辅音共振峰分布（M&F）

2. /ɾ/辅音

东部裕固语/ɾ/有 [ɾ]（闪音）、[r]（颤音）、[ʒ]（浊擦音）和 [ɻ]（清擦音）等 4 个变体。其中，[ɻ] 主要在清擦音和送气辅音之前出现，浊擦音 [ʒ] 主要在非词首音节，浊音之间或元音之后出现。/ɾ/辅音在统一平台中共出现了 673 次（M）或 573 次（F），见表 3.129。

表 3.129　/ɾ/辅音出现频率统计

/ɾ/	M		F	
	出现频率	百分比	出现频率	百分比
所有	673	100%	573	100%
[ɾ]	474	70%	331	58%
[r]	5	1%	151	26%

续表

/ɾ/	M		F	
	出现频率	百分比	出现频率	百分比
[ʒ]	91	14%	14	2%
[ɹ]	103	15%	77	13%

2.1 [ɾ] 辅音

[ɾ] 辅音在统一平台中以单辅音或复辅音前置辅音形式共出现了 474 次（M）或 331 次（F）。其中，以单辅音形式出现的位置有词中音节首、词中音节末和词末等；以复辅音前置辅音、复辅音内置辅音和复辅音后置辅音形式出现等。在 M 的 474 次 [ɾ] 中，471 次为单辅音，其余 3 次为复辅音；在 F 的 331 次 [ɾ] 中，301 次为单辅音，其余 2 次为复辅音。显然，[ɾ] 辅音主要以单辅音形式出现，以复辅音前置辅音形式出现的频率较少。[ɾ] 辅音在词中音节首位置出现的频率较高，其次是词中音节末出现的频率（M）。在东部裕固语固有词中该辅音不在词首出现。请见表 3.130。

表 3.130 [ɾ] 辅音出现频率统计

		M		F	
		出现频率	百分比	出现频率	百分比
所有		474	100%	331	100%
单辅音	词首				
	词中音节首	218	46%	295	89%
	词中音节末	155	33%	41	12%
	词末	68	14%	46	14%
复辅音	复辅音前置辅音	1	0%	2	1%
	复辅音内置辅音	1	0%		
	复辅音后置辅音	1	0%		

2.1.1 声学语图

东部裕固语 [ɾ] 辅音是舌尖—龈闪音。图 3.208～3.209 为男发音人 [təɾəs] "忍耐/坚持" 一词三维语图、三层标注实例和 [ɾ] 辅音频谱图。

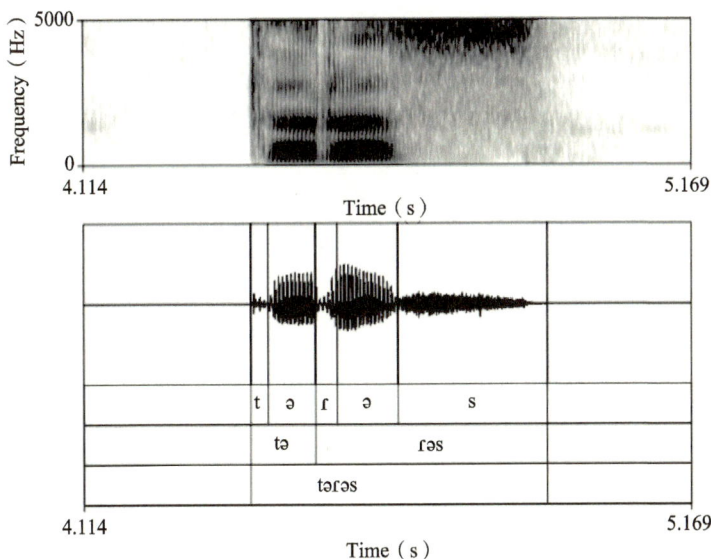

图 3.208　男发音人 ［təɾəs］ "忍耐/坚持" 一词的三维语图和三层标注实例

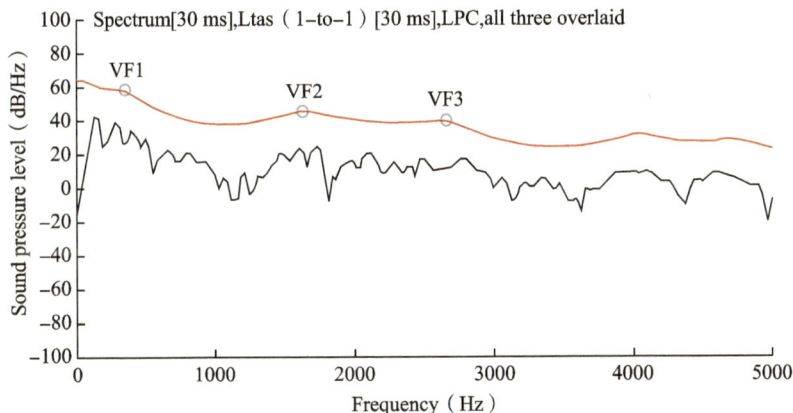

图 3.209　男发音人 ［təɾəs］ "忍耐/坚持" 一词 ［ɾ］辅音频谱图

2.1.2　共振峰分布模式

表 3.131 为两位发音人 ［ɾ］辅音的参数统计总表。图 3.210 为两位发音人 ［ɾ］辅音共振峰分布图。图 3.210 显示了 ［ɾ］辅音三个共振峰的频率范围，即男、女发音人共振峰频率浮动围绕为，男：VF1＝200～1800Hz，VF2＝1000～3000Hz，VF3＝1700～3700Hz；女：VF1＝200～1900Hz，VF2＝1100～3000Hz，VF3＝2000～4000Hz；男、女发音人 CF1 数据范围最集中，

CF3 数据范围最离散。

表 3.131　[ɾ] 辅音统计（M&F）

	M					F				
	CD	CA	VF1	VF2	VF3	CD	CA	VF1	VF2	VF3
平均值	70	67.89	522	1563	2735	61	65.74	602	1857	2912
标准差	0.03	4.8	310.4	316.7	365.5	0.02	5.4	380.3	380	373.7
变异系数	45.2%	7.1%	59.4%	20.2%	13.3%	45.3%	8.2%	63.1%	20%	12.8%

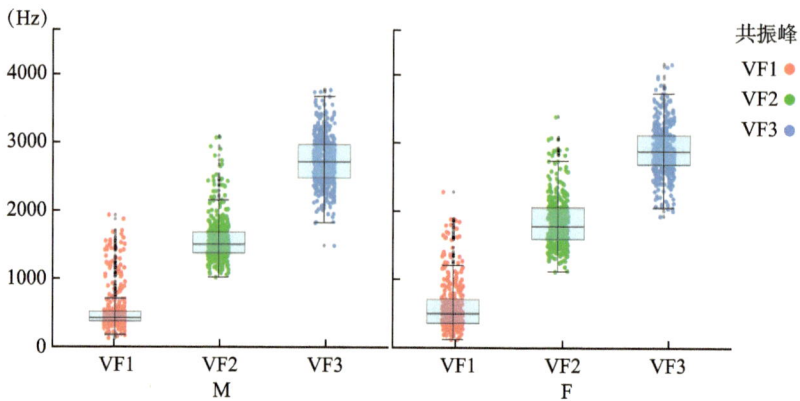

图 3.210　[ɾ] 辅音共振峰分布（M&F）

2.1.3　词中位置与声学参数之间的关系

表 3.132 ~ 3.133 为词中不同位置上的 [ɾ] 辅音参数统计表。图 3.211~3.213 为两位发音人词中不同位置上 [ɾ] 辅音的共振峰、音长、音强参数均值比较图。

表 3.132　词中不同位置 [ɾ] 辅音统计（M）

位置		参数				
		CD	CA	VF1	VF2	VF3
词中音节首	平均值	52	68.95	466	1542	2690
	标准差	0.01	3.7	218.7	225.3	353
	变异系数	27.5%	5.3%	46.9%	14.6%	13.1%
词中音节末	平均值	71	68.3	496	1517	2707
	标准差	0.01	3.7	273.9	327	350.3
	变异系数	23.4%	5.4%	55.2%	21.5%	12.9%

位置		参数				
		CD	CA	VF1	VF2	VF3
词末	平均值	124	64.08	745	1722	2937
	标准差	0.03	7.3	485.1	458.9	385.3
	变异系数	28.2%	11.4%	65.1%	26.6%	13.1%
复辅音前置	平均值	81	59	646	1600	2882
	标准差					
	变异系数					
复辅音内置	平均值	48	54	693	1714	2805
	标准差					
	变异系数					
复辅音后置	平均值	57	53	1394	2377	2842
	标准差					
	变异系数					

表 3.133　词中不同位置［ɾ］辅音统计（F）

位置		参数				
		CD	CA	VF1	VF2	VF3
词中音节首	平均值	52	66.98	564	1828	2874
	标准差	0.01	4.1	312.6	342.3	346.2
	变异系数	30.6%	6.2%	55.4%	18.7%	12%
词中音节末	平均值	61	65.82	738	1941	3016
	标准差	0.01	4.2	526.6	470.1	475.7
	变异系数	29.7%	6.4%	71.3%	24.2%	15.7%
词末	平均值	118	58.19	697	1951	3039
	标准差	0.02	6.5	538.8	473.7	399.6
	变异系数	23.4%	11.2%	77.2%	24.2%	13.1%
复辅音前置	平均值	53	54.5	1239	2296	3317
	标准差					
	变异系数					

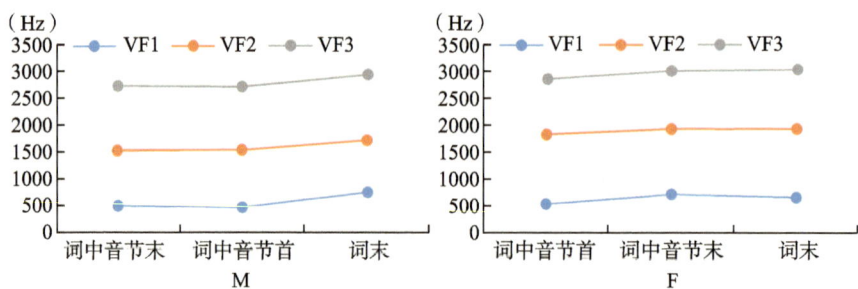

图 3.211 词中不同位置上 [ɾ] 辅音的共振峰均值比较 (M&F)

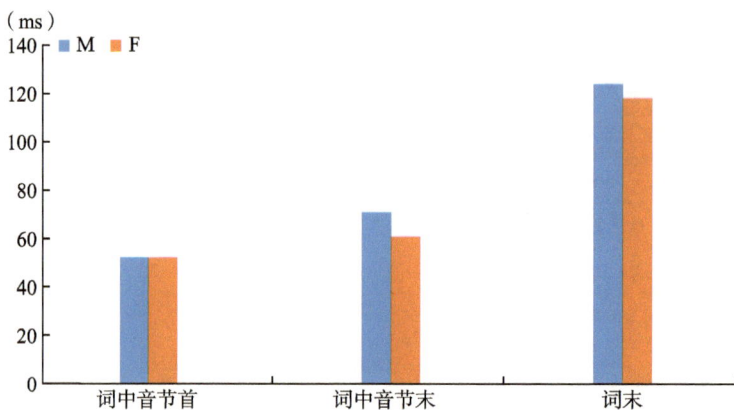

图 3.212 词中不同位置上 [ɾ] 辅音的音长均值比较 (M&F)

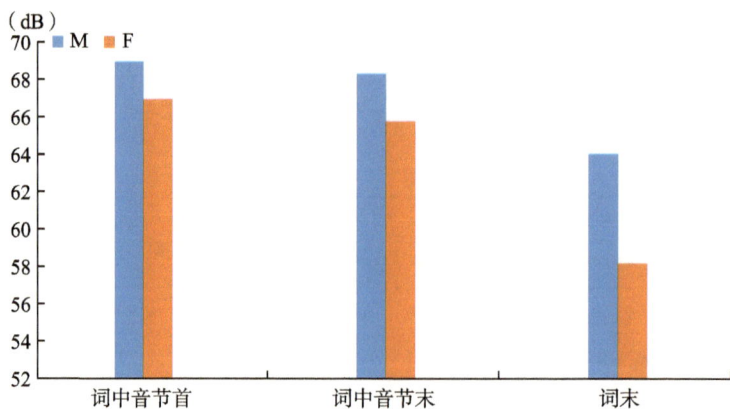

图 3.213 词中不同位置上 [ɾ] 辅音的音强均值比较 (M&F)

上述表图显示，[ɾ] 辅音词中位置与其声学参数之间具有一定的相关性。如，词末位置的第二共振峰频率 VF2 比其他位置上的相对高，但基本稳定；[ɾ] 辅音词中位置与音长长短排序：词末>词中音节末>词中音节首；

[r] 辅音词中位置与音强强弱排序：词中音节首>词中音节末>词末；男发音人的音长和音强比女发音人相对长，相对强。

我们对不同音节中出现的 [r] 辅音音长、共振峰之间做了单因素方差分析，结果如表 3.134 所示。

表 3.134　检验结果

	sig（显著性）							
	M	F	M			F		
	CD	CD	F1	F2	F3	F1	F2	F3
词中音节首—词中音节末	.000	.015	.501	.679	.891	.109	.306	.169
词中音节首—词末	.000	.000	.000	.007	.000	.240	.216	.028
词末音节末—词末	.000	.000	.000	.003	.000	.933	.995	.966

我们从检验结果来看，音长参数上，男、女发音人在不同音节之间差异显著。

共振峰参数上，男、女发音人在词中音节首—词中音节末音节之间差异不显著，有着相同的规律，其他的不同音节之间表现出相反的结果。

2.2　[r] 辅音

[r] 辅音在统一平台中以单辅音或复辅音前置辅音形式共出现了 8 次（M）或 151 次（F），都以单辅音形式出现在词中音节首、词中音节末和词末等；M 发音人出现频率较低；在 F 的 151 次 [r] 中，104 次在词末音节出现，40 次在词中音节首，7 次在词中音节末。显然，[r] 辅音在词，词末和词中音节首位置出现的频率较高，在词中音节末出现的频率较低。在东部裕固语固有词中该辅音不在词首出现。请见表 3.135。

表 3.135　[r] 辅音出现频率统计

		M	F
		出现频率	出现频率
所有		8	151
单辅音	词首		
	词中音节首	4	40
	词中音节末	3	7
	词末	1	104

2.2.1 声学语图

东部裕固语 [r] 辅音是舌尖－龈颤音。图 3.214 ~ 3.215 为男发音人 [tʃʰerək] "军人，士兵" 一词三维语图、三层标注实例和 [r] 辅音频谱图。

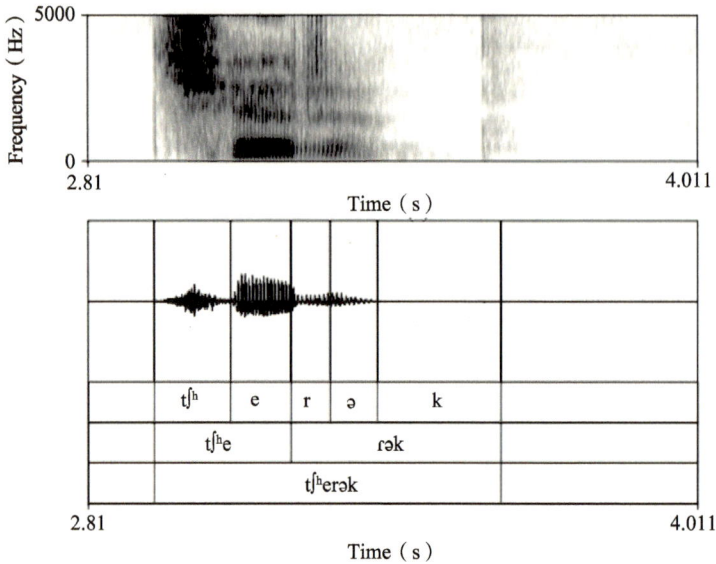

图 3.214 男发音人 [tʃʰerək] "军人，士兵" 一词的三维语图和三层标注实例

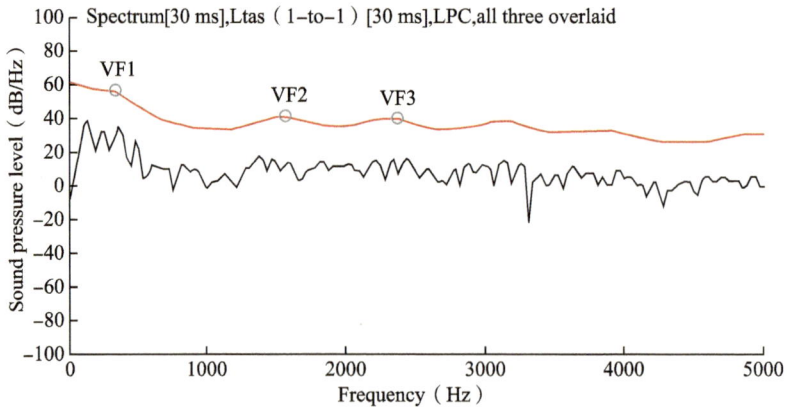

图 3.215 男发音人 [tʃʰerək] "军人，士兵" 一词 [r] 辅音频谱图

2.2.2 共振峰分布模式

表 3.136 为两位发音人 [r] 辅音的参数统计总表。图 3.216 为两位发音

人［r］辅音共振峰分布图。图 3.216 显示了［r］辅音三个共振峰的频率范围，即男、女发音人共振峰频率浮动围绕为，女：VF1 = 250～150Hz，VF2 = 1200～2800Hz，VF3 = 2100～3800Hz；男、女发音人 CF1 数据范围最集中，CF3 数据范围最离散。

表 3.136 ［r］辅音统计（M&F）

	M					F				
	CD	CA	VF1	VF2	VF3	CD	CA	VF1	VF2	VF3
平均值	119	64.29	581	1760	2888	80	64.87	426	1562	2901
标准差	0.04	4.8	358.3	334.5	352.3	0.03	2.5	69.7	207.6	393.8
变异系数	33.6%	7.5%	61.6%	19%	12.1%	47.5%	3.9%	16.3%	13.2%	13.5%

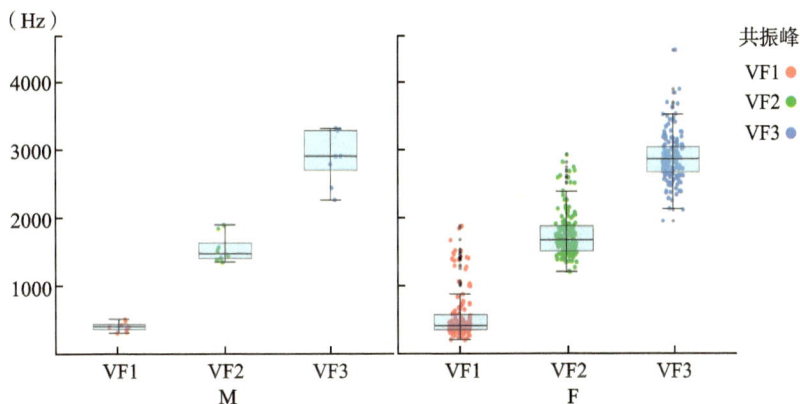

图 3.216 ［r］辅音共振峰分布（M&F）

2.2.3 词中位置与声学参数之间的关系

表 3.137 为词中不同位置上的［r］辅音参数统计表。图 3.217～3.219 为女发音人词中不同位置上［r］辅音的共振峰、音长、音强参数均值比较图。

表 3.137 词中不同位置［r］辅音统计（F）

位置		参数				
		CD	CA	VF1	VF2	VF3
词中音节首	平均值	72	66.27	595	1770	2921
	标准差	0.01	4.2	245.2	249.4	277.1
	变异系数	21.8%	6.4%	41.1%	14%	9.4%

续表

位置		参数				
		CD	CA	VF1	VF2	VF3
词中音节末	平均值	83	65.14	737	1924	3024
	标准差	0.02	3.2	273.4	405.8	290.9
	变异系数	29.2%	5%	37%	21%	9.6%
词末	平均值	139	63.46	565	1746	2866
	标准差	0.02	4.9	397.7	357.6	380.5
	变异系数	20.7%	7.7%	70.3%	20.4%	13.2%

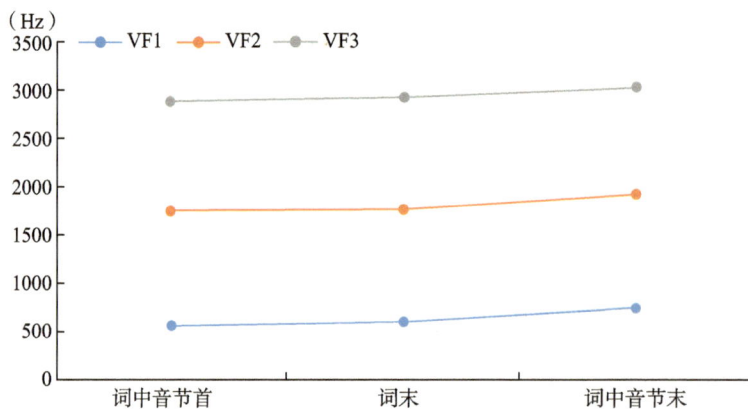

图 3.217　词中不同位置上 [r] 辅音的共振峰均值比较（F）

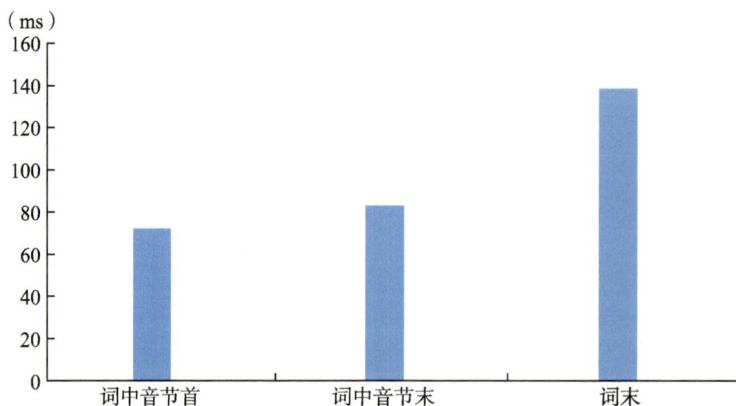

图 3.218　词中不同位置上 [r] 辅音的音长均值比较（F）

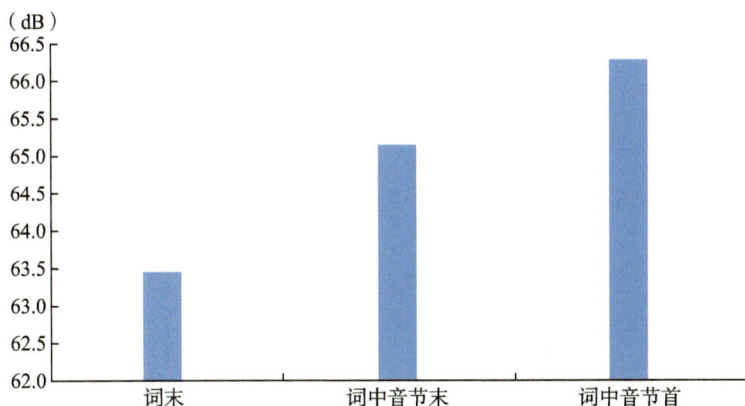

图 3.219　词中不同位置上〔r〕辅音的音强均值比较（F）

上述表图显示，〔r〕辅音词中位置与其声学参数之间具有一定的相关性。如，不同位置的第二共振峰频率 VF2 相对稳定；〔r〕辅音词中不同位置的音长值排序：词末>词中音节末>词中音节首；〔r〕辅音词中不同位置的音强值排序：词中音节首>词中音节末>词末。

我们对不同音节中出现的〔r〕辅音音长、共振峰之间做了单因素方差分析，结果如表 3.138 所示。

表 3.138　检验结果

	sig（显著性）			
	F			
	CD	F1	F2	F3
词中音节首—词中音节末	.514	.440	.617	.676
词中音节首—词末	.000	.849	.888	.409
词中音节末—词末	.001	.317	.528	.409

我们从检验结果来看，音长参数上，女发音人在词中音节首—词中音节末之间差异不显著，其他不同音节之间差异显著。

共振峰参数上，女发音人在不同音节之间差异不显著。

2.3　〔ʒ〕辅音

〔ʒ〕辅音在统一平台中以单辅音形式共出现了 91 次（M）或 14 次（F）。出现的位置有词中音节首、词中音节末和词末等。显然，〔ʒ〕变体的出现频率因人而异。本次统计显示，男发音人语料中出现的频率高于女发音人。请见表 3.139。

表 3.139　[ʒ] 辅音出现频率统计

		M	F
		出现频率	出现频率
所有		91	14
单辅音	词首		
	词中音节首	7	7
	词中音节末	27	5
	词末	57	2

2.3.1　声学语图

东部裕固语 [ʒ] 辅音是舌尖—龈浊擦音。图 3.220~3.221 为男发音人发音 [sɐʒ]"老鹰（候鸟）"一词三维语图、三层标注图和 [ʒ] 辅音频谱图。

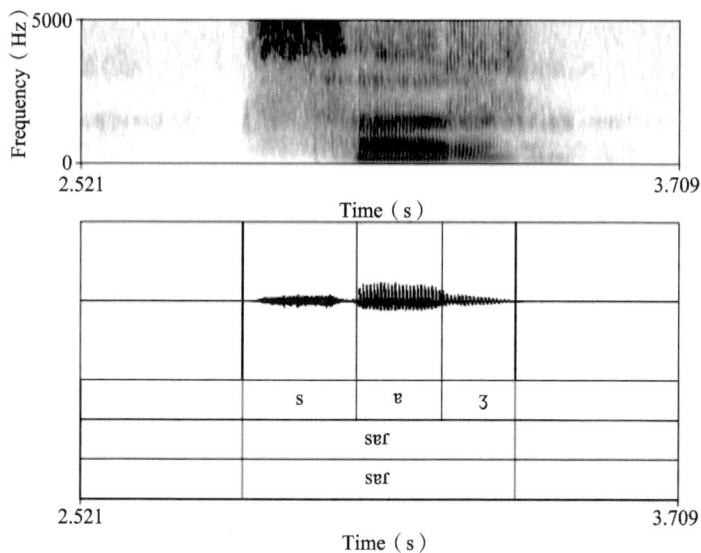

图 3.220　男发音人 [sɐʒ]"老鹰（候鸟）"一词的三维语图和三层标注实例

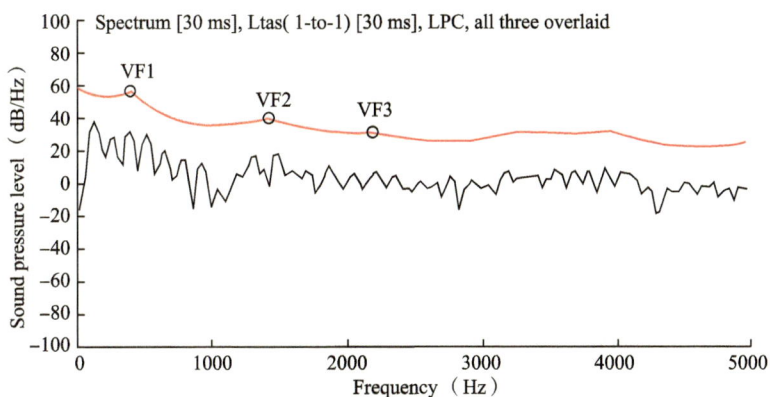

图 3.221 男发音人 [sɐʒ] "老鹰（候鸟）" 一词 [ʒ] 辅音频谱图

2.3.2 共振峰分布模式

表 3.140 为两位发音人 [ʒ] 辅音参数统计总表。图 3.222 为两位发音人 [ʒ] 辅音共振峰分布图。该图显示，[ʒ] 辅音三个共振峰的频率范围，即男、女发音人共振峰频率浮动围绕为，男：VF1 = 300～1700Hz，VF2 = 1200～3200Hz，VF3 = 2200～4100Hz；男发音人 CF1 数据范围最集中，CF3 数据范围最离散，女发音人与男发音人相反。

表 3.140 [ʒ] 辅音统计（M）

	M					F				
	CD	CA	VF1	VF2	VF3	CD	CA	VF1	VF2	VF3
平均值	97	64.57	599	1743	2923	68	64.28	1066	2235	32.2
标准差	0.03	5.4	429.9	479.3	422.3	0.03	4.9	663.6	613.4	490.3
变异系数	40%	8.5%	71.7%	27.5%	14.4%	50.4%	7.7%	62.2%	27.4%	15.3%

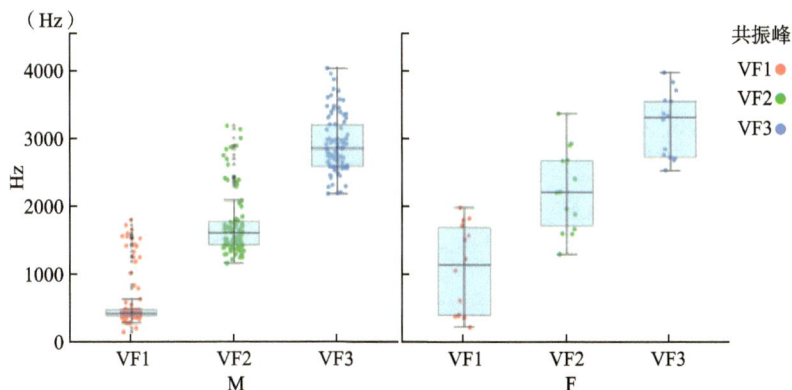

图 3.222 [ʒ] 辅音共振峰分布（M&F）

2.3.3 词中位置与声学参数之间的关系

表 3.141~3.142 为词中不同位置上 [ʒ] 辅音的参数统计表。图 3.223 ~ 3.225 为词中不同位置上 [ʒ] 辅音的共振峰、音长、音强参数均值比较图。上述图表显示，词末位置 [ʒ] 辅音第二共振峰比其他音节相对高；[ʒ] 辅音词中不同位置的音长值排序：词末>词中音节末>词中音节首；[ʒ] 辅音词中不同位置的音强值排序：词中音节首>词中音节末>词末。

表 3.141　词中不同位置 [ʒ] 辅音统计（M）

位置		参数				
		CD	CA	VF1	VF2	VF3
词中音节首	平均值	54	69	410	1543	2826
	标准差	0.01	2.3	49.4	127.4	267.2
	变异系数	27.3%	3.4%	12%	8.2%	9.4%
词中音节末	平均值	65	68.18	391	1568	2812
	标准差	0.01	4	54.4	185.6	313.2
	变异系数	24.2%	5.8%	13.9%	11.8%	11.1%
词末	平均值	117	62.31	722	1850	2987
	标准差	0.03	5.1	504.8	565.9	471.5
	变异系数	28.6%	8.2%	69.9%	30.5%	15.7%

表 3.142　词中不同位置 [ʒ] 辅音统计（F）

位置		参数				
		CD	CA	VF1	VF2	VF3
词中音节首	平均值	56	67	671	1933	2932
	标准差	0.01	2.3	518.8	392.7	349.3
	变异系数	22.5%	3.5%	77.3%	20.3%	11.9%
词中音节末	平均值	56	62.8	1473	2532	3392
	标准差	0.01	5.9	637.1	781.5	518.7
	变异系数	19.7%	9.5%	43.2%	30.8%	15.2%
词末	平均值	141	58.5	1435	2554	3671
	标准差					
	变异系数					

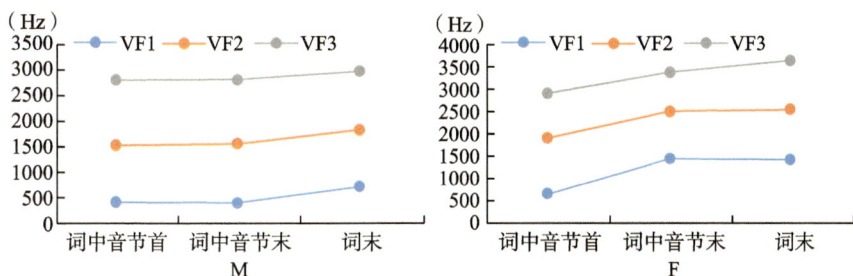

图 3.223　词中不同位置上［ʒ］辅音的共振峰均值比较（M&F）

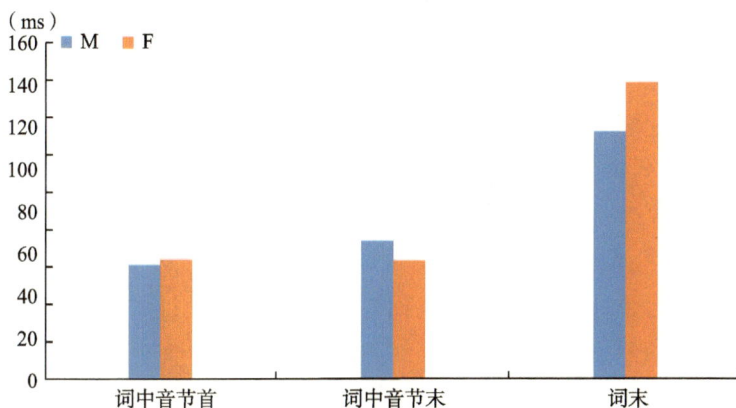

图 3.224　词中不同位置上［ʒ］辅音的音长均值比较（M&F）

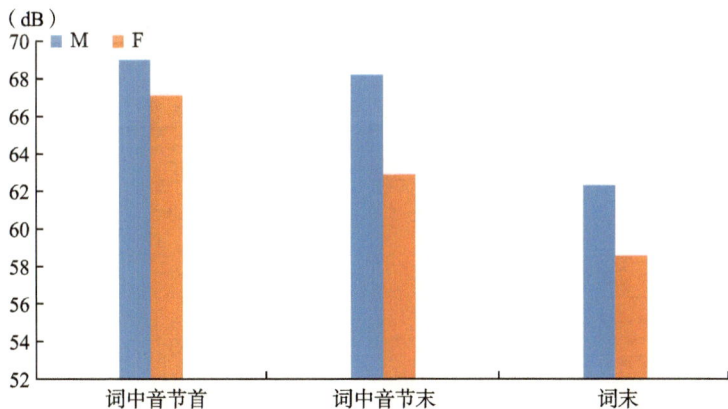

图 3.225　词中不同位置上［ʒ］辅音的音强均值比较（M&F）

　　我们对不同音节中出现的［ʒ］辅音音长和共振峰之间做了单因素方差分析，结果如表 3.143 所示（女发音人出现太少，没有检验）。

表 3. 143　检验结果

	sig（显著性）			
	M			
	CD	F1	F2	F3
词中音节首—词中音节末	.272	.673	.910	.992
词中音节首—词末	.000	.000	.004	.398
词中音节末—词末	.000	.000	.003	.118

我们从检验结果来看，音长和 F1、F2 参数上，词中音节首—词中音节末音节之间差异不显著，但在其他不同音节之间差异显著；F3 参数上，不同音节之间差异不显著。

2.4　[ɹ] 辅音

[ɹ] 辅音在统一平台中以单辅音或复辅音前置辅音形式共出现了 103 次（M）或 77 次（F）。以单辅音出现的位置为词中音节首、词中音节末和词末；以复辅音形式出现的位置为复辅音前置辅音、复辅音内置辅音和复辅音后置辅音。[ɹ] 辅音在词中不同音节出现的比例上男、女发音人不同，具体请见表 3.144。

表 3.144　[ɹ] 辅音出现频率统计

		M		F	
		出现频率	百分比	出现频率	百分比
所有		103	100%	77	100%
单辅音	词首				
	词中音节首			25	32%
	词中音节末	42	41%	29	38%
	词末	28	27%	3	4%
复辅音	复辅音前置辅音	15	15%	7	9%
	复辅音内置辅音	18	17%	12	16%
	复辅音后置辅音			1	1%

2.4.1　声学语图

东部裕固语 [ɹ] 辅音是舌尖—龈清擦音。图 3.226~3.227 为男发音人发音的 [nɛɹə]"皮张"一词三维语图、三层标注实例和 [ɹ] 辅音频谱图。

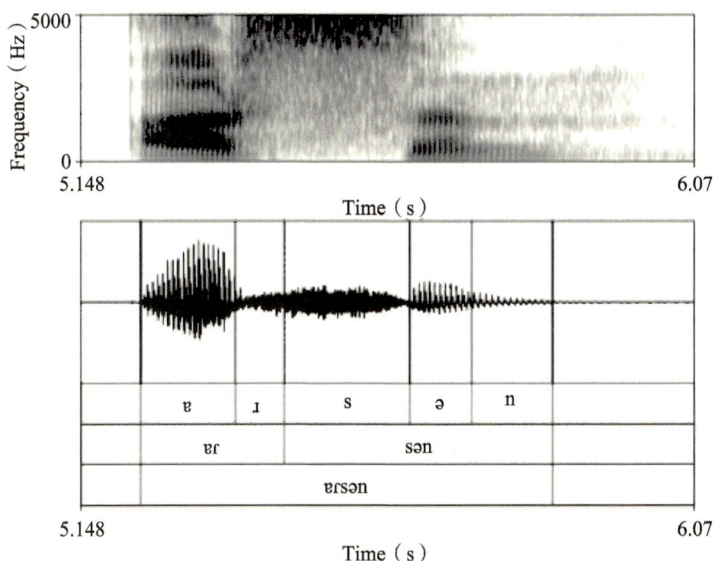

图 3.226　男发音人 ［ɐɹsən］"皮张"一词的三维语图和三层标注实例

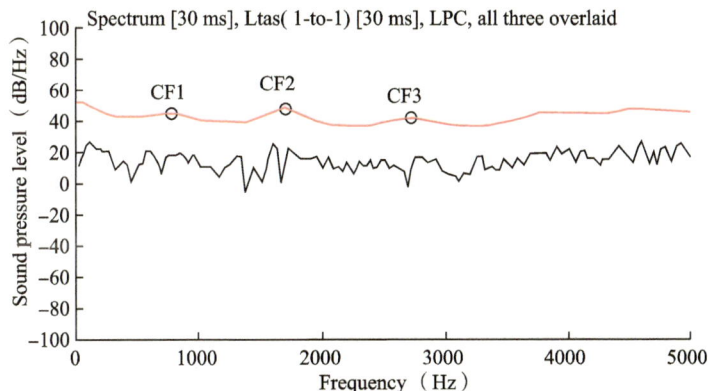

图 3.227　男发音人 ［ɐɹsən］"皮张"一词 ［ɹ］ 辅音频谱图

2.4.2　共振峰分布模式

表 3.145 为两位发音人 ［ɹ］ 辅音参数统计总表。图 3.228 为两位发音人 ［ɹ］ 辅音共振峰分布图。该图显示，［ɹ］ 辅音三个共振峰的频率范围，即男女发音人共振峰频率浮动围绕为，男：VF1 = 300 ~ 2000Hz，VF2 = 1000 ~ 3500Hz，VF3 = 2500 ~ 4100Hz；女：VF1 = 250 ~ 2200Hz，VF2 = 1500 ~ 3500Hz，VF3 = 2200 ~ 4500Hz；男、女发音人 CF3 数据范围最集中，CF2 数据范围最离散。

表 3.145　[ɻ] 辅音统计（M）

	M					F				
	CD	CA	CF1	CF2	CF3	CD	CA	CF1	CF2	CF3
平均值	83	56.92	1352	2374	3389	68	57.61	1289	2353	3390
标准差	0.03	6.6	388.7	563.8	378	0.01	6.4	485.4	507.2	474.2
变异系数	40.4%	11.6%	28.7%	23.7%	11.1%	26.3%	11.1%	37.6%	21.5%	13.9%

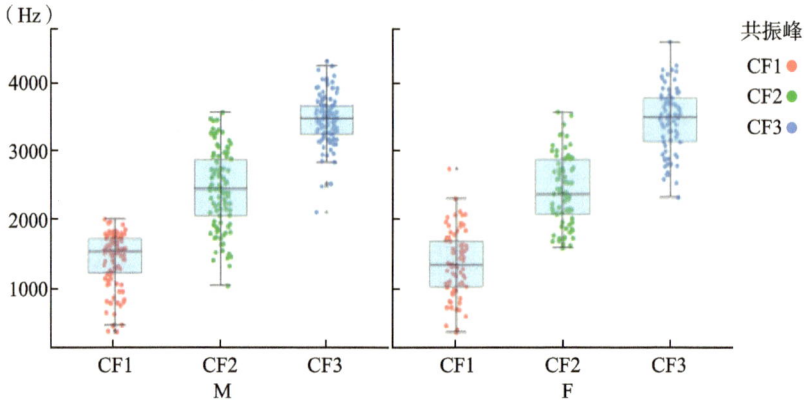

图 3.228　[ɻ] 辅音共振峰分布（M&F）

2.4.3　词中位置与声学参数之间的关系

表 3.146~3.147 为词中不同位置上 [ɻ] 辅音的参数统计表。图 3.229~3.231 为词中不同位置上 [ɻ] 辅音的共振峰、音长、音强参数均值比较图。上述图表显示，复辅音内置辅音位置上 [ɻ] 辅音的第二共振峰比其他音节的相对低；词末位置上 [ɻ] 辅音的音长比其他不同音节相对长；词末 [ɻ] 辅音的音强比其他音节相对弱。

表 3.146　词中不同位置 [ɻ] 辅音统计（M）

位置		参数				
		CD	CA	CF1	CF2	CF3
词中音节末	平均值	66	61	1365	2451	3521
	标准差	0.01	3.8	440.8	646.3	472.3
	变异系数	24.1%	6.3%	32.3%	26.3%	13.4%

续表

位置		参数				
		CD	CA	CF1	CF2	CF3
词末	平均值	127	51.89	1429	2470	3257
	标准差	0.02	5.1	329.8	391.1	224.8
	变异系数	22.2%	9.8%	23%	15.8%	6.9%
复辅音前置	平均值	68	52.6	1297	2389	3328
	标准差	0.02	9.5	440.8	579.5	374.9
	变异系数	29.5%	18%	33.9%	24.2%	11.2%
复辅音内置	平均值	68	58.8	1252	2038	3341
	标准差	0.01	3.1	285.2	480.8	222.6
	变异系数	23.7%	5.2%	22.7%	23.5%	6.6%

表 3.147 词中不同位置 [ɹ] 辅音统计 （F）

位置		参数				
		CD	CA	CF1	CF2	CF3
词中音节首	平均值	65	58.84	1180	2328	3370
	标准差	0.01	4.7	561.6	537.9	497.2
	变异系数	18.2%	8%	47.6%	23.1%	14.7%
词中音节末	平均值	62	57.68	1384	2456	3547
	标准差	0.01	4.8	508.2	516.9	445.2
	变异系数	17.3%	8.4%	36.7%	21%	12.5%
词末	平均值	111	49.33	1283	2246	3110
	标准差	0.04	2.8	637.8	525.3	383.6
	变异系数	37.6%	5.8%	49.7%	23.3%	12.3%
复辅音前置	平均值	68	52.57	1300	2560	3222
	标准差	0.01	14.7	269.8	432	364.2
	变异系数	25.5%	28.1%	20.7%	16.8%	11.3%
复辅音内置	平均值	79	59.5	1304	2125	3289
	标准差	0.01	3.6	330.3	376.6	486.1
	变异系数	14.9%	6.1%	25.3%	17.7%	14.7%
复辅音后置	平均值	19	62	984	1572	2591
	标准差					
	变异系数					

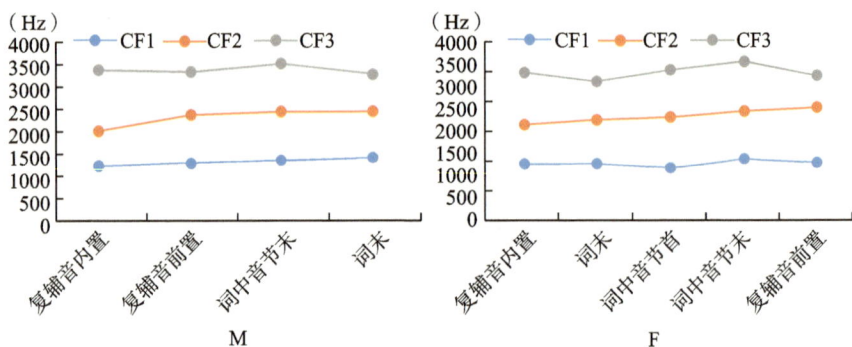

图 3.229 词中不同位置上 ［ɹ］ 辅音的共振峰均值比较 （M&F）

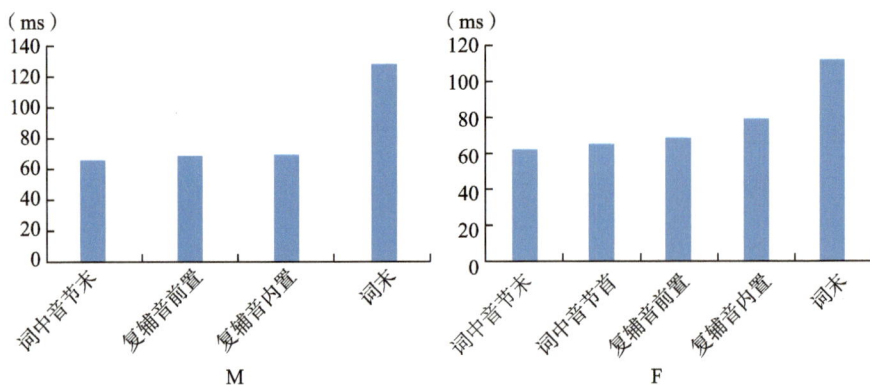

图 3.230 词中不同位置上 ［ɹ］ 辅音的音长均值比较 （M&F）

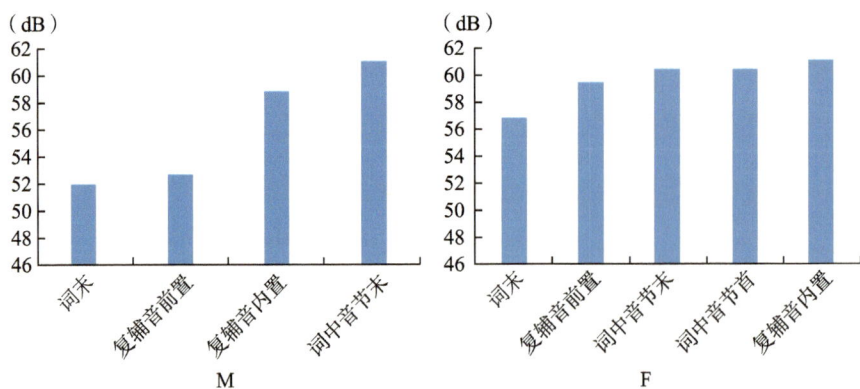

图 3.231 词中不同位置上 ［ɹ］ 辅音的音强均值比较 （M&F）

我们对不同音节中出现的 ［ɹ］ 辅音音长之间做了单因素方差分析，结果如表 3.148 所示。

表 3.148　检验结果

	sig（显著性）	
	CD	
	M	F
复辅音前置—复辅音内置	1.000	.523
复辅音前置—词中音节首		.969
复辅音前置—词中音节末	.971	.804
复辅音前置—词末	.000	
复辅音内置—词中音节首		.017
复辅音内置—词中音节末	.927	.002
复辅音内置—词末	.000	
词中音节末—词末	.000	
词中音节首—词中音节末		.747

我们从检验结果来看，音长参数上，男、女发音人在复辅音内置—词中音节末音节之间有着不同的结果，其他不同音节之间结果一样。

3. /j/辅音

3.1　词中分布特点

/j/辅音在统一平台中以单辅音形式共出现了 63 次（M）和 68 次（F）。其中，以单辅音形式出现的位置有词首、词中音节首；复辅音后置辅音形式出现。请见表 3.149。

表 3.149　[j] 辅音出现频率统计

		M		F	
		出现频率	百分比	出现频率	百分比
所有		63	100%	68	100%
单辅音	词首	39	62%	44	65%
	词中音节首	21	33%	23	34%
	词中音节末				
	词末				
复辅音	复辅音前置辅音				
	复辅音后置辅音	3	5%	1	1%

3.2 声学特征

3.2.1 声学语图

东部裕固语〔j〕辅音是舌叶齿龈后区半元音。图 3.232~3.233 为男发音人〔jeren〕"九十"一词三维语图、三层标注实例和〔j〕辅音频谱图。

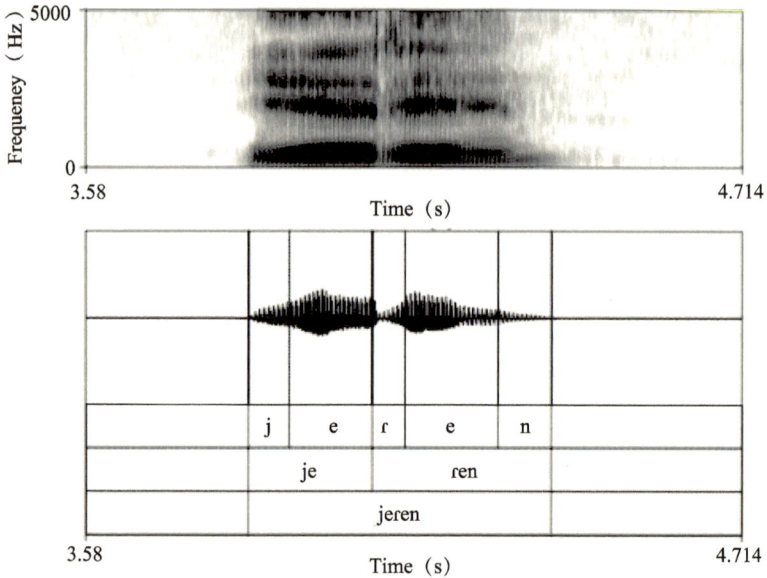

图 3.232　男发音人〔jeren〕"九十"一词的三维语图和三层标注实例

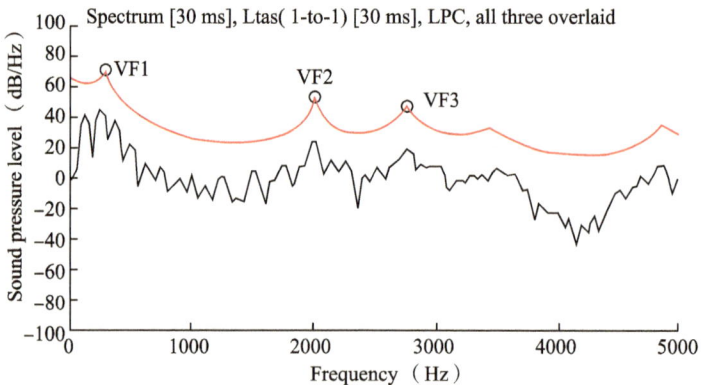

图 3.233　男发音人〔jeren〕"九十"一词〔j〕辅音频谱图

3.2.2 共振峰分布模式

表 3.150 为两位发音人〔j〕辅音参数统计总表。图 3.234 为两位发音人〔j〕辅音共振峰分布图。图 3.234 显示了〔j〕辅音三个共振峰的频率范围，

即男、女发音人共振峰频率浮动围绕为，男：VF1 = 250～550Hz，VF2 = 900～2200Hz，VF3 = 2200～3000Hz；女：VF1 = 250～700Hz，VF2 = 2000～2800Hz，VF3 = 2800～3700Hz；男、女发音人 VF1 数据范围最集中。

表 3.150　[j] 辅音统计（M&F）

	M					F				
	CD	CA	VF1	VF2	VF3	CD	CA	VF1	VF2	VF3
平均值	72	68.92	356	1906	2605	65	64.94	435	2386	3214
标准差	0.01	4.6	72.3	164	155	0.01	5.8	124.3	341.8	351.7
变异系数	27.3%	6.6%	20.3%	8.6%	5.9%	28.6%	9%	28.5%	14.3%	10.9%

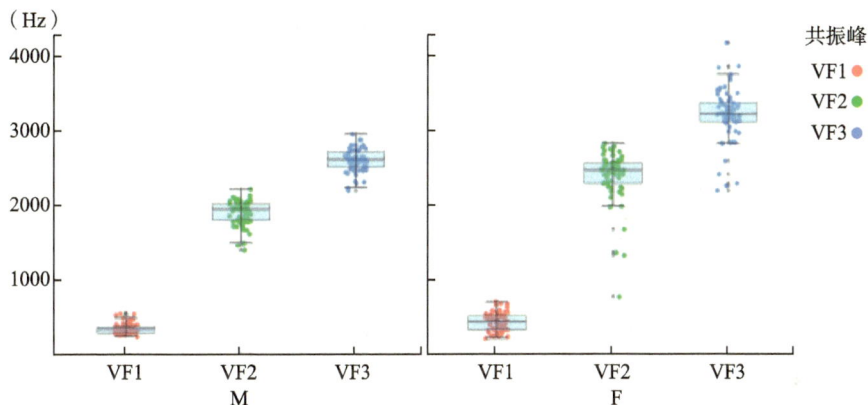

图 3.234　[j] 辅音共振峰分布（M）

3.2.3　词中位置与声学参数之间的关系

表 3.151～3.152 为词中不同位置上 [j] 辅音的参数统计表。图 3.235～3.237 为词中不同位置上 [j] 辅音的共振峰、音长、音强参数均值比较图。从图 3.235～3.237 中可以看出，词中不同位置上 [j] 辅音的第二共振峰和音长上相关性不大；词首音强相对弱。

表 3.151　词中不同位置 [j] 辅音统计（M）

位置		参数				
		CD	CA	VF1	VF2	VF3
词首	平均值	68	66.89	315	1980	2629
	标准差	0.01	2.6	32.3	125.6	139.1
	变异系数	26.7%	3.9%	10.2%	6.3%	5.2%

续表

位置		参数				
		CD	CA	VF1	VF2	VF3
词中音节首	平均值	78	71.95	426	1800	2578
	标准差	0.02	5.5	75.7	133.2	181.4
	变异系数	28.2%	7.7%	17.7%	7.3&%	7%
复辅音后置	平均值	68	74	389	1689	2501
	标准差					
	变异系数					

表 3.152　词中不同位置 [j] 辅音统计（F）

位置		参数				
		CD	CA	VF1	VF2	VF3
词首	平均值	62	61.61	388	2531	3329
	标准差	0.01	2.4	113.2	148.2	284.5
	变异系数	24.7%	4%	29.1%	5.8%	8.5%
词中音节首	平均值	71	71.3	528	2099	2988
	标准差	0.02	5.4	92.3	426.6	371.3
	变异系数	33%	7.5%	17.4%	20.3%	12.4%
复辅音后置	平均值	74	65	395	2602	3355
	标准差					
	变异系数					

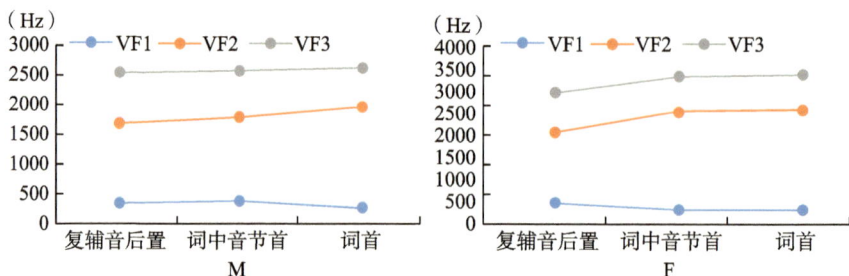

图 3.235　词中不同位置 [j] 辅音的共振峰均值比较（M&F）

（ms）

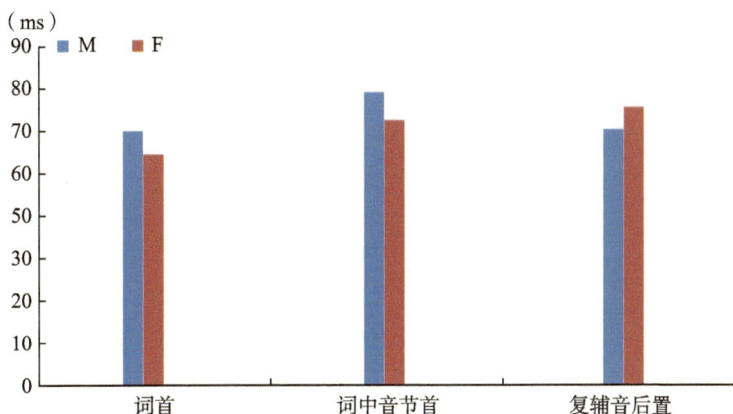

图 3.236　词中不同位置 [j] 辅音的音长均值比较图（M&F）

（dB）

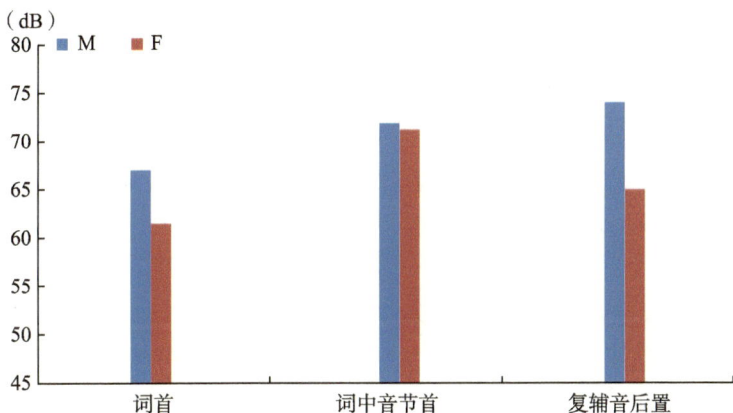

图 3.237　词中不同位置 [j] 辅音的音强均值比较（M&F）

3.2.4　后置元音音质与声学参数之间的关系

表 3.153 为词首不同元音之前 [j] 辅音参数统计表，图 3.238～3.240 为不同元音之前 [j] 辅音音长、音强和共振峰比较图。从表 3.153 和图 3.238～3.240 中可以看出，后置元音与 [j] 辅音音长和音强之间有一定的相关性。如，高元音 [u]（高、后元音）之前的音长比其他元音之前的相对长；前元音 [e、i] 元音之前 [j] 辅音的音强比其在其他辅音之前的音强相对弱；不同元音之前 [j] 辅音第二共振峰（CF2）相对稳定。

表 3.153　词首不同元音之前 [j] 辅音统计（M&F）

	M					F				
	CD	CA	VF1	VF2	VF3	CD	CA	VF1	VF2	VF3
jɐ	77	70.04	396	1884	2652	68	67.07	499	2282	3175

续表

	M					F				
	CD	CA	VF1	VF2	VF3	CD	CA	VF1	VF2	VF3
jɔ	63	66	305	1927	2569	73	64.33	286	2671	3786
je	57	64	280	1968	2699	73	59.66	325	2587	3529
ji	67	64.5	285	1952	2792	55	61.33	286	2671	3787
ju	79	66.66	322	1882	2418	76	74	405	2441	3126

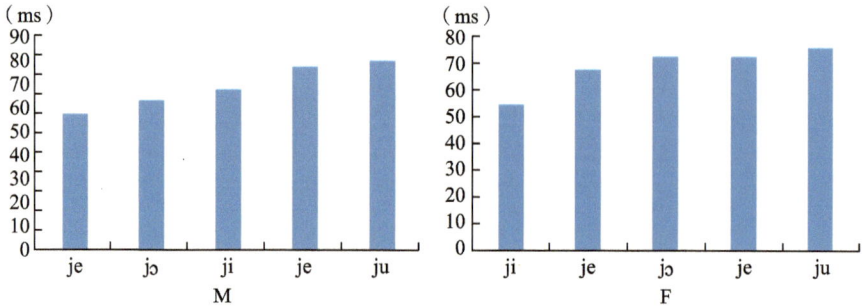

图 3.238 不同元音之前 [j] 辅音音长均值比较（M&F）

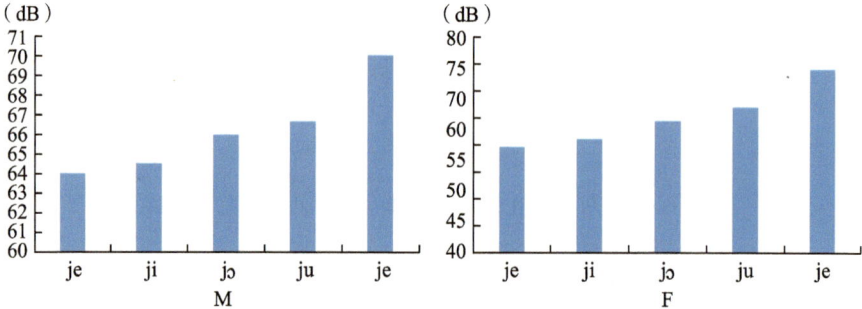

图 3.239 不同元音之前 [j] 辅音音强均值比较（M&F）

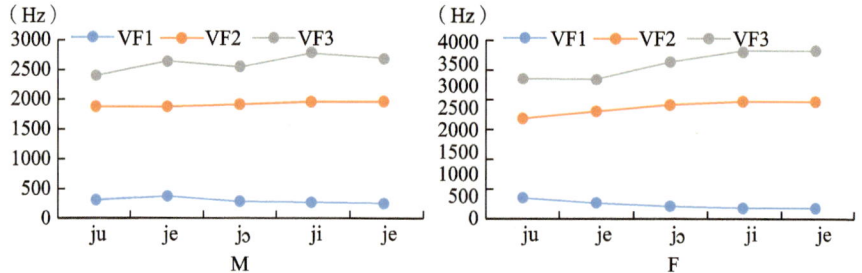

图 3.240 不同元音之前 [j] 辅音的三个共振峰均值（以 CF2 的上升为序排列的）比较（M&F）

我们对不同音节中出现的 [j] 辅音音长、共振峰之间做了单因素方差分析，结果如表 3.154 所示。

表 3.154 检验结果

	sig（显著性）							
	M	F	M			F		
	CD	CD	F1	F2	F3	F1	F2	F3
词首音节—词中音节首	.082	.075	.000	.000	.230	.000	.000	.000

我们从检验结果来看，音长参数上，男、女发音人差异不显著。

共振峰参数上，男、女发音人在 F1、F2 参数上均为差异显著；F3 上男、女发音人检验结果相反。

4. /w/辅音

4.1 词中分布特征

/w/辅音在统一平台中以单辅音形式共出现 6 次（M），17 次（F）。

4.2 声学特征

4.2.1 声学语图特点

东部裕固语 [w] 为舌根、双唇、浊音。图 3.241～3.242 为男发音人 [quwæːq] "目光，眼神"一词的三维语图和 [w] 辅音频谱图。

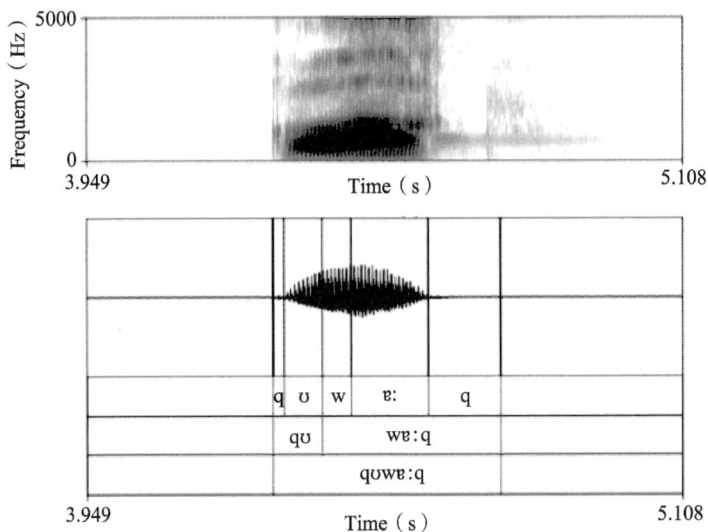

图 3.241 男发音人 [quwæːq] "目光，眼神"一词的三维语图和三层标注实例

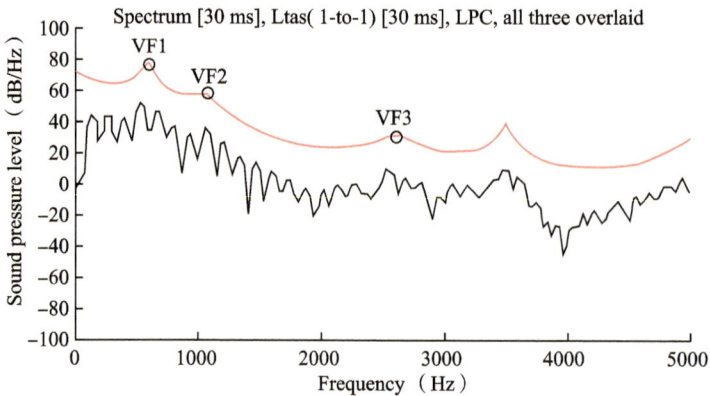

图 3.242　男发音人［quwɑːɪq］"目光，眼神"一词［w］辅音频谱图

4.2.2　共振峰分布模式

表 3.155 为两位发音人［w］辅音参数统计总表。图 3.243 为两位发音人［w］辅音第一、第二和第三共振峰的分布图。表 3.155 和图 3.243 显示了两位发音人［w］辅音 CF1 数据范围最集中，CF2 数据范围最离散。

表 3.155　［w］辅音统计

	M					F				
	CD	CA	VF1	VF2	VF3	CD	CA	VF1	VF2	VF3
平均值	59	73.16	466	1321	2536	41	67.11	454	1776	2945
标准差	0.02	7.4	106.4	482.4	249.2	0.01	4.2	129.1	471.3	368.4
变异系数	39.9%	10%	22.8%	36.5%	9.8%	29%	6.3%	29.5%	26.5%	12.5%

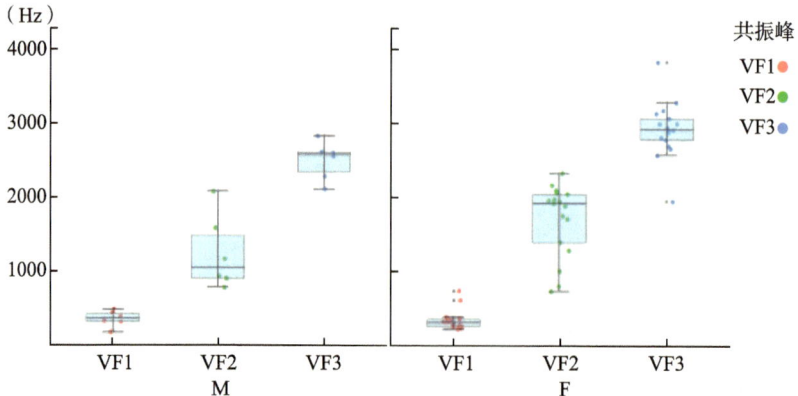

图 3.243　［w］辅音共振峰分布（M&F）

第四章

东部裕固语音系特点

一 词首音节短元音音系特点

（一）词首音节短元音音位及其变体在声学空间中的分布特点

1. 总体格局

我们从图 4.1 中可以看到，东部裕固语词首音节短元音音位及其变体在声学空间中的总体格局：

前后 2500~600Hz；高低 240~800Hz（M）；

前后 3000~750Hz；高低 200~1000Hz（F）。

1.1 舌位格局

图 4.1 显示，东部裕固语词首音节短元音在舌位高、低维度上可以分高（［i、u、y］）、中（［ə、e、ø、ɔ］）、低（［ɐ］）等三个层级，在舌位前、后维度上可以分前（［i、y、e、ø］）、央（［ɐ、ə］）、后（［ɔ、u］）三个层级，是较典型的"三三格局"。另一个特点是以［i、ɐ、u］为极端元音的"倒三角形"格局。这是蒙古语族语言方言土语（话）乃至满—通古斯语族语言的一个比较典型的特点。

1.2 阴、阳格局

阴、阳元音在舌位高低（开口度）维度上有其相对固定的分布位置，即阴在前（［y、e、ø］），阳在后（［ɐ、u、ɔ］）。阴、阳元音的分界线在第二共振峰（F2）1500Hz 附近。请见图 4.1。

1.3　音位及其变体格局

东部裕固语词首音节短元音音位在声学空间中的格局可以分为前、后和高、低两种模式。其中，圆唇元音为"前、后扩展模式"，即圆唇元音的变体主要分布在前、后维度（舌位前后）上，而展唇元音为"高、低扩展模式"，即展唇元音的变体主要分布在高、低维度（舌位高低）上。请见图 4.1。

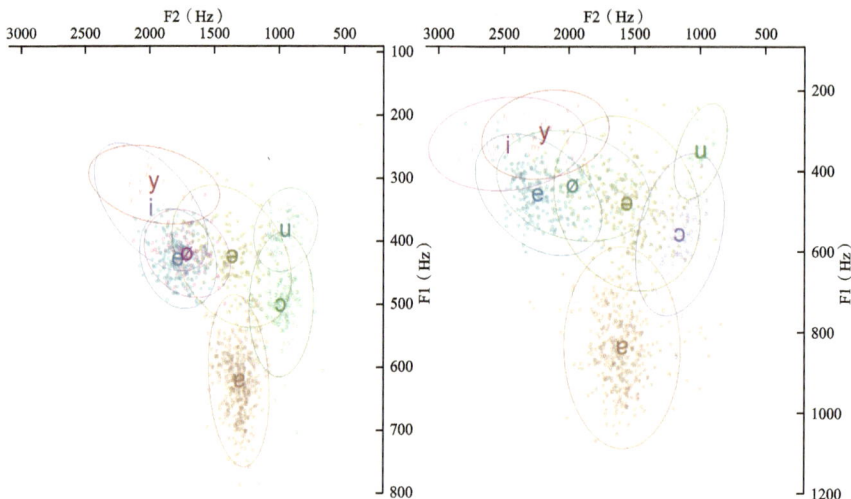

图 4.1　东部裕固语词首音节短元音音位在声学空间中的分布 （M&F）

2. 小结

仅从声学语音学的视角看，东部裕固语元音的演变主要与其自身的发音机制（内因）、语境（外因）和特征以及规则的绝对性和相对性有关。此处提出以下声学语音学依据。

（1）"倒三角形格局"确保了语言方言土语（话）元音演变的相对稳定性；圆唇元音的变体分布在舌位高低维度上（这可能与它们在高、低维度上的密集分布有关），而展唇元音的变体主要分布在舌位前、后维度上。圆、展唇元音的声学格局，确定了它们的演变方向和方式。

（2）音位之间的对立关系是绝对的，而不同音位变体之间的关系是相对的，即音位层面的关系是绝对的，而变体层面的关系是相对的；语音属性和规则一方面会不断发展和完善，这是其绝对性；另一方面会逐渐松动和消失，这是其相对性。"阴、阳对立"是东部裕固语元音的一种属性（属性层面），而"元音和谐律"是这种属性在具体语言中的表现形式（规则层面）。其中，属性层面的关系是绝对的，而规则层面的关系是相对的。

二　辅音音系特点

（一）清塞音和塞擦音共振峰在声学空间中的分布格局

本节对东部裕固语词首和词中音节首清塞音、塞擦音的无声空间（GAP）、噪音起始时间（Voice Onset Time、VOT）和强频集中区（本书称辅音共振峰，用 CF1~CF3 标记）等声学参数进行统计分析的基础上，探讨它们在词中各位置上的出现频率、第 1~3 共振峰分布格局、声学空间中的格局以及这些格局与塞音、塞擦音发音方法和发音部位之间的关系问题。

1. 塞音塞擦音共振峰分布格局

表 4.1 男、女发音人词中音节首塞音、塞擦音的共振峰值统计表。为图 4.2 为根据表 4.1 所画的［p、pʰ、tʰ、t、tʃʰ、tʃ、k、q、qʰ、kʰ、ts］等辅音三个共振峰格局图。从该中可以看到，东部裕固语［p、pʰ、tʰ、t、tʃʰ、tʃ、k、q、qʰ、kʰ、ts］等清塞音、塞擦音的三个共振峰相互分离，分布于高、中、低三个区域（CF1 之间的差异相对小）。如，［tʃ］、［tʃʰ］、［ts］等齿龈后区塞擦音位居高位区，［pʰ］、［p］、［tʰ］、［t］双唇音和齿区塞音集聚在中位区，硬腭区塞音［kʰ］、［k］、［q］、［qʰ］独自分布在低位区。总体格局是"塞擦在上，塞在下"。这种格局与蒙古语清塞音、塞擦音格局一样，具有一定的语言学意义。

表 4.1　词中位置塞音、塞擦音的共振峰值统计（M）

单位：Hz

	M			F		
	CF1	CF2	CF3	CF1	CF2	CF3
［p］	984	1906	2898	829	1861	2906
［pʰ］	1055	1950	3009	947	1855	2850
［t］	949	1911	2994	937	1986	2992
［tʰ］	966	1902	2972	949	1936	2982
［k］	982	1656	2726	1029	1723	2708

续表

	M			F		
	CF1	CF2	CF3	CF1	CF2	CF3
[kʰ]	1044	1616	2631	1089	1705	2538
[q]	824	1435	2958	1082	1650	2978
[qʰ]	857	1330	3084	1083	1572	2882
[tʃ]	1224	2462	3463	1246	2437	3427
[tʃʰ]	1327	2543	3438	1191	2436	3436
[ts]	1526	2665	3760	1182	2198	3283

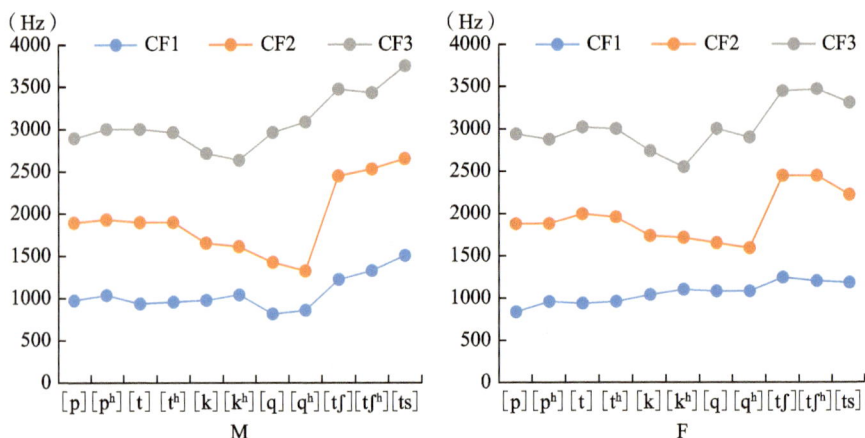

图 4.2　[p、pʰ、tʰ、t、tʃʰ、tʃ、k、q、qʰ、kʰ、ts] 等辅音三个共振峰格局 (M&F)

2. 塞音塞擦音在声学空间中的格局

表 4.2 为男性发音人词中音节首塞音、塞擦音 GAP 和 VOT 值统计表。图 4.3 为根据表 4.2 绘制的以 VOT—GAP 二维坐标的声学格局图。从图 4.3 中可以看到，词中音节首 [p、pʰ、tʰ、t、tʃʰ、tʃ、k、q、qʰ、kʰ、ts] 等 11 个清塞音、塞擦音在以 VOT-GAP 二维坐标的声学空间中总是分布在三个区域，形成 "三个聚合格局"（不因发音人和词中的位置而改变）。总体格局为：（1）[p、pʰ] 居于声学空间最底部位置，其次是 [tʰ、t]，在往上是 [k、kʰ]，最后是 [q、qʰ]，正如发音部位的后移：从双唇→舌尖→舌根→小舌；（2）送气的辅音在不送气辅音的右上角；（3）塞擦音在塞音的左上角。

表 4.2　词中音节首塞音、塞擦音的 GAP 和 VOT 值统计（M）

单位：毫秒

	k	q	t	tʃ	kʰ	qʰ	tʰ	tʃʰ	p	pʰ
GAP	60	70	85	44	99	80	120	62	63	114
VOT	41	36	32	62	67	55	38	97	20	33

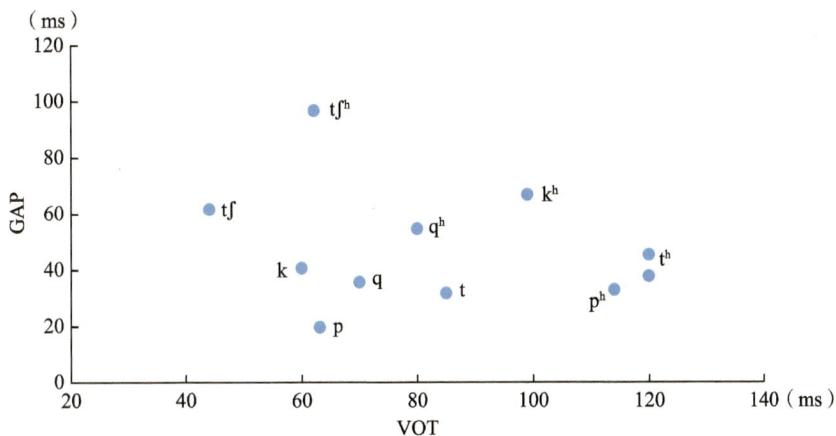

图 4.3　词中音节首塞音、塞擦音以 VOT—GAP 二维坐标的声学格局（M）

我们对东部裕固语塞音、塞擦音的 VOT 参数进行单因素方差分析，表 4.3 为词首音节出现的塞音、塞擦音的 VOT 检验结果。

表 4.3　词首音节塞音、塞擦音 VOT 检验结果

VOT		M 显著性	F 显著性	VOT		M 显著性	F 显著性
k	kʰ	.000	.000	kʰ	p	.000	.000
	p	.000	.000		pʰ	.001	.000
	pʰ	.000	.000		q	.000	.000
	q	.000	.001		qʰ	.007	
	qʰ	.027			t	.000	.000
	t	.000	.000		tʰ	.000	.000
	tʰ	.000	.000		tʃ	.000	.000
	tʃ	.000	.000		tʃʰ	.000	.946
	tʃʰ	.000	.000				

续表

VOT		M 显著性	F 显著性	VOT		M 显著性	F 显著性
p	pʰ	.000	.000	pʰ	q	.000	.000
	q	1.000	.000		qʰ	.914	
	qʰ	.000			t	.000	.000
	t	.957	.690		tʰ	1.000	.887
	tʰ	.000	.000		tʃ	.025	.004
	tʃ	.000	.000		tʃʰ	.000	.000
	tʃʰ	.000	.000	qʰ	t	.000	
q	qʰ	.000			tʰ	.953	
	t	.854	.000		tʃ	1.000	
	tʰ	.000	.000		tʃʰ	.000	
	tʃ	.000	.000	tʰ	tʃ	.000	.001
	tʃʰ	.000	.000		tʃʰ	.000	.000
t	tʰ	.000	.000	tʃ	tʃʰ	.000	.000
	tʃ	.000	.000				
	tʃʰ	.000	.000				

从表 4.3 检验结果来看，α 为 0.05 的水平上，男发音人 p-q、p-t、q-t、pʰ-qʰ、pʰ-tʰ、qʰ-tʰ、qʰ-tʃ 之间，女发音人 p-t、kʰ-tʃʰ、pʰ-tʰ 之间差异不显著，其他辅音之间差异性显著。

3. 小结

东部裕固语清塞音、塞擦音主要以单辅音形式出现在词首、词中（音节首、音节末）和词末等位置。其中，在词首和词中音节首出现的比例远大于词中音节末和词末出现的比例。

东部裕固语词首 [p、pʰ、tʰ、t、tʃʰ、tʃ、k、q、qʰ、kʰ、ts] 等清塞音、塞擦音的三个共振峰相互分离，分布于高、中、低三个区域，形成"塞擦在上，塞在下"格局。这种格局与它们发音方法具有一定的相关性。

以 VOT-GAP 二维坐标的声学空间中，[p、pʰ] 居于声学空间最底部位置，其次是 [tʰ、t]，再往上是 [k、kʰ]，最后是 [q、qʰ]，正如发音部位的后移：从双唇→舌尖→舌根→小舌；塞擦音在塞音的左上角；送气音总是位于不送气音的上部，不送气音在下部。

（二）清擦音谱特征分布特点

1. 词首 [s、∫、x] 的谱特征分布

近年来，用实验语音学的理论和方法研究蒙古语族语言 [s、∫、x、h] 等清擦音的论著逐渐增多。其中，在声学研究方面主要使用的参数为强频集中区（Concentrated Frequency Area），又称辅音共振峰（CF）。本书中用 CF1~CF5 等标记清辅音 5 个共振峰。表 4.4 为男性发音人词首清擦音共振峰和谱参数均值统计表。图 4.4 为根据参数库绘制的所有词首 [s、∫、x、h] 的谱重心—谱偏移量分（离散度）布图。从表 4.4 和图 4.4 中可以看出，在以 COG 和 STD 为坐标轴的两个维度声学空间中，东部裕固语词首 [s、∫、x、h] 等清擦音具有各自的分布范围。如，[s] 的谱重心最高，[∫] 居次，[x] 次低，[h] 最低。显然，发音部位与 COG 值之间存在正相关，即发音部位靠前 COG 值大，靠后则 COG 值小，即 [h→x→∫→s]。另外，与 COG 值相比，辅音发音部位与 SKEW 之间存在负相关，即发音部位靠前 SKEW 值小，靠后则 SKEW 值大，即 [h]（4.7）← [x]（3.8）← [∫]（0.58）← [s]（0.28）。

表 4.4　词首清擦音谱参数平均值统计（M）

	统计项	CF1	CF2	CF3	CF4	CF5	COG	STD	SKEW	CD
s	平均值	1427	2556	3762	4450	5035	6245	1772	0.28	186
	标准差	163	491	211	266	139	828	290	0.55	0.03
	变异系数	11.4%	19.2%	5.6%	5.9%	2.7%	13.2%	16.3%	198%	19.3%
∫	统计项	CF1	CF2	CF3	CF4	CF5	COG	STD	SKEW	CD
	平均值	1596	2496	3439	4362	5009	4404	1914	0.58	180
	标准差	221	263	286	256	164	777	352	0.48	0.03
	变异系数	13.8%	10.5%	8.3%	5.8%	3.2%	17.6%	18.3%	82.7%	17.6%
x	统计项	CF1	CF2	CF3	CF4	CF5	COG	STD	SKEW	CD
	平均值	933	1314	2936	3823	5075	1336	1361	3.8	139
	标准差	217	252	307	307	189.9	446	566	2.07	0.03
	变异系数	23.2%	19.2%	10.4%	8%	3.7%	33.3%	41.6%	54%	26.7%

	统计项	CF1	CF2	CF3	CF4	CF5	COG	STD	SKEW	CD
h	平均值	783	1446	2648	3788	4817	989	775	4.7	90
	标准差	149	318	222	461	275	283	427	2.2	0.01
	变异系数	19%	21.9%	8.3%	12.1%	5.7%	28.5%	55.1%	48.3%	19.3%

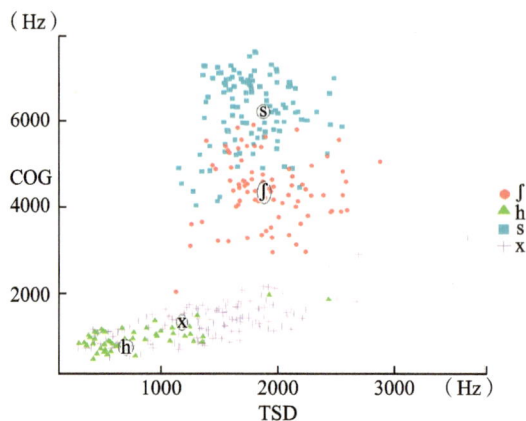

图 4.4　词首清擦音谱重心—谱偏移量分布图示例（标记处为均值）

　　上述分析说明，COG、STD 和 SKEW 等参数都与清擦音的发音部位具有较好的相关性，利用它们能够有效区分不同清擦音的发音部位，说明这些参数具有语言学意义。

　　为了更直观地看到三个不同发音部位清擦音在谱重心方面的差异性，我们绘制了谱重心（COG）和相对于谱重心的谱偏移量（STD）分布图。请见图 4.5。

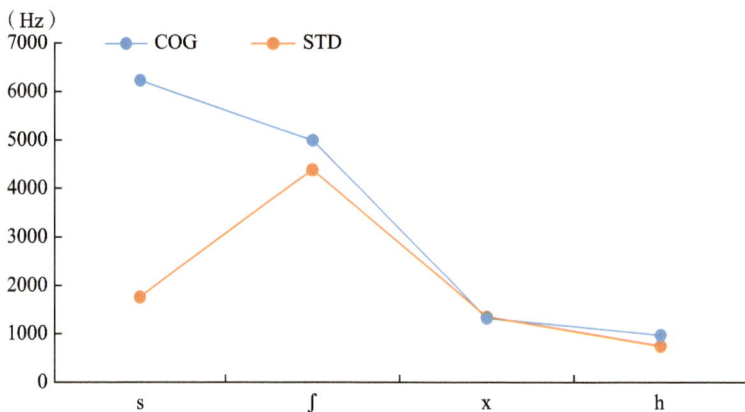

图 4.5　清擦音的谱重心（COG）和相对于谱重心的谱偏移量（STD）分布图示例（M）

如上所述，我们所利用的参数均为自动标注和采集形成的。为此，有必要审视清擦音共振峰与其发音部位之间的相关性问题。图 4.6 为 [s、ʃ、x、h] 等四个辅音 5 个共振峰比较示意图。从图 4.6 中可以看到，[s、ʃ] 与 [x、h] 之间的界限比较清晰，而 [s] 和 [ʃ] 在高频区有交叉现象。说明虽然清辅音共振峰与其发音部位之间具有一定的相关性，但与 COG、STD 和 SKEW 等参数相比，其相关性较差，特别是对于 [s] 和 [ʃ] 辅音来说。

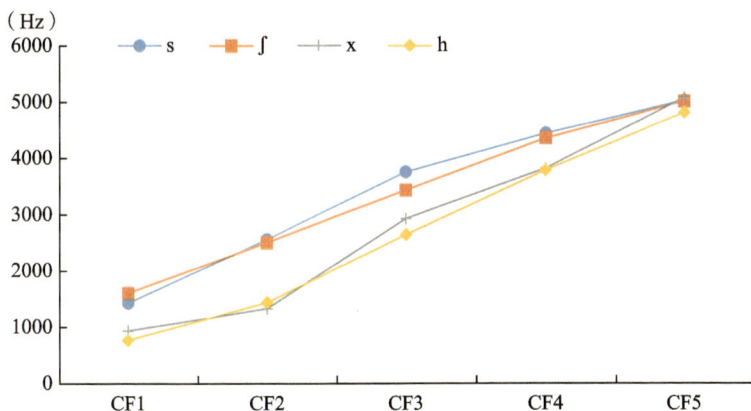

图 4.6　词首清擦音 1~5 个共振峰分布比较（M）

我们对词首音节的擦音音长和谱重心参数做了单因素方差分析，表 4.5 为音长、谱重心的检验结果。

表 4.5　检验结果

		CD		COG		STD	
		M	F	M	F	M	F
		显著性	显著性	显著性	显著性	显著性	显著性
s	ʃ	.510	.980	.000	.000	.016	.000
	x	.000	.000	.000	.000	.000	.000
	h	.000	.000	.000	.000	.000	.000
ʃ	x	.000	.000	.000	.000	.000	.000
	h	.000	.000	.000	.000	.000	.000
x	h	.000	.000	.000	.652	.000	.000

从音长检验结果来看，音长参数上 s~∫ 之间差异不显著，其他擦音之间差异显著。

谱重心和离散度参数上，东部裕固语清擦音之间差异显著（女发音人在谱重心参数上，x~h 之间差异不显著）。

2. 词首 [n、m、l、j] 辅音谱特征分布特点

与 [s、∫、x] 等清擦音相比 [n、m、l、j] 等浊辅音虽然有其自身的共振峰（VF）模式，但从声学三维语图上较难辨认 [n、m] 等两个辅音。为此，我们在最新参数库中，也增加了浊辅音的 COG、Dispersion 和 SKEW 等参数。表 4.6 为男发音人词首浊辅音共振峰和谱参数均值统计表和音长比较（均值）。图 4.7~4.8 为根据表 4.6 绘制的 [n、m、l、j] 等浊辅音音长和共振峰均值图。图 4.9 为根据表 4.6 绘制的 [n、m、l、j] 等浊辅音谱重心—谱偏移量（均值）分布图。

表 4.6 词首浊辅音谱参数平均值统计（M）

	统计项	CD	VF1	VF2	VF3	COG	Dispersion	SKEW
n	平均值	70	289	1526	2566	234	276	18.5
m	平均值	63	268	1307	2554	223	237	21.5
l	平均值	63	326	1339	2768	272	355	16.5
j	平均值	68	315	1980	2629	296	354	15

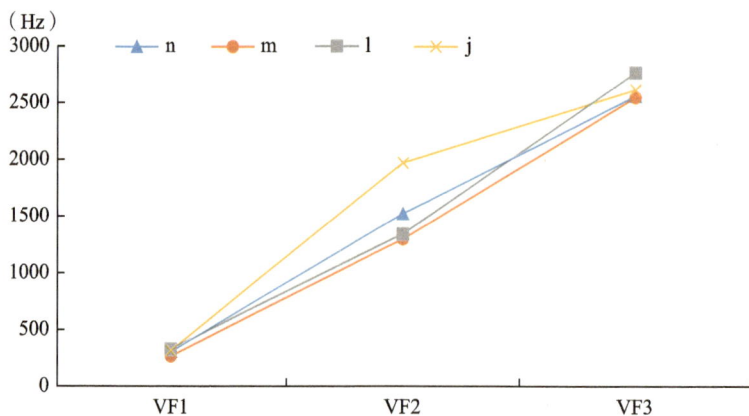

图 4.7 词首浊辅音 1~3 个共振峰分布比较（M）

（ms）

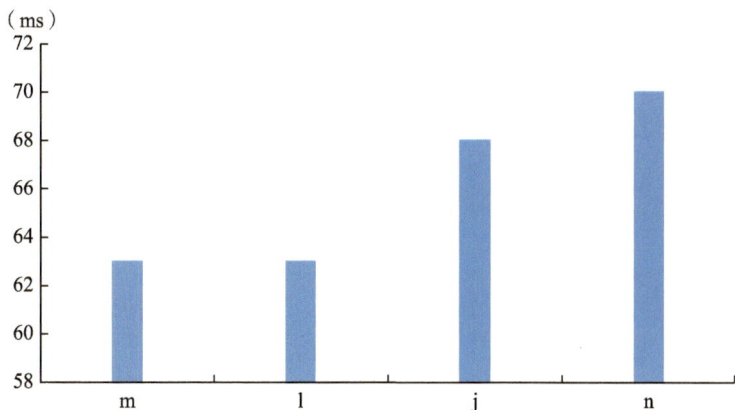

图 4.8 词首浊辅音音长比较图（M）

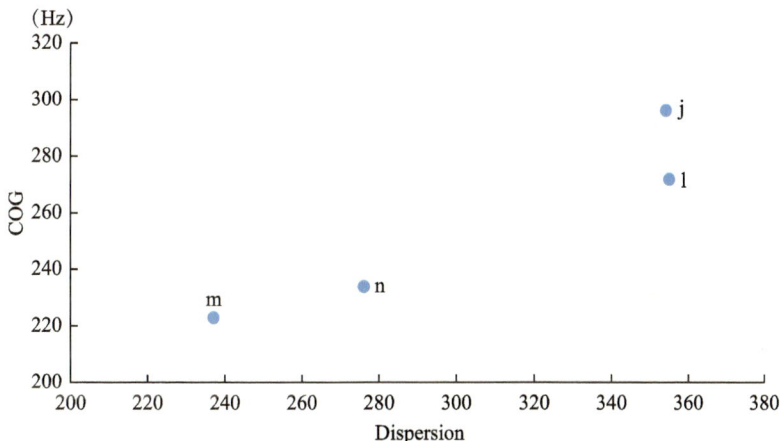

图 4.9 词首浊辅音谱重心—谱偏移量分布图示例（M 均值）

那么，共振峰是否能够区分浊辅音之间发音部位的差异？图 4.7 为词首
[n、m、l、j] 等浊辅音 1~3 个共振峰分布比较图。图 4.7 显示，[n、m、
l、j] 等 4 个浊辅音的第一共振峰（VF1）基本叠加，而 VF2 的分布有一定
的规律性。如，舌位靠后的第二共振峰频率相对高。

从均值看，COG、STD 与浊辅音发音部位之间似乎也存在一定的相关
性，即 [m] → [n] → [l] → [j]；SKEW 值与浊辅音发音部位之间相
关性，即 [m] ← [n] ← [l] ← [j]。

我们对词首 [n、m、l、j] 等浊辅音 1~3 个共振峰、音长进行了单因
素方差分析，结果如表 4.7 所示。

表 4.7　辅音检验结果

共振峰		M						
		F1	F2	F3	CD	COG	Dispersion	SKEW
		显著性	显著性	显著性	显著性	显著性	显著性	显著性
n	m	.000	.008	.986	.407	.006	.063	.000
	l	.388	.183	.031	.671	.001	.602	.483
	j	.000	.000	.170	.996	.000	.003	.000
m	l	.094	.982	.025	1.000	.000	.263	.009
	j	.000	.000	.179	.449	.000	.000	.000
l	j	.962	.000	.189	.741	.119	1.000	.709

从检验结果来看，[n、m、l、j] 之间 F2 比较稳定，差异性显著；其他几个参数不太稳定；COG 和 SKEW 参数比较稳定。

3. 小结

冉启斌在他的博士论文（2005）中用辅音谱特征分析法，对汉语普通话及几种方言的擦音进行深入研究后得出：普通话 5 个清擦音可分为两类，[s、ç、ʂ] 谱重心高而分散度小，分布范围小；[f、x] 谱重心低而分散度大，分布范围也大。他认为该方法在清擦音研究中是一种值得重视的方法。周学文利用这些参数有效区分了彝语浊辅音及其清化问题以及清擦音之间的频谱分布差异。其主要结论为：（1）[f] 的谱参数变化大，[ç] 最稳定，擦音 [s、ʂ] 也比较稳定，Dispersion（STD）值从大到小排序为：[s、ʂ、ç]；（2）就清擦音的 COG 和 Dispersion（STD）两个参数而言，Dispersion（STD）是更稳定、更容易区别单个清擦音的参数。呼和和宝音对蒙古语和达斡尔语擦音谱重心进行过较系统的实验分析研究。

通过上述分析，我们认为：COG、STD 和 SKEW 等三个参数相对稳定，与东部裕固语辅音发音方法和清辅音发音部位密切相关。如，能够有效区别辅音的清擦音。

另外，上述三个参数与清辅音发音部位密切相关，具有明显的区别意义。一般来说，部位越靠后 COG、STD 值越小，部位越靠前 COG、STD 值越大（其中 COG 的变化较明显）。与之相反，部位越靠后 SKEW 值越大，部位越靠前 SKEW 值越小。这一特点也与蒙古语、达斡尔语相似。该三个参数与浊辅音发音部位之间也有较好的相关性、明显的区别意义。

根据谱重心参数（COG），可以把东部裕固语词首清辅音分为高、中、低等三类。其中，[s] 的谱重心最高（>6000Hz），[ʃ] 居次（>5000Hz），[x] 次低（>1500Hz），[h] 最低（1000Hz）。显然，东部裕固语词首清辅音谱特征与蒙古语和汉语普通话的 [s、ʂ（ʃ）、x、h] 等清擦音相似。但在分散度和分布范围方面与蒙古语清擦音谱特征相同。东部裕固语清擦音谱重心高低与分散度之间没有相关性。例如，[s] 的谱重心虽然最高，但其谱分散度相对大。

本节主要探讨了 [s、ʃ、x] 和 [n、m、l、j] 等辅音的谱参数分布规律，以下是初步结论。

（1）COG、STD 和 SKEW 等三个参数相对稳定，能够有效区别东部裕固语辅音的清、浊和不同发音部位的清擦音，具有语言学意义。

（2）清辅音的 COG 和 STD 值都明显大于浊辅音，而其 SKEW 值则小于浊辅音；边音 [l、j] 的 COG 值总是比鼻音 [n、m] 的 COG 值大。

（3）COG、STD 和 SKEW 值与清辅音发音部位之间具有较好的相关性。部位越靠后 COG、STD 值越小，部位越靠前 COG、STD 值越大（其中 COG 的变化较明显）。与之相反，部位越靠后 SKEW 值越大，部位越靠前 SKEW 值越小。

（4）COG、STD 和 SKEW 值与浊辅音发音部位之间有相关性、明显的区别意义。

（5）根据 COG 值，可以把东部裕固语词首清辅音分高（[s]）、中（[ʃ]）、次低（[x]）、低（[h]）等四类。

（6）与谱参数相比，辅音共振峰（CF）与东部裕固语辅音发音部位之间的相关性较差，不适合用于辅音发音部位的描写。

┃第五章┃
东部裕固语音节声学特征

一　音节理论综述

关于音节的定义这一问题，学者们的分歧较大。下面简单介绍一下几个具有代表性的观点。第一，元音说。元音说是古希腊人最早提出的。他们将音节定义为"由一个元音或一个元音和几个辅音联合构成的语音单位"。古印度则认为，"有多少个元音就有多少个音节"。但是实际上，有的音节根本没有元音。例如英语"film"（胶卷）中虽然只有一个元音，但音节却是 2 个。第二，呼气说。呼气说是奥地利语言学家斯托尔姆（J. Storm）提出的。他认为"音节是一组用一次呼气发出来的声音。……说话时有多少次呼气就有多少个音节。呼气力最弱的地方就是音节的分界线"。但是日常说话，谁也不会发一个音就呼一次气。第三，响度说。响度说是丹麦语言学家叶斯柏逊等人提出的。他把音素按照声音的响度分成 8 级，最响的地方就是音节的中心，响度最低的地方就是音节的分界线。第四，紧张度说。紧张度说是法国语言学家格拉蒙（M. Grammot）和苏联的谢尔巴提出的。这种学说按照发音时肌肉的紧张程度的变化来划分音节。肌肉每次由紧张到放松构成一个音节，最紧张的地方就是音节的中心。

尽管音节的定义较多，但迄今没有一个定义被验证为是恰当的。可以说音节是易理解但难以解释的单元。按着 R. L. Trask 的说法，它是一个基本的但难以捉摸的音系单位。尽管本族语使用者通常觉得很容易决定在一个给定的词或话语中有几个音节，尽管以音节为基础的书写系统已使用几千年，尽管口误为音节的心理真实性提供了丰富的证据，但事实证明音节极难定义。如今有两种研究方法占统治地位：（1）音节是一个神经程序的单位，尽管没有一个单一的语音上的对应物，但它可由听话者从大量线索中重新组建；（2）音节是纯音系单位，每一个单位包括一个固有的响度峰，尽管对像英语 spit 这样有两个峰的词要做一些修改（R. L. Trask，1996）。

二　东部裕固语音节特点

本书不对音节的定义和理论做进一步的阐述，而是根据学者们的阐述以及我们对音节的理解，归纳与音节相关的问题如下。

首先，东部裕固语可以采用以下音节定义："音节是语流中最小的发音单位，也是从听觉上能够自然辨别出来的最小的语音单位。一个音节中可以只包含一个音段，也可以包含几个音段"（邢公畹，1995）。音节具有物理、生理和社会等属性。

其次，语音四要素对东部裕固语音节的作用。音节是语音四要素的统一体，四要素是构成音节的因素。东部裕固语音节包含了具有辨义作用的音长这一要素。对东部裕固语来说音色和音长是最重要的，因为它们具有辨义作用或功能。其他两个要素音高和音强的作用不明显。

再次，基本音节与一般音节问题。根据语音四要素地位的不平等性，我们可以把音节中只考虑音色因素、由音素所构成的音节称为基本音节，以便与一般音节即在基本音节基础上还涉及音高、音强和音长等其他非音质因素的音节相区分。就汉语而言，基本音节就是不带声调的音节，带声调的音节是一般音节（米嘉瑷，2006）。东部裕固语音节可以分为基本音节和一般音节。基本音节是只考虑音色因素、由音素所构成的音节，如［kʰen］、［kʰes］等，而一般音节是在基本音节基础上还涉及音长的音节，如［tʃun］、［tʃuːn］等。

最后，音节与节位问题，音系音节（phonological syllable）与语音音节（phonetical syllable）问题。音系音节的概念并非全新的。雅克布孙（R. Jacobson）曾经使用过。最早可追溯到俄国人波利万诺夫（Polivanov）及伊万诺夫（Ivanov）所论之"音节"与"音节的节位观念"。格拉蒙

（1933）认为，音系音节为理论上的、典型的、生理上正规的音节。语音音节为在语音上偶然显示某种不规则特性的音节。其实，音节本身是兼具语音性质和音系性质的单位，它在语音上表现为发音活动与音响的一次加强，在音系上又以其特定的形式隶属于一定语言的语音系统（没有"超语言的音节"）。其语音表现形式（语音音节）与音系形式（音系音节）在多数情况下是统一的。但音节的音系形式是固定的，而其语音表现形式却可以在语流中发生一定的变化。比如，连读可以造成音节界限的移动和音节变形，有时可以出现双属辅音（ambisyllabic consonant）、不同程度的连读可以造成多种不同的音节变形，这些变形都是非区别性的，它们显然与变形之前的音节形式有所龃龉。正是基于对此种事实的考虑，人们认为有必要对音系音节与语音音节加以区分（史延恺，1986）。

我们在多年的语音实验研究中也意识到了音节的复杂性。在尚未读到上述文章之前，笔者也曾提出"音节"与"音节位"的概念，如：

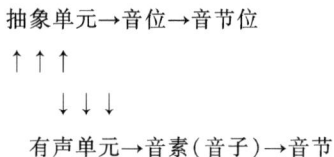

抽象单元→音位→音节位

↑ ↑ ↑

↓ ↓ ↓

有声单元→音素（音子）→音节

有声单元和抽象单元的区别：(1) 有声单元是语言的存在形式（把某种语言或方言的语音从小单元到大单元可以分成：音素→音节），抽象单元是对有声单元进行简单化、抽象化、系统化的结果；(2) 有声单元远远多于抽象单元；(3) 有声单元和抽象单元都是针对某一语言或方言的，而不是跨语言、方言的。有声单元和抽象单元的关系是约定性的、固定性的。如，东部裕固语口语音节的类型较多而较复杂。从我们东部裕固语语音参数库里的统计结果看有：V、VC、VCv、VCC、VV、VVC、CV、C^{j}V、CVC、C^{j}VC、CVCv、CVCC、CVV、CVVC、CCVC、CCVCC、CCV、CC^{j}V、CCCV、CCCVC、CCC^{j}V、CCCVCC、CC^{j}VCC、CCC^{j}VC、C^{j}VCC、CVC-CC 等26种音节类型，但我们可以把它们归纳成 V、VC、CV、CVC 等4个音节位。

为了能够使我们的观点与国际接轨，我们可以采用音系音节与语音音节概念，以便代替我们原来提出的音节和音节位。如东部裕固语普通话有上述 26 种语音音节，有 4 种音系音节。

我们认为，（1）不能排除音节所包含的心理因素；（2）音节在声学上的表现是错综复杂的，一般用音长、音高和音强等参数可以较容易地划分音节，但这是相对的；（3）音节之间的短暂停顿是音节的重要信息。众所周知，东部裕固语是音节节奏语言，音节是东部裕固语最小的韵律单元。在音节边界处（音节之间）不出现塞音或塞擦音等有 GAP 的辅音的情况下，蒙古语者也能够感知到音节间的短暂停延。这与每个音节边界处前音节元音的延长有关，符合韵律学理论。边界前音节元音的延长是在听感上音节间有短暂停延的重要原因之一。虽然，有上述诸多的音节理论，如，元音说、呼气说、响度说和紧张度说，甚至是突显论，但笔者认为应该把音节之间的停延作为音节定义的一个重要部分，这对于音节来说是绝不能忽视的因素。音节边界处前音节元音的相对延长可以作为区别音节的重要参数之一。

三　东部裕固语音节统计分析

我们曾经把东部裕固语口语音节分为：V、VC、VCv、VCC、VV、VVC、CV、C^{j}V、CVC、C^{j}VC、CVCv、CVCC、CVV、CVVC、CCVC、CCVCC、CCV、CC^{j}V、CCCV、CCCVC、CCC^{j}V、CCCVCC、CC^{j}VCC、CCC^{j}VC、C^{j}VCC、CVCCC 等 26 种音节类型。以下是我们以往的统计分析结果：（1）一个音节中可以容纳 1~6 个音，非词首不出现以元音开头的音节；（2）东部裕固语各类音节在词里的分布情况是：词首音节[①]的类型最多，共出现 26 种类型，其中出现频率最高的是 CV 音节（占所有词首音节的 43%），其次是 CVC 音节（占所有词首音节的 33%）；词中音节中，出现频率最高的是 CV 音节（占所有词中音节的 68%），其次是 CVC 音节（占所有词中音节的 30%）；词尾音节中，出现频率最高的是 CV 音节（占所有词尾音节的 57%），其次是 CVC 音节（占所有词尾音节的 39%）。

以上统计结果告诉我们，东部裕固语的各类音节中 CV、CVC 为较活跃

---

① 词首音节中不包括单音节词。因为单音节词的音节类型及其出现频率与多音节词词首音节有所不同。

的音节，它们的出现频率分别为 52% 和 35%，也就是说这两种类型的音节占所有音节的 87%。

总之，CV、CVC 等语音音节是东部裕固语的主流音节，而音系音节 CV 是东部裕固语的核心音节。

| 第六章 |

东部裕固语单词韵律特征

一　东部裕固语韵律研究综述

广义地说，韵律结构应当包括重音、节奏和语调三个方面的结构，例如重音的位置分布及其等级差异，韵律边界的位置分布及其等级差异，语调的基本骨架及其跟声调、节奏和重音的关系，等等。狭义地说，韵律结构主要指话语节奏的层级组织及其客观标志，包括韵律词的构成以及各级韵律成分边界的界定等，通常叫作韵律切分。它涉及说话时的组词断句模式，实质上是指语言信息时域分布的格局。本书所说的是狭义的韵律结构。

从 20 世纪 90 年代初开始，随着言语声学工程技术的发展，汉语自然语言韵律特征的研究成为我国语言学界和言语工程界共同讨论和研究的焦点。在语句重音的研究、韵律层级单元（韵律词、韵律词组、韵律短语和语调短语）及其边界划分（韵律词边界、韵律词组边界、韵律短语边界和语调短语边界）、韵律层级标注方法、韵律层级边界处声学特征、韵律结构与句法结构的关系、基于语法信息的韵律结构预测方法等方面都取得了前所未有的成绩，并把上述研究成果成功地应用到语音合成和识别系统中，把言语声学工程技术推上了新的高峰。

与汉语自然语言韵律特征研究的发展速度和水平相比东部裕固语韵律特征研究滞后。

我们首先把东部裕固语双音节词分成 S-S、S-L、L-L、L-S 等四个音节类型；三音节词分成 S-S-S、S-S-L、S-L-S、S-L-L、L-L-L、L-L-

S、L-S-L、L-S-S 等八个音节类型。S 代表短元音，L 代表长元音，再把长短元音分成开音节（O）和闭音节（C）。具体分类及参数库中出现的统计表，见表 6.1~6.2。

表 6.1　双音节词分类统计

		M				F			
S-S	类	O-O	O-C	C-C	C-O	O-O	O-C	C-C	C-O
	N	153	194	109	152	166	179	99	156
S-L	类	O-O	O-C	C-C	C-O	O-O	O-C	C-C	C-O
	N	49	56	32	30	50	61	26	29
L-L	类	O-O	O-C	C-C	C-O	O-O	O-C	C-C	C-O
	N	8	1	3	6	16	3	1	4
L-S	类	O-O	O-C	C-C	C-O	O-O	O-C	C-C	C-O
	N	56	40	14	24	56	39	16	40

表 6.2　三音节词分类统计

		M		F	
S-S-S	类	S-S-O	S-S-C	S-S-O	S-S-C
	N	145	72	148	61
S-S-L	类	S-S-O	S-S-C	S-S-O	S-S-C
	N	45	7	49	9
S-L-S	类	S-L-O	S-L-C	S-L-O	S-L-C
	N	29	19	24	11
S-L-L	类	S-L-O	S-L-C	S-L-O	S-L-C
	N	8	0	4	0
L-L-L	类	L-L-O	L-L-C	L-L-O	L-L-C
	N	0	0	1	0
L-L-S	类	L-L-O	L-L-C	L-L-O	L-L-C
	N	0	1	0	1
L-S-L	类	L-S-O	L-S-C	L-S-O	L-S-C
	N	12	0	11	0

续表

L-S-S		M		F	
	类	L-S-O	L-S-C	L-S-O	L-S-C
	N	11	1	7	0

注：参数库中三音节词出现频率低，因此只有对词尾的元音分为开音节（O）和闭音节（C）。

（一）音长分布模式

图 6.1~6.2 为两位发音合作人（1 男 1 女）的双音节和三音节词元音长度（平均值）分布模式示意图，我们采用了百分比（Perceptional ratio in percentages）和数值比（Numerical ratio）表示法。

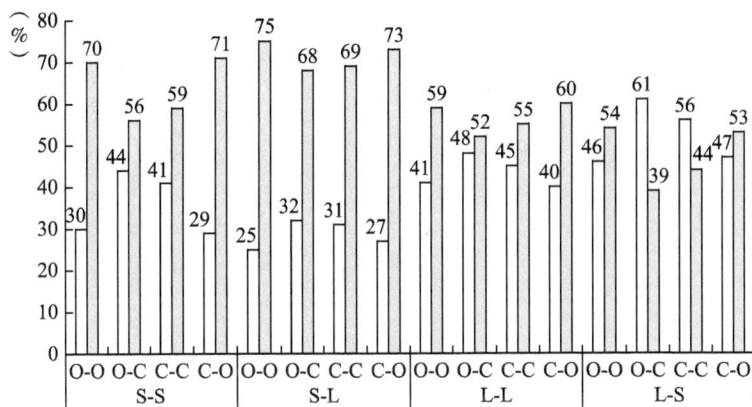

图 6.1　双音节词元音长度分布模式（M）

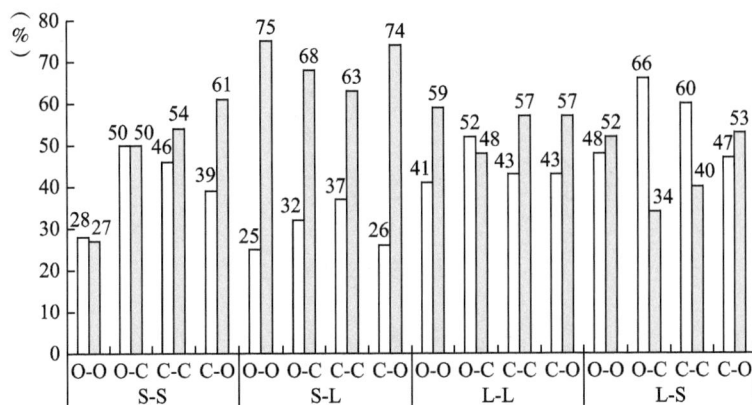

图 6.2　双音节词元音长度分布模式（F）

从图 6.1~6.2 中我们可以得出如下结论。

（1）词首音节元音长于词尾音节元音的有：L-S 类词中的 O-C：61：39（男），66：34（女）和 C-C：56：44（男），60：40（女）；

（2）女发音人的 L-L 类词中的 O-C 中，词首音节元音长于词尾音节元音；

（3）其他的双音节中词中词首音节元音短于词尾音节元音。

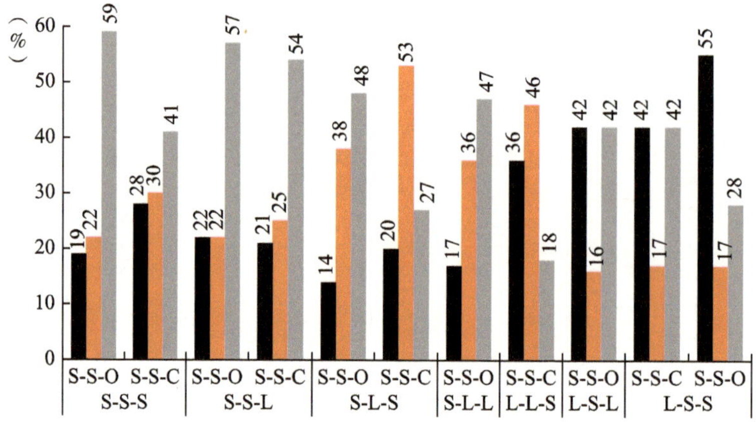

图 6.3　三音节词元音长度分布模式（M）

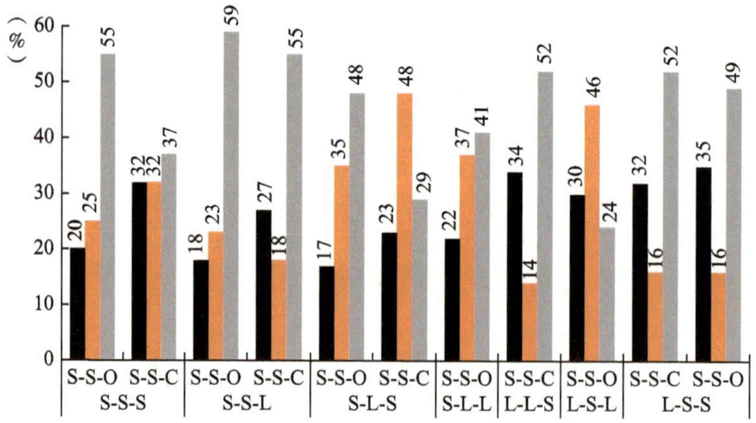

图 6.4　三音节词元音长度分布模式（F）

从图 6.3~6.4 中我们可以得出如下结论。

（1）词尾音节元音长于词首音节和词中音节元音的有：S-S-S、S-S-L、S-L-S（S-L-O）、S-L-L、L-L-L、L-S-L（女）、L-S-S（女）。

（2）词首音节元音和词尾音节元音相等的有：L-S-L（男）、L-S-S（L-S-O，男）。

（3）词首音节元音长于词尾和词中音节元音的有：L-S-S（L-S-C，男）。

（4）词中音节元音长于词首和词尾音节元音的有：S-L-S（S-L-C）、L-L-S。

（二）音高分布模式

图 6.5~6.12 为两位发音合作人（M、F）的双音节和三音节词音高（平均值）分布模式示意图。为了能够区别清楚双音节词和三音节词音高分布模式，我们把双音节和三音节词音高模式分成了两部分，即词首音节含有短元音的音节词音高分布模式和词首音节含有长元音的音节词音高分布模式。从图 6.5~6.2 中可以得出如下结论。

（1）S-S、S-L 类双音节词具有典型的"L-H 模式"（低-高模式）；L-L 和 L-S 类双音节词，具有典型的"H-L 模式"（高-低模式）；双音节词音高分布特点是"前音节平稳，后音节呈抛物线或斜线"。

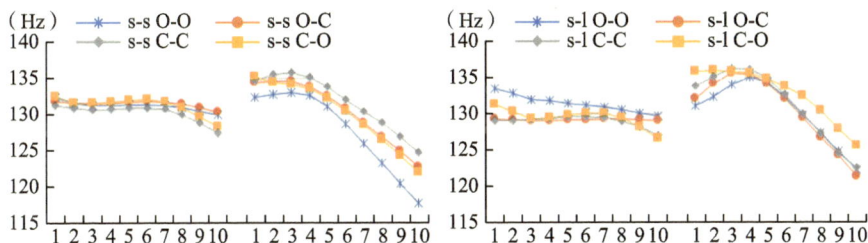

图 6.5 双音节词音高分布模式（M）

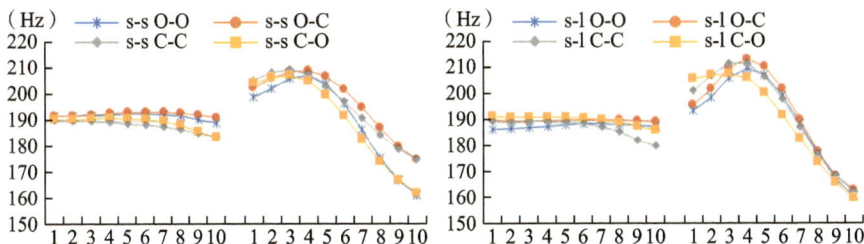

图 6.6 双音节词音高分布模式（F）

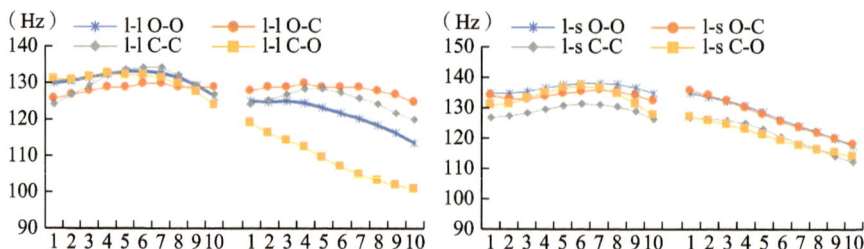

图 6.7 双音节词音高分布模式（M）

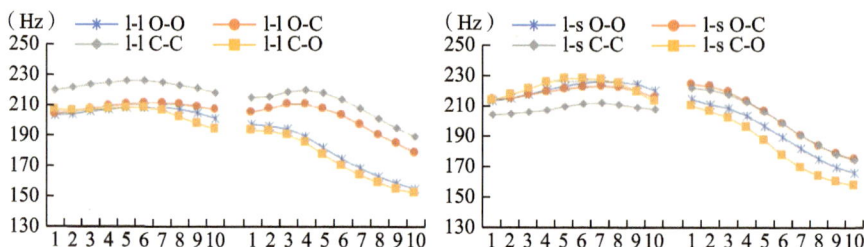

图 6.8 双音节词音高分布模式（F）

（2）S-S-S、S-S-L、S-L-S、S-L-L 类三音节词，具有典型的 "L-H-L
模式"（低-高-低模式），音高分布特点是 "词首音节平稳，词中音节劣弧
线，词尾音节呈抛物线或斜线"。

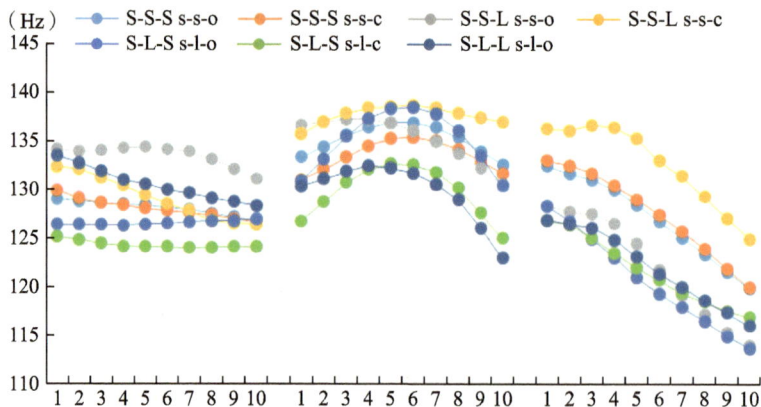

图 6.9 词首含有短元音的三音节词音高分布模式（M）

（3）L-L-L、L-L-S、L-S-L、L-S-S 类三音节词，具有典型的 "H-
L-L 模式"（高-低-低模式），音高分布特点是 "词首音节上升劣弧线（末
端高），词中音节下降劣弧线，词尾音节呈抛物线或斜线"。

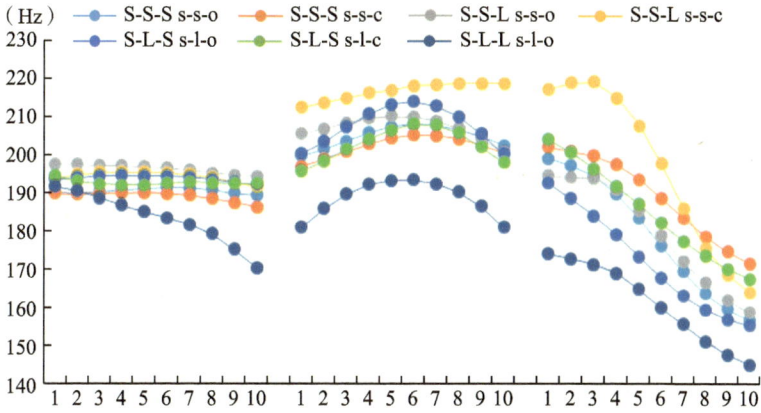

图 6.10 词首含有长元音的三音节词音高分布模式（F）

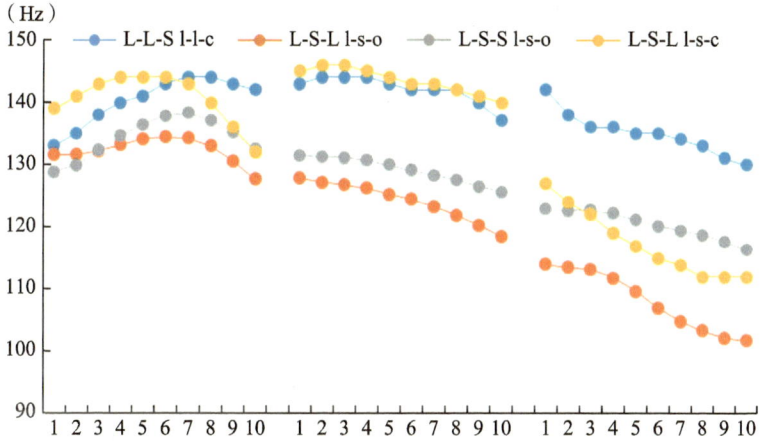

图 6.11 词首含有短元音的三音节词音高分布模式（M）

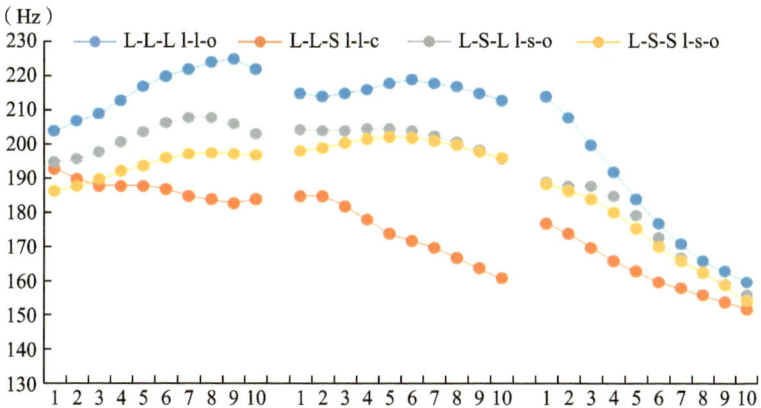

图 6.12 词首含有长元音的三音节词音高分布模式（F）

（三）音强分布模式

图 6.13~6.16 为两位发音合作人（M、F）的双音节和三音节词音强（平均值）分布模式示意图。

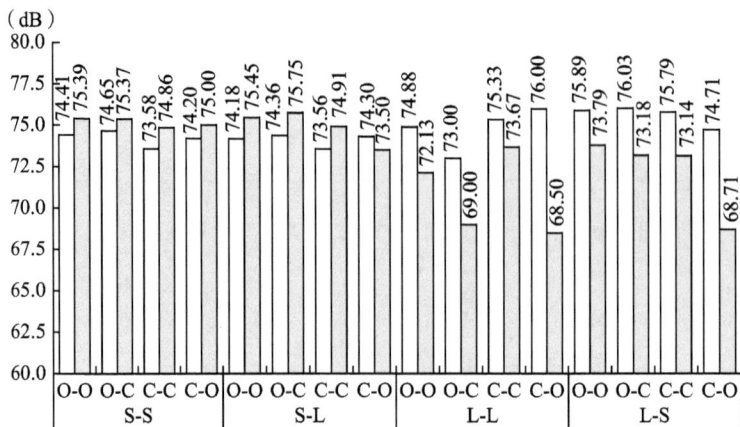

图 6.13　双音节词音强分布模式（M）

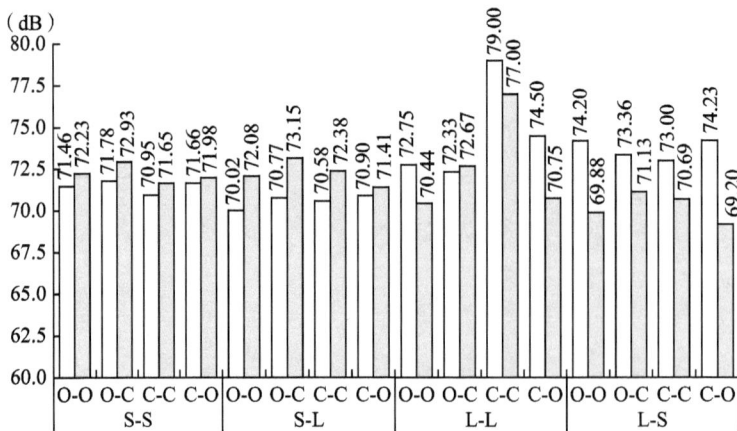

图 6.14　双音节词音强分布模式（F）

从图 6.13~6.14 中我们可以得出如下结论。

（1）男、女发音人语料中，S-S 和 S-L 类双音节词音强峰点落在词尾音节元音上（除了男发音人 S-L 类的 C-O 的词首音节元音强，差值较小）。

（2）L-L、L-S 类双音节词音强峰点落在词首音节元音上（除了女发音人 L-L 类的 O-C 的词末音节元音强，差值较小）。

（dB）

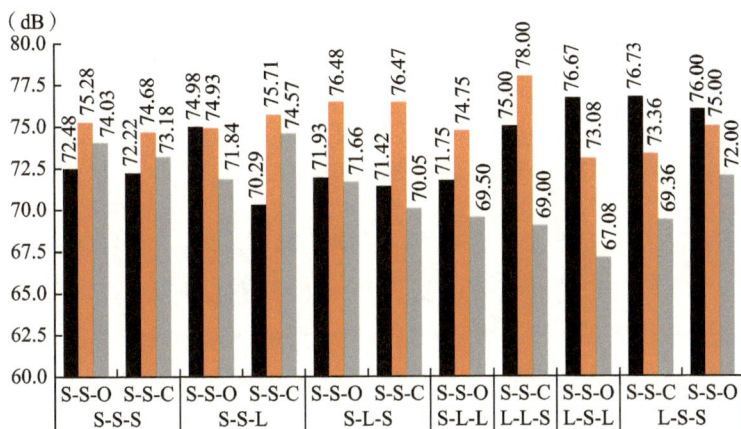

图 6.15 三音节词音强分布模式（M）

（dB）

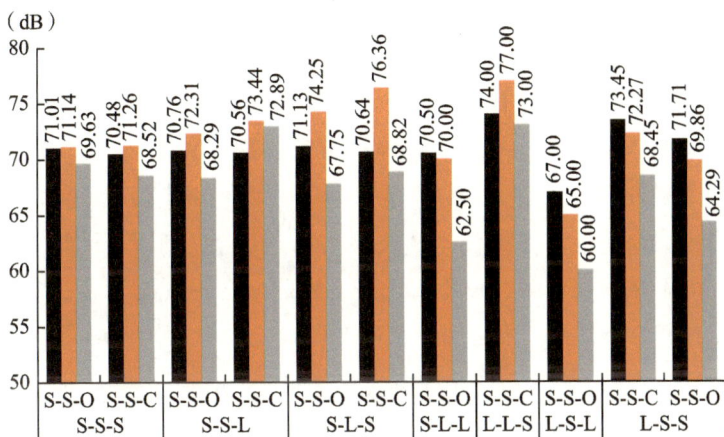

图 6.16 三音节词音强分布模式（F）

从图 6.15~6.16 中我们可以得出如下结论。

（1）男发音人语料中，S-S-S、S-S-L、S-L-L、S-L-S、L-L-S 类三音节词的音强峰点均落在词中音节元音上。

（2）女发音人语料中，S-S-S、S-S-L、S-L-S、L-L-L 类三音节词的音强峰点均落在词中音节元音上。

（3）男发音人语料中，L-S-L、L-S-S 类三音节词的音强峰点均落在词首音节元音上。

（4）女发音人语料中，S-L-L、L-L-S、L-S-L、L-S-S 类三音节词的音强峰点均落在词首音节元音上。

二 东部裕固语词重音问题

（一）关于东部裕固语词重音问题

东部裕固语词重音方面亟待解决的问题如下。（1）在位置方面，重音在第一音节？第二音节？还是词末音节？（2）在性质方面，是音强重音？音高重音？音长重音？还是整个音节语音四要素（两个或多个要素）变化的综合效应？（3）在类型学方面，是固定重音？还是自由重音？（4）是否还有次重音？等等。东部裕固语词重音方面比较有代表性的观点有以下几点。

传统语音学界的大部分学者认为。

东部裕固语的词有重音，多音节词的重音习惯上落在词的末一个音节上，如果在词干后接加带有元音的附加成分，其重音随着词的变化往后移动。（照那斯图，1981：14）

东部裕固语词重音，无论词的哪一个音节都可以有重音，并且认为音响特征上与蒙古语相似。（保朝鲁、贾拉森，1991：141）。

东部裕固语双音节词重音，从类型学的角度看，东部裕固词重音属自由重音，而不是固定重音。但不完全是自由的，它的位置与词中长、短元音的分布有着密切的关系；不是基于某一个要素上的单一性质的重音，而是整个音节语音四要素（两个或多个要素）变化的综合效应。（哈斯呼，2014）

（二）东部裕固语重音

1. 元音音质与词中位置的关系

林茂灿先生在阐述汉语普通话轻声时指出，普通话轻声音节的语音音色明显地减缩（Reduction），主要表现为韵母元音声学空间的减小和声母辅音发音的不到位（林茂灿，1990）。图 6.17~6.19 为东部裕固语男、女发音人词首音节长、短元音和非词首音节长短元音的声学元音图。图 6.17 显示，词首短元音和非词首音节短元音舌位三角基本重叠在一起，差异较小；图 6.18 显示，词首音节长元音和非词首音节长元音舌位三角中［iː、uː］基本重叠在一起，差异较小，［ɐ］元音差异较大；图 6.19 显示，词首长元音和短元音舌位三角差异较大。

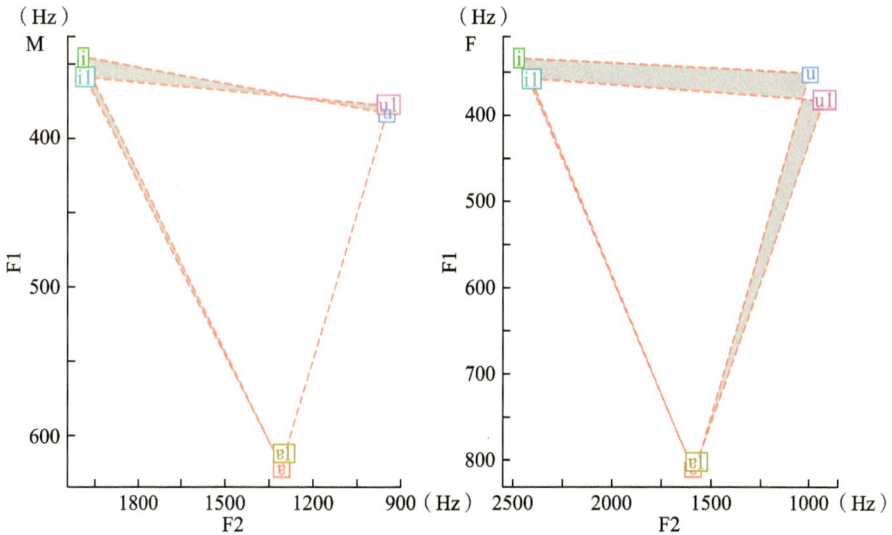

图 6.17　词首音节短元音和非词首音节短元音（元音+1）的舌位三角形图（M&F）

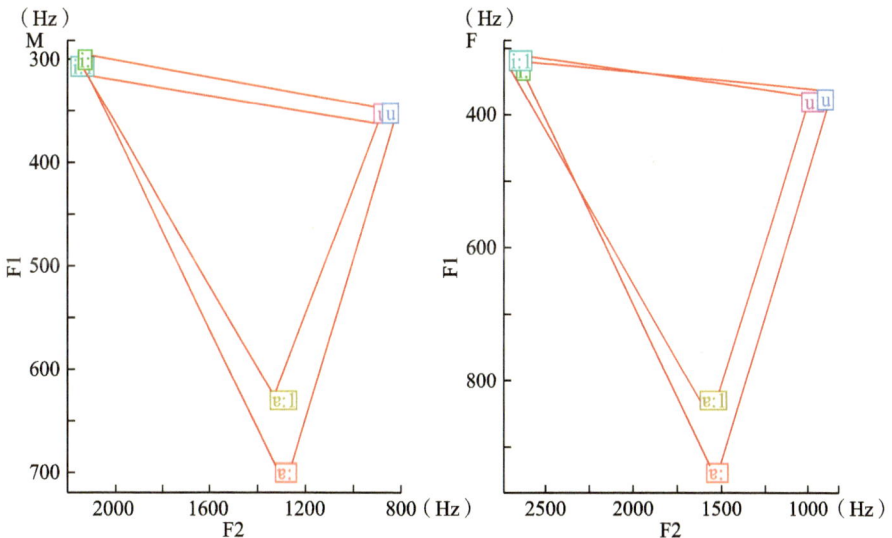

图 6.18　词首音节长元音和非词首音节长元音（元音+1）的舌位三角形

从理论上讲，无论是词首还是非词首音节都读得比较到位。但是通过比较词首短元音和词首长元音的声学元音图，我们发现虽然词首音节短元音和长元音在音色方面没有本质的变化，但前者的声学空间比后者的明显小。从图 6.17~6.19 我们可以看到如下有趣的现象，词首音节长元音音舌

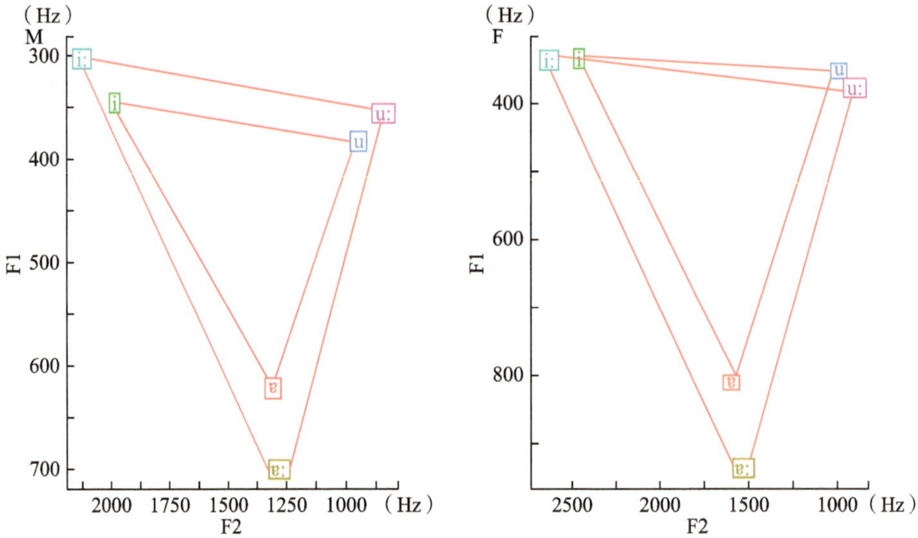

图 6.19　词首音节长元音、短元音的舌位三角形（M&F）

位三角最大，词首音节短元音和非词首音节长短元音音舌位三角差异较小。显然，同样都是"独立元音"，但它们的音色不是没有变化的（有量变），只有长短元音 [ɐ] 的变化最大。

东部裕固语元音音质与词中位置之间存在一定的相关性，即与长元音相比无论是词首音节短元音，还是非词首音节短元音，都有一定的减缩（央化）现象。这一特点与蒙古语相似。

2. 元音音长、音高和音强语词中位置之间的关系

从表 6.3~6.4 中可以看出，音高不受位置、搭配类型的影响，但相对受元音长短影响。（1）双音节词中，词首音节为短元音时，词尾音节相对凸显；词首音节长元音时，词首音节相对凸显；（2）三音节词中，词首音节为短元音时，词腹音节相对凸显；词首音节长元音时，词首音节相对凸显。

表 6.3　双音节词自然节奏模式及重读音节

		M				F			
		O-O	O-C	C-C	C-O	O-O	O-C	C-C	C-O
S-S	音长	词尾	词尾	词尾	词尾	词尾	=	词尾	词尾
	音高	L-H	L-H	L-H	L-H	L-H	L-H	L-H	L-H
	音强	W-S	W-S	W-S	W-S	W-S	W-S	W-S	W-S

续表

		M				F			
		O-O	O-C	C-C	C-O	O-O	O-C	C-C	C-O
S-L	音长	词尾	词尾	词尾	词尾	词尾	词尾	词尾	词尾
	音高	L-H	L-H	L-H	L-H	L-H	L-H	L-H	L-H
	音强	W-S	W-S	W-S	S-W	W-S	W-S	W-S	W-S
		O-O	O-C	C-C	C-O	O-O	O-C	C-C	C-O
L-L	音长	词尾	词尾	词尾	词尾	词尾	词首	词尾	词尾
	音高	H-L	H-L	H-L	H-L	H-L	H-L	H-L	H-L
	音强	S-W	S-W	S-W	S-W	S-W	W-S	S-W	S-W
		O-O	O-C	C-C	C-O	O-O	O-C	C-C	C-O
L-S	音长	词尾	词首	词首	词尾	词尾	词首	词首	词尾
	音高	H-L	H-L	H-L	H-L	H-L	H-L	H-L	H-L
	音强	S-W	S-W	S-W	S-W	S-W	S-W	S-W	S-W

表 6.4　三音节词自然节奏模式及重读音节

		M		F	
S-S-S	类	S-S-O	S-S-C	S-S-O	S-S-C
	音长	词尾	词尾	词尾	词尾
	音高	L-H-L	L-H-L	L-H-L	L-H-L
	音强	W-S-W	W-S-W	W-S-W	W-S-W
S-S-L	类	S-S-O	S-S-C	S-S-O	S-S-C
	音长	词尾	词尾	词尾	词尾
	音高	L-H-L	L-H-L	L-H-L	L-H-L
	音强	S-S-W	W-S-W	W-S-W	W-S-W
S-L-S	类	S-L-O	S-L-C	S-L-O	S-L-C
	音长	词尾	词腹	词尾	词腹
	音高	L-H-L	L-H-L	L-H-L	L-H-L
	音强	W-S-W	W-S-W	W-S-W	W-S-W
S-L-L	类	S-L-O	S-L-C	S-L-O	S-L-C
	音长	词尾	0	词尾	0
	音高	L-H-L	0	L-H-L	0
	音强	W-S-W	0	S-W-W	0

续表

		M		F	
	类	L-L-O	L-L-C	L-L-O	L-L-C
L-L-L	音长	0	0	词尾	0
	音高	0	0	H-L-L	0
	音强	0	0	W-S-W	0
	类	L-L-O	L-L-C	L-L-O	L-L-C
L-L-S	音长	0	词腹	0	词腹
	音高	0	H-L-L	0	H-L-L
	音强	0	W-S-W	0	S-W-W
	类	L-S-O	L-S-C	L-S-O	L-S-C
L-S-L	音长	词首＝词尾	0	词尾	0
	音高	H-L-L	0	H-L-L	0
	音强	S-W-W	0	S-W-W	0
	类	L-S-O	L-S-C	L-S-O	L-S-C
L-S-S	音长	词首＝词尾	词首	词尾	0
	音高	H-L-L	H-L-L	H-L-L	0
	音强	S-W-W	S-W-W	S-W-W	0

音强受长短元音、搭配类型和位置的影响。同类元音的音强，如 L-L类中，在词尾长于词首，但是词首强于词尾；S-S 类中，在词尾长于词首，但是词尾强于词首。这说明音高、音长的关联度大于音强。

（三）关于词重音问题的讨论

1. 词重音位置及其类型学解释

从以上的分析中可以看到，重音的位置不是固定在词中某个音节上。显然，我们的实验结果不支持传统语音学界大部分学者"东部裕固语词重音是落在词末音节上的固定重音"和"无论词的哪一个音节都可以有重音"的说法。

显然，从类型学的角度看，东部裕固语词重音属习惯音高模式重音。它的位置与词中元音音高有着密切的关系。

2. 词重音的性质

（1）词重音与音色之间的关系。非词首音节短元音与词首短音舌位大致相同，但是词首长元音与非词首长元音在舌位上有比较明显的变化，非词首长元音与短元音舌位图大致相同。有关这一问题有待进一步研究。

（2）词重音与音长之间的关系。①双音节词中，词首音节为短元音时，词尾音节相对凸显；词首音节长元音时，词首音节相对凸显。②三音节词中，词首音节为短元音时，词腹音节相对凸显；词首音节长元音时，词首音节相对凸显。

（3）词重音与音强之间的关系。所有音节结构词的音强模式都与它们的重音位置相关性不明显。显然，与音高、音长相比音强与词重音之间的相关性不明显。

（4）词重音与音高之间的关系。双音节词中：词首音节为短元音时，词尾音节音高相对凸显（L-H），词首音节长元音时，词首音节音节相对凸显（H-L）；三音节词中：词首音节为短元音时，词腹音节音高相对凸显（L-H-L），词首音节长元音时，词首音节音高相对凸显（H-L-L）。

（5）词重音与元音和谐律之间的关系。东部裕固语词重音与元音和谐律之间的关系是值得关注的问题。在双音节和三音节词中，六种结构的词的重音不在第一音节上。元音和谐律是指一个词里的元音之间的关系。元音和谐律和词重音是属于两个不同层面上的概念，它们之间不存在因果关系。

参考文献

清格尔泰、确精扎布，1959，《关于蒙古语辅音》，《内蒙古大学学报（蒙文版）》第 1 期。

内蒙古大学蒙古学院蒙古语文研究所编，1964，《现代蒙古语》，内蒙古人民出版社。

白音朝克图，1978，《现代蒙古语标准音语音系统》，《内蒙古大学学报（蒙文版）》第 3 期。

罗常培、王均，1981，《普通语音学纲要》，商务印书馆。

内蒙古语言文学研究所编，1983，《蒙古语文研究资料》，内蒙古人民出版社。

王士元，1983，《关于声调语言、听觉》，《语言学论丛》第 11 辑。

保朝鲁、贾拉森，1984，《东部裕固语词汇》，内蒙古人民出版社。

史延恺，1986，《音节理论》，《现代外语》第 2 期。

Jan-Olof Svantesson, 1986, "Acoustic Analysis of Chinese Fricatives and Affricates", *Journal of Chinese Linguistics*, 14.

鲍怀翘、阿西木，1988，《维吾尔语元音声学初步分析》，《民族语文》第 5 期。

吴宗济、林茂灿，1989，《实验语音学概要》，高等教育出版社。

哈斯额尔顿编，1990，《内蒙古师范大学蒙古语言文学专业研究生论文集》（下），内蒙古人民出版社。

清格尔泰，1991，《蒙古语语法》，内蒙古人民出版社。

保朝鲁、贾拉森，1991，《东部裕固语和蒙古语》，内蒙古人民出版社。

确精扎布，1989，《蒙古语察哈尔土语元音的实验语音学研究》，《民族语文》第 4 期。

确精扎布，1989，《有关察哈尔土语复合元音的几个问题——用实验语音学方法研究的阶段性成果》，《内蒙古大学学报（蒙文版）》第 4 期。

确精扎布，1993，《关于蒙古语重音——语音实验中间报告》，《内蒙古大学学报（蒙文版）》第 1 期。

鲍怀翘、吕士楠，1992，《蒙古语察哈尔话元音松紧的声学分析》，《民族语文》第 1 期。

呼和、曹道巴特尔，1996，《蒙古语察哈尔土语词末弱短元音的声学分析》，《内蒙古大学学报（蒙文版）》第 3 期。

张家禄，1996，《语音学的新阶段——理解言语》，《第三届全国语音学研讨会论文集》，中国社会科学院语言研究所。

呼和、鲍怀翘、陈嘉猷，1997，《关于蒙古语语音声学参数数据库》，《内蒙古大学学报（汉文版）》第 5 期。

呼和、鲍怀翘、陈嘉猷，1998，《韩国阿尔泰学会学报》第 8 号。

呼和、确精扎布，1999，《蒙古语语音声学分析》，内蒙古大学出版社。

R. L. 特拉斯克，2000，《语音学和音系学辞典》，鲍怀翘、曹剑芬等译，语文出版社。

孔江平，2001，《论语言发生》，中央民族大学出版社。

呼和、陈嘉猷、郑玉玲，2001，《蒙古语韵律特征声学参数数据库》，《内蒙古大学学报（汉文版）》第 1 期。

钟进文，2002，《中国裕固族研究集》，民族出版社。

Huhe Harnud，2003，*A Basic Study of Mongolian Prosody*，Publications of the Department of Phonetics，University of Helsinki，Series A，Helsinki，FINLAND.

鲍怀翘，2005，《实验语音学讲义》，6 月手稿。

Jan-Olof Svantesson，Anna Tsendina，2005，"Anastasia Karlsson and Vivan Franzeén"，*The Phonology of Mongolian*，OXFORD University Press.

朱晓农，2006，《音韵研究》，商务印书馆。

曹剑芬，2007，《现代语音研究与探索》，商务印书馆。

孙宏开等主编，2007，《中国的语言》，商务印书馆。

图雅，2007，《卫拉特方言实验语音学研究》，内蒙古大学博士学位论文。

张淑琴，2008，《蒙古语朗读话语语句重音实验研究》，内蒙古大学硕士学位论文。

石峰，2008，《语音格局——语音学与音系学的交汇点》，商务印书馆。

萨仁高娃，2008，《蒙古语和东部裕固语语音比较研究》，北京大学博士学位论文。

呼和，2009，《蒙古语语音实验研究》，辽宁民族出版社。

朱晓农，2010，《语音学》，商务印书馆。

包桂兰、哈斯其木格、呼和，2010，《基于 EPG 的蒙古语辅音发音部位研究》，《民族语文》第 3 期。

乌日格喜乐图、哈斯其木格、呼和，2010，《鄂温克语短元音声学分析》，《满语研究》第 4 期。

Huhe, Baoguilan, 2011, "EPG Based Research on Tongue Position and Its Con-straint of Word-Initial Consonants in Standard Mongolian in China", The 17th International Congress of Phonetic Sciences, Hong Kong, August 17–21.

包桂兰、哈斯其木格、呼和，2011，《蒙古语清擦音实验研究》，《中国语音学报》第 3 辑。

其布尔哈斯、呼和，2011，《达斡尔语词首音节短元音声学分析》，《韩国阿尔泰学报》(*The Altaic Society of Korea*)。

宝玉柱、孟和宝音，2011，《现代蒙古语正蓝旗土语音系研究》，民族出版社。

哈斯其木格，2013，《基于动态腭位图图谱的蒙古语辅音研究》，中国社会科学出版社。

萨仁花，2013，《东部裕固语词首音节长短元音声学分析》，西北民族大学硕士学位论文。

萨仁花，2013，《东部裕固语词首音节长短元音声学分析》，西北民族大学硕士学位论文。

呼和、包桂兰：《基于 EPG 的蒙古语标准话词首辅音舌位变化及其约束度研究》，载石锋、彭刚主编，2013，《大江东去——王士元教授八十岁贺寿文集》，香港城市大学出版社。

韩国君、呼和，2013，《土族语词首音节元音声学分析》，《语言与翻译（蒙文版）》第 3 期。

呼和、周学文，2013，《基于 PAS 的蒙古语普通话辅音气流研究》，《中央民族大学学报》（哲学社会科学版）第 2 期。

周学文、呼和，2014，《语音声学参数自动标注/提取系统简介》，《中文信息学报》第 3 期。

哈斯呼，2014，《基于语音声学参数库的东部裕固语语音研究》，内蒙古大学博士学位论文。

呼和，2014，《再论蒙古语词重音问题》，《民族语文》第 4 期。

呼和，2015，《蒙古语元音演变的声学语音学线索》，《中央民族大学学报》（哲社版）第 4 期。

呼和，2015，《语音属性与规则的相对性和绝对性问题》，《蒙古语文》第 8 期。

呼和，2015，《语音与听、看、感知之间的关系问题》，《语言与翻译（蒙文版）》第 3 期。

呼和，2015，《蒙古语标准话塞音塞擦音声学分析》，《民族语文》第 3 期。

呼和，2015，《语言亲属关系声学语音学线索》，《实验语言学》第四卷第 4 号。

呼和，2015，《蒙古语标准话词首辅音谱特征分析》，《满语研究》第 2 期。

呼和，2016，《鄂温克语词首音节短元音声学分析》，《中央民族大学学报》（哲社版）第 5 期。

呼和，2016，《与蒙古语标准话相关的几个问题》，《语言与翻译（蒙文版）》第 1 期。

保朝鲁编，2015，《新编东部裕固语词汇》，内蒙古大学出版社。

董潇红、王政德，2015，《裕固族》，辽宁民族出版社。

吴汉、李永宏，2017，《东部裕固语研究文献综述》，《现代语文》（语言研究版）第 4 期。

呼和，2108，《蒙古语语音声学研究》，社会科学文献出版社。

|后　记|

通过十几年的努力，这部基于"中国少数民族语言语音声学参数统一平台"（以下简称"统一平台"）的"中国少数民族语言方言实验研究丛书"将要跟读者见面了。这是我们团队几十年研究工作的结晶。作为我国少数民族语言语音实验研究方面的第一部大型丛书，一定会有很多待改进和完善的地方。出版本丛书的目的是让读者了解民族语言音段和超音段（词层）声学研究成果，给同行们提供语言声学实验研究思路和方法，促进民族语言实验研究学科体系建设，推动我国民族语言学学科的发展。

在本丛书出版之际，感谢所有发音合作人，他们对母语的热爱和对自己民族的责任感深深地打动了我们团队每一位成员；感谢参与本项研究的所有研究生，感谢他们能够理解和支持这项庞大而艰难的工程，每一个音段的参数都凝聚着他们的辛劳和汗水；感谢研究所领导和民族语言学学科的全体同仁，他们的鼓励和支持是我们团队最强大的动力；感谢社会科学文献出版社的领导和编辑。

本丛书及其所基于的"统一平台"研究，得到了国家社会科学基金重大招标项目"中国少数民族语言语音声学参数统一平台建设研究"（项目编号：12 & ZD225）、国家社会科学基金冷门绝学研究专项学术团队项目"中国北方少数民族濒危语言调查实验研究"（项目编号：21VJXT012）、中国社会科学院创新工程"登峰战略"资深学科带头人资助项目"中国北方跨界民族语言的调查实验研究"（项目编号：DZ2023002）和中国社会科学院创新工程学术出版基金等的大力资助，在此表示诚挚的感谢。

由于所涉及的范围广、问题多，加上我们研究能力和水平有限等诸多原因，丛书中难免会有不足之处，望同行们斧正。我们相信，随着实验语音学理论和方法的不断成熟和改进，以及我们团队研究领域的逐渐拓展和研究水平的不断提高，这些问题和难题会逐步得到解决。因为汉语不是我们的母语，用汉语进行写作，我们需要克服一定的语言文字上的障碍，尽管我们非常努力，但在本丛书中仍然可能难以避免出现"蒙古式"语句，甚至可能存在表达不清楚的地方，望各位读者谅解并提出宝贵意见。

2025 年 6 月 8 日

图书在版编目(CIP)数据

东部裕固语语音声学研究 / 呼和主编;宝音著 .
北京:社会科学文献出版社,2025.5. -- (中国少数民
族语言方言实验研究丛书). --ISBN 978-7-5228-4105
-2

Ⅰ. H235.1

中国国家版本馆 CIP 数据核字第 20248MG806 号

中国少数民族语言方言实验研究丛书
东部裕固语语音声学研究

主　　编 / 呼　和
著　　者 / 宝　音

出 版 人 / 冀祥德
责任编辑 / 周志静
责任印制 / 岳　阳

出　　版 / 社会科学文献出版社·人文分社 (010) 59367215
　　　　　地址:北京市北三环中路甲 29 号院华龙大厦　邮编:100029
　　　　　网址:www.ssap.com.cn
发　　行 / 社会科学文献出版社 (010) 59367028
印　　装 / 河北虎彩印刷有限公司

规　　格 / 开 本:787mm×1092mm　1/16
　　　　　印 张:33　字　数:540 千字
版　　次 / 2025 年 5 月第 1 版　2025 年 5 月第 1 次印刷
书　　号 / ISBN 978-7-5228-4105-2
定　　价 / 1280.00 元(全五卷)

读者服务电话:4008918866